U0521309

刑法罪名精释与案例百选

妨害社会管理秩序罪

罪名精释与案例百选

陈洪兵 著

FANGHAI SHEHUI GUANLI ZHIXU ZUI
ZUIMING JINGSHI YU ANLI BAIXUAN

法律出版社 LAW PRESS·CHINA 北京

图书在版编目（CIP）数据

妨害社会管理秩序罪罪名精释与案例百选：刑法罪名精释与案例百选 / 陈洪兵著. -- 北京：法律出版社，2025. -- ISBN 978-7-5244-0228-2

I. D924.335

中国国家版本馆 CIP 数据核字第 20258VH532 号

妨害社会管理秩序罪罪名精释与案例百选 FANGHAI SHEHUI GUANLI ZHIXU ZUI ZUIMING JINGSHI YU ANLI BAIXUAN	陈洪兵 著	策划编辑 张 珺 责任编辑 张 珺 装帧设计 汪奇峰

出版发行	法律出版社	开本	710 毫米×1000 毫米 1/16
编辑统筹	法商出版分社	印张	40　字数 609 千
责任校对	张翼羽	版本	2025 年 5 月第 1 版
责任印制	胡晓雅	印次	2025 年 5 月第 1 次印刷
经　　销	新华书店	印刷	三河市兴达印务有限公司

地址：北京市丰台区莲花池西里 7 号（100073）
网址：www.lawpress.com.cn　　　　　　　　　销售电话：010-83938349
投稿邮箱：info@lawpress.com.cn　　　　　　　客服电话：010-83938350
举报盗版邮箱：jbwq@lawpress.com.cn　　　　　咨询电话：010-63939796
版权所有·侵权必究

书号：ISBN 978-7-5244-0228-2　　　　　　　　定价：139.00 元
凡购买本社图书，如有印装错误，我社负责退换。电话：010-83938349

出 版 说 明

　　新中国成立以来,在几代刑法学者和实务工作者的辛勤耕耘下,我国刑法学和刑事审判实践取得了辉煌的历史成就,积累了丰富的实践经验,逐步建立健全了有中国特色的刑法学体系及其知识结构、话语体系等。① 刑法是维护社会秩序、保持社会的稳定利器,是具有现实引导意义的规范,谦抑性是对其的基本要求,但同时,"刑法是时代的一面镜子,敏感地反映着社会的各种变化",②面对纷繁复杂的社会关系和波谲云诡的客观变化,刑事立法必须紧紧跟随。

　　每一次刑事立法,无论是条文修改还是增设新罪,对于刑事法律适用过程中的每一位参与者而言,对每一项罪名的理解可能都有出入。如何准确理解立法本意,如何将言辞简洁的条文适用于错综复杂的实践中,如何运用刑法逻辑推理出符合罪刑法定原则的结果,如何确保同案同判、统一裁判尺度等问题现于每一起刑事案件中,也是每一位刑法学人面临的现实问题,而解决这些问题的最佳路径就是研究《刑法》分则中的罪名和尽可能多的案例。

　　在笔者看来,写进《刑法》分则的每一项罪名都是悬在头上的"达摩克利斯之剑",可能随时吞噬每一个人,"刑法学并不是一个智力游戏,它背后是沉甸甸的社会责任"③。研究关系生杀予夺、关乎每个人命运的《刑法》分则,是让每个

---

① 高铭暄:《习近平法治思想指导下中国特色刑法学高质量发展论纲》,载《中国应用法学》2023年第2期。
② 张明楷:《外国刑法学(第2版)》,法律出版社2019年版,"前言"。
③ 张明楷:《张明楷刑法学讲义》,新星出版社2021年版,"序言"。

001

人在合法的范围内充分发挥社会主体作用的保障,更是真正实现《宪法》规定的"国家尊重和保障人权"的抓手。创制法律条文是为了适用于个案,抽象、概括、原则的法律条文具象后形成了案例。案例本身是具有重要法治价值的,是法律生命的住所,也是法治的生成方式,法律规则及法治经验多潜藏于已经处理的各类案例之中。① 对法学学科发展和法治社会建设而言,案例研究具有重大意义。

研究离不开阅读,笔者在教学研究工作中发现,市面上的刑法书大多是有关客观归责、不作为、因果关系、故意、过失、正当防卫、紧急避险、被害人承诺、共犯、罪数之类理论性极强的小众图书,无论是实务人员编写的实操性很强但理论深度有所欠缺的汇编图书,抑或是有关罗列类罪概念、特征、主体、客体、主观方面、客观方面、此罪与彼罪的区别等的教科书式图书,却少见对《刑法》分则的理论和实务都深入研究,将罪名阐释与案例充分恰当结合的图书。鉴于此,笔者在长期研究和积累的基础上,在法律出版社的策划和支持下,为广大司法实务工作者、研究人员和法科生献出这样一套《刑法》分则"宝典"——《刑法罪名精释与案例百选》,以丰富的案例贯穿于对抽象法律条文的解释之中,旨在打通刑法理论与司法实务的脉络,展现刑事司法逻辑的推演过程。

本丛书内容追求简洁、明快、实用,对每一项罪名的犯罪构成和实务疑难问题作精准阐释和解读,对收录的大量案例作精简呈现,不罗列理论学说和司法解释条文。对于分册安排,由于《刑法》分则第一章危害国家安全罪、第七章危害国防利益罪与第十章军人违反职责罪理论研究和实务适用较少,本丛书未特别设置相应分册;渎职罪内容不多,故将其与贪污贿赂罪合并为职务犯罪分册。各分册中详细解读了相关的每一项罪名,均按照"导读""条文""罪名精释(穿插案例)"三个部分编排。

本丛书分册包括:

《职务犯罪罪名精释与案例百选》;

《财产犯罪罪名精释与案例百选》;

《经济犯罪罪名精释与案例百选》;

---

① 胡云腾:《加强案例法学研究 提高案例研究水平》,载《法律适用》2020年第10期。

《人身犯罪罪名精释与案例百选》；

《危害公共安全罪罪名精释与案例百选》；

《妨害社会管理秩序罪罪名精释与案例百选》。

见出以知入，观往以知来。在刑法研究之路上，笔者真心希望能为解释《刑法》分则尽一位刑法学人应尽的责任，为我国犯罪治理体系优化，治理能力提高贡献微薄之力。

2023 年 4 月

目 录 | CONTENTS

第一章 扰乱公共秩序罪 / 001

第一节 妨害公务罪 / 001

导 读 / 001

条 文 / 002

罪名精释 / 002

1. 妨害公务罪所保护的法益是什么？/ 002
2. 司法解释以一个妨害公务罪罪名概括多种行为类型，妥当吗？/ 003
3. 是应以行为时还是裁判时为基准判断职务行为的合法性？/ 003
4. 趁警察上厕所时进行袭击的，能构成妨害公务罪吗？/ 004
5. 阻碍貌似合法实则违法的公务，构成妨害公务罪吗？/ 005
6. 何为"依法执行职务"？/ 005
7. 阻碍烟草公司等单位工作人员执行行政执法职务，构成妨害公务罪吗？/ 006
8. 本罪是抽象危险犯、具体危险犯还是实害犯？/ 006
9. 能否将我国妨害公务罪的构成要件理解为"在国家机关工作人员依法执行职务时，对之实施暴力或者威胁"？/ 009
10. "未使用暴力、威胁方法"，是真正的构成要件要素吗？/ 009
11. 对国家机关工作人员职务行为合法性的认识错误，阻却故意吗？/ 010
12. 妨害公务罪与故意伤害罪、故意杀人罪之间是什么关系？/ 011
13. 以故意重伤、杀人方式妨害公务定故意伤害罪、故意杀人罪，能并处罚金吗？/ 011

第二节 袭 警 罪 / 011

　　导　读 / 011

　　条　文 / 012

　　罪名精释 / 012

　　　1. 为何单独设立袭警罪？/ 012

　　　2. 袭警罪与妨害公务罪之间是什么关系？/ 012

　　　3. 误以为对方是假警察而实施暴力袭击的，构成袭警罪吗？/ 013

　　　4. 暴力袭击辅警的，能构成袭警罪吗？/ 014

　　　5. 成立袭警罪，必须以阻碍人民警察依法执行职务为前提吗？/ 015

　　　6. 暴力袭击坐在公安局办证窗口后的户籍警的，能构成袭警罪吗？/ 017

　　　7. 能否将袭警罪理解为"在人民警察依法执行职务时，对之实施
　　　　 暴力袭击"？/ 017

　　　8. 如何认定"暴力袭击"人民警察？/ 018

　　　9. 如何处理使用威胁方法阻碍警察执行职务的行为？/ 019

　　　10. 袭警罪加重犯中的"枪支"包括假枪、空枪吗？/ 020

　　　11. 认定袭警罪，能判处罚金刑吗？/ 021

第三节 煽动暴力抗拒法律实施罪 / 021

　　导　读 / 021

　　条　文 / 021

　　罪名精释 / 021

　　　1. 如何处理本罪与保护公民言论自由之间的关系？/ 021

　　　2. 本罪构成要件的设计符合罪刑法定原则的明确性要求吗？/ 022

第四节 招摇撞骗罪 / 022

　　导　读 / 022

　　条　文 / 023

　　罪名精释 / 023

　　　1. 何为招摇撞骗？/ 023

　　　2. 本罪所保护的法益是什么？/ 024

　　　3. 招摇撞骗罪与诈骗罪之间是什么关系？/ 024

4. 冒充已被撤销的国家机关的工作人员,足以使对方信以为真的,能构成本罪吗?/ 025

5. 应否将招摇撞骗罪限定为骗取数额不大的财物?/ 026

6. 冒充联合国官员到监狱"捞人"的,能构成招摇撞骗罪吗?/ 026

7. 为何本罪的法定刑轻于诈骗罪?/ 026

8. 骗取数额较大或者巨大的财物以招摇撞骗罪定罪量刑的,能判处罚金吗?/ 026

第五节 伪造、变造、买卖国家机关公文、证件、印章罪 / 027

导　读 / 027

条　文 / 027

罪名精释 / 028

1. 本罪所保护的法益是什么?/ 028

2. 何为"公文""证件""印章"?/ 028

3. 如何把握专用章与省略文书的界限?/ 029

4. 我国文书印章伪造类犯罪,是否存在明显的立法疏漏?/ 029

5. 是使用伪造的文书危害性大,还是伪造文书的危害性大?/ 032

6. 公文、证件原本的复印件是否属于公文、证件?/ 032

7. 将公文的复印件进行篡改后再进行复印的行为,是否属于伪造公文?/ 033

8. 用捡到的伪造的印章盖印,是不是伪造印章?/ 033

9. 如何把握伪造、变造含义的相对性?/ 033

10. 本罪中的"印章",是指印形还是印影?/ 034

11. 盗盖真实的印章,是不是伪造印章?/ 034

12. 买卖伪造、变造的国家机关公文、证件、印章的行为,是否成立买卖国家机关公文、证件、印章罪?/ 035

13. 胜诉一方出卖民事判决书的行为,构成买卖国家机关公文罪吗?/ 035

14. 我国目前理论与实务有关伪造犯罪的认识误区有哪些?/ 035

15. 本罪与非法经营罪之间是什么关系?/ 035

16. 伪造、变造、买卖民用机动车号牌,构成伪造、变造、买卖国家机关证件罪吗?/ 036

17. 应否要求所伪造的公文、证件、印章与原本(原物)没有任何区别?/037
18. 伪造"中华人民共和国内务部"印章,构成伪造国家机关印章罪吗?/037
19. 是有形伪造、变造危害性大,还是无形伪造、变造危害性大?/038
20. 保管国家机关印章的人,出具内容虚假并加盖国家机关印章的公文、证件的行为,构成伪造国家机关公文、证件、印章罪吗?/039
21. 成立伪造国家机关公文、证件、印章罪,行为人是否必须以行使为目的?/039
22. 伪造、变造、买卖公文、证件、印章后,又利用其实施其他犯罪的,如何处理?/039

第六节 盗窃、抢夺、毁灭国家机关公文、证件、印章罪/039

导　读/039

条　文/040

罪名精释/040

1. 本罪所保护的法益是什么?/040
2. 盗窃、抢夺、毁灭伪造、变造的国家机关公文、证件、印章的,构成本罪吗?/040
3. 盗窃、抢夺、毁灭当事人持有的判决书的,构成本罪吗?/040
4. 毁灭武装部队公文、证件、印章的,无罪吗?/041
5. 成立盗窃、抢夺国家机关公文、证件、印章罪,需要行为人主观上具有非法占有的目的吗?/041
6. 本罪中的"毁灭",限于物理性毁损吗?/041
7. 诈骗、抢劫、敲诈勒索、侵占国家机关公文、证件、印章的,如何处理?/041
8. 如何评价盗窃车辆号牌的行为性质?/041

第七节 伪造公司、企业、事业单位、人民团体印章罪/042

导　读/042

条　文/042

罪名精释/042

1. 有关明知是假文凭而贩卖的,以伪造事业单位印章罪的共犯论处的司法解释规定,有无疑问?/042

2. 公司、企业的股东在发生纠纷的情况下，为了控制公司、企业而私刻公司、
  企业印章的，构成犯罪吗？／043

3. 保管公司、企业印章的人擅自盖章的，构成伪造公司、企业印章罪吗？／043

4. 我国刑法对非国家机关的文书、证件、印章的公共信用是否保护不力？／043

5. 伪造一人公司、合伙企业、个体工商户印章，构成伪造公司、企业
  印章罪吗？／043

6. 明知是伪造的公司、企业、事业单位、人民团体的印章而加盖的，
  构成犯罪吗？／043

第八节　伪造、变造、买卖身份证件罪／044

　　导　读／044

　　条　文／044

　　罪名精释／044

1. 本罪所保护的法益是什么？／044

2. 伪造人民警察证、人民检察院工作证的，构成伪造身份证件罪还是伪造
  国家机关证件罪？／045

3. 盗窃、抢夺、毁灭居民身份证等身份证件的，构成犯罪吗？／045

4. 对于伪造并使用身份证件的，如何处理？／046

5. 提供身份信息让他人为自己伪造居民身份证的，如何处理？／046

第九节　使用虚假身份证件、盗用身份证件罪／046

　　导　读／046

　　条　文／047

　　罪名精释／047

1. 单纯携带伪造、变造的身份证件，属于"使用"虚假身份证件吗？／047

2. 单纯提供伪造、变造的身份证件复印件的，是"使用"虚假
  身份证件吗？／047

3. 征得持有人同意或者与持有人串通冒用身份证件的，属于"盗用"吗？／048

4. 相对方明知行为人提供伪造、变造的身份证件或者盗用身份证件的，
  行为人还能成立犯罪吗？／048

5. 本罪是继续犯吗？/ 049

6. 本罪中的身份证件包括结婚证、警官证吗？/ 049

第十节 冒名顶替罪 / 049

导　读 / 049

条　文 / 050

罪名精释 / 050

1. 得到他人同意顶替其上大学的，能构成犯罪吗？/ 050

2. 冒名顶替罪的罪状设计符合类型性要求吗？/ 050

3. 顶替他人上大学后使用伪造、变造的身份证件的，如何处理？/ 050

4. 《刑法》第280条之二第2款规定是注意规定还是法律拟制？/ 051

5. 如何理解适用《刑法》第280条之二第3款的规定？/ 051

第十一节 非法生产、买卖警用装备罪 / 051

导　读 / 051

条　文 / 052

罪名精释 / 052

1. 对有资格与无资格生产、买卖警用装备的情形，在定罪量刑上应否区别对待？/ 052

2. 对非法生产、买、卖警用装备三种情形，在定罪量刑标准上应否区别对待？/ 052

第十二节 非法获取国家秘密罪 / 053

导　读 / 053

条　文 / 053

罪名精释 / 053

1. 本罪的实行行为是窃取、刺探、收买吗？/ 053

2. 成立本罪，限于非法获取国家秘密的载体吗？/ 054

3. 非法获取国家秘密后非法提供给境外机构、组织或者人员的，如何处理？/ 055

第十三节　非法持有国家绝密、机密文件、资料、物品罪 / 055

导　读 / 055

条　文 / 055

罪名精释 / 056

1. 本罪是非法持有国家绝密、机密的载体本身还是非法获悉、掌握国家绝密、机密？ / 056
2. 需要同时说明国家绝密、机密文件、资料、物品的来源与用途吗？ / 056
3. 本罪与非法获取国家秘密罪等相关犯罪之间是什么关系？ / 057

第十四节　非法生产、销售专用间谍器材、窃听、窃照专用器材罪 / 058

导　读 / 058

条　文 / 058

罪名精释 / 058

1. 对有资格者与无资格者非法生产、销售本罪规定器材的，在定罪量刑上应否区别对待？ / 058
2. 单纯购买专用间谍器材、窃听、窃照专用器材的，构成犯罪吗？ / 059
3. 对于非法生产和非法销售，应适用同样的定罪量刑标准吗？ / 059

第十五节　非法使用窃听、窃照专用器材罪 / 059

导　读 / 059

条　文 / 059

罪名精释 / 060

1. 非法使用专用间谍器材的，构成犯罪吗？ / 060
2. 非法生产窃听、窃照专用器材后又非法使用的，如何处理？ / 060
3. 非法使用窃听、窃照专用器材窃取他人商业秘密、国家秘密的，如何处理？ / 060

第十六节　组织考试作弊罪 / 060

导　读 / 060

条　文 / 061

罪名精释 / 061

1. "单招考试"是"法律规定的国家考试"吗？ / 061

2. 被组织者,即作弊者构成组织考试作弊罪的共犯吗?／062

3. 为他人提供作弊器材的,只有他人实际组织作弊才成立犯罪吗?／063

4. 考试开始之前被查获应认定为组织考试作弊罪既遂的司法解释规定,有无疑问?／064

5. 非法获取试题答案后又组织考试作弊的,如何处理?／064

第十七节 非法出售、提供试题答案罪／065

导　读／065

条　文／065

罪名精释／065

1. 需要他人实际利用所出售、提供的试题、答案作弊才成立本罪吗?／065

2. 购买、接受试题、答案的,构成犯罪吗?／066

3. 向组织作弊的人提供试题、答案的,如何处理?／066

4. 非法获取试题、答案后出售、提供的,如何处理?／066

第十八节 代替考试罪／066

导　读／066

条　文／066

罪名精释／067

1. 本罪所保护的法益是什么?／067

2. 应考人一定成立犯罪吗?／067

3. 如何区分代替考试罪与组织考试作弊罪?／067

4. 为了代替考试而伪造、变造身份证件的,如何处理?／068

第十九节 非法侵入计算机信息系统罪／068

导　读／068

条　文／069

罪名精释／069

1. 本罪所保护的法益是什么?／069

2. 本罪的罪过形式是什么?／069

3. 本罪的既遂标准是什么？/ 069

4. 过失闯入后不退出的,能成立本罪吗？/ 070

第二十节 非法获取计算机信息系统数据罪、非法控制计算机信息系统罪 / 070

导　读 / 070

条　文 / 071

罪名精释 / 071

1. 非法获取计算机信息系统数据罪与非法控制计算机信息系统罪所保护的法益或者立法目的是什么？/ 071

2. 非法获取计算机信息系统数据罪与盗窃罪、非法获取国家秘密罪、侵犯商业秘密罪、侵犯公民个人信息罪等罪之间是什么关系？/ 072

3. 非法侵入国家事务等计算机信息系统获取数据的,构成非法获取计算机信息系统数据罪吗？/ 073

4. 如何区分非法获取计算机信息系统数据罪、非法控制计算机信息系统罪与破坏计算机信息系统罪？/ 073

5. 非法获取计算机信息系统数据罪、非法控制计算机信息系统罪,是所谓选择性罪名吗？/ 075

6. 以违法所得数额作为立案和量刑标准的司法解释规定,有无疑问？/ 075

第二十一节 提供侵入、非法控制计算机信息系统程序、工具罪 / 076

导　读 / 076

条　文 / 076

罪名精释 / 077

1. 如何把握本罪与中立的帮助行为的界限？/ 077

2. 网络犯罪案件的"犯罪地"如何确定？/ 078

3. 本罪的既遂标准是什么？/ 080

4. 本罪是只有一个法定刑幅度,还是有两个法定刑幅度？/ 081

第二十二节　破坏计算机信息系统罪 / 081

导　读 / 081

条　文 / 082

罪名精释 / 082

1. 本罪保护的法益和立法目的是什么？/ 082
2. 本罪何以成为"口袋罪"？/ 084
3. 《刑法》第 286 条第 2 款规定的行为类型破坏了计算机信息系统吗？/ 085
4. 如何处理破坏计算机信息系统罪与非法控制计算机信息系统罪的关系？/ 086
5. 用棉纱堵塞环境质量监测采样设备，能构成破坏计算机信息系统罪吗？/ 086

第二十三节　拒不履行信息网络安全管理义务罪 / 087

导　读 / 087

条　文 / 088

罪名精释 / 088

1. 本罪所保护的法益或者立法目的是什么？/ 088
2. 何为"网络服务提供者"？/ 089
3. 本罪条款何以"僵尸化"？/ 090
4. 本罪的罪过形式是什么？/ 091
5. 行为人误以为信息不违法而没有采取改正措施的，能构成犯罪吗？/ 092
6. 何为"信息网络安全管理义务"？/ 093
7. 本罪所规定的三种行为类型之间是否存在矛盾或者义务冲突？/ 093
8. 何为"违法信息"？/ 094
9. 如何认定"有其他严重情节"？/ 095
10. 提供所谓"翻墙软件"服务，也能构成拒不履行信息网络安全管理义务罪吗？/ 096
11. 单纯在网上发布违法信息，能构成本罪吗？/ 098

第二十四节　非法利用信息网络罪 / 099

导　读 / 099

条　文 / 099

罪名精释 / 100

1. 本罪所保护的法益与立法目的是什么？/ 100
2. 本罪客观要件的核心是什么？/ 101
3. 本罪何以成为"口袋罪"？/ 101
4. 本罪的设立在立法论上有无疑问？/ 102
5. 利用信息网络发布招嫖信息、组织视频吸毒、驾照销分、微信群讲经，构成本罪吗？/ 102
6. 单纯设立网站、通讯群组不发布信息的，值得作为犯罪处理吗？/ 103
7. 本罪与帮助信息网络犯罪活动罪之间是什么关系？/ 103
8. 设立组织他人吸毒的网站、通讯群组即构成非法利用信息网络罪的司法解释规定，有无疑问？/ 104
9. 是否应对"违法犯罪"进行限制解释？/ 104
10. 如何理解"同时构成其他犯罪"？/ 107

第二十五节　帮助信息网络犯罪活动罪 / 107

导　读 / 107

条　文 / 108

罪名精释 / 108

1. 本罪的立法目的是什么？/ 108
2. 能认为本罪的增设封堵了中立帮助行为的出罪通道吗？/ 110
3. 如何把握本罪与不可罚的中立帮助行为的界限？/ 110
4. 成立本罪，是否要求他人已经利用信息网络着手实行了犯罪？/ 111
5. 本罪中的"明知"，是注意规定还是特别规定？/ 111
6. 实践中只要符合本罪构成要件就不再认定成立诈骗罪等罪共犯的做法，是否妥当？/ 112
7. 本罪究竟是帮助犯的正犯化还是帮助犯的量刑规则？/ 112

011

8. 如何理解"同时构成其他犯罪"？／114

9. 如何把握本罪与拒不履行信息网络安全管理义务罪、非法利用信息网络罪的关系？／115

10. 是否需要将"其他犯罪"限定为法定刑高于帮信罪的犯罪？／115

11. 帮信罪何以成为"口袋罪"？／115

12. 被帮助者的行为并不是犯罪，只是一般违法行为，帮助者的行为是否成立帮信罪？／119

13. 帮信罪是否符合立法论？／120

第二十六节　扰乱无线电通讯管理秩序罪／121

导　读／121

条　文／122

罪名精释／122

1. 本罪所保护的法益是什么？／122

2. "擅自设置、使用无线电台（站）"成立犯罪，要求"干扰无线电通讯秩序，情节严重"吗？／122

3. 明知他人实施诈骗等犯罪，使用"黑广播""伪基站"等无线电设备发送信息的，如何处理？／122

第二十七节　聚众扰乱社会秩序罪／123

导　读／123

条　文／123

罪名精释／123

1. 本罪的实行行为是"扰乱"，还是"聚众+扰乱"？／123

2. 成立本罪，是否应限定为以暴力、胁迫的方式进行扰乱？／124

3. 民众以集体抗争的形式表达部分利益主体诉求的行为，能构成犯罪吗？／124

4. 本罪能处罚一般参加者吗？／124

5. 如何认定本罪中的"造成严重损失"？／125

第二十八节 聚众冲击国家机关罪 / 126

导 读 / 126

条 文 / 127

罪名精释 / 127

1. 本罪的实行行为是"冲击",还是"聚众+冲击"? / 127
2. 聚众冲击一般人可以任意出入的国家机关,能构成本罪吗? / 127
3. 能处罚聚众冲击国家机关的一般参加者吗? / 127

第二十九节 扰乱国家机关工作秩序罪 / 128

导 读 / 128

条 文 / 128

罪名精释 / 128

1. 应否将本罪限定为以暴力、胁迫的方式进行扰乱? / 128
2. 是否要求每次都经过行政处罚后再次进行扰乱才能成立犯罪? / 128
3. 本罪构成要件的设计是否有违罪刑法定的明确性要求? / 129

第三十节 组织、资助非法聚集罪 / 129

导 读 / 129

条 文 / 129

罪名精释 / 129

1. 是否只有所资助的他人实施了非法聚集行为才能成立犯罪? / 129
2. "多次",是否也修饰"资助"行为? / 130
3. 是否只有他人多次实施非法聚集行为,才能成立本罪? / 130
4. "他人"成立本罪的共犯吗? / 130
5. 本罪是否符合立法论? / 130

第三十一节 聚众扰乱公共场所秩序、交通秩序罪 / 131

导 读 / 131

条 文 / 131

罪名精释 / 131

1. "抗拒、阻碍国家治安管理工作人员依法执行职务",是独立的第三种行为类型,还是前两种行为类型成立犯罪的进一步要求? / 131
2. 聚众扰乱公共场所秩序,是否要求"情节严重"才成立犯罪? / 132

3. 对所谓"跳楼秀""跳桥秀",应当如何处理? / 133

4. 能追究参加者的刑事责任吗? / 133

第三十二节 投放虚假危险物质罪 / 133

导　读 / 133

条　文 / 134

罪名精释 / 134

1. 成立投放虚假危险物质罪,是否需要"严重扰乱社会秩序"? / 134

2. "严重扰乱社会秩序",是对行为性质还是对实害结果的要求? / 134

3. 如何区分投放虚假危险物质罪与投放危险物质罪? / 135

第三十三节 编造、故意传播虚假恐怖信息罪 / 136

导　读 / 136

条　文 / 136

罪名精释 / 136

1. 能认为令人恐怖的信息就是"恐怖信息"吗? / 136

2. "编造"是本罪的实行行为吗? / 137

3. 单纯对公安人员讲"如果不解决我的问题,我就炸掉公安局大楼",能构成犯罪吗? / 139

第三十四节 编造、故意传播虚假信息罪 / 140

导　读 / 140

条　文 / 140

罪名精释 / 140

1. 编造"重大灾情、重大疫情"信息,能构成编造虚假恐怖信息罪吗? / 140

2. "编造"是本罪的实行行为吗? / 141

3. 对"编造"没有强调故意,是否意味着编造可以由过失构成? / 141

第三十五节 高空抛物罪 / 141

导　读 / 141

条　文 / 142

罪名精释 / 142

1. 本罪所保护的法益是什么? / 142

2. 高空抛物罪在《刑法》中的体系位置,对其构成要件解释和
处罚范围确定有无影响?/ 143

3. 在10楼浇花时不小心碰下去一个花盆,构成本罪吗?/ 143

4. 高空撒尿、抛弃未吃完的方便面盒子,构成本罪吗?/ 143

5. 以危险方法危害公共安全罪定罪处罚的司法解释,还能适用吗?/ 143

6. 如何理解适用《刑法》第291条之二第2款?/ 144

第三十六节 聚众斗殴罪 / 144

导 读 / 144

条 文 / 145

罪名精释 / 145

1. 两拨人在珠穆朗玛峰顶上聚众斗殴并现场直播,构成聚众斗殴罪吗?/ 145

2. 聚众斗殴致人重伤、死亡以故意伤害罪、故意杀人罪定罪处罚的规定,
是注意规定还是法律拟制?/ 146

3. 聚众斗殴罪是"聚众+斗殴"的复行为犯吗?/ 149

4. 1人与3人斗殴,构成本罪吗?/ 150

5. "众"包括没有达到刑事责任年龄、不具有刑事责任能力的人吗?/ 150

6. 能认为聚众斗殴无防卫吗?/ 151

7. 成立本罪是否要求行为人具有所谓流氓动机?/ 152

8. "聚众斗殴"能否分为"聚众斗"与"聚众殴"?/ 152

9. 聚众斗殴导致首要分子受伤的,其承担故意伤害罪的刑事责任吗?/ 152

10. 聚众斗殴致多人重伤的,是成立一个故意伤害罪还是应同种
数罪并罚?/ 154

11. 双方各自仅一人动手的,构成本罪吗?/ 154

12. 对于聚众斗殴的一般参加者,能以共犯论处吗?/ 154

13. 何为"持械聚众斗殴"?/ 154

14. 聚众斗殴的死伤者能提起刑事附带民事赔偿诉讼吗?/ 155

第三十七节　寻衅滋事罪 / 155

导　读 / 155

条　文 / 156

罪名精释 / 156

1. 本罪所保护的法益和立法目的是什么？/ 156

2. 能否以是否"事出有因"来判断是否随意、任意？/ 160

3. 本罪与故意伤害罪、故意毁坏财物罪等罪之间是什么关系？/ 160

4. 如何认定寻衅滋事罪的各种具体行为类型？/ 161

5. 成立本罪，是否需要具有特定目的或流氓动机？/ 163

6. 在非公共场所殴打、辱骂他人，毁损他人财物，能构成寻衅滋事罪吗？/ 165

7. 对寻衅滋事罪的几种行为类型能否进行综合评价？/ 166

8. 是否需要殴打行为具有造成伤害结果的危险性？/ 167

9. "二年内多次实施不同种类寻衅滋事行为的，应当追究刑事责任"的司法解释规定，有无疑问？/ 167

10. 在公共场所追逐、拦截、辱骂妇女，是构成强制猥亵、侮辱罪还是本罪？/ 167

11. 网上造谣系"在公共场所起哄闹事，造成公共场所秩序严重混乱"吗？/ 168

12. 认定"纠集他人多次"，是否需要每次均构成寻衅滋事罪？/ 169

13. 本罪是否符合立法论？/ 169

第三十八节　催收非法债务罪 / 169

导　读 / 169

条　文 / 170

罪名精释 / 171

1. 本罪的保护法益和立法目的是什么？/ 171

2. 何为"高利放贷等产生的非法债务"？/ 172

3. 本罪与故意伤害罪、非法拘禁罪、敲诈勒索罪、抢劫罪、寻衅滋事罪、非法侵入住宅罪等罪之间是什么关系？/ 173

4. 如何把握本罪与正当行使权利、合法讨债的界限？/ 174

5. 催收非法债务罪是复行为犯还是单行为犯？/ 174

6. 催收高利放贷中的本金与合法利息，构成本罪吗？/ 175

7. 本罪的增设有无法理上的疑问？/ 175

第三十九节　组织、领导、参加黑社会性质组织罪 / 175

导　读 / 175

条　文 / 176

罪名精释 / 177

1. 本罪的实质与立法目的是什么？/ 177

2. 如何把握本罪与不可罚的中立帮助行为的界限？/ 179

3. 本罪是所谓的举动犯吗？/ 179

4. 适用本罪应如何避免重复评价？/ 180

5. 如何认定黑社会性质组织的组织特征？/ 183

6. 如何认定黑社会性质组织的经济特征？/ 185

7. 如何认定黑社会性质组织的行为特征？/ 188

8. 如何认定黑社会性质组织的非法控制特征(危害性特征)？/ 190

9. 对于参加者所实施的具体犯罪，是想象竞合从一重处罚还是应数罪并罚？/ 193

10. 黑社会性质组织所犯的全部罪行，是指黑社会性质组织成员所犯的全部罪行吗？/ 194

11. 《刑法》第294条第4款数罪并罚的规定，是注意规定还是法律拟制？/ 194

12. 本罪是否符合立法论？/ 194

第四十节　入境发展黑社会组织罪 / 205

导　读 / 205

条　文 / 205

罪名精释 / 205

1. 行为人不入境，通过电话、网络等手段在境内发展组织成员的，构成本罪吗？/ 205

2. 入境发展黑社会性质组织的成员,构成本罪吗?/ 206

3. 是否要求实际加入了境外的黑社会组织,才成立犯罪?/ 206

第四十一节 包庇、纵容黑社会性质组织罪 / 206

导　读 / 206

条　文 / 207

罪名精释 / 207

1. 本罪中的"包庇",等同于包庇罪中的"包庇"吗?/ 207

2. 应否将包庇黑社会性质组织罪中的"国家机关工作人员"限定为负有查禁黑社会性质组织违法犯罪活动的人?/ 207

3. 能否认为"包庇"是作为、"纵容"是不作为?/ 207

4. 实施包庇行为必须利用行为人职务上的便利吗?/ 208

5. 包庇黑社会性质组织罪与包庇罪、窝藏罪等犯罪之间是什么关系?/ 208

第四十二节 传授犯罪方法罪 / 208

导　读 / 208

条　文 / 208

罪名精释 / 209

1. 本罪与共犯中的教唆犯之间是什么关系?/ 209

2. 从立法论上讲,本罪有存在的必要吗?/ 209

第四十三节 非法集会、游行、示威罪 / 210

导　读 / 210

条　文 / 210

罪名精释 / 210

只要未申请或申请未获许可而举行集会、游行、示威,便成立本罪吗?/ 210

第四十四节 非法携带武器、管制刀具、爆炸物参加集会、游行、示威罪 / 211

导　读 / 211

条　文 / 211

罪名精释 / 212

1. 非法携带事先持有的枪支参加集会、游行、示威的,如何处理?/ 212

2.非法集会、游行、示威的负责人携带管制刀具参加集会、

　游行、示威的,如何处理? / 212

3.本罪中的"武器",是否同于走私武器罪中的"武器"? / 212

第四十五节　破坏集会、游行、示威罪 / 212

导　读 / 212

条　文 / 213

罪名精释 / 213

1.破坏非法举行的集会、游行、示威的,能构成本罪吗? / 213

2.本罪有存在的必要吗? / 213

第四十六节　侮辱国旗、国徽、国歌罪 / 213

导　读 / 213

条　文 / 214

罪名精释 / 214

1.在网络上侮辱国旗、国徽、国歌的,能构成本罪吗? / 214

2.成立侮辱国旗、国徽罪,需要情节严重吗? / 214

第四十七节　侵害英雄烈士名誉、荣誉罪 / 214

导　读 / 214

条　文 / 215

罪名精释 / 215

1.本罪所保护的法益是什么? / 215

2.应否对本罪中的"英雄烈士"的范围进行限制? / 215

3.如何分析本罪的立法逻辑? / 215

第四十八节　组织、利用会道门、邪教组织、利用迷信破坏法律实施罪 / 216

导　读 / 216

条　文 / 216

罪名精释 / 216

1.持有、携带自己制作的邪教宣传品就成立既遂的司法解释规定,有无疑问? / 216

2.制作邪教宣传品就构成本罪的司法解释规定,有无疑问? / 217

3."组织"是本罪的实行行为吗？/ 217

4.《刑法》第300条第3款规定是注意规定还是法律拟制？/ 218

5.本罪构成要件明确吗？/ 218

第四十九节 组织、利用会道门、邪教组织、利用迷信致人重伤、死亡罪 / 218

导 读 / 218

条 文 / 219

罪名精释 / 219

1.利用邪教、迷信教唆、帮助自杀、自伤以故意杀人、伤害罪定罪处罚的司法解释规定，有无疑问？/ 219

2.蒙骗没有意思能力的幼儿、高度精神病患者自伤、自杀的，成立本罪吗？/ 220

第五十节 聚众淫乱罪 / 220

导 读 / 220

条 文 / 220

罪名精释 / 220

1."聚众"是本罪的实行行为吗？/ 220

2.聚众进行手淫、口交、肛交的，构成本罪吗？/ 221

3.数人在不同地点的线上进行裸聊的，构成本罪吗？/ 221

4.成人间基于同意秘密实施聚众淫乱活动的，能构成本罪吗？/ 221

第五十一节 引诱未成年人聚众淫乱罪 / 222

导 读 / 222

条 文 / 222

罪名精释 / 222

1.本罪所保护的法益是什么？/ 222

2.已满16周岁不满18周岁的人被引诱参加聚众淫乱活动的，构成犯罪吗？/ 223

3.引诱未成年人观看他人进行淫乱活动的，构成本罪吗？/ 223

4.应将本罪中的淫乱活动限定于自然性交吗？/ 223

5. 引诱未成年人参加秘密的聚众淫乱活动的,构成本罪吗?/ 223

6. 引诱不满14周岁的幼女、男童参加聚众淫乱活动的,如何处理?/ 223

第五十二节 盗窃、侮辱、故意毁坏尸体、尸骨、骨灰罪 / 224

导 读 / 224

条 文 / 224

罪名精释 / 224

1. 本罪所保护的法益是什么?/ 224

2. 从医院太平间偷出女友的尸体摆放在自己家里的,构成本罪吗?/ 224

3. 抢劫、抢夺、诈骗尸体的,如何处理?/ 225

4. 侮辱尸体,需要公然实施吗?/ 225

5. 以书面、文字等方式侮辱死者名誉的,构成本罪吗?/ 225

6. 杀人碎尸的,如何处理?/ 225

第五十三节 赌 博 罪 / 225

导 读 / 225

条 文 / 226

罪名精释 / 226

1. 赌博罪的法益是什么?/ 226

2. "聚众"是本罪的实行行为吗?/ 227

3. 进行赌博诈骗的,是成立赌博罪还是诈骗罪?/ 228

4. 认为组织赌博就是聚众赌博的规定,有无疑问?/ 229

第五十四节 开设赌场罪 / 229

导 读 / 229

条 文 / 230

罪名精释 / 230

1. 开设赌场罪是单行为犯还是复合行为犯?/ 230

2. 将为赌博、开设赌场提供帮助的全部作为共犯处罚,有无疑问?/ 231

3. 开设的"赌场"是否包括网络空间?/ 232

4. 具有国家工作人员身份的人实施赌博犯罪从重处罚的相关规定是否合理?/ 233

021

5. 如何区分开设赌场罪的共犯与帮助信息网络犯罪活动罪？/ 233

6. 如何界分开设赌场罪与赌博罪(聚众赌博)？/ 234

第五十五节 组织参与国(境)外赌博罪 / 238

导　读 / 238

条　文 / 238

罪名精释 / 239

1. 为什么增设本罪？/ 239

2. 需要被组织者前往国(境)外的赌场参与赌博,才构成本罪吗？/ 240

3. 增设本罪是否有违双重犯罪原则？/ 240

4. 在互联网时代,还有国(境)内外之分吗？/ 240

5. 本罪规定了一档法定刑,还是两档法定刑？/ 240

第五十六节 故意延误投递邮件罪 / 241

导　读 / 241

条　文 / 241

罪名精释 / 241

1. 本罪的罪过形式是故意还是过失？/ 241

2. "快递小哥"故意延误投递信件,构成本罪吗？/ 241

3. 本罪与故意毁坏财物罪之间是什么关系？/ 242

第二章　妨害司法罪 / 243

第一节　伪　证　罪 / 243

导　读 / 243

条　文 / 244

罪名精释 / 244

1. 本罪所保护的法益是什么？/ 244

2. 在排除非法证据和涉及自首、立功认定等场合,相关的侦查、监管、检察人员是否属于本罪中的"证人"？/ 244

3. 不作为能成立伪证罪吗？/ 244

4. 作为本罪行为主体的"证人"，是否包括被害人？/ 245

5. 伪证罪的行为主体，是否包括监察机关办理职务犯罪过程中的证人、
   鉴定人、记录人、翻译人？/ 245

6. 证人拒不作证的，能成立伪证罪吗？/ 245

7. 本罪是抽象危险犯、具体危险犯还是实害犯？/ 245

8. 犯罪嫌疑人、被告人教唆证人等为自己作伪证的，是否成立
   伪证罪的教唆犯？/ 246

9. 证人按照司法工作人员的要求作伪证的，能成立伪证罪吗？/ 246

10. 能否将"在刑事诉讼中"的范围扩大解释到立案前？/ 246

11. 如何区分伪证罪与诬告陷害罪？/ 246

12. 本想作伪证却说出真相的，能构成伪证罪吗？/ 247

13. 配偶、直系亲属作伪证的，能成立伪证罪吗？/ 248

14. 侦查人员未事先告知证人作伪证的法律后果，证人作虚假证明的，
    能成立伪证罪吗？/ 248

15. 诬告陷害导致他人被立案侦查，然后在刑事诉讼中故意作虚假证明，
    意图陷害他人的，是成立一罪还是数罪并罚？/ 249

16. 如何认定伪证罪的既遂？/ 249

第二节　辩护人、诉讼代理人毁灭证据、伪造证据、妨害作证罪 / 249

　　导　　读 / 249

　　条　　文 / 250

　　罪名精释 / 250

1. 为何本罪的增设为广大律师所诟病？/ 250

2. 律师毁灭同事案头上的证据的，构成本罪吗？/ 251

3. 制造立功表现的，是否属于"伪造"立功证据？/ 251

4. 本条中"帮助当事人毁灭、伪造证据"的规定是否多余？/ 252

5. 本罪中的"证人"，包括被害人、鉴定人、翻译人吗？/ 252

6. 本罪可以由间接故意构成吗？/ 252

7. 律师唆使他人帮助毁灭、伪造证据的,如何处理? / 253

第三节 **妨害作证罪** / 253

导　读 / 253

条　文 / 254

罪名精释 / 254

1. 妨害作证罪的保护法益包括公民依法作证的权利吗? / 254

2. 指使根本不了解案情的人作伪证的,能成立妨害作证罪吗? / 254

3. 在民事、行政诉讼中妨害作证的,能构成妨害作证罪吗? / 254

4. 何为妨害作证罪中的"证人"与"他人"? / 255

5. 指使他人作伪证,需要采取"以暴力、威胁、贿买等方法"吗? / 255

6. 本犯指使他人作伪证的,能成立妨害作证罪吗? / 256

7. 教唆本犯作虚假供述的,成立犯罪吗? / 256

8. "指使他人作伪证"型妨害作证罪,是伪证罪教唆犯的正犯化吗? / 256

9. "等方法"是否包括唆使、嘱托、请求、引诱等方法? / 257

10. 同案犯之间的串供行为,构成妨害作证罪吗? / 257

11. 妨害作证罪的既遂标准是什么? / 257

12. 共犯人阻止同案犯作供述或者指使同案犯作虚假供述,成立妨害作证罪吗? / 257

13. 司法工作人员妨害作证未利用职权的,能从重处罚吗? / 258

第四节 **帮助毁灭、伪造证据罪** / 258

导　读 / 258

条　文 / 259

罪名精释 / 259

1. 帮助毁灭、伪造证据罪有哪些行为类型? / 259

2. 毁灭、伪造自己刑事案件的证据,构成犯罪吗? / 260

3. 帮助民事、行政诉讼当事人毁灭、伪造证据,构成帮助毁灭、伪造证据罪吗? / 260

4. 本罪中的"帮助",是什么含义? / 260

5. 误以为是自己刑事案件的证据而毁灭、伪造,或者相反,构成帮助毁灭、伪造证据罪吗? / 261

6. 经当事人同意,帮助其毁灭无罪证据或者伪造不利于当事人的
   证据的,是否阻却违法性? / 261
7. 帮助毁灭、伪造证据材料的,构成犯罪吗? / 261
8. 行为人毁灭、伪造共犯证据的,成立帮助毁灭、伪造证据罪吗? / 262
9. 本犯教唆他人帮助毁灭、伪造证据,以及他人教唆本犯毁灭、
   伪造证据,如何处理? / 262
10. 藏匿、杀害证人的,如何处理? / 262
11. 以为超过时效不再追诉而毁灭证据,构成犯罪吗? / 262
12. 贪官子女尽情享用父母贪污受贿的款物的,构成帮助毁灭
    证据罪吗? / 263
13. 隐匿证据的行为,是否属于毁灭证据? / 263
14. 变造证据是否属于伪造证据? / 263
15. 司法工作人员是否需要利用职权、滥用职权实施本罪行为才能
    从重处罚? / 263
16. 他人教唆司法工作人员实施本罪行为的,也需要从重处罚吗? / 264

第五节　虚假诉讼罪 / 264

导　读 / 264

条　文 / 265

罪名精释 / 265

1. 本罪所保护的法益是什么? / 265
2. 以部分捏造的事实提起民事诉讼,构成虚假诉讼罪吗? / 265
3. 何为提起"民事诉讼"? / 267
4. 从立法论上讲,有必要将"严重侵害他人的合法权益"规定为
   构成要件结果吗? / 269
5. 本罪是复行为犯,实行行为是"捏造行为 + 起诉行为"吗? / 270
6. 以捏造的事实"提起"民事诉讼与虚假应诉,有无不同? / 271
7. 如何认定本罪的既遂? / 272
8. 原告起诉后以虚假的事实变更诉讼请求的,也能成立虚假诉讼罪吗? / 273
9. 在民事诉讼中,单纯提供虚假证据反驳诉讼请求的,构成犯罪吗? / 273

10. 本罪是行为犯还是结果犯？/ 274

11. 刑法上的虚假诉讼罪也以当事人之间恶意串通为前提吗？/ 274

12. 行为人提出的事实是真实的,但理由是虚假的,构成本罪吗？/ 274

13. 本条第3款是注意规定还是法律拟制？/ 275

14. 如果当事人一方与法官串通通过诉讼侵犯对方财产,如何处理？/ 275

第六节　打击报复证人罪 / 275

导　读 / 275

条　文 / 275

罪名精释 / 276

1. 本罪中的"证人",包括哪些人？/ 276

2. 本罪与故意杀人罪、故意伤害罪等罪之间是什么关系？/ 276

第七节　泄露不应公开的案件信息罪 / 276

导　读 / 276

条　文 / 276

罪名精释 / 277

1. 如何从立法上分析本罪？/ 277

2. 经当事人同意的泄露行为,是否阻却违法性？/ 277

第八节　披露、报道不应公开的案件信息罪 / 278

导　读 / 278

条　文 / 278

罪名精释 / 278

如何分析本罪的立法逻辑？/ 278

第九节　扰乱法庭秩序罪 / 279

导　读 / 279

条　文 / 279

罪名精释 / 279

1. 庭审结束后等待阅签笔录期间殴打诉讼参与人的,构成扰乱法庭秩序罪吗？/ 279

2. 在法庭上对司法工作人员的违法行为,以不改正就告发相威胁的,
构成犯罪吗? / 281

3. 本罪与故意伤害、侮辱、诽谤、故意毁坏财物等罪之间是什么关系? / 281

第十节 窝藏罪 / 281

导读 / 281

条文 / 282

罪名精释 / 282

1. 窝藏罪所保护的法益是什么? / 282

2. "提供隐藏处所、财物"与"帮助其逃匿"之间是什么关系? / 283

3. 本罪中的"帮助",是共犯意义上的帮助吗? / 284

4. 何为"犯罪的人"? / 284

5. 同时窝藏多名犯罪的人,构成一罪还是数罪? / 285

6. 犯罪的人教唆他人对自己实施窝藏行为的,构成犯罪吗? / 285

7. 他人教唆犯罪的人逃匿的,如何处理? / 285

8. 犯罪嫌疑人确实无罪,行为人为使犯罪嫌疑人免受错误拘捕
而窝藏的,构成犯罪吗? / 285

9. 《刑法》第362条,是注意规定还是法律拟制? / 286

10. 单纯的知情不举,构成犯罪吗? / 286

11. 中途知情而继续窝藏的,构成窝藏罪吗? / 286

12. 本罪第2款的规定是注意规定还是法律拟制? / 286

13. 犯罪的人窝藏共犯人的,如何处理? / 287

14. 犯罪人的配偶、近亲属对犯罪的人实施窝藏行为的,构成犯罪吗? / 287

第十一节 包庇罪 / 287

导读 / 287

条文 / 288

罪名精释 / 288

1. 为何人们公认所谓"顶包"行为属于"包庇"? / 288

2. 如何区分包庇罪与伪证罪? / 289

3. 如何正确处理包庇罪与帮助毁灭、伪造证据罪的关系？/ 289

第十二节 拒绝提供间谍犯罪、恐怖主义犯罪、极端主义犯罪证据罪 / 290

导　读 / 290

条　文 / 290

罪名精释 / 290

1. 行为人拒绝作证的，能构成本罪吗？/ 290

2. 行为人作虚假证明的，如何处理？/ 291

第十三节 掩饰、隐瞒犯罪所得、犯罪所得收益罪 / 291

导　读 / 291

条　文 / 292

罪名精释 / 292

1. 本罪的性质及所保护的法益是什么？/ 292

2. 本犯窝藏、转移、销售赃物，是因缺乏违法性，还是有责性而不作为犯罪处理？/ 293

3. 教唆、帮助本犯实施掩饰、隐瞒行为，是否成立本罪？/ 294

4. 如何理解本罪的构成要件行为？/ 294

5. 何为"犯罪所得及其产生的收益"？/ 295

6. 本罪是所谓选择性罪名吗？/ 297

7.《刑法修正案（十一）》将"自洗钱"入罪，是否意味着"自窝藏"也构成犯罪？/ 297

8. 未达刑事法定年龄的人的盗窃所得，是"犯罪"所得吗？/ 298

9. 司法解释曾经规定，掩饰、隐瞒犯罪所得及其产生的收益价值在3000元以上的应予立案，有无疑问？/ 298

10. 本犯教唆他人帮助窝藏、转移、销售赃物的，构成犯罪吗？/ 298

11. 教唆、帮助他人盗窃后收购赃物的，成立本罪吗？/ 298

12. 对于掩饰、隐瞒的财物，还可以再成立掩饰、隐瞒犯罪所得、犯罪所得收益罪吗？/ 299

13. 掩饰、隐瞒的价值总额达到 10 万元以上即为"情节严重"的司法解释规定,有无疑问? / 299
14. 单独未达数额较大,但总共收购的数额达到数额较大的,能否认定为收购"犯罪所得"? / 299
15. 犯罪人取得赃物后死亡的,该赃物是否为犯罪所得? / 300
16. 本罪与洗钱罪,窝藏毒品、毒赃罪之间是什么关系? / 300
17. 行为人侵吞所保管的赃物或者销赃款的,如何处理? / 301
18. 既遂之前参与的,成立掩饰、隐瞒犯罪所得、犯罪所得收益罪吗? / 301
19. 改装丧失了同一性,一种货币兑换成另一种货币,是否属于犯罪"所得"? / 302
20. 对房屋进行装修、原油质量进行鉴定,能构成本罪吗? / 302
21. "应当知道",是"明知"吗? / 302
22. 本罪是继续犯吗? / 303
23. 销赃构成诈骗罪吗? / 304
24. 他人通过污染环境的手段生产或者制造的物品,是否属于犯罪所得? / 304
25. 子女享用父母贪污的公款,构成本罪吗? / 304
26. 子女消费父亲挪用的公款的,构成本罪吗? / 304
27. 能否根据获利多少,掩饰、隐瞒财产数额大小确定罪与非罪、罪轻罪重? / 304
28. 乙盗窃了他人价值 5000 元的财物,而甲仅窝藏了其中价值 1000 元的财物,甲构成本罪吗? / 305
29. 如何追究电信诈骗取款人的刑事责任? / 305
30. 被害人在法律上没有追求权的物品,如管制刀具,可以成为本罪的对象吗? / 305
31. 行为没有达到司法解释所要求的数额标准,如盗窃 500 元、职务侵占 2 万元、集资诈骗 9 万元,是否属于犯罪所得? / 306
32. 如何定性"掐卡""黑吃黑"案件的行为性质? / 306

33.如何界分掩饰、隐瞒犯罪所得、犯罪所得收益罪,帮信罪与诈骗等罪共犯?/308

第十四节 拒不执行判决、裁定罪/310

导　读/310

条　文/310

罪名精释/310

1.何为"有能力执行"?/310

2.何为"拒不执行"?/312

3.行为人在判决、裁定生效后,执行立案之前实施隐藏、转移财产等行为的,能否认定为本罪?/314

4.本罪是继续犯吗?/314

5.如何认定"情节特别严重"?/315

6.拒不执行判决、裁定的行为必须发生在什么时间?/317

7.行为人单纯不遵守管制规定的,能成立本罪吗?/317

8.行为人单纯不执行刑事判决的,能否成立本罪?/317

9.终结执行是否影响拒不执行判决、裁定罪的成立?/317

第十五节 非法处置查封、扣押、冻结的财产罪/319

导　读/319

条　文/320

罪名精释/320

1.本罪所保护的法益是什么?/320

2.为何本罪的法定刑偏低?/321

3.本罪与盗窃、诈骗、故意毁坏财物罪等财产罪之间是什么关系?/321

第十六节 破坏监管秩序罪/321

导　读/321

条　文/322

罪名精释/322

1.本罪与故意伤害罪等罪之间是什么关系?/322

2.受监管人员指使,殴打、体罚虐待其他被监管人员的,如何处理? / 323

第十七节 脱 逃 罪 / 323

导 读 / 323

条 文 / 323

罪名精释 / 324

1.事实上无罪的人,能否成为本罪的行为主体? / 324

2.能否认为准许回家探亲而逾期不归的,也成立脱逃罪? / 324

3.脱逃罪的既遂标准是什么? / 324

4.两人串通一起脱逃,只有一人脱逃成功的,是既遂还是未遂? / 324

5.脱逃罪是继续犯吗? / 325

6.被关押人员教唆监管人员私放自己的,成立犯罪吗? / 325

7.被判处死刑立即执行以及终身监禁的人脱逃的,成立犯罪吗? / 325

第十八节 劫夺被押解人员罪 / 325

导 读 / 325

条 文 / 326

罪名精释 / 326

1.从庭上劫走被告人的,构成本罪吗? / 326

2.不使用暴力、威胁方法,乘押解人不注意而迅速夺取被押解人,
也是"劫夺"吗? / 326

第十九节 组织越狱罪 / 327

导 读 / 327

条 文 / 327

罪名精释 / 327

1."组织越狱",是指有组织地集体越狱,还是组织他人越狱? / 327

2.本罪与脱逃罪之间是什么关系? / 328

3.本罪的既遂标准是什么? / 328

第二十节 暴动越狱罪 / 328

导　读 / 328

条　文 / 329

罪名精释 / 329

1. "暴动"等于"暴力"吗？/ 329

2. 参加暴动越狱的,均成立暴动越狱罪吗？/ 329

第二十一节 聚众持械劫狱罪 / 329

导　读 / 329

条　文 / 329

罪名精释 / 330

1. 携带器械就是"持械"吗？/ 330

2. 本罪中的"械"等于凶器吗？/ 330

3. 聚众持械从看守所劫走被关押人员的,能构成本罪吗？/ 330

第三章　妨害国（边）境管理罪 / 331

第一节　组织他人偷越国（边）境罪 / 331

导　读 / 331

条　文 / 331

罪名精释 / 332

1. 被组织人能构成本罪的共犯吗？/ 332

2. 组织使用骗取的出入境证件的人出入国（边）境,能构成本罪吗？/ 332

3. 本罪既遂的标准是什么？/ 333

4. 本罪成立的前提是什么？/ 333

5. 评价为加重情节的是否还能按第2款的规定数罪并罚？/ 334

6. 本条第1款第3项"造成被组织人重伤",包括故意重伤吗？/ 334

7. 引诱、介绍行为能评价为"组织"行为吗？/ 335

8. 如何分析妨害国（边）境管理罪一节罪名的立法逻辑？/ 335

第二节　骗取出境证件罪 / 335

导　读 / 335

条　文 / 336

罪名精释 / 336

1. 本罪有存在的必要吗？/ 336

2. 本罪中"为组织他人偷越国（边）境使用"，是什么性质的要素？/ 337

3. 成立本罪是否应以他人的行为具有偷越国（边）境的性质为前提？/ 337

4. 骗取出境证件后出入境的行为，是否属于《刑法》上的

偷越国（边）境？/ 337

第三节　提供伪造、变造的出入境证件罪 / 338

导　读 / 338

条　文 / 338

罪名精释 / 338

1. 本罪中的伪造、变造，仅限于有形伪造、变造吗？/ 338

2. 提供作废、无效的出入境证件的，构成犯罪吗？/ 339

第四节　出售出入境证件罪 / 339

导　读 / 339

条　文 / 339

罪名精释 / 340

1. 本罪的对象限于真实的出入境证件吗？/ 340

2. 出售空白护照，也能构成本罪吗？/ 340

第五节　运送他人偷越国（边）境罪 / 341

导　读 / 341

条　文 / 341

罪名精释 / 342

1. 在境内运送偷越国（边）境的人员，能构成本罪吗？/ 342

2. 徒步带领他人偷越国（边）境，属于运送他人偷越国（边）境吗？/ 343

3. 本罪的既遂标志是什么？/ 343

4. 被运送的偷越国(边)境人员,构成本罪的共犯吗？／343

5. 既组织又运送他人偷越国(边)境的,如何处理？／343

6. 运送他人偷越国(边)境的人自己也顺便偷越国(边)境的,如何处理？／344

第六节　偷越国(边)境罪／344

导　读／344

条　文／345

罪名精释／345

1. 持以劳务输出等名义办理的出入境证件出入国(边)境,属于偷越国(边)境吗？／345

2. 本罪是继续犯吗？／346

3. 本罪中"为参加恐怖活动组织、接受恐怖活动培训或者实施恐怖活动",是什么性质的要素？／347

4. 走私犯罪人偷越国(边)境的,是成立想象竞合还是应数罪并罚？／347

第七节　破坏界碑、界桩罪／347

导　读／347

条　文／348

罪名精释／348

1. 破坏限于物理性毁损吗？／348

2. 本罪与故意毁坏财物罪之间是什么关系？／348

第八节　破坏永久性测量标志罪／348

导　读／348

条　文／349

罪名精释／349

1. 本罪的对象限于国家边境的永久性测量标志吗？／349

2. 既破坏界碑、界桩,又破坏永久性测量标志的,应如何处理？／349

第四章　妨害文物管理罪 / 350

第一节　故意损毁文物罪 / 350

导　读 / 350

条　文 / 350

罪名精释 / 351

1. 隐匿他人所有的珍贵文物的,构成本罪吗? / 351

2. 所有权人损毁自己收藏的珍贵文物,构成犯罪吗? / 351

3. 故意损坏他人所有的文物的,如何处理? / 351

4. 割下兵马俑头颅后取走的,是想象竞合还是应数罪并罚? / 351

第二节　故意损毁名胜古迹罪 / 352

导　读 / 352

条　文 / 352

罪名精释 / 352

1. 故意损毁名胜古迹并取走文物的,如何处理? / 352

2. 本罪与故意毁坏财物罪之间是什么关系? / 352

第三节　过失损毁文物罪 / 353

导　读 / 353

条　文 / 353

罪名精释 / 353

1. 过失损毁公民自己所有的文物的,构成犯罪吗? / 353

2. 可否将本罪中的过失限定为有认识的过失? / 354

3. 应否对将本罪的主体限定为管理文物的人? / 354

第四节　非法向外国人出售、赠送珍贵文物罪 / 354

导　读 / 354

条　文 / 354

罪名精释 / 355

1. 私自出售、赠送珍贵文物给外国机构、组织的,构成本罪吗? / 355

2. 盗窃珍贵文物后出售、赠送给外国人的,如何处理?／355

第五节　倒卖文物罪／355

　　导　读／355

　　条　文／355

　　罪名精释／356

　　1. 将自己合法收藏的文物出售给他人的,能成立倒卖文物罪吗?／356

　　2. 为出售而收购、运输、储存文物构成倒卖文物罪的司法解释规定,有无疑问?／357

　　3. 盗窃文物后出售的,如何处理?／358

第六节　非法出售、私赠文物藏品罪／358

　　导　读／358

　　条　文／358

　　罪名精释／358

　　1. 本罪与非法向外国人出售、赠送珍贵文物罪之间,是什么关系?／358

　　2. 将文物出售、赠送给国有控股公司的,构成本罪吗?／359

　　3. 本罪与贪污罪之间是什么关系?／359

第七节　盗掘古文化遗址、古墓葬罪／359

　　导　读／359

　　条　文／359

　　罪名精释／360

　　1. 打捞被水淹没的古文化遗址、古墓葬的,构成本罪吗?／360

　　2. 公开盗掘的,构成本罪吗?／360

　　3. 实施盗掘古文化遗址、古墓葬的行为,就成立本罪的既遂吗?／360

　　4. 采取破坏性手段盗窃古文化遗址、古墓葬以外的古建筑、石窟寺等不可移动文物的,构成犯罪吗?／362

　　5. 作为加重犯的多次盗掘需要每次均既遂、盗掘并盗窃的需要盗窃既遂吗?／362

第八节　盗掘古人类化石、古脊椎动物化石罪 / 362

　　导　读 / 362

　　条　文 / 363

　　罪名精释 / 363

　　1. 盗掘恐龙蛋化石的,能构成盗掘古脊椎动物化石罪吗? / 363

　　2. 本罪与盗窃罪、故意损毁文物罪、故意毁坏财物罪之间是什么关系? / 363

第九节　抢夺、窃取国有档案罪 / 364

　　导　读 / 364

　　条　文 / 364

　　罪名精释 / 364

　　1. 抢劫国有档案的,如何处理? / 364

　　2. 诈骗、敲诈勒索、侵占、毁坏国有档案的,如何处理? / 364

第十节　擅自出卖、转让国有档案罪 / 365

　　导　读 / 365

　　条　文 / 365

　　罪名精释 / 365

　　1. 本罪与故意泄露国家秘密罪之间是什么关系? / 365

　　2. 本罪与贪污罪之间是什么关系? / 366

第五章　危害公共卫生罪 / 367

第一节　妨害传染病防治罪 / 367

　　导　读 / 367

　　条　文 / 367

　　罪名精释 / 368

　　1. 本罪的罪过形式是什么? / 368

　　2. 本罪是具体危险犯还是实害犯? / 370

　　3. 从疫区回来的人随意出入公共场所的构成本罪吗? / 370

037

4. 本罪是仅适用于客观上已感染的人,还是也可适用于虽有感染风险但实际上未感染的人? / 371

5. 如何判断"有传播严重危险"? / 371

6. 已经引起传播与有传播严重危险的情节,在量刑上应否区别对待? / 371

7. 本罪与危害公共安全罪、故意伤害罪、故意杀人罪等罪之间是什么关系? / 371

8. 拒绝执行不符合《传染病防治法》规定的预防、控制措施,构成犯罪吗? / 371

9. 本罪未设置兜底条款,是否属于立法疏漏? / 372

第二节　传染病菌种、毒种扩散罪 / 372

　　导　读 / 372

　　条　文 / 372

　　罪名精释 / 372

　　1. 本罪的责任形式是什么? / 372

　　2. 本罪与重大责任事故罪、危险物品肇事罪等之间是什么关系? / 373

第三节　妨害国境卫生检疫罪 / 373

　　导　读 / 373

　　条　文 / 374

　　罪名精释 / 374

　　1. 本罪的责任形式是什么? / 374

　　2. 本罪是实害犯还是危险犯? / 375

第四节　非法组织卖血罪 / 375

　　导　读 / 375

　　条　文 / 375

　　罪名精释 / 376

　　1. 劝诱特定个人出卖血液的,构成本罪吗? / 376

　　2. 非法组织他人出卖血液的"他人",能成立本罪的共犯吗? / 376

　　3. 本条第2款中的"伤害",能包括轻伤吗? / 376

4. 非法组织卖血造成伤害的定故意伤害罪,能并处罚金吗?/ 377

5. 本条第 2 款"对他人造成伤害"中的"他人",包括用血者吗?/ 377

6. 只有对伤害结果有故意的,才能定故意伤害罪吗?/ 377

7. 组织艾滋病患者、乙型肝炎患者等出卖血液的,如何处理?/ 377

第五节　强迫卖血罪 / 378

导　读 / 378

条　文 / 378

罪名精释 / 378

1. 强迫特定个人出卖血液的,构成本罪吗?/ 378

2. 如何把握本条第 2 款的规定?/ 379

3. 强迫他人出卖血液中的"他人",能成立本罪的共犯吗?/ 379

4. "对他人造成伤害"中的"他人",包括用血者吗?/ 379

5. 强行无偿采集血液的,构成犯罪吗?/ 380

第六节　非法采集、供应血液、制作、供应血液制品罪 / 380

导　读 / 380

条　文 / 381

罪名精释 / 381

1. 采集、制作是本罪的实行行为吗?/ 381

2. 本罪是具体危险犯吗?/ 381

3. "足以危害人体健康"中的"人体",仅限于供血者吗?/ 382

4. 非法组织、强迫卖血后又非法供应血液、制作、供应血液制品的, 如何处理?/ 382

第七节　采集、供应血液、制作、供应血液制品事故罪 / 382

导　读 / 382

条　文 / 382

罪名精释 / 383

1. 采集、制作是本罪的实行行为吗?/ 383

2. 本罪的责任形式是什么?/ 383

妨害社会管理秩序罪 罪名精释与案例百选

第八节 非法采集人类遗传资源、走私人类遗传资源材料罪 / 383

　　导　读 / 383

　　条　文 / 384

　　罪名精释 / 384

　　1. 本罪所保护的法益是什么？/ 384

　　2. 通过电子邮件发送人类遗传资源信息的，构成本罪吗？/ 384

第九节 医疗事故罪 / 384

　　导　读 / 384

　　条　文 / 385

　　罪名精释 / 385

　　1. 何为"医务人员"？/ 385

　　2. 医务人员严重不负责任造成多名就诊人死亡的，能定过失致人死亡罪吗？/ 385

第十节 非法行医罪 / 386

　　导　读 / 386

　　条　文 / 386

　　罪名精释 / 387

　　1. 本罪所保护的法益是什么？/ 387

　　2. 如何认定非法"行医"？/ 387

　　3. 以非法手段取得医师资格从事医疗活动的，属于非法行医吗？/ 388

　　4. 取得了医师资格证书但未取得医师执业证书的人行医的，属于非法行医吗？/ 388

　　5. 只要取得了医师资格，就不可能构成非法行医罪吗？/ 389

　　6. 没有取得医生执业资格的人确实医治了很多疑难杂症，但同时导致个别患者死亡的，能构成非法行医罪吗？/ 389

　　7. 持续非法行医的，是认定一罪还是数罪？/ 390

　　8. 没有医生执业资格但经患者同意而治病的，构成本罪吗？/ 390

9. 非法行医行为同时触犯生产、销售、提供劣药、假药、诈骗犯罪的，
   如何处理？/ 390

10. 未取得医生执业资格的人免费为他人行医，情节严重的，构成本罪吗？/ 391

11. 牙科医生为患者做阑尾炎手术，导致患者死亡的，是构成医疗
    事故罪还是非法行医罪？/ 391

12. 具有医生执业资格的人教唆、帮助没有医生执业资格的人行医，构成
    非法行医罪吗？/ 391

13. 如何认定非法行医造成就诊人死亡？/ 392

14. 医院的外科手术医生在自己家里给人动手术的，构成非法行医
    罪吗？/ 394

第十一节　非法进行节育手术罪 / 395

　　导　读 / 395

　　条　文 / 395

　　罪名精释 / 396

　　1. 本罪与非法行医罪之间是什么关系？/ 396

　　2. 如何分析本罪的立法逻辑 / 396

第十二节　非法植入基因编辑、克隆胚胎罪 / 396

　　导　读 / 396

　　条　文 / 396

　　罪名精释 / 397

　　1. 本罪的立法目的是什么？/ 397

　　2. 本罪有哪些行为类型？/ 397

　　3. 将基因编辑、克隆的动物胚胎植入动物体内，构成犯罪吗？/ 397

第十三节　妨害动植物防疫、检疫罪 / 397

　　导　读 / 397

　　条　文 / 398

　　罪名精释 / 398

　　1. 本罪的罪过形式是什么？/ 398

　　2. 本罪是实害犯还是危险犯？/ 398

第六章 破坏环境资源保护罪 / 399

第一节 污染环境罪 / 399

导　读 / 399

条　文 / 400

罪名精释 / 400

1. 本罪所保护的法益是什么？/ 400

2. 本罪的罪过形式是什么？/ 402

3. 如何理解认定"严重污染环境"？/ 404

4. 本罪是行为犯、结果犯、危险犯还是实害犯？/ 405

5. 如何认定本罪的既遂、未遂与中止？/ 407

6. 如何理解《刑法》第338条第2款"同时"构成其他犯罪？/ 409

7. 如何界分污染环境罪与投放危险物质罪？/ 409

8. 过失排污导致环境严重污染的，构成污染环境罪吗？/ 411

9. 污染环境罪的追诉时效如何计算？/ 413

10. 如何以中立帮助行为理论为指导确定环境犯罪的主体范围？/ 413

11. 委托无危险废物经营许可资质的人处理危险废物的，能构成污染环境罪吗？/ 416

第二节 非法处置进口的固体废物罪 / 417

导　读 / 417

条　文 / 417

罪名精释 / 417

1. 本罪的罪名确定妥当吗？/ 417

2. 将危险废液、废气装入容器运到中国境内倾倒、排放的，构成本罪吗？/ 418

3. 本罪的既遂标准是什么？/ 418

4. 本罪与污染环境罪之间是什么关系？/ 418

第三节 擅自进口固体废物罪 / 418

导　读 / 418

条　文／418

罪名精释／419

1. 本罪的责任形式是什么？／419

2. 骗取国务院有关主管部门许可进口固体废物用作原料,构成本罪吗？／419

第四节　**非法捕捞水产品罪**／419

导　读／419

条　文／420

罪名精释／420

1. 成立本罪,行为人对禁渔区、禁渔期、禁用的工具、方法是否应有认识？／420

2. 本罪的既遂标准是什么？／420

第五节　**危害珍贵、濒危野生动物罪**／421

导　读／421

条　文／422

罪名精释／422

1. 未经林业主管部门批准,将发情的公老虎送往外地交配的,构成犯罪吗？／422

2. 本罪与危害公共安全罪、盗窃罪、故意毁坏财物罪之间是什么关系？／422

3. 砍掉东北虎的四肢,是危害珍贵、濒危野生动物还是故意毁坏财物？／422

4. 司法解释认为以营利为目的的"加工"利用行为属于"出售",是否有类推解释之嫌？／423

5. 既非法猎捕大熊猫又非法运输东北虎的,是一罪还是数罪？／423

6. 人工驯养繁殖的动物是否属于危害珍贵、濒危野生动物罪的对象？／424

7. 非法猎捕濒危野生动物后走私,或者走私入境后杀害的,一罪还是数罪？／426

8. 将捡到的已经死亡的重点保护野生动物制成标本后运输的,成立犯罪吗？／426

9. 《刑法》第341条第1款中的"及其",是"或者"还是"并且"的意思？／426

10. 在森林挖陷阱或布下天网,同时捕获普通野生动物和珍贵、濒危野生动物的,是成立一罪还是应数罪并罚？／427

第六节 非法狩猎罪 / 427

导　读 / 427

条　文 / 427

罪名精释 / 427

1. 在森林挖一陷阱既捕到野兔，也猎到大熊猫，是一罪还是数罪？ / 427

2. 成立本罪，是否需要行为人对禁猎区、禁猎期或者禁用的工具、方法存在认识？ / 428

3. 没有认识到是珍贵、濒危野生动物而猎捕的，无罪吗？ / 428

4. 本罪与危害珍贵、濒危野生动物罪、危害公共安全犯罪、盗窃罪等罪之间是什么关系？ / 428

第七节 非法猎捕、收购、运输、出售陆生野生动物罪 / 428

导　读 / 428

条　文 / 429

罪名精释 / 429

1. 本罪的立法目的是什么？ / 429

2. 本款中"第一款规定以外"，是必须具备的构成要件要素吗？ / 429

3. 以食用为目的猎捕人工繁育的陆生野生动物的，构成本罪吗？ / 430

第八节 非法占用农用地罪 / 430

导　读 / 430

条　文 / 431

罪名精释 / 431

1. 本罪所保护的法益是什么？ / 431

2. 本罪属于何种犯罪类型？ / 431

3. 在农用地上堆放东西，属于"占用"农用地吗？ / 431

4. 本罪的实行行为是什么？ / 432

5. 本罪可以由不作为构成吗？ / 433

6. 如何认定"造成耕地、林地等农用地大量毁坏"？ / 433

7. 在林地种植农作物的，构成本罪吗？ / 434

8. 非法在农用地上建厂房,后来该农用地正常变更为建设用地的,如何处理?/ 435

9. 本罪是继续犯吗?/ 435

第九节　破坏自然保护地罪 / 436

导　读 / 436

条　文 / 436

罪名精释 / 437

1. 本罪保护的法益是什么?/ 437

2. 本罪与非法占用农用地罪、危害国家重点保护植物罪等罪之间是
什么关系?/ 437

第十节　非法采矿罪 / 437

导　读 / 437

条　文 / 438

罪名精释 / 438

1. 本罪的立法目的是什么?/ 438

2. "非法开采的矿产品价值,根据销赃数额认定"的司法解释规定,
有无疑问?/ 442

3. 非法采矿罪与盗窃罪之间是什么关系?/ 442

4. 《刑法修正案(八)》修改非法采矿罪条文时删除了"的",是否妥当?/ 442

5. 如何在确定非法采矿罪直接责任人员的范围时贯彻中立帮助行为的
理念?/ 443

6. 非法采矿同时非法排放、倾倒、处置有害物质严重污染环境的,如何
处理?/ 444

7. 非法采矿行为同时触犯非法占用农用地罪的,是想象竞合还是数罪
并罚?/ 444

8. 行为人虽未取得采矿许可证,但地方政府要求或者同意行为人采矿
并缴纳相关费用的,构成本罪吗?/ 445

9. 非法采矿造成重大伤亡事故的,如何处理?/ 445

第十一节　破坏性采矿罪 / 445

导　读 / 445

条　文 / 445

罪名精释 / 445

1. 本罪与非法采矿罪之间是什么关系？/ 445

2. 本罪与故意毁坏财物罪之间是什么关系？/ 446

3. 本罪与重大责任事故罪、污染环境罪等罪之间是什么关系？/ 446

第十二节　危害国家重点保护植物罪 / 446

导　读 / 446

条　文 / 447

罪名精释 / 447

1. 采伐枯死、病死、烧死、淹死的珍贵树木，构成本罪吗？/ 447

2. 成立本罪，是否需要行为人认识到是珍贵树木、国家重点保护的植物？/ 447

3. 对树木进行截冠、断根、采挖移植，是否属于采伐、毁坏行为？/ 448

4. 为何本罪的法定最高刑只有7年有期徒刑？/ 449

5. 本罪与盗伐林木罪、滥伐林木罪、盗窃罪、故意毁坏财物罪等罪之间，是什么关系？/ 449

第十三节　非法引进、释放、丢弃外来入侵物种罪 / 450

导　读 / 450

条　文 / 450

罪名精释 / 450

1. 本罪的立法目的是什么？/ 450

2. 本罪的罪过形式是什么？/ 451

第十四节　盗伐林木罪 / 451

导　读 / 451

条　文 / 451

罪名精释 / 452

1. 本罪所保护的法益是什么？/ 452

2. 本罪与盗窃罪之间是什么关系？/ 452

3. 未达盗伐林木罪定罪标准但达盗窃罪定罪标准的,能以盗窃罪定罪处罚吗? / 453

4. 为何盗伐林木罪的法定刑高于滥伐林木罪? / 454

5. 如何区分盗伐林木罪与滥伐林木罪? / 454

6. 盗伐价值特别巨大的林木,能以盗窃罪定罪最重判处无期徒刑吗? / 454

7. 盗伐林木罪的既遂标准是什么? / 455

8. 把买树人领到被害人的山上,让买树人伐倒运走的,如何处理? / 457

9. 盗伐林木时被人发现,为窝藏赃物使用暴力,能否转化成抢劫? / 457

10. 成立盗伐林木罪,需要行为人主观上具有非法占有的目的吗? / 457

第十五节 滥伐林木罪 / 459

导　读 / 459

条　文 / 459

罪名精释 / 459

1. 滥伐属于自己所有的枯死、病死的林木,构成犯罪吗? / 459

2. 滥伐林木罪的既遂标准是什么? / 460

3. "超过数量""超出地点""超出树种"采伐他人所有的林木的,是成立滥伐林木罪还是盗伐林木罪? / 460

4. 滥伐属于自己所有的林木应作为违法所得的财物予以追缴的"批复"规定,有无疑问? / 461

第十六节 非法收购、运输盗伐、滥伐的林木罪 / 462

导　读 / 462

条　文 / 463

罪名精释 / 463

1. 事前与盗伐、滥伐林木者通谋的,还构成本罪吗? / 463

2. 本罪与掩饰、隐瞒犯罪所得罪之间是什么关系? / 463

047

第七章 走私、贩卖、运输、制造毒品罪 / 464

第一节 走私、贩卖、运输、制造毒品罪 / 464

导　读 / 464

条　文 / 465

罪名精释 / 466

1. 毒品犯罪的保护法益是国家对毒品的管理制度吗？/ 466
2. 吸毒者从境外网购毒品，属于购买毒品还是走私毒品？/ 467
3. 购买毒品者能成立贩卖毒品罪的共犯吗？/ 468
4. 吸食毒品的人明知毒品对自己有害仍然购买的，阻却贩毒行为的违法性吗？/ 469
5. 认为贩卖是指明知是毒品而非法销售或者以贩卖为目的而非法收买的行为的司法解释规定，有无疑问？/ 469
6. 如何评价所谓"诱惑侦查""陷阱教唆""犯意引诱""双套引诱""数量引诱"？/ 470
7. 根据有无牟利目的确定代购行为性质的实务做法，有无疑问？/ 472
8. 如何认定走私、贩卖、运输、制造毒品罪的既未遂与预备？/ 475
9. 将从贩毒人员住所、车辆等处查获的毒品计入贩毒既遂数量的实践做法，有无疑问？/ 477
10. 购买、运输、携带、寄递麻黄碱类复方制剂进出境的就成立制造毒品罪的司法解释规定，有无疑问？/ 479
11. 应否区分"居间介绍"与"代购"？/ 479
12. 如何评价"互易毒品"行为的性质？/ 481
13. 用毒品换枪、用毒品抵债等行为构成贩卖毒品罪吗？/ 481
14. 将毒品作为有偿服务（包括卖淫等性服务）的对价交付给对方的，构成贩卖毒品罪吗？/ 482
15. 同行运输毒品的，当然成立运输毒品罪的共犯吗？/ 482
16. 对输入毒品和输出毒品，在入罪和量刑标准上应否区别对待？/ 484

17. 如何限制运输毒品罪的处罚范围？/ 484

18. 提纯、分装毒品，是制造毒品吗？/ 484

19. 明知不是毒品而欺骗他人说是毒品让其贩卖的，如何处理？/ 485

20. 贩卖、运输假毒品，能成立贩卖、运输毒品罪的未遂吗？/ 486

21. 误以为400克海洛因是氯胺酮而贩卖的，能判处死刑吗？/ 487

22. 为了自己吸食而从外地购买毒品后带回居住地的，以及帮助吸毒者从外地代购毒品后带回吸毒者所在地的，构成运输毒品罪吗？/ 488

23. 运输途中被查获，就成立运输毒品罪的实践做法，妥当吗？/ 488

24. 行为人制造了大量氯胺酮，仅销售了少量即案发，能以制造、贩卖毒品罪判处死刑吗？/ 488

25. 吸毒者戒毒后低价将剩余毒品出卖的，构成贩卖毒品罪吗？/ 489

26. 盗窃、抢夺、抢劫毒品的，如何处理？/ 489

27. "不满"，是必须具备的客观构成要件吗？/ 490

28. 《刑法》第347条第7款多次实施的毒品数量累计计算的规定，是注意规定还是法律拟制？/ 490

29. 司法解释规定，国家工作人员走私、贩卖、运输、制造毒品的，应当认定为"情节严重"，有无疑问？/ 490

30. 有准司法解释指出，同时构成累犯和毒品再犯的，只适用毒品再犯条款，不再援引累犯条款，以及同时引用累犯条款与毒品再犯条款，有问题吗？/ 491

31. 对于不满18周岁的人实施毒品犯罪的，能适用毒品再犯规定从重处罚吗？/ 491

32. 《刑法》第29条规定"教唆不满十八周岁的人犯罪的，应当从重处罚"，第347条规定"教唆未成年人走私、贩卖、运输、制造毒品，从重处罚"，是否意味着教唆不满18周岁的人走私、贩卖、运输、制造毒品的犯罪分子具有两个从重处罚的情节？/ 491

33. 贩卖毒品的行为人主动交代"上家"的，是否构成立功？/ 491

34. "利用、教唆未成年人走私、贩卖、运输、制造毒品,或者向未成年人出售毒品的,从重处罚"中的"未成年人",是指不满18周岁的人吗?/ 492

35. 应否区分居间介绍与居间倒卖?/ 492

第二节 非法持有毒品罪 / 494

导 读 / 494

条 文 / 494

罪名精释 / 495

1. 持有型犯罪的正当化根据是什么?/ 495

2. 非法持有毒品罪存在预备与未遂吗?/ 496

3. 如何区分运输毒品罪与非法持有毒品罪?/ 498

4. 吸毒者与代购毒品者在运输过程中被查获的以运输毒品罪定罪处罚的准司法解释规定,有无疑问?/ 499

5. 如何认定"持有"毒品?/ 501

6. 非法持有毒品罪的法定刑是否偏重?/ 501

7. 如何认定共同持有?/ 502

8. 非法持有毒品罪是继续犯吗?/ 504

9. 误将头痛粉当作毒品持有的,构成本罪未遂吗?/ 504

10. 成立本罪,是否要求行为人明知是毒品?/ 504

11. 如何处理盗窃毒品的行为?/ 504

12. 购毒者、代收者明知是贩毒者通过物流寄递的毒品包裹而接收的,如何处理?/ 505

13. 如何认定非法持有毒品罪的自首?/ 505

14. 有关国家工作人员非法持有毒品的应当认定为"情节严重"的司法解释规定,有无疑问?/ 506

15. 认定"情节严重",是否以达到规定的数量标准为前提?/ 506

16. 如何处理持有型犯罪的既判力问题?/ 506

17. 对于吸毒者与非吸毒者,在入罪和量刑标准上应否区别对待?/ 506

第三节　包庇毒品犯罪分子罪 / 507

　　导　读 / 507

　　条　文 / 507

　　罪名精释 / 507

　　1. 通说认为本罪中的"包庇"包括帮助毁灭罪证,有无疑问? / 507

　　2. 本罪与包庇罪之间是什么关系? / 509

　　3. 如何区分本罪与走私、贩卖、运输、制造毒品罪的共犯? / 509

　　4. 对其他国家机关工作人员掩护、包庇的从重处罚,是否必须利用
　　　　职务上的便利? / 509

第四节　窝藏、转移、隐瞒毒品、毒赃罪 / 510

　　导　读 / 510

　　条　文 / 510

　　罪名精释 / 510

　　1. 何为"窝藏""转移""隐瞒"? / 510

　　2. 窝藏、转移毒品罪与运输、非法持有毒品罪之间是什么关系? / 511

　　3. 窝藏、转移、隐瞒毒赃罪与掩饰、隐瞒犯罪所得罪之间是什么关系? / 512

第五节　非法生产、买卖、运输制毒物品、走私制毒物品罪 / 512

　　导　读 / 512

　　条　文 / 512

　　罪名精释 / 513

　　1. 生产是本罪的实行行为吗? / 513

　　2. 走私制毒物品罪与走私犯罪之间是什么关系? / 514

　　3. 明知他人制造毒品而为其生产、买卖、运输制毒物品的,就构成制造
　　　　毒品罪的共犯吗? / 514

第六节　非法种植毒品原植物罪 / 515

　　导　读 / 515

　　条　文 / 516

　　罪名精释 / 516

　　1. 为何规定"在收获前自动铲除的,可以免除处罚"? / 516

2. 非法种植罂粟 200 平方米以上尚未出苗的应认定为"数量较大"的司法解释规定,有无疑问? / 517

3. "不满三千株",是必须具备和查明的客观构成要件吗? / 517

4. "经公安机关处理后又种植",包括"被依法追究刑事责任,又再次种植毒品原植物"吗? / 517

5. 利用自己种植的原植物制造毒品的,如何处理? / 518

第七节 非法买卖、运输、携带、持有毒品原植物种子、幼苗罪 / 518

导 读 / 518

条 文 / 518

罪名精释 / 519

1. 本罪的立法目的是什么? / 519

2. 未达到非法种植毒品原植物罪立案标准,能以非法持有毒品原植物种子罪定罪处罚吗? / 519

第八节 引诱、教唆、欺骗他人吸毒罪 / 520

导 读 / 520

条 文 / 520

罪名精释 / 521

1. 何为"引诱""教唆""欺骗"? / 521

2. 饭店老板将罂粟壳掺入饭菜中招揽顾客的,如何处理? / 521

3. 本罪既遂的标志是什么? / 522

第九节 强迫他人吸毒罪 / 522

导 读 / 522

条 文 / 522

罪名精释 / 522

1. 能否认为引诱、教唆、欺骗不满 14 周岁的人吸食、注射毒品的成立强迫他人吸毒罪? / 522

2. 本罪是侵犯个人法益还是社会法益的犯罪? / 523

3. 本罪的既遂标志是什么？/ 523

4. 本罪与故意伤害、杀人罪之间是什么关系？/ 523

第十节　容留他人吸毒罪 / 523

　　导　读 / 523

　　条　文 / 524

　　罪名精释 / 524

1. 本罪的立法目的是什么？/ 524

2. 吸毒者唆使他人为自己提供吸毒场所的,成立本罪的教唆犯吗？/ 524

3. 将身份证借给他人在宾馆开房间吸毒的,能构成容留他人吸毒罪吗？/ 524

4. 应否对本罪的适用进行目的性限缩？/ 525

5. 一次容留多人吸毒的,是一罪还是数罪？/ 525

6. 不制止共同居住者吸毒的,构成容留他人吸毒罪吗？/ 526

7. 本罪是作为犯还是不作为犯？/ 526

第十一节　非法提供麻醉药品、精神药品罪 / 526

　　导　读 / 526

　　条　文 / 526

　　罪名精释 / 527

1. 成立本罪是否需要以牟利为目的？/ 527

2. 本罪与走私、贩卖毒品罪之间是什么关系？/ 527

第十二节　妨害兴奋剂管理罪 / 528

　　导　读 / 528

　　条　文 / 528

　　罪名精释 / 528

1. 本罪的实行行为是什么？/ 528

2. 本罪的既遂标准是什么？/ 529

3. 本罪与引诱、教唆、欺骗、强迫他人吸毒罪之间是什么关系？/ 529

第八章　组织、强迫、引诱、容留、介绍卖淫罪 / 530

第一节　组织卖淫罪 / 530

导　读 / 530

条　文 / 530

罪名精释 / 531

1. 何为"组织"卖淫？ / 531
2. 成立组织卖淫罪，要求以营利为目的吗？ / 532
3. 被组织的他人成立共犯吗？ / 532
4. 组织进行口交、肛交等，能构成组织"卖淫"罪吗？ / 532
5. 与特定的人发生性关系并有金钱给付的情形，属于"卖淫"吗？ / 534
6. 组织他人被特定人"包养"的，成立组织卖淫罪吗？ / 534
7. 组织卖淫罪的既遂标准是什么？ / 535
8. 认定组织未成年人卖淫的从重处罚，是否需要认识到对象是未成年人？ / 535

第二节　强迫卖淫罪 / 536

导　读 / 536

条　文 / 537

罪名精释 / 537

1. 强迫卖淫罪是侵犯个人法益还是社会法益的犯罪？ / 537
2. 何为强迫"卖淫"？ / 538
3. 如何厘清强迫卖淫罪与强奸罪之间的关系？ / 538
4. 强迫卖淫致人重伤、死亡的，如何处理？ / 540
5. 强迫卖淫罪的既遂标准是什么？ / 540
6. 强奸后迫使卖淫的，如何处理？ / 542

第三节　协助组织卖淫罪 / 542

导　读 / 542

条　文 / 543

罪名精释 / 543

1. 成立协助组织卖淫罪，是否以他人实施了组织卖淫行为为前提？ / 543

2. 如何区分协助组织卖淫罪与组织卖淫罪？/ 545

第四节 引诱、容留、介绍卖淫罪 / 550

导　读 / 550

条　文 / 550

罪名精释 / 550

1. 何为"引诱""容留""介绍"他人卖淫？/ 550

2. 将身份证借给他人开房间卖淫，能构成容留卖淫罪吗？/ 552

3. 出租车司机不阻止乘客在车内卖淫的，能构成容留卖淫罪吗？/ 552

4. 同时实施引诱、容留、介绍卖淫三种行为，也只能认定成立一罪吗？/ 553

5. 如何区分介绍卖淫罪与组织卖淫罪、协助组织卖淫罪？/ 553

6. 如何区分容留卖淫罪与组织卖淫罪？/ 554

第五节 引诱幼女卖淫罪 / 556

导　读 / 556

条　文 / 556

罪名精释 / 557

1. 引诱幼女卖淫罪是保护社会法益还是个人法益？/ 557

2. 应对引诱幼女卖淫罪中的"卖淫"范围进行限制吗？/ 557

3. 成立引诱幼女卖淫罪，是否要求认识到对象是幼女？/ 557

4. 刑法仅规定了引诱幼女卖淫罪，是否意味着容留、介绍幼女卖淫无罪？/ 557

5. 引诱幼女卖淫罪与强奸罪、猥亵儿童罪之间是什么关系？/ 557

第六节 传播性病罪 / 558

导　读 / 558

条　文 / 558

罪名精释 / 558

1. 本条罪名确定为"传播性病罪"，是否妥当？/ 558

2. 本罪是实害犯、具体危险犯还是抽象危险犯？/ 558

3. 是否应对本罪中的"卖淫""嫖娼"的范围进行限制？/ 559

第九章 制作、贩卖、传播淫秽物品罪 / 560

第一节 制作、复制、出版、贩卖、传播淫秽物品牟利罪 / 560

导 读 / 560

条 文 / 561

罪名精释 / 561

1. 本罪所保护的法益是什么？/ 561

2. 制作淫秽音像制品、出版淫秽图书，是一罪还是应数罪并罚？/ 561

3. 制作、复制是本罪的实行行为吗？/ 562

4. 能认为本罪中的"贩卖"包括以出卖牟利为目的购买淫秽物品的行为吗？/ 563

5. 购买淫秽物品的人，能构成贩卖淫秽物品牟利罪的共犯吗？/ 564

6. 何为淫秽物品？/ 564

7. 认为淫秽电子信息和淫秽语音信息属于"淫秽物品"的司法解释规定，是否属于类推解释？/ 564

8. 制作、复制、出版、贩卖、传播淫秽物品行为之间是什么关系？/ 565

9. 贩卖与传播如何区分？/ 565

10. "深圳快播案"判决，有无疑问？/ 566

11. 以牟利、传播为目的从境外走私淫秽物品后在境内贩卖、传播的，是定一罪还是应数罪并罚？/ 567

12. 如何界分淫秽物品与科学艺术作品？/ 567

13. 本罪可以由不作为构成吗？/ 568

第二节 为他人提供书号出版淫秽书刊罪 / 568

导 读 / 568

条 文 / 568

罪名精释 / 569

1. 成立本罪是否以他人出版了淫秽书刊为前提？/ 569

2. 本罪的罪过形式是故意还是过失？/ 569

目 录

第三节　传播淫秽物品罪 / 570

　　导　读 / 570

　　条　文 / 570

　　罪名精释 / 570

　　　1. 本罪中的"传播"与传播淫秽物品牟利罪中"传播"的含义相同吗？ / 570

　　　2. 能认为成立本罪"必须不具有牟利目的"吗？ / 571

　　　3. 微信群主不删除群成员所发布的淫秽视频的，能构成犯罪吗？ / 571

第四节　组织播放淫秽音像制品罪 / 572

　　导　读 / 572

　　条　文 / 572

　　罪名精释 / 572

　　　1. 聚集多人收看、收听淫秽音像制品的，能构成组织播放淫秽音像制品罪吗？ / 572

　　　2. 组织播放给特定或者少数人观看，能构成组织播放淫秽音像制品罪吗？ / 573

　　　3. 本罪与传播淫秽物品（牟利）罪之间是什么关系？ / 573

　　　4. 向未成年人组织播放淫秽音像制品的，能从重处罚吗？ / 573

第五节　组织淫秽表演罪 / 574

　　导　读 / 574

　　条　文 / 574

　　罪名精释 / 574

　　　1. 成立本罪，需要公开性吗？ / 574

　　　2. 被组织的表演者，能成立本罪的共犯吗？ / 575

　　　3. 组织自己、动物、人与动物进行淫秽表演的，构成本罪吗？ / 575

　　　4. 组织网上裸聊的，能构成犯罪吗？ / 575

　　　5. 组织淫秽表演罪与传播淫秽物品（牟利）罪之间是什么关系？ / 576

第一章 扰乱公共秩序罪

第一节 妨害公务罪

> **·导 读·**
>
> 设立妨害公务罪,旨在保护公务的依法执行,而不是国家机关工作人员的人身安全。以一个妨害公务罪的罪名概括多种行为类型似有不妥。本条应被确定为四个罪名:(1)妨害公务罪;(2)妨害人大代表执行职务罪;(3)妨害红十字会工作人员履行职责罪;(4)妨害国安人员执行任务罪。行为人同时实施几种行为的,应当以妨害公务罪同种数罪并罚。应以裁判时为基准判断职务行为的合法性。阻碍烟草公司、供电局、卫生院等单位中的工作人员依法执行行政执法职务的,也能构成妨害公务罪。
>
> 我国妨害公务罪是具体危险犯,行为必须产生导致职务不能或者明显难以执行的具体危险。《刑法》第277条第4款中的"未使用暴力、威胁方法",是表面的构成要件要素。对国家机关工作人员职务行为合法性的认识错误,系事实认识错误,阻却故意的成立。妨害公务罪与故意伤害罪、故意杀人罪之间是竞合关系,竞合时以故意(重)伤害罪、故意杀人罪定罪处罚,可以同时判处罚金。

条 文

第二百七十七条第一款 【妨害公务罪】以暴力、威胁方法阻碍国家机关工作人员依法执行职务的,处三年以下有期徒刑、拘役、管制或者罚金。

第二款 以暴力、威胁方法阻碍全国人民代表大会和地方各级人民代表大会代表依法执行代表职务的,依照前款的规定处罚。

第三款 在自然灾害和突发事件中,以暴力、威胁方法阻碍红十字会工作人员依法履行职责的,依照第一款的规定处罚。

第四款 故意阻碍国家安全机关、公安机关依法执行国家安全工作任务,未使用暴力、威胁方法,造成严重后果的,依照第一款的规定处罚。

罪名精释

1. 妨害公务罪所保护的法益是什么?

案1:2020年2月4日,根据浙江省瑞安市新型冠状病毒感染肺炎疫情防控工作领导小组办公室的要求,瑞安市锦湖街道工作人员李某作为锦湖街道牛伏岭村的驻村干部,与村居干部一起在牛伏岭村村口设置防疫卡点,负责查验进出人员的出入证件并进行人员信息登记、体温测量等工作。当日14时许,中源公司送气工黄某尧没有携带身份证件,驾驶二轮电动车运送煤气罐至上述防疫卡点处时,被李某等人拦停并要求出示出入证及测量体温。黄某尧不配合,反而以被故意刁难为由下车殴打李某头部一拳,后在李某报警时用手掐住李某的脖子并扯断其脖子上的工作牌,致使李某脖子及手背受伤。之后,黄某尧未经体温测量即进入该村运送煤气罐,出村时看到出警到场的公安民警,又上前强行扯下李某佩戴的口罩并大声质问,遂被公安民警当场控制并传唤到案。经鉴定,李某主要损伤为颈部、左手软组织擦挫伤,其中颈部挫伤累计面积大于2平方厘米,损伤程度构成轻微伤。

本案争议焦点:疫情期间对"公务人员""公务行为"范围的界定。

法院认为,本案中,街道工作人员李某在执行防疫工作期间,要求黄某尧出示出入证并测量其体温时,黄某尧拒不配合,同时殴打李某头部,用手掐李某的脖子,致使李某受伤。黄某尧以暴力的方式阻碍国家机关工作人员依法履行为疫情防控而采取的防疫、检疫等措施,构成妨害公务罪。①

妨害公务罪所保护的法益是公务,进一步说,是依法执行的公务,或者说是公务的依法执行。妨害公务罪的行为客体与保护客体不一致。行为客体是国家机关工作人员,保护客体,即法益是公务。也就是说,设立妨害公务罪,不是旨在保护国家机关工作人员个人的人身安全,而是为了保护公务的顺畅执行。

2. 司法解释以一个妨害公务罪罪名概括多种行为类型,妥当吗?

罪名就是犯罪名称,是对具体犯罪本质或主要特征的高度概括。罪名应该反映犯罪构成要件之间的区别,具有高度的识别性。以前最高人民法院、最高人民检察院(以下简称"两高")没有统一发文确定罪名时,学界还讨论具体条文应该如何命名,但自从"两高"统一发文确定罪名后,学界就基本上不再讨论具体条文的命名了。应该说,"两高"对很多罪名的确定并不妥当。例如本罪,条文规定了四种行为类型,涉及四种行为对象,即国家机关工作人员、人大代表、红十字会工作人员、国安人员,以及两种行为方式,即暴力、威胁方法和未使用暴力、威胁方法,造成严重后果。所以,本条应该确定为四个罪名:妨害公务罪,妨害人大代表执行职务罪,妨害红十字会工作人员履行职责罪,妨害国安人员执行任务罪。行为人同时实施几种行为的,应当以妨害公务罪同种数罪并罚。

3. 是应以行为时还是裁判时为基准判断职务行为的合法性?

案2:甲向市场监督管理部门举报乙生产、销售伪劣产品,市场监督管理人员依法将乙作为违法人员进行查处时,乙以暴力、威胁的方法阻碍市场监督管理人员的查处行为,因涉嫌妨害公务罪被捕。但法院审理时发现,甲指认错误,乙并没有实施生产、销售伪劣产品的违法行为。

本案中,甲指认错误,如果以法院裁判时作为职务行为的合法与否的判断基

---

① 参见浙江省瑞安市人民法院刑事判决书,(2020)浙0381刑初148号。

准,市场监督管理人员将乙作为违法人员进行查处的行为就是不合法的,乙阻碍市场监督管理人员的查处行为就不成立犯罪。但如果以行为时作为判断基准,那么市场监督管理人员的查处行为就具有合法性,以暴力、威胁方法阻碍查处的行为就有可能成立妨害公务罪。

妨害公务罪成立的前提是国家机关工作人员必须是在"依法执行职务"。关于职务行为合法性的判断时点,存在行为时基准说与裁判时基准说的争议。行为时基准说旨在保护行为时的正当职务行为,而裁判时基准说旨在保护结果(结局)上客观公正的职务行为。前者偏向于保护公务,后者偏向于保障人权。本书认为,裁判时基准说具有合理性,即对以裁判时为基准判明的不合法行为进行阻碍的,不成立妨害公务罪。理由是:

首先,并不是只要程序合法职务行为就是合法的,还应考虑这种职务行为是否侵害了被执行人的合法权益,否则就违反了刑法的人权保障机能。其次,将客观上没有实施违法行为的人当作实施了违法行为的人予以查处是合法的,很难让人接受。上述案2中,即便市场监督管理人员可能没有责任,事后不会被内部追责,也不能说其行为就是合法的。最后,被执行人为了摆脱查处而对国家机关工作人员实施暴力、威胁行为,并没有妨害公务罪的故意和期待可能性,因为被执行人不认为自己反抗的是合法的职务行为,也不能期待其忍受非法的职务行为。一言以蔽之,国家机关工作人员违法在先,不能期待被执行人忍受其违法行为。上述案2中,市场监督管理人员的查处行为不是在依法执行职务,乙对之进行阻碍的,不构成妨害公务罪。

4.趁警察上厕所时进行袭击的,能构成妨害公务罪吗?

案3:甲、乙二人因为琐事发生口角进而相互斗殴,警察到现场后将甲、乙二人带到派出所,并进行了相关处理,之后乙离开了派出所。甲在离开时认为警察处理不公平,朝警察小腿上踢了一脚后逃跑,但被警察抓回。

本案中,警察当时的公务已经执行完毕,甲的行为不可能阻碍警察依法执行公务。即使警察还要立即处理其他事项,也由于甲只是踢了警察一脚,没有造成任何伤害,根本不可能影响警察处理其他事项,所以甲不构成妨害公务罪或者袭警罪。

成立妨害公务罪的前提必须是以暴力、威胁方法阻碍"正在"依法执行的公务。也就是执行职务已经开始,尚未终了。从保护依法执行职务的角度来考虑,执行职务不仅包括正在执行职务,而且包括将要开始执行职务的准备过程,以及与执行职务密切联系的待机状态。就一体性或连续性的职务行为而言,不能将其进行分割,分段考虑进而分别判断其开始与终了,而应从整体上认定其开始与终了,即使外观上暂时中断或偶尔停止,如拘押犯罪嫌疑人的警察临时上厕所,也应认为是在执行职务的过程中。行为人趁拘押犯罪嫌疑人的警察喝水、上厕所之际进行袭击的,也属于妨害公务。

5. 阻碍貌似合法实则违法的公务,构成妨害公务罪吗?

妨害公务罪中的"公务",必须是正在依法执行的职务。如果正在执行的职务是违法的,阻止它以维护自己正当权益的行为,既缺乏违法性,也不具有期待可能性,不应认为构成犯罪。

6. 何为"依法执行职务"?

成立妨害公务罪,要求以暴力、威胁方法阻碍国家机关工作人员正在"依法执行职务"。具体而言,符合以下条件的才能认为是"依法执行职务"。

第一,国家机关工作人员所实施的必须是其抽象的职务权限或一般的职务权限范围内的行为。如果超出了这种权限,就不能认定为依法执行职务。税务人员的一般职务权限是征税,其抓小偷的行为,就超出了一般职务权限,不能谓之"依法执行职务",对之进行阻碍的,不构成妨害公务罪。

第二,执行职务的主体必须具有执行职务行为的具体职务权限。国家机关工作人员仅有抽象的职务权限或者一般的职务权限还不够,还必须具有执行某个职务的具体职务权限。例如,虽然执行死刑是司法警察的一般职务权限,但并非所有的司法警察都有这种具体的职务权限,只有被指定负责执行死刑的司法警察才有这种权限。虽然税务人员有征税的权限,但税务局里负责维护计算机系统安全的技术人员征税的行为,就不能认为是在依法执行职务。虽然警察有拘留逮捕现行犯的一般职务权限,但公安局的户籍警进行拘留逮捕现行犯的行为,就不能认为是在依法执行职务。

第三,职务行为必须符合法律规定的条件、方式和程序。例如,虽然警察有逮捕犯罪嫌疑人的职务权限,但只有符合刑事诉讼法规定的有关逮捕的条件、方式与程序,才能认为是依法执行职务。对非法逮捕进行阻碍的,不可能构成妨害公务罪。

只有同时具备上述三个条件,才能认为是依法执行职务。其中前两个条件是保证职务行为实质上或者内容上合法的条件,第三个条件是保证职务行为形式上合法的条件。

7. 阻碍烟草公司等单位工作人员执行行政执法职务,构成妨害公务罪吗?

虽然烟草公司、供电局、卫生院这类单位不是国家机关,这些单位的工作人员也不是国家机关工作人员,但他们也可能基于法律的规定,实际执行行政执法职务。当这类人员在依法实际执行行政执法职务时,行为人使用暴力、威胁方法对之进行阻碍的,也能构成妨害公务罪。

8. 本罪是抽象危险犯、具体危险犯还是实害犯?

案4:甲去某洗浴中心按摩时,警察接到卖淫嫖娼的举报进入房间,要求甲出示身份证件,甲没有带身份证,警察就让甲报身份证号,甲报的身份证号有误,警察更加怀疑甲有嫖娼行为,但甲确实没有嫖娼。这个时候甲想逃跑,警察不让甲逃跑,甲便踢了警察两脚。

本案中,由于甲并没有嫖娼,从实体上看,警察的行为不能被认为是"依法执行职务"。妨害公务罪的行为并不是单纯的暴力、威胁,而是以暴力、威胁方法阻碍职务的依法执行。对于依法执行职务的对方(被执行者,如被逮捕者)实施的一般暴力、威胁行为,因为缺乏期待可能性,不应认定为妨害公务罪。当然,更不能将依法执行职务的对方所实施的摆脱、挣脱行为认定为妨害公务罪。本案中,由于甲并没有嫖娼,只是本能地想逃跑,遭警察阻拦而踢了警察两脚,行为既缺乏期待可能性,也不足以阻碍职务的执行。所以,不宜将甲的行为认定为妨害公务罪,更不能认定为袭警罪。

1928 年的《中华民国刑法》第 142 条规定:"对于公务员或其佐理人依法执行职务时施强暴胁迫者,处三年以下有期徒刑。"1935 年《中华民国刑法》第 135 条第 1 款规定:"对于公务员依法执行职务时,施强暴胁迫者,处三年以下有期徒刑、拘役或三百元以下罚金。"我国台湾地区所谓"刑法"也作了如此规定。对此,我国台湾地区理论界普遍认为,成立本罪不以职务遭受妨害为前提。之所以如此,是因为上述法条并没有要求行为发生妨害职务的实害结果与具体危险。①

《日本刑法》第 95 条第 1 项规定:"当公务员执行职务之际,对其实施暴行或胁迫的,处三年以下惩役、监禁或五十万日元以下罚金。"日本刑法理论认为本罪是抽象的危险犯。日本的判例也认为本罪是抽象的危险犯。

可以肯定的是,《日本刑法》第 95 条第 1 项的表述只是要求行为人在公务员执行职务之际对其实施暴力或者胁迫,并没有要求对职务的执行造成任何妨害。在此意义上说,肯定日本的妨害执行公务罪属于抽象的危险犯,在文理上没有疑问。尽管如此,日本刑法理论普遍认为,如果从法益保护的角度来说,即使承认本罪是抽象的危险犯,也有理由要求暴行、胁迫达到足以妨害职务执行的程度。不仅如此,还有学者明确指出本罪是具体危险犯。例如曾根威彦教授就认为,虽然不一定要求暴力、胁迫行为现实地产生妨害职务执行的结果,但应认为以产生这种危险为必要。②

不难看出,即使《日本刑法》第 95 条第 1 项将妨害执行公务罪规定为抽象危险犯,但由于本罪保护的法益是公务,而不是公务员的身体安全与意志自由,所以,有理由要求暴力、胁迫行为达到足以妨害执行公务的程度。特别是在《日本刑法》已经规定了暴行罪与胁迫罪的立法体例之下,如果行为人的行为对公务员的职务行为没有任何妨碍,仅因对公务员实施暴行、胁迫,就认定行为人构成

---

① 参见张明楷:《袭警罪的基本问题》,载《比较法研究》2021 年第 6 期。
② 参见曾根威彦:《刑法各论(第 5 版)》,弘文堂 2012 年版,第 289 页。

法定刑重于暴行罪、胁迫罪的妨害执行公务罪，明显不公平。正因为如此，一部分学者实际上将妨害执行公务罪解释为具体危险犯，只是不要求产生公务的执行已经被妨害的实害结果。

我国《刑法》第277条第1款的表述与《日本刑法》第95条第1项的表述明显不同。从第277条第1款的规定可以看出，"以暴力、威胁方法"是手段行为，"阻碍国家机关工作人员依法执行职务"是目的行为与结果。在构成要件表述明显不同的情况下，不可以像我国台湾地区学者那样解释妨害公务罪的构成要件，也不能像日本部分学者那样将妨害公务罪理解为抽象危险犯。在我国《刑法》第277条第1款的规定中，描述构成要件行为的动词不是只有"暴力、威胁"，还有"阻碍"；"阻碍"既是对行为的表述，同时也包含了结果内容。对依法执行职务形成了"阻碍"，意味着给国家机关工作人员依法执行职务设置了障碍，导致执行职务更为困难，但不要求客观上导致国家机关工作人员的职务不可能执行。所以，在我国，妨害公务罪是具体危险犯，而不是抽象危险犯。换言之，在《日本刑法》第95条第1项将妨害执行公务罪规定为抽象危险犯的立法例之下，刑法理论中的有力学说也强调进行实质性判断，要求暴力、威胁行为达到"足以妨害"公务的程度，那么，在我国《刑法》明文要求"阻碍国家机关工作人员依法执行职务"的立法例之下，更有理由要求行为必须产生导致职务不能或者明显难以执行的具体危险。

通过上述比较可以发现，在规定了暴行罪、胁迫罪的《日本刑法》中，由于妨害执行公务罪的法定刑只是略高于暴行罪、胁迫罪，所以，只要针对公务员实施的暴力、胁迫具有妨害职务执行的抽象危险，就可以说明妨害执行公务罪法定刑的合理性。即便如此，有力的观点也要求暴力、胁迫达到足以妨害公务的程度，以免对公务员进行特殊保护。而在我国刑法没有规定暴行罪、胁迫罪的情形下，如果将妨害公务罪理解为抽象危险犯，无异于对国家机关工作人员的人身实行明显高于一般人的特殊保护，似有不当。只有将妨害公务罪理解为具体危险犯，才能为妨害公务罪提供妥当合理的根据。

9. 能否将我国妨害公务罪的构成要件理解为"在国家机关工作人员依法执行职务时,对之实施暴力或者威胁"?

由于我国《刑法》第277条第1款规定的妨害公务罪是具体危险犯,所以,如果行为并不明显阻碍国家机关工作人员依法执行职务的,就不应认定为本罪,否则会造成处罚的不公平。换言之,不能将第277条第1款的构成要件理解为"在国家机关工作人员依法执行职务时,对之实施暴力或者威胁",而应理解为通过使用暴力、威胁方法使得国家机关工作人员不能或者难以依法执行职务。所以,一方面,行为人所阻碍的只能是具体的职务行为,否则不可能产生妨害依法执行职务的具体危险。例如,在国家机关工作人员参加一般性会议的过程中,行为人对之实施暴力或者威胁的,不应认定为妨害公务罪。另一方面,只有正在执行职务的行为,以及准备立即着手执行职务的行为,才是妨害公务罪的阻碍对象。反之,如果职务行为尚未准备立即着手或者已经执行完毕行为人的暴力、威胁行为不可能成立妨害公务罪。例如,在工商管理人员调查个体商贩是否正在销售伪劣产品时,行为人对工商管理人员实施暴力,导致调查行为不能或者难以进行的,成立妨害公务罪。但在工商管理人员做出处理决定后准备返回单位时,行为人对工商管理人员实施暴力的,由于该公务已经执行完毕,对行为人的行为不能认定为妨害公务罪,只能按《治安管理处罚法》处罚。

10. "未使用暴力、威胁方法",是真正的构成要件要素吗?

《刑法》第277条第4款中的"未使用暴力、威胁方法",并不为违法性与有责性提供根据,因而只是表面的构成要件要素,不是真正的构成要件要素。当行为人故意阻碍国家安全机关、公安机关依法执行国家安全工作任务,造成严重后果,不能查明行为人是否使用了暴力、威胁方法时,也能认定犯罪的成立。行为人以暴力、威胁方法阻碍国家安全机关、公安机关依法执行国家安全工作任务,不管有没有造成严重后果,都能构成《刑法》第277条第1款规定的妨害公务罪。只有在没有使用暴力、威胁方法时,才需要造成严重后果,方能成立《刑法》第277条第4款规定的犯罪。

11. 对国家机关工作人员职务行为合法性的认识错误，阻却故意吗？

在司法实践中，可能会遇到行为人对公务行为的合法性产生认识错误的情况。例如，行政执法人员追缴违法所得时，行为人误以为其拿走的是他人合法所有的财物，于是以暴力、威胁方法进行阻碍。又如，警察出示证件后对现行犯实施先行拘留时，行为人误以为对方出示的证件是虚假的、对方是假警察，而对其实施暴力行为进行阻碍。由于国家机关工作人员依法执行职务这一要素，属于妨害公务罪的客观构成要件要素，根据客观构成要件的故意规制机能和责任主义原理，对其产生的认识错误应当属于构成要件的认识错误，即事实认识错误，阻却犯罪故意，不成立本罪。

张明楷教授认为，以警察先行拘留现行犯为例，如果行为人误认为警察拘留了守法公民而以暴力、威胁方法进行阻碍的，明显属于事实认识错误，不成立本罪。如果误认为警察先行拘留现行犯是违法的而以暴力、威胁方法进行阻碍的，表面上属于法律认识错误，实际上是一种事实认识错误。一方面，行为人误认为国家机关工作人员在实施非法行为；另一方面，行为人误以为自己阻碍非法行为的行为具有合法性，即对自己行为的社会意义具有不正确理解，没有认识到自己行为的危害结果。在这种情况下，如果认定为法律认识错误，进而将行为人的行为认定为犯罪，显然不合适。例如，警察出示了逮捕证，但行为人误以为警察没有出示或者以为警察出示的是伪造的逮捕证而对警察实施暴力的，明显属于事实认识错误。①

本书认为，出于保护公务和人权保障相平衡的考虑，可以将"误认为警察先行拘留现行犯是违法的而以暴力、威胁方法阻碍"和"误以为警察出示的是伪造的逮捕证而对警察实施暴力"，看作法律评价的错误、涵摄的错误，而不是事实认识错误，不阻却犯罪故意为妥。否则，任何人都可以误以为阻碍的是非法行为而不具有犯罪故意为由出罪，如此一来，妨害公务罪就没有成立的余地了。

当然，行为人主观上是否产生认识错误，需要根据当时的具体情况来判断，不能只以行为人的陈述为依据。是不是依法执行职务，属于规范的评价要素，行

---

① 参见张明楷：《刑法学（第6版）》（下册），法律出版社2021年版，第1353～1354页。

为人只需要认识到作为评价基础的事实就可以了。例如,只要行为人认识到警察在持逮捕证逮捕犯罪嫌疑人,就可以认定行为人认识到了警察在"依法"执行职务。

12. 妨害公务罪与故意伤害罪、故意杀人罪之间是什么关系?

《刑法》第234条故意伤害罪条文中存在"本法另有规定的,依照规定"的规定,虽然致使理论上存在妨害公务罪与故意伤害罪之间是特别关系的法条竞合还是想象竞合的争论,但各方都承认,以故意轻伤的方式妨害公务的,由于两罪法定(主)刑相同,只需以妨害公务罪论处;以故意重伤、杀人的方式妨害公务的,应以故意(重)伤害罪、故意杀人罪定罪处罚。

13. 以故意重伤、杀人方式妨害公务定故意伤害罪、故意杀人罪,能并处罚金吗?

不管认为妨害公务罪与故意伤害罪、故意杀人罪之间是法条竞合还是想象竞合关系,由于被排除的法条的附加刑仍能发挥作用(打出去的是一套"组合拳"),所以,以故意重伤、杀人的方式妨害公务的,虽然应以故意伤害罪、故意杀人罪定罪处罚,但可在判处主刑的同时判处罚金。

第二节 袭 警 罪

· 导 读 ·

刑法设立袭警罪,不单是为了保护训练有素的人民警察的人身安全,也是保障警察打击刑事犯罪和处置社会治安紧急事态的职务活动的顺畅进行。袭警罪与妨害公务罪之间是特别关系,成立袭警罪以行为符合妨害公务罪的构成要件为前提。成立袭警罪,要求行为人必须认识到对方系正在依法执行职务的真警察。如果辅警是在正式警察的带领下出警,可以成为袭警罪的对象。袭警罪系具体危险犯,成立本罪以阻碍人民警察正在依法执行职务为前提。暴力袭击坐在公安局办证窗口后的户籍警的,不能构成袭警罪,只能构成妨害公务罪。

本书认为,应当将袭警罪理解为"以暴力袭击方法阻碍人民警察依法执行职务"或"以暴力袭击方法使得人民警察不能或者难以依法执行职务"。没有直接作用于警察身体的,即使对物暴力或对第三人暴力进而对警察产生了影响,也不能评价为暴力袭击。暴力袭击还必须具有突然性,否则也不应认定为袭警罪。以威胁方法阻碍警察依法执行职务的,不成立袭警罪,但可能成立妨害公务罪。袭警罪加重犯中的"枪支",不能包括假枪、空枪。由于成立袭警罪以行为符合妨害公务罪为前提,在对行为以袭警罪定罪处罚时,可以同时判处罚金。

条 文

第二百七十七条第五款 【袭警罪】暴力袭击正在依法执行职务的人民警察的,处三年以下有期徒刑、拘役或者管制;使用枪支、管制刀具,或者以驾驶机动车撞击等手段,严重危及其人身安全的,处三年以上七年以下有期徒刑。

罪名精释

1. 为何单独设立袭警罪?

警察是国家机关工作人员的一种类型。警察职务的特殊性在于打击刑事犯罪和处置社会治安紧急事态。刑法设立袭警罪,不单是为了保护训练有素的人民警察的人身安全,也在于保障警察打击刑事犯罪和处置社会治安紧急事态的职务活动的顺畅进行。

2. 袭警罪与妨害公务罪之间是什么关系?

《刑法》第 277 条第 5 款的法定刑重于第 277 条第 1 款的法定刑,故袭警罪的成立必须以行为符合第1款的规定为前提。除此之外,第5款必须存在表明不法增加(更重)或者责任增加(更重)的要素。从法条表述来看,第277条第5款有两个特别之处:一是行为对象仅限于人民警察,行为妨害的是警察职务;二是行为手段仅限于暴力袭击。这两个特别特征依然符合第1款规定的构成要件。但是,这只是形式上的两个特别特征。从实质上说,难以认为第一个特别特征表明行为的不法增加。一方面,从法益保护的角度来说,我国警察职务的内容较多,难以一概认为警察职务比其他国家机关工作人员的职务行为更为重要;而且在警察处理有关犯罪事务时,第三者的妨害行为即使没有体现暴力、威胁,也可能成立更严重的犯罪。另一方面,从行为的对象来说,不能认为受到特殊训练的警察的身体反而更加需要刑法的保护。从这个意义上讲,只有认为袭警罪中"暴力袭击"的构成标准高于第1款的暴力要求,对警察职务的阻碍程度更为严重时,才可以认为行为人的不法程度重于第1款。换言之,袭警罪构成要件中作为特别要素的"暴力袭击"对警察职务的阻碍更为严重,使袭警罪的不法程度重于妨害公务罪。

总之,应当认为《刑法》第277条第5款与第1款是特别关系,即第5款是特别法条(第5款后段加重法定刑的适用,以行为同时符合第1款的规定与第5款的前段规定为前提)。

3. 误以为对方是假警察而实施暴力袭击的,构成袭警罪吗?

袭警是指使用暴力袭击正在依法执行职务的人民警察的行为。只有直接针对警察人身实施暴力袭击的行为,才能认定为袭警罪。如果暴力袭警不影响警察执行职务,就不成立袭警罪。例如,行为人因为对警察关于交通违章行为的处理不服而踢警察一脚后驾车逃走,由于公务已经处理完毕,行为人不可能再对警察执行职务产生影响,因而不能认定其构成袭警罪。又如,警察在路边与人聊天时,行为人打了警察一拳后逃走,由于警察此时没有在执行公务,行为人不可能影响公务的执行,所以也不成立袭警罪。

袭警罪所妨害的必须是警察合法的职务行为。对职务行为合法性的判断,不应当以执行职务的警察是否确信自己的行为合法为依据,而应当由法院通过对法律、法规进行解释作出客观判断。在判断警察职务行为的合法性时,要重视刑法的人权保障机能,站在裁判时的立场进行判断。对于裁判时判明的不合法行为进行妨害的,不成立袭警罪。因为袭警罪中的职务行为是否合法,并不是就国家机关内部是否应当追责而言的,而是必须同时考虑相对于行为人,即被执行人职务行为是否合法,否则就忽视了刑法的人权保障机能。

警察依法执行职务系袭警罪的客观构成要件要素,根据客观构成要件的故意规制机能和责任主义原理,对警察职务行为合法性的错误认识属于事实认识错误,可以阻却故意,不成立袭警罪。警察先行拘留现行犯时,行为人误以为警察拘留了守法公民而以暴力进行阻碍,以及警察出示了逮捕证,但行为人误以为警察没有出示,或者以为警察出示的是伪造的逮捕证,进而对其实施暴力袭击的,均属于没有认识到自己行为的社会意义与危害结果,没有袭警罪的故意,不成立袭警罪。但是,如果行为人认识到警察正持逮捕证逮捕犯罪嫌疑人,且对警察和逮捕证的真实性并无疑问,就可以认定行为人认识到了警察在"依法"执行公务,进而认定行为人存在袭警的故意。因为"依法"执行公务属于法律的评价要素,只要行为人认识到作为评价基础的事实,即真正的警察在持真实的逮捕证逮捕犯罪嫌疑人,就能认定行为人认识到了规范的构成要件要素——警察在"依法"执行公务。

如果被执行人实施的只是一般的暴力行为,因为没有期待可能性,不宜认定为袭警罪。被执行人实施的只是摆脱、挣脱行为,即使形成了对警察的暴力,也不宜认定为袭警罪。例如,张三在进行核酸检测时插队,警察制止并劝他排队,但他不听,之后警察将张三带离队伍时,张三抓挠警察,对此不宜认定为袭警罪。

成立袭警罪,要求行为人必须认识到执行职务的是真警察。如果行为人误以为对方是假警察,或者因为对方身着便衣且没有显示身份而使用暴力,虽然客观上是袭警行为,但由于行为人主观上没有认识到自己在袭击警察,没有袭警的故意,不成立袭警罪。

4. 暴力袭击辅警的,能构成袭警罪吗?

案1:范某等酒后在街上与他人发生纠纷,后在某酒店门口双方又相遇发生拉扯,在场民警、辅警与现场群众一起拉劝;辅警魏某将范某朝某药店方向拉劝,其间范某推了辅警魏某一下,双方摔倒在地,范某起身后,抬起左脚朝倒在地上的辅警魏某踢去,并朝辅警魏某头部打了一拳。经鉴定,辅警魏某的伤情为轻微伤。

本案争议焦点:公诉机关指控被告人范某的行为构成袭警罪,但本案被告人暴力袭击的对象是民警带领下执行职务的辅警,对被告人的行为应如何定性。

法院认为,袭警罪的对象是特定的主体,即正在执行职务的人民警察,本案被告人袭击的是在民警带领下执行职务的辅警,根据《人民警察法》第2条第2款"人民警察包括公安机关、国家安全机关、监狱、劳动教养管理机关的人民警察和人民法院、人民检察院的司法警察"的规定,辅警不是法定意义上的人民警察。范某袭击配合人民警察依法执行职务的辅警,其行为构成妨害公务罪。公诉机关指控袭击辅警构成袭警罪不当,应予纠正。①

上述判决存在疑问。既然认定成立妨害公务罪,就是认为辅警属于国家机关工作人员,而辅警属于国家机关工作人员,就意味着辅警就是执行警察事务的人民警察。要么认为辅警不是国家机关工作人员,不成立妨害公务罪;要么认为辅警系国家机关工作人员,袭击辅警构成袭警罪。不能一方面认为辅警是国家机关工作人员,另一方面又认为袭击辅警不构成袭警罪。

虽然公安机关的非正式人员也可以成为妨害公务罪的对象,但根据《关于规范公安机关警务辅助人员管理工作的意见》的规定,辅警不能独立出警。辅警独立出警,是违法的,不属于"依法"执行职务,对之进行阻碍的,不能成立妨害公务罪和袭警罪。如果辅警是在正式警察的带领下出警,由于其从事的是公务,可以成为袭警罪的对象。

5. 成立袭警罪,必须以阻碍人民警察依法执行职务为前提吗?

案2:某派出所民警将涉嫌故意毁坏财物的王某传唤至某分局执法办案中心,在执法办案中心门口等待进入办案区时,王某对分局刑侦支队民警

---

① 参见福建省南平市政和县人民法院刑事判决书,(2021)闽0725刑初96号。

张某进行殴打,致张某右眼受伤。经鉴定,张某身体所受损伤程度属轻微伤。案发当日,王某被民警查获。后公诉机关指控王某构成袭警罪。王某及其辩护人提出被害民警张某当日未穿警察制服、未出示相关证件,在王某多次询问张某是不是警察时其从未回应,且系张某先动手推搡王某,张某不属于依法执行职务的人民警察,故王某的行为不构成袭警罪。

本案争议焦点:(1)王某的行为是否构成袭警罪;(2)对人民警察"正在依法执行职务"的理解与认定。

一审法院认为,王某暴力袭击正在依法执行职务的人民警察,其行为已构成袭警罪。二审法院认为,案发当时,张某未着警察制服,其左手持黄色马甲(犯罪嫌疑人所穿特定服饰),后在王某向其他民警追回其手机的交涉过程中,张某突然上前大力推挡王某令其向后退,张某本人并未向王某表明自己系人民警察,也未向王某出示警察证。后王某一直在追问并试图确认张某的身份,在王某与张某发生冲突的整个过程中,面对王某多次大声询问张某是不是人民警察时,在场其他着警察制服的民警也未清楚、明确地告知其张某是人民警察且在依法执行职务。在屡次问话无人回应的情况下,王某出手打张某一拳,致使张某右眼受轻微伤。一审判决认定王某犯袭警罪的事实不清,证据不足,裁定撤销原判并发回重审。在案件重新审理过程中,检察院提出撤诉。法院裁定准许检察院撤回起诉。后检察院作出不起诉决定书,认为公安局认定的犯罪事实不清、证据不足,不符合起诉条件,决定对王某不起诉。①

本案中,一审判决未查清未穿警察制服、未出示警察证件、未表明警察身份的民警张某当晚是不是在"维护现场秩序",从而未查清张某是否为正在依法执行职务的人民警察。张某在事发现场出现系处理另一刑事案件,其并非办理王某治安案件的民警,就其本职工作职权以及当晚具体的工作任务而言,其对王某并无执法权。案发当时,王某并无过激行为,王某周围有众多着警察制服的民警维持秩序,现场秩序处于派出所民警的控制之下,刑侦支队民警张某无主动上前帮助其他民警维持秩序的紧急性和必要性。人民警察执行职务时应当着警察制

---

① 参见北京市第三中级人民法院刑事裁定书,(2021)京03刑终489号。

服并出示人民警察证,明确表明自己人民警察的身份,其言行举止也应当符合人民警察的形象,保持警容严整,举止端庄。本案中,张某当时未着警察制服、未出示人民警察证、未按照法律规定的程序开展工作,其行为不可能被视为正在依法执行职务,王某对之进行袭击,不可能构成袭警罪和妨害公务罪。

诚然,我国《刑法》第 277 条第 5 款是对抽象危险犯的表述(没有"阻碍人民警察依法执行职务"的表述),但由于我国《刑法》第 277 条第 1 款规定的是具体危险犯,而第 5 款是第 1 款的特别条款,作为特别条款的第 5 款,其适用必须以符合普通条款为前提。但抽象危险犯不可能符合具体危险犯的构成要件,所以,第 5 款的适用以阻碍人民警察依法执行职务为前提,袭警罪是具体危险犯。换言之,只要承认《刑法》第 277 条第 5 款是第 1 款的特别条款,就必须增加不成文的构成要件要素——阻碍人民警察依法执行职务。若行为人虽对警察实施暴力,但并未阻碍警察依法执行职务,则不成立袭警罪,亦不成立妨害公务罪,只能给予治安处罚。

6. 暴力袭击坐在公安局办证窗口后的户籍警的,能构成袭警罪吗?

没有理由认为,暴力袭击公安局办证窗口的户籍警,与暴力袭击税务局办税窗口后的税务人员和民政局婚姻登记窗口后的民政人员,对公务的妨碍有什么不同。之所以对暴力袭警独立入罪并规定重于妨害公务罪的法定刑,是因为有的警察的职务行为具有特殊性,如刑警和治安警察,其职务就是打击刑事犯罪和维护社会治安,处置危及公共安全和公民重大人身、财产安全的社会紧急事态。因此,本书倾向于将袭警罪中的"人民警察"限定为刑警和一线治安民警。

7. 能否将袭警罪理解为"在人民警察依法执行职务时,对之实施暴力袭击"?

妨害公务罪是具体危险犯,只有暴力袭击方法足以阻碍人民警察依法执行职务,才可能成立袭警罪。若将袭警罪理解为"在人民警察依法执行职务时,对之实施暴力袭击",就是将袭警罪理解为抽象危险犯,这会导致处罚过于提前和处罚范围过大。应当将袭警罪理解为"以暴力袭击方法阻碍人民警察依法执行职务",或者说,"以暴力袭击方法使得人民警察不能或者难以依法执行职务"。

8. 如何认定"暴力袭击"人民警察?

案3:李某某在高某某家中饮酒时,二人发生争执,后高某某报警。公安局某分局某派出所民警韩某光、辅警马某等人赶至事发现场,在出警过程中,李某某拒绝配合,辱骂公安民警并踢踹韩某光、马某腿部,给现场处警工作带来一定阻碍。

本案争议焦点:对"暴力袭击"的情节把握和危害后果程度上的准确认定。

法院认为,本案中被告人李某某在接受公安机关出警时,出言辱骂民警,且在民警在场的情况下,动手殴打第三人,主观动机较为明显。民警在将其带至警车时,其突然对四名民警发动攻击,虽然系采用辱骂和踢打的方式且未造成民警轻微伤以上的后果,但其突然袭击的行为致使民警对其的抓捕和带离现场的合法执法活动产生了较为明显的阻挡,符合袭警罪犯罪构成要件。[①]

本书认为,辱骂本身不可能属于"暴力袭击",至于"踢踹""踢打"警察,若系单纯为了摆脱、挣脱警察的控制,并未使警察公务明显难以执行,则不能认定为"暴力袭击"而构成袭警罪。

"暴力袭击"正在依法执行职务的人民警察,是袭警罪的构成要件要素,正是这一要素使袭警罪的不法程度重于妨害公务罪。袭警罪的暴力不应当包括间接暴力。换言之,袭警罪中的暴力袭击仅限于积极、突然性地对警察身体实施暴力(直接暴力)。行为人对依法执行职务的人民警察实施间接暴力的,仅成立妨害公务罪(以阻碍职务的执行为前提),而不成立袭警罪。如果行为人对警察实施直接暴力,但不具有突然性,也只成立妨害公务罪。此外,对警察行为的单纯抵抗不属于"暴力袭警",不成立袭警罪,也不成立妨害公务罪。

在《刑法修正案(十一)》增设袭警罪之前,最高人民法院、最高人民检察院、公安部《关于依法惩治袭警违法犯罪行为的指导意见》规定,对正在依法执行职务的民警实施下列行为的,属于《刑法》第277条第5款规定的"暴力袭击正在

---

① 参见河南省平顶山市中级人民法院刑事判决书,(2022)豫04刑终62号。

依法执行职务的人民警察":(1)实施撕咬、踢打、抱摔、投掷等,对民警人身进行攻击的;(2)实施打砸、毁坏、抢夺民警正在使用的警用车辆、警械等警用装备,对民警人身进行攻击的。这一解释显然是按妨害公务罪的构成要件解释"暴力袭警"的。在本书看来,如果后一种情形仅是对物暴力或者间接暴力,则不能认定为袭警罪,而只可能构成妨害公务罪。因为在《刑法修正案(十一)》之前,暴力袭警只是妨害公务罪的从重处罚情节,而非独立犯罪,所以,对警察实施广义的暴力即有可能构成妨害公务罪。但在袭警罪成为独立犯罪,且法定刑高于妨害公务罪的立法例之下,便不能继续按《刑法修正案(十一)》之前的规定解释袭警罪的构成要件。

总之,我国《刑法》第277条第5款中的"暴力袭击"警察应限于狭义的直接暴力,即不应当包括间接暴力。暴力袭击的对象是警察本身,而不是物或者第三人。因此,没有直接作用于警察身体的行为,即使对物暴力或对第三人的暴力对警察产生了影响力,也不能评价为暴力袭击。不仅如此,暴力袭击还必须具有突然性,否则,也不应认定为袭警罪。

9. 如何处理使用威胁方法阻碍警察执行职务的行为?

案4:某村民委员会联合乡政府城管队等部门,对该村内无照经营门店的无手续广告牌进行拆除。饭店老板妥某拒绝工作人员拆除其饭店广告牌。其间,妥某为达到上述目的于案发当日10时37分58秒从其饭店提出煤气罐打开阀门放置于门前,同时右手持打火机,使聚集在饭店门口的拆除人员迅速撤离,妥某于10时38分4秒自行将煤气罐阀门关闭,后他人于10时38分26秒将煤气罐拿进饭店。警察接警后赶到现场处置,民警杨某在对妥某进行询问时,妥某情绪激动,拒不配合民警工作并对杨某进行推搡,后其他民警上前对妥某使用警用喷灌后强制将其带回派出所。

本案争议焦点:暴力袭警的暴力程度和犯罪对象的范围界定。

法院认为,妥某"打开煤气罐"的行为对城管人员达到"威胁"的程度,致使拆除作业无法进行,该行为妨害城管执行职务,构成妨害公务罪。妥某在民警传唤其到派出所接受调查时,其不仅拒不听从,还主动推搡民警,该行为虽有不妥,但此行为只涵盖了袭警型暴力中的主动性,缺乏袭击性,属于一般性的暴力,达不到"袭击"的程度,不适用暴力袭警来评价。该行为已经妨害了民警依法执行职务,属于以暴力方法阻碍民警执行职务,构成妨害公务罪,而非暴力袭警。①

本案中妥某的行为之所以构成妨害公务罪,是因为其"提出煤气罐打开阀门放置于门前,同时右手持打火机,使聚集在饭店门口的拆除人员迅速撤离",对执行公务的国家机关工作人员构成了"威胁",属于"以威胁方法阻碍国家机关工作人员依法执行职务"。至于"拒不配合民警工作并对杨某进行推搡",属于单纯挣脱、摆脱警察控制的行为,不可能属于"暴力袭警"而构成袭警罪。

《刑法》第 277 条第 5 款所规定的袭警罪的手段限于"暴力袭击",使用威胁方法阻碍人民警察执行职务的,不可能成立袭警罪。无论是在大陆法系国家,还是在英美法系国家,以威胁方法阻碍警察执行职务的,都成立犯罪。与其他国家相比,我国警察处理的事务更多,既然如此,就没有理由不处罚使用威胁方法阻碍警察执行职务的行为。《刑法》第 227 条第 5 款是第 1 款的特别条款,暴力袭击警察阻碍了警察职务的执行的,才成立袭警罪。以威胁方法阻碍警察依法执行职务的,不成立袭警罪,但可能成立妨害公务罪。无论是暴力袭击还是威胁方法,都需要判断客观行为是否产生了妨害公务的具体危险,而不能将针对警察职务的袭警罪与妨害公务罪视为抽象的危险犯。袭警罪的特别条款规定的是加重构成要件,需要判断袭警行为是否符合加重的构成要件。

10. 袭警罪加重犯中的"枪支"包括假枪、空枪吗?

袭警罪加重犯规定,使用枪支、管制刀具,或者以驾驶机动车撞击等手段,严重危及正在依法执行职务的人民警察人身安全的,处 3 年以上 7 年以下有期徒刑。使用假枪和空枪不可能实际严重危及警察人身安全,不能成立袭警罪的加重犯。

---

① 参见北京市朝阳区人民法院刑事判决书,(2018)京 0105 刑初 435 号。

11. 认定袭警罪,能判处罚金刑吗?

由于袭警罪与妨害公务罪之间是特别关系,成立袭警罪须以行为构成妨害公务罪为前提。也就是说,凡构成袭警罪的,必然也构成妨害公务罪。虽然袭警罪未规定罚金刑,但妨害公务罪规定有罚金刑,所以在对行为以袭警罪定罪处罚时,可以同时判处罚金刑。

第三节 煽动暴力抗拒法律实施罪

·导 读·

本书认为,为保障公民的言论自由,应谨慎适用本罪。本罪内涵不清、外延不明,有违与罪刑法定原则的明确性要求,并不完全契合,笔者建议做进一步完善或做实质性修改。

条 文

第二百七十八条 【煽动暴力抗拒法律实施罪】煽动群众暴力抗拒国家法律、行政法规实施的,处三年以下有期徒刑、拘役、管制或者剥夺政治权利;造成严重后果的,处三年以上七年以下有期徒刑。

罪名精释

1. 如何处理本罪与保护公民言论自由之间的关系?

言论自由是现代民主社会的基石,系公民所享受的宪法性权利。考虑到本罪与保护公民言论自由之间的关系,煽动行为是否构成煽动暴力抗拒法律实施罪,需要重点考察以下四个方面:(1)行为人直接煽动的是使用暴力方法抗拒国家法律、行政法规的实施;如果只是煽动群众单纯抵制法律、行政法规实施的,不成立本罪。(2)法律、行政法规的内容必须合宪。如果法律、行政法规的内容存在合宪方面的争议，煽动他人抗拒这一内容实施的，不应当作为犯罪处理。（3）群众实施被煽动行为的紧迫性。一方面，煽动言论必须是一种明显的鼓动性、激励性的言论；单纯描述某种事实的言论，即使可能引起他人的非法行为，也不能认定为煽动。而且，煽动的内容必须是抗拒特定法律、行政法规的具体实施。另一方面，即使煽动内容非常具体，但如果具体内容只是单纯推迟法律、行政法规的具体实施，还不足以成立本罪。换言之，只有当不特定或者多数人因为被煽动而立即通过暴力方法抗拒特定法律、行政法规的具体实施时，才能认为存在紧迫性。（4）行为人具有故意与不法目的。言论自由具有宪法价值，所以，当行为人就公共事务发表言论时，或者出于正当目的发表言论时，不得以犯罪论处。当行为人以为某项法律、行政法规的实施会损害公共利益而阻止该项法律、行政法规的实施时，即使其着眼于个人利益，也可以认为行为人存在事实认识错误，而阻却故意和本罪的成立。

2. 本罪构成要件的设计符合罪刑法定原则的明确性要求吗？

明确性是罪刑法定原则实质侧面的要求。何谓"抗拒国家法律、行政法规实施"，显然不够明确。可以说，任何煽动群众抵制政府举措的行为，都可能被认定为"抗拒国家法律、行政法规的实施"。我国《刑法》分则中的条文和罪名基本上可以规制所有反社会行为，对于本罪是否应当存续，笔者认为值得进一步商榷。

第四节 招摇撞骗罪

·导 读·

作为招摇撞骗罪冒充对象的"国家机关工作人员"，与作为渎职罪主体的国家机关工作人员的范围一致。本书认为，招摇撞骗罪所保护的主要法益是国家机关的公共信赖,次要法益是公民的财产。招摇撞骗罪与诈骗罪之间是竞合关系,竞合时从一重处罚。招摇撞骗的财物数额较大或者巨大时,以招摇撞骗罪论处;招摇撞骗数额特别巨大的财物的,应以诈骗罪进行评价,最重可以判处无期徒刑。冒充已被撤销的国家机关的工作人员,也能构成本罪。不必将招摇撞骗罪的对象限定为数额不大的财物,只要承认招摇撞骗罪与诈骗罪之间是竞合关系,竞合时从一重处罚即可。行为人冒充联合国官员到监狱"捞人"的,不能构成招摇撞骗罪。骗取数额较大或者巨大的财物以招摇撞骗罪定罪量刑的,可以同时判处罚金刑。

条 文

第二百七十九条 【招摇撞骗罪】冒充国家机关工作人员招摇撞骗的,处三年以下有期徒刑、拘役、管制或者剥夺政治权利;情节严重的,处三年以上十年以下有期徒刑。

冒充人民警察招摇撞骗的,依照前款的规定从重处罚。

罪名精释

1.何为招摇撞骗?

招摇撞骗,是指冒充国家机关工作人员的身份进行欺骗的行为。主要表现为三种情形:一是非国家机关工作人员冒充国家机关工作人员(包括离职的国家机关工作人员冒充在职的国家机关工作人员),如普通人冒充警察抓赌、抓嫖;二是此种国家机关工作人员冒充彼种国家机关工作人员,如警察冒充法官;三是职务低的国家机关工作人员冒充职务高的国家机关工作人员(也不能绝对排除相反的情形),如科长冒充局长。作为本罪冒充对象的"国家机关工作人员",与作为渎职罪主体的国家机关工作人员的范围一致。

2.本罪所保护的法益是什么?

一般认为,本罪所保护的法益是国家机关的公共信赖,或者说是国家机关的形象。但是,以暴力、威胁方法妨害公务的,最高刑尚且只有3年有期徒刑,暴力袭警的,也至多判处7年有期徒刑,而单纯国家机关的公共信赖(国家机关的形象)却以最高刑为10年有期徒刑的法定刑进行保护,这不无疑问。虽然一般认为招摇撞骗罪主要骗的不是财产,而是所谓美丽的爱情、地位等。但从司法实践来看,骗取的基本上还是财产,或者说主要还是为了骗取财产。因此本书认为,招摇撞骗罪所保护的主要法益是国家机关的公共信赖,次要法益是公民的财产。

3.招摇撞骗罪与诈骗罪之间是什么关系?

案1:唐云某等人预谋"抓赌"。某日,3人负责望风和电话指挥,2人身穿保安制服,伙同其他6人进入某公司,以民警整治网络赌博的名义,让在场的工作人员全部靠墙站立,将自己的手机放在桌上。随后,姜某等人用微信、支付宝转款的方式转走杨某金额合计16万余元。

本案争议焦点:被告人的行为应当认定为诈骗罪还是招摇撞骗罪。

法院认为,招摇撞骗罪与诈骗罪之间系法条竞合关系而非想象竞合关系。冒充人民警察骗取他人财物同时构成诈骗罪和招摇撞骗罪的,应按照法条竞合的适用原则,依照特别法优先或重法优先的原则进行处罚,以解决行为人罪责刑相一致的问题。本案中,唐云某等人以非法占有为目的,冒充人民警察,骗取他人财物,其行为同时符合诈骗罪和招摇撞骗罪的犯罪构成,按照《刑法》第266条后段"本法另有规定的,依照规定"的规定,应依照《刑法》第279条的规定定罪处罚,故唐云某等人的行为构成招摇撞骗罪。①

案2:门某富通过婚恋网站结识路某,使用虚假姓名"张某",谎称是国家发改委工作人员,骗取路某的信任后与路某确立男女朋友关系并同居,门某富以开公司需要资金周转、住院需要钱等理由,骗取路某36万余元并予以挥霍。之后,路某联系不上"张某"后报警,经民警调查,路某才得知"张

---

① 参见四川省成都市新都区人民法院刑事判决书,(2018)川0114刑初479号。

某"的真实身份。

本案争议焦点:本案定招摇撞骗罪还是诈骗罪合适。

法院认为,招摇撞骗罪与诈骗罪之间不属于法条竞合关系,根据案件事实的不同,二罪可能构成想象竞合。本案中,门某富骗取路某36万余元,其行为无论按照诈骗罪还是按照招摇撞骗罪,都应当判处3年以上10年以下的法定刑,无法做出轻罪和重罪的判断。故根据本案的案情,不宜按照想象竞合的处理方法择一重罪定罪处罚。当案件事实不属于招摇撞骗罪与诈骗罪想象竞合时,对犯罪行为以招摇撞骗罪评价,能够更加全面地保护法益。本案中,对门某富冒充国家机关工作人员实施诈骗的行为,不符合成立诈骗罪与招摇撞骗罪想象竞合的事实条件,宜以招摇撞骗罪定罪论处。①

显然,上述两个判例说理混乱。关于本罪与诈骗罪之间的关系,有观点认为属于法条竞合,也有观点认为属于想象竞合。但无论是法条竞合还是想象竞合,一致认为应当从一重处罚。本书认为,招摇撞骗罪所侵害的主要法益是国家机关的公共信赖,次要法益是他人的财产,当行为对次要法益的侵害超出了根据行为对主要法益的侵害所配置的法定刑所能评价的范畴时,即根据本来的犯罪进行评价难以做到罪刑相适应时,就应该根据行为对次要法益的侵害所触犯的罪名定罪处罚。就如保险诈骗数额特别巨大的财物,以保险诈骗罪的最高刑15年有期徒刑进行评价,难以做到罪刑相适应时,就应该以诈骗罪进行评价。招摇撞骗的财物数额较大或者巨大,以招摇撞骗罪进行评价能够做到罪刑相适应时,就认定为招摇撞骗罪。当招摇撞骗数额特别巨大的财物时,就应以诈骗罪进行评价,最重可以判处无期徒刑。

4.冒充已被撤销的国家机关的工作人员,足以使对方信以为真的,能构成本罪吗?

冒充已被撤销的国家机关的工作人员,如冒充已被撤销的机械工业部的官员行骗,足以使对方信以为真的,也会损害国家机关的公共信赖,故可能构成招

---

① 参见北京市昌平区人民法院刑事判决书,(2019)京0114刑初926号。

摇撞骗罪。

5. 应否将招摇撞骗罪限定为骗取数额不大的财物？

曾有观点认为，招摇撞骗罪的法定最高刑只有10年有期徒刑，应将招摇撞骗罪的行为对象限定为财物以外的内容，即便包括骗取财物，也应限于骗取数额不大的财物。本书认为，单纯国家机关的公共信赖不需要配置10年有期徒刑，本罪除保护国家机关的公共信赖外还保护他人的财产，故不必将招摇撞骗罪的行为对象限定为数额不大的财物，只要承认招摇撞骗罪与诈骗罪之间是竞合关系，竞合时从一重处罚即可。

6. 冒充联合国官员到监狱"捞人"的，能构成招摇撞骗罪吗？

招摇撞骗罪中所冒充的对象必须是中国国家机关工作人员。冒充非中国国家机关的工作人员的，不构成招摇撞骗罪，只构成诈骗罪或者其他犯罪。例如，行为人冒充所谓联合国官员到监狱"捞人"的，不能构成招摇撞骗罪。

7. 为何本罪的法定刑轻于诈骗罪？

本罪侵犯的主要法益是国家机关的公共信赖，次要法益是他人的财产。刑法配置法定刑考虑的是行为对主要法益的侵害程度和犯罪的常态。本罪所保护的主要法益是国家机关的公共信赖，常态案件是骗取数额不大的财物，所以配置10年有期徒刑一般就能做到罪刑相适应。立法者当然想到招摇撞骗可能骗取数额特别巨大的财物，但立法者认为司法人员会充分运用竞合原理从一重处罚而实现罪刑相适应。如果立法者考虑到行为对次要法益可能的侵害程度，考虑到非常态案件，则几乎所有的罪名都需要配置从管制到死刑的刑罚。这无疑是司法资源的浪费，也容易导致普遍的轻罪重判而罪刑不相适应。

8. 骗取数额较大或者巨大的财物以招摇撞骗罪定罪量刑的，能判处罚金吗？

冒充国家机关工作人员招摇撞骗骗取财物的，既成立招摇撞骗罪，也成立诈骗罪。虽然《刑法》第279条的招摇撞骗罪未规定罚金刑，但《刑法》第266条的诈骗罪规定有罚金刑。无论是法条竞合还是想象竞合，被排除的法条的附加刑仍能得到适用，故冒充国家机关工作人员招摇撞骗，骗取数额较大或者巨大的财物以招摇撞骗罪定罪量刑的，可以同时判处罚金刑。

第五节 伪造、变造、买卖国家机关公文、证件、印章罪

· 导 读 ·

本罪所保护的法益是公文、证件、印章的公共信用或者证明作用。公文、证件原本的复印件属于公文、证件。将公文的复印件进行篡改后再进行复印的行为，属于伪造公文。印章，既包括印形，也包括印影。用捡到的伪造的印章盖印的，属于伪造印章。盗盖真实的印章，是伪造印章。买卖伪造、变造的国家机关公文、证件、印章，也能成立买卖国家机关公文、证件、印章罪。胜诉一方出卖民事判决书，实际上是转让债权，不构成买卖国家机关公文罪。伪造、变造、买卖民用机动车号牌，构成伪造、变造、买卖国家机关证件罪。不应要求所伪造的公文、证件、印章与原本(原物)没有任何区别。伪造"中华人民共和国内务部"印章，也能构成伪造国家机关印章罪。保管国家机关印章的人，出具内容虚假并加盖国家机关印章的公文、证件的，构成伪造国家机关公文、证件、印章罪。

/ 条 文 /

第二百八十条第一款 【伪造、变造、买卖国家机关公文、证件、印章罪】【盗窃、抢夺、毁灭国家机关公文、证件、印章罪】伪造、变造、买卖或者盗窃、抢夺、毁灭国家机关的公文、证件、印章的，处三年以下有期徒刑、拘役、管制或者剥夺政治权利，并处罚金；情节严重的，处三年以上十年以下有期徒刑，并处罚金。

罪名精释

1. 本罪所保护的法益是什么？

伪造、变造、买卖国家机关公文、证件、印章罪保护的法益是公文、证件、印章的公共信用或者证明作用。只要伪造、变造了应当由国家机关制作的公文、证件、印章，即便这个国家机关并不真实存在，如"中华人民共和国内务部"，也会侵害整个国家机关公文、证件、印章的公共信用，也值得科处刑罚。

2. 何为"公文""证件""印章"？

案1：甲汽车销售有限公司法定代表人夏某明知周方某（另案处理）所提供的印有"市公安局交通警察支队"印章的"临时行驶车号牌"系伪造，仍多次自己出面或指使公司财务人员陶春某、朱娅某等人以每张人民币5元的价格向周方某购买，并指使陶春某、朱娅某等人在所购买的"临时行驶车号牌"上打印相关车辆信息后交付给在该公司购车的客户使用。

本案争议焦点：临时行驶车号牌是否属于国家机关证件。

法院认为，对于临时行驶车号牌，正面如机动车号牌印有文字、字母、数字等，背面还印有机动车所有人、住址、车辆类型、厂牌型号、车辆识别代号、发动机号码等信息栏目，并有公安机关交通管理部门盖章。因此，它不仅是车辆的标志，还具有公安机关交通管理部门的证明作用，是临时的行驶证，可视为车辆的临时号牌与临时行驶证的合体。从这个意义上讲，临时行驶车号牌属于刑法意义上的国家机关证件。本案中，夏某作为公司的法定代表人，明知他人提供的印有"市公安局交通警察支队"印章的"临时行驶车号牌"系伪造，仍指使公司员工购买、伪造，情节严重，其行为已构成伪造、买卖国家机关证件罪。[1]

公文，是指以国家机关名义制作的处理公务的文书，即公文书；文书，是指使用文字或者代替文字的符号制作的，具有某种程度的持续存在状态，表达意思或者观念的文件（广义的文件）。证件，一般是指有权制作的国家机关颁发的，用

---

[1] 参见浙江省临海县人民法院刑事判决书，（2017）浙1082刑初1012号。

以证实身份、权利义务关系或者其他事项的凭证。空白护照也属于证件。印章，包括印形和印影。印形，是指固定了国家机关名称等内容并可以通过一定方式表示在其他物体上的图章。印影，是指印形加盖在纸张等物体上所呈现的形象。印章旨在证明人和单位的同一性。

由于国家机关公文、证件、印章都受到刑法保护，所以区分国家机关公文、证件与印章的意义不大。但对于公司、企业、事业单位、人民团体而言，仅规制伪造印章的行为，没有规制伪造文书、证件和买卖文书、证件的行为。因此，区分公司、企业、事业单位、人民团体印章与公司、企业、事业单位、人民团体文书、证件，就很有实践意义。

3. 如何把握专用章与省略文书的界限？

印章既包括表示国家机关名称的印章，也包括国家机关用以表示某种特殊用途的专用章。但专用章与省略文书的界限是微妙的。对于公司、企业、事业单位、人民团体而言，刑法只保护印章，不保护文书，因此区分印章与省略文书尤其重要。简单地讲，重在证明人和单位的同一性的，是印章；重在表达一定的意思或者观念的，是省略文书。邮戳不仅显示了信件处理时间，而且表明了处理信件的主体（邮政局），故属于印章。但法院在判决书上所加盖的"本件与原本核对无异"的正本核对章，重在表达意思，而不是重在证明人和单位的同一性，故属于省略文书，不属于印章。

考虑到我国刑法规定尚不完善，可以灵活地把握省略文书和印章。对于国家机关而言，如质监局或者工商局等部门加盖的"检验合格""验收合格"章，无论认为其属于公文还是印章，都能进行刑法规制。但对于非国家机关加盖的这类印记，由于其不只是表达一定的意思或者观念，还表明是由特定主体作出的决定，故本书倾向于将其看作印章，可以伪造公司、企业、事业单位、人民团体印章罪进行规制。

4. 我国文书印章伪造类犯罪，是否存在明显的立法疏漏？

案2：汤某使用伪造的某公证处公证书和伪造的其母粟某的委托书，授意张某代理栗某,将属于栗某所有的某房屋过户给自己。经某价格认证中心认定,该房屋评估价值为人民币430.14万元。栗某于2017年3月18日书写遗嘱,指定上述房屋由汤某及栗某的女儿汤某1、孙女汤某2继承。2017年4月16日,栗某因病去世。汤某于2017年6月28日在其他继承人不知情的情况下,将涉案房屋出售。

本案争议焦点:汤某的行为是否符合盗窃罪的构成要件,应当以手段行为,即伪造事业单位印章罪定罪处罚,还是按照伪造事业单位印章罪与盗窃罪的竞合情形从一重罪处断。

法院认为,我国刑法没有明确盗窃罪的对象是否包括不动产,但一般而言,盗窃的客体是动产。实践中,不动产所有权会因非法盗卖而遭受侵犯,但因不动产所具有的"不可移动性",行为人无法完全做到秘密窃取并占有,因而不动产不适合作为盗窃罪的犯罪对象。本案中,汤某将其母亲房屋所有权秘密转移到自己名下,房屋依旧由其母亲栗某继续占有居住,栗某并未实际失去对房屋的控制,汤某无法实际处置该房屋。而且,本案中死者不能作为房屋的权利主体,不应将汤某在其母亲去世后秘密出售房屋的行为等同于盗窃其母亲栗某房屋行为的实施终了,更不能认定汤某盗窃了继承人(汤某、汤某1、汤某2)的房产,汤某的行为实为未经其他权利人同意的私自处分行为。汤某损害了其他继承人的合法权益,其他继承人可通过民事救济途径解决。故汤某的行为不构成盗窃罪。此外,汤某将其母亲房产过户到自己名下时,向他人提供身份、房产信息、伪造公证书与委托书,且为此支付高额报酬,并知晓伪造的公证书中盖有某公证处印章,其行为构成伪造事业单位印章罪。①

上述判决有点本末倒置。虽然不动产本身因为具有"不可移动性"而不能转移占有,不能成为盗窃罪的对象,但不动产权完全是可以在法律上转移占有的。汤某通过伪造公证书和委托书的方式将其母亲栗某的房屋所有权转移到自己名下而获得了不动产权,故构成针对不动产权的盗窃罪。至于伪造公证书,因为该公证书上面有印章,可以成立伪造事业单位印章罪的共犯。从这个意义上

---

① 参见北京市第二中级人民法院刑事裁定书,(2020)京02刑终98号。

讲,汤某的行为构成盗窃罪与伪造事业单位印章罪,应实行数罪并罚。

张明楷教授指出,"伪造、变造国家机关公文、证件、印章罪的大量出现,与使用这些公文、证件、印章密不可分。每次全国人大常委会法工委征求《刑法》修正意见时,我都提出要增设使用伪造、变造的国家机关公文、证件、印章罪,以及使用伪造、变造的身份证件罪。在现实生活中,使用伪造、变造的国家机关公文、证件、印章、身份证的行为服务于其他很多犯罪,比如合同诈骗的过程中一般会涉及使用伪造的国家机关公文、印章等的情形。在不能认定行为构成合同诈骗罪或其他犯罪的情况下,往往可以肯定行为人使用了伪造、变造的国家机关公文、证件、印章、身份证。另外,实践中,也很难查清楚这些伪造、变造的公文、证件、印章、身份证的来源,也就很难认定伪造、变造国家机关公文、证件、印章等罪。如果增设了使用伪造、变造的国家机关公文、证件、印章罪,使用伪造、变造的身份证罪以及使用伪造的公司、企业印章罪等,就完全可以将上述行为(使用伪造的身份证——引者注)认定为犯罪。增设了这样的犯罪后,就很可能不会有这么多伪造、变造国家机关公文、证件、印章、身份证的行为了。"[1]

上述建议很有见地。文书印章伪造类犯罪的罪名看似琳琅满目,现实却是"办证刻章广告满天飞"。可谓厉而不严、疏而有漏。事实上,几乎没有一个国家和地区像我国《刑法》这样简单地规定文书印章伪造类犯罪。也就是说,其他国家和地区刑法典基本上都规定有伪造公私文书、印章和使用公私文书、印章犯罪。必须指出的是,我国现行《刑法》关于文书印章伪造类犯罪至少存在以下立法疏漏:(1)仅规定了伪造、变造、买卖国家机关公文、证件、印章罪,没有规定使用国家机关公文、证件、印章罪;(2)仅规定了伪造公司、企业、事业单位、人民团体印章罪,没有规定伪造公司、企业、事业单位、人民团体、其他单位文书、证件罪和使用伪造的公司、企业、事业单位、人民团体、其他单位文书、证件、印章罪;(3)没有规定伪造私文书、印章罪和使用私文书、印章罪。

只有规制上述犯罪,完善我国文书印章伪造类犯罪的立法,才能做到疏而不漏,有效治理"办证刻章广告满天飞"这一社会痼疾,优化社会诚信体系。

---

[1] 张明楷:《刑法的私塾》,北京大学出版社2014年版,第536~537页。

5. 是使用伪造的文书危害性大,还是伪造文书的危害性大?

伪造公文、证件、印章对公文、证件、印章的公共信用的侵害还只是抽象危险,而使用伪造的文书、证件、印章,才实际侵害了文书、证件、印章的公共信用,其危害性当然比伪造行为更大。有观点认为,由于伪造公文、证件、印章是源头,只要遏制住了源头,就能遏制住文书印章伪造类犯罪的蔓延。其实,相对于伪造者,使用者位于明处,更容易被查处。没有人敢使用伪造的文书、证件、印章,自然就不会有人伪造文书、证件、印章。

6. 公文、证件原本的复印件是否属于公文、证件?

案3:甲将盖有国家机关印章的公文扫描到电脑中后,对公文的发文号与发文时间进行了修改,然后用彩色打印机打印出来提交给相关部门,用于证明某个事项。

本案中,由于甲并没有在真实的公文上篡改,所以不是变造,只能是伪造国家机关公文、印章。甲没有制作权限,即使甲制造出来的公文与真实的公文的内容一模一样,也是伪造国家机关公文。现在,甲制作了与国家机关所制作的公文内容不完全一样的公文,就更应认定为伪造。同时,甲还在虚假的公文上印上了国家机关的印章,所以,甲的行为构成伪造国家机关公文、印章罪。

公文、证件原本的复印件是否属于公文、证件,理论上存在争议。例如,A去办事时,对方让A提供身份证复印件,A提供了一个虚假的身份证复印件。A的行为是否构成使用虚假身份证件罪?又如,在某些场合,对方需要先看身份证原件,随后还要行为人提供身份证复印件,行为人给对方看了一下真实的身份证,但提交的复印件是伪造的身份证的复印件,这种情况下能不能认定为使用伪造的身份证件?

本书认为,伪造公文、证件的复印件的行为,也属于伪造公文、证件。理由在于:(1)复印件在内容、字迹、形状等各方面都是原本的再现,能够证明原本的客观性与真实性。(2)伪造公文、证件时,不可能伪造原本,只能是伪造应当由国家机关制作的公文、证件。至于是以复印形式伪造,还是以其他方式伪造,不影响伪造的成立。(3)复印件具有证明力,以复印件的方式伪造、变造公文、证件的行为,也侵害了公文、证件的公共信用。

7. 将公文的复印件进行篡改后再进行复印的行为,是否属于伪造公文?

将公文的复印件进行篡改后再进行复印的,只要使对方相信原本的存在,就侵害了公文的公共信用,也属于伪造公文。

8. 用捡到的伪造的印章盖印,是不是伪造印章?

用捡到的伪造的印章盖印,形成的就是伪造的印影,因而属于伪造印章。

9. 如何把握伪造、变造含义的相对性?

案4:甲驾驶技术很差,为了在违反交通规则的情况下不被查出,他用胶布粘住了自己汽车牌照的部分号码。

倘若承认车牌是国家机关证件,就必须承认其中的号码是证件的核心部分。遮住车牌的部分号码,就使证件丧失了应有的功能,例如导致无法识别车主,所以,将遮挡号牌的行为认定为变造国家机关证件是没有疑问的。变造并不要求形成的状态是永久性的,暂时的变造也同样影响证件的公共信用。故上述案件中甲的行为构成变造国家机关证件罪。

《刑法》分则有多个条文规定了伪造和变造。伪造、变造的含义具有相对性,不同条文,甚至同一条文的不同款项之间的含义也不一致。广义的伪造,包括了变造。其中的伪造包括有形伪造和无形伪造,变造包括有形变造和无形变造。狭义的伪造不包括变造,但包括有形伪造和无形伪造,如《刑法》第170条的伪造货币罪。最狭义的伪造,可能只包括有形伪造、变造,或者只限于无形伪造、变造。例如《刑法》第412条第1款商检徇私舞弊罪中的伪造,就是无形伪造,只能由国家商检部门、商检机构的工作人员构成。非国家商检部门、商检机构的工作人员伪造商检结果的,不能成立商检徇私舞弊罪,只能成立《刑法》第280条第1款的伪造国家机关公文罪。

《刑法》第280条第1款中的伪造不包括变造,但伪造本身包括有形伪造和无形伪造。该条第2款伪造公司、企业、事业单位、人民团体印章罪中的"伪造",从理论上讲,包括变造(至于事实上能否变造印章,则是另一回事)。同时,伪造包括有形伪造和无形伪造,变造包括有形变造和无形变造。

10. 本罪中的"印章",是指印形还是印影?

案5:犯罪嫌疑人甲向乙女允诺可以帮其办理用电审批手续。甲明知"刻章李"(另案处理)在制作假印章,仍授意其模仿环保执法中队工作人员A、B及街道办事处副主任C的签名,伪造"某街道办事处"印章盖在乙女的两份政府环境整治区域客户用电申请审批表上。事后,甲向乙女索要人民币4000元。

本案中,无论是甲让"刻章李"刻了"某街道办事处"图章(印形),还是甲让"刻章李"在审批表上盖上了"某街道办事处"的印章(印影),都构成伪造国家机关印章罪。

印章既包括印形,也包括印影。印形,指的是有体物,就是固定了国家机关名称等内容并可以通过一定方式表示在其他物体上的图章。印影,是指印形加盖在纸张等物体上所呈现的形象。伪造印章不限于伪造印形,就是说伪造印章不限于刻出一枚印章,而是同时包括在文书上描绘出印章的形象。比如,用细笔蘸上印泥后在文书上描绘一个"某街道办事处"的印章的,也是伪造印章。从法益保护的角度来说,伪造印形的行为对法益的侵害未必大于伪造印影的行为。行为人伪造印形或者私刻了图章,根本不使用,充其量只具有侵害法益的抽象危险。但是,如果行为人在有证明意义的文书上伪造了印影,就直接侵害了印章的公共信用。其他国家刑法理论与实务普遍认为,伪造印章首先是指伪造印影,其次才是伪造印形。这是从法益侵害程度考虑得出的当然结论。可是,我国的司法机关的做法不同,司法实践中一般只考虑谁刻了图章,或者谁让刻章了,而未考虑是谁盖了图章。

11. 盗盖真实的印章,是不是伪造印章?

印章包括印形和印影,主要是印影。盗盖他人真实的印章,由于违背了印章所有人的真实意志(相当于伪造签名),不能证明人和单位的同一性,应属于伪造印章(印影)。

12. 买卖伪造、变造的国家机关公文、证件、印章的行为,是否成立买卖国家机关公文、证件、印章罪?

"买卖"与"伪造、变造"并列规定,可以认为,买卖伪造、变造的国家机关公文、证件、印章,也能成立买卖国家机关公文、证件、印章罪。

13. 胜诉一方出卖民事判决书的行为,构成买卖国家机关公文罪吗?

胜诉一方出卖民事判决书,虽然形式上是出卖国家机关公文,但实际上是转让债权,没有侵害民事判决书本身的公共信用,行为人也没有损害国家机关公文的公共信用的故意,所以不构成买卖国家机关公文罪。

14. 我国目前理论与实务有关伪造犯罪的认识误区有哪些?

我国目前理论与实务有关伪造犯罪的认识误区体现在:(1)误以为伪造、变造仅限于有形伪造、变造,而忽视了对无形伪造、变造犯罪的打击;(2)误以为印章仅指印形(有体的图章),而忽视对伪造印影行为的查处和打击;(3)误以为只要图章本身是真实的,就不是伪造印章,没有将盗盖、擅盖真实图章的行为作为伪造印章犯罪进行查处;(4)误以为伪造犯罪的危害性重于使用伪造的文书、证件、印章的行为。

15. 本罪与非法经营罪之间是什么关系?

如果是将买卖进出口许可证、进出口原产地证明以及其他法律、行政法规规定的经营许可证或者批准文件作为经营行为,即持续反复买进卖出,则成立非法经营罪与买卖国家机关公文、证件罪的想象竞合,从一重处罚。但如果不是经营行为,只是偶尔买卖,或者只卖不买,或者只买不卖,则仅成立买卖国家机关公文、证件罪。

16. 伪造、变造、买卖民用机动车号牌,构成伪造、变造、买卖国家机关证件罪吗?

案6:米某林作为祥林公司的法定代表人,为谋取利益,从"杜哥"(未查实)处购入大量虚假的空白临时车牌。米某林在位于遂宁市某大道的祥林公司门面内,安排销售人员以套打驾驶人信息、车辆信息及有效期等方式伪造临时车牌,并以每套150元至200元不等的价格出售给他人使用。之后,公安机关对该公司进行搜查,扣押了90张盖有"市公安交通警察支队"印章的空白临时行驶车号牌。经认定上述临时车牌系伪造的牌证。

本案争议焦点:本案被告人伪造临时行驶车号牌的行为是否构成伪造、买卖国家机关证件罪。

法院认为,机动车号牌虽由公安机关交通管理部门统一制发,但是,第一,民用机动车号牌不具有权威性。民用机动车号牌可由机动车所有人参与选号制作,具有一定的个性化特征,缺乏国家机关证件唯一性。民用机动车号牌只是中英文和数字的组合,并不加盖主管机关的印章,仅起到机动车上路行驶有效识别载体的作用,不具有国家机关证件通常具备的特征。第二,民用机动车号牌不足以使公众对其产生合理信赖。在处理交通事故中,体现机动车身份信息的证件是机动车行驶证,而机动车号牌既不是机动车行驶证的必要组成部分,更不能替代行驶证的证明效力,即使是普通民众,也不会仅凭车辆号牌就确认机动车的具体信息,行为人持有车辆号牌也不足以证明其与机动车的关联性。而临时行驶车号牌是根据公安部规定制作并具有普遍证明力的证件,从功能上看,其具有权威性并且能体现机动车的具体信息,能体现持有人与机动车的关联性;从形式上看,其印有国家机关印章。正式的机动车号牌由文字、字母、数字等组成,起标志、标识作用。而临时行驶车号牌不仅印有文字、字母、数字等,其背面还印有机动车所有人、住址、车辆类型、厂牌型号、车辆识别代码、发动机号码等信息栏目,并有公安机关交通管理部门盖章。因此,它不仅是车辆的标志,还具有公安机关交通管理部门的证明作用,故本案的临时行驶车号牌具有国家机关证件的性质,被告人的行为应当构成伪造、买卖国家机关证件罪。①

张明楷教授认为,由于《刑法》第281条第1款和第375条第3款将警用车牌、军用车牌归为警察专用标志和军用标志。如果将民用机动车号牌认定为国家机关证件,那么,对伪造、买卖民用机动车号牌的行为的处罚反而重于伪造、买卖警用机动车号牌、武装部队车辆号牌,因而明显不当。所以,对于伪造、变造、变卖民用机动车号牌的行为,不能认定为本罪。②

本书不赞同上述观点。不可否认,民用机动车号牌是国家机关(公安局交通管理部门)制发的证明车辆身份的证件。车辆号牌与行驶证上的号码完全一致。只不过行驶证是放在车内,而车辆号牌是显露于外悬挂于车头车尾。人们之所以认为车辆号牌不是国家机关证件,根本原因是车辆号牌上没有加盖"钢印"。但无论是否加盖印章,车辆号牌都是国家机关制发的证明道路上行驶车辆的"身份"合法的证件。伪造、变造、买卖车辆号牌也会损害国家机关证件的公共信用或者证明作用。只是考虑到与伪造、买卖警用车牌和军用车牌的处罚相协调,对于伪造、买卖民用机动车号牌的行为,虽认定构成伪造、买卖国家机关证件罪,但一般不判处高于3年有期徒刑的刑罚。

17. 应否要求所伪造的公文、证件、印章与原本(原物)没有任何区别?

不应要求所伪造的公文、证件、印章与原本(原物)没有任何区别,事实上二者总是有一定的区别。只要使人误以为是国家机关制作的公文、证件、印章,就会侵害公文、证件、印章的公共信用,就值得科处刑罚。

18. 伪造"中华人民共和国内务部"印章,构成伪造国家机关印章罪吗?

即便制作了非真实的国家机关印章,如"中华人民共和国内务部""中华人民共和国工业部""江苏省高级人民检察院"等,只要印章所显示的是国家机关,就会损害整个国家机关印章的公共信用,所以宜认定为伪造国家机关印章罪。

---

① 参见四川省遂宁市中级人民法院刑事裁定书,(2019)川09刑终122号。
② 参见张明楷:《刑法学(第6版)》(下册),法律出版社2021年版,第1362页。

19.是有形伪造、变造危害性大,还是无形伪造、变造危害性大?

案7:有的城市实行居住证制度,只有取得居住证,人们才能买房买车。但是,要想拥有居住证,就需要符合相关条件(比如,要缴纳一定年限的所得税等)。甲企业则专门做这方面的假材料。如乙想办理居住证,甲企业为乙出具相关的证明材料(如证明乙是甲企业的员工,工作了多少年,缴纳了多少税等),然后到社保局为乙办理居住证,办理一个居住证收费20万元。

本案中,如果居住证上有虚假信息,如聘用单位,则能肯定居住证是(无形)伪造的,甲企业就是无形伪造居住证的间接正犯。也就是说,甲企业通过使用虚假材料,利用了不知情的社保局工作人员,使社保局工作人员制作了内容虚假的居住证。所以,甲企业构成伪造国家机关证件罪的间接正犯。甲企业还同时构成提供虚假证明文件罪,两罪是想象竞合关系,应从一重处罚。如果居住证上没有虚假信息,则甲企业仅成立提供虚假证明文件罪。

有形伪造公文、证件,是指没有制作权限的人,冒用国家机关名义制作公文、证件。例如,街面上的"办证刻章"广告,就属于这一类。而无形伪造公文、证件,是指有制作权限的人,制作与事实不符(包括部分不符)的虚假公文、证件。例如,国家机关中具有制作、上报各种统计数据权限的人员,制作、上报虚假统计数据的,构成伪造国家机关公文罪。有形伪造印章,是指没有权限而制作国家机关的印章的印形(私刻公章),或者在纸张、文书或者其他物体上表示出足以使一般人误认为是真实印章的印影(如用红笔描绘公章印影)。变造,则是指对真实的国家机关公文、证件、印章进行加工,改变其非本质内容的行为,如果改变了公文、证件、印章的本质部分,则应认定为伪造。

由于无形伪造、变造国家机关公文、证件,是由具有制作权限的国家机关工作人员制作的形式真实、内容虚假的公文、证件,比没有制作权限的人制作的所谓有形伪造,更具有迷惑性,更容易让人相信,严重损害国家机关的公信力,故无形伪造、变造公文、证件危害性更大。可是,我国刑法理论通说和实务对严重损害国家机关的公信力和公文、证件的公共信用的无形伪造、变造国家机关公文、证件犯罪的打击,显然不够重视。

20. 保管国家机关印章的人,出具内容虚假并加盖国家机关印章的公文、证件的行为,构成伪造国家机关公文、证件、印章罪吗?

虽然行为人保管着真实图章,但未经单位领导同意擅自加盖图章的,属于伪造印章(印影),也能构成伪造国家机关公文、证件、印章罪。得到领导同意盖章的,可能构成(无形)伪造国家机关公文、证件罪。

21. 成立伪造国家机关公文、证件、印章罪,行为人是否必须以行使为目的?

我国刑法并未规定构成本罪必须以行使为目的,不过,只有当行为人认识到所伪造的公文、证件、印章可能被人使用时,才宜认定为犯罪。

22. 伪造、变造、买卖公文、证件、印章后,又利用其实施其他犯罪的,如何处理?

一般认为是牵连犯,从一重处罚。但本书认为,如果所伪造、变造、买卖的国家机关公文、证件、印章系一次性使用完毕,行为人手上不再保留的,可以作为牵连犯以一罪论处。如果不是一次性使用,如伪造公文、证件、印章后反复使用的,则还是存在数罪并罚的可能。

第六节　盗窃、抢夺、毁灭国家机关公文、证件、印章罪

· 导　读 ·

本罪所保护的法益,不是国家机关公文、证件、印章的公共信用,而是国家机关公文、证件、印章的证明作用。盗窃、抢夺、毁灭伪造、变造的国家机关公文、证件、印章的,不构成犯罪。毁灭武装部队公文、证件、印章的,构成毁灭国家机关公文、证件、印章罪。盗窃、抢夺、毁灭当事人持有的判决书的,不构成本罪。成立盗窃、抢夺国家机关公文、证件、印章罪,不需要行为人主观上具有非法占有的目的。本罪中的"毁灭",应限于物

理性毁损,不包括隐匿。诈骗、抢劫、敲诈勒索、侵占国家机关公文、证件、印章的行为,可以规范性地评价为盗窃、抢夺、毁灭国家机关公文、证件、印章罪。盗窃车辆号牌的,成立盗窃国家机关证件罪与盗窃罪的竞合,从一重处罚。

条 文

第二百八十条第一款 【伪造、变造、买卖国家机关公文、证件、印章罪】【盗窃、抢夺、毁灭国家机关公文、证件、印章罪】伪造、变造、买卖或者盗窃、抢夺、毁灭国家机关的公文、证件、印章的,处三年以下有期徒刑、拘役、管制或者剥夺政治权利,并处罚金;情节严重的,处三年以上十年以下有期徒刑,并处罚金。

罪名精释

1. 本罪所保护的法益是什么?

虽然本罪与伪造、变造、买卖国家机关公文、证件、印章罪的行为对象均为国家机关公文、证件、印章,但由于本罪的行为方式是妨碍国家机关公文、证件、印章显现的盗窃、抢夺、毁灭行为,故其所保护的法益不是国家机关公文、证件、印章的公共信用,而是国家机关公文、证件、印章的证明作用。

2. 盗窃、抢夺、毁灭伪造、变造的国家机关公文、证件、印章的,构成本罪吗?

由于本罪所保护的法益是国家机关公文、证件、印章的证明作用,而盗窃、抢夺、毁灭伪造、变造的国家机关公文、证件、印章,并不会损害国家机关公文、证件、印章的证明作用,所以不构成本罪。

3. 盗窃、抢夺、毁灭当事人持有的判决书的,构成本罪吗?

盗窃、抢夺、毁灭当事人持有的判决书,只会损害当事人债权的实现,而不会损害国家机关公文的证明作用,所以不能构成本罪。

4. 毁灭武装部队公文、证件、印章的,无罪吗?

虽然《刑法》第 375 条第 1 款仅规定了盗窃、抢夺武装部队公文、证件、印章罪,而没有规定毁灭武装部队公文、证件、印章罪,但武装部队公文、证件、印章也属于国家机关公文、证件、印章,所以,毁灭武装部队公文、证件、印章的,也构成毁灭国家机关公文、证件、印章罪。

5. 成立盗窃、抢夺国家机关公文、证件、印章罪,需要行为人主观上具有非法占有的目的吗?

盗窃、抢夺国家机关公文、证件、印章罪所保护的法益是国家机关公文、证件、印章的证明作用,即便行为人不具有非法占有目的(不具有利用的意思),但只要行为人的行为排除了他人对国家机关公文、证件、印章的占有,也因为损害了国家机关公文、证件、印章的证明作用,而构成本罪。

6. 本罪中的"毁灭",限于物理性毁损吗?

出于隐匿的目的而排除他人对国家机关公文、证件、印章的占有的,可以评价为盗窃、抢夺,所以应将本罪中的"毁灭"限定为物理性毁损(坚持物理性毁损说,而不是效用侵害说),即不包括隐匿。

7. 诈骗、抢劫、敲诈勒索、侵占国家机关公文、证件、印章的,如何处理?

本罪所保护的法益是国家机关公文、证件、印章的证明作用,所以,诈骗、抢劫、敲诈勒索、侵占国家机关公文、证件、印章的,可以规范性地评价为盗窃、抢夺、毁灭国家机关公文、证件、印章。

8. 如何评价盗窃车辆号牌的行为性质?

司法实践中对于盗窃车辆号牌的行为,存在盗窃罪、盗窃国家机关证件罪、寻衅滋事罪、敲诈勒索罪、诈骗罪等的定性分歧。

如前所述,理论与实务一般认为车辆号牌不是国家机关证件。但不可否认,民用机动车号牌是国家机关(公安局交通管理部门)制作颁发的证明车辆身份的证件。为了与伪造、买卖警用车牌和军用车牌的处罚相协调,对于伪造、买卖民用机动车号牌的行为,可认定构成伪造、买卖国家机关证件罪,但不宜判处高于3年有期徒刑的刑罚。车辆号牌也是财物,对于盗窃车辆号牌的行为,也可论以盗窃罪,二者形成竞合,从一重处罚即可。

第七节 伪造公司、企业、事业单位、人民团体印章罪

·导 读·

考虑到我国刑法规定尚不完善,可相对性地把握省略文书和印章的界限,例如邮戳是印章,而不是省略文书。事先未参与伪造仅事后贩卖假文凭的,不能成立伪造事业单位印章罪的共犯。公司、企业的股东在发生纠纷情况下,为了控制公司、企业而私刻公司、企业印章的,能构成犯罪。保管公司、企业印章的人擅自盖章的,构成伪造公司、企业印章罪。我国刑法对非国家机关的文书、证件、印章的公共信用的保护力度仍需加强。伪造一人公司、合伙企业、个体工商户印章的,构成伪造公司、企业印章罪。

条 文

第二百八十条第二款 【伪造公司、企业、事业单位、人民团体印章罪】伪造公司、企业、事业单位、人民团体的印章的,处三年以下有期徒刑、拘役、管制或者剥夺政治权利,并处罚金。

罪名精释

1.有关明知是假文凭而贩卖的,以伪造事业单位印章罪的共犯论处的司法解释规定,有无疑问?

该司法解释规定存在问题。根据共犯原理,只有在既遂之前参与的,才可能

成立共犯。行为人事先没有与伪造学历的人通谋,伪造印章行为已经既遂,此时参与的人不可能成立伪造事业单位印章罪的共犯。

2. 公司、企业的股东在发生纠纷的情况下,为了控制公司、企业而私刻公司、企业印章的,构成犯罪吗？

由于该行为也损害了公司、企业印章的公共信用,属于伪造印章,不排除伪造公司、企业印章罪成立的可能性。

3. 保管公司、企业印章的人擅自盖章的,构成伪造公司、企业印章罪吗？

保管公司、企业印章的人擅自盖章,因为违背了单位的意志,可以认为是伪造印影,构成伪造公司、企业印章罪。

4. 我国刑法对非国家机关的文书、证件、印章的公共信用是否保护不力？

我国刑法仅规定了伪造公司、企业、事业单位、人民团体印章罪,未规定伪造、买卖、盗窃、抢夺、毁灭公司、企业、事业单位、人民团体文书、证件罪,也未规定使用伪造的公司、企业、事业单位、人民团体文书、证件罪,本书认为这都是立法疏漏。例如,贩卖假文凭的,因为文凭不是国家机关制发的公文、证件,所以不构成犯罪,这导致对文书、证件的公共信用保护不力。

5. 伪造一人公司、合伙企业、个体工商户印章,构成伪造公司、企业印章罪吗？

刑法对公司、企业文书、证件的公共信用保护不力,所以不应限制伪造公司、企业印章罪中"公司""企业"的范围。应当认为,只要是营利性的市场主体,都可能属于本罪中的"公司""企业",如一人公司、合伙企业、个体工商户等。

6. 明知是伪造的公司、企业、事业单位、人民团体的印章而加盖的,构成犯罪吗？

印章包括印形和印影。明知是伪造的公司、企业、事业单位、人民团体的印

043

章而加盖的,属于伪造印影,构成伪造公司、企业、事业单位、人民团体印章罪。

第八节 伪造、变造、买卖身份证件罪

·导 读·

本罪所保护的法益是身份证件的公共信用。伪造人民警察证、人民检察院工作证等工作证件的,构成伪造国家机关证件罪,而非伪造身份证件罪。盗窃、抢夺、毁灭居民身份证等身份证件的,不构成盗窃、抢夺、毁灭国家机关证件罪,只能构成盗窃罪、抢夺罪、故意毁坏财物罪。伪造身份证件并使用的,成立伪造身份证件罪和使用虚假身份证件罪的包括一罪。提供身份信息让他人为自己伪造居民身份证件的,成立伪造身份证件罪的共犯。

/条 文/

第二百八十条第三款 【伪造、变造、买卖身份证件罪】伪造、变造、买卖居民身份证、护照、社会保障卡、驾驶证等依法可以用于证明身份的证件的,处三年以下有期徒刑、拘役、管制或者剥夺政治权利,并处罚金;情节严重的,处三年以上七年以下有期徒刑,并处罚金。

罪名精释

1. 本罪所保护的法益是什么?

案1:清洁工经常会在打扫卫生过程中捡到别人的身份证。甲得知情况后,就去找了几名清洁工,从清洁工那里共计购买了1000余张别人遗失的身份证,后通过网络将这些真实的身份证出售。

《刑法修正案(九)》颁行之前,买卖真实身份证的行为能否认定为买卖国家机关证件罪,还存在争议,但在《刑法修正案(九)》增设了买卖身份证件罪后,这

种行为无疑构成买卖身份证件罪。

证明身份的证件必须由国家机关制作,且在外部具有证明身份的作用。伪造、变造、买卖身份证件的行为,损害了身份证件的公共信用,故本罪所保护的法益是身份证件的公共信用。

2. 伪造人民警察证、人民检察院工作证的,构成伪造身份证件罪还是伪造国家机关证件罪?

本罪中的"可以用于证明身份的证件",是指普通人可以办理取得的身份证、护照、社会保障卡、驾驶证之类的证明人的身份的证件,而非国家机关颁发的代表行使公权力的公职人员的工作证件。人民警察证、人民检察院工作证、人民法院工作证等,虽然能够证明身份,但更重要的是公职人员在履行公务、行使职责时出示的代表行使国家公权力的证明。伪造、变造、买卖身份证件罪的法定刑(最高刑为7年有期徒刑)之所以轻于伪造、变造、买卖国家机关证件罪(最高刑为10年有期徒刑),就是因为这种身份证件仅证明身份,而不代表国家公权力的行使。所以,对于伪造人民警察证、人民检察院工作证、人民法院工作证、纪律检查委员会、监察委员会工作证的,应当以伪造、变造、买卖国家机关证件罪,而非伪造、变造、买卖身份证件罪论罪科刑。

3. 盗窃、抢夺、毁灭居民身份证等身份证件的,构成犯罪吗?

盗窃、抢夺、毁灭身份证件的行为,只是妨碍了身份证件的显现进而损害身份证件的证明作用,而未损害身份证件的公共信用。身份证件被盗窃、抢夺、毁灭后很容易补办,故单纯盗窃、抢夺、毁灭身份证件而不冒用他人身份证件的,一般不值得科处刑罚。如果以身份证件属于国家机关颁发的证件为由,对盗窃、抢夺、毁灭身份证件行为适用盗窃、抢夺、毁灭国家机关证件罪,最重可判处10年有期徒刑;而伪造、变造、买卖身份证件的,只能以伪造、变造、买卖身份证件罪定罪处罚,最重判处7年有期徒刑,在处罚上显得不协调。所以,应当将居民身份证等身份证件排除在国家机关证件之外,对于盗窃、抢夺、毁灭身份证件的,不能以盗窃、抢夺、毁灭国家机关证件罪进行评价。由于身份证件也是财物,盗窃、抢夺、毁灭身份证件的,可能成立盗窃罪、抢夺罪和故意毁坏财物罪。

4. 对于伪造并使用身份证件的,如何处理?

案2:谭某某为达到违规建房的目的,指使其女儿小谭(另案处理)为其办理假身份证及户籍信息。谭某某使用假身份证到国土资源局成功办理了建房用地审批手续,并据此违规建房。

法院认为,谭某某为了达到违规建房的目的,授意并指使他人伪造用于证明身份的身份证件及户籍信息,其行为已构成伪造身份证件罪。[①]

应该说,伪造身份证件并使用的,成立伪造身份证件罪和使用虚假身份证件罪的包括一罪,应从一重罪处罚,即以伪造身份证件罪定罪处罚。

5. 提供身份信息让他人为自己伪造居民身份证件的,如何处理?

行为人提供姓名、照片、身份证号码等信息,让他人为自己伪造身份证件的,他人构成伪造身份证件罪,行为人构成伪造身份证件罪的共犯。

第九节 使用虚假身份证件、盗用身份证件罪

·导 读·

单纯携带伪造、变造的身份证件,不属于"使用"虚假身份证件。单纯提供伪造、变造的身份证件复印件的,属于"使用"虚假身份证件。征得持有人同意或者与持有人串通冒用身份证件的,也属于"盗用"。相对方明知行为人提供伪造、变造的身份证件或者盗用身份证件的,不妨碍本罪的成立。本罪不是继续犯。本罪中的身份证件不包括结婚证、警官证。

---

① 参见湖南省芷江侗族自治县人民法院刑事判决书,(2018)湘1228刑初165号。

/ 条　文 /

第二百八十条之一　【使用虚假身份证件、盗用身份证件罪】在依照国家规定应当提供身份证明的活动中,使用伪造、变造的或者盗用他人的居民身份证、护照、社会保障卡、驾驶证等依法可以用于证明身份的证件,情节严重的,处拘役或者管制,并处或者单处罚金。

有前款行为,同时构成其他犯罪的,依照处罚较重的规定定罪处罚。

罪名精释

1. 单纯携带伪造、变造的身份证件,属于"使用"虚假身份证件吗?

案1:徐某某使用伪造的机动车驾驶证,驾驶机动车上道路行驶,并在发生交通事故后逃逸。徐某某投案后,其妻子蔡某某将伪造的机动车驾驶证交给值班民警。

本案争议焦点:购买伪造的驾驶证随身携带,在驾驶机动车发生交通事故后出示使用,如何定罪?

法院认为,《道路交通安全法》规定,驾驶机动车时,应当随身携带机动车驾驶证。本案中徐某某将伪造的驾驶证放在车内,就应当认定为使用行为,构成使用虚假身份证件罪。[①]

所谓"使用",是指使身份证件的内容处于相对方能够认知的状态。单纯携带伪造、变造的身份证件,不属于使用。本案1中,除非能够证明徐某某实际出示过伪造的驾驶证,否则不能认定为"使用"虚假身份证件。因此,上述案件中法院认为"徐某某将伪造的驾驶证放在车内,就应当认定为使用行为",存在疑问。

2. 单纯提供伪造、变造的身份证件复印件的,是"使用"虚假身份证件吗?

张明楷教授认为,在相对方要求查看身份证件时,行为人出示伪造、变造的

---

① 参见江苏省南通市中级人民法院刑事裁定书,(2018)苏06刑终479号。

身份证件供相对方查看的,属于使用;在相对方要求复印身份证件时,行为人将伪造、变造的身份证件提供给相对方复印的,也是使用。但是,单纯提供伪造、变造的身份证件复印件的,不宜认定为使用伪造、变造的身份证件。①

本书认为,即便单纯提供伪造、变造的身份证件复印件,也暗示了"真实的"身份证件的存在,所以,单纯提供伪造、变造的身份证件复印件,也会损害到身份证件的公共信用。另外,"在相对方要求复印身份证件时,行为人将伪造、变造的身份证件提供给相对方复印",与"单纯提供伪造、变造的身份证件复印件",两者并无本质区别,都同样侵害了身份证件的公共信用。因此,单纯提供伪造、变造的身份证件复印件的,也属于"使用"伪造、变造的身份证件,构成使用虚假身份证件罪。

3. 征得持有人同意或者与持有人串通冒用身份证件的,属于"盗用"吗?

本罪是侵害社会法益的犯罪,设立本罪旨在保护身份证件的公共信用,而不只是保护身份证件持有人的利益。即便征得身份证件持有人的同意,也会侵害身份证件的公用信用,也属于"盗用"。例如,在申请取得剧毒化学品购买许可证时征得他人同意使用其身份证件,在申请婚姻登记时征得他人同意使用其身份证件,以及征得他人同意以他人身份证件申请服兵役等,都会侵害身份证件的公共信用。所以说,身份证件持有人的同意,并不阻却盗用身份证件罪的违法性。

4. 相对方明知行为人提供伪造、变造的身份证件或者盗用身份证件的,行为人还能成立犯罪吗?

本罪是侵害身份证件的公共信用的犯罪,相对方明知而仍然办理相关事项的,也会侵害身份证件的公共信用,所以不影响使用者的行为构成本罪。此种情况下,相对方还可能成立本罪的共犯。例如,银行职员明知他人利用伪造的身份证件或者盗用他人的身份证件申请开设银行账户,还为其办理开户业务的,行为

---

① 参见张明楷:《刑法学(第6版)》(下册),法律出版社2021年版,第1364页。

人和银行职员成立本罪的共犯。

5. 本罪是继续犯吗？

继续犯是每时每刻法益都受到同等程度的侵害,能够持续性地肯定构成要件的符合性。继续犯的追诉时效从不法状态结束之日起计算,对行为人极为不利,应严格限制继续犯的罪名范围,将继续犯限定为类似非法拘禁罪的侵犯人身权的犯罪。使用虚假身份证件、盗用身份证件罪是侵犯社会法益、法定最高刑仅为拘役的轻罪,不宜认为本罪属于继续犯。

6. 本罪中的身份证件包括结婚证、警官证吗？

结婚证虽然也能证明一定的身份,但主要是证明夫妻关系的文书,不宜认为其属于本罪中的身份证件。警官证、人民检察院、人民法院工作证,是履行公务时出示的证件,虽然也能证明身份,但主要是一种履行公务的证明,而且这些工作资格不是普通人能够取得和具备的。所以,不宜将警官证等工作证归入本罪中的身份证件的范畴。使用伪造、变造的或者盗用他人警官证等工作证件的,可以认定为招摇撞骗罪,而不是本罪。

第十节　冒名顶替罪

·导　读·

本书认为,得到他人同意顶替其上大学的,也能构成犯罪。冒名顶替罪的罪状设计不符合类型性要求。顶替他人上大学后又使用伪造、变造的身份证件的,应当数罪并罚。《刑法》第280条之二第2款是关于共谋共同正犯的规定,系注意规定。只有在实施冒名顶替行为之外,又实施了其他行为,才能数罪并罚。如果国家工作人员组织、指使行为本身同时构成其他犯罪的,不能数罪并罚,只能作为竞合犯从一重处罚。

条 文

第二百八十条之二 【冒名顶替罪】盗用、冒用他人身份,顶替他人取得的高等学历教育入学资格、公务员录用资格、就业安置待遇的,处三年以下有期徒刑、拘役或者管制,并处罚金。

组织、指使他人实施前款行为的,依照前款的规定从重处罚。

国家工作人员有前两款行为,又构成其他犯罪的,依照数罪并罚的规定处罚。

罪名精释

1. 得到他人同意顶替其上大学的,能构成犯罪吗?

由于本罪所保护的法益是高等学历教育入学资格、公务员录用资格、就业安置待遇的公正性,即便得到他人同意顶替其上大学,也因为侵害了大学招生录取的公正性,依然成立冒名顶替罪。此外,他人还可能成立本罪的共犯。

2. 冒名顶替罪的罪状设计符合类型性要求吗?

冒名顶替罪的罪状的设计看似具有类型性,其实不然。例如,盗用、冒用他人身份竞聘事业单位岗位,盗用、冒用他人身份参军入伍的,不能认定为本罪,进而形成了处罚漏洞。

3. 顶替他人上大学后使用伪造、变造的身份证件的,如何处理?

冒名顶替罪与使用虚假身份证件罪所保护的法益不同,前者是保护高等学历教育入学、公务员录用、就业安置的公正性,后者保护的则是身份证件的公共信用。顶替他人上大学后使用伪造、变造的身份证件的,因为实施了两个行为,侵害了两个法益,应数罪并罚。使用虚假身份证件罪是状态犯,追诉时效应从开始使用虚假身份证件之日起计算,而不是从不再使用虚假身份证件之日起计算。

4.《刑法》第280条之二第2款规定是注意规定还是法律拟制？

《刑法》第280条之二第2款规定,组织、指使他人实施前款行为的,依照前款的规定从重处罚。应该说,该款是关于共谋共同正犯的规定。即便没有这种规定,也应作为共犯处理,故该款规定可谓注意规定。至于其他教唆、帮助实施冒名顶替的,则根据《刑法》总则关于共犯的规定以本罪的教唆犯、帮助犯定罪处罚。

5.如何理解适用《刑法》第280条之二第3款的规定？

《刑法》第280条之二第3款规定,国家工作人员有前两款行为,又构成其他犯罪的,依照数罪并罚的规定处罚。本书认为,应该说,只有在实施冒名顶替行为之外,行为人又实施了其他行为,且侵害了其他犯罪所保护的其他法益时,才能认为又构成其他犯罪,依照数罪并罚的规定处罚。例如,国家工作人员组织、指使他人实施冒名顶替行为,同时又索取、收受贿赂的,应对其以本罪与受贿罪数罪并罚。又如,国家工作人员在组织、指使他人实施冒名顶替行为的过程中,又伪造企业、事业单位印章或者伪造、变造身份证件的,应当实行数罪并罚。但如果国家工作人员组织、指使行为本身同时构成其他犯罪的,由于不是"又",不能数罪并罚,只能作为竞合犯从一重处罚。再如,国家机关工作人员的组织、指使行为本身属于滥用职权行为而构成滥用职权罪的,成立冒名顶替罪与滥用职权罪的竞合犯,应当从一重处罚,而不是数罪并罚。

第十一节　非法生产、买卖警用装备罪

·导　读·

对有资格与无资格生产、买卖警用装备的,在定罪量刑上应当区别对待。对非法生产、买、卖警用装备三种情形,在定罪量刑的标准上应有所区别。

条　文

第二百八十一条　【非法生产、买卖警用装备罪】非法生产、买卖人民警察制式服装、车辆号牌等专用标志、警械，情节严重的，处三年以下有期徒刑、拘役或者管制，并处或者单处罚金。

单位犯前款罪的，对单位判处罚金，并对其直接负责的主管人员和其他直接责任人员，依照前款的规定处罚。

罪名精释

1. 对有资格与无资格生产、买卖警用装备的情形，在定罪量刑上应否区别对待？

一般认为，非法生产包括两种情况：一是无资格生产而生产；二是指定生产的单位或者个人不按规定的规格、品种、数量、标号等进行生产。非法买卖也包括两种情况：一是无资格买卖而买卖；二是指定买卖的单位或个人擅自买卖。[1]

无生产、买卖的资格而生产、买卖警用装备的，属于自然犯，而指定生产、买卖的单位违规生产、买卖警用装备的，属于法定犯。通常而言，法定犯的危害性和处刑轻于自然犯，如违规制造、销售枪支罪与非法制造、买卖枪支罪。可是，司法实践中，对有资格生产、买卖警用装备与无资格生产、买卖警用装备，在定罪量刑标准上并未区别对待。[2] 这种做法有违罪刑相适应原则，应予纠正。

2. 对非法生产、买、卖警用装备三种情形，在定罪量刑标准上应否区别对待？

本书认为，非法生产警用装备只是抽象危险犯，对于非法买进而不卖出的情形，买而不用的，也只具有抽象性危险；实际使用的，可以按照所触犯的具体犯罪

---

[1] 参见张明楷：《刑法学（第6版）》（下册），法律出版社2021年版，第1367页。
[2] 参见2008年6月25日最高人民检察院、公安部《关于公安机关管辖的刑事案件立案追诉标准的规定（一）》第35条。

如招摇撞骗罪、诈骗罪定罪处罚。只有实际卖出警用装备,才可能实际侵害法益。即便认为生产、购买属于实行行为,进而对非法生产和购买警用装备的行为进行处罚,由于此行为只具有侵害法益的抽象性危险,因此定罪量刑的标准也应明显高于非法出售警用装备的情形。然而,司法实践中,在定罪量刑标准上并未区分这三种情形。① 这种做法有违罪刑相适应原则,应予纠正。

第十二节 非法获取国家秘密罪

·导 读·

本罪的实行行为只有"非法获取",至于"窃取"、"刺探"与"收买",只是非法获取的方式的列举。成立本罪不应限于非法获取国家秘密的载体。采用拍照、复印、抄写、记忆等方式获悉国家秘密的,也属于非法获取国家秘密而构成本罪。非法获取国家秘密后非法提供给境外机构、组织或者人员的,属于包括的一罪,从一重处罚。

条 文

第二百八十二条第一款 【非法获取国家秘密罪】以窃取、刺探、收买方法,非法获取国家秘密的,处三年以下有期徒刑、拘役、管制或者剥夺政治权利;情节严重的,处三年以上七年以下有期徒刑。

罪名精释

1. 本罪的实行行为是窃取、刺探、收买吗?

关于本罪的实行行为,理论上有各种表述:(1)本罪的客观方面表现为行为

---

① 参见 2008 年 6 月 25 日最高人民检察院、公安部《关于公安机关管辖的刑事案件立案追诉标准的规定(一)》第 35 条。

人实施了窃取、刺探或者收买国家秘密的行为。本罪属于选择性罪名,只要行为人实施了上述三种行为中的一种,即构成犯罪。① (2)本罪在客观方面表现为行为人实施了非法获取国家秘密的行为,其方式主要包括窃取、刺探、收买等。② (3)本罪的客观方面表现为非法获取国家秘密的行为,即行为人实施了窃取、刺探或者收买国家秘密的行为。本罪属于选择性罪名,只要行为人实施了前三种行为中的一种,即构成犯罪。③ (4)本罪的行为是"非法获取",非法获取的行为具体表现为窃取、刺探、收买三种方式。④

本书认为,本罪的实行行为只有"非法获取",至于"窃取""刺探""收买",只是非法获取的方式的列举。以诈骗、抢夺、勒索、抢劫等方式非法获得国家秘密的,可以直接评价为非法获取。

2. 成立本罪,限于非法获取国家秘密的载体吗?

张明楷教授认为,《刑法》第 282 条第 1 款所规定的非法获取国家秘密罪,是指非法获取国家秘密的载体,单纯打听国家秘密的行为并不违反《保守国家秘密法》,不构成本罪,只有泄露了国家秘密的对方行为才构成泄露国家秘密罪。⑤

应该说,虽然大致可以认为单纯打听国家秘密的行为并不违反《保守国家秘密法》,不构成本罪,但如果有意打听国家秘密能被评价为"刺探"国家秘密的,不能排除本罪的成立。认为本罪的非法获取限于非法获取国家秘密的载体,也存在疑问。采用拍照、复印、抄写、记忆等方式获悉国家秘密的,虽然没有取得国家秘密的载体,但也使国家秘密让不应知悉的人知悉,所以实际上还是侵害了国家秘密的专属性,应当认定为非法获取国家秘密而构成本罪。

---

① 参见高铭暄、马克昌主编:《刑法学(第 10 版)》,北京大学出版社、高等教育出版社 2022 年版,第 537 页。
② 参见刘宪权主编:《刑法学(第 6 版)》,上海人民出版社 2022 年版,第 674 页。
③ 参见王作富、黄京平主编:《刑法(第 7 版)》,中国人民大学出版社 2021 年版,第 486 页。
④ 参见张明楷主编:《刑法学(第 7 版)》,中国政法大学出版社 2024 年版,第 575 页。
⑤ 参见张明楷:《刑法学(第 6 版)》(下册),法律出版社 2021 年版,第 1367~1368 页。

3.非法获取国家秘密后非法提供给境外机构、组织或者人员的,如何处理?

行为人一开始就是为境外机构、组织、人员窃取、刺探、收买国家秘密的,成立《刑法》第111条规定的为境外窃取、刺探、收买、非法提供国家秘密、情报罪。行为人在非法获取国家秘密之后,才产生提供给境外机构、组织、人员的故意,进而非法提供给境外机构、组织或人员的,因为侵害的法益具有同一性,所以成立包括的一罪,应从一重处罚。

第十三节　非法持有国家绝密、机密文件、资料、物品罪

·导读·

成立本罪,应限于非法持有属于国家绝密、机密的文件、资料、物品,即载体本身。行为人通过扫描、复制、拍照、拷贝、抄写、记忆等方式获悉国家秘密的,不能构成本罪。行为人说明了上述物品的来源与用途的,仍然可能成立本罪,所以问题的关键不在于行为人是否说明了上述物品的来源与用途,而是能否根据查明的来源与用途进行评价。非法获取国家绝密、机密之后持有的,成立非法获取国家秘密罪与非法持有国家绝密、机密文件、资料、物品罪的包括的一罪,从一重以非法获取国家秘密罪定罪处罚。

/条　文/

第二百八十二条第二款【非法持有国家绝密、机密文件、资料、物品罪】非法持有属于国家绝密、机密的文件、资料或者其他物品,拒不说明来源与用途的,处三年以下有期徒刑、拘役或者管制。

罪名精释

1. 本罪是非法持有国家绝密、机密的载体本身还是非法获悉、掌握国家绝密、机密？

张明楷教授认为，将国家秘密记入大脑的，不成立本罪，但将国家秘密文件通过扫描等方式存入行为人持有的电脑的，则可能构成本罪；行为人将国家秘密的相关内容输入本人持有的电脑的，不宜认定为本罪。[1]

应该说，将国家秘密文件通过扫描等方式存入行为人持有的电脑的，只是非法获悉获取国家秘密，应构成非法获取国家秘密罪。《刑法》第282条第2款规定的是非法持有属于国家绝密、机密的文件、资料或者物品，显然强调的是持有作为国家绝密、机密的载体的文件、资料或者其他物品本身，否则本罪就和非法获取国家秘密罪重合了。另外，设置持有型犯罪都是国家出于保护重大公共利益的目的，在不能查明来源和去向时，根据行为人非法控制某种物品的现状进行评价的补充性规范。其他持有型犯罪，如非法持有枪支罪、持有假币罪、持有伪造的发票罪和非法持有毒品罪，都是现实持有违禁物品本身。所以非法持有国家绝密、机密文件、资料、物品罪也应是现实地非法持有属于国家绝密、机密的文件、资料、物品本身，即非法控制属于国家绝密、机密的载体。行为人通过扫描、复制、拍照、拷贝、抄写、记忆等方式获悉国家秘密的，由于并未非法控制属于国家绝密、机密的载体本身，不能构成非法持有国家绝密、机密文件、资料、物品罪，只可能构成非法获取国家秘密罪。

2. 需要同时说明国家绝密、机密文件、资料、物品的来源与用途吗？

理论上普遍认为，如果行为人仅说明国家绝密、机密文件、资料、物品的来源或仅说明用途的，仍然构成本罪。[2] 其实，本罪中"拒不说明来源与用途"的规定纯属多余。或者说，"拒不说明来源与用途"，也就是说明持有没有根据。不能

---

[1] 参见张明楷：《刑法学（第6版）》（下册），法律出版社2021年版，第1368页。
[2] 参见高铭暄、马克昌主编：《刑法学（第10版）》，北京大学出版社、高等教育出版社2022年版，第537页；张明楷：《刑法学（第6版）》（下册），法律出版社2021年版，第1368页。

认为因为非法持有枪支罪、持有假币罪、非法持有毒品罪、持有伪造的发票罪条文中没有规定"拒不说明来源与用途",就不需要责令行为人说明所持物品的来源与用途。行为人为了自证清白,都会积极说明来源与用途的。所以,问题的关键不在于行为人是否说明了所持物品的来源与用途,而是能否根据查明的来源与用途进行评价。没有或者不能说明来源与用途的,根据行为人非法持有违禁品(禁止个人持有的国家绝密、机密的文件、资料或者物品,也可谓违禁品)的现状进行评价,认定为持有型犯罪。行为人说明了来源与用途,例如声称"国家绝密、机密文件是其捡到的,并打算找机会卖给别人",也能认定成立本罪。

3. 本罪与非法获取国家秘密罪等相关犯罪之间是什么关系?

有关侵害国家秘密的犯罪,《刑法》中有第111条的为境外窃取、刺探、收买、非法提供国家秘密、情报罪,第282条的非法获取国家秘密罪、非法持有国家绝密、机密文件、资料、物品罪,第398条的故意泄露国家秘密罪、过失泄露国家秘密罪,第431条的非法获取军事秘密罪、为境外窃取、刺探、收买、非法提供军事秘密罪。

行为人为境外窃取、刺探、收买国家绝密、机密后持有的,成立为境外窃取、刺探、收买国家秘密罪与非法持有国家绝密、机密文件、资料、物品罪的包括一罪,从一重以为境外窃取、刺探、收买国家秘密罪定罪处罚。非法获取国家绝密、机密之后持有的,成立非法获取国家秘密罪与非法持有国家绝密、机密文件、资料、物品罪的包括的一罪,从一重以非法获取国家秘密罪定罪处罚。非法获取国家绝密、机密后持有,拒不说明来源与用途的,成立非法持有国家绝密、机密文件、资料、物品罪。行为人非法持有国家绝密、机密文件、资料、物品后故意或者过失泄露国家秘密的,成立非法持有国家绝密、机密文件、资料、物品罪与故意泄露国家秘密罪或者过失泄露国家秘密罪的包括的一罪,从一重以故意泄露国家秘密罪或者过失泄露国家秘密罪定罪处罚。

第十四节　非法生产、销售专用间谍器材、窃听、窃照专用器材罪

·导　读·

对于有资格生产、销售专用间谍器材、窃听、窃照专用器材者违规生产、销售的,即便认为构成犯罪,在定罪量刑的标准上也应明显高于无资格者非法生产、销售的情形。单纯购买专用间谍器材、窃听、窃照专用器材的,不构成犯罪。本书认为,对于非法生产和非法销售行为在定罪量刑标准上应区别对待,对前者的定罪量刑标准应明显高于后者。

/条　文/

第二百八十三条　【非法生产、销售专用间谍器材、窃听、窃照专用器材罪】非法生产、销售专用间谍器材或者窃听、窃照专用器材的,处三年以下有期徒刑、拘役或者管制,并处或者单处罚金;情节严重的,处三年以上七年以下有期徒刑,并处罚金。

单位犯前款罪的,对单位判处罚金,并对其直接负责的主管人员和其他直接责任人员,依照前款的规定处罚。

罪名精释

1.对有资格者与无资格者非法生产、销售本罪规定器材的,在定罪量刑上应否区别对待?

理论上认为,非法生产、销售,既包括无资格者非法生产、销售,也包括有资格者不按有关规定生产、销售。无资格者非法生产、销售属于自然犯,而有资格者违规生产、销售属于法定犯。一般而言,法定犯的危害性和处刑应轻于自然

犯。所以,对于有资格者违规生产、销售的,即便认为构成犯罪,在定罪量刑标准上也应明显高于无资格者非法生产、销售的情形。

2. 单纯购买专用间谍器材、窃听、窃照专用器材的,构成犯罪吗？

本罪仅规定了非法生产、销售专用间谍器材、窃听、窃照专用器材的行为,未规定购买行为。本罪属于典型的片面对向犯。既然立法者未将购买行为规定为犯罪,对于购买者,既不能作为正犯处罚,也不能作为非法销售专用间谍器材、窃听、窃照专用器材罪的共犯处罚,否则就违背了立法者的意思,不当扩大了处罚范围。

3. 对于非法生产和非法销售,应适用同样的定罪量刑标准吗？

非法生产专用间谍器材、窃听、窃照专用器材的,只具有侵害法益的抽象性危险,而非法销售的,可以认为已经实际侵害了法益。所以,即便认为非法生产也是本罪的实行行为,对于非法生产和非法销售行为在定罪量刑标准上也应区别对待,前者定罪量刑的标准应明显高于后者。

第十五节　非法使用窃听、窃照专用器材罪

·导　读·

非法使用专用间谍器材的,不构成犯罪。非法生产窃听、窃照专用器材后又非法使用的,应实行数罪并罚。非法使用窃听、窃照专用器材窃取他人商业秘密、国家秘密的,属于想象竞合,从一重罪处罚。

/条　文/

第二百八十四条　【非法使用窃听、窃照专用器材罪】非法使用窃听、窃照专用器材,造成严重后果的,处二年以下有期徒刑、拘役或者管制。

罪名精释

1.非法使用专用间谍器材的,构成犯罪吗?

1997年《刑法》第283条和第284条分别规定的是"非法生产、销售窃听、窃照等专用间谍器材"和"非法使用窃听、窃照专用器材"。但《刑法修正案(九)》只是对1997年《刑法》第283条进行了修改,即修改为"非法生产、销售专用间谍器材或者窃听、窃照专用器材",却没有修改第284条。问题是,非法使用专用间谍器材的,构成犯罪吗?既然窃听、窃照专用器材是与专用间谍器材并列规定,说明窃听、窃照专用器材不再属于专用间谍器材,所以,非法使用专用间谍器材的,不构成犯罪。

2.非法生产窃听、窃照专用器材后又非法使用的,如何处理?

非法生产窃听、窃照专用器材后又非法使用的,由于存在两个行为,侵害了两个法益,应当考虑实行数罪并罚。

3.非法使用窃听、窃照专用器材窃取他人商业秘密、国家秘密的,如何处理?

非法使用窃听、窃照专用器材窃取他人商业秘密、国家秘密的,由于只有一个行为,应属于想象竞合,从一重罪处罚。

第十六节 组织考试作弊罪

·导 读·

本书认为,"单招考试"属于"法律规定的国家考试"。被组织者,即作弊者,不成立组织考试作弊罪的共犯。为他人提供考试作弊器材或者其他帮助的,只有他人实际组织考试作弊才能成立犯罪。在考试开始之前被查获,还未实际作弊的,不应认定成立组织考试作弊罪的既遂。为组织考试作弊非法获取试题、答案后又组织考试作弊的,应以非法获取国家秘密罪和组织考试作弊罪数罪并罚。

/ 条　文 /

第二百八十四条之一第一款　【组织考试作弊罪】在法律规定的国家考试中,组织作弊的,处三年以下有期徒刑或者拘役,并处或者单处罚金;情节严重的,处三年以上七年以下有期徒刑,并处罚金。

第二款　【组织考试作弊罪】为他人实施前款犯罪提供作弊器材或者其他帮助的,依照前款的规定处罚。

罪名精释

1."单招考试"是"法律规定的国家考试"吗?

案1:王某某为实现其子王某在"2020年普通高等学校运动训练、武术与民族传统体育专业招生考试"(俗称"单招考试")中取得较好成绩的目的,通过芮某某联系了考生严某等人,要求上述人员在前述考试中,如遇其子王某,则故意让球给王某,芮某某因此获利2.1万元。同年6月9日,王某某、芮某某又共谋,考试当日由芮某某在考场内寻找与王某对赛的考生,安排让球及报酬等事宜,事后由芮某某向王某某报账。次日,芮某某在与王某考试对赛中故意让王某赢球,又当场收买与王某对赛的多名考生,故意让王某赢球。

本案争议焦点:"单招考试"是否属于普通高等学校招生考试,在"单招考试"中组织作弊是否属于组织考试作弊情节严重。

法院认为,"单招考试"的性质、地位、作用以及对高校招生工作的实际功效、影响,均和全国统一普通高等学校招生考试没有明显差别,认定其属于"普通高等学校招生考试",既符合一般人的理解,又符合其实质属性。王某某、芮某某在普通高等学校招生考试中组织作弊,其行为已构成组织考试作弊罪。①

"法律规定的国家考试"是指依照法律的明文规定所组织的考试,具体指全国人民代表大会及其常务委员会制定的法律所规定的考试。不过,本书认为应从广义上理解本罪中的"法律规定的国家考试",使之包括国务院行政法规规定的国家考试。例如,国务院颁布的《护士条例》第7条规定的护士执业资格考试,应当属于本罪中的国家考试。2019年9月2日"两高"《关于办理组织考试作弊等刑事案件适用法律若干问题的解释》(以下简称《组织考试作弊解释》)第1条对何谓"法律规定的国家考试"作了较为明确的规定。

2. 被组织者,即作弊者构成组织考试作弊罪的共犯吗?

案2:章无某注册成立甲世纪(北京)教育科技有限责任公司、吕世某注册成立北京乙技术培训中心、张宗某注册成立丙教育咨询有限公司,从事教育咨询等业务。章无某设计以无线电设备传输考试答案的方式,在2017年全国硕士研究生招生考试管理类专业学位联考中组织作弊,并以承诺保过的方式发展生源。吕世某通过张夏某、张宗某、李某,与章无某建立联系,吕世某、张夏某、张宗某为章无某招募考生,并从中获取收益。

章无某购买信号发射器、信号接收器等作弊设备,张宗某、吕世某、张夏某将信号接收器分发给考生,并以模拟考试等方式配合章无某组织考生试验作弊设备;章无某让李某找同学帮忙做答案。2016年12月23日,章无某在丁大厦、戊大厦、己酒店登记房间,将笔记本电脑、手机、信号发射器等设备放入房间并予连接,指导李某、章某操作电脑及发射软件。

2016年12月24日上午,章无某、吕世某、张夏某、张宗某、李某、章某组织33名考生在2017年全国硕士研究生招生考试管理类专业学位联考综合能力考试中作弊。章无某在己酒店为在中国传媒大学参与作弊的考生发送答案,李某在戊大厦为在北京化工大学东校区参与作弊的考生发送答案,章某在丁大厦为在北京师范大学参与作弊的考生发送答案;吕世某在北京化工大学参加 MBA

---

① 参见上海市黄浦区人民法院刑事判决书,(2020)沪0101刑初796号。

考试并参与作弊,张夏某在中国传媒大学参加全国硕士研究生招生考试,以相同的方式在思想政治理论考试中作弊。

法院认为,该组织作弊的考试系全国硕士研究生招生考试,属国家级重要考试,所涉的33名考生在3个考点,考生人数众多、涉案范围广、组织规模大;章无某通过互联网、采用无线电传输等突破考场信号屏蔽的技术手段进行作弊,作弊行为贯穿考场内外,严重扰乱了考试活动的正常进行,社会危害严重,故认定其行为属"情节严重"。吕世某、张夏某明知章无某以无线电传输方式组织考试作弊,不仅组织多名考生参与作弊,而且自己也以相同的方式在考试中作弊,张夏某还专门找人组建微信群为其考试作弊提供服务,主观恶性大,二人亦应属于"情节严重"。[1]

组织作弊,是指组织、策划、指挥多人进行考试作弊,或者从事考试作弊的经营行为。组织行为虽然不排除集团犯罪的成立,但不必形成犯罪集团与聚众犯罪,单个人组织他人进行考试作弊的,也能成立犯罪。行为人为特定的应考人寻找替考者,而没有组织多人替考的,不应认定为本罪(可成立代替考试罪的共犯)。但是,行为人在不特定的应考人与替考者之间从事中介服务的,则应成立本罪。

之所以规定"组织"作弊,就是为了处罚组织者,而不处罚作弊者。正如组织出卖人体器官罪,仅处罚组织者,而不处罚提供器官和接受器官的人。被组织的作弊者,包括替考者和应考人,可谓片面对向犯,既不成立组织考试作弊罪的正犯,也不成立组织考试作弊罪的共犯,否则就有违立法者的意思。单纯代替他人考试或者让他人代替自己考试的,成立代替考试罪,而不是本罪。

3. 为他人提供作弊器材的,只有他人实际组织作弊才成立犯罪吗?

《刑法》第284条之一第2款规定,为他人实施前款犯罪提供作弊器材或者其他帮助的,依照前款的规定处罚。

该款是关于共犯的注意性规定。即便没有该款的规定,为他人实施组织作

---

[1] 参见北京市海淀区人民法院刑事判决书,(2017)京0108刑初2615号。

弊提供器材或者其他帮助的,按照《刑法》总则关于共犯的规定,也应该作为组织考试作弊罪的共犯处罚。既然成立组织考试作弊罪的共犯,就应遵循共犯从属性原理,成立狭义共犯以正犯实施符合构成要件的不法行为为前提。也就是说,《刑法》第 284 条之一第 2 款规定不是典型的帮助犯的正犯化,只是帮助犯的量刑规则,如果乙为甲组织作弊提供了作弊器材或者其他帮助,但甲并没有实施组织作弊行为的,因为不存在任何法益侵害与危险,对乙的行为不能以犯罪论处。只有甲实际利用乙提供的作弊器材或者其他帮助组织作弊时,才能认定乙的行为构成组织考试作弊罪。所以,该款规定的行为依然是帮助行为,而不是正犯行为。①

4. 考试开始之前被查获应认定为组织考试作弊罪既遂的司法解释规定,有无疑问?

《组织考试作弊解释》第 4 条规定,组织考试作弊,在考试开始之前被查获,但已经非法获取考试试题、答案或者具有其他严重扰乱考试秩序情形的,应当认定为组织考试作弊罪的既遂。理论上似乎也赞同这一司法解释的立场。②

本书认为,在考试开始之前被查获,还未实际作弊的,并没有侵害法益,不应认定成立组织考试作弊罪的既遂,至多成立组织考试作弊罪的未遂。所以上述司法解释规定存在疑问。行为人已经非法获取考试试题和答案的,可以认定成立非法获取国家秘密罪的既遂。也就是说,为组织考试作弊已经非法获取考试试题、答案,尚未开始作弊就被查获的,只能成立组织考试作弊罪的未遂与非法获取国家秘密罪既遂的竞合,从一重罪处罚。

5. 非法获取试题答案后又组织考试作弊的,如何处理?

如果为组织考试作弊而以窃取、刺探、收买方法非法获取法律规定的国家考试的试题、答案,未开始考试作弊就被查获的,成立非法获取国家秘密罪既遂

---

① 参见张明楷:《刑法学(第 6 版)》(下册),法律出版社 2021 年版,第 1369~1370 页。
② 参见张明楷:《刑法学(第 6 版)》(下册),法律出版社 2021 年版,第 1370 页。

和组织考试作弊罪的未遂的竞合,从一重处罚。为组织考试作弊非法获取试题、答案后又组织考试作弊的,应以非法获取国家秘密罪和组织考试作弊罪数罪并罚。

第十七节 非法出售、提供试题答案罪

·导 读·

即使获得试题、答案的人没有利用行为人所出售、提供的试题、答案进行作弊,也不影响本罪既遂的成立。购买、接受试题、答案的人,不成立犯罪。行为人向组织作弊的人员提供试题、答案的,宜以本罪论处。行为人非法获取试题、答案后又非法出售、提供的,应数罪并罚。

条 文

第二百八十四条之一第一款 【组织考试作弊罪】

第二款 【组织考试作弊罪】

第三款 【非法出售、提供试题、答案罪】为实施考试作弊行为,向他人非法出售或者提供第一款规定的考试的试题、答案的,依照第一款的规定处罚。①

罪名精释

1.需要他人实际利用所出售、提供的试题、答案作弊才成立本罪吗?

本罪是典型的正犯行为。即使获得试题、答案的人没有利用行为人所出售、提供的试题、答案进行作弊,也不影响本罪既遂的成立。

---

① 处3年以下有期徒刑或者拘役,并处或者单处罚金;情节严重的,处3年以上7年以下有期徒刑,并处罚金。

2.购买、接受试题、答案的,构成犯罪吗?

本罪是典型的片面对向犯,购买、接受试题、答案的人,既不能成立本罪的正犯,又不能成立本罪的共犯。

3.向组织作弊的人提供试题、答案的,如何处理?

行为人向组织作弊的人员提供试题、答案的,同时触犯了本罪和组织考试作弊罪,属于包括的一罪,宜以本罪论处。

4.非法获取试题、答案后出售、提供的,如何处理?

行为人以窃取、刺探、收买方法非法获取法律规定的国家考试的试题、答案,又非法出售、提供试题、答案的,由于实施了两个行为,侵害了不同的法益,应以非法获取国家秘密罪与本罪数罪并罚。

第十八节 代替考试罪

·导 读·

本罪所保护的法益是法律规定的国家考试的公正性。应考人不一定成立犯罪。代替考试罪与组织考试作弊罪的区别在于,前者主体是替考者和应考人,而后者是组织多人替考的人。为了代替考试而伪造、变造身份证件的,应以伪造、变造身份证件罪与代替考试罪数罪并罚。

条 文

第二百八十四条之一第四款 【代替考试罪】代替他人或者让他人代替自己参加第一款规定的考试的,处拘役或者管制,并处或者单处罚金。

罪名精释

1. 本罪所保护的法益是什么？

有观点认为，本罪所保护的法益是法律规定的国家考试参加者身份的真实性。① 应该说，保护法律规定的国家考试参加者身份的真实性本身并不是目的，禁止考试作弊的目的在于保证考试本身的公正性。所以，本罪所保护的法益是法律规定的国家考试的公正性。

2. 应考人一定成立犯罪吗？

从条文中"代替他人或者让他人代替自己参加第一款规定的考试"的表述来看，替考者与应考人可谓对向性的共同正犯，但这并不意味着应考人一定成立犯罪。例如，应考人甲因生病住院不能参加考试，甲的父亲乙让丙代替甲参加考试，但甲并不知情。此时，丙是代替考试，乙不是"让他人代替自己参加考试"，而是"代替他人参加考试"的教唆犯。也就是说，丙和乙成立代替考试罪，而甲不构成犯罪。

3. 如何区分代替考试罪与组织考试作弊罪？

案1：某村村民李继某以1万元的价格让刘富某帮自己办C1驾驶证，后刘富某让刘满某使用伪造的身份证代替李继某分别参加C1驾驶证科目一、科目二、科目三、科目四的考试，每过一关刘富某给刘满某500元钱。刘满某替李继某参加科目四考试时被民警当场查获。

本案争议焦点：被告人的行为应如何定性。

法院认为，刘富某组织刘满某代替他人考试，刘富某的行为构成组织考试作弊罪，刘满某的行为构成代替考试罪。②

应该说，行为人为特定的应考人寻找替考者，而没有组织多人替考的，不应

---

① 参见张明楷：《刑法学（第6版）》（下册），法律出版社2021年版，第1371页。
② 参见河南省柘城县人民法院刑事判决书，(2018)豫1424刑初17号。

认定为组织考试作弊罪,而是成立代替考试罪的共犯。① 案 1 中,刘富某仅为李继某寻找替考者,应成立代替考试罪的共犯,而不是组织考试作弊罪。李继某虽然只是"以 1 万元的价格让被告人刘富某帮自己办 C1 驾驶证",实际上是让刘富某帮其寻找替考者,所以仍属于"让他人代替自己参加考试",也应成立代替考试罪。故本书认为,上述判决未对李继某定罪是错误的。

代替考试罪与组织考试作弊罪的区别在于,前者主体是替考者和应考人,而后者是组织多人替考的人,不要求组织者本身是替考人或者应考人。本人既是替考者,又组织他人替考的,应当以组织考试作弊罪与代替考试罪数罪并罚。

4. 为了代替考试而伪造、变造身份证件的,如何处理?

有观点认为,为了代替考试而伪造、变造身份证件的,成立牵连犯,从一重罪处罚。② 应该说,二者之间并无类型性的牵连关系。由于伪造、变造身份证件罪是抽象危险犯,其保护的法益是身份证件的公共信用,而代替考试罪保护的法益是法律规定的国家考试的公正性,二者所保护的法益不同,故不能成立包括的一罪,而应数罪并罚。

第十九节　非法侵入计算机信息系统罪

· 导　读 ·

本罪所保护的法益是有关国家事务、国防建设和尖端科学技术领域的计算机信息系统的运行安全。本罪的罪过形式是故意,过失不构成本罪。只要侵入了有关国家事务、国防建设、尖端科学技术领域的计算机信息系统,就成立本罪的既遂。过失闯入后不退出的,不能成立本罪。

---

① 参见张明楷:《刑法学(第 6 版)》(下册),法律出版社 2021 年版,第 1369 页。
② 参见张明楷:《刑法学(第 6 版)》(下册),法律出版社 2021 年版,第 1371 页。

条 文

第二百八十五条第一款 【非法侵入计算机信息系统罪】违反国家规定,侵入国家事务、国防建设、尖端科学技术领域的计算机信息系统的,处三年以下有期徒刑或者拘役。

第二款 【非法获取计算机信息系统数据、非法控制计算机信息系统罪】

第三款 【提供侵入、非法控制计算机信息系统程序、工具罪】

第四款 单位犯前三款罪的,对单位判处罚金,并对其直接负责的主管人员和其他直接责任人员,依照各该款的规定处罚。

罪名精释

1. 本罪所保护的法益是什么?

本罪的行为对象限于国家事务、国防建设、尖端科学技术领域的计算机信息系统,所以本罪所保护的法益是事关国计民生和重大公共利益的国家事务、国防建设和尖端科学技术领域的计算机信息系统的运行安全。

2. 本罪的罪过形式是什么?

根据《刑法》第15条第2款"过失犯罪,法律有规定的才负刑事责任"的规定,本罪罪状表述中缺乏过失犯的明文和文理根据,所以只能认为本罪的罪过形式是故意。也就是说,只有行为人明知是有关国家事务、国防建设、尖端科学技术领域的计算机信息系统仍侵入的,才能构成犯罪,而过失闯入有关国家事务、国防建设、尖端科学技术领域的计算机信息系统的,不构成本罪。

3. 本罪的既遂标准是什么?

本罪是行为犯,只要侵入了有关国家事务、国防建设、尖端科学技术领域的计算机信息系统,就成立本罪的既遂。

4. 过失闯入后不退出的,能成立本罪吗?

虽然理论上认为"非法侵入住宅罪,是指未经允许非法进入他人住宅或经要求退出无故拒不退出的行为"[①]。但本书认为,"侵入"只能是作为,不能是不作为,认为"侵入"包括"经要求退出无故拒不退出"的不作为,其实是一种不当的类推解释。所以,只要不是明知而侵入有关国家事务、国防建设、尖端科学技术领域的计算机信息系统,就不能构成本罪。过失闯入后发现是这类计算机信息系统而停留其中的,也不能构成本罪。若过失闯入后发现是这类计算机信息系统而趁机非法获取数据、非法控制计算机信息系统或者破坏计算机信息系统的,应以非法获取计算机信息系统数据罪、非法获取国家秘密罪、非法控制计算机信息系统罪或者破坏计算机信息系统罪等罪论处。

第二十节 非法获取计算机信息系统数据罪、非法控制计算机信息系统罪

·导 读·

非法获取计算机信息系统数据罪所保护的法益是网络数据安全。非法控制计算机信息系统罪所保护的法益是他人计算机信息系统本身的安全。非法获取计算机信息系统罪与非法获取国家秘密罪、侵犯商业秘密罪、侵犯公民个人信息罪、盗窃罪等罪之间可能竞合,竞合时从一重处罚。"前款规定以外"系表面的构成要件要素。非法侵入国家事务等计算机信息系统获取数据的,构成非法获取计算机信息系统数据罪。行为方式和主观目的是非法获取计算机信息系统数据罪、非法控制计算机信息系统罪与破坏计算机信息系统罪的主要区别所在。非法获取计算机信息系统数据罪、非法控制计算机信息系统罪,不是选择性罪名。行为人既非法获取计算机信息系

---

① 高铭暄、马克昌主编:《刑法学(第10版)》,北京大学出版社、高等教育出版社2022年版,第482页。

统数据,又非法控制计算机信息系统的,应数罪并罚。以违法所得数额作为立案和量刑标准的司法解释规定,存在疑问。

条 文

第二百八十五条第一款 【非法侵入计算机信息系统罪】

第二款 【非法获取计算机信息系统数据、非法控制计算机信息系统罪】违反国家规定,侵入前款规定以外的计算机信息系统或者采用其他技术手段,获取该计算机信息系统中存储、处理或者传输的数据,或者对该计算机信息系统实施非法控制,情节严重的,处三年以下有期徒刑或者拘役,并处或者单处罚金;情节特别严重的,处三年以上七年以下有期徒刑,并处罚金。

第三款 【提供侵入、非法控制计算机信息系统程序、工具罪】

第四款 单位犯前三款罪的,对单位判处罚金,并对其直接负责的主管人员和其他直接责任人员,依照各该款的规定处罚。

罪名精释

1. 非法获取计算机信息系统数据罪与非法控制计算机信息系统罪所保护的法益或者立法目的是什么?

案1:上海某网络科技有限公司系有限责任公司,经营计算机网络科技领域内的技术开发、技术服务、电子商务、电子产品等业务。张某某系该公司的法定代表人兼 CEO,宋某任职该公司联席 CEO,侯某某任职该公司CTO。郭某系该公司职员。张某某、宋某、侯某某经共谋,于 2016 年至 2017 年采用技术手段抓取北京某网络技术有限公司服务器中存储的视频数据,并由侯某某指使郭某破解北京某网络技术有限公司的防抓取措施,使用"H_spider"文件实施视频数据抓取行为,造成北京某网络技术有限公司损失技术服务费人民币 2 万元。

本案争议焦点:(1)"网络爬虫"技术的使用边界;(2)"网络爬虫"获取数据

是否属于"侵入"计算机信息系统的手段行为;(3)"公开信息"是否属于非法获取计算机信息系统数据罪的犯罪对象。

法院认为,本案"网络爬虫"行为已经超过了合法边界,属于侵入计算机信息系统的手段行为,并且本案"公开信息"并非"共享数据",被告单位的行为已经侵犯了被害单位计算机信息系统和数据的安全性中的"保密性"这一法益,其行为符合非法获取计算机信息系统数据罪的构成要件,应当追究刑事责任。[1]

《网络安全法》第27条规定,任何个人和组织不得从事非法侵入他人网络、干扰他人网络正常功能、窃取网络数据等危害网络安全活动;不得提供专门用于从事侵入网络、干扰网络正常功能及防护措施、窃取网络数据等危害网络安全活动的程序、工具;明知他人从事危害网络安全的活动的,不得为其提供技术支持、广告推广、支付结算等帮助。据此,非法获取计算机信息系统数据罪所保护的法益是网络数据安全;非法控制计算机信息系统罪所保护的法益,是他人计算机信息系统本身的安全。

我国《刑法》虽然有为境外窃取、刺探国家秘密、情报罪,侵犯商业秘密罪,侵犯公民个人信息罪,非法获取国家秘密罪,非法获取军事秘密罪等一系列关于非法获取数据信息的罪名,但这些数据信息传统上大多保存在纸质载体上。在如今的互联网时代,这些数据信息大多以网络数据的形式呈现,由于窃取他人网络数据信息与窃取他人纸质载体上的数据信息没有本质不同,所以网络数据的安全可上升为值得刑法保护的法益。

2. 非法获取计算机信息系统数据罪与盗窃罪、非法获取国家秘密罪、侵犯商业秘密罪、侵犯公民个人信息罪等罪之间是什么关系?

由于计算机信息系统中所存储、处理或者传输的数据信息,可能涉及国家秘密、商业秘密、公民个人信息,还可能具有财产属性,如网游公司的游戏币,因而本罪与非法获取国家秘密罪、侵犯商业秘密罪、侵犯公民个人信息罪、盗窃罪等

---

[1] 参见北京市海淀区人民法院刑事判决书,(2017)京0108刑初2384号。

罪之间可能形成竞合,从一重处罚即可。

3.非法侵入国家事务等计算机信息系统获取数据的,构成非法获取计算机信息系统数据罪吗?

《刑法》第285条第2款中的"前款规定以外",并不为违法性提供根据,其并不是真正的构成要件要素,而是划分界线的表面的构成要件要素。因为,行为人虽然侵入了国家事务、国防建设、尖端科学技术领域的计算机信息系统,但误以为只是侵入普通的计算机信息系统进而获取相关数据的,不可能无罪。虽然不能将此情形认定为非法侵入计算机信息系统罪,但完全可以而且应当认定为非法获取计算机信息系统数据罪。此外,行为人非法侵入国家事务、国防建设、尖端科学技术领域的计算机信息系统后获取该计算机信息系统中存储、处理或者传输的数据的,既成立非法侵入计算机信息系统罪,又成立非法获取计算机信息系统数据罪,应从一重罪以非法获取计算机信息系统数据罪定罪处罚。如果将"前款规定以外"理解为真正的构成要件要素,这种情形只能成立法定刑相对较低的非法侵入计算机信息系统罪,进而导致法条之间的不协调与处罚的不均衡。

4.如何区分非法获取计算机信息系统数据罪、非法控制计算机信息系统罪与破坏计算机信息系统罪?

案2:德易公司设立于2002年10月,主要经营计算机及相关电力设备的技术支持和批发零售等业务。2018年7月至10月,德易公司的法定代表人兼总经理陈某政为使其公司的产品及其代理的产品在南方电网电子商城顺利上架销售,伙同李某田采用盗用他人账户和密码的方法,侵入南方电网电子商城的计算机信息系统,非法审核上架南方电网电子商城计算机信息系统中的商品。经司法会计鉴定,陈某政、李某田非法审批上架商品总额为2133万余元,德易公司非法获利208万余元。

本案争议焦点:盗用他人账户登录系统违法审批从中牟利,构成非法获取计算机信息系统数据罪、破坏计算机信息系统罪还是非法控制计算机信息系统罪。

法院认为,本案中被告人的行为手段属于"非法控制",而非"非法获取"与

"破坏"。从各被告人的主观目的来看,其既不是为了单纯获取计算机信息系统中已经存储的固有数据,也不是为了破坏计算机信息系统,而是为了获得相应的权限,对计算机信息系统实施非法控制,从而实现违法审批的目的;从其客观行为来看,其既未窃取计算机信息系统中的数据,又未破坏计算机信息系统,而是盗用他人账户,在非法侵入这段时间内,形成对该计算机信息系统的非法控制,从而得以非法审核上架南方电网电子商城计算机信息系统中的商品。

应该说,非法控制≠排他控制。无论是盗用他人账户还是使用技术手段,行为人在非法侵入并控制计算机信息系统时,他人仍然可能通过合法途径进入并操作计算机信息系统。如果将非法控制计算机信息系统罪的"非法控制"理解为排他控制,不仅不符合生活实践,也会导致法条形同虚设。故"非法控制"仅指行为人自身实现对计算机信息系统的控制,不要求完全排除他人的控制,即可以是片面、片刻的控制,而非全面控制。本案中,虽然被告人在侵入线上商城计算机信息系统的同时,他人也可以登录该计算机信息系统,但被告人在非法侵入期间已形成对系统的非法控制,完成了目标操作,故构成对该计算机信息系统的非法控制。本案应定性为非法控制计算机信息系统罪,公诉机关指控的罪名正确,予以支持。[1]

非法获取计算机信息系统数据罪、非法控制计算机信息系统罪与破坏计算机信息系统罪的主要区别在于行为方式和主观目的:(1)非法获取计算机信息系统数据罪的行为方式是"非法获取",行为人侵入他人计算机信息系统是为了窃取其中存储、处理或者传输的数据信息以倒卖牟利或者加以其他利用。如窃取医院工作人员的账号登录医院内部系统获取处方数据倒卖给医药公司等,其目的只是为了获取系统数据,一般不会修改其中内容,也不会对计算机信息系统造成破坏。(2)非法控制计算机信息系统罪的行为方式是"非法控制",即不具有权限的行为人利用他人网上认证信息或者通过技术手段,进入他人计算机信息系统,非法获得控制权,从而可以对该计算机信息系统进行任意操作,其目的是非法操作控制他人计算机信息系统,而不是为了非法获取其中的数据,也不是

---

[1] 参见广东省广州市越秀区人民法院刑事判决书,(2019)粤 0104 刑初 1091 号。

为了破坏他人计算机信息系统。(3)破坏计算机信息系统罪强调的是"破坏"，即通过删除、增加、修改数据或应用程序等手段，造成他人计算机信息系统失灵或者崩溃。行为人针对的是计算机信息系统本身，对其中内容进行违法操作只是一种手段，其目的在于破坏他人计算机信息系统，致系统不能正常运行，而不是为了非法获取他人计算机信息系统中存储的数据，或者非法控制他人计算机信息系统。

5. 非法获取计算机信息系统数据罪、非法控制计算机信息系统罪，是所谓选择性罪名吗？

张明楷教授认为，《刑法》第285条第2款是选择性罪名。① 这大概也是通说的观点。我国刑法理论通说一直认为，并列规定的罪名就是选择性罪名，而选择性罪名是不能数罪并罚的。本书认为，这种观点一方面过于扩大了选择性罪名的成立范围，另一方面又错误地认为选择性罪名不能数罪并罚。

《刑法》第285条第2款规定了非法获取计算机信息系统数据罪与非法控制计算机信息系统罪。由于行为方式和行为对象不同，行为人既非法获取计算机信息系统数据，又非法控制计算机信息系统的，没有理由不实行数罪并罚。

6. 以违法所得数额作为立案和量刑标准的司法解释规定，有无疑问？

违法所得数额与法益侵害程度并不是正相关的关系。也就是说，没有违法所得或者违法所得数额不大，并不意味着法益侵害程度就轻，反之，违法所得数额大，也并非意味着法益侵害程度就重。本书认为，如果行为人非法获取的数据并不重要，即便行为人违法所得数额超过了5000元，也不宜以非法获取计算机信息系统数据罪定罪处罚。若所获取的数据很重要，即便违法所得数额不到5000元，也能以非法获取计算机信息系统数据罪定罪处罚。也就是说，由于非法获取计算机信息系统数据罪是侵害网络数据安全的犯罪，应当根据所获取的网络数据的重要程度和行为对网络数据安全的破坏程度，认定是否"情

---

① 参见张明楷：《刑法学(第6版)》(下册)，法律出版社2021年版，第1372页。

节严重",而不是简单地根据行为人违法所得的数额大小认定"情节严重"与否。

第二十一节 提供侵入、非法控制计算机信息系统程序、工具罪

· 导 读 ·

本罪与中立的帮助行为的区别在于,提供的这种程序、工具是否专门或者主要用于违法犯罪用途。对网络犯罪案件"犯罪地"的确定,应当遵循以法益被侵害的关联地为初定门槛、以犯罪案件的实际控制地为优先、最终兼顾司法效率的裁判规则。只有所提供的程序、工具,实际被他人用于侵入、非法控制他人计算机信息系统,才成立本罪的既遂。《刑法》第285条第3款中的"情节严重"只是入罪的条件,而不是说本罪只有一个法定刑幅度。

/ 条 文 /

第二百八十五条第一款 【非法侵入计算机信息系统罪】

第二款 【非法获取计算机信息系统数据、非法控制计算机信息系统罪】

第三款 【提供侵入、非法控制计算机信息系统程序、工具罪】提供专门用于侵入、非法控制计算机信息系统的程序、工具,或者明知他人实施侵入、非法控制计算机信息系统的违法犯罪行为而为其提供程序、工具,情节严重的,依照前款的规定处罚。①

第四款 单位犯前三款罪的,对单位判处罚金,并对其直接负责的主管人员和其他直接责任人员,依照各该款的规定处罚。

---

① 处3年以下有期徒刑或者拘役,并处或者单处罚金;情节特别严重的,处3年以上7年以下有期徒刑,并处罚金。

罪名精释

1. 如何把握本罪与中立的帮助行为的界限?

案1:袁某某、赖某某通过网络平台以人民币7500元的价格向某电话营业厅实际经营者计某某及员工付某某出售了一款爬虫软件,该软件根据计某某、付某某的要求定制,具有根据输入的查询请求与渠道身份标识号(以下简称ID),模拟生成网页请求包,突破原本登录工号的权限,实现获取不同渠道ID权限内数据的功能。制作过程中,由袁某某作为中间人,与计某某、付某某议价,了解定制要求,并将技术要求和细节转述给赖某某,由赖某某具体负责软件制作,制作完成后,由赖某某将涉案软件发送给袁某某,由袁某某交付给付某某。袁某某得款7500元,并将其中1500元分给赖某某。软件交付后,付某某利用该软件从某云平台系统中获取了大量电信宽带工单数据。

本案争议焦点:(1)案涉爬虫软件是否属于"专门用于侵入计算机信息系统的程序";(2)袁某某、赖某某主观明知的认定。

法院认为,行为人利用系统漏洞制作的案涉爬虫程序,能够避开系统以身份验证手段设置的安全防线,使系统误以为系合法权限,而发送对应渠道ID、非登录账户权限的数据,故应认定案涉爬虫程序具有避开计算机信息安全保护措施,超越授权获取计算机信息系统数据的功能,即属于"专门用于侵入计算机信息系统的程序"。案涉爬虫程序系根据买家要求定制,袁某某、赖某某清楚设计要求及运行原理,二人作为专业人士,对程序运行效果应有超越一般人的主观认知,对于使用该程序后可避开计算机信息系统安全防御获得超越原工号权限数据,二人主观上至少应评价为明知而放任。袁某某、赖某某共同提供专门用于侵入计算机信息系统的程序,情节严重,其行为均已构成提供侵入计算机信息系统程序罪。[①]

本书认为,本罪中之所以强调"专门用于侵入、非法控制计算机信息系统的

---

① 参见江苏省苏州市中级人民法院刑事裁定书,(2021)苏05刑终144号。

程序、工具",就是为了将不针对特定对象,具有业务性、中立性、非追求犯罪目的性,主要用于正当用途的中立的帮助行为排除在犯罪之外。例如,微软公司提供的软件服务,即便被他人用于违法犯罪活动,由于微软软件不是专门用于违法犯罪用途,而是主要用于正当用途,故也不可能成立本罪。至于"明知他人实施侵入、非法控制计算机信息系统的违法犯罪行为而为其提供程序、工具"的行为成立犯罪,也不是因为行为人主观上明知(不是在所谓中立帮助行为的可罚性问题上采主观说),而是强调本罪只能由故意构成,即客观上所提供的程序、工具必须主要用于违法犯罪用途,行为人主观上也明知这一点,才能以本罪论处。也就是说,无论是提供专门用于侵入、非法控制计算机信息系统的程序、工具,还是明知他人实施侵入、非法控制计算机信息系统的违法犯罪行为而为其提供程序、工具,都必须是行为人主观上明知,客观上所提供的程序、工具专门或者主要用于违法犯罪用途。若行为人所提供的程序、工具主要用于正当用途,即便行为人主观上明知他人实施侵入、非法控制计算机信息系统的违法犯罪行为,也只是不可罚的中立帮助行为,不能以本罪论处。

2011年8月1日最高人民法院、最高人民检察院《关于办理危害计算机信息系统安全刑事案件应用法律若干问题的解释》第2条对何谓"专门用于侵入、非法控制计算机信息系统的程序、工具"作了明确规定。对于该规定也应以中立帮助行为的理念进行把握。

2. 网络犯罪案件的"犯罪地"如何确定?

案2:某软件公司未授权任何单位和个人使用"××软件"从事自动下单业务,为防止用户使用"××软件"自动下单,该公司采取了一系列安全防护措施,其中包含滑块手动验证和手机特征码验证等。王某甲为了牟利,编写可以在"××软件"网上抢购商品名为HiRoot(以下简称"HR")的秒抢软件,该软件通过避开"××软件"网站手动滑块操作及身份验证的安全保护措施,可以在预设时间内以自动下单的方式,抢购"××软件"网站上的指定商品。王某甲通过群聊先后向单某某、王某乙、陈某某等多人出售"HR"秒抢软件,从中非法获利合计人民币56万余元。单某某、王某乙、陈某某、张某某、王某丙、刘某在明知"HR"秒抢软件具有避开计算机信息系统安全保护功能的情况下,分别从王某甲处购买该软件,又分别出售给沈某某等 100 余人次使用,从中非法获利人民币 1000 元至 77,850 元不等。

本案争议焦点:侦查机关江苏省海安市公安局对本案是否具有管辖权。

法院认为,王某甲、单某某、王某乙提供专门用于侵入、非法控制计算机信息系统的程序、工具,情节特别严重;陈某某、张某某、王某丙、刘某提供专门用于侵入、非法控制计算机信息系统的程序、工具,情节严重,其行为均已构成提供侵入、非法控制计算机信息系统程序、工具罪。刑事案件由犯罪地的人民法院管辖,犯罪地包括犯罪行为发生地和犯罪结果发生地。本案系因某软件公司、王某和沈某某先后报案而案发,沈某某的证言、涉案人员王某乙的供述、交易记录等证据能够证实王某乙通过群聊向沈某某销售涉案秒抢软件的事实。某软件公司出具的报案材料、安全人员李某某的证言证实某软件公司在该时间段发现海安市公安局辖区范围内有人使用该秒抢软件而呈请海安市公安局立案侦查。举报材料并未指向举报人沈某某,举报材料中的两个 IP 地址与沈某某的 IP 地址不同并不能否定该材料的真实性。上述证据不存在矛盾之处,相互印证足以证实本案的发破案经过正常且符合逻辑,江苏省海安市公安局对本案具有侦查上的管辖权。[1]

一般来说,确定网络犯罪案件的"犯罪地",可以遵循以下规则:

(1)以法益被侵害的关联地初步确定犯罪地。刑法的目的是保护法益,犯罪的本质是侵害法益,刑事司法管辖权的确定应当贯彻保护法益目的。多年来,"实害联系标准"在网络犯罪刑事管辖权的认定中得到了较为广泛的认可。上述案 2 中,行为人向单个购买者提供秒抢软件虽然并未达到"实害"的程度标准,但在法益被侵害关联地的射程之内,亦不超出行为人在行为时所认识到的可能发生地点。以法益被侵害的关联地适当降低"犯罪地"的认定门槛,再由后续其他规则加以限制,有利于准确合理地界定网络犯罪案件的犯罪地。

(2)以犯罪案件的实际控制地优先确定犯罪地。在法益被侵害的关联地规

---

[1] 参见江苏省南通市中级人民法院刑事裁定书,(2021)苏 06 刑终 30 号。

则对犯罪地进行初步认定后,网络犯罪案件管辖权往往存在竞争和冲突,需要根据实际控制地规则予以限缩。从侦查路径看,按照实际控制地有限的规则确定管辖,便于收集网络犯罪相关证据,可以最大限度地实现调查犯罪的侦查目的。对案件的实际控制包括对证据的实际控制和对人的实际控制两个方面。上述案2中,江苏省海安市是刑事证据最为集中的地方。当地网民沈某某在报案时向公安机关提供了其向单某某购买的秒抢软件以及其与卖家的聊天记录,某软件公司在报案时亦提供其安全人员的证言、分析报告名词解释、证明材料等证据。海安市公安局因沈某某、某软件公司报案而最先立案侦查,在侦办过程中先后将王某甲等抓获归案,本案由该局侦查有利于保持侦查工作的连续性,有利于调查收集证据和查明事实。

(3)以兼顾司法效率最终确定犯罪地。网络犯罪案件行为地和结果地具有随意性和偶然性,往往牵涉地域广泛、人员众多。此外,网络犯罪案件不仅犯罪行为地和犯罪结果地可能处于不同地域,而且犯罪行为人和犯罪行为也有可能处于不同地域。对于网络犯罪案件确定管辖权时,不仅要考虑网络犯罪行为侵害法益的关联程度、对案件的实际控制程度,还要考虑当地公安机关管辖的可能性和是否方便诉讼,以司法效率最终确定犯罪地。

综上所述,网络犯罪案件"犯罪地"的确定应当遵循以法益被侵害的关联地为初定门槛、以犯罪案件的实际控制地为优先、最终兼顾司法效率的裁判规则,进而为网络犯罪案件确定一个梯度合理,较为周全、严密的地域管辖范围,避免出现因无权管辖导致放纵网络犯罪或者因滥用指定管辖导致管辖权不确定的双重困境,达到维护公平、公正和平衡管辖的制度目的。

3.本罪的既遂标准是什么?

本罪虽可谓帮助犯的正犯化,但从"犯罪的本质是侵害法益,刑法的目的是保护法益,刑法只会将严重侵害法益的行为规定为犯罪"的角度考虑,只有所提供的专门用于侵入、非法控制计算机信息系统的程序、工具,实际被他人用于侵入、非法控制他人计算机信息系统的,才值得作为犯罪既遂处理,即还是应坚持共犯的(实行)从属性原理。

4. 本罪是只有一个法定刑幅度,还是有两个法定刑幅度?

《刑法》第 285 条第 3 款规定,提供侵入、非法控制计算机信息系统的程序、工具,情节严重的,依照前款的规定处罚。而前款规定的是,实施非法获取计算机信息系统数据、非法控制计算机信息系统,情节严重的,处 3 年以下有期徒刑或者拘役,并处或者单处罚金;情节特别严重的,处 3 年以上 7 年以下有期徒刑,并处罚金。问题是,提供侵入、非法控制计算机信息系统程序、工具罪是只有一个法定刑幅度,还是有两个法定刑幅度?或者说,提供侵入、非法控制计算机信息系统程序、工具情节特别严重的,能否"处三年以上七年以下有期徒刑,并处罚金"?

答案是肯定的。《刑法》第 285 条第 3 款中的"情节严重",只是入罪的条件。也就是说,只有情节严重的才能以犯罪论处,而不是说本罪只有一个法定刑幅度。既然前款规定的是两个法定刑幅度,而本款又规定"依照前款的规定处罚",所以实施提供侵入、非法控制计算机信息系统程序、工具,情节严重的,处 3 年以下有期徒刑或者拘役,并处或者单处罚金;情节特别严重的,处 3 年以上 7 年以下有期徒刑,并处罚金。

第二十二节 破坏计算机信息系统罪

·导 读·

本书认为,破坏计算机信息系统罪所保护的法益或者立法目的,在于保护计算机信息系统本身的安全。《刑法》第 286 条第 2 款所规定的行为类型并未破坏计算机信息系统本身,所以宜单独确定罪名。本罪沦为"口袋罪"存在三方面的原因。用棉纱等物品堵塞环境质量监测采样设备干扰采样,只会导致空气采样器本身不能获取正常的数据,并未破坏计算机信息系统本身,不构成破坏计算机信息系统罪。

条文

第二百八十六条 【破坏计算机信息系统罪】违反国家规定,对计算机信息系统功能进行删除、修改、增加、干扰,造成计算机信息系统不能正常运行,后果严重的,处五年以下有期徒刑或者拘役;后果特别严重的,处五年以上有期徒刑。

违反国家规定,对计算机信息系统中存储、处理或者传输的数据和应用程序进行删除、修改、增加的操作,后果严重的,依照前款的规定处罚。

故意制作、传播计算机病毒等破坏性程序,影响计算机系统正常运行,后果严重的,依照第一款的规定处罚。

单位犯前三款罪的,对单位判处罚金,并对其直接负责的主管人员和其他直接责任人员,依照第一款的规定处罚。

罪名精释

1. 本罪保护的法益和立法目的是什么?

案1:胡赞某联系瞿祖某(另案处理)问其有无途径获取甲企业管理有限公司经营的乙网上商城的积分(该积分可以在乙网上商城购物,或者通过提现的方式获得现金,与人民币的兑换比例为1元人民币兑换1积分)。随后,胡赞某按照联系顺序将需要充值积分的账户、密码层层发送给李某,由李某通过黑客软件入侵乙网上商城非法充值积分,共计597万分。

本案争议焦点:利用计算机网络盗取具备财产性质的计算机数据的,该计算机数据是否应当认定为盗窃罪中的"公私财物",进而应以盗窃罪定罪处罚;或根据特殊情形,以破坏计算机信息系统罪定罪处罚。

法院认为,胡赞某伙同他人违反国家法规对计算机信息系统功能进行修改、干扰,造成计算机系统不能正常运行,后果特别严重,其行为已构成破坏计算机信息系统罪。由于非法充值的积分以正常积分的形式出现在收购人的账户中,与正常充值积分相互混同难以区分(而正常积分还存在部分赠送积分),且积分的价值也并不确定,若简单地以1积分等于1元人民币的方法计算,将本案盗窃金额认定为597万元,显然不合理。根据相关司法解释,认定计算机网络犯罪的情节采取的是实际损失、损害影响或非法所得任选其一的方式。本案中胡赞某等人通过共同实施破坏计算机信息系统行为,获取的非法所得是明确的,相关证据也是确实、充分的。虚拟财产犯罪的数额认定以及证据采集均存在较大困难,在不能做到确实、充分的情形下,依照存疑有利于被告人的原则,也应当选择较为明确的犯罪事实定罪处罚。故本案以破坏计算机信息系统罪定罪处罚,更能够全面合理地评价整个犯罪行为,做到罪刑相适应。①

本书认为,上述判决存在疑问。李某通过黑客软件入侵乙网上商城非法充值积分,并未破坏计算机信息系统,进而造成计算机信息系统不能正常运行,故行为人不构成破坏计算机信息系统罪。入侵网上商城非法充值积分,其实就是盗取了乙网上商城的积分,同非法侵入银行计算机信息系统盗划他人存款、使自己或者他人银行账户存款增加没有本质区别。网上商城积分虽然具有虚拟性质,但其具有管理可能性、交换可能性和价值性,符合财产犯罪对象的特征,完全能够成为财产犯罪的对象。不能因为盗窃积分的数额难以认定,而否定其能够成为财产犯罪的对象。正如毒品和淫秽物品的价值也难以认定,但不能否认其是财产犯罪的对象一样。所以,本案应以盗窃罪定罪处罚,而不是认定为破坏计算机信息系统罪。

案2:周某、周某龙通过购买多个游戏账号,使用在淘宝网上购买李某的"牛牛捕鱼助手"挂机辅助软件,采用自动挂机、一机多开的方式,刷取腾讯公司"猎鱼达人3D"游戏道具,并将挂机中获取的游戏道具转卖获利。经鉴定,"牛牛捕鱼助手"修改了游戏"猎鱼达人3D"的功能,并对其游戏规则、正常操作流程和正常运行方式造成了破坏,属于破坏性程序。

法院认为,周某、周某龙、李某违反国家规定,利用案涉程序,对计算机信息系统中存储、处理或者传输的数据和应用程序进行删除、修改、增加的操作,其犯罪行为在客观上破坏了游戏"猎鱼达人3D"的游戏规则、正常操作流程和正常运行方式,本质上属于修改网络游戏运行数据,干扰网络游戏服务端计算机信息

---

① 参见福建省福州市中级人民法院刑事裁定书,(2019)闽01刑终390号。

系统功能,危害计算机信息系统安全的行为。周某、周某龙违法所得17,054.5元,后果严重,李某违法所得59,071元,后果特别严重,其行为均已构成破坏计算机信息系统罪。①

破坏计算机信息系统罪所保护的法益或者立法目的,在于保护计算机信息系统本身的安全。行为只有造成了计算机信息系统本身不能正常运行,或者影响了计算机系统的正常运行的,才能认为破坏了计算机信息系统。反过来说,凡是行为没有造成计算机信息系统不能正常运行或者影响计算机系统正常运行的,都没有侵害本罪所保护的法益,不符合本罪的构成要件,不构成本罪。

2. 本罪何以成为"口袋罪"?

案3:何某孟和刘某兵商量利用某保险公司的核心业务系统为自卸车投保并从中牟利,由刘某兵负责找投保人、何某孟获取系统工号和密码并多次进行系统调试。何某孟、刘某兵伙同刘某龙、高某、尤某璐、祝某峰(均另案处理)在某网吧内,侵入某保险公司温岭支公司的核心业务处理系统,输入不实的车辆信息,利用系统的规则漏洞为130辆左右的自卸车投保出单。刘某兵向刘某龙、高某、尤某璐、祝某峰收取"手续费"共计人民币30.4万余元。

法院认为,本案中何某孟以查询信息为名获取某保险公司核心业务处理系统的账号、密码后,与刘某兵结伙,登录该系统输入投保人、车牌号及车重等与实际情况严重不符的车辆信息,使系统从"人工核保"变成"自动核保",而产生大量保险合同,显然违背了某保险公司的意思,超出了正常的授权范围,属于侵入计算机信息系统的行为。何某孟、刘某兵事先共谋,相互分工合作,非法侵入并对计算机信息系统中存储的数据进行修改、增加,使相应的数据或程序更改的行为,构成破坏计算机信息系统罪。②

本书认为,上述判决存在疑问。虽然行为人非法侵入并对保险公司计算机

---

① 参见河南省许昌市中级人民法院刑事裁定书,(2019)豫10刑终381号。
② 参见浙江省台州市中级人民法院刑事裁定书,(2020)浙10刑终376号。

信息系统中存储的数据进行了修改、增加,使相应的数据或程序更改,但并没有破坏计算机信息系统的功能,造成计算机信息系统不能正常运行,不能评价为破坏计算机信息系统罪。

本罪之所以沦为"口袋罪",可能有以下几方面的原因:其一,最高人民法院、最高人民检察院将行为类型存在明显差异的第286条第2款规定的犯罪也以"破坏计算机信息系统罪"进行命名。其二,理论界与实务界没有认识到本罪的本质是破坏计算机信息系统本身,结果必须是造成计算机信息系统不能正常运行或者影响计算机系统正常运行。其三,对"造成计算机信息系统不能正常运行"和"影响计算机系统正常运行"的判断具有专业性,而文科出身的司法人员可能不具备这方面的专业技术素养。

3.《刑法》第286条第2款规定的行为类型破坏了计算机信息系统吗?

案4:林某受聘担任某派出所协警,其收受违章货车车主贿赂后,私自在派出所窗口公安网计算机上利用民警的数字证书权限,对公安交通违章数据进行修改,在货车违章驾驶员未到场的情况下,对货车交通违章行为进行违规扣分处理,导致大量交通违章数据被违规处理。

法院认为,林某违反国家规定,伙同他人对计算机信息系统中存储的数据进行删除、修改,后果特别严重,其行为构成破坏计算机信息系统罪。[①]

本书认为,上述案件中进行驾照消分,并未破坏计算机信息系统的功能,造成计算机信息系统不能运行,所以认定为破坏计算机信息系统罪存在疑问。

案5:罗某某在某公司负责平台数据编写和维护工作,于2019年4月离职。因对离职待遇不满,为报复公司,罗某某编写脚本,利用其在公司工作时得到的公司阿里云账号密码,将公司存放于阿里云服务器的后台数据进行删除,共删除图片1300张(约4.7G被清空),造成该公司合作方某俱乐部的选手图片无法显示,无法进行有效点击。案发后,某公司向某俱乐部赔付经济损失人民币3万元。

---

① 参见福建省福州市中级人民法院刑事裁定书,(2021)闽01刑终305号。

法院认为,罗某某违反国家法律规定,对计算机信息系统中储存的数据进行删除,后果严重,其行为已构成破坏计算机信息系统罪。[①]

本书认为,删除公司的数据,只是毁坏了公司财物,并未破坏公司的计算机信息系统,罗某某的行为应构成故意毁坏财物罪。

《刑法》第286条第2款规定,对计算机信息系统中存储、处理或者传输的数据和应用程序进行删除、修改、增加的操作。这种行为通常并不会造成计算机信息系统不能正常运行或者影响计算机系统正常运行。也就是说,该款规定的行为类型明显不同于该条第1款和第3款规定的行为类型。但"两高"依然将三个条款均确定为"破坏计算机信息系统罪"一个罪名。本书认为,对该条第2款应当单独确定罪名,如非法操作数据、应用程序罪,成立此罪不以破坏计算机信息系统为条件,只要行为人对他人计算机信息系统中的数据和应用程序非法进行了删除、修改、增加的操作,就能构成犯罪。

4. 如何处理破坏计算机信息系统罪与非法控制计算机信息系统罪的关系?

若只是单纯控制计算机信息系统,并不破坏计算机信息系统本身的运行的,仅成立非法控制计算机信息系统罪。如果既非法控制计算机信息系统,又破坏计算机信息系统的正常运行,则应当视具体案情认定为包括的一罪或者想象竞合,从一重处罚。

5. 用棉纱堵塞环境质量监测采样设备,能构成破坏计算机信息系统罪吗?

2023年8月8日最高人民法院、最高人民检察院《关于办理环境污染刑事案件适用法律若干问题的解释》第11条规定,违反国家规定,针对环境质量监测系统实施干扰系统采样,致使监测数据因系统不能正常运行而严重失真的,以破坏计算机信息系统罪定罪处罚。2018年12月25日最高人民法院第20批指导性案例·指导案例104号·李某、何某民、张某勃等人破坏计算机信息系统案指出,环境质量监测系统属于计算机信息系统,用棉纱等物品堵塞环境质量监测采

[①] 参见广东省深圳市中级人民法院刑事裁定书,(2020)粤0304刑初664号。

样设备,干扰采样,致使监测数据严重失真的,构成破坏计算机信息系统罪。

本书认为,这种司法解释规定和实践做法误解了破坏计算机信息系统罪的构成要件和本质,系明显错误。用棉纱等物品堵塞环境质量监测设备干扰采样的行为,既没有对计算机信息系统功能进行删除、修改、增加、干扰,也没有对计算机信息系统中存储、处理或者传输的数据和应用程序进行删除、修改、增加,只是对需要由计算机进行处理分析的外部判断资料进行了干扰。所以,此类行为不是对计算机信息系统本身进行破坏,计算机信息系统本身仍然能够正常运行,正如使用假币不等于破坏验钞机、在自动柜员机存假币不等于破坏自动柜员机一样。若是计算机信息系统本身遭受破坏,就只有通过对计算机信息系统采取修复、恢复等措施,计算机信息系统才能正常运行。空气采样器虽是环境空气质量监测系统的重要组成部分,但不是计算机信息系统本身的组成部分。从这个意义上讲,用棉纱等物品堵塞环境质量监测采样设备干扰采样,只是使空气采样器本身不能获取正常的数据。因而即使不对计算机信息系统采取任何修复、恢复措施,只要不再从外部干扰空气采样器,计算机信息系统所提供的数据也会很快完全恢复正常。

总之,这种方法只是影响了环境质量监测设备获取正常的数据,而不可能破坏计算机信息系统本身,造成计算机信息系统不能正常运行的结果,故不构成破坏计算机信息系统罪。

第二十三节 拒不履行信息网络安全管理义务罪

·导 读·

为了充分发挥网络平台服务提供者所具有的技术控制"专长",国家责令其履行一定的信息网络安全管理义务,协助打击网络违法犯罪,净化网络环境,维护网络安全。本罪的主体应限于从事信息交换媒介服务的网络平台服务提供者。本罪条款"僵尸化",存在多方面的原因。本罪的罪过形式为故意。行为人误以为信息不违法而没有采取改正措施的,属于违法评价错误,不影响犯罪故意的成立。

本罪中的信息网络安全义务,仅限于内容管理义务、用户信息保护义务和信息备份留存义务。本罪所规定的三种行为类型之间并不存在矛盾和冲突。本罪中的"违法信息",仅限于侵害国家和社会公共利益的信息,而不包括纯属侵害个人民事权利的如侮辱、诽谤、侵犯著作权等的信息。提供"翻墙软件"服务,不能构成犯罪。单纯在网上发布信息的,不能构成本罪。

条 文

第二百八十六条之一 【拒不履行信息网络安全管理义务罪】网络服务提供者不履行法律、行政法规规定的信息网络安全管理义务,经监管部门责令采取改正措施而拒不改正,有下列情形之一的,处三年以下有期徒刑、拘役或者管制,并处或者单处罚金:

(一)致使违法信息大量传播的;

(二)致使用户信息泄露,造成严重后果的;

(三)致使刑事案件证据灭失,情节严重的;

(四)有其他严重情节的。

单位犯前款罪的,对单位判处罚金,并对其直接负责的主管人员和其他直接责任人员,依照前款的规定处罚。

有前两款行为,同时构成其他犯罪的,依照处罚较重的规定定罪处罚。

罪名精释

1.本罪所保护的法益或者立法目的是什么?

本罪所保护的法益,或者立法目的、定位以及立法价值,理论上众说纷纭。

张明楷教授认为,可以将信息网络内容的合法性与安全性作为本罪的保护法益。[1]

本书认为,拒不履行信息网络安全管理义务罪的犯罪主体仅限于从事信息交换媒介服务的网络平台服务提供者。因其对平台上的违法信息具有采取过滤、移除、屏蔽等技术措施的权限和能力,国家为了充分发挥网络平台服务提供者所具有的技术控制"专长",责令其履行一定的信息网络安全管理义务,协助打击网络违法犯罪,净化网络环境,维护网络安全。这就是本罪的立法目的。

2.何为"网络服务提供者"?

拒不履行信息网络安全管理义务罪的犯罪主体是"网络服务提供者"。我国民法学者大多将网络服务提供者分为信息(互联网)接入/传输服务提供者、信息缓存服务提供者、信息存储服务提供者、信息定位(搜索、链接)服务提供者。2019年10月21日最高人民法院、最高人民检察院《关于办理非法利用信息网络、帮助信息网络犯罪活动等刑事案件适用法律若干问题的解释》(以下简称《网络犯罪解释》)规定,网络服务提供者包括提供以下服务的单位和个人:"网络接入、域名注册解析等信息网络接入、计算、存储、传输服务"、"信息发布、搜索引擎、即时通讯、网络支付、网络预约、网络购物、网络游戏、网络直播、网站建设、安全防护、广告推广、应用商店等信息网络应用服务",以及"利用信息网络提供的电子政务、通信、能源、交通、水利、金融、教育、医疗等公共服务"。但是,本书认为,为了区别拒不履行信息网络安全管理义务罪与非法利用信息网络罪和帮助信息网络犯罪活动罪,应将该罪中的"网络服务提供者"限定为"网络平台(中介)服务提供者",而不应包括网络信息(内容)服务提供者,以及提供网络接入、存储、传输服务等的网络技术服务提供者和提供结算等的纯粹帮助服务提供者。

对于新浪网以及政府、大学、企业等门户网站,其在网络上主动发布、传播信息时只是网络信息内容的生产者、提供者,对其实施的生产、散布信息的行为,刑法设置了专门的罪名予以规制,因而此类主体不属于网络服务提供者。非法利

---

[1] 参见张明楷:《刑法学(第6版)》(下册),法律出版社2021年版,第1377页。

用信息网络罪便是规制利用网络实施的以传播信息为核心表现形式的犯罪,将利用信息网络发布违法犯罪信息的行为认定为非法利用信息网络罪足以实现对此类犯罪的打击和预防。这说明,对于单纯生成、上传违法犯罪信息的网络信息的生产者、传播者,不应当也根本没有必要将其纳入网络服务提供者的主体范畴。而对于明知他人利用信息网络实施犯罪,仍为其提供网络接入、服务器托管等技术支持,以及提供结算等帮助的行为,同样完全没有必要"叠床架屋"将其划入拒不履行信息网络安全管理义务罪规制的范围。因为帮助信息网络犯罪活动罪正是为了处罚这些行为而设计的。可见,除去上述网络信息内容服务提供者、网络技术服务提供者以及纯粹帮助服务提供者,剩下的就基本属于网络平台(中介)服务提供者范畴。

何谓"网络平台",虽然很难准确界定,但人们对于"网络平台"的基本特质已有共识:一是要具备"中介"或者"媒介"性质。"网络平台"在技术基础层面上是连接内容/应用程序层与通信层的"连接点",在实际应用层面则是信息提供者与信息需求者之间进行信息交换的媒介和平台。二是拥有一定的"管理控制"权限。网络平台服务提供者往往同时扮演着平台的"规则制定者"和"仲裁者"的双重角色。网络平台服务提供者虽然基本上属于私法人,但对平台上的信息发布和流通等却拥有极大的"权力",在满足一定条件的情况下能够删除用户在平台上发布的内容或屏蔽用户账号。日本学者普遍主张不去严格定义"网络平台"的概念,而将各种搜索引擎、YouTube 等视频共享网站以及 Facebook、Twitter 等同时具备上述两个基本特质的网络服务均纳入"网络平台"的范畴,日本的相关法律法规和案例也普遍接受此种立场。据此,我国的腾讯微信、新浪微博、阿里巴巴的淘宝网、支付宝等均属于典型的网络平台。

总之,拒不履行信息网络安全管理义务罪的犯罪主体应仅限于提供信息交换媒介服务的网络平台服务提供者。

3. 本罪条款何以"僵尸化"?

拒不履行信息网络安全管理义务罪的立法背景是"深圳快播案"。本书认为,本罪的设立存在争议:从保护技术发展角度看,增设拒不履行信息网络安全管理义务罪似乎有些早;从立法、犯罪化的角度看,增设拒不履行信息网络安全管理义务罪存在过度犯罪化的风险;从规范文本的角度看,本罪第1项"致使违法信息大量传播"与第3项"致使刑事案件证据灭失"情形的设置存在明显冲突,会让网络企业左右为难、无所适从,而陷入"旋转门"困境中。"经监管部门责令采取改正措施而拒不改正"这一行政前置要件的设立,实际上最大限度地限缩了网络服务提供者的刑事责任空间,但人们还是担心因刑罚的过度介入而造成网络言论市场的萎缩,阻碍互联网科技创新进步,进而提出对本罪构成要件进行所谓目的性限缩解释以限制其适用。[1]

本罪自出台以来在司法实践中就"全面遇冷",几乎沦为"僵尸条款",甚至"有被弃用的风险"。即便最高人民法院、最高人民检察院2019年10月21日颁布了《网络犯罪解释》,迄今为止仅能在中国裁判文书网上检索到的有关拒不履行信息网络安全管理义务罪的案例屈指可数。

拒不履行信息网络安全管理义务罪条款之所以"僵尸化",可能有以下几方面的原因:(1)本罪存在构成要件边界不清、司法适用规则不明等问题,实际操作困难;(2)条文中"责令采取改正措施而拒不改正"的规定实际上设置了过高的入罪门槛;(3)成立本罪所需要的"行政程序前置化模式",引发了刑事责任启动主体的完全排他性和重大法益保护片面性的问题,最终使拒不履行信息网络安全管理义务罪成为"僵尸条款";(4)本罪中信息网络安全管理义务的规定不明确,且实务中对这种义务设置的合理性存在疑问;(5)履行监管义务的主体存在混同现象,加之我国互联网监管部门多头并存,网络治理体系略显散乱,政府和网络服务提供者的监管责任难以厘清;(6)"责令改正"这一构成要件要素的存在形成了行政法规制与刑法规制的衔接机制,但司法实践中"行刑衔接机制"不畅却阻碍了本罪的适用。

4. 本罪的罪过形式是什么?

虽然大多数学者认为拒不履行信息网络安全管理义务罪的罪过形式是故

---

[1] 参见刘艳红:《网络时代言论自由的刑法边界》,载《中国社会科学》2016年第10期。

意,但还是有个别学者主张"过失说",理由在于:其一,如果利用网络服务实施的犯罪已经发生,网络服务提供者在被责令改正后明知他人利用其提供的网络服务实施犯罪,仍然拒不改正的,可以帮助信息网络犯罪活动罪定罪处罚。其二,简单地根据"拒不"的表述认为本罪的行为类型是积极的举动,从而得出本罪属于故意犯的结论并不合适。因为网络服务提供者拒不改正的是监管部门责令改正的命令,而非本罪的结果要件。其三,在《刑法》分则中,消防责任事故罪的规定与本罪的规定相类似,二者皆以违反前置性法规为前提,又都以经监管部门责令改正而不履行为行为模式,因此两罪的罪过形式亦应作相同解读。其四,对法条文本的解释并非一定要按照其通常含义进行,有时需要背离通常含义进行解释,如对"拒不履行"的解释。"拒不履行"不是故意犯罪的表征。①

本书认为,上述"过失说"的理由不成立。首先,本罪与帮助信息网络犯罪活动罪的主体并不相同,二罪不应重合。即便认为网络平台服务提供者也能构成帮助信息网络犯罪活动罪,那也只是"同时构成其他犯罪"的竞合问题,得不出本罪的罪过形式是过失的结论。其次,虽然"拒不"本身不是构成要件结果,但从能够改正而拒不改正可以看出,行为人对拒不改正可能导致的严重后果具有认识并至少持放任的态度。再次,本罪不同于消防责任事故罪。人们之所以普遍认为消防责任事故罪的罪过形式是过失,是体系解释的结果。而认为本罪系故意犯罪,也可谓体系解释及依据《刑法》第 15 条第 2 款"过失犯罪,法律有规定的才负刑事责任"的规定得出的结论。最后,对本罪中"拒不履行"作出背离其通常含义的解读,并没有充分的根据。相反,将其理解为故意罪过的表征,反而能与拒不支付劳动报酬罪、巨额财产来源不明罪等罪名罪过形式的认定相协调。

5. 行为人误以为信息不违法而没有采取改正措施的,能构成犯罪吗?

在被监管部门责令改正后,网络服务提供者却误认为不存在违法信息,也就是不存在履行管理义务的前提,故而没有采取改正措施,是否构成犯罪? 有观点

---

① 参见李本灿:《拒不履行信息网络安全管理义务罪的两面性解读》,载《法学论坛》2017 年第 3 期。

认为此为事实认识错误,自然阻却故意的成立。有观点主张运用刑法学关于违法性认识错误的通常理论来处理类似情况,从而否定网络服务提供者的主观故意,最终得出无罪的结论。

误以为不存在"责令改正"的通知,是事实认识错误而阻却犯罪故意,但认识到被要求"责令改正",只是认为"责令改正"的行政命令有误,不存在需要删除的违法信息,这属于典型的法律评价错误,不应阻却犯罪故意的成立。正如警察出示了逮捕证,但行为人误以为警察没有出示而对警察实施暴力的,明显属于事实认识错误,进而阻却妨害公务罪的故意。但是,只要行为人认识到警察持逮捕证逮捕犯罪嫌疑人,就可以认定行为人认识到了警察在依法执行公务,行为人误以为自己不该被逮捕而实施暴力,是典型的法律评价错误,不阻却妨害公务罪故意的成立。所以,网络服务提供者认识到被"责令改正",但认为不需要改正而没有改正的,属于法律评价错误而非事实认识错误,不阻却犯罪故意的成立。况且,若是行为人都以不存在违法信息、没有泄露用户信息或者没有灭失刑事案件证据等为由,拒不采取改正措施,进而阻却故意而不成立犯罪,这个罪名几乎就没有适用的可能了。

6. 何为"信息网络安全管理义务"?

《刑法修正案(九)》颁布时,网络服务提供者的信息网络安全管理义务在诸多法律、法规中已有规定。但立法者考虑到兼顾维护网络安全与保障互联网企业发展及网络技术创新之间的平衡,同时刑法具有最后手段性、谦抑性、保障法的特点,仅将违反该义务导致重大法益侵害的三种行为类型和危害结果纳入刑法规制的范畴。因此,通过《刑法》第286条之一所明文规定的三种行为类型和危害结果反推本罪中网络服务提供者所应承担的信息网络安全管理义务,仅限于内容管理义务("通知—删除"违法信息)、用户信息保护义务和信息备份留存义务(保存刑事案件证据)。

7. 本罪所规定的三种行为类型之间是否存在矛盾或者义务冲突?

本罪规定了三种构罪情形:(1)致使违法信息大量传播;(2)致使用户信息

泄露;(3)致使刑事案件证据灭失。有学者认为,本罪第1项与第3项之间存在矛盾。网络服务提供者要想避免违法信息的大量传播,势必会采取删除的手段,而被删除的网络信息中可能恰恰存在与刑事案件相关的证据信息。这显然会令网络企业无所适从而陷入"旋转门"困境中。也有学者认为,第1项与第3项的规定并不矛盾,但第2项和第3项存在冲突。前者之所以不存在矛盾,是因为依据《互联网信息服务管理办法》第16条的规定,互联网信息服务提供者在察觉违法信息的存在时,不仅要立即停止信息的传输,还要保存相关的记录并向国家有关机关报告。显而易见,既然保存了相关记录,自然不会导致刑事案件证据灭失。后者则因为行为人向相关部门提供刑事案件证据,属于"致使用户信息泄露";当行为人为防止用户信息泄露而拒绝提供信息时,却可能"致使刑事案件证据灭失"。可见,第2项和第3项行为类型并存会导致网络服务提供者处于无所适从的境地。

其实,本罪所规定的三种行为类型之间并不矛盾,也不存在义务冲突。就第1项与第3项行为类型的关系而言,在理论层面上,我国《网络安全法》第47条已有规定。依据该条规定,网络运营者一旦发现法律、行政法规禁止发布或传输的信息,应即刻停止传输,继而消除该信息,防止信息扩散,同时保存相关记录,报告给相关主管部门。可见,消除违法信息等信息内容管理义务与保留相关证据信息协助刑事案件的侦办义务可以并存。在技术层面上,这两种义务的并立也不存在技术上的障碍。网络服务提供者完全可以删除面向用户的前台中的信息,而保留面向工作人员的后台中的数据。从而同时承担起屏蔽用户,防止违法信息影响扩大的信息内容管理义务与留存证据、协助办理刑事案件的信息备份留存义务。所以,本罪的第1、3项的规定并不矛盾。就第2项与第3项的行为类型的关系而言,依法有限地保存、提供刑事案件证据,并不会导致用户信息泄露造成严重后果,故而本罪第2、3项的规定事实上也不存在矛盾。

8. 何为"违法信息"?

拒不履行信息网络安全管理义务罪的首要结果要件就是"致使违法信息大量传播"。其中,最具分歧也最为关键的要素便是"违法信息"。立法者之所以将网络服务提供者不履行"通知—删除"责任的行为纳入刑法规制的范畴,是因为对于网络用户利用网络发布侵害国家、公共利益的违法信息,没有具体的被侵权人,所以可能没有人会通知网络服务提供者采取措施阻断信息的传播。这就要求国家网络监管部门作为国家和公共利益的代表,责令网络服务提供者采取改正措施,以阻止违法信息的传播。所以,应将拒不履行信息网络安全管理义务罪中的"违法信息"限定为侵害国家和社会公共利益的信息,而不包括纯属侵害个人民事权利的如侮辱、诽谤、侵犯著作权等的信息。当然,即使网络服务提供者认为监管部门责令其删除、屏蔽的信息并非违法信息,或者不属于本罪中的违法信息,也应立即删除、屏蔽信息,但可以同时提起行政复议等措施进行救济。

9. 如何认定"有其他严重情节"?

拒不履行信息网络安全管理义务罪中的前三项,都具有明确的法律、法规上的义务根据(《网络安全法》第 47、40、21 条)和内容,都可谓行为类型。根据同类解释规则,第 4 项"有其他严重情节"也应属于具有明确的义务根据和内容的行为类型,但理论与实务对此的认定非常混乱。《网络犯罪解释》第 6 条对本罪第 4 项作出了解释,阐释了 7 种"其他严重情节":(1)对绝大多数用户日志未留存或者未落实真实身份信息认证义务的;(2)二年内经多次责令改正拒不改正的;(3)致使信息网络服务被主要用于违法犯罪的;(4)致使信息网络服务、网络设施被用于实施网络攻击,严重影响生产、生活的;(5)致使信息网络服务被用于实施危害国家安全犯罪、恐怖活动犯罪、黑社会性质组织犯罪、贪污贿赂犯罪或者其他重大犯罪的;(6)致使国家机关或者通信、能源、交通、水利、金融、教育、医疗等领域提供公共服务的信息网络受到破坏,严重影响生产、生活的;(7)其他严重违反信息网络安全管理义务的情形。

本书认为,上述司法解释中只有第 1 项具有明确的法律、法规上的义务根据(《网络安全法》第 21、24 条)和内容,可谓明确的行为类型。第 2 项属于影响再犯罪可能性大小的预防刑情节,而非责任刑情节,不应纳入构成要件的评价中。第 3 项至第 6 项则属于行为后果的描述,没有明确的义务内容,不属于行为类型,不应评价为"有其他严重情节"。第 7 项是兜底性的规定,没有实质内容。在理解"有其他严重情节"时,应当认识到其绝不仅仅是对行为后果的描述,还属于与前三项类似的具有明确的义务根据与内容的兜底性的行为类型的描述。

10. 提供所谓"翻墙软件"服务,也能构成拒不履行信息网络安全管理义务罪吗?

案 1:为非法牟利,胡某制作并出租"翻墙软件",为境内网络用户非法提供境外互联网接入服务。其间,胡某被公安局两次约谈,并被要求停止联网服务。后胡某又因擅自建立其他信道进行国际联网,受到责令停止联网、警告、并处罚款、没收违法所得的行政处罚。但胡某拒不改正,继续出租"翻墙软件"。

法院认为,胡某非法提供国际联网代理服务,符合拒不履行信息网络安全管理义务罪的构成要件。[①]

案 2:朱某为推广自己建立并销售的以及自己代理销售的 VPN 软件(用户可以通过该软件访问境外网站),创建网站、注册成立网络公司。2017 年 6 月,为牟取非法利益,朱某建立自己的 VPN 平台,为他人提供通道在网上予以出售。同年 7 月,朱某在接到公安局关停 VPN 业务的通知后,仍拒不改正,直至案发。朱某因涉嫌非法经营罪被刑事拘留,涉嫌破坏计算机信息系统罪被逮捕。最终被检察院以提供侵入、非法控制计算机信息系统程序、工具罪提起公诉。

法院认为,被告人应当以拒不履行信息网络安全管理义务罪予以处罚。[②]

上述两个案例均是提供所谓"翻墙软件",为国内用户提供访问国外网站的通道。司法实践中对这种行为定性不一,有的以扰乱市场秩序类犯罪如非

---

① 参见上海市浦东新区人民法院刑事判决书,(2018) 沪 0115 刑初 2974 号。
② 参见湖北省荆州市荆州区人民法院刑事判决书,(2018) 鄂 1003 刑初 150 号。

法经营罪定罪处罚,有的以侵犯财产类犯罪如破坏生产经营罪定罪处罚,还有的以扰乱公共秩序类犯罪如非法控制计算机信息系统罪处罚等。上述案例2中拘留、逮捕、指控、判决的罪名均不同也印证了实践中定性混乱的现状。有学者对上述"翻墙软件案"以拒不履行信息网络安全管理义务罪定性表示支持;①还有学者认为可以将上述两个案例中的被告人的行为解释为传播违法信息。②

上述判决和判决肯定论存在疑问。首先,不能认为境外网站上的信息都是违法信息。既如此,就不能认定为其提供通道的行为的违法性。其次,若不能认定提供"翻墙软件"的行为违反法律、行政法规规定的具体义务,即便存在"拒不改正"的行为也不能将其作为犯罪处理。再次,退一步讲,即使认为提供"翻墙软件"违反了法律、行政法规设定的管理义务,只要没有明确的义务内容,与拒不履行信息网络安全管理义务罪的前三项的行为类型和后果不具有相当性,也不能以该罪论处。最后,拒不履行信息网络安全管理义务罪所规制的是具有"中介"或者"媒介"性质的网络平台服务提供者的事后消极不作为,而不是积极的作为。提供互联网接入,信息存储、传输等技术服务以及帮助结算等行为属于积极的作为,刑法设置了帮助信息网络犯罪活动罪进行规制。不能简单地认为,原本不构成帮助信息网络犯罪活动罪的积极作为,只要"经监管部门责令采取改正措施而拒不改正",就转而成立拒不履行信息网络安全管理义务罪。二罪具有明确的适用界限:帮助信息网络犯罪活动罪规制的是积极的作为(帮助犯的正犯化),而拒不履行信息网络安全管理义务罪所规制的是事后消极的不作为。

综上,上述两个判决定性错误。对于提供"翻墙软件"的行为,不能以拒不履行信息网络安全管理义务罪定罪处罚。

---

① 参见赵秉志、詹奇玮:《论拒不履行信息网络安全管理义务罪的罪过形式》,载《贵州社会科学》2019年第12期。

② 参见杨新绿:《拒不履行信息网络安全管理义务罪司法适用问题及化解》,载《湖北警官学院学报》2020年第5期。

11. 单纯在网上发布违法信息,能构成本罪吗?

案3:许某某系"甲论坛"网站负责人,地方网信办对许某某作出责令限期整改通知书,要求许某某对之前已发布的有害信息进行删除。许某某拒绝签收通知书,对相关文章也拒不删除。之后,网信办再次约谈许某某,要求许某某对其网站上登载的违法信息立即删除、马上整改。许某某拒绝在约谈笔录上签字,且拒绝整改。同日,公安局对许某某作出行政处罚。许某某仍拒绝签字,不履行行政处罚。2015年3月至2017年5月,许某某在"甲论坛"网站共计发布了8篇内含违法信息的帖文。

一审法院认为,公诉机关所指控的12篇贴文中的8篇贴文,均存在损害国家荣誉和利益,或者侮辱、诽谤他人,侵害他人合法权益等情况,依法应当认定为违法信息。结合涉案违法信息的发布时间、特定时间段增加的浏览阅读量、总浏览阅读量等情况综合分析,足以认定许某某在网信办首次责令整改而拒不整改之后,已经造成违法信息大量传播的危害后果。许某某作为"甲论坛"网站的负责人,其行为构成拒不履行信息网络安全管理义务罪。本案经二审法院审理后维持原判。[①]

本书认为,上述判决存在疑问。从许某某在"甲论坛"网站发布8篇违法信息的案情描述来看,许某某属于发布信息的网络信息内容服务提供者,而非网络平台服务提供者。对于前者,应当根据其所发布违法信息的内容分别认定为煽动颠覆国家政权罪、侮辱罪、诽谤罪等罪名,而不应以针对作为媒介的网络平台设定的拒不履行信息网络安全管理义务罪进行评价。换言之,不能因为发布信息行为本身不构成《刑法》分则所规定的具体犯罪,就转而以行为人"拒不改正"为由,将该行为认定为拒不履行信息网络安全管理义务罪。

概言之,对于在网上发布信息者,应当根据信息的性质,以《刑法》分则规定的具体罪名进行评价。不能越俎代庖,弃罪名之间的界限于不顾,而以专门规制网络服务提供平台的拒不履行信息网络安全管理义务罪进行评价和惩处。

---

① 参见四川省泸州市中级人民法院刑事裁定书,(2019)川05刑终41号。

第二十四节　非法利用信息网络罪

·导　读·

本书认为,本罪所保护的主要法益是网络信息的安全,次要法益为与所发布的犯罪信息相应的犯罪所保护的法益。本罪的立法目的在于防止行为人利用信息网络发布犯罪信息,而将犯罪预备行为提升为实行行为,实现对法益的提前保护。本罪客观要件的核心就是发布违法犯罪信息,系相应犯罪的预备行为。从立法论上讲,非法利用信息网络罪的设立缺乏合理性。利用信息网络发布招嫖信息、组织视频吸毒、驾照销分、微信群讲经,不构成犯罪。单纯设立网站、通信群组而不发布信息的,不值得科处刑罚。设立组织他人吸毒的网站、通信群组即构成非法利用信息网络罪的司法解释规定,存在疑问。应将本罪中的"违法犯罪活动",限制解释为"犯罪"活动。

/条　文/

第二百八十七条之一　【非法利用信息网络罪】利用信息网络实施下列行为之一,情节严重的,处三年以下有期徒刑或者拘役,并处或者单处罚金:

(一)设立用于实施诈骗、传授犯罪方法、制作或者销售违禁物品、管制物品等违法犯罪活动的网站、通讯群组的;

(二)发布有关制作或者销售毒品、枪支、淫秽物品等违禁物品、管制物品或者其他违法犯罪信息的;

(三)为实施诈骗等违法犯罪活动发布信息的。

单位犯前款罪的,对单位判处罚金,并对其直接负责的主管人员和其他直接责任人员,依照第一款的规定处罚。

有前两款行为,同时构成其他犯罪的,依照处罚较重的规定定罪处罚。

罪名精释

1. 本罪所保护的法益与立法目的是什么?

案1:谭某在网络上从事为他人发送"刷单获取佣金"的诈骗信息业务,向不特定淘宝用户发送招募刷单信息,每100人添加招募信息中QQ号,谭某即可从上家处获取5000元。法院认为,谭某的行为构成非法利用信息网络罪。[1]

本案中,行为人为实施诈骗活动发布信息,既成立非法利用信息网络罪,也成立诈骗罪的预备犯,一般以非法利用信息网络罪论处。

案2:一个网站发布新闻称,有几个人长期吃霸王餐被抓。这个新闻出来之后,另一个网站就有一个专栏教人们怎么吃霸王餐,其中提到,要选择什么样的时间、什么样的餐馆、什么样的店主等,讲得很详细。

应该说,一开始就有吃饭不付钱的想法而在餐馆点菜吃饭的,成立诈骗罪,诈骗的对象是食物。吃完饭后老板要求行为人付款,行为人拒不付款,对老板实施暴力的,成立免除债务的财产性利益抢劫罪。由于老板只有一个财产损失,故后面的抢劫罪与前面的诈骗罪成立包括的一罪,以抢劫罪一罪定罪处罚即可。既然吃霸王餐是犯罪行为,那么教他人怎么吃霸王餐就是传授犯罪方法。本案中,某个网站利用信息网络传授犯罪方法,就应该成立非法利用信息网络罪与传授犯罪方法罪的想象竞合,从一重处罚。

在互联网时代,通过信息网络发布违法犯罪信息具有快捷、扩散广泛的特点。非法利用信息网络罪可谓预备行为的实行化或者预备犯的既遂犯化,其所保护的主要法益是网络信息的安全,次要法益为与所发布的犯罪信息相应的犯罪所保护的法益(如诈骗罪所保护的财产法益)。本罪的立法目的在于防止行为人利用信息网络发布违法犯罪信息,而将犯罪预备行为提升为实行行为,实现对法益的提前保护。

---

[1] 参见江苏省沭阳县人民法院刑事判决书,(2017)苏1322刑初1327号;江苏省宿迁市中级人民法院刑事判决书,(2018)苏13刑终203号。

2.本罪客观要件的核心是什么？

案3：尹某发现利用信息网络群发违法短信可以获取收益，随即与廖某等商议通过购买电话卡记忆短信群发器(俗称"猫池")、手机群发软件等方式进行群发短信谋利。廖某向尹某介绍谭某、余某、邱某甲等加入该团伙。其后，尹某、廖某、余某等人多次辗转全国各地利用上述设备群发违法短信。

法院认为，本案中被告人所发布的信息涉及兼职刷单、六合彩等，各被告人供述不知道短信具体用途，但是知道短信内容中提供了联系方式，觉得内容可疑，可能是想引人上钩，但本案中没有查实相应的被害人，故不能认定为明知是诈骗信息而帮助发送，进而以诈骗罪共犯定罪处罚。按照主客观相一致的原则，本案中各被告人在主观上已经觉得短信内容可疑的情况下，仍然大量发送该类短信，对于发送该类短信可能造成的后果持放任态度，是为故意，可以认定为为实施诈骗等违法犯罪活动发布信息。尹某等利用信息网络为实施违法犯罪活动发布信息，情节严重，其行为已构成非法利用信息网络罪。①

《刑法》第287条之一非法利用信息网络罪规定有三种行为类型：一是"设立用于实施诈骗、传授犯罪方法、制作或者销售违禁物品、管制物品等违法犯罪活动的网站、通讯群组"，其主干为"设立用于违法犯罪活动的网站、通讯群组"；二是"发布有关制作或者销售毒品、枪支、淫秽物品等违禁物品、管制物品或者其他违法犯罪信息"，其主干为"发布违法犯罪信息"；三是"为实施诈骗等违法犯罪活动发布信息"，其主干为"发布信息"。设立网站、通讯群组显然是为发布违法犯罪信息做准备的行为。如后所述，单纯设立网站、通讯群组可谓预备的预备，不值得科处刑罚。所以说，本罪客观要件的核心就是发布违法犯罪信息，属于相应犯罪的预备行为。

3.本罪何以成为"口袋罪"？

本罪成为"口袋罪"的原因在于：一是如今几乎任何犯罪都可以通过网络实施，于是司法实践中只要某犯罪行为与网络相关，公安机关就先以非法利用信息

---

① 参见四川省泸州市中级人民法院刑事裁定书，(2021) 川05刑终76号。

网络罪进行拘留,然后再确定罪名申请批准逮捕。所以,从判决书上总能看到,拘留涉嫌的罪名、逮捕涉嫌的罪名、起诉的罪名以及判决的罪名都不一样。二是司法实践中没有限制违法犯罪信息的范围,通常将发布违法活动信息的行为也作为犯罪处理。三是本来本罪与相应犯罪的预备犯是竞合关系,从一重通常应以相应犯罪的预备犯和共犯进行评价,但实践中往往以本罪的认定代替了相应犯罪预备和共犯的认定。

4. 本罪的设立在立法论上有无疑问?

张明楷教授最近指出,增设的非法利用信息网络罪缺乏必要性。一方面,对于发布一般违法信息的,明显不能以犯罪论处;另一方面,对于发布犯罪信息的,如果有处罚的必要,也可以相关犯罪的预备犯处罚。①

的确,虽然根据《刑法》第22条的规定原则上处罚所有犯罪的预备犯,但实际上处罚预备犯属于例外。从非法利用信息网络罪的条文表述看,似乎发布一般违法行为的信息,就意味着一般违法行为的预备都将被作为犯罪处罚。所以,如果不将本罪中的发布违法犯罪信息限定解释为发布犯罪信息,就会过于扩张刑法的处罚范围。因而,从立法论上讲,非法利用信息网络罪的设立缺乏合理性。

5. 利用信息网络发布招嫖信息、组织视频吸毒、驾照销分、微信群讲经,构成本罪吗?

案4:黄某某建立名为"穆斯林礼拜"的百人微信群,通过语音在该微信群中教他人做礼拜并讲解《古兰经》的内容。法院认为,黄某某构成非法利用信息网络罪。②

本书认为,在小型微信群教他人做礼拜和讲解《古兰经》或许违反了有关宗教活动管理条例,但绝不是犯罪行为。法院将利用网络发布这种信息的行为认

---

① 参见张明楷:《集体法益的刑法保护》,载《法学评论》2023年第1期。
② 参见新疆维吾尔自治区高级人民法院伊犁哈萨克自治州分院刑事判决书,(2017)新40刑终78号。

定为非法利用信息网络罪,是对非法利用信息网络罪构成要件的误解和罪刑法定原则的破坏。

在我国,卖淫嫖娼、吸毒、驾照销分、微信群讲经都只是一般违法行为。利用网络发布一般违法活动的信息,不是相应犯罪的预备行为,不值得科处刑罚,不构成非法利用信息网络罪。

6. 单纯设立网站、通讯群组不发布信息的,值得作为犯罪处理吗?

一般认为《刑法》第287条之一规定了三种行为类型:(1)设立用于违法犯罪活动的网站、通讯群组;(2)发布违法犯罪信息;(3)为实施诈骗等违法犯罪活动发布信息。其实,本罪的核心就是发布违法犯罪信息,第2项与第3项其实是重复的,而第1项设立网站和通讯群组只是为发布违法犯罪信息做准备,相当于预备的预备。预备犯的处罚本来就具有例外性,而预备的预备,如为购买杀人的工具而打工挣钱、为实施爆炸犯罪而到炮兵学院旁听学习制作爆炸物的技术等,由于对法益的侵害只有抽象的危险,根本不值得科处刑罚。应将发布违法犯罪信息限制解释为发布犯罪信息。如果一个网站或者通讯群组没有实际发布违法犯罪信息,也难以将其认定为用于实施诈骗、传授犯罪方法等违法犯罪活动的网站、通讯群组。正如没有实际实施犯罪活动、恐怖活动,也很难将有关组织认定为黑社会性质组织、恐怖组织一样。所以,单纯设立网站、通讯群组,没有实际发布违法犯罪信息的,不应作为非法利用信息网络罪处罚。

7. 本罪与帮助信息网络犯罪活动罪之间是什么关系?

案5:郑某开发设立云网络交易平台,在明知他人进行公民个人信息账号交易的情况下,仍将上述交易平台提供给他人使用,并收取交易手续费以牟取利益。法院认为,根据"设立用于实施非法获取、出售或者提供公民个人信息违法犯罪活动的网站、通讯群组,情节严重的,应当依照《刑法》第287条之一的规定,以非法利用信息网络罪定罪处罚"的司法解释规定,郑某的行为应定为非法利用信息网络罪,而非帮助信息网络犯罪活动罪。①

本书认为,本案中郑某开发设立云网络交易平台,提供给他人用于侵犯公民个人信息犯罪活动,属于"明知他人利用信息网络实施犯罪,而为其提供技术支持等帮助",应成立帮助信息网络犯罪活动罪。行为人虽然设立了网站、通讯群组,但这种预备的预备行为,不值得以非法利用信息网络罪进行处罚。所以,本案中,法院认定成立非法利用信息网络罪,是错误的。

非法利用信息网络罪是预备行为的实行行为化,而帮助信息网络犯罪活动罪是帮助犯的正犯化。一个是预备行为,另一个是帮助行为。但有时帮助行为也是预备行为,例如为他人提供杀人的工具,就可谓既是预备行为又是帮助行为。所以,非法利用信息网络罪与帮助信息网络犯罪活动罪之间虽然有区别,但也可能发生竞合,竞合时从一重处罚即可。

8. 设立组织他人吸毒的网站、通讯群组即构成非法利用信息网络罪的司法解释规定,有无疑问?

司法解释规定,利用信息网络,设立用于组织他人吸毒、注射毒品的网站、通讯群组,情节严重的,以非法利用信息网络罪定罪处罚。②

上述规定存在疑问。吸毒在我国只是一般违法行为,组织他人吸毒也不可能构成犯罪。而设立实施一般违法活动的网站、通讯群组,也不能作为犯罪处理。

9. 是否应对"违法犯罪"进行限制解释?

案6:甲是吸毒人员,在网络上发布教人如何制作简易吸毒工具、如何吸食毒品的视频。

制作吸毒工具与吸毒本身不是犯罪行为。倘若认为非法利用信息网络罪中的"违法犯罪信息"包括违法活动信息,则甲的行为构成非法利用信息网络罪。

---

① 参见浙江省绍兴市越城区人民法院刑事判决书,(2017)浙0602刑初293号。
② 参见2016年4月6日最高人民法院《关于审理毒品犯罪案件适用法律若干问题的解释》第14条。

但若认为本罪中的"违法犯罪信息"仅限于犯罪活动,或者只有当利用信息网络实施的行为,至少是某种具体犯罪的预备行为时,才可能认定为非法利用信息网络罪,则甲不构成非法利用信息网络罪。本书持后一种立场,认为本案中甲的行为不构成非法利用信息网络罪。

案7:贾某自2013年5月起建立网站,为介绍卖淫行为在网络上进行推广并从中牟利。梁某其后也接手该业务,并新建网站继续实施上述行为。2015年11月起相关行为被规定为犯罪后,二被告人仍继续经营涉案网站。后李某、郭某加入。贾某在自己经营网站的同时,为其余三人的网站提供技术支持,并从三人的推广获利中提成。贾某、梁某、李某、郭某亦彼此帮助进行推广并分享盈利。

本案争议焦点:本案被告人发布的招嫖信息是否属于非法利用信息网络罪中的"违法犯罪信息"。

法院认为,本罪中的"违法犯罪"不包括一般违法行为。本罪的立法目的是规制犯罪链条中处于上游的、利用信息网络实施的犯罪预备行为。根据刑法学基本原理,只有犯罪行为的预备行为才可成立犯罪,一般违法行为的预备行为不可能成立犯罪。因此,本罪所服务的下游违法行为是具有法益侵害性的犯罪行为而非一般违法行为。利用信息网络发布招嫖信息,其服务的下游违法行为是介绍卖淫行为,方成立非法利用信息网络罪。本案中贾某等人在网站上发布招嫖信息,其服务的下游违法行为是介绍卖淫的犯罪行为,从发布信息的网站数量、信息的传播面大小等方面判断行为人非法利用信息网络的行为达到了"情节严重"的入罪标准,对贾某等人应以非法利用信息网络罪定罪处罚。[1]

本罪中的三种行为类型都有"违法犯罪"的表述。何谓"违法犯罪",或者应否对"违法犯罪信息"进行限定,理论和实务有三种观点。

第一种观点认为,应当按照条文的规定,将违法犯罪信息理解为违法活动信息和犯罪活动信息。但认为发布违法活动信息也能构成犯罪,必然导致本罪的处罚范围过于宽泛,不符合刑法的谦抑性精神。

---

[1] 参见北京市朝阳区人民法院刑事判决书,(2018)京0105刑初2344号。

第二种观点是司法解释的立场。2019年10月21日最高人民法院、最高人民检察院《网络犯罪解释》指出,本罪中的"违法犯罪",包括犯罪行为和属于《刑法》分则规定的行为类型但尚未构成犯罪的违法行为。本书认为,即使是《刑法》分则规定的行为类型,如果没有满足构成要件的行为次数、行为程度、结果等要素,仍然只是一般违法行为,并不会因为属于《刑法》分则规定的行为类型,而与一般违法行为产生本质区别。事实上,《刑法》分则与治安管理处罚法所规定的很多行为类型是完全一样的。所以,这一解释同样会导致利用信息网络实施一般违法行为的情形构成犯罪,进而造成处罚的不协调。

第三种观点认为,只有设立的网站、通讯群组是为了实行犯罪且情节严重的,才能构成犯罪;只有制作或者销售某些物品的信息,是为了实行《刑法》分则规定的非法买卖枪支、弹药、贩卖毒品、贩卖淫秽物品,非法经营等犯罪且情节严重的,才构成犯罪;只有发布违法信息属于相应犯罪的预备行为,而且情节严重时,才能成立本罪。简言之,为实施一般违法活动而发布信息的,不应当以犯罪论处,即应将"违法犯罪活动"限制解释为"犯罪"活动。理由是,只能从预备行为的实行行为化或者预备犯的既遂犯化的角度来理解《刑法》第287条之一的规定。也就是说,该条规定的实质是将部分犯罪的预备行为提升为实行行为,完成了预备行为的就视为犯罪既遂。这样理解也与《刑法》第22条关于犯罪预备的处罚规定相协调。也就是说,虽然《刑法》第22条规定原则上处罚预备犯,但实际上处罚预备犯属于例外,只有情节严重的预备犯才可能受刑罚处罚。《刑法》第287条之一的规定虽然将预备行为提升为实行行为,但该行为并不是像实行行为那样有造成法益侵害的紧迫危险,实际上依然是预备犯,而且法条将情节严重规定为构成要件要素。①

本书认为,将"违法犯罪活动"限制解释为"犯罪"活动,认为为实施一般违法活动而发布信息的不应当以犯罪论处的第三种观点,具有相当的合理性。我国《刑法》分则中的预备行为实行行为化或者预备犯的既遂犯化的罪名并不少见。例如,策划分裂国家、武装叛乱、武装暴乱、颠覆国家政权,原本只是预备行

---

① 参见张明楷:《刑法学(第6版)》(下册),法律出版社2021年版,第1381页。

为,但《刑法》第 103、104、105 条直接将之规定为实行行为并以既遂犯进行处罚。又如,伪造货币行为,就对货币的公共信用的侵害而言还只是具有抽象危险,还属于预备行为,但《刑法》第 170 条直接将其规定为实行行为并以既遂犯进行处罚。再如,制造毒品行为,对毒品犯罪所保护的法益——公众健康的侵害而言,也只是具有抽象危险,但《刑法》第 347 条直接将其上升为实行行为并以既遂犯进行处罚。可见,立法者为了保护重大法益不受侵害,往往采用预备行为实行行为化和预备犯的既遂犯化的形式,实现法益保护的早期化、刑事处罚的防线前移化。利用网络发布犯罪信息,是为实施犯罪做准备的行为,由于网络的快速传播性特点,相对于通过传统手段传送信息,其危害性要大得多。所以,为了严厉打击利用信息网络为实施犯罪做准备的行为和实现预备犯处罚范围的明确化,立法者特意规定,对于利用信息网络发布犯罪信息,为犯罪做准备的行为,直接提升为实行行为并作为既遂犯进行处罚。

10. 如何理解"同时构成其他犯罪"?

《刑法》第 287 条之一第 3 款"同时构成其他犯罪的,依照处罚较重的规定定罪处罚"的规定,与《刑法》分则其他条款中的这种规定一样,都只是注意规定,旨在提醒司法人员注意,行为构成本罪同时又符合其他犯罪构成要件的,应按照竞合论原理,从一重处罚。

第二十五节　帮助信息网络犯罪活动罪

·导　读·

根据网络共同犯罪的特点,以及斩断"黑灰产业链"的需要,立法者特意增设了规制专门为他人利用信息网络实施犯罪提供技术支持等帮助行为的帮助信息网络犯罪活动罪。不能认为本罪的增设封堵了中立帮助行为的出罪通道。本罪与不可罚的中立帮助行为的区别或者界限在于,行为本身是否违反了相关法律法规或者行业的禁止性规定,以及行为人是否深度参与了他人的犯罪活动。成立本罪,要求他人必须已经利用信息网络着手实行了犯罪。《刑法》第287条之二中的"明知",旨在提醒司法人员本罪只能由故意构成,属于注意性规定。

　　实践中,只要符合本罪构成要件就不再认定成立诈骗罪等罪共犯的做法,明显不当。与其争论本罪是帮助犯的正犯化,还是帮助犯的量刑规则,还不如坚持共犯的实行从属性原理,要求查明他人接受行为人提供的技术支持等帮助着手实行了诈骗、非法经营等网络犯罪活动,否则不能成立本罪。不需要将条文中"其他犯罪"限定为法定刑高于本罪的犯罪。本罪之所以成为"口袋罪",有实体上的原因、证明上的原因和观念上的原因。被帮助者的行为并不是犯罪,只是一般违法行为的,帮助者的行为不能成立本罪。从立法论上讲,本罪目前还有存在的必要性。

条 文

　　第二百八十七条之二　【帮助信息网络犯罪活动罪】明知他人利用信息网络实施犯罪,为其犯罪提供互联网接入、服务器托管、网络存储、通讯传输等技术支持,或者提供广告推广、支付结算等帮助,情节严重的,处三年以下有期徒刑或者拘役,并处或者单处罚金。

　　单位犯前款罪的,对单位判处罚金,并对其直接负责的主管人员和其他直接责任人员,依照第一款的规定处罚。

　　有前两款行为,同时构成其他犯罪的,依照处罚较重的规定定罪处罚。

罪名精释

1. 本罪的立法目的是什么?

　　案1:汪某成立创赢集团,吸引有投资意向的被害人在其架设的金融网站开展虚假外汇、证券等金融产品交易。万某通过网络招聘入职该集团,担任技术部开发组工程师,负责该集团旗下的某金融平台的编码、维护工作。法院认为,万某的行为构成帮助信息网络犯罪活动罪(以下简称帮信罪)。①

本书认为,本案中,虽然万某从事的是金融平台的编码、维护等技术性工作,但其是专门为他人实施的诈骗、非法经营犯罪提供技术支持,是犯罪有机体的一部分,其行为构成帮信罪,同时还成立诈骗、非法经营罪的共犯,形成想象竞合,应从一重处罚。判决仅认为万某成立帮信罪是错误的。

案2:廖某将自己的支付宝账号以及两张银行卡提供给他人用于资金转账。在明知对方资金可能涉及违法犯罪活动的情况下,为规避银行卡被冻结风险,廖某注销旧卡办理新卡,又将新卡提供给对方。法院认为,廖某的行为构成帮信罪。②

该案中,廖某明知他人利用信息网络实施犯罪,还为其提供银行卡用于资金转账,构成帮信罪。

信息网络共同犯罪具有三个重要特点:一是跨地域性,行为主体可能不在同一个城市,乃至不在同一个国家,甚至不知其藏身何处,行为主体之间可能互不相识;二是匿名性,各共犯人只是分担部分行为,而且正犯行为和帮助行为都具有隐蔽性、匿名性;三是片面共犯性,在主观上各共犯人的意思联络具有不确定性或者不明确性,而且在许多情况下,部分共犯人表现为一种间接故意的心理状态。这三个特点导致司法实践中经常出现只能抓住帮助者,而不能抓获正犯的现象。既然不能抓获正犯,自然也就无从得知正犯是否达到刑事责任年龄、精神是否正常、是否具有犯罪故意。按照我国传统的共同犯罪理论——极端从属性说,倘若没有查明正犯是谁,就不可能知道正犯是否达到刑事责任年龄,是否具有刑事责任能力,是否具有故意,以及帮助者与正犯是否具有共同的犯罪故意,因而不可能认定实施帮助行为的人与正犯构成共同犯罪。可以说,我国立法机关正是以传统共犯理论为根据增设帮助信息网络犯罪活动罪的。

由于网络共同犯罪的上述特点,实践中催生了专门为他人实施网络犯罪提

---

① 参见江苏省仪征市人民法院刑事判决书,(2019)苏1081刑初329号。
② 参见浙江省江山市人民法院刑事判决书,(2020)浙0881刑初173号。

供技术支持和广告推广、支付结算等帮助的"黑灰产业链"。正是根据网络共同犯罪的特点，以及斩断"黑灰产业链"的需要，立法者特意增设了规制专门为他人利用信息网络实施犯罪提供技术支持等帮助行为的帮信罪。

2. 能认为本罪的增设封堵了中立帮助行为的出罪通道吗？

理论上有观点认为，帮信罪是将中立帮助行为正犯化，该罪的增设封堵了中立帮助行为的出罪通道。这种观点存在疑问。

中立的帮助行为，是指外观上无害、客观上促进了他人犯罪的行为。一般来说，由于中立的帮助行为具有业务性、中立性、日常性、非追求犯罪目的性、非针对特定对象性、反复性、持续性，本身具有正当的用途，或者说主要用于正当的用途，而不是专门用于违法犯罪活动，所以，中立的帮助行为通常不应评价为犯罪，不应将行为主体作为共犯处罚。帮信罪只是将不具有中立性、业务性，而专门用于违法犯罪活动，深度参与了他人的违法犯罪活动的帮助行为上升为正犯行为。例如，专门为他人制作钓鱼网站，为他人设计、提供赌博软件、非法经营软件。即便增设了本罪，也不可能将提供基础设施和技术服务的中国电信、中国移动、中国联通、微软公司等作为犯罪处理。所以，不能简单地认为，本罪就是中立帮助行为的正犯化，此罪的增设封堵了中立帮助行为的出罪通道。

3. 如何把握本罪与不可罚的中立帮助行为的界限？

案3：冷某在其开设的淘宝店铺上出租上海铁通等固定电话号码，在明知有租用者从事诈骗等违法活动的情况下，仍提供呼叫转接（固定电话绑定指定手机号码）及充值话费等通信服务。法院认为冷某的行为构成帮信罪。①

本案中，冷某提供的通信传输服务，是国家明令禁止的改号呼叫转接服务。由于这种通信传输服务本身就是违法的，明知他人租用后用于犯罪活动，仍提供出租服务，行为符合了帮信罪的构成要件，构成帮信罪。法院认定构成帮信罪是

---

① 参见浙江省绍兴市上虞区人民法院刑事判决书，(2016)浙0604刑初1032号。

正确的。

案 4：曾某在家中开设"黑网吧"，对上网人员不进行任何登记，且无人在场管理，不使用任何视频监控管理设备，同时，提供上网方式明显异常。刘某被他人在该"黑网吧"内使用 QQ 诈骗了 32,997.24 元，法院认定曾某构成帮信罪。①

本书认为，本案中曾某开设网吧只是提供上网服务，至于上网者利用上网服务实施犯罪，超出了提供上网服务的人的答责范围。曾某的行为属于不可罚的中立帮助行为。法院的做法是错误的。

本罪与不可罚的中立帮助行为的区别或者界限在于，行为本身是否违反了相关法律法规或者行业的禁止性规定，是专门或者主要用于违法犯罪活动，还是本身有正当的用途，以及行为人是否深度参与了他人的犯罪活动。凡是违反了法律法规或者行业的禁止性规定，主要用于违法犯罪目的，深度参与了他人犯罪活动的，就不再是不可罚的中立的帮助行为，而是可罚的帮助犯。

4. 成立本罪，是否要求他人已经利用信息网络着手实行了犯罪？

有观点认为，本条中的"明知他人利用信息网络实施犯罪"，包括实施预备犯罪。本书认为，一般犯罪的预备犯根本不会被处罚，为他人预备犯罪提供帮助就更不会被处罚。所以，从实质违法性和共犯的实行从属性角度考虑，应将本罪中的"利用信息网络实施犯罪"限制解释为"利用信息网络实行犯罪"，即只有他人利用行为人提供的技术支持等帮助着手实行了犯罪，才能成立本罪。

5. 本罪中的"明知"，是注意规定还是特别规定？

有人纠缠于"明知"是确知还是相对具体的明知。其实，《刑法》第 287 条之二中的"明知"他人利用信息网络实施犯罪，旨在提醒司法人员本罪只能由故意构成，只是一种注意性规定，并没有什么特殊的含义。无论《刑法》总则第 14 条中的"明知"，还是《刑法》分则故意犯罪条文中规定的"明知"，都是指知道、认

---

① 参见山西省山阴县人民法院刑事判决书,(2020)晋 0621 刑初 50 号。

识到、预见到,包括"确切知道"、"知道可能"和"明知可能",不能包括"应当知道"和"可能知道"、"可能明知"。

6. 实践中只要符合本罪构成要件就不再认定成立诈骗罪等罪共犯的做法,是否妥当?

案5:佘某经营筑志邢台麻将手机游戏,基于软件自身的积分计算功能,他人能够非常方便地利用其进行赌博。法院认为,佘某在明知存在赌博违法犯罪情况下,仍继续提供技术支持,获利巨大,构成帮信罪。①

本案中,佘某提供的是专门用于赌博的软件,其还参与了分赃,不能认为佘某的行为是中立帮助行为,而应认定为开设赌场的帮助行为,应成立帮信罪和开设赌场罪共犯,想象竞合,应从一重处罚,而不是仅成立帮信罪一罪。法院仅认定成立帮信罪是错误的。

帮信罪的增设,并不意味着原本成立其他犯罪共犯的行为只能以帮信罪最重判处3年有期徒刑。《刑法》第287条之二第3款明文规定,"有前两款行为,同时构成其他犯罪的,依照处罚较重的规定定罪处罚"。也就是说,为他人利用信息网络实施犯罪,如诈骗罪、非法经营罪、开设赌场罪、传播淫秽物品牟利罪等,提供技术支持等帮助的,在成立本罪的同时,还成立诈骗罪等罪的共犯,从一重处罚即可。司法实践中,不认定其他犯罪的共犯而仅认定为本罪的做法,有违立法本意,有悖法益保护和罪刑相适应原则。

7. 本罪究竟是帮助犯的正犯化还是帮助犯的量刑规则?

本罪规定有独立的罪状和法定刑,理论界大多认为本罪是帮助犯的正犯化。但张明楷教授坚持认为,本罪不是帮助犯的正犯化,而是帮助犯的量刑规则。

张明楷教授认为,对于《刑法》分则针对某些帮助行为单独设置了独立法定刑的,可以分为三种情形:帮助犯的绝对正犯化、帮助犯的相对正犯化和帮助犯的量刑规则。帮助犯的绝对正犯化就是通常所说的帮助犯的正犯化,是指帮助

---

① 参见河北省清河县人民法院刑事判决书,(2019)冀0534刑初217号。

犯被分则条文提升为正犯,成为独立的罪名,与其他正犯没有区别,如《刑法》第120条之一规定的帮助恐怖活动罪。按照共犯的限制从属性原理,只有当正犯实施了符合构成要件的不法行为时,才能将帮助犯作为共犯处罚。但帮助犯被绝对正犯化后,哪怕被帮助的正犯没有实施符合构成要件的不法行为,帮助犯的帮助行为也能成立犯罪。因为原本的帮助行为已经被提升为正犯行为,不用再依赖其他正犯成立犯罪了。而且,对这种帮助行为进行教唆、帮助的,还能成立本罪的教唆、帮助犯。此外,从量刑的角度来说,帮助犯被绝对正犯化后,就不能再适用《刑法》总则关于从犯"应当从轻、减轻处罚或者免除处罚"的规定,而要直接适用《刑法》分则条文规定的法定刑。

帮助犯的相对正犯化,是指对帮助犯是否被提升为正犯不能一概而论,而要独立判断帮助行为是否值得科处正犯的刑罚。也就是说,在这种情况下,帮助犯既可能被正犯化,也可能不被正犯化,比如《刑法》第358条第4款规定的协助组织卖淫罪。

帮助犯的量刑规则,是指《刑法》分则没有把这种帮助犯提升为正犯,只为其规定了独立的法定刑,从而使其不再适用《刑法》总则关于从犯的处罚规定,而是直接适用《刑法》分则条文规定的独立的法定刑。比如,《刑法》第244条规定了强迫劳动罪,该条第2款规定"明知他人实施前款行为,为其招募、运送人员或者有其他协助强迫他人劳动行为的,依照前款的规定处罚"。该条第2款的规定就是帮助犯的量刑规则。也就是说,该款规定,对强迫劳动罪的帮助犯,不再适用总则关于从犯的量刑规定。既然这类帮助犯没有被提升为正犯,那它的成立就还要符合共犯的实行从属性原理,只有当他人实施了强迫劳动的行为,才能处罚这种帮助行为。而且,教唆他人帮助招募、运送的,也仅成立帮助犯,不成立教唆犯;单纯帮助他人招募、运送的,而没有对正犯结果起作用的,就不受处罚。

帮信罪既不是帮助犯的绝对正犯化,也不是帮助犯的相对正犯化,充其量只能说是帮助犯的量刑规则。没有通过正犯行为造成法益侵害结果的单纯提供互联网技术支持的行为,不成立帮助信息网络犯罪活动罪。反过来,帮助行为要成立本罪,还是要符合共犯的从属性原理,也就是说,只有当正犯实施了网络犯罪活动的不法行为时,才能将提供互联网技术支持的帮助行为认定为本罪。所以结论就是,本罪不是帮助犯的正犯化,而且帮助犯的量刑规则。①

本书认为,帮助犯的正犯化与帮助犯的量刑规则之争的焦点在于,成立本罪是否需要查明他人利用其提供的技术支持等帮助着手实行了犯罪。质言之,即是否需要遵循共犯的实行从属性原理,证明正犯已经着手实行了犯罪。或者说,行为人所提供的技术支持帮助,对他人利用信息网络实施犯罪是否起到了作用。其实,本罪条文表述得很清楚,明知他人利用信息网络实施犯罪,为其提供互联网接入等技术支持或者广告推广、支付结算等帮助,情节严重的,才成立本罪。如果他人没有实际利用信息网络实施犯罪,单纯的技术支持、广告推广、支付结算这类帮助行为,是不可能单独侵害法益的,或者说即使侵害法益,也没有达到值得科处刑罚的程度。而且,成立本罪,要求"情节严重"。他人没有利用其帮助实行犯罪的,帮助行为本身不可能达到"情节严重"的程度。因此,与其争论本罪是帮助犯的正犯化,还是帮助犯的量刑规则,不如坚持共犯的实行从属性原理,要求查明他人接受行为人提供的技术支持等帮助着手实行了诈骗、非法经营等网络犯罪活动,否则不能成立本罪。

8. 如何理解"同时构成其他犯罪"?

《刑法》第287条之二第3款规定,"有前两款行为,同时构成其他犯罪的,依照处罚较重的规定定罪处罚"。

本书认为,该规定旨在提醒司法人员,在竞合时,无论法条竞合还是想象竞合,都应当从一重处罚,所以这是一种注意性规定。当然,竞合的前提是只有一个行为。如果存在数个行为,侵害了数个法益,则应当数罪并罚。例如,行为人提供银行卡,发现卡中进账后,明知是他人犯罪所得,还在银行柜台办理挂失取款。由于存在两个行为,侵害了两个法益,应当以本罪和诈骗罪数罪并罚。

---

① 参见张明楷:《张明楷刑法学讲义》,新星出版社2021年版,第568~571页。

9. 如何把握本罪与拒不履行信息网络安全管理义务罪、非法利用信息网络罪的关系？

本罪规制的是相关犯罪的帮助行为，非法利用信息网络罪规制的是相关犯罪的预备，而拒不履行信息网络安全管理义务罪规制的是处于技术优势地位的网络平台服务提供者的不作为。这三个犯罪之间不是对立关系，可能发生竞合，竞合时从一重处罚即可。

10. 是否需要将"其他犯罪"限定为法定刑高于帮信罪的犯罪？

张明楷教授指出，为避免以本罪处罚比作为其他犯罪的共同正犯处罚还要重的罪刑不相适应现象，应将《刑法》第 287 条之二第 3 款中的"同时构成其他犯罪"，限制解释为法定刑高于本罪法定刑的犯罪，而不包括法定刑低于本罪的犯罪，如虚假广告罪。①

本书认为，这种限制解释完全没有必要。因为如果行为人是为他人利用信息网络实施虚假广告罪这类轻罪提供技术支持等帮助，也很难认定达到了本罪中"情节严重"的要求，而成立帮信罪。

11. 帮信罪何以成为"口袋罪"？

《刑法》第 287 条之二第 3 款规定："有前两款行为，同时构成其他犯罪的，依照处罚较重的规定定罪处罚。"据此，只要他人实施电信诈骗、开设网络赌场犯罪，行为人明知且提供技术支持等帮助的，就同时成立诈骗罪、开设赌场罪的共犯，应当依照诈骗罪、开设赌场罪定罪处罚。按理说，由于大多数被帮助之罪的法定刑重于帮信罪的法定刑，行为人通常会构成其他罪的共犯，以帮信罪论处的案件应当比较少，但现实状况是，以帮信罪论处的案件却特别多，原因何在？应该说，并不是因为帮信罪的定罪起点低，而是因为将应以其他罪的共犯处理的行为认定为了帮信罪。之所以如此，主要有以下三个方面的原因。②

---

① 参见张明楷：《刑法学（第 6 版）》（下），法律出版社 2021 年版，第 1386 页。
② 参见张明楷：《帮助信息网络犯罪活动罪的再探讨》，载《法商研究》2024 年第 1 期。

一是实体上的原因。首先,共犯的认定存在偏差。司法机关之所以将原本构成其他犯罪共犯的情形认定为帮信罪,主要是因为没有合理运用因果共犯论,而且对共犯故意的理解与认定存在偏差。将诈骗罪、开设赌场罪等罪的共犯以帮信罪论处,是导致帮信罪定罪多的一个重要原因。具体而言,缩小共犯范围、扩大帮信罪范围的司法现象,与司法机关对犯意联络、事前通谋、明知的理解与认定密切相关。

即使行为人明知他人实施电信诈骗行为而提供了帮助,司法机关仍以缺乏犯意联络为由认定为帮信罪,不少学者也对此持肯定态度。即使行为人明知他人实施电信诈骗行为而提供了帮助,司法机关仍以缺乏通谋为由认定为帮信罪,学术界也存在类似观点。应该说,主张成立共犯要求意思联络或通谋(谋议)的说法,其实是要求参与人之间必须有共同商议或策划。可是,从因果共犯论的角度来说,只要认定帮助者的行为对正犯结果的发生起到了作用,主观上对之有故意,就成立共犯。双方是否有共同商量、策划等情节,对共犯的认定都是多余的。此外,司法实践还对成立共犯所必须具备的"明知"进行不当的限制解释,进而导致将诈骗罪等罪的共犯认定为帮信罪。

其次,错误适用从旧兼从轻原则。不少判决因错误适用从旧兼从轻的原则,而将其他犯罪的共犯认定为帮信罪。例如,马某、宋某为他人的电信诈骗提供电信线路服务,人民检察院指控马某、宋某构成诈骗罪,但判决指出:根据2011年4月8日施行的最高人民法院、最高人民检察院《关于办理诈骗刑事案件具体应用法律若干问题的解释》第7条的规定,[1]被告人马某、宋某的行为确已构成诈骗罪。但2015年11月1日施行的《刑法修正案(九)》已对该司法解释的规定进行了部分修正,将明知他人利用信息网络实施犯罪,为其犯罪提供通讯传输技术支持,情节严重的行为规定为帮助信息网络犯罪活动罪予以处罚,根据从旧兼从轻的原则,对被告人马某、宋某的行为应按照《刑法修正案(九)》的规定定罪处罚。[2] 类似判决并不少见。[3]

---

[1] 该条规定:"明知他人实施诈骗犯罪,为其提供信用卡、手机卡、通讯工具、通讯传输通道、网络技术支持、费用结算等帮助的,以共同犯罪论处。"

[2] 参见江苏省无锡市滨湖区人民法院刑事判决书,(2015)锡滨刑二初字第00026号。

[3] 参见江西省吉安县人民法院刑事判决书,(2015)吉刑初字第204号;山东省沂源县人民法院刑事判决书,(2017)鲁0323刑初46号。

上述判决存在疑问。(1)《刑法修正案(九)》并没有对诈骗罪的构成要件与法定刑作出修改,不论在《刑法修正案(九)》之前或之后,明知他人实施诈骗犯罪而提供帮助的行为,都成立诈骗罪的共犯。既然如此,就不存在对诈骗罪的共犯实行从旧兼从轻的问题。此外,从旧兼从轻是在旧法条与新法条之间的选择,而不是在新法条与旧司法解释之间的选择。(2)刑事立法不可能直接修改司法解释,只可能间接导致司法解释的内容全部或者部分无效。《刑法修正案(九)》增设帮信罪,并不是对最高人民法院、最高人民检察院《关于办理诈骗刑事案件具体应用法律若干问题的解释》第7条的修改,也不能认为第7条的规定因为帮信罪的设立而无效。因为增设帮信罪旨在规制不构成诈骗罪等罪共犯的行为,而不是为了规制诈骗罪等罪的共犯。(3)不能认为帮信罪的设立是为了对帮信行为科处较轻的刑罚,因为这样的理解会造成刑法内部的不协调。按照立法机关工作人员的说法,之所以增设帮信罪,一个重要原因是,"网络犯罪的帮助行为相较于传统的帮助行为,其对于完成犯罪起着越来越大的决定性作用,社会危害性凸显,有的如果全案衡量,甚至超过实行行为"①。既然如此,就没有理由认为,刑法应当对帮信行为科处较轻的刑罚,而对其他犯罪的帮助行为科处较重的刑罚;也没有理由主张,刑法应当将其他犯罪的帮助行为规定为从犯,而对帮信行为实行正犯化。

最后,没有运用竞合的原理。根据《刑法》第287条之二第3款规定,帮助行为同时触犯帮信罪与其他犯罪的,应当依照处罚较重的规定定罪处罚。这是关于竞合的规定,因为这种情形属于一个行为触犯数个罪名。但是,司法实践却没有合理运用竞合的原理,对上述情形仅按帮信罪论处,而没有按其他更重犯罪的共犯处罚。

实践中还因为将其他犯罪(如非法提供信用卡信息罪)认定为帮信罪,或者将并不构成犯罪的行为认定为帮信罪(这种情形较少),从而导致以帮信罪论处的案件较多。

二是证明上的原因。证明上的原因,主要是指电信网络诈骗等上游犯罪

---

① 黄永主编:《中华人民共和国刑法立法背景与条文解读》(下册),中国法制出版社2021年版,第759页。

(正犯)高发多发、链条复杂、涉及面广、查证难度大,司法机关难以收集有关正犯的犯罪证据(或者虽然收集了正犯的证据,但由于前述实体上的原因而不采用已收集的证据),有时甚至不证明提供帮助的行为人主观上认识到帮助他人实施了什么具体犯罪。证明负担减轻了,帮信罪的定罪率就提高了。

虽然被帮助的大多数是诈骗罪,但实践中将提供帮助的行为认定为诈骗罪的共犯较少。这是因为认定为帮信罪是最省事的:既不用证明被帮助者具体实施了什么犯罪,也不需要证明帮助者认识到他人实施了什么犯罪。在司法机关"人少案多"的当下,将诈骗罪等罪的共犯当作帮信罪处理,成为司法人员的最佳选择。但是,一方面,这种消极调查被帮助的正犯、积极指控帮信罪的做法,必然带来帮信罪的适用膨胀、其他犯罪的共犯明显减少的局面,难免对电信诈骗犯罪打击不力。换言之,要想更加有效打击电信网络诈骗等上游犯罪,就必须积极调查被帮助的正犯。另一方面,这种做法其实也自相矛盾。如果不能查明正犯实施了什么犯罪,就难以证明帮助者帮助的对象、认识的对象确实是实施了犯罪行为而非一般违法行为;果真如此的话,帮助者的行为不仅不成立共犯,也不可能成立帮信罪。

三是观念上的原因。司法实践的观念是,要限缩其他罪的共犯的成立范围,扩大帮信罪的适用。一种理由是,为了"彰显修法精神",应当限缩共犯的成立。另一种理由是,当前为诈骗罪等罪提供帮助的主要是年轻人,甚至是大学生,因此要按照法定刑较轻的帮信罪论处。否则,在正犯涉案金额特别巨大的情况下,作为上游犯罪的正犯之帮助犯处理,有违罪刑相适应原则。

事实上,上述两种理由所形成的判断方法与结论存在明显的疑问。例如,最高人民法院刑事审判第三庭、最高人民检察院第四检察厅、公安部刑事侦查局2022年3月22日《关于"断卡"行动中有关法律适用问题的会议纪要》(以下简称"断卡"行动会议纪要》)第5条指出:"(1)明知他人实施电信网络诈骗犯罪,参加诈骗团伙或者与诈骗团伙之间形成较为稳定的配合关系,长期为他人提供信用卡或者转账取现的,可以诈骗罪论处……(3)明知他人利用信息网络实施犯罪,仅向他人出租、出售信用卡,未实施其他行为,达到情节严重标准的,可以帮助信息网络犯罪活动罪论处。"

可是，既然行为人明知他人实施电信网络诈骗犯罪并提供了信用卡，只要信用卡被用于电信诈骗，就没有理由否认提供信用卡的行为成立诈骗罪的共犯。在此基础上，要求参加诈骗团伙或者与诈骗团伙之间形成较为稳定的配合关系，长期为他人提供信用卡或者转账取现，才以诈骗罪的共犯论处，不当限制了诈骗罪共犯的成立范围。而且，这样的判断方式与标准根本不可能运用于其他犯罪，不是一般化的可能解决方案。《"断卡"行动会议纪要》第5条第(3)点采取了模糊表述，倘若行为人明知他人利用信息网络实施诈骗罪，仅向他人出租、出售信用卡，未实施其他行为的，当然成立诈骗罪的共犯。

在刑法增设新罪后，许多司法机关都倾向于认定新罪。也就是说，在刑法增设帮信罪后，即使对相关行为应当认定为其他犯罪的共犯，也要认定为帮信罪，唯恐对新罪的认定落伍；网络发达的时代，"类案检索"的做法使得帮信罪的认定越来越多。从法理上来说，以帮信罪论处的情形只限于不构成其他罪的共犯的情形，以及根据《刑法》第287条之二第3款的规定，虽然构成其他罪的共犯但按帮信罪处罚较重的情形。在此意义上说，帮信罪只是一种具有补充性质的犯罪。

12. 被帮助者的行为并不是犯罪，只是一般违法行为，帮助者的行为是否成立帮信罪？

《刑法》第287条之二第1款明文规定的是"明知他人利用信息网络实施犯罪"。问题是，如何理解其中的"犯罪"？

应该说，只有当被帮助者的行为符合具体犯罪的构成要件且违法（不法层面的犯罪）时，即被帮助者的行为符合《刑法》分则规定的行为类型，且达到立法或者司法解释规定的数额、情节、后果等罪量标准时，帮助者的行为才可能成立帮信罪。《刑法》第287条之二第1款仅规定了帮助"犯罪"，而没有表述为帮助"违法犯罪"。况且，即使第285条第3款、第287条之一规定为"违法犯罪"，也只有将其限制解释为"犯罪"，才能体现刑法的公平正义性。既然如此，就不应反过来认为《刑法》第287条之二第1款规定的"犯罪"包括一般违法行为。

《网络犯罪解释》第12条第2款规定,确因客观条件限制无法查证被帮助对象是否达到犯罪的程度,但相关数额总计达到前款第2项至第4项规定标准5倍以上,即支付结算金额100万元以上、以投放广告等方式提供资金25万元以上、违法所得5万元以上的,或者造成特别严重后果的,应当以帮信罪追究行为人的刑事责任。这一规定只不过是以推定方式认定正犯的行为符合构成要件且违法,而不是指帮助一般违法行为的也成立帮信罪。《"断卡"行动会议纪要》也明确指出:《网络犯罪解释》第12条所规定的"为三个以上对象提供帮助",应理解为分别为三个以上行为人或团伙组织提供帮助,且被帮助的行为人或团伙组织实施的行为均达到犯罪程度。

13. 帮信罪是否符合立法论？

立法者基于网络共同犯罪的特点和传统的共同犯罪理论增设本罪。不过,张明楷教授认为,只要正犯的行为符合构成要件并且违法,不管正犯是否具有责任,即不管正犯是否具有责任能力以及是否具有故意,只要帮助行为与正犯不法具有因果性,而且只要帮助者明知正犯的行为及其结果,并且希望或者放任这种结果的发生,就可以认定其成立帮助犯。也就是说,只要现有证据表明正犯利用信息网络实施符合构成要件的不法行为,根据共犯的限制从属性原理和因果共犯论,实施帮助行为的人就能成立帮助犯。至于正犯究竟是谁、是否被抓获、是否具有责任能力、是否具有故意,都不影响帮助犯的成立。换言之,既然他人,即正犯利用信息网络实施犯罪,知情而提供帮助的人就构成共犯,既然正犯所侵犯的法益都受到了刑法的保护,就没有必要另外再规定一个侵犯集体法益的犯罪。在此意义上说,即使不增设帮信罪,也完全能够妥当处理所有的帮助行为。换言之,从立法论上讲,增设本罪是没有必要的。① 由于大量的帮信罪其实是诈骗罪的共犯,今后更不应当出现对帮信行为既不认定为诈骗罪的共犯也不认定为帮信罪的司法局面,否则就会导致电信网络诈骗更为猖獗。

---

① 参见张明楷:《刑法学(第6版)》(下册),法律出版社2021年版,第1383页;张明楷:《集体法益的刑法保护》,载《法学评论》2023年第1期。

换言之，限制帮信罪的认定路径应当是回归诈骗罪等罪共犯的认定。由于增设帮信罪是基于对共犯成立条件的误解，且不构成诈骗罪等罪共犯的帮信行为其实是极少数，原本不必以犯罪论处，因此，从立法论上说，废除帮信罪或许是良策。①

上述观点有一定道理。按照限制从属性说，即便没有抓获正犯，不知正犯是否达到刑事责任年龄，是否具有责任能力，是否具有故意，只要能够查明他人接受行为人所提供的技术支持等帮助，利用信息网络实施了符合构成要件的不法行为，也能肯定帮助犯的成立。不过，由于现实中为他人利用信息网络实施犯罪提供技术支持、支付结算等帮助的，基本已经形成"黑灰产业链"，全部作为共犯处罚也不现实，设立本罪旨在斩断"黑灰产业链"。所以说，立法设计的初衷还是好的，如果既充分运用本罪打击"黑灰产业链"，又充分运用共同犯罪原理认定共犯，是能够有效保护法益的。仅认定成立本罪，不再认定成立相关犯罪的共犯，是司法实践适用的偏差，不是由本罪的增设所造成的。

第二十六节　扰乱无线电通讯管理秩序罪

·导　读·

本罪所保护的法益为无线电通讯管理秩序。擅自设置、使用无线电台(站)，只有"干扰无线电通讯秩序，情节严重"的，才能成立犯罪。明知他人实施诈骗等犯罪，使用"黑广播""伪基站"等无线电设备发送信息的，若认为只有一个行为，则成立本罪与诈骗罪等罪（包括预备或者未遂）的想象竞合，从一重处罚。

---

① 参见张明楷：《帮助信息网络犯罪活动罪的再探讨》，载《法商研究》2024年第1期。

条　文

第二百八十八条　【扰乱无线电通讯管理秩序罪】违反国家规定,擅自设置、使用无线电台(站),或者擅自使用无线电频率,干扰无线电通讯秩序,情节严重的,处三年以下有期徒刑、拘役或者管制,并处或者单处罚金;情节特别严重的,处三年以上七年以下有期徒刑,并处罚金。

单位犯前款罪的,对单位判处罚金,并对其直接负责的主管人员和其他直接责任人员,依照前款的规定处罚。

罪名精释

1.本罪所保护的法益是什么?

《刑法》第288条中"干扰无线电通讯秩序"的规定,表明本罪所保护的法益为无线电通讯管理秩序。

2."擅自设置、使用无线电台(站)"成立犯罪,要求"干扰无线电通讯秩序,情节严重"吗?

由于法条中"或者"前没有作为罪状表述完结标志的"的",所以,"干扰无线电通讯秩序,情节严重"同时适用于前一种行为类型。也就是说,违反国家规定,擅自设置、使用无线电台(站),只有达到"干扰无线电通讯秩序,情节严重"的,才能成立犯罪。

3.明知他人实施诈骗等犯罪,使用"黑广播""伪基站"等无线电设备发送信息的,如何处理?

明知他人实施诈骗等犯罪,使用"黑广播""伪基站"等无线电设备发送信息的,若认为只有一个行为,则成立本罪与诈骗罪等罪(包括预备或者未遂)的想象竞合,从一重处罚。但如果认为存在数个行为,还是有数罪并罚的可能性。

第二十七节　聚众扰乱社会秩序罪

·导　读·

本罪系单行为犯,不是复行为犯,实行行为只有"扰乱",而不是"聚众+扰乱"。成立本罪,应限定为以暴力、胁迫的方式进行扰乱。民众以集体抗争的形式表达部分利益主体诉求的行为,阻却违法性,不能作为犯罪处理。本罪只处罚首要分子和积极参加者,对于其他参加者,不能作为本罪的正犯和共犯处理。

条　文

第二百九十条第一款　【聚众扰乱社会秩序罪】聚众扰乱社会秩序,情节严重,致使工作、生产、营业和教学、科研、医疗无法进行,造成严重损失的,对首要分子,处三年以上七年以下有期徒刑;对其他积极参加的,处三年以下有期徒刑、拘役、管制或者剥夺政治权利。

罪名精释

1. 本罪的实行行为是"扰乱",还是"聚众+扰乱"？

刑法理论通说认为,本罪的客观行为表现为聚众扰乱社会秩序。所谓聚众,既包括首要分子纠集多人于一定地点,而成为可以从事共同扰乱行为的一群人的情形,又包括首要分子利用已经聚集的多人从事共同扰乱行为的情形。扰乱,是指造成社会秩序的混乱,具体表现为使社会秩序的有序性变为无序性,使社会秩序的稳定性变为动乱性,使社会秩序的连续性变为间断性。[①]

[①] 参见张明楷:《刑法学(第6版)》(下册),法律出版社2021年版,第1387页;高铭暄、马克昌主编:《刑法学(第10版)》,北京大学出版社、高等教育出版社2022年版,第544页。

从上述刑法理论通说的表述来看,本罪的实行行为似乎是"聚众+扰乱",本罪是复行为犯。本书持不同意见,若认为本罪的实行行为是"聚众+扰乱",则开始实施聚众行为,就已经着手实行了犯罪,即便还未实施具体扰乱行为,也能以本罪的未遂进行处罚。但是本罪是轻罪,而且与公民正当表达诉求的权利行使之间界限较为模糊。单纯聚众而未扰乱社公秩序的行为不值得科处刑罚。所以,应认为"聚众"只是状语,是修饰行为方式的,强调聚众性扰乱,聚众本身不是实行行为。本罪的实行行为只有"扰乱"。只有实际实施扰乱行为的,才能作为犯罪处罚。

概言之,本罪是单行为犯,不是复行为犯。

2. 成立本罪,是否应限定为以暴力、胁迫的方式进行扰乱?

本罪与民众正当表达诉求的权利行使之间界限较为模糊,为了保护公民正当表达诉求的权利,应当限制本罪的成立范围。具体而言,应将本罪的行为方式限定为以暴力、胁迫的方式进行扰乱,其中的暴力既可以是对人暴力(如围攻、殴打有关人员),也可以是对物暴力(如砸毁财物,强占机关、单位的办公室、营业场所、生产车间等)。[①] 不以暴力、胁迫的方式进行扰乱,而是以静坐等和平的方式表达诉求的,不宜认定为犯罪。

3. 民众以集体抗争的形式表达部分利益主体诉求的行为,能构成犯罪吗?

本书认为,成立本罪要求必须以暴力、胁迫的方式进行扰乱;且聚众扰乱社会秩序,情节严重,致使工作、生产、营业和教学、科研、医疗无法进行,造成严重损失的,才构成犯罪,而且只处罚首要分子和积极参加者。设置如此严格的构成要件或者处罚条件,旨在防止将民众表达诉求的行为认定为犯罪。换言之,民众以集体抗争的形式表达部分利益主体诉求的行为,阻却违法性,不宜作为犯罪处理。

4. 本罪能处罚一般参加者吗?

本罪属于多众犯(也叫聚众犯)。对于多众犯,只能按照《刑法》分则具体罪

---

① 参见张明楷:《刑法学(第6版)》(下册),法律出版社2021年版,第1387页。

名确定的处罚范围进行处罚,对于未规定处罚的行为人不能按照《刑法》总则关于共犯的规定进行处罚。本罪只处罚首要分子和积极参加者,对于其他参加者,不能作为本罪的正犯和共犯处理。

5. 如何认定本罪中的"造成严重损失"?

案1:2018年2月20日(正月初五)中午,李某军的儿子李某龙饮酒过量,经灌云县某卫生院救治无效死亡。当日下午,李某军、李某团等人欲给医院施加压力,遂将李某龙尸体停放在灌云县某卫生院观察室内,李某司纠集庄邻、亲友等50余人至该院,并滞留在该院观察室、输液室、大厅等处。

2018年2月21日上午,李某军、李某团、李某司、黄某青等人指使死者李某龙的同学用输液椅子堵住过道、拍摄视频在网络上发布。为造出更大声势和影响,李某团与李某军商议弄点煤气罐、汽油等危险品至该院,后李某团携带煤气罐、汽油等危险品至该院门诊楼内。当日晚上,李某军再次让李某司纠集更多庄邻至该院造势。

2018年2月22日,李某军、李某团、黄某青、李某司等人采取封堵该院门诊楼大门、输液室、观察室、过道及辱骂、冲撞、投掷汽油瓶、向自己身上浇汽油欲自焚等方式,阻碍正常执行公务的民警。当日14时许,李某军、李某团、黄某青等人被公安机关民警强制带离现场,李某司趁机逃离现场。

本案致灌云县某卫生院门诊楼部分门窗、玻璃、输液座椅、监控设备等物品损坏。后灌云县某卫生院对门窗、玻璃等损坏物品进行维修,支付维修费用18,770元;灌云县某卫生院重新购置输液座椅25张,支付24,830元。

灌云县某卫生院自2018年2月17日起至2月20日止(正月初二至正月初五),每日门诊营业收入分别为12,941元、13,819元、16,415元、18,747元。自2018年2月21日起至2月22日止(正月初六至正月初七),每日门诊营业收入分别为11,863元、358元。2018年2月23日起至2月24日止(正月初八至正月初九),每日门诊营业收入分别为14,461元、14,809元。

本案争议焦点:本案被告人采取聚众围、堵、砸等方式扰乱医院工作秩序的行为,是否属于情节严重,给医院造成的损失是否达到严重损失的标准。

法院认为,本案中,4名被告人的行为已经达到情节严重,造成严重损失的程度。具体理由如下:(1)在情节严重方面:第一,在聚集人数上包括李某军等4人,以及其召集的众多亲戚朋友;第二,在时间持续方面,从2018年2月20日至2月22日,李某军等人实施长时间的聚众围、堵、打、砸行为;第三,4名被告人将尸体停放在医院观察室,并烧纸钱、拉横幅、堵大门、围堵楼道出入口,导致医院的医疗工作无法正常进行,病人无法得到及时治疗;第四,李某军等人向医院门诊楼内运送煤气罐、汽油等危险品,打砸门诊办公室门窗等,冲撞、辱骂执勤民警。(2)在造成的损失严重方面:第一,李某军等人毁损医院门窗座椅等财物,造成医院经济损失4万余元;第二,导致医院医疗工作长时间无法正常进行,正常的门诊营业收入大幅减少;第三,在网络上发布不实信息,引发舆情,给医院的声誉造成一定影响。综合以上情况,本案应当认定为情节严重,造成严重损失,李某军、李某团、黄某青、李某司的行为已构成聚众扰乱社会秩序罪。①

本书认为,何谓本罪中的"造成严重损失",应是指造成人员受到轻微伤以上伤害或者致使公私财物遭受严重毁损等。本罪侵害的法益是社会秩序,属于实害犯。从总体上看,一般可以借助一定计量手段衡量犯罪造成的损失程度,但在实践中也不能排除难以量定的无形损失。因而,应当以定性分析和定量分析相结合的手段来衡量损失大小。

第二十八节 聚众冲击国家机关罪

·导 读·

本罪的实行行为是"冲击",而不是"聚众+冲击"。只要登记、出示身份证件就可进入的国家机关,不是本罪的对象,冲击这种国家机关的,不构

---

① 参见江苏省连云港市中级人民法院刑事裁定书,(2019)苏07刑终228号。

成本罪。对于聚众冲击国家机关的一般参加者,既不能作为正犯处罚,又不能作为共犯处罚。

条 文

第二百九十条第二款 【聚众冲击国家机关罪】聚众冲击国家机关,致使国家机关工作无法进行,造成严重损失的,对首要分子,处五年以上十年以下有期徒刑;对其他积极参加的,处五年以下有期徒刑、拘役、管制或者剥夺政治权利。

罪名精释

1. 本罪的实行行为是"冲击",还是"聚众+冲击"?

从"聚众冲击国家机关"的条文表述看,本罪似乎是复行为犯,实行行为是"聚众+冲击"。若认为聚众也是本罪的实行行为,则意味着只要聚众,即便还没有实施冲击行为,也能作为本罪的未遂进行处罚。这样理解,显然会过于扩大本罪的处罚范围。其实,聚众只是状语,是修饰冲击的行为方式,强调是聚众性冲击。本罪的实行行为只有冲击,只有实际实施冲击行为的,才能成立本罪。本罪是单行为犯,不是复行为犯。

2. 聚众冲击一般人可以任意出入的国家机关,能构成本罪吗?

从理论上讲,与聚众冲击军事禁区罪相比较,作为本罪对象的国家机关,只限于禁止一般人任意出入的国家机关,一般人可以任意出入的国家机关,不能成为本罪的对象。不过,现在几乎任何政府部门都只有经过严格盘查登记才能进入,似乎聚众冲击任何国家机关都可能构成犯罪。但本书坚持认为,只要登记、出示身份证件就可进入的国家机关,不是本罪的对象,冲击这种国家机关的,不构成本罪。

3. 能处罚聚众冲击国家机关的一般参加者吗?

本罪是多众犯,条文只规定处罚首要分子和积极参加者。对于一般参加者,既不能作为正犯也不能作为共犯进行处罚。

第二十九节 扰乱国家机关工作秩序罪

·导 读·

应将本罪限定为以暴力、胁迫的方式进行扰乱。至少经过两次行政处罚后再次进行扰乱的才能成立犯罪,而不是扰乱两次后受过一次行政处罚后又扰乱的就构成犯罪。本书认为,从立法论上讲,本罪构成要件的设计不符合罪刑法定的明确性要求。

条 文

第二百九十条第三款 【扰乱国家机关工作秩序罪】多次扰乱国家机关工作秩序,经行政处罚后仍不改正,造成严重后果的,处三年以下有期徒刑、拘役或者管制。

罪名精释

1. 应否将本罪限定为以暴力、胁迫的方式进行扰乱?

本罪与民众正当表达诉求的权利行使之间界限较为模糊,故应严格限制本罪的成立范围,具体应限定为以暴力、胁迫的方式进行扰乱,才能成立本罪。

2. 是否要求每次都经过行政处罚后再次进行扰乱才能成立犯罪?

一般认为多次是指三次以上。条文规定"多次扰乱国家机关工作秩序,经行政处罚后仍不改正,造成严重后果的"才成立犯罪,旨在限制处罚范围。所以,应理解为每次扰乱国家机关工作秩序后受到行政处罚后又再次进行扰乱。

也就是说,至少经过两次行政处罚后再次进行扰乱的才能成立犯罪,而不是扰乱两次后受过一次行政处罚后又扰乱的就构成犯罪。

3. 本罪构成要件的设计是否有违罪刑法定的明确性要求?

条文规定的是"扰乱国家机关工作秩序",但至于如何扰乱,并未进行限定。采取言语侮辱等平和方式,或者在网上发表批评政府的言论,都可能被认为在"扰乱"国家机关工作秩序。所以,本书认为,本罪构成要件的设计不够明确,不符合罪刑法定原则实质侧面的明确性要求。

第三十节 组织、资助非法聚集罪

·导 读·

只有所资助的他人实际实施了非法聚集行为,才能成立资助非法聚集罪。只有多次(三次以上)资助他人实施非法聚集行为的,才能处罚资助非法聚集的行为。成立本罪,不仅要求多次实施组织、资助行为,而且要求所组织、资助的他人实际多次实施非法聚集行为。所组织、资助的"他人",不能成立本罪的共犯。本书认为,本罪不符合立法论的逻辑。

条 文

第二百九十条第四款 【组织、资助非法聚集罪】多次组织、资助他人非法聚集,扰乱社会秩序,情节严重的,依照前款的规定处罚。

罪名精释

1. 是否只有所资助的他人实施了非法聚集行为才能成立犯罪?

资助非法聚集罪虽是帮助犯的正犯化,但从实质违法性考虑,所资助的他人没有实施非法聚集行为的,不值得科处刑罚。也就是说,应坚持共犯的从属性原理,只有所资助的他人实际实施了非法聚集行为,才能成立资助非法聚集罪。

2."多次",是否也修饰"资助"行为?

为限制处罚范围,应认为"多次"不仅修饰"组织"行为,还修饰"资助"行为。也就是说,只有多次(三次以上)资助他人实施非法聚集行为的,才能处罚资助非法聚集的行为。

3.是否只有他人多次实施非法聚集行为,才能成立本罪?

从条文表述看,似乎只要多次组织和资助他人非法聚集就能构成犯罪,而不需要所组织、资助的他人实际多次实施非法聚集行为。但本书认为,应限制本罪的处罚范围。成立本罪,不仅要求多次实施组织、资助行为,而且要求所组织、资助的他人实际多次实施非法聚集行为。

4."他人"成立本罪的共犯吗?

本罪是片面的对向犯,仅处罚组织和资助行为,而不处罚非法聚集行为。也就是说,对于实施非法聚集行为的"他人",只可能单独评价为他罪(如扰乱国家机关工作秩序罪),而不能认定为本罪的共犯。

5.本罪是否符合立法论?

《宪法》第35条规定,中华人民共和国公民有言论、出版、集会、结社、游行、示威的自由。单纯聚集的行为不可能构成犯罪,就算违反规定聚集,也可以《刑法》第296条规定的非法集会、游行、示威罪定罪处罚;扰乱社会秩序的,也可以聚众扰乱社会秩序罪、扰乱国家机关工作秩序罪等罪处罚。也就是说,对非法聚集行为完全可以其他犯罪进行处罚,对于组织、资助他人实施所谓非法聚集行为的,也完全可以其他犯罪的正犯或者共犯处罚。本书认为,本罪构成要件不够明确,有违罪刑法定原则的明确性要求,不设立本罪也不至于出现不能容忍的处罚漏洞。

第三十一节 聚众扰乱公共场所秩序、交通秩序罪

·导 读·

《刑法》第291条中"抗拒、阻碍国家治安管理工作人员依法执行职务",不是独立的第三种行为类型,而是对前两种"聚众"行为构成犯罪的进一步要求。聚众扰乱公共场所秩序的,也只有"情节严重"才成立本罪。不能以本罪追究实施"跳楼秀""跳桥秀"的行为人的刑事责任。不能以本罪追究首要分子以外的参加者的刑事责任。

条 文

第二百九十一条 【聚众扰乱公共场所秩序、交通秩序罪】聚众扰乱车站、码头、民用航空站、商场、公园、影剧院、展览会、运动场或者其他公共场所秩序,聚众堵塞交通或者破坏交通秩序,抗拒、阻碍国家治安管理工作人员依法执行职务,情节严重的,对首要分子,处五年以下有期徒刑、拘役或者管制。

罪名精释

1. "抗拒、阻碍国家治安管理工作人员依法执行职务",是独立的第三种行为类型,还是前两种行为类型成立犯罪的进一步要求?

张明楷教授认为,"抗拒、阻碍国家治安管理工作人员依法执行职务"是独立的第三种行为类型。理由是,如果持后一种回答,就意味着行为人在已经聚众扰乱公共场所秩序、交通秩序的情况下,只有进一步"抗拒、阻碍国家治安管理工作人员依法执行职务",且情节严重,才构成犯罪。但这样解释不当缩小了本罪的处罚范围,而且不符合客观事实(维护交通秩序的并不一定是治安管理人员)。所以,应将"抗拒、阻碍国家治安管理工作人员依法执行职务"解释为独立

的第三种行为类型。但这种行为类型,是指在公共场所秩序、交通秩序发生一定混乱时,聚众抗拒、阻碍国家治安管理工作人员依法维护公共场所秩序或交通秩序,不以暴力、胁迫手段为要件。实施该行为同时触犯妨害公务罪的,属于想象竞合,从一重罪处罚。①

本书不赞成上述观点,应认为"抗拒、阻碍国家治安管理工作人员依法执行职务"是对前两种行为类型成立犯罪的进一步要求。因为前两种行为类型都是聚众扰乱公共场所秩序或者交通秩序,规定一种妨害公务的行为作为并列的第三种行为类型显得突兀。而且,维护交通秩序的交警也属于广义的维护治安管理工作人员。再者,认为实施抗拒、阻碍国家治安管理工作人员依法执行职务,不以暴力、胁迫手段为要件,却可以处5年以下有期徒刑,这与法定最高刑仅为3年有期徒刑,使用暴力、威胁方法阻碍国家机关工作人员依法执行职务的妨害公务罪的处罚明显不协调。所以说,"抗拒、阻碍国家治安管理工作人员依法执行职务"根本就不是独立的第三种行为类型;聚众扰乱公共场所秩序,或者聚众堵塞交通或者破坏交通秩序的,只有进一步"抗拒、阻碍国家治安管理工作人员依法执行职务",而且"情节严重",才成立本罪。

2. 聚众扰乱公共场所秩序,是否要求"情节严重"才成立犯罪?

这个问题就是,"情节严重"是对后一种行为类型成立犯罪的要求,还是前后两种行为类型成立犯罪的要求?

《刑法》第291条规定了两种行为类型:聚众扰乱公共场所秩序和聚众堵塞交通或者破坏交通秩序。由于第一种行为类型描述完后没有"的"的表述,而且两种行为的范围都比较宽泛,法条缺乏对行为类型的具体描述,如果不以"情节严重"加以限制,可能不当扩大处罚范围。所以说,"情节严重"不仅是对后一种行为类型成立犯罪的要求,也是对前一种行为类型成立犯罪的要求,即聚众扰乱公共场所秩序,也只有情节严重时,才能成立犯罪。

---

① 参见张明楷:《刑法学(第6版)》(下册),法律出版社2021年版,第1389~1390页。

3.对所谓"跳楼秀""跳桥秀",应当如何处理?

"跳楼秀""跳桥秀"通常会引起很多人的围观,但这些围观的人并不是被行为人聚集起来扰乱社会秩序的,不符合"聚众"犯罪的基本特征,故不能以本罪追究实施"跳楼秀""跳桥秀"的行为人的刑事责任。

实践中认为,实施跳河、跳楼、跳桥、攀爬建筑物、铁塔、烟囱、树木,或者其他自伤、自残、自杀行为,制造了社会影响的,应当积极组织营救。符合《刑法》第290条第1款的规定,对首要分子和其他积极参加者以聚众扰乱社会秩序罪追究刑事责任;符合《刑法》第291条的规定,对首要分子以聚众扰乱公共场所秩序罪追究刑事责任。[①]

本书认为,上述做法与看法存在疑问。行为人实施"跳楼秀""跳桥秀",或者以自伤、自残、自杀相威胁,只要围观的人不是行为人主动聚集起来的,就不能追究其聚众犯罪的刑事责任。

4.能追究参加者的刑事责任吗?

本罪是多众犯,条文规定仅处罚首要分子。对首要分子以外的积极参加者和一般参加者,既不能以本罪的正犯,也不能以本罪的共犯追究刑事责任。

第三十二节 投放虚假危险物质罪

· 导 读 ·

成立投放虚假危险物质罪,也要求"严重扰乱社会秩序"。"严重扰乱社会秩序",既是对行为性质的要求,也是对实害结果的要求。投放虚假危险物质罪与投放危险物质罪的根本区别在于对象性质的不同。简单地讲,

---

[①] 参见2013年7月19日公安部《关于公安机关处置信访活动中违法犯罪行为适用法律的指导意见》;2019年最高人民法院、最高人民检察院、公安部《关于依法处理信访活动中违法犯罪行为的指导意见》。

就是所投放"危险物质"真假的区别。而真假,是一种客观判断,不以行为人的主观认识为转移。

条 文

第二百九十一条之一第一款 【投放虚假危险物质罪】【编造、故意传播虚假恐怖信息罪】投放虚假的爆炸性、毒害性、放射性、传染病病原体等物质,或者编造爆炸威胁、生化威胁、放射威胁等恐怖信息,或者明知是编造的恐怖信息而故意传播,严重扰乱社会秩序的,处五年以下有期徒刑、拘役或者管制;造成严重后果的,处五年以上有期徒刑。

罪名精释

1. 成立投放虚假危险物质罪,是否需要"严重扰乱社会秩序"?

《刑法》第291条之一第1款中"或者"前面没有"的",说明"严重扰乱社会秩序"也是"或者"前面行为类型成立犯罪的要求。所以,成立投放虚假危险物质罪,也要求达到"严重扰乱社会秩序"的程度。

2. "严重扰乱社会秩序",是对行为性质还是对实害结果的要求?

投放虚假危险物质的行为,只有严重扰乱了社会秩序,才成立犯罪。"严重扰乱社会秩序",不仅表明行为的性质,而且是对实害结果的要求。正因如此,"投放虚假的爆炸性、毒害性、放射性、传染病病原体等物质",必须在外形上让一般人感觉到行为人投放了爆炸性、毒害性、放射性、传染病病原体等物质。或者说,必须以邮寄、放置、丢弃等方式,将外观上类似于爆炸性、毒害性、放射性、传染病病原体等物质置于他人能够发现的场所。对此,应根据投放物质的内容、形态、投放的场所、时间以及投放时的口头表述等附随情况做出合理判断。行为是否严重扰乱了社会秩序,要从行为所引起的大众恐慌程度、所导致的社会秩序混乱程度等方面进行判断。

3. 如何区分投放虚假危险物质罪与投放危险物质罪？

案1：王某峰在某学院附近经营的"爱上啵啵鱼"鸡公煲店，因道路施工封路，生意受影响。王某峰产生用假爆炸物相威胁，让政府相关部门在其经营的餐饮店斜对面的某学院的围墙上开门，以解决生意受损问题的想法。某日凌晨1时许，王某峰携带一个由玻璃罐、烟花筒、爆竹、钢珠、木炭等制作的疑似爆炸物和一封恐吓信，到本市某居民委员会，将疑似爆炸物和恐吓信挂在居民委员会一楼走廊尽头的房间铁门门把上。王某峰在恐吓信中威胁政府相关职能部门20日内在其经营的"爱上啵啵鱼"鸡公煲店斜对面某学院的围墙上开门，否则将在学院内搞破坏。当日9时许，群众发现该疑似爆炸物后报警，公安机关迅速启动应急处置方案，出动大量警力，紧急疏散居民委员会周边人群，实行现场管制，并组织特警支队专业排爆人员到场处置，排除爆炸险情。经市公安局物证鉴定所鉴定，该疑似爆炸物检出钾离子、硝酸根离子、氯酸根离子、高氯酸根离子、硫黄等成分。经试验表明，该疑似爆炸物属爆炸危险品，但疑似爆炸物的引火线不能将药剂全部引燃，按涉案笔录提供的装药方式和引燃方式不能构成爆炸装置。

本案争议焦点：投放虚假危险物质罪与投放危险物质罪的区分。

法院认为，王某峰供述他在制作这枚"炸弹"时只是将烟花爆竹等材料拆解后投入玻璃瓶中，引线并未接上，他确信不会爆炸，只是一个假的"炸弹"，且经过司法鉴定该"炸弹"确实不是爆炸装置。王某峰在公共场所投放虚假的爆炸性物质，不可能爆炸，但从表面上看足以使一般人信以为真。投放在居民委员会后，严重扰乱了其正常工作秩序，造成紧急疏散群众，出动专业排爆人员的后果，更在一定程度上引起了周边群众的恐慌情绪，具有社会危害性，应当以投放虚假危险物质罪定罪处罚。[1]

本案中，如果王某峰最初投放的是真实的爆炸性、毒害性、放射性、传染病病原体等物质，则危害了公共安全，可能会被以投放危险物质罪定罪处罚。投放虚假危险物质罪与投放危险物质罪的根本区别在于对象性质的不同。简单地讲，就是所

---

[1] 参见福建省厦门市中级人民法院刑事裁定书，(2019)闽02刑终394号。

投放"危险物质"真假的区别。而真假,是一种客观判断,不以行为人的主观认识为转移。客观上投放的是真实的危险物质,即便行为人主观上认为是虚假的,客观上也符合投放危险物质罪的构成要件,根据行为人认识的程度,可能成立过失投放危险物质罪或意外事件。客观上投放的是虚假的危险物质,不可能危害公共安全,即便行为人误以为是真实的危险物质,也不可能成立(过失)投放危险物质罪。危害公共安全的故意并不缺少扰乱社会秩序的内容,误以为投放的是真实的危险物质,客观上投放的是虚假的危险物质的,可能成立投放虚假危险物质罪的既遂。

第三十三节 编造、故意传播虚假恐怖信息罪

·导 读·

不能认为令人恐怖的信息,就是"恐怖信息"。"编造"不是本罪的实行行为,单纯编造而不传播的,不构成犯罪。

条 文

第二百九十一条之一第一款 【投放虚假危险物质罪】【编造、故意传播虚假恐怖信息罪】投放虚假的爆炸性、毒害性、放射性、传染病病原体等物质,或者编造爆炸威胁、生化威胁、放射威胁等恐怖信息,或者明知是编造的恐怖信息而故意传播,严重扰乱社会秩序的,处五年以下有期徒刑、拘役或者管制;造成严重后果的,处五年以上有期徒刑。

罪名精释

1. 能认为令人恐怖的信息就是"恐怖信息"吗?

某日,成都春熙路有人造谣"有人砍人",引起在场群众恐慌,造成数百人在春熙路一线往蜀都大道群体疏散。某天,广州沙河大街某服装城的保安抓获一

名小偷,该小偷突然大喊一句"有人砍人",引起周边群众向四周逃散,小偷也趁机溜走。

"有人砍人"这类的信息虽然令人恐怖,但不属于恐怖信息,而是属于虚假的警情,所以应构成故意传播虚假信息罪,而不是故意传播虚假恐怖信息罪。

"恐怖信息"并非泛指任何令人恐怖、令人害怕的信息,而是指由恐怖活动或者恐怖分子引起的爆炸威胁、生化威胁、放射威胁之类的信息。[①] 例如,谎称在民用航空器或者火车上安放爆炸装置的,属于传播虚假恐怖信息,但传播即将发生地震、即将爆发严重传染病、"有人砍人"等虚假信息的,不成立本罪,而是可能成立故意传播虚假信息罪。

2. "编造"是本罪的实行行为吗?

最高人民法院、最高人民检察院将本罪罪名确定为编造、故意传播虚假恐怖信息罪,似乎认为"编造"也是本罪的实行行为。事实上,司法解释也认为,"编造恐怖信息,传播或者放任传播,严重扰乱社会秩序的,依照刑法第二百九十一条之一的规定,应认定为编造虚假恐怖信息罪。明知是他人编造的恐怖信息而故意传播,严重扰乱社会秩序的,依照刑法第二百九十一条之一的规定,应认定为故意传播虚假恐怖信息罪"。[②]

按照通说,本罪是所谓选择性罪名,可以分解成三个罪名:编造虚假恐怖信息罪;故意传播虚假恐怖信息罪;编造、故意传播虚假恐怖信息罪。司法实践也认为,编造、故意传播虚假恐怖信息罪是选择性罪名。编造恐怖信息以后向特定对象散布,严重扰乱社会秩序的,构成编造虚假恐怖信息罪。编造恐怖信息以后向不特定对象散布,严重扰乱社会秩序的,构成编造、故意传播虚假恐怖信

[①] 2018年修正后的《反恐怖主义法》第3条规定,本法所称恐怖活动,是指恐怖主义性质的有关行为;本法所称恐怖活动人员,是指实施恐怖活动的人和恐怖活动组织的成员;本法所称恐怖事件,是指正在发生或者已经发生的造成或者可能造成重大社会危害的恐怖活动。

[②] 2013年9月18日最高人民法院《关于审理编造、故意传播虚假恐怖信息刑事案件适用法律若干问题的解释》第1条。

息罪。①

张明楷教授认为，对本条中段所规定的"编造爆炸威胁、生化威胁、放射威胁等恐怖信息"，不能做形式的理解，而是要做实质的判断。例如，甲在私人电脑上或者在笔记本上书写"某大型商场将于某年某月某日20时发生特大爆炸事件"的文字时，不可能成立编造虚假恐怖信息罪，只有将这种虚假恐怖信息传达给他人时，才可能成立本罪。否则，将意味着写日记之类的行为也成立犯罪。换言之，虽然本条规定的"编造"行为侧重于捏造虚假恐怖信息，"传播"行为侧重于散布虚假恐怖信息，但仅有捏造事实的行为，不可能成立本罪。那么，法条为什么分别规定编造与传播行为呢？在行为人编造虚假恐怖信息的场合，即使只向特定人或者少数人传达所编造的虚假恐怖信息，也有可能成立编造虚假恐怖信息罪；故意传播虚假恐怖信息罪，则要求行为人故意向不特定人或者多数人传达虚假恐怖信息。总之，在传播之前的编造行为不是本罪的构成要件行为，只是预备行为；当编造与传播同时进行时，则可以认为编造与传播均为构成要件行为。至于传播的虚假恐怖信息是由传播者编造还是其他人编造，则不影响本罪的成立。②

本书认为，编造不是本罪的实行行为，本罪的实行行为只有传播。理由是，其一，认为编造是本罪的实行行为，会导致刑法介入公民的内心思想领域，而严重侵犯人权。即便将编造虚假恐怖信息罪限定为"只向特定人或者少数人传达所编造的虚假恐怖信息"，也会导致处罚范围扩大。因为这会使夫妻之间、情侣之间、家人之间的私密谈话都可能构成犯罪。私人之间的谈话内容被接收者散布出去的，应当追究散布者故意传播虚假恐怖信息的刑事责任，而不是追究捏造者的编造虚假恐怖信息的刑事责任。若是行为人有意利用他人，如故意不经意地透露虚假恐怖信息让他人信以为真而散布出去的，则可以追究捏造者故意传播虚假恐怖信息的间接正犯的刑事责任。其二，之所以将编造与传播并列规定，旨在表明国家禁止公民编造虚假的恐怖信息，并不是说编造就是本罪实行行为。

---

① 参见李泽强编造、故意传播虚假恐怖信息案，最高人民检察院指导案例9号（2013年）。
② 参见张明楷：《刑法学（第6版）》（下册），法律出版社2021年版，第1391页。

正如生产、销售伪劣产品也是并列规定,并不意味着生产行为也是实行行为。因为实行行为只能是具有侵害法益的紧迫危险性的行为。考虑到保护公民的思想自由、内心自由,不宜将编造行为作为预备行为处罚。否则,公民写日记,在电脑上写文章,在大脑中构思,都可能构成犯罪(如古代的腹诽罪)。其三,之所以强调"故意传播",意在说明本罪存在两种情形:一是自己编造恐怖信息后传播,二是明知是他人编造的恐怖信息而传播。易言之,"故意"传播,旨在强调本罪只能由故意构成,不小心散布谣言的无罪。

总之,为保障人权,避免刑法侵入公民的内心思想领域,应将本罪的实行行为限定为传播,编造虚假恐怖信息不是本罪的实行行为,单纯编造而不传播的,不构成犯罪。

3. 单纯对公安人员讲"如果不解决我的问题,我就炸掉公安局大楼",能构成犯罪吗?

本罪以造成"严重扰乱社会秩序"的结果(如引起了公众的严重恐慌,导致公安机关花费大量人力、物力排除虚假物质或者消除影响等),为犯罪成立条件。单纯使特定人员产生恐惧心理的恐吓、胁迫行为,没有严重扰乱社会秩序的,不能认定为本罪。例如,甲向公安机关或相关人员声称:"如果不解决我的问题,我就在超市安放炸弹。""如果不解决我的问题,我就炸掉公安局大楼。"这种行为并不成立犯罪。一方面,编造虚假恐怖信息,是指捏造已经存在的爆炸威胁、生化威胁、放射威胁,而不是某人的内心想法。甲只是向公安机关或相关人员表示了其内心的想法,充其量属于犯意表示,且甲所表达的未必是真实犯意。既然向他人表达真实犯意的行为都不受刑法处罚,那么,向他人表达未必真实的犯意的行为就更不值得科处刑罚。另一方面,成立本罪以严重扰乱社会秩序为前提,也就是多数人直接或者间接知道了行为人所编造、传播的恐怖信息,进而造成多数人的生活、工作不能顺利进行或者引起社会大众心理恐慌时,才能成立犯罪。但上例中的甲只是声称自己要在超市安放炸弹或者要炸掉公安局大楼,没有谎称已经向超市或者公安局大楼投放炸弹。即使该行为使公安机关采取紧急措施排查、排爆,也不符合严重扰乱社会秩序的要求。换言之,如果甲谎称"我已在某超市安放了炸弹"或者"我已在公安局大楼安放了炸弹",则可能构成本罪。①

第三十四节　编造、故意传播虚假信息罪

/ 导　读 /

编造、故意传播虚假的重大灾情、疫情信息的,不构成编造、故意传播虚假恐怖信息罪,而是构成编造、故意传播虚假信息罪。"编造"不是本罪的实行行为,本罪的实行行为只有"传播"。"故意"传播,旨在强调虚假信息不是行为人自己编造时,只有行为人明知是他人编造的虚假信息而故意传播的才构成犯罪。

/ 条　文 /

第二百九十一条之一第二款　【编造、故意传播虚假信息罪】编造虚假的险情、疫情、灾情、警情,在信息网络或者其他媒体上传播,或者明知是上述虚假信息,故意在信息网络或者其他媒体上传播,严重扰乱社会秩序的,处三年以下有期徒刑、拘役或者管制;造成严重后果的,处三年以上七年以下有期徒刑。

/ 罪名精释 /

1. 编造"重大灾情、重大疫情"信息,能构成编造虚假恐怖信息罪吗?

2013年9月18日最高人民法院《关于审理编造、故意传播虚假恐怖信息刑事案件适用法律若干问题的解释》规定,本解释所称的"虚假恐怖信息",是指以发生爆炸威胁、生化威胁、放射威胁、劫持航空器威胁、重大灾情、重大疫情等严重威胁公共安全的事件为内容,可能引起社会恐慌或者公共安全危机的不真实信息。

---

① 参见张明楷:《刑法学(第6版)》(下册),法律出版社2021年版,第1391~1392页。

由于在《刑法修正案(九)》增设了编造、故意传播虚假信息罪后,编造、故意传播虚假的重大灾情、重大疫情信息的,不再构成编造、故意传播虚假恐怖信息罪,而是构成编造、故意传播虚假信息罪,故上述司法解释的内容不能再继续适用。

2."编造"是本罪的实行行为吗?

"两高"将本罪罪名确定为编造、故意传播虚假信息罪,似乎认为"编造"也是本罪的实行行为,单纯编造而不传播的,也能构成犯罪。

本书认为,只是编造虚假信息而不传播的,如在电脑上写文章,在笔记本上写日记,属于公民内心思想领域的范畴,都不能谓之犯意表示,根本不可能侵害法益,所以编造不是本罪的实行行为。本罪的实行行为只有传播。为了保障人权,应当认为对单纯编造的行为也不宜评价为预备行为。本罪的实行行为只有传播,既包括行为人自己编造虚假信息后传播,也包括明知是他人编造的虚假信息而故意传播。

3.对"编造"没有强调故意,是否意味着编造可以由过失构成?

编造不可能是过失而为。本罪中的"故意"传播,旨在强调虚假信息不是行为人自己编造,而是由他人编造的,只有在行为人明知是他人编造的虚假信息而传播时才构成犯罪,意在将过失传播虚假信息的行为排除在犯罪之外。而并不是说,编造可以由过失构成。这也反过来说明,编造不是本罪的实行行为,只有传播才是本罪的实行行为。

第三十五节　高空抛物罪

· 导　读 ·

《刑法修正案(十一)》将高空抛物罪置于妨害社会管理秩序罪一章,说明本罪所保护的法益不是公共安全,而是公共场所秩序和公众生活的安宁。

从高空碰落物体的,不成立高空抛物罪,只可能成立过失致人死亡罪或过失致人重伤罪。高空撒尿、抛弃未吃完的方便面盒子,则构成本罪。之前对高空抛物以以危险方法危害公共安全罪定罪处罚的司法解释规定,不应再继续适用。《刑法》第291条之二第2款"同时构成其他犯罪的,依照处罚较重的规定定罪处罚"的规定,是注意规定。

条文

第二百九十一条之二 【高空抛物罪】从建筑物或者其他高空抛掷物品,情节严重的,处一年以下有期徒刑、拘役或者管制,并处或者单处罚金。

有前款行为,同时构成其他犯罪的,依照处罚较重的规定定罪处罚。

罪名精释

1. 本罪所保护的法益是什么?

案1:张三抱着砸着谁谁倒霉的心理从高楼的窗户往下扔了一块砖头,不巧真的砸中了一名行人,并将其砸成重伤。

本案中,张三有伤害的故意,也实施了伤害行为,所以成立故意伤害罪和高空抛物罪,想象竞合,从一重处罚。

司法解释曾经将高空抛物行为认定为以危险方法危害公共安全罪。由于以危险方法危害公共安全罪所侵害的是不特定并且多数人的人身、财产安全。而高空抛物行为一般来说不会像放火、爆炸、决水、投放危险物质那样,具有结果和危害范围的难以控制性,或者说危险的不特定扩大性,所以将高空抛物行为评价为以危险方法危害公共安全罪是不妥当的。《刑法修正案(十一)》没有将本罪设置在危害公共安全罪一章,而是置于第六章妨害社会管理秩序罪第一节扰乱公共秩序罪中的第291条聚众扰乱公共场所秩序、交通秩序罪之后,说明在立法者看来,高空抛物行为主要侵害的不是公共安全,而是有关公民头顶上的安全的公共场所秩序,故不需要所抛掷的物品具有致人死伤的可能性。只要扰乱公共场所秩序、破坏公众生活的安宁,就可能构成本罪。

2. 高空抛物罪在《刑法》中的体系位置,对其构成要件解释和处罚范围确定有无影响?

行为是危害公共安全还是妨害社会管理秩序,对其构成要件的解释和处罚范围的确定具有重要的影响。《刑法修正案(十一)》将高空抛物罪置于妨害社会管理秩序罪一章,说明本罪所侵害的法益不是公共安全,而是公共场所秩序和公众生活的安宁。只要是在公共场所的建筑物或者高空抛掷物品,无论物品大小、轻重,原则上都可能成立本罪。

3. 在10楼浇花时不小心碰下去一个花盆,构成本罪吗?

高空抛物罪的罪过形式是故意,过失不构成本罪。在10楼浇花时不小心碰下去一个花盆的,不成立高空抛物罪,只可能成立过失致人死亡罪、过失致人重伤罪。

4. 高空撒尿、抛弃未吃完的方便面盒子,构成本罪吗?

本罪是扰乱公共场所秩序、破坏公众生活安宁的犯罪,所以从高空丢弃任何物品原则上都值得科处刑罚,如高空撒尿和抛掷未吃完的方便面盒子,也值得科处刑罚。当然,从高空丢下一张餐巾纸、一张手帕,由于很轻,也比较干净,不值得作为犯罪论处。但如果抛弃一包餐巾纸,还是有可能作为犯罪处理的。从地面向上抛掷物品,使物品从高空坠落的,由于不属于高空抛物,故不成立高空抛物罪。

5. 以危险方法危害公共安全罪定罪处罚的司法解释,还能适用吗?

案2:张某将石块从窗户向楼下倾倒,砸中在楼下散步的解某头部致其重伤。法院认为张某"以向楼下任意抛撒石块的方法危害公共安全",构成以危险方法危害公共安全罪。[①]

---

① 参见北京市第一中级人民法院刑事裁定书,(2015)一中刑终字第467号。

上述案件中,虽然行为对象和结果具有不确定性,但行为后果不具有扩展性、蔓延性、不可控制性,而不具有与放火罪、爆炸罪等罪的危险相当性。以前这类案件可以故意杀人罪、故意伤害罪论处,现在可以认定为高空抛物罪与故意杀人罪、故意伤害罪的想象竞合。

2019年10月21日最高人民法院《关于依法妥善审理高空抛物、坠物案件的意见》指出,故意从高空抛弃物品,尚未造成严重后果,但足以危害公共安全的,依照《刑法》第114条规定的以危险方法危害公共安全罪定罪处罚。显然,司法解释明知高空抛物行为不会危害公共安全,而有意用"足以危害公共安全"替代了《刑法》第114条规定的"危害公共安全",将仅存在造成危险的危险,即抽象危险的行为,也认定为作为具体危险犯的以危险方法危害公共安全罪,而过于扩大了以危险方法危害公共安全罪的适用范围。这明显属于类推解释,违反了罪刑法定原则。本书认为,本罪增设后,上述司法解释规定不应再继续适用。

6. 如何理解适用《刑法》第291条之二第2款?

第291条之二第2款"同时构成其他犯罪的,依照处罚较重的规定定罪处罚"的规定,旨在提醒司法人员,高空抛物的行为可能同时构成故意杀人罪、故意伤害罪、放火罪、爆炸罪等犯罪,属于想象竞合,应从一重处罚,是一种注意性规定。需要指出的是,一般来说,高空抛物行为人都至少具有杀人、伤害的间接故意,所以高空抛物的,一般都能同时构成故意杀人罪、故意伤害罪的既遂或者未遂(以存在致人死伤的具体危险为前提),而不是仅成立高空抛物罪。

第三十六节 聚众斗殴罪

· 导 读 ·

本罪所保护的法益是公共秩序,不是公民的人身权。聚众斗殴致人重伤、死亡以故意伤害罪、故意杀人罪定罪处罚的规定,属于法律拟制。只要斗殴人员对他人重伤、死亡结果具有预见可能性,即便行为人没有伤害、杀人的故意,也能认定成立故意伤害罪、故意杀人罪。聚众斗殴罪不是复行为犯,而是单行为犯,实行行为是"斗殴",聚众是预备行为。一人"单挑"对方多人的,不成立聚众斗殴罪。聚众斗殴罪中的"众",包括没有达到刑事责任年龄、不具有刑事责任能力的人。聚众斗殴也存在正当防卫。

成立本罪不应要求行为人具有流氓动机。"聚众斗殴"包括"聚众斗"与"聚众殴"。聚众斗殴导致首要分子自己负伤的,其也应承担故意伤害罪的刑事责任。聚众斗殴导致多人重伤的,不应以故意伤害罪数罪并罚。双方各自仅一人动手的,不构成本罪。对于聚众斗殴的一般参加者,不能以聚众斗殴罪的共犯论处。持械聚众斗殴中的"械",比"凶器"的范围广。聚众斗殴罪没有被害人,聚众斗殴的死伤者无权提起刑事附带民事赔偿诉讼。

条 文

第二百九十二条 【聚众斗殴罪】聚众斗殴的,对首要分子和其他积极参加的,处三年以下有期徒刑、拘役或者管制;有下列情形之一的,对首要分子和其他积极参加的,处三年以上十年以下有期徒刑:

(一)多次聚众斗殴的;

(二)聚众斗殴人数多,规模大,社会影响恶劣的;

(三)在公共场所或者交通要道聚众斗殴,造成社会秩序严重混乱的;

(四)持械聚众斗殴的。

【故意伤害罪】【故意杀人罪】聚众斗殴,致人重伤、死亡的,依照本法第二百三十四条、第二百三十二条的规定定罪处罚。

罪名精释

1. 两拨人在珠穆朗玛峰顶上聚众斗殴并现场直播,构成聚众斗殴罪吗?

案1:从尼泊尔方向攀上珠穆朗玛峰的一拨人与从中国西藏方向登上

的一拨人聚众斗殴,并现场直播斗殴过程。

如果认为聚众斗殴罪所保护的法益是斗殴双方的人身权,则上述案件中的两拨人可能构成犯罪,但若认为本罪所保护的法益是公共秩序,则难以认为上述两拨人的行为构成聚众斗殴罪。

本罪属于《刑法》分则第六章妨害社会管理秩序罪第一节扰乱公共秩序罪的罪名,因此本罪所保护的法益应当是公共秩序。对于没有扰乱公共秩序的情形,例如一两个人之间的互殴,或者在非公共场所斗殴,都不能成立聚众斗殴罪。

2. 聚众斗殴致人重伤、死亡以故意伤害罪、故意杀人罪定罪处罚的规定,是注意规定还是法律拟制?

案2:甲旁观两方的斗殴行为,发现其中一方的成员A为免遭殴打而逃离现场,于是甲捡起一块石头猛砸A的头部,导致A死亡。

本案中,甲不是聚众斗殴的首要分子和积极参加者,只是聚众斗殴现场的旁观者。对甲实施的杀人行为,不能适用《刑法》第292条第2款的规定,应直接适用《刑法》第232条的规定,认定甲的行为构成故意杀人罪。

案3:某日,吴某毫等人在某酒吧内与朱某星因琐事发生矛盾,拉扯至上述酒吧门口,朱某星及其同伙(在逃)打电话叫人过来与吴某毫等人发生身体推搡行为,并有大批人员聚集。公安人员接警后到场,上述人员遂各自离开现场。之后,陈某兵打电话通知被告人谭某来现场帮忙,谭某回到其所租住房处拿了一把弹簧刀后赶到与吴某毫等人会合,吴某毫见状将该刀收起自己保管。同日2时许,朱某星纠集被害人林某隆及黄某东(在逃)等多人行至某街,与谭某、陈某兵、吴某毫、姚某、廖某平(另案处理)等人相遇,被害人林某隆等人即上前与吴某毫等人进行打斗。谭某取过吴某毫保管的弹簧刀,捅刺被害人林某隆的身体。谭某、吴某毫、姚某、廖某平等继续追打受伤后逃跑的林某隆等人。随后,上述人员逃离现场。林某隆伤重倒地后送医院抢救无效死亡。经法医鉴定,林某隆系因颈部被锐器作用致右颈总动脉破裂、颈内静脉断裂引起失血性休克死亡。

本案争议焦点:除持刀直接捅刺被害人致其死亡的被告人谭某应定为故意

伤害罪外,其他参与聚众斗殴的同案人员是否也应当认定为故意伤害罪。

法院认为,从视频监控录像来看,姚某对被害人林某隆实施了两次间接加害,第一次是林某隆被谭某捅刺之后逃离现场,姚某继续追赶林某隆;第二次是当林某隆返回现场并因流血过多倒在地上被两名同伙搀扶时,姚某又回头追打这两名同伙,导致林某隆再次倒地,延误了抢救时间。因此,姚某在聚众斗殴的过程中实施了明显的暴力行为,且对造成被害人死亡的后果起到了积极作用,应当认定其参与聚众斗殴转化成故意伤害罪。但相对于谭某而言,姚某对造成被害人死亡后果所起的作用较轻,依法可以认定为从犯。从视频监控录像来看,吴某毫被死者从背后突袭后即与正面推搡其的朱某星同伙发生打斗,其没有与死者发生打斗,在谭某捅刺死者时,吴某毫一直是背对着死者,并不知情,且事前吴某毫还有保管谭某所携带刀具制止事态恶化的行为。因此,公诉机关指控吴某毫参与聚众斗殴转化成故意伤害罪的意见不能成立。吴某毫构成聚众斗殴罪。从视频监控录像来看,陈某兵在现场没有明显的斗殴动作,更没有与死者发生身体接触,其一直徘徊在现场红色小车周围,其虽然与同案人有聚众斗殴的共同故意,但公诉机关指控陈某兵参与聚众斗殴转化成故意伤害罪的意见不能成立,应当认定陈某兵构成聚众斗殴罪。法院判定谭某、姚某二人构成故意伤害罪,朱某星、陈某兵、吴某毫构成聚众斗殴罪。①

本案中,斗殴双方的纠集人分别是陈某兵和朱某星,二位是首要分子。一方受重伤或者死亡的,不仅直接加害者应对死伤结果承担故意伤害罪、故意杀人罪的刑事责任,双方的首要分子也应对死伤结果负责,承担故意伤害罪、故意杀人罪的刑事责任。本案中,聚众斗殴导致一人死亡,法院仅追究直接加害者谭某和姚某故意伤害罪的刑事责任,显然是将《刑法》第292条第2款的规定看作注意规定。其实,该款是法律拟制。本案应追究直接加害者谭某、姚某和双方首要分子朱某星、陈某兵故意杀人罪,聚众斗殴参加者吴某毫聚众斗殴罪的刑事责任。从"被害人林某隆等人即上前与吴某毫等人进行打斗。谭某取过吴某毫保管的弹簧刀,捅刺被害人林某隆的身体"的案情描述看,还可能认为谭某捅刺林某隆

---

① 参见广东省高级人民法院刑事裁定书,(2021)粤刑终字201号。

的行为属于正当防卫。

《刑法》第292条第2款规定,聚众斗殴致人重伤、死亡的,依照故意伤害罪、故意杀人罪定罪处罚。对此,我国刑法理论通说和司法实践认为,该款是注意规定。也就是说,只有当斗殴人员对他人重伤、死亡的结果具有故意时,才能将其行为认定为故意伤害罪与故意杀人罪。

本书认为,上述注意规定说存在疑问,应认为该款规定属于法律拟制,即只要斗殴人员对他人重伤、死亡的结果具有预见可能性,且客观上致人重伤、死亡的,即便行为人主观上没有伤害、杀人的故意,也能将其行为认定为故意伤害罪与故意杀人罪。理由是:

首先,这里没有进行注意规定的必要。斗殴中行为人出于伤害、杀人的故意伤害、杀死对方的,当然另行成立故意伤害罪、故意杀人罪。这一点根本无须提醒司法人员注意。

其次,如果将该款理解为注意规定,会导致处罚的不协调。甲故意重伤他人的,以故意伤害罪判处3年以上10年以下有期徒刑的刑罚,而乙在斗殴中萌生伤害的故意进而致人重伤的,如果与甲一样,仅认定为故意伤害罪一罪,适用相同的法定刑,那么聚众斗殴的事实就没有得到评价。这显然有违全面评价和罪刑相适应原则。斗殴中萌生伤害、杀人的故意进而实施伤害、杀人行为的,如果伤害、杀人之外的斗殴行为构成聚众斗殴罪,就应以故意伤害罪、故意杀人罪与聚众斗殴罪数罪并罚,而不是仅成立故意伤害罪、故意杀人罪。一般参加者或旁观者的行为导致他人重伤、死亡的,不适用该款规定,而应根据其行为所符合的犯罪构成来认定。

最后,聚众斗殴致人重伤、死亡按照故意伤害罪、故意杀人罪定罪处罚,相当于聚众斗殴罪的一个刑档。也就是说,聚众斗殴罪其实存在三个刑档:3年以下、3年以上10年以下、故意伤害和故意杀人刑罚。聚众斗殴致人重伤、死亡,通常说明聚众斗殴规模大,手段残忍,场面血腥,对公共秩序破坏严重。我国台湾地区"刑法"第283条规定,聚众斗殴致人于死或重伤者,在场助势而非出于正当防卫之人,处3年以下有期徒刑,下手实施伤害者,仍依伤害各条之规定处断。这说明,聚众斗殴致人重伤、死亡,反映了聚众斗殴犯罪的严重程度。所以,即便斗殴中过失致人重伤、死亡,也有提升聚众斗殴罪法定刑的理由。

3. 聚众斗殴罪是"聚众+斗殴"的复行为犯吗?

案4:两伙人本来都在烧烤摊吃夜宵,因为一言不合而打了起来,但他们并没有先纠集众人。

如果认为聚众斗殴罪是复行为犯,本案中的两伙人只有斗殴行为而无聚众行为,就不能构成聚众斗殴罪,可斗殴行为本身已经侵害本罪所保护的法益。不将该情形纳入本罪的规制范畴恐怕不合适。

案5:村民得知自己村子的人打算和邻村的人打群架,于是偷偷召集了很多兄弟来到自己的村子,但最后完全没有打起来。

如果认为聚众也是聚众斗殴罪的实行行为,则本案中的村民由于已经实施了聚众行为,就可能被认定为聚众斗殴罪的着手甚至既遂。这恐怕不妥当。

理论和实践有观点认为,要成立聚众斗殴,必须先纠集众人,再结伙斗殴。也就是说,聚众斗殴罪是复行为犯,必须包括"聚众"和"斗殴"两个行为。如果这种观点正确,那么只斗殴不聚众的,如案4中两伙人的行为,就不能构成聚众斗殴罪;只聚众不斗殴的,如案5中村民的行为,也可能被认定为聚众斗殴罪的着手甚至既遂,这可能不当扩大了本罪的处罚范围。应当认为,聚众斗殴罪不是复行为犯,而是单行为犯。

第一,应从规范的视角认识《刑法》分则所规定的行为。聚众是状语,是指斗殴的方式。规定"聚众",旨在将不扰乱公共秩序的一两个人之间的互殴排除在外。聚众斗殴意味着多人聚集在一起斗殴,故并不要求在斗殴之前具有聚众的行为。双方数人临时起意斗殴的,如案4,完全可能成立聚众斗殴罪。即使在斗殴之前有人实施了纠集众人的行为,如案5中村民的行为,也只是聚众斗殴罪的预备行为,不能认为聚众斗殴罪已经着手甚至既遂。

第二,如果认为聚众斗殴罪是复行为犯,就难以认为没有实施聚众而只是单纯参加聚众斗殴的积极参加者也能成立聚众斗殴罪。首要分子也可能只是实施了纠集众人的聚众行为,而没有实施斗殴行为,在此种情况下,如果认为聚众斗殴罪是复行为犯,那么,只实施了纠集众人行为没有实施斗殴行为的首要分子可能不构成聚众斗殴罪,这样认定显然有悖立法本意。

第三,如果认为聚众斗殴罪是复行为犯,则意味着开始实施纠集他人,即聚众的行为,就已经开始着手实行本罪,而成立聚众斗殴罪的未遂甚至既遂,导致本罪的处罚范围过大。

总之,聚众斗殴罪不是"聚众+斗殴"的复行为犯,而是只有斗殴这一个实行行为的单行为犯。没有纠集众人临时起意斗殴的,也能成立聚众斗殴罪。只是聚众的,仅成立聚众斗殴罪的预备。

4. 1人与3人斗殴,构成本罪吗?

张明楷教授认为,一方1人或2人,另一方3人以上进行斗殴,一人与对方多人相约斗殴的,都可能构成聚众斗殴罪。①

本书认为,既然是聚"众"斗殴,可能还是限定为每一方至少2人以上,双方至少4人以上为宜。一方一人"单挑"对方多人的,不宜认定为聚众斗殴罪。

5. "众"包括没有达到刑事责任年龄、不具有刑事责任能力的人吗?

案6:某日,温某豪在某职高门口见其前女友"叶子"与叶某龙及吴某烽、李某波、胡某明、吴某倩一起骑车玩耍,遂骑车尾随叶某龙等人至环城路消防大队附近叫停"叶子"说话,一时言语不和,温某豪用拳头砸向"叶子"的电动车。叶某龙等人见状,骑车返回询问情况,与温某豪发生口角,双方约定找人打架解决。温某豪随即纠集龚某炜、李某超、吴某辉等人到场,叶某龙一方也电话联系李某平等人到场。经李某平等人劝说后,双方离开现场。次日凌晨,吴某烽、李某波、胡某明三人骑车在职高广场附近碰到李某超、龚某炜一行人,双方再次发生口角。吴某烽遂将此事告知叶某龙、吴某倩,吴某倩即电话联系吴某强问明情况,在通话过程中,叶某龙、李某超各自拿走吴某倩、吴某烽的电话,两人在电话中辱骂对方并约定在职高广场打架,随后双方各自寻找打架械具。其间,詹某兴偶遇叶某龙等人,得知双方

---

① 参见张明楷:《刑法学(第6版)》(下册),法律出版社2021年版,第1394页。

约架之事,便随叶某龙一同前往。2时23分,叶某龙、吴某烽、胡某明、李某波、詹某兴来到职高广场的主席台,问温某豪等人"你们想干吗",温某豪等人从主席台冲向叶某龙等人,继而双方发生互殴。其间,叶某龙手持棒球棍殴打温某豪头部致温某豪当场晕倒。经鉴定,温某豪左侧额部硬膜外血肿,属轻伤一级;额骨左侧凹陷性骨折,属轻伤一级。

本案争议焦点:聚众斗殴罪不要求参与者都具有刑事责任能力,行为人在共同认识的支配下实施成帮结伙聚众斗殴的共同事实行为,损害了刑法所要保护的法益,虽可能不构成聚众斗殴罪的共同犯罪,但仍可以聚众斗殴罪追究相关行为人的刑事责任。

法院认为,虽然叶某龙一方其他人胡某明、李某波等未满16周岁,不构成聚众斗殴罪的共同犯罪,但不能否认聚众斗殴行为的存在,因而仍应以聚众斗殴罪追究叶某龙的刑事责任。[1]

聚众斗殴罪是扰乱社会秩序的犯罪。"众"包括没有达到刑事责任年龄、不具有刑事责任能力的人(只是不承担刑事责任而已)。例如,双方各3人斗殴,且双方都有2人没有达到刑事责任年龄,这种情况也能认定为聚众斗殴罪,当然,只有达到刑事责任年龄的人才可能承担刑事责任。

6. 能认为聚众斗殴无防卫吗?

案7:双方约定赤手空拳斗殴,但一方的甲突然掏出利刃刺向对方的乙的要害部位,乙恰好是跆拳道九段,瞬间夺刀反刺死甲。

如果认为聚众斗殴无防卫,则甲的行为不属于正当防卫,其行为构成故意杀人罪。

本书认为,在聚众斗殴中也是可能成立正当防卫的。例如,在聚众斗殴中,如果一方明确表示希望停止,但对方继续实施暴力的,这一方可以实施正当防卫进行反击。虽然聚众斗殴过程中原则上可以成立正当防卫,但在具体案件中究竟能否成立正当防卫,需要从防卫行为开始之时,分别判断前行为(斗殴行为)

---

[1] 参见福建省宁德市寿宁县人民法院刑事判决书,(2019)闽0924刑初19号。

是否成立犯罪,以及后行为(防卫行为)是否符合正当防卫的成立条件,然后按照《刑法》第20条关于正当防卫的规定进行处理。

7. 成立本罪是否要求行为人具有所谓流氓动机?

虽然聚众斗殴罪源于1979年《刑法》第160条规定的流氓罪,但在现行《刑法》中,成立本罪不要求行为人具有流氓动机。因为行为人是否具有流氓动机,不影响其行为是否扰乱公共秩序的评价。另外,只要行为人对聚众斗殴行为及其结果具有故意,即便没有流氓动机,其行为也值得以刑罚进行谴责。何况,流氓动机的判断具有不确定性,将流氓动机作为本罪的主观要素,既会不当地限制本罪的处罚范围,又会导致处罚范围的不确定。

8. "聚众斗殴"能否分为"聚众斗"与"聚众殴"?

案8:双方约定各出5人赤手空拳"干架"。不承想,对方来了一卡车手拿刀枪棍棒的凶神恶煞的彪形大汉。这一方一看势头不对,脚底抹油,抱头鼠窜,对方则穷追猛打。

如果认为聚众斗殴仅限于"聚众斗",不包括"聚众殴",则因为本案只有"聚众殴",而不能构成聚众斗殴罪。

由于聚众斗殴罪是扰乱公共秩序的犯罪,不是保护公民个人人身权的犯罪。即便是"聚众殴",即多众一方攻击对方身体,对方只是逃命,也会严重扰乱公共秩序,所以也宜评价为聚众斗殴罪。当然,单纯被攻击的一方不成立聚众斗殴罪(因为他们已经够可怜的了)。

9. 聚众斗殴导致首要分子受伤的,其承担故意伤害罪的刑事责任吗?

案9:某日,韦某李在参加宴席时无故被醉酒的黄某昌打了一巴掌,韦某李对此很气愤,便离开宴席。当晚20时许,韦某李纠集了梁某福等十多人手持刀具、炸炮等械具来到甲寄卖店处欲找黄某昌讨要说法,并因此与黄某辉等人发生争执。双方在争吵过程中,韦某安手持一把砍刀出来,在甲寄卖店门前来回走动,黄某辉的妻子韦某红担心韦某安用刀伤人,便夺走了韦某安手中的砍刀。韦某李等人见被害人韦某安手中的刀被韦某红夺走,便上前对韦某安进行殴打,正在附近的刘某长(已判决)见状,也持械参与殴打韦某安。在此过程中,梁某福手持的炸炮在混乱中被碰撞不慎引发爆炸,致使梁某福和刘某炎、杨某春、韦某安、李某庆、韦某桂等人受伤。经鉴定,梁某福的损伤程度为轻伤一级,被害人杨某春的损伤程度为轻伤二级,被害人李某庆、韦某安、韦某桂、刘某炎的损伤程度均为轻微伤。

本案争议焦点:梁某福是否需要对在聚众斗殴中造成自身的轻伤一级的伤害后果承担刑事责任。

一审法院认为,梁某福结伙持械聚众斗殴,造成一人轻伤一级、一人轻伤二级、四人轻微伤,梁某福的行为触犯了《刑法》第292条第1款的规定,构成聚众斗殴罪。二审法院认为,梁某福在聚众斗殴中,其持有的炸炮爆炸造成其轻伤一级,该伤害的后果是其本人并非他人,原判将此伤害后果作为追究梁某福刑事责任的情节于法无据,对梁某福量刑畸重,本院予以纠正。①

上述一审判决存在疑问。既然双方参与聚众斗殴,根据"互殴无伤害"原理,双方均不应对轻伤结果负责。所以,不应将轻伤和轻微伤结果归属于参与斗殴的双方,包括致伤者本人。

聚众斗殴罪是扰乱公共秩序,不是侵害公民个人人身权的犯罪。《刑法》第292条第2款关于聚众斗殴致人重伤、死亡以故意伤害罪、故意杀人罪定罪处罚的规定,相当于聚众斗殴罪的一个刑档。换句话说,虽然以故意伤害罪、故意杀人罪定罪处罚,但只是一种拟制的故意伤害罪、故意杀人罪,并不是真正的侵害人身权的故意伤害罪、故意杀人罪。所以,聚众斗殴导致首要分子本人受重伤的,其本人仍应承担故意伤害罪的刑事责任。

根据责任主义原理,聚众斗殴致人重伤、死亡的,包括导致己方人员重伤、死亡,只应将首要分子和直接造成重伤、死亡的斗殴者认定构成故意伤害罪、故意杀人罪,其他参与者不能认定构成故意伤害罪、故意杀人罪,只能认定构成聚众斗殴罪。在不能查明重伤、死亡原因的情况下,也不能将所有的斗殴者均认定构成故意

---

① 参见广西壮族自治区钦州市中级人民法院刑事判决书,(2018)桂07刑终6号。

伤害罪与故意杀人罪,只能对双方的首要分子以故意伤害罪、故意杀人罪论处。

10. 聚众斗殴致多人重伤的,是成立一个故意伤害罪还是应同种数罪并罚?

张明楷教授认为,聚众斗殴致数人重伤的,因为侵害了数个个人专属法益,应以数个故意伤害罪实行数罪并罚。①

本书不赞同上述看法。聚众斗殴罪是扰乱公共秩序,不是侵害公民人身权的犯罪,相当于侵害集体法益的犯罪。聚众斗殴致人重伤、死亡以故意伤害罪、故意杀人罪定罪处罚的规定相当于聚众斗殴罪的第三个刑档。所以,聚众斗殴致数人重伤的,也还是只能认定为一个故意伤害罪,而不是数个故意伤害罪。

11. 双方各自仅一人动手的,构成本罪吗?

张明楷教授认为,双方相约在公共场所斗殴,但双方多人到达现场后,双方均只有一个人动手与对方互殴的,也可能构成聚众斗殴罪。②

本书不赞成上述看法。即便双方相约多人聚众斗殴,但由于聚众斗殴罪的实行行为只有"斗殴",现场只有一个人斗殴,不是聚众性斗殴,没有扰乱公共秩序,不宜认定为聚众斗殴罪。

12. 对于聚众斗殴的一般参加者,能以共犯论处吗?

聚众斗殴罪只处罚首要分子和积极参加者。对于刑法没有规定处罚的一般参加者,既不能成立聚众斗殴罪的正犯,也不能根据《刑法》总则关于共犯的处罚规定认定为聚众斗殴罪的共犯。对于一般参加者在斗殴中致人伤害、死亡的,只能根据其行为所符合的犯罪构成来认定,如故意伤害罪、故意杀人罪、过失致人重伤罪、过失致人死亡罪。

13. 何为"持械聚众斗殴"?

"持械聚众斗殴",是指使用"械"进行斗殴,而不是指携带"械"进行斗殴。

---

① 参见张明楷:《刑法学(第6版)》(下册),法律出版社2021年版,第1397页。
② 参见张明楷:《刑法学(第6版)》(下册),法律出版社2021年版,第1394页。

考虑到聚众斗殴的特点，立法者特意用"械"，而不是用"凶器"来规定，说明这种物品不需要有很大杀伤力，只要斗殴中能够使用并"活跃"现场气氛即可。可以认为"械"的范围比凶器广，一根树枝，一块砖头，都可谓"械"。张明楷教授把聚众斗殴罪中的"械"理解为凶器，认为包括性质上的凶器与用法上的凶器。① 本书持有不同意见："械"比"凶器"的范围广。凡是能够用于斗殴的，都可能被认定为持械聚众斗殴中的"械"。

在斗殴过程中显示"械"的，也应认定为持械聚众斗殴。甲、乙双方斗殴时，只有一方人员持械的，另一方成员不能认定为持械聚众斗殴。一方有部分成员持械，未持械的成员知道己方人员持械的，也应承担持械聚众斗殴的刑事责任。不明知其他成员持械的，不得认定为持械聚众斗殴。

14. 聚众斗殴的死伤者能提起刑事附带民事赔偿诉讼吗？

聚众斗殴罪所保护的法益不是人身权利，而是社会法益——公共秩序。本罪中没有被害人，死伤者也不是被害人，故死伤者无权提起刑事附带民事赔偿诉讼。虽然聚众斗殴致人重伤、死亡的，对首要分子和加害者追究故意伤害罪、故意杀人罪的刑事责任，但这只不过是借用故意伤害罪、故意杀人罪的法定刑，本质上相当于聚众斗殴罪的第三档法定刑。所以，即便定故意伤害罪、故意杀人罪，也不能认为此时保护的是人身权，而应是公共秩序。即便定故意伤害罪、故意杀人罪，死伤者和亲属也无权提起刑事附带民事赔偿诉讼。

第三十七节　寻衅滋事罪

·导　读·

本罪所保护的法益是社会秩序和公共秩序，只有破坏了社会秩序和公

---

① 参见张明楷：《刑法学（第6版）》（下册），法律出版社2021年版，第1396页。

共秩序的行为才能成立寻衅滋事罪。不应以是否"事出有因"来判断是否随意、任意。本罪与故意伤害罪、故意毁坏财物罪等罪之间是竞合关系,不是对立关系。成立本罪,不需要具有特定目的或流氓动机。在非公共场所殴打、辱骂他人,毁损他人财物,不构成寻衅滋事罪。对寻衅滋事罪的几种行为类型可以进行综合评价。寻衅滋事罪不是故意伤害罪的未遂,不需要殴打行为具有造成伤害结果的危险性。

《关于办理黑恶势力犯罪案件若干问题的指导意见》关于"二年内多次实施不同种类寻衅滋事行为的,应当追究刑事责任"的规定存在疑问。在公共场所追逐、拦截、辱骂妇女,应构成寻衅滋事罪,而不是强制猥亵、侮辱罪。网上造谣不属于"在公共场所起哄闹事,造成公共场所秩序严重混乱",不能构成寻衅滋事罪。认定"纠集他人多次",要求每次均构成寻衅滋事罪。本书认为,从立法论上讲,寻衅滋事罪完全没有存在的必要。

条 文

第二百九十三条 【寻衅滋事罪】有下列寻衅滋事行为之一,破坏社会秩序的,处五年以下有期徒刑、拘役或者管制:

(一)随意殴打他人,情节恶劣的;

(二)追逐、拦截、辱骂、恐吓他人,情节恶劣的;

(三)强拿硬要或者任意损毁、占用公私财物,情节严重的;

(四)在公共场所起哄闹事,造成公共场所秩序严重混乱的。

纠集他人多次实施前款行为,严重破坏社会秩序的,处五年以上十年以下有期徒刑,可以并处罚金。

罪名精释

1.本罪所保护的法益和立法目的是什么?

案1:被告人为博人眼球、提高收视率,在直播时多次使用手机随意拨打各地"110"报警电话,进行骚扰谩骂,大量网友围观评论。被告人被控寻衅滋事罪。

本案中,被告人虽然实施了谩骂行为,但没有达到情节恶劣的程度。被告人的行为不符合寻衅滋事罪的任何一种行为类型,被控寻衅滋事罪应该是整体评价的结果。部分司法机关倾向于整体评价,不会指出被告人的行为触犯的是哪一项具体规定。本书认为,这种做法违反了罪刑法定原则。因为虽然"两高"用寻衅滋事罪概括了《刑法》第293条的构成要件,但其实该条规定了四种行为类型,或者说该条规定了四种犯罪构成。也就是说,完全可以将《刑法》第293条看作四个罪名和构成要件。从这个意义上讲,本案中的被告人不构成寻衅滋事罪。

案2:地铁站台上人特别多,甲将没喝完的豆浆等垃圾随意往人群中扔。

本案中,甲在地铁的站台上向人群扔垃圾,场面可想而知,可以认为造成公共场所秩序严重混乱。起哄闹事也不一定需要用语言,在站台上向人群扔垃圾的行为也属于起哄闹事。因此,甲的行为属于"在公共场所起哄闹事,造成公共场所秩序严重混乱",构成寻衅滋事罪。

案3:甲(女)在城市打工时认识了乙(男),与乙交往后才知道乙有家室,甲遂想与乙断绝关系,但乙不同意,总是纠缠甲。甲为躲避乙的纠缠,到其他城市打工。乙找不到甲,就开始骚扰甲的家人,平日里给甲的家里打骚扰电话,闯入甲家砸东西,甚至在除夕夜将花圈放在甲的家门口。

本案中,乙侵入甲的家中砸东西,可以认定为非法侵入住宅罪。由于寻衅滋事罪是扰乱公共秩序的犯罪,乙的行为难以评价为寻衅滋事罪。

案4:张三认为生产口罩的利润巨大,于是准备投建口罩厂。因为缺乏资金,张三向李四借款1000万元,约定月息2分,借期一年。但是,受政策影响,市场上口罩出现了供大于求的情况,张三的口罩厂不仅没赚钱,还亏了钱。于是张三产生了不还钱的想法,并在借款到期后,以李四出借的是高利贷为由拒绝还钱。之后,李四多次到张三的工厂和家里讨债,并多次通过短信、微信、电话的方式或当面辱骂张三"不还钱你断子绝孙""臭不要脸"

"不得好死"等,但张三拒绝还款。

本案中,虽然债权人李四实施了辱骂行为,但他是通过短信、微信、电话的方式或者当面进行辱骂的,针对的是特定的债务人张三。从寻衅滋事罪所保护的法益来看,不能将这种行为认定为寻衅滋事罪。而且,李四也不是为了寻求刺激、发泄情绪、逞强耍横而无事生非。一方面,个人偶尔放高利贷的行为最多也就是民法上不保护其高息的问题,并非刑事违法行为。另一方面,李四是否放高利贷与其讨债行为是否构成寻衅滋事罪是两个独立的问题,不能因为他放了高利贷,就将其讨债行为评价为寻衅滋事罪。如果将这样的讨债行为认定为犯罪,必然会助长"老赖"行为,也会鼓励一些人实施借款诈骗行为。有人认为,某种程度上,如今已经形成"民法上打击老赖,刑法上保护老赖"的奇怪局面。这明显不符合刑法目的,也会使刑事司法丧失合理性和合法性。所以,司法机关不仅不能将这样的讨债行为认定为犯罪,还要特别警惕"老赖"恶人先告状的情况。总之,催收合法债务,以及催收高利放贷中的本金与合法利息,不应当认定为催收非法债务罪与寻衅滋事罪。行为人以非法拘禁方式催收合法债务的,只能认定为非法拘禁罪,而不得认定为寻衅滋事罪。

寻衅滋事罪是《刑法》分则第六章妨害社会管理秩序罪的第一节扰乱公共秩序罪中的罪名,不仅项前有"破坏社会秩序"的规定,而且项中也有"造成公共场所秩序严重混乱"与"严重破坏社会秩序"的规定。这说明,本罪所保护的法益是社会秩序和公共秩序,只有破坏了社会秩序和公共秩序的行为才能成立寻衅滋事罪。本罪的立法目的就是保护社会秩序和公共秩序,而不是保护公民个人的人身、财产权。

民国时期的刑法和现在其他国家、地区的刑法基本上都规定有暴行罪、胁迫罪和强制罪。实际上我国在 1997 年修订《刑法》时,草案曾规定了暴行罪和胁迫罪,可最后这些犯罪全部被删除了,可能是认为将这样的行为也规定为犯罪,打击面太宽。其实,在某些情况下,暴行和胁迫行为的危害性并不比寻衅滋事的行为小。而且,暴行罪与胁迫罪,可以成为严重犯罪的一道防线,从而减少许多严重犯罪。例如,本来我国伤害罪的入罪门槛基本上比其他国家都高,但我国伤害罪的发生率却占到了我国刑案的第三位,这是很异常的现象。没有暴行罪可能是一个重要原因。有了暴行罪,大家就不敢随意打人,伤害罪也就减少了。有了胁迫罪,大家就安全多了。现在,有的人动不动就对人实施恐吓、威胁行为,对方也不知道他说的是真是假,要么感到很不安,要么先发制人犯了罪。所以,我国刑法还是有必要将暴行与胁迫行为规定为犯罪。由于我国《刑法》规定的故意伤害罪、故意杀人罪都有很高的成立犯罪的要求,可以说,寻衅滋事罪的设立能在一定程度上弥补我国刑法没有规定暴行罪、胁迫罪和强制罪所形成的处罚空隙,加强对公民与公共秩序有关的人身、财产权的保护。

虽然可以认为寻衅滋事罪所保护的法益是社会秩序和公共秩序,但诚如张明楷教授所言,公共秩序和社会秩序都是十分抽象的概念,如果一个罪保护的法益过于抽象,必然会导致对构成要件的解释缺乏实质的限制,从而使构成要件丧失应有的机能。所以,应当联系寻衅滋事罪的四种具体行为类型来确定它保护的法益。①

为发挥法益对构成要件解释的指导机能,必须尽可能明确具体个罪所保护的法益。就寻衅滋事罪而言,由于其规定了构成各异的四种行为类型,很难概括出一种能同时适用于四种行为类型的法益。

就第一种随意殴打型寻衅滋事罪而言(随意殴打他人,情节恶劣的),其所保护的法益是公民在公共生活、公共活动中的身体安全。所以,随意殴打家庭成员,或者基于特殊原因在私人场所殴打特定个人的,就不构成本罪。

就第二种追逐拦截辱骂恐吓型寻衅滋事罪而言(追逐、拦截、辱骂、恐吓他人,情节恶劣的),其所保护的法益是公民在公共生活、公共活动中的行动自由、名誉与意思活动自由。因此,在没有多人在场的情况下,辱骂特定个人的,不属于本罪中的辱骂他人;通过电话、微信、短信的方式或者私下当面恐吓特定个人的,不属于本罪中的恐吓他人。

就第三种强拿硬要损毁占用型寻衅滋事罪而言(强拿硬要或者任意损毁、占用公私财物,情节严重的),其所保护的法益是与财产有关的社会生活的安宁或平稳,不是单纯保护公民个人的财产权。例如,行为人多次使用轻微暴力或者胁迫

---

① 参见张明楷:《张明楷刑法学讲义》,新星出版社2021年版,第582页。

手段,在自由市场任意损毁他人的小商品,导致他人被迫放弃商品经营、情节严重的,成立本罪。但如果行为人为了报复而冲进他人家里一次性地损毁了他人的多件物品的,则只能成立非法侵入住宅罪和故意毁坏财物罪,而不能成立本罪。

就第四种起哄闹事型寻衅滋事罪而言(在公共场所起哄闹事,造成公共场所秩序严重混乱的),其所保护的法益是不特定人或者多数人在公共场所从事活动的自由与安全。所以,在非公共场所,如在特定人的办公室起哄闹事的,一般也不能认定为本罪。

2. 能否以是否"事出有因"来判断是否随意、任意?

案5:甲随意扇断臂的残疾人乙耳光,乙随即咬住了甲的手指。甲把手指拉出来的时候,将乙的两颗门牙拉掉(轻伤),甲的手指也受轻微伤。

本案中,甲随意打残疾人乙耳光,若造成恶劣社会影响,可以成立寻衅滋事罪。但甲对残疾人乙的门牙脱落没有故意,只有过失。如果要对甲的行为定寻衅滋事罪,也不能把甲过失行为造成的结果评价进来。也就是说,即使要将甲的行为认定为寻衅滋事罪,也只能看甲前面随意打残疾人乙耳光的行为本身是否属于情节恶劣,而不能将后面导致残疾人乙门牙脱落的情节评价进来。

随意,就是随心所欲,就是违背常理,不可理喻。司法实践中常常以是否事出有因来判断是否随意,认为事出有因的就不是随意,事出无因的就是随意。这种理解是不对的。例如,他人善意批评行为人,行为人却把他人打了一顿。又如,他人辱骂了行为人一次,行为人却打了他人三顿。再如,现场只有一个人让行为人难堪,行为人却把现场的每个人都揍了一顿。虽然都是事出有因,但无疑属于随意。"任意"损毁、占用公私财物,强调的是没有合法根据或者理由。任意的要求要比随意低一些。随意可谓任意,但任意未必就是随意。

3. 本罪与故意伤害罪、故意毁坏财物罪等罪之间是什么关系?

案6:A、B、C三人半夜喝醉酒后在街上闲逛,三人看到甲后,上前无故殴打甲,C捡起路边石块砸了甲的头部,甲的手机掉到地上后,B将甲的手机拿走了,又从甲的身上搜走了70元,事后鉴定甲的手机价值531元,甲没有受伤。

本案中,C 捡起路边石块砸甲头部的行为,能够评价为"持凶器随意殴打他人",成立寻衅滋事罪。三人的暴力行为已经压制住了甲的反抗,如果甲知道自己的手机掉在地上而被 B 拿在手上,并且三人仍然在对甲实施暴力或者以暴力相威胁,就可以评价为抢劫。但如果甲不知道手机掉在地上被 B 拿走,或者三人后来根本就没有继续对甲实施暴力或者暴力相威胁,就不能认定为抢劫罪,只能将 B 拿走甲手机的行为认定为盗窃罪。综合全案,应该将 A、B、C 三人的行为认定为一个抢劫罪,量刑轻缓一些即可。因为 A、B、C 三个人的暴力行为并不是很严重,也没拿多少钱,认定寻衅滋事罪与抢劫罪实行数罪并罚,可能过重。

我国刑法理论和司法实践一直非常注重不同犯罪之间的界限,并且习惯于找出此罪与彼罪之间的关键区别,但这常常会带来一些问题。比如,为了区分强拿硬要型寻衅滋事罪和敲诈勒索罪、抢劫罪,就要求强拿硬要必须是出于流氓动机,言外之意是,成立敲诈勒索罪和抢劫罪的行为人必须出于其他动机。这其实是为了区分此罪和彼罪而在法定的构成要件之外添加了"流氓动机"这一新的要素。这样做,既不能得出合理的结论,也不符合刑法的规定。其实,与其强调不同犯罪之间的区别,不如注重犯罪之间的竞合。这样更有助于解决争议问题。也就是说,要特别关注各个罪的构成要件内容。

寻衅滋事罪与相关犯罪之间,并没有明确的界限,而是存在广泛的竞合。例如,随意殴打型寻衅滋事,可能同时构成故意伤害罪、故意杀人罪;追逐拦截辱骂恐吓型寻衅滋事,可能同时构成非法拘禁罪、侮辱罪、过失致人死亡罪、过失致人重伤罪;强拿硬要损毁占用型寻衅滋事,可能同时构成抢劫罪、敲诈勒索罪、故意毁坏财物罪、侵占罪、盗窃罪、聚众哄抢罪;起哄闹事型寻衅滋事,可能同时构成聚众扰乱公共场所秩序、交通秩序罪。

4. 如何认定寻衅滋事罪的各种具体行为类型?

《刑法》第 293 条寻衅滋事罪规定了四种行为类型和一种加重类型。

第一,随意殴打他人,情节恶劣的行为。

既然是"随意"殴打,就不是一般的殴打,而且必须是情节恶劣的随意殴打行为。随意,是不合常理,不可理喻,是殴打的理由、对象、方式等明显异常。也就是说,一般人不能接受其殴打行为。从行为人的角度来看,其殴打他人没有任何自我控制。例如,中学老师几十年前曾在课堂上对行为人进行罚站,行为人毕业几十年后当众把这个老师痛打一顿,这就是随意殴打。

第二,追逐、拦截、辱骂、恐吓他人,情节恶劣的行为。

追逐,一般是指妨碍他人停留在一定场所。拦截,一般是指阻止他人随意转移场所的行为。这两种行为都是妨碍他人行动自由的行为。辱骂,是指以言语对他人进行轻蔑的价值判断,不限于针对特定个人,也包括针对一群人、一类人进行的谩骂。恐吓,其实就是胁迫,是以恶害相通告的行为。实施这些行为必须扰乱公共秩序,在非公共场所针对特定个人实施这些行为的,一般不能认定为寻衅滋事罪。

第三,强拿硬要或者任意损毁、占用公私财物,情节严重的行为。

强拿硬要,是指违背他人意志(不是心甘情愿地赠与),强行取得他人财物的行为,既可以表现为夺取财物,也可以表现为迫使他人交付财物。这里的财物也包括财产性利益。例如乘坐出租车后迫使对方免除车费的行为,就属于强拿硬要。吃霸王餐后迫使餐厅老板免除其餐费,也是强拿硬要。强拿硬要行为虽然有一定的强制性,但不要求达到足以压制对方反抗的程度。若达到了这种程度,可直接认定为抢劫罪。损毁公私财物,是指使公私财物的使用价值减少或者丧失的一切行为,跟故意毁坏财物罪中"毁坏"的含义相同,应坚持"效用侵害说"。占用公私财物,是指不当、非法使用公私财物的一切行为。占用公私财物的行为必须具有不正当性,但并不要求行为人具有非法占有目的。也就是说,不管有没有返还财物的意思,都属于这里的占用公私财物。值得注意的是,"任意"不仅是对损毁公私财物的限制,而且是对占用公私财物的限制。"任意"与"随意"的意义接近,但其程度低于"随意"的要求,就是指肆意、恣意,侧重于说明行为不具有合法根据与理由。

第四,在公共场所起哄闹事,造成公共场所秩序严重混乱的行为。

公共场所,是指不特定人或者多数人可以自由出入的场所。起哄闹事行为,应该是具有煽动性、蔓延性、扩展性的行为,而不是单纯影响公共场所局部活动的行为。例如,两人在电影院为争座位而相互斗殴的行为,就不能被评价为起哄闹事。"起哄"和"闹事"之间其实可以用顿号分开,或者说起哄就是闹事,就是在众人面前挑起一种事端。"起哄"并不限于言语形式,向人群扔垃圾、扔一条蛇、扔燃放的鞭炮,都能造成现场秩序严重混乱,都属于起哄闹事。在司法实践中,起哄闹事的一般是多人,但本罪的成立并不要求有多人实施,一两个人实施的,也可能成立本罪。

第五,纠集他人多次实施前款行为,严重破坏社会秩序的行为。

这是寻衅滋事罪加重犯的规定,处5年以上10年以下有期徒刑。该规定其实就是对多次寻衅滋事的纠集者(通常是首要分子)的加重处罚。对于单纯多次参加他人纠集的寻衅滋事行为的,不能作为加重犯处罚,但可能作为寻衅滋事罪同种数罪并罚。

5. 成立本罪,是否需要具有特定目的或流氓动机?

案7:黄某因怀疑邻居在背后说其坏话和个人情绪不佳,酒后无故用扳手及石头等工具将停放在其家门附近的戴某、梁某、彭某、曾某、刘某、郑某的六辆小汽车的挡风玻璃和车身砸损,并将邻居戴某家的不锈钢防盗门砸损。经鉴定,戴某、梁某、彭某、曾某、刘某、郑某的车辆的损失价值分别为人民币1350元、1750元、250元、1000元、2100元、1750元,戴某家的不锈钢防盗门的损失价值为人民币1782元,黄某损毁的财物价值合计人民币9982元。

本案争议焦点:黄某酒后深夜打砸他人财物的行为构成寻衅滋事罪还是故意毁坏财物罪。

公诉机关指控黄某犯故意毁坏财物罪。法院认为,黄某无视国家法律,无事生非,酒后持械任意毁损他人的财物价值合计人民币9982元,情节严重,其行为已构成寻衅滋事罪,依法应予惩处。经查,黄某酒后持械任意毁损他人财物价值人民币9982元,不仅侵犯了被害人的财物权益,同时也侵犯了社会秩序,其行为构成寻衅滋事罪,且同时构成故意毁坏财物罪,属牵连犯,依牵连犯的处罚原则及根据最高人民法院、最高人民检察院《关于办理寻衅滋事刑事案件适用法律若干问题的解释》第 7 条的规定,依法应当择一重罪以寻衅滋事罪追究其刑事责任,故公诉机关所指控的罪名不当,不予支持。①

上述判决存在疑问。虽然被告人酒后无事生非、寻求刺激,无故任意损毁他人财物,具有流氓动机。但从特定时空来看,凌晨两点的小区家门口,不是公共场所,即便任意毁损他人财物,也难说破坏了社会秩序,故应属于单纯故意毁坏他人财物,构成故意毁坏财物罪,而不是寻衅滋事罪。实施一个行为,怎能牵连呢? 判决认定为牵连犯,恐不符合常识。

案 8:某日凌晨一点多钟,文某某、文某与村干部赵灿某、陈建某等五人在当地派出所接受完调查后驾车从派出所离开,赵某某、童某便尾随该车,陈坤某等人也驾车跟随赵某某、童某的汽车前行。当载着文某某、文某的越野车行至韶山环线八亩冲入口处时,童某驾车突然左拐超车强制截停越野车,陈坤某驾车停在越野车之后,赵某某下车后将文某某、文某二人从车上拖下,并殴打致伤。童某下车后打了文某几个耳光。陈坤某等人用在路旁寻找到的木棍控制赵灿某、陈建某等人。经鉴定,文某某右眼上下脸青紫肿胀,构成轻微伤。

本案争议焦点:赵某某、童某的行为构成故意伤害罪还是寻衅滋事罪。

法院认为,故意伤害罪主观上以故意伤害他人的身体健康为目的,伤害的对象往往是特定事情的特定关系人,双方往往产生一定的矛盾或者恩怨,行为人与被害人有一定的接触和交往。寻衅滋事则一般不以伤害他人的身体健康为目的,而是以逞强好胜,耍流氓等行为来破坏社会秩序,侵害的对象往往是不特定的人。行为人因看不惯别人的行为不分青红皂白地殴打他人,以发泄自己心中的无名怒火,而被害人往往不知道行为人殴打自己的真正缘由。本案中赵某某、童某的行为纯粹是为了发泄心中的无名怒火,逞强好胜,是无视法律的表现,故赵某某、童某的行为构成寻衅滋事罪。②

上述判决存在疑问。凌晨一点的普通公路上,显然不属于公共场所。在

---

① 参见广东省海丰县人民法院刑事附带民事判决书,(2018)粤 1521 刑初 144 号。
② 参见湖南省湘潭市中级人民法院刑事裁定书,(2018)湘 03 刑终 196 号。

这种时间、地点殴打特定的人,不可能破坏社会秩序,不应认定成立寻衅滋事罪。

虽然流氓罪已被废除近三十年,但流氓罪依然"阴魂不散",表现在流氓罪的观念还残存在于不少学者和实务人士的头脑中。例如,根据司法解释的规定,只有当行为人为寻求刺激、发泄情绪、逞强耍横、无事生非,实施《刑法》第293条中规定的行为时,才可能成立寻衅滋事罪。刑法理论也认为,要是不强调成立寻衅滋事罪必须出于流氓动机,就无法区分寻衅滋事罪与抢劫罪、敲诈勒索罪、故意伤害罪等罪。其实,寻衅滋事罪与抢劫罪、敲诈勒索罪、故意伤害罪等罪之间并不是对立关系,而是竞合关系。不能要求只有出于其他动机的才能成立抢劫罪、敲诈勒索罪、故意伤害罪等罪。只要使用暴力或者以暴力相威胁的强拿硬要行为足以压制被害人的反抗,就既成立寻衅滋事罪,也成立抢劫罪。只要随意殴打他人的行为造成他人伤害结果,就既成立寻衅滋事罪,也成立故意伤害罪。同时构成多种犯罪时,系想象竞合,从一重处罚即可。再者,不要求行为人主观上必须出于流氓动机,并不意味着不要求行为人主观上具有故意,因而不会导致客观归罪。

6. 在非公共场所殴打、辱骂他人,毁损他人财物,能构成寻衅滋事罪吗?

案9:某日22时许,孔祥某在某小区某号楼前,无故用钥匙将被害人胡连某停放在楼前的宝马牌小型越野客车左侧车门划损。经鉴定,涉案车辆损失价值人民币7125元。

一审法院认为,孔祥某任意毁损他人财物,情节严重,其行为已构成寻衅滋事罪。二审法院认为,本案的主要争议焦点为孔祥某实施划车的行为属于寻衅滋事还是故意毁坏财物。任意毁损公私财物类型的寻衅滋事罪与故意毁坏财物罪的区别在于行为人的主观故意、犯罪动机,以及是否破坏社会秩序。为寻求刺激、发泄情绪、逞强耍横等,无事生非,或者因日常生活中的偶发矛盾纠纷,借故生非,实施毁损公私财物等行为,破坏社会秩序,情节严重,应当认定为寻衅滋事罪;主观上仅具有毁坏公私财物的故意,基于现实的起因而实施有针对性的毁坏公私财物行为,数额较大或者有其他严重情节的,应当认定为故意毁坏财物罪。本案证人证言、被害人陈述、视听资料、鉴定意见、被告人供述等证据能够证实,被害人胡连某将车辆停放在消防通道内,孔祥某对此心生不满,继而用钥匙划损被害人车辆,其主观上仅具有毁坏特定财物的故意,客观上也针对具体特定车辆,并未破坏社会秩序,其行为应当认定为故意毁坏财物罪。同时,本案未达到故意毁坏财物罪的立案追诉标准,孔祥某的行为不应作为犯罪行为进行评价。[①]

本案之所以不构成寻衅滋事罪,并非因为行为人主观上不是出于所谓寻求刺激、发泄情绪、逞强耍横、无事生非的流氓动机,而是因为晚上10点在小区楼前划车,不是在公共场所任意毁损财物,没有破坏社会秩序。

本罪是破坏社会秩序的犯罪,在非公共场所(如单独办公室、他人家里)殴打、辱骂他人,毁损他人财物的,只是侵害了他人的人身、财产权,没有扰乱社会秩序,不能论以寻衅滋事罪。

7. 对寻衅滋事罪的几种行为类型能否进行综合评价?

寻衅滋事罪规定有四种行为类型,但在现实生活中,可能出现行为人实施了两种以上行为,但每一种行为都没有达到情节严重或者情节恶劣的程度的情形,对此能否进行综合评价而认定为寻衅滋事罪,是实践中经常遇到的问题。

当行为人实施了《刑法》第293条第1款所列举的多项行为,虽然各项行为本身并未达到情节严重、情节恶劣等要求,但经过规范评价(而不是单纯的累加事实),可以认定行为人达到了其中一项要求时(符合其中一项的构成要件),仍然可以认定为寻衅滋事罪。例如,行为人一次随意殴打他人,没有达到情节恶劣的程度;一次使用暴力追逐拦截他人,也没有达到情节恶劣的程度;一次使用暴力强拿硬要他人财物,仍没有达到情节严重的程度。可以认为,行为人三次使用暴力随意殴打了他人,达到了情节恶劣的程度,应肯定寻衅滋事罪的成立。但如果追逐拦截和强拿硬要都没有殴打他人的情节,即使有三次行为,也不能综合评价为随意殴打他人情节恶劣,而认定构成寻衅滋事罪。

---

① 参见北京市第二中级人民法院刑事判决书,(2018)京02刑终668号。

8. 是否需要殴打行为具有造成伤害结果的危险性？

实践中，因为不处罚故意伤害罪的未遂犯，而将故意伤害未遂的行为认定为寻衅滋事罪，这是错误的做法。本罪并非故意伤害罪的未遂。也就是说，本罪中的殴打行为并不需要具有造成伤害结果的危险性。如果本罪中的殴打行为具有致人生理机能侵害的危险性，则同时成立寻衅滋事罪和故意伤害罪的既遂或者未遂，属于想象竞合，从一重处罚即可。

9."二年内多次实施不同种类寻衅滋事行为的，应当追究刑事责任"的司法解释规定，有无疑问？

2018年1月16日最高人民法院、最高人民检察院、公安部、司法部《关于办理黑恶势力犯罪案件若干问题的指导意见》指出，2年内多次实施不同种类寻衅滋事行为的，应当追究刑事责任。

上述规定其实是一种整体评价的思维方式。虽然行为人2年内多次实施不同种类的寻衅滋事行为，但如果不符合寻衅滋事罪的任何一种行为类型成立犯罪的条件，也不能综合评价为其中一种行为类型，则行为不符合寻衅滋事罪的构成要件，不能认定为寻衅滋事罪。

10. 在公共场所追逐、拦截、辱骂妇女，是构成强制猥亵、侮辱罪还是本罪？

我国刑法理论与实务习惯于认为，在公共场所追逐、拦截、辱骂妇女的，成立强制猥亵、侮辱罪。言外之意是，在公共场所追逐、拦截、辱骂成年男子的，构成寻衅滋事罪，但追逐、拦截、辱骂妇女的，则成立强制猥亵、侮辱罪。也就是追逐、拦截、辱骂的对象性别不同，则构成的犯罪也不同。但当行为人不知对象是男是女而只管追逐、拦截、辱骂的，则不知道如何处理。强制猥亵、侮辱罪是侵害妇女的性行为的自己决定权的犯罪。如果追逐、拦截、辱骂行为没有侵害妇女的性行为的自己决定权，则不可能构成强制猥亵、侮辱罪。其实，无论追逐、拦截、辱骂的对象是男还是女，只要侵害他人的性行为的自己决定权，都能同时构成强制猥亵罪与寻衅滋事罪，从一重处罚即可。不侵害他人的性行为的自己决定权的，仅成立寻衅滋事罪、侮辱罪。

11. 网上造谣系"在公共场所起哄闹事,造成公共场所秩序严重混乱"吗?

案10:被告人因对法院民事判决不满,利用信息网络大量发布有关判决不公、法官构成民事枉法裁判罪之类的信息。法院认定被告人构成寻衅滋事罪。

本案中,被告人利用信息网络发布信息,如果认为网络空间不是公共场所,则不能认定被告人的行为构成寻衅滋事罪。本书认为,被告人的行为不构成寻衅滋事罪。

2013年9月6日"两高"《关于办理利用信息网络实施诽谤等刑事案件适用法律若干问题的解释》(以下简称《网络诽谤解释》)第5条第2款规定,编造虚假信息,或者明知是编造的虚假信息,在信息网络上散布,或者组织、指使人员在信息网络上散布,起哄闹事,造成公共秩序严重混乱的,依照《刑法》第293条第1款第4项的规定,以寻衅滋事罪定罪处罚。

学界对上述将网络空间看作公共场所的司法解释观点基本上持批评态度。例如,张明楷教授批评认为,其一,"公共场所"是公众(不特定人或者多数人)可以在其中活动的场地、处所,或者说,是公众可以自由出入的场所。这里的"自由出入"并不是指言论的自由出入,而是指身体的自由出入。其二,司法解释其实是用"公共空间"这一上位概念替换了"公共场所"这一下位概念,正如用"他人"这一上位概念替换强奸罪中的"妇女"这一下位概念一样,属于典型的类推解释。其三,在《刑法修正案(九)》增设了编造、故意传播虚假信息罪,并且将虚假信息的内容限定为虚假的险情、疫情、灾情、警情之后,应该认为编造或者传播除此之外的虚假信息的行为,不构成犯罪。可以认为,在《网络诽谤解释》施行一段时间后,立法机关仍然增设编造、故意传播虚假信息罪,明显否定了《网络诽谤解释》第5条第2款的规定,所以该款规定应当自动失效。[①]

本书认为,上述批评意见基本上是可以接受的。不过,在网络发布虚假信息不能构成寻衅滋事罪,不是因为网络空间不能被评价为公共场所。网络空间可以是公共场所。比如,故意在网络空间以焚烧、毁损、涂画、践踏等方式侮辱国

---

① 参见张明楷:《刑法学(第6版)》(下册),法律出版社2021年版,第1400~1401页。

旗、国徽，或者故意篡改国歌歌词、曲谱，以歪曲、贬损方式奏唱国歌的，无疑属于在"公共场合"侮辱国旗、国徽、国歌，而构成侮辱国旗、国徽、国歌罪。通过网络直播私密空间的强奸过程，也能评价为"在公共场所当众强奸妇女、奸淫幼女"。所以，网上造谣不能被认定为寻衅滋事罪，并不是因为网络空间不是公共场所，而是因为，为了保护公民的网络言论自由，应将寻衅滋事罪中的"公共场所"限定为物理空间的公共场所，不包括网络空间。微信群和朋友圈属于公共场所，但在微信群、朋友圈发言的，无论如何不能评价为"在公共场所起哄闹事"，不能构成寻衅滋事罪。

12. 认定"纠集他人多次"，是否需要每次均构成寻衅滋事罪？

《刑法》第 293 条第 2 款规定，纠集他人多次实施前款行为，严重破坏社会秩序的，处 5 年以上 10 年以下有期徒刑，可以并处罚金。本款规定了寻衅滋事罪的加重犯。

本书认为，我国罪名的法定刑普遍偏重，有些法官还习惯于适用重刑，所以解释论上应严格限制加重犯的成立范围。就寻衅滋事罪的加重犯而言，应要求行为人的每次行为均构成寻衅滋事罪，才能认定为"纠集他人多次"而肯定加重犯的成立。

13. 本罪是否符合立法论？

寻衅滋事罪所保护的法益和立法目的不够明确，行为类型不够清晰，不符合罪刑法定的明确性要求，与相关犯罪的界限模糊。本罪一定程度上压制了公民的言论自由。可以认为，即便没有该罪名，我国《刑法》分则中的现有罪名也足以保护公民的人身、财产权和社会公共秩序，本罪亦不符合立法论的逻辑。

第三十八节　催收非法债务罪

> ·导　读·
>
> 设立本罪旨在扩大人身犯罪的处罚范围。应将催收的对象限定为高利

放贷产生的民法不予支持的高额利息以及赌债等法律不予保护的债务。行为人使用暴力、胁迫、限制人身自由、侵入住宅、恐吓、跟踪、骚扰等方法进行催收，同时构成故意伤害、故意杀人、非法拘禁、抢劫、敲诈勒索等犯罪的，属于想象竞合，从一重处罚；催收的方法不构成故意伤害、非法拘禁等犯罪的，只能认定成立催收非法债务罪，不能认定同时成立寻衅滋事罪。催收合法债务的，只能根据手段行为进行评价，认定成立非法拘禁、故意伤害等犯罪，不能认定为本罪和寻衅滋事罪。催收非法债务的，构成催收非法债务罪，同时可能构成故意伤害罪、非法拘禁罪、非法侵入住宅罪、抢劫罪、敲诈勒索罪等罪，从一重处罚，不能构成寻衅滋事罪。

  本罪是单行为犯，只要行为人以催收高利放贷等产生的非法债务为目的，对"债务人"实施暴力、胁迫、跟踪等行为，情节严重的，就足以成立本罪的既遂。"催收高利放贷等产生的非法债务"本身并不是构成要件行为，而是行为的目的，或者说是主观的超过要素。催收高利放贷中的合法本息，不构成本罪，只能根据手段的性质，认定成立非法拘禁罪等罪，但不构成寻衅滋事罪。本罪的增设存在法理上的疑问。不管如何理解催收非法债务罪的成立条件，都难以正确处理催收非法债务罪与抢劫罪、敲诈勒索罪等财产犯罪之间的关系。

条 文

  第二百九十三条之一 【催收非法债务罪】有下列情形之一，催收高利放贷等产生的非法债务，情节严重的，处三年以下有期徒刑、拘役或者管制，并处或者单处罚金：

  （一）使用暴力、胁迫方法的；

  （二）限制他人人身自由或者侵入他人住宅的；

  （三）恐吓、跟踪、骚扰他人的。

罪名精释

1. 本罪的保护法益和立法目的是什么？

本罪属于《刑法》分则第六章妨害社会管理秩序罪的第一节扰乱公共秩序罪中的罪名，故从形式上看，其保护的法益是公共秩序。不过，张明楷教授撰文指出，应对催收非法债务罪所保护的法益进行补正解释，其认为公共秩序、社会秩序以及合法、正当的民间借贷秩序，都不应是催收非法债务罪的保护法益；根据《刑法》第293条之一对构成要件行为的表述，催收非法债务罪的保护法益只能是个人法益，即个人的人身权利，主要内容是身体、人身自由、住宅不受侵犯的权利，以及意思决定自由与住宅权；财产法益也不是本罪的保护法益，因为如果认为本罪的保护法益包括财产法益，使本罪包括了财产罪的内容，则难以说明本罪的既遂标准。关于本罪的立法目的，张明楷教授认为，本罪属于侵犯人身权利的犯罪，所以应当将本罪置于《刑法》分则第四章。换言之，《刑法》分则第四章没有规定暴行罪、胁迫罪、恐吓罪、跟踪罪等侵犯人身权利的犯罪，进而导致刑法增设催收非法债务罪。反之，如果我国《刑法》分则像德国、日本等国刑法那样规定上述侵犯人身权利的犯罪，则完全不需要增设催收非法债务罪。[①]

立法的本意或许在于，为维护社会稳定，杜绝以暴力、胁迫、限制他人人身自由、侵入他人住宅、恐吓、跟踪、骚扰等非法方式催收高利贷、赌债等非法债务。但既然是非法债务，行为人以非法方式催收债务，就不仅是手段不当，目的也不当，因此不能单纯对讨债的手段进行评价，还应对其目的行为进行评价，即由于行为人具有非法占有目的，应成立抢劫罪、敲诈勒索罪等财产罪。此外，以非法拘禁手段催收合法债务的，按照《刑法》第238条第3款"为索取债务非法扣押、拘禁他人的，依照前两款的规定处罚"的规定，成立非法拘禁罪。而催收非法债务罪的增设，意味着以非法拘禁方式催收合法债务的，构成非法拘禁罪，而以暴力、胁迫、限制人身自由、恐吓、跟踪、骚扰等方式催收非法债务的，反而仅构成法定最高刑为3年有期徒刑的催收非法债务罪，等于变相肯定了刑法保护非法

[①] 参见张明楷：《催收非法债务罪的另类解释》，载《政法论坛》2022年第2期。

债务。

  本书倾向于认为,应对本罪所保护的法益进行补正解释,认为本罪是保护公民个人人身权的犯罪。我国刑法所规定的故意伤害罪、故意杀人罪等人身犯罪的成立,都有量的要求,而我国刑法又没有如其他国家、地区那样规定有暴行罪、胁迫罪、跟踪罪。所以,为维护社会稳定,保护公民的人身权,对于以非法手段催收非法债务的,应以本罪论处。至于是否另外构成抢劫罪、敲诈勒索罪等财产犯罪,按照犯罪构成和罪数原理处理即可。质言之,设立本罪就是旨在扩大人身犯罪的处罚范围。将非法债务限定为"高利放贷等非法行为产生的合法本息或合法债务",认为以暴力、胁迫等手段催收合法债务,尚不构成非法拘禁罪等犯罪的,以本罪论处的观点,也存在疑问。因为,既然是合法债务,催收合法债务就是行使权利的行为,若行使权利的手段不当,只需根据手段行为进行评价。既然手段行为不构成非法拘禁罪等犯罪,就不应当作为犯罪处理。否则,也同样违反了法秩序统一性和刑法的谦抑性原理。

  其实,近年来《刑法》分则中这种设置轻罪但不排斥重罪成立的立法例,并不少见。例如,危险驾驶罪、帮助信息网络犯罪活动罪、高空抛物罪。实施危险驾驶行为,可能同时成立交通肇事罪、以危险方法危害公共安全罪等罪。帮助信息网络犯罪活动的,通常还成立诈骗罪、非法经营罪、开设赌场罪、传播淫秽物品牟利罪、侵犯公民个人信息罪等相关犯罪的共犯。高空抛物的,还可能同时成立故意杀人罪、故意伤害罪等罪。所以在我国并不能完全否认这种立法例的合理性。

2. 何为"高利放贷等产生的非法债务"?

  张明楷教授曾经认为,本罪中的"非法债务",应仅限于因高利贷和赌博产生的非法债务,不应包括其他非法债务。[①] 但张明楷教授在2022年撰文指出,"催收高利放贷等产生的非法债务",是指催收高利放贷等非法行为产生的合法本息或合法债务,而不是指催收超出合法本息或合法债务等法律不予保护的债

[①] 参见张明楷:《刑法学(第6版)》(下册),法律出版社2021年版,第1405页。

务;赌债、毒债等违法行为产生的债务不属于本罪中的债务;对于以暴力、胁迫等方法催收法律不予保护的债务的行为,应以抢劫罪、敲诈勒索罪等财产罪追究刑事责任。①

从法秩序统一性原理和犯罪之间的协调考虑,上述解释具有相当的合理性。不过,本书认为,既然条文表述的是"非法债务",还是应当将催收的对象限定为高利放贷产生的民法不予支持的高额利息以及赌债等法律不予保护的债务。至于高利放贷产生的合法本息,因为属于合法债务,只有以《刑法》分则所规定的犯罪手段进行催收,如非法拘禁、绑架等,才能根据其手段认定成立相应犯罪。至于以本罪所规定的手段催收非法债务的,是否同时构成抢劫罪、敲诈勒索罪等其他财产犯罪,按照犯罪构成和罪数原理处理即可。也就是说,成立本罪并没有排除抢劫罪等罪的成立。设立本罪,就是要降低人身犯罪的入罪门槛,就是要告诉人们,不能以非法手段催收债务。

3. 本罪与故意伤害罪、非法拘禁罪、敲诈勒索罪、抢劫罪、寻衅滋事罪、非法侵入住宅罪等罪之间是什么关系?

由于张明楷教授将"催收高利放贷等产生的非法债务"限缩解释为"催收高利放贷等非法行为产生的合法本息或合法债务",所以其认为,行为人以暴力、胁迫等手段催收高利放贷中的合法本息的,以催收非法债务罪论处;行为人以暴力、胁迫等手段催收高利放贷中的高息部分的,以抢劫罪、敲诈勒索罪等罪论处,才能实现法秩序的统一性。如果行为人采取非法拘禁的方式催收基于高利放贷所产生的合法本息,拘禁行为达到非法拘禁罪的成立标准的,属于包括的一罪。如果行为人为催收基于高利放贷所产生的合法本息而非法侵入住宅,同时达到催收非法债务罪的成立标准的,属于包括的一罪,从一重处罚。如果采取非法限制人身自由或者侵入他人住宅方式催收基于高利放贷产生的合法本息后,又采取暴力、胁迫方式或者限制人身自由或侵入住宅方式催收高于合法本息的高额利息的,则另构成抢劫罪、敲诈勒索罪等罪,实行数罪并罚。既然以非法拘禁方

---

① 参见张明楷:《催收非法债务罪的另类解释》,载《政法论坛》2022 年第 2 期。

式催收合法债务的也仅成立非法拘禁罪,处3年以下有期徒刑,那么,对于以暴力、胁迫、跟踪、恐吓等手段更为轻微的方式催收基于高利放贷产生的合法本息的行为,就不能科处更高的刑罚;如果将这种行为认定为法定刑更高的寻衅滋事罪,就明显导致刑法适用的不协调,违反罪刑相适应原则。所以,对符合催收非法债务罪构成要件的行为,不得以寻衅滋事罪论处。[1]

本书认为,本罪中的非法债务应限于高利放贷产生的不受民法保护的高额利息和赌债等法律不予保护的非法债务;行为人使用暴力、胁迫、限制人身自由、侵入住宅、恐吓、跟踪、骚扰等方法进行催收,同时构成故意伤害罪、故意杀人罪、非法拘禁罪、抢劫罪、敲诈勒索罪等犯罪的,属于想象竞合,从一重处罚;催收的方法不构成故意伤害罪、非法拘禁罪等犯罪的,只能认定成立催收非法债务罪,不能认定同时成立寻衅滋事罪。

4. 如何把握本罪与正当行使权利、合法讨债的界限?

关键是看催收的债务本身是否受法律保护,是不是合法债务。催收合法债务的,只能根据手段行为进行评价,认定为非法拘禁罪、故意伤害罪等犯罪,不能认定为本罪和寻衅滋事罪。催收非法债务的,构成催收非法债务罪,同时可能构成故意伤害罪、非法拘禁罪、非法侵入住宅罪、抢劫罪、敲诈勒索罪等罪而从一重处罚,不能构成寻衅滋事罪。

5. 催收非法债务罪是复行为犯还是单行为犯?

从本罪的条文表述来看,《刑法》第293条之一规定的三类行为属于手段行为,而"催收高利放贷等产生的非法债务"是目的行为。但这并不意味着本罪是"手段行为+目的行为"的复行为犯,相反,应当认为,本罪是单行为犯,只要行为人以催收高利放贷等产生的非法债务为目的,对"债务人"实施暴力、胁迫、跟踪等行为,情节严重的,就足以成立本罪的既遂。在此意义上说,"催收高利放贷等产生的非法债务"本身并不是构成要件行为,而是行为的目的,或者说是主

---

[1] 参见张明楷:《催收非法债务罪的另类解释》,载《政法论坛》2022年第2期。

观的超过要素。

6. 催收高利放贷中的本金与合法利息,构成本罪吗?

催收高利放贷中的合法本息,不构成本罪,应根据手段的性质,认定成立非法拘禁罪等罪,但不构成寻衅滋事罪。

7. 本罪的增设有无法理上的疑问?

如果说行为人采用暴力、胁迫等手段催收的是被害人没有偿还义务的非法债务,理当可以由抢劫罪、敲诈勒索罪等财产犯罪进行规制,而根本不需要增设本罪,否则会造成明显的不协调:民法不保护非法债务,刑法却保护非法债务。另外,在以往的司法实践中,对采取非法拘禁方式催收合法债务的行为以非法拘禁罪论处,而对采取跟踪、骚扰等方式催收合法债务的行为却以更重的寻衅滋事罪论处,不仅导致寻衅滋事罪的适用范围无限扩张,而且造成刑法的适用明显不协调。避免这种不协调现象,或许是立法机关增设催收非法债务罪的动机所在。然而,如果认为本罪的"非法债务"是指法律不予保护的债务,即债务本身非法,则会造成本罪与抢劫罪、敲诈勒索罪等罪之间的不协调。也就是说,不管如何理解催收非法债务罪的成立条件,都难以正确处理催收非法债务罪与抢劫罪、敲诈勒索罪等财产犯罪之间的关系。

第三十九节　组织、领导、参加黑社会性质组织罪

·导　读·

本书认为,黑社会性质组织的存在本身就对社会存在威胁,所以要通过对组织者、领导者的打击达到取缔这种黑社会性质的组织的目的。不能认为本罪是举动犯。为黑社会性质的组织提供洗衣做饭等日常生活服务的,是中立的帮助行为,不应认定为参加黑社会性质组织罪。设立本罪存在重

复评价的问题。对于参加者而言,如果其只是参与实施一般违法活动,不值得以参加黑社会性质组织罪定罪处罚,而实施犯罪活动的,应该评价为参加黑社会性质组织罪与所实施的具体犯罪的想象竞合犯,从一重处罚即可。

黑社会性质组织所犯的全部罪行,并非指黑社会性质组织成员所犯的全部罪行,而是应限于组织者、领导者所组织、发动、指挥实施的全部罪行。《刑法》第294条第4款中数罪并罚的规定是注意规定。从立法论上讲,本罪没有存在的必要。

条 文

第二百九十四条第一款 【组织、领导、参加黑社会性质组织罪】组织、领导黑社会性质的组织的,处七年以上有期徒刑,并处没收财产;积极参加的,处三年以上七年以下有期徒刑,可以并处罚金或者没收财产;其他参加的,处三年以下有期徒刑、拘役、管制或者剥夺政治权利,可以并处罚金。

第二款 【入境发展黑社会组织罪】

第三款 【包庇、纵容黑社会性质组织罪】

第四款 犯前三款罪又有其他犯罪行为的,依照数罪并罚的规定处罚。

第五款 黑社会性质的组织应当同时具备以下特征:

(一)形成较稳定的犯罪组织,人数较多,有明确的组织者、领导者,骨干成员基本固定;

(二)有组织地通过违法犯罪活动或者其他手段获取经济利益,具有一定的经济实力,以支持该组织的活动;

(三)以暴力、威胁或者其他手段,有组织地多次进行违法犯罪活动,为非作恶,欺压、残害群众;

(四)通过实施违法犯罪活动,或者利用国家工作人员的包庇或者纵容,称霸一方,在一定区域或者行业内,形成非法控制或者重大影响,严重破坏经济、社会生活秩序。

罪名精释

1. 本罪的实质与立法目的是什么?

案1:吴某平因犯窝赃罪被判处有期徒刑2年,于1991年刑满释放后,继续混迹于社会,吴某平本人纠集他人实施了一系列违法行为,用"拳头""棍棒"等暴力行为在某县县城称王称霸。2004年至2012年,吴某平网罗涂某、刘某军、吴某、祁某峰、陈某平、周某成等,长期纠集在一起实施违法犯罪活动,在当地造成恶劣的社会影响,逐步形成以吴某平为首的黑社会性质组织。为壮大经济实力,吴某平插手建筑工程项目、拆迁项目等,且成立了建筑工程公司,吴某平任公司法定代表人。2006年,吴某平纠集组织成员刘某军、涂某、陈某平、祁某峰、吴某等人伙同刘某民(另案处理)、范某(已死亡)等近百人实施聚众斗殴犯罪,在某县树立非法权威,造成恶劣社会影响。2012年以后,吴某平、吴某通过建筑工程公司参与或插手某县的多项工程建设项目,打击竞争对手,聚敛钱财,并安排汪某、祁某峰、田某为等从事工程项目招投标、看护场地、车辆驾驶等工作并发放工资。其间,该组织利用在社会上的恶名,在工程项目和拆迁领域,多次对当地的居民、村民使用暴力、威胁等手段,强揽工程、强行推进工程进度,谋取巨额经济利益。以吴某平为首的黑社会性质犯罪组织在某县区域内不断发展、壮大,该犯罪组织实施了聚众斗殴、寻衅滋事、强迫交易、敲诈勒索、串通投标等一系列违法犯罪活动。

法院认为:(1)在组织特征方面。吴某平于1991年刑满释放后,继续混迹于社会,用"拳头""棍棒"等暴力行为在某县县城称王称霸。2004年至2012年,吴某平网罗涂某、刘某军、吴某、祁某峰、陈某平、周某成等,长期纠集在一起实施违法犯罪活动,在当地造成恶劣的社会影响,逐步形成以吴某平为首的黑社会性质组织。特别是纠集众人在龙海煤矿聚众斗殴,在某县县城内扩大影响,树立非法权威。吴某平在组织内部被公认为老大,称为"吴总""大哥",具有绝对权威,组织成员均不敢违背吴某平的指令,其系该组织的组织者、领导者;涂某、刘某军、吴某直接听命于吴某平,多次指挥或积极参与实施有组织的违法犯罪活动,系该组织的骨干成员;陈某平、祁某峰、周某成明知吴某平等长期实施违法犯罪活动仍然接受组织安排、服从管理,系一般参加者。该组织内部分工明确,吴某平依托工程项目和公司经营,负责决策、指挥、协调、管理整个组织,涂某、刘某军、吴某负责执行吴某平的指示,其他人员接受领导和管理,多次参与实施有组织的违法犯罪活动,符合《刑法》第294条第5款第1项"形成较稳定的犯罪组织,人数较多,有明确的组织者、领导者,骨干成员基本固定"的规定。

（2）在经济特征方面。该犯罪组织依托项目建设、公司经营,通过强迫交易、敲诈勒索、串通投标等犯罪行为,承揽工程项目,非法获取经济利益,具有一定的经济实力,并用以支撑该组织发展、壮大,符合《刑法》第294条第5款第2项"有组织地通过违法犯罪活动或者其他手段获取经济利益,具有一定的经济实力,以支持该组织的活动"的规定。

（3）在行为特征方面。该组织为树立非法权威、形成强势地位、打击竞争对手、谋取经济利益,以暴力、威胁或者其他手段,有组织地实施故意伤害、聚众斗殴、寻衅滋事、敲诈勒索、强迫交易等多起犯罪活动,符合《刑法》第294条第5款第3项"以暴力、威胁或者其他手段,有组织地多次进行违法犯罪活动,为非作恶、欺压、残害群众"的规定。

（4）在危害性特征方面。该组织通过大肆公然地实施违法犯罪活动,造成当地群众心理强制,产生心理恐慌,称霸一方,对被害人形成心理强制,严重破坏经济社会生活秩序,致使被害人合法权益受到侵害后不敢通过正当途径维护自身权益。在一定区域和行业内,形成非法控制或重大影响,通过打压竞争对手、串通投标等手段,严重破坏某县域的经济社会生活秩序,造成恶劣社会影响,符合《刑法》第294条第5款第4项"通过实施违法犯罪活动,或者利用国家工作人员的包庇或者纵容,称霸一方,在一定区域或者行业内,形成非法控制或者重大影响,严重破坏经济、社会生活秩序"的规定。

综上所述,以吴某平为首的组织已同时具备法律规定的黑社会性质组织犯罪的"四个特征",吴某平已构成组织、领导黑社会性质组织罪。[①]

---

① 参见湖北省宜昌市中级人民法院刑事裁定书,(2021)鄂05刑终79号。

司法实践表明,成立黑社会性质组织的前提是存在有组织地实施违法犯罪活动。司法人员在判断的时候,也是遵循先审查所实施的违法犯罪活动,据此判断是否符合黑社会性质组织的特征,再认定是否构罪的逻辑思路。既然如此,本罪的实质就是组织、领导、参加黑社会性质组织的活动。正如组织、领导传销活动罪,其实质也是组织、领导传销组织一样,只是"两高"在确定该条的罪名时可能觉得"组织、领导传销组织罪"有点别扭,而"取名"为组织、领导传销活动罪。没有实施任何传销活动的,不可能被认定为传销组织。同样,没有实施任何违法犯罪活动的,也不可能被认定为黑社会性质组织。

所以,本罪的实质就是组织、领导、参加具有黑社会性质的组织的违法犯罪活动。而这对于参加者和组织、领导者意义也有所不同。应该认为,前者只是参与实施组织的具体违法犯罪活动。后者除了组织、领导、实施具体的违法犯罪活动外,还为组织本身的存在和发展"操心",而这种组织的存在本身就对社会存在威胁,所以政府要通过对组织者、领导者的打击达到取缔这种黑社会性质的组织的目的。这正是本罪的立法目的或者价值之所在。

2. 如何把握本罪与不可罚的中立帮助行为的界限？

为黑社会性质的组织提供洗衣做饭等日常生活服务的,是中立的帮助行为,不应认定为参加黑社会性质组织罪。司法实践中,对于主观上没有加入黑社会性质组织的意愿,受雇到黑社会性质组织开办的公司、企业、社团工作,未参与或者仅参与少量黑社会性质组织的违法犯罪活动的人员,一般也不认定其构成犯罪。

3. 本罪是所谓的举动犯吗？

我国刑法理论通说认为,本罪是将预备性质的行为提升为实行行为的举动犯,行为人一着手实行即构成既遂。[①]

[①] 参见高铭暄、马克昌主编:《刑法学(第10版)》,北京大学出版社、高等教育出版社2022年版,第147页。

将本罪认定为举动犯显然不合适。无论是组织、领导还是参加黑社会性质组织,都会有一个过程,不可能喊一声"我来也",或者"喝碗鸡血"宣誓一下,就值得作为犯罪而且是犯罪既遂处罚。其实在国外,举动犯和行为犯是一个概念。我国刑法理论通说却在行为犯概念之外提出一个一着手实行就既遂的举动犯概念,这是有问题的。认为参加黑社会性质组织罪是"行为与结果同时发生,行为与结果发生之间不存在时空间隔"的行为犯,基本上可以成立,但应认识到,"参加"行为的法益侵害性就源自其参与实施的具体违法犯罪活动。也就是说,剔除其所参与实施的具体违法犯罪活动,其参加行为的违法性将无从体现。所以,参加黑社会性质组织与其所实施的犯罪活动不应实行并罚,二者之间是想象竞合关系,应当从一重处罚。从理论上讲,只有多次参与实施不构成犯罪的违法活动,才有可能单独评价为参加黑社会性质组织罪,但一般来说不应认为值得科处刑罚。

组织、领导黑社会性质组织罪,还是一种准抽象危险犯。也就是说,该罪的处罚根据在于,组织、领导这种组织会对社会管理秩序、公共安全、普通民众的人身财产安全形成持续性的威胁。但这种威胁又不像盗窃、持有枪支这种只要实施一定的行为,按照人们一般的生活经验就能得出具有危险性的结论的犯罪,而是需要在个案中具体判断是否具备了法律规定的四个特征。所以本罪既不是盗窃枪支这类抽象危险犯,也不是放火这类具体危险犯,而是类似破坏交通工具罪之类的准抽象危险犯。

4. 适用本罪应如何避免重复评价?

案2:2018年4月,彭某兴、董某华、刘某水、徐某、周某俊、陆某、宋某军等人为达到控制、垄断长江B7浮及附近水域非法采砂市场、收取非法采砂船主保护费的目的,纠集在一起,形成了以彭某兴为组织者、领导者,董某华为组织者,徐某、周某俊、陆某、刘某水、胡某、孙某飞、王某斌等人为积极参加者,董某翔、宋某兵、董某、刘某建、董某军、卢某等人为一般参加者的黑社会性质组织。该组织通过威胁、驱赶、拦截、勒索、滋扰等暴力、威胁手段,有组织地实施了寻衅滋事犯罪三起、聚众斗殴一起;敲诈勒索共计65.76万元:非法滥采江砂36,850吨,价值47.91万元。该组织于2018年4月22日实施了首次有组织的寻衅滋事犯罪,至2018年5月17日完全控制、垄断了B7浮上下游3公里和B6上下游2公里长江水域的非法采砂业。仅半年时间就非法聚敛钱财近300万元。

在该组织的控制下,上述水域的江砂被大肆盗采,造成河床结构受损量达33,529.84立方米,涵养水源、净化水质的受损量达8450立方米,生态环境损害数额共计69.98万元。采砂时大量非法采砂船占用航道,影响正常船舶航行。非法采砂、销赃行为冲击了正常的砂石市场。综上,以彭某兴为首的犯罪组织对长江B7浮及其附近水域生态环境、通航安全、堤防安全、渔业资源、社会治安、经济秩序造成严重危害,造成恶劣的社会影响。

董某华、刘某水、董某、刘某建等人另实施了非法采矿、敲诈勒索犯罪行为。

法院认为,彭某兴、董某华等人为牟取非法利益,纠集、网罗徐某、周某俊、陆某、刘某水、胡某、孙某飞、王某斌、董某翔、宋某兵、董某、刘某建、董某军、卢某等人,形成较为稳定的,有明确组织者、领导者,骨干成员固定,人数较多的犯罪组织,并以此为基础,有组织地通过实施敲诈勒索、非法采矿、寻衅滋事、聚众斗殴等违法犯罪活动进行敛财,再将所敛聚钱财用以维系、支持组织的生存、发展,造成重大社会影响,该组织具备黑社会性质组织的组织特征、经济特征、行为特征、危害性特征,应认定为黑社会性质组织。对各被告人应按所组织、领导、参加黑社会性质组织罪与其参与的具体犯罪进行并罚。

法院判决:(1)彭某兴犯组织、领导黑社会性质组织罪,敲诈勒索罪,寻衅滋事罪,聚众斗殴罪,非法采矿罪;(2)董某华犯组织黑社会性质组织罪、敲诈勒索罪、寻衅滋事罪、聚众斗殴罪、非法采矿罪;(3)徐某犯参加黑社会性质组织罪、敲诈勒索罪、寻衅滋事罪;(4)周某俊犯参加黑社会性质组织罪、敲诈勒索罪、寻衅滋事罪;(5)陆某犯参加黑社会性质组织罪、敲诈勒索罪;(6)刘某水犯参加黑社会性质组织罪、敲诈勒索罪、寻衅滋事罪、非法采矿罪;(7)胡某犯参加黑社会性质组织罪、敲诈勒索罪;(8)孙某飞犯参加黑社会性质组织罪、敲诈勒索罪;(9)王某斌犯参加黑社会性质组织罪、敲诈勒索罪;(10)董某翔犯参加黑社会性质组织罪、敲诈勒索罪;(11)宋某兵犯参加黑社会性质组织罪、敲诈勒索罪、寻衅滋事罪;(12)董某犯参加黑社会性质组织罪、敲诈勒索罪、寻衅滋事罪、聚众斗殴罪、非法采矿罪;(13)刘某建犯参加黑社会性质组织罪、敲诈勒索罪、聚众斗殴罪;(14)董某军犯参加黑社会性质组织罪、敲诈勒索罪、聚众斗殴罪;(15)卢某犯参加黑社会性质组织罪、敲诈勒索罪。[1]

  应该说,组织、领导、参加黑社会性质组织罪条款中数罪并罚的规定有悖刑法上的禁止重复评价原则。[2] 数罪并罚说在德国也曾得到广泛的支持。理由在于,作为这种组织成员资格的可罚性,并不包括其为这个组织所实施的犯罪行为。但后来德国有案例反对这种立场,主张应作为想象竞合犯处理。德国罗克辛教授也对想象竞合说立场表示支持,理由是,其作为这种组织成员资格的可罚性,正是体现在其为这个组织所实施的具体犯罪活动上,剔除其所实施的具体犯罪行为,参加行为根本就不具备可罚的基础。[3]

  本书认为,对于参加者而言,如果只是参与实施一般违法活动,不值得以参加黑社会性质组织罪定罪处罚,而实施犯罪活动的,应该评价为成立参加黑社会性质组织罪与所实施的具体犯罪的想象竞合犯,从一重处罚即可。对于组织者、领导者而言,如果该组织仅实施违法活动,不可能被评价为黑社会性质组织。也就是说,只有多次实施了不同的犯罪活动(多个罪名),该组织才有可能被评价为黑社会性质组织,所以此时对组织者、领导者既以组织、领导黑社会性质组织罪论处,又另外定罪,并且实行并罚,还是有重复评价的嫌疑。因此,本书提出一个折中方案:只有组织者、领导者在实施已达罪量要求的犯罪之外,还实施了未达罪量,尤其是通常并不处罚的性质一般的犯罪的未遂,如盗窃、诈骗数额较大的未遂,这时可考虑将这些因未达罪量而本来不处罚的"犯罪"(定性意义上)行为,评价为黑社会性质组织的行为特征。若同时具备其他特征,就可以评价为组织、领导黑社会性质组织罪,进而与另外实施的够罪的具体犯罪数罪并罚。之所以这样处理,是考虑到,既然立法上没有废除组织、领导、参加黑社会性质组织罪

---

[1] 参见江苏省南通市中级人民法院刑事裁定书,(2020)苏06刑终271号。
[2] 参见张明楷:《刑法学(第6版)》(下册),法律出版社2021年版,第1407页。
[3] Vgl. Claus Roxin, Strafrecht Allgemeiner Teil: Besondere Erscheinungsformen der Straftat, Band Ⅱ, C. H. Beck, 2003, S.827.

这个罪名,不得已只能尽量限缩其适用。

上述案2中,对于组织、领导者彭某兴和组织者董某华,以组织、领导黑社会性质组织罪,组织黑社会性质组织罪与所实施的具体犯罪(敲诈勒索罪、寻衅滋事罪、聚众斗殴罪、非法采矿罪)数罪并罚,是可以接受的。但对于徐某、周某俊、陆某、刘某水、胡某、孙某飞、王某斌等积极参加者,与董某翔、宋某兵、董某、刘某建、董某军、卢某等一般参加者,以参加黑社会性质组织罪与所实施的具体犯罪(敲诈勒索罪、寻衅滋事罪、非法采矿罪、聚众斗殴罪)数罪并罚,就存在重复评价的嫌疑。正是因为这些参加者实施了敲诈勒索、寻衅滋事、聚众斗殴、非法采矿这些具体犯罪活动,才被评价为"参加"黑社会性质组织。换句话说,如果参加者不实施这些具体犯罪,根本不可能被评价为参加黑社会性质组织罪。所以原则上说,对这些黑社会性质组织的参加者,要么认定为参加黑社会性质组织罪,要么根据其所实施的具体犯罪进行评价,或者作为想象竞合处理,而不宜同时评价进而数罪并罚,这违反了禁止重复评价原则。

5. 如何认定黑社会性质组织的组织特征?

黑社会性质组织的成立需同时具备组织特征、经济特征、行为特征、非法控制特征(危害性特征),它们分别对应《刑法》第294条第5款的四项规定。这四项规定看起来清楚明白,但在理论和实践中争议很大。本罪之所以沦为"口袋罪",也是因为对这四个特征的把握不准。因此,要想收缩这个罪的"口袋",也应从这四个特征的认定入手。

对于黑社会性质组织的组织特征,可从如下几方面进行审查判断:

(1)审查犯罪组织的目的性

相较于普通的共犯组织实施犯罪,黑社会性质的组织实施违法犯罪并非为了实现成员个体的利益,而是以组织利益为目的,维系组织的稳定,实现组织的发展。

(2)审查核心成员的稳定性

黑社会性质组织有其自身结构上的稳定性,这种稳定性就源自其核心成员的相对固定。无论组织对外表现的形态如何,总有一个"大脑"在控制着组织的运转和发展。因此,不管表面上有多么松散,只要组织存在稳定的核心和主要成员,相互关系牢固,就不妨碍对组织特征的肯定。

(3)审查犯罪组织内部的组织性、纪律性

犯罪组织的严格的内部纪律,是区别一般犯罪组织与黑社会性质组织的关键标准,也是证成黑社会性质组织的组织特征的重要依据。从实践经验来看,如果缺少严格的内部纪律,犯罪组织就不能构建严密的组织结构,而涣散的组织又是难以发展壮大的。显然,黑社会性质组织作为一种拥有较强犯罪能力的组织,必然有其内部的严格纪律,否则难以在一定时期内维持组织内部的稳定和外部的发展。因此,在认定某组织是否系黑社会性质组织时,可以审查该组织是否存在一定的内部纪律、规约。

除以上三个审查方向外,在判断组织特征时,还应重视犯罪组织内部的分配机制。相较于一般犯罪组织实行犯罪后直接分赃,黑社会性质组织往往体现出更稳定的、目标更长远的分配机制。黑社会性质组织在分配犯罪所得时,对于成员个体,会按照其地位、贡献大小分配利益。此外,为了组织的维持和发展,也会预留一定的"发展基金"。

实务中肯定组织特征的判例如在"王某等人黑社会性质组织案"中,该组织有明显的组织者、领导者,以及数十名基本稳定的成员,形成了一定规模。组织层级脉络清晰,通过以上带下的模式进行管理。组织有成员共同遵守的纪律,如服从命令、互相包庇等,用以约束成员的行为,故符合组织特征。[1]

否定组织特征的判例如:(1)在"张某某等故意杀人、敲诈勒索、组织卖淫案"中,涉案村民委员会是依法选举产生的,具有合法性。另外,该村民委员会并非以实施违法犯罪为目的成立的,现有证据也不能够证明其成立后主要实施违法犯罪活动,故不符合组织特征。[2]

(2)在"孙某某等黑社会性质组织案"中,涉案人员中长期为孙某某工作的只有司机曲某某一人,其他人在孙某某手下工作了一段时间后陆续离开。依据

---

[1] 参见最高人民法院刑事审判第一、二、三、四、五庭主办:《刑事审判参考》总第74集,法律出版社2010年版,第131页。

[2] 参见最高人民法院刑事审判第一、二、三、四、五庭主办:《刑事审判参考》总第74集,法律出版社2010年版,第108页。

案件事实,孙某某等人实施违法犯罪时内部无明显层级区分和职责分工,也没有成文或不成文的内部纪律规定,故不符合组织特征。①

(3)在"牛某某等人黑社会性质组织案"中,涉案人均不属于组织成员,也没有明确的上下级关系和职责分工,不存在稳定组织体系。另外,该犯罪团伙未有类似帮规的内部纪律规定,虽牛某某要求雇员交纳"保证金",但不能将其视为一种帮规,充其量只是一种管理的手段,故不符合组织特征。②

(4)在"麦某某等人黑社会性质组织案"中,林某某雇用或临时叫来的帮忙人员是可以随时离开的,未形成稳定组织结构。而且,也未使用黑社会性质组织常用的管理手段,故该团体不符合组织特征。③

(5)在"胡某某等人黑社会性质组织案"中,胡某某、张某某、何某某之间是正常的工作关系,三人与其他人也未结成较为固定的组织,人与人之间呈现松散性,成员之间无规约、无组织纪律、无控制属性。胡某某等三人属于公司职工,犯罪核心成员属性不明显,外围成员不固定,故不符合组织特征。④

(6)在"焦某某等人黑社会性质组织案"中,焦某某等五人之间没有组织所应当具备的比较明确的层级和职责分工,不能把其他被告人平时听从焦某某以及在赌博犯罪过程中的分工理解成黑社会性质组织分工;其人员组织也并不稳定,也不存在内部纪律规定,因此不符合组织特征。⑤

以上判例基本上都是从组织的人员、层级、结构和纪律等方面判断是否符合组织特征的。

6.如何认定黑社会性质组织的经济特征?

经济特征中的"其他手段"应是指不正当手段⑥。将公司正常生产经营牟利

---

① 参见最高人民法院刑事判决书,(2016)最高法刑再2号。
② 参见最高人民法院刑事审判第一、二、三、四、五庭主办:《刑事审判参考》总第107集,法律出版社2017年版,第95~96页。
③ 参见福建省泉州市中级人民法院刑事判决书,(2014)泉刑再终字第1号。
④ 参见河南省南阳市宛城区人民法院刑事判决书,(2013)南宛刑初字第652号。
⑤ 参见河南省焦作市中站区人民法院刑事判决书,(2010)站刑初字第86号。
⑥ 张明楷:《刑法学(第6版)》(下册),法律出版社2021年版,第1406页。

用于证成黑社会性质组织的经济特征的实践做法是错误的。而之所以强调经济特征,是因为只有黑社会性质组织具备一定的经济实力才能"凝聚人心"以持续对抗社会,也就是形成利用经济利益支持犯罪组织形成非法控制状态和通过非法控制状态获取非法经济利益,这样一种循环状态。

从刑法规定看,经济特征有两点重要内涵:一是必须通过违法犯罪活动或其他手段完成前期的财富积累,实现一定的经济实力;二是其所获取的经济利益必须反哺黑社会性质组织本身,使组织得以存续发展壮大。

对于经济特征,应从以下几方面进行审查判断:

1. 是否存在有组织的违法犯罪活动或者其他手段

首先应当判断实施违法犯罪活动的主体,区分有组织地实施的组织活动与成员在组织之外单独实施的个人行为。然后判断实施违法犯罪活动的目的,是为了维护组织的利益还是成员个人的利益。

2. 是否获取经济利益

首先判断是否攫取了经济利益,再确定其是归属组织还是归属个人。对于那些组织成员通过违法犯罪活动取得,但并非归属组织所有,也没有被用于组织的维护、发展的经济利益,不应认定为组织所获取的经济利益。

3. 是否具有一定的经济实力

虽然"经济实力"不宜量化,但应认为如果没有经济来源,黑社会性质组织与社会之间的对抗就难以为继。如果黑社会性质组织失去了经济上的条件,就难以认定其具备了"经济实力"的要求。

4. 所获经济利益是否用于支持该组织活动

一般应从三方面进行判断:第一,考察获取的经济利益是否用于组织日常的维持,如用于作案经费、成员的工资、伤亡成员的医治、丧葬费用等;第二,考察获取的经济利益之中用于维持、发展组织的费用所占的比重,若这一比重显著较低,甚至没有,则难以认定该组织的经济特征;第三,考察所获取的经济利益的客观效用,如果所获取的经济利益实际上并没有促进维持和发展组织,则并不符合经济特征。从司法实践看,所获经济利益支持组织活动的方式主要有:(1)为受伤的组织成员提供医疗费、生活费;(2)提供收益分红、工资入股;(3)发工资、统一食宿、请客吃饭;(4)行贿;(5)帮助犯罪组织成员逃匿,逃避司法机关处罚;(6)发过年费、吃年夜饭;(7)为犯罪行为提供工具;(8)给被关押的犯罪人员上账,为其家属支付生活费;(9)提供资金垫付;(10)给实施违法犯罪行为的人员进行奖励;(11)替被违法犯罪行为侵犯的被害人提供医疗费;(12)为因组织而死亡的组织成员支付丧葬费、抚恤金和家属的生活费,等等。

实务中肯定经济特征的判例,如在"王某等组织、领导、参加黑社会性质组织案"中,首先,为了壮大自身经济实力,进一步实施非法控制,行为人通过不法手段设立经济实体;其次,该组织拥有上千万元的经济实力;最后,该组织在攫取经济利益后,将其用于组织的维持和发展,一方面通过建设嘉丰药业公司,欲达到组织长久稳固发展的目标,另一方面将所获取的经济利益部分发放给组织成员,谋求组织的稳定,故具备经济特征。[1]

否定经济特征的判例如:(1)在"麦某某等人黑社会性质组织案"中,所获取的经济利益归林某某等人所有,而其他人员,像林某某雇佣来的人,并没有被纳入收益分配机制中。也就是说,获取的经济利益并未被用于组织。[2]

(2)在"王某等人黑社会性质组织案"中,仅通过车队成某获得一定数量的经济利益,车队成立两年来可计算的会费收入数额较小;"米某分部"每人每次收取几十元会费;"奥斯卡分部"和"VIPROOM 车队"仅收取过一次会费,不足以支撑该犯罪集团的发展壮大;亦未有组织地通过对乘客实施敲诈勒索、强迫交易行为牟取额外的经济利益,故不符合经济特征。[3]

(3)在"孙某国等人黑社会性质组织案"中,首先,行为人实施违法犯罪活动,并非出于所谓的组织存续的需要;其次,无论是其名下经营的公司还是其他财产情况,已有证据都难以证实孙某国已经具备相当的经济实力;最后,在与其他人员的经济关系上,孙某国与其他被告人之间属于雇佣关系,其每月仅发放千元左右的工资给这些员工。至于其弟孙某东,依据已有证据,难以证明孙某东之

---

[1] 参见最高人民法院刑事审判第一、二、三、四、五庭主办:《刑事审判参考》总第74集,法律出版社2010年版,第81~83页。
[2] 参见福建省泉州市中级人民法院刑事判决书,(2014)泉刑再终字第1号。
[3] 参见浙江省温州市中级人民法院刑事判决书,(2019)浙03刑终200号。

后成立的公司与孙某国的公司有经济往来,故不具备经济特征。①

(4)在"牛某某等人黑社会性质组织案"中,首先,开设赌场所获取的经济利益是要进行分配的,并非尽归行为人所有;其次,该收益的一部分用于支付雇工的工资,而并不是以此控制、稳定所谓组织的成员,形成与社会对抗的力量;再次,牛某某通过开设赌场前后获利几十万元,并不具备相当的经济实力;最后,在用途上,本案中所获取的经济利益并非用于实施其他违法犯罪活动,也没有用于稳定、维持、发展组织,而是基本上用于个人及其家庭。因此,现有证据不能认定具备经济特征。②

综上所述,实践中也是从经济利益的来源、经济实力的大小、经济利益的去向几个方面判断经济特征具备与否。

7. 如何认定黑社会性质组织的行为特征?

黑社会性质组织的行为特征可以简要归结为:暴力性、组织性、多次性、残害性。

认定行为特征,可从以下几个方面进行审查:

一、是否采取暴力、威胁或者其他手段

暴力、威胁是黑社会性质组织实施违法犯罪活动的基本手段。虽然有观点认为,非暴力性的行为,甚至是"软暴力",都是符合行为特征对于手段上的要求的。但是,应当认为,在认定行为特征时,至少应有组织实施的部分活动能够体现为暴力、威胁的手段。

二、是否有组织地多次实施违法犯罪活动

违法犯罪活动必须是有组织地实施的,并且是多次。2018 年 1 月 16 日最高人民法院、最高人民检察院、公安部、司法部《关于办理黑恶势力犯罪案件若干问题的指导意见》(以下简称《黑恶指导意见》)第 10 条第 2 款规定了 6 种黑社会性质组织实施的违法犯罪活动情形:(1)为该组织争夺势力范围、打击竞争对

---

① 参见最高人民法院刑事判决书,(2016)最高法刑再 2 号。
② 参见最高人民法院刑事审判第一、二、三、四、五庭主办:《刑事审判参考》总第 107 集,法律出版社 2017 年版,第 96~97 页。

手、形成强势地位、谋取经济利益、树立非法权威、扩大非法影响、寻求非法保护、增强犯罪能力等实施的;(2)按照该组织的纪律规约、组织惯例实施的;(3)组织者、领导者直接组织、策划、指挥、参与实施的;(4)由组织成员以组织名义实施,并得到组织者、领导者认可或者默许的;(5)多名组织成员为逞强争霸、插手纠纷、报复他人、替人行凶、非法敛财而共同实施,并得到组织者、领导者认可或者默许的;(6)其他应当认定为黑社会性质组织实施的。可见,要么按照组织的纪律规约、惯例实施,要么系组织者、领导者亲自组织、谋划、指挥、参与实施,要么得到组织者、领导者的认可或者默许,否则不应认定为黑社会性质组织实施的违法犯罪活动,而只能认定为组织成员的个人行为。

实务中,肯定行为特征的判例如:在"王某等人黑社会性质组织案"中,行为人为了维护、追求组织及其成员的利益,有组织地实施了故意杀人等一系列违法犯罪活动,欺压、蹂躏群众,既满足暴力手段的要求,也具备有组织多次实施违法犯罪活动的条件,因此具有行为特征。[①]

否定行为特征的判例如:(1)在"麦某某等人黑社会性质组织案"中,实施的主要活动包括拦截、跟踪部分反抗的人员,虽然也有辱骂、威胁、围攻司机的行为发生,但主要是通过领导出面协调解决纠纷,其暴力性不明显,故不符合行为特征。[②]

(2)在"王某等人黑社会性质组织案"中,王某等人实施寻衅滋事行为的暴力性极低,也没有相关的"软暴力"行径。相关受害司机不再来涉案区域排队的主要心理状态是不想浪费时间,而非受到心理强制。而且,行为人实施的违法犯罪活动中,只有1起达到罪量的要求,构成犯罪,其他行为都不能构成犯罪,故不符合行为特征。[③]

(3)在"孙某国等人黑社会性质组织案"中,行为人实施的违法犯罪活动的对象不是与其没有关系的普通群众,而多是与其在经济上有联系的人。而且,在

[①] 参见中华人民共和国最高人民法院刑事审判第一、二、三、四、五庭主办:《刑事审判参考》总第74集,法律出版社2010年版,第132页。
[②] 参见福建省泉州市中级人民法院刑事判决书,(2014)泉刑再终字第1号。
[③] 参加浙江省温州市中级人民法院刑事判决书,(2019)浙03刑终200号。

其实施的犯罪中,少有伤害后果。另外,在行为人实施的犯罪中,已有部分犯罪受过处罚,故不符合行为特征。①

(4)在"牛某某等人黑社会性质组织案"中,虽然行为人实施了3起犯罪,表面上看属于"多次实施违法犯罪活动",但是一方面,这3起犯罪不具有关联性,时间间隔较久,只有开设赌场犯罪持续了一定时间。另一方面,这3起犯罪主要是图财。可见,这几次犯罪活动并不能达到残害性的要求,故不具备行为特征。②

综上所述,实务中一般从违法犯罪活动的次数、暴力程度、行为对象、起因、后果、影响等方面判断某组织是否符合黑社会性质组织的行为特征。

8. 如何认定黑社会性质组织的非法控制特征(危害性特征)?

黑社会性质组织的严重危害性就在于其对社会的严重对抗性,因此非法控制特征是黑社会性质组织的本质特征。非法控制特征认定的核心在于判断行为是否形成了非法控制或者重大影响,而"非法控制"和"重大影响"的实质都是支配,强调的都是犯罪行为对一定区域或者特定行业的社会关系的控制力、支配力和影响力,只是在控制程度上有所不同。之所以2002年《关于〈中华人民共和国刑法〉第二百九十四条第一款的解释》和2011年《刑法修正案(八)》将"非法控制"与"重大影响"并列规定,是因为当时国家还没有将"恶势力"犯罪纳入司法文件中,立法机关担心若强调只有达到非法控制的程度才能作为黑社会性质组织进行打击,可能不利于对黑恶势力犯罪的惩处,所以降低要求只要造成"重大影响"也可作为黑社会性质组织对待。但自2018年国家开展扫黑除恶专项斗争以来,最高人民法院、最高人民检察院陆续出台了多个规范打击恶势力犯罪的司法文件,因此即便将只是形成"重大影响"而未达到"非法控制"程度的恶势力犯罪组织不作为黑社会性质组织对待,而作为恶势力犯罪组织或者团伙处理,也能有效地打击此类犯罪。所以本着"打准打实""不拔高认定"的精神,应将非法

---

① 参见最高人民法院刑事判决书,(2016)最高法刑再2号。
② 参见最高人民法院刑事审判第一、二、三、四、五庭主办:《刑事审判参考》总第107集,法律出版社2017年版,第97页。

控制作为黑社会性质组织认定的硬性标准。

对于非法控制特征,可从以下几个方面进行审查判断:

一、是否具有称霸一方、对抗社会的目的性

黑社会性质组织在目的上不是单纯地追求经济利益,还有对社会秩序的非法控制的目标,二者之间属于相互依赖、相互促进的关系,在二者的动态转化中,黑社会性质组织才会不断发展。谋求对社会秩序的非法控制也是区分黑社会性质组织与其他犯罪组织的主要根据。因此,要重视考察组织的目的内容。

二、非法影响是否涵盖一定区域或一定行业

目前,法律法规对于"一定区域"和"一定行业"没有明确的界定。司法实践中确定的"一定区域"一般是某级行政区域,也就是说,对于"一定区域",不仅有空间上的要求,还强调区域的社会功能。而"一定行业",指在一定区域内存在的同类生产经营活动。虽然理论和实践认为非法控制的"一定行业",既包括合法行业,也包括非法行业,但这是有问题的。"一定行业"不应包括"非法行业",理由在于,就非法行业而言不存在需要动用刑法进行保护的合法的经济、生活秩序的问题,也就是说,根本就不存在合法控制(生产、经营)的可能,而只能予以取缔。

三、是否达到非法控制或者重大影响

《黑恶指导意见》第11条第2款规定了8种可谓达到非法控制或者重大影响的情形:(1)致使在一定区域内生活或者在一定行业内从事生产、经营的多名群众,合法利益遭受犯罪或严重违法活动侵害后,不敢通过正当途径举报、控告的;(2)对一定行业的生产、经营形成垄断,或者对涉及一定行业的准入、经营、竞争等经济活动形成重要影响的;(3)插手民间纠纷、经济纠纷,在相关区域或者行业内造成严重影响的;(4)干扰、破坏他人正常生产、经营、生活,并在相关区域或者行业内造成严重影响的;(5)干扰、破坏公司、企业、事业单位及社会团体的正常生产、经营、工作秩序,在相关区域、行业内造成严重影响,或者致使其不能正常生产、经营、工作的;(6)多次干扰、破坏党和国家机关、行业管理部门以及村民委员会、居民委员会等基层群众自治组织的工作秩序,或者致使上述单位、组织的职能不能正常行使的;(7)利用组织的势力、影响,帮助组织成员或他人获取政治地位,或者在党政机关、基层群众自治组织中担任一定职务的;(8)其他形成非法控制或者重大影响,严重破坏经济、社会生活秩序的情形。可见,司法实践中主要是从压制群众反抗的程度,对行业垄断、控制的程度,对相关区域和行业造成的影响的严重程度,对社会秩序以及社会管理体制的干扰、破坏程度等方面考察是否达到非法控制或重大影响。

实务中肯定非法控制特征的判例如:(1)在"张某某等人黑社会性质组织案"中,张某某等人实施了一系列违法犯罪活动对群众进行欺压,当地群众利益遭受严重侵害,又慑于该组织的打击报复而不敢举报、控告;该组织还通过实施违法犯罪活动垄断当地的生猪屠宰等行业,同时禁止当地百姓从外地采购。可见,该组织实施的违法犯罪活动已经严重影响到了当地的社会生活,对当地的一些行业形成了非法控制,具备了非法控制特征。[①]

(2)在"刘某某等人黑社会性质组织案"中,刘某某等人利用不法手段,对仙桃市的生猪屠宰等行业形成了垄断,迫使其他企业产品退出市场,给诸多经营者造成了严重损失。该组织的干扰甚至导致相关部门不能进行正常管理。由此可以判断,该组织不仅非法控制了当地诸多行业,还严重干扰了政府部门的管理职权的行使,已经具备了非法控制特征。[②]

否定非法控制特征的判例如:(1)在"张某某等人黑社会性质组织案"中,中社村村民委员会获取的经济利益基本用于村集体和行为人组成的小团体,并未对一定的行业造成垄断,也未见实施不法控制的企图,故不具备非法控制的特征。[③]

(2)在"麦某某等人黑社会性质组织案"中,行为人利用行贿手段获得项目施工领导的支持,在没有合法授权的情形下,收取管理费用,并未对一定行业形

[①] 参见最高人民法院刑事审判第一、二、三、四、五庭主办:《刑事审判参考》总第74集,法律出版社2010年版,第49页。

[②] 参见最高人民法院刑事审判第一、二、三、四、五庭主办:《刑事审判参考》总第74集,法律出版社2010年版,第59页。

[③] 参见最高人民法院刑事审判第一、二、三、四、五庭主办:《刑事审判参考》总第74集,法律出版社2010年版,第109页。

成垄断,也没有在当地形成非法控制,达到重大影响的程度,故不具备非法控制特征。①

(3)在"王某等人黑社会性质组织案"中,王某等人建立的车队通过插队占位的违法行为在温州市区多个娱乐场所门口控制了夜间出租车排队营运秩序。但受侵害的出租车司机并没有不敢举报、控告,在两年内多次寻求公安、交警和交通运输管理部门介入等正当途径维护权益。可见该车队客观上并未达到对相关行业的非法控制的程度,故不具备非法控制特征。②

(4)在"孙某某等人黑社会性质组织案"中,孙某某等人实施的违法犯罪活动并不具有对当地钢材行业形成垄断,在当地形成非法控制的意图。客观上,孙某某等人也并未造成当地钢材市场的垄断,已有证据也不能够证明其在当地形成了非法控制,故不符合非法控制特征。③

(5)在"牛某某等人黑社会性质组织案"中,虽然牛某某等人通过开设赌场获取了一定的经济利益,但并无证据能够证明其对当地的赌场形成了控制,而且,其所实施的犯罪具有随机性,并未对当地群众形成心理强制。总之,该团伙并未在当地形成非法控制或造成严重破坏,故不具备非法控制特征。④

综上所述,实务中主要从是否对一定区域内生活的普通民众形成压制,使其不敢反抗,以及是否对一定行业形成垄断和对抗政府的管理控制,判断是否符合非法控制特征。

9. 对于参加者所实施的具体犯罪,是想象竞合从一重处罚还是应数罪并罚?

参加黑社会性质组织罪是一种犯罪活动,其犯罪性就体现在参加者所实施的具体违法犯罪活动上。也就是说,如果参加者不实施具体的违法犯罪活动,不可能认定为参加黑社会性质组织罪。质言之,参加黑社会性质组织罪的实质,是

---

① 参见福建省泉州市中级人民法院刑事判决书,(2014)泉刑再终字第 1 号。
② 参见浙江省温州市中级人民法院刑事判决书,(2019)浙 03 刑终 200 号。
③ 参见最高人民法院刑事判决书,(2016)最高法刑再 2 号。
④ 参见最高人民法院刑事审判第一、二、三、四、五庭主办:《刑事审判参考》总第 107 集,法律出版社 2017 年版,第 97 页。

参加黑社会性质组织的违法犯罪活动。所以,对于参加者而言,要么认定为参加黑社会性质组织罪,要么根据其实施的具体犯罪活动进行认定,二者系想象竞合关系,而不应数罪并罚。

10. 黑社会性质组织所犯的全部罪行,是指黑社会性质组织成员所犯的全部罪行吗?

对于黑社会性质组织的组织者、领导者,应当按照其所组织、领导的黑社会性质组织所犯的全部罪行处罚。但黑社会性质组织所犯的全部罪行,并不是指黑社会性质组织成员所犯的全部罪行,而是应限于组织者、领导者所组织、发动、指挥实施的全部罪行。

11.《刑法》第 294 条第 4 款数罪并罚的规定,是注意规定还是法律拟制?

本书认为,《刑法》分则中关于数罪并罚的规定,都是注意性规定,是数罪并罚,还是评价为某个犯罪的加重犯,取决于何种处理能实现罪刑相适应。也就是说,不管《刑法》分则条文中有无数罪并罚的规定,都应以罪刑相适应原则去指导处理罪数问题,而不应机械地适用数罪并罚的规定。即便本罪条款中存在数罪并罚的规定,为了实现罪刑相适应和避免重复评价,对于参加者,也应认定成立参加黑社会性质组织罪与其所实施的具体犯罪的想象竞合,从一重处罚,而不能数罪并罚。

12. 本罪是否符合立法论?

案 3("周某某黑社会性质组织案"):周某某 2005 年前后到山东博兴县开始创业,在之后十几年里,其陆续控股成立了天元房地产公司、天元购物广场、万中集团、万中购物广场、万中泊林酒店、东营河口中央丽景、万中鲜生活超市、万中幼儿园、大万商贸等有限责任公司,公司鼎盛时员工达到 3000 余人。仅房地产一项就上缴国家税款 5.7 亿元。

一审法院认为,自 2005 年起,周某某自山东省东营市到滨州市博兴县从事房地产开发,并逐步积累经济实力。在此过程中,周某某与张某国相识。2008年,周某某、张某国与魏某某注册成立天元房地产公司,逐渐吸纳了穆某庆(已死亡)、董某结、曹某、商某某、侯某刚、徐某林、刘某鑫等人加入天元房地产公司,并组建保安队,购置橡胶棒等器械。该犯罪组织自2009年4月成立至2020年,为树立非法权威,维护其非法利益,以暴力、威胁或软暴力等其他手段,为非作恶,欺压、残害群众,多次有组织地实施了故意伤害、强迫交易、寻衅滋事、非法拘禁、妨害作证、虚开发票等26起犯罪活动以及随意殴打、恐吓他人等27起违法行为,致1人死亡、1人轻伤、7人轻微伤,攫取巨额经济利益,在当地造成恶劣社会影响。一审法院判决,周某某,犯组织、领导黑社会性质组织罪,判处有期徒刑10年,并处没收个人全部财产,剥夺政治权利5年;犯故意伤害罪,判处有期徒刑12年6个月;犯寻衅滋事罪,判处有期徒刑4年9个月;犯妨害作证罪,判处有期徒刑4年;犯虚开发票罪,判处有期徒刑2年;犯非法拘禁罪,判处有期徒刑1年9个月;犯强迫交易罪,判处有期徒刑1年,并处罚金人民币1万元,决定执行有期徒刑25年,并处没收个人全部财产。周某某上诉后,山东省滨州市中级人民法院二审维持原判。①

本书认为,上述判决存在问题。

(1)在组织特征认定方面

判决认定,"形成了以周某某为组织者、领导者,穆某庆、张某国、董某结、刘某某、刘某城、侯某刚、商某某、曹某为积极参加者,徐某林、杨某强、刘某鑫、范某顺为一般参加者的较稳定的犯罪组织"。②

这一判断明显不符合案件事实。实际上,这些人不过是总公司的领导、部门主管、分公司领导或者职员,除此之外,并无犯罪组织成员的身份。

其中,被认定为组织者、领导者的周某某,其实是占55%股份的山东万中实业集团有限公司及其控股分公司、博兴县万中鲜超市有限公司及其分公司、山东省博兴县大万商贸有限公司的实际控制人、董事长、总裁,管理万中集团所有事

---

① 参见山东省阳信县人民法院刑事附带民事判决书,(2021)鲁1622刑初125号;山东省滨州市中级人民法院刑事附带民事裁定书,(2022)鲁16刑终60号。

② 参见山东省阳信县人民法院刑事附带民事判决书,(2021)鲁1622刑初125号。

务。作为积极参加者的穆某庆(已罹患癌症去世),是公司副总经理,负责对外协调和拆迁工作;张某国,占有公司5%股份并代持魏某某的40%股份,系公司的副董事长,负责房地产和物业;董某结,任公司副总裁,是天元购物广场的法定代表人,协助周某某管理公司事务;刘某某,系周某某的司机,管理天元公司的车队;刘某城,也系周某某的司机,兼任上东城物业公司经理;侯某刚,系天元房地产有限责任公司保安负责人、天元物业服务有限公司副经理、万中购物广场有限公司消防队长;商某某,系周某某司机,兼任保安经理;曹某,系天元房地产有限责任公司销售总监。作为一般参加者的徐某林,系天元物业服务有限公司保安;杨某强,系天元物业服务有限公司保安;刘某鑫,系天元物业服务有限公司保安;范某顺,系博兴县万中泊林酒店总经理。

这些所谓黑社会性质组织的成员,在公司中都有各自的职务和职责范围,并无另外的具有"明确的层级和职责分工"的黑社会性质组织的成员身份。而且成员也并非固定不变。例如,刘某某辞职后商某某才加入。之所以"骨干成员基本固定",是因为他们基本上都是公司领导或者部门主管,如周某某、张某国、董某结、曹某、侯某刚、范某顺。而作为周某某司机的刘某某、刘某城、商某某,以及作为普通保安的徐某林、杨某强、刘某鑫则不具有稳定性,只是碰巧受聘为司机或者保安,成为天元公司的职工,才会因为参与了某些具体的违法犯罪活动而成为黑社会性质组织的成员。他们既可以受聘入职,也可以被解聘离职,而完全处于变动不居的状态。所以,不能认为周某某等人已经形成了较稳定的犯罪组织。

判决认定,"周某某宣扬'三句好话不如一个巴掌''遇到事要一起往上冲'等不成文的规约和纪律"[1]。可是,无论是各被告人的讯问笔录还是庭审供述,均未证实周某某曾经宣扬过此类口号。而且,常识告诉我们,这顶多算是一种行事风格,而不可能是一个能与社会对抗的黑社会性质组织的内部纪律。从实践经验看,如果缺少严格的内部纪律、规约,犯罪组织就不能构建严密的组织结构,而涣散的组织又是难以生存、发展壮大的。显然,黑社会性质组织作为一种拥有

---

[1] 参见山东省阳信县人民法院刑事附带民事判决书,(2021)鲁1622刑初125号。

较强犯罪能力的组织,必然有其内部的严格纪律。而在本案中,周某某等人只有公司法所要求具备的公司章程、规章制度,并无另外一套作为所谓黑社会性质组织的内部纪律。

在考察组织特征时,不应"将公司经营结构用于证成黑社会性质组织的结构特征"①,也"不能直接把经济组织的人员和机关等同于黑社会性质组织的结构形式"②。从判断的过程及结果来看,一审判决显然是将企业本身的组织特征混同于黑社会性质组织的组织特征,将企业本身的组织架构等同于黑社会性质组织的组织架构。但是,若企业本身的组织特征就是黑社会性质组织的组织特征、企业本身的组织架构就是黑社会性质组织的组织架构,则拥有3000名员工的整个万中集团就是一个黑社会性质的组织,3000名员工也都是黑社会性质组织的成员。但一审判决并未如此判定,可见其自相矛盾。

虽然判决认定,自2009年4月该组织首次共同实施犯罪活动,至2020年期间,周某某指挥或授意穆某庆、张某国、董某结、刘某某、刘某城等组织成员,有组织地实施了故意伤害等26起犯罪活动以及随意殴打等27起违法行为,欺压残害群众,对当地社会生活造成了恶劣影响。③ 但是,既有证据无法证明周某某当初就是以实施违法犯罪活动为目的而成立天元公司、十几年来周某某及其天元公司就是以实施违法犯罪为主要活动。若如此,本案中的黑社会性质的组织,就不是判决所认定的周某某等区区13个人,而是由3000名员工组成的特大的犯罪王国。

综上,本书认为,判决所认定的由周某某所组织、领导的所谓的黑社会性质的组织所实施的违法犯罪活动,没有体现所谓的黑社会性质组织的利益而系组织所为,基本上要么是公司经营管理中的纠纷,要么是纯属个人之间的民事纠纷。周某某没有在公司之外成立一个所谓的较稳定的犯罪组织,故完全不具备组织特征。

---

① 李林:《黑社会性质组织司法认定研究》,载《河南财经政法大学学报》2013年第4期。
② 陈兴良:《论黑社会性质组织的组织特征》,载《中国刑事法杂志》2020年第2期。
③ 参见山东省阳信县人民法院刑事附带民事判决书,(2021)鲁1622刑初125号。

（2）在经济特征认定方面

"经济利益是黑社会性质组织生存与发展的营养和血液"①。相较于通常的违法犯罪，黑社会性质组织犯罪在经济上的特殊性在于，其不但"通过非法控制状态获取非法经济利益"，同时还"利用经济利益支持犯罪组织形成非法控制状态"②，使二者保持动态转化的关系，从而持续地获取经济利益和实现组织的稳固、发展。虽然司法实践认为黑社会性质组织获取经济利益的手段可以是非法的，也可以是生产、经营等合法手段，即所谓的"以商养黑"③。但是，既然是通过合法手段获取的，便不可能是非法利益。至于将通过合法手段所获取的利益用于支持黑社会性质组织，则另当别论。因为无论是合法收入还是非法收入，都不允许用于资助黑社会性质组织。因此，还是应将经济特征中的"其他手段"限于不正当手段，而不包括正当手段。④ 另外，还要求所获经济利益能够支持并被实际用于支持黑社会性质组织的存续和发展。获取经济利益与实现对社会的非法控制是相互促进的，但应该说，二者之中，非法控制社会才是黑社会性质组织发展的最终目标。不断获取经济利益，然后又将其"反哺"于黑社会性质组织，也是为实现这一目的提供助力。

回归到"周某某黑社会性质组织案"，天元公司确实具有一定的经济实力，但天元公司的财富并非通过不正当手段获得，一审判决未将整个天元公司认定为犯罪组织也说明了这一点。

另外，2009年12月9日最高人民法院、最高人民检察院、公安部《办理黑社会性质组织犯罪案件座谈会纪要》指出，黑社会性质组织获取经济利益的手段可以是非法的，可以是生产、经营等合法手段，但也同时指出，即便是通过合法手段获取的经济利益，只要将其用于黑社会性质组织的生存、活动和发展也应认定

---

① 陈兴良：《论黑社会性质组织的经济特征》，载《法学评论》2020年第4期。
② 参见李林：《黑社会性质组织经济特征司法认定实证研究》，载《中国刑事法杂志》2013年第4期。
③ 参见2009年12月9日最高人民法院、最高人民检察院、公安部《办理黑社会性质组织犯罪案件座谈会纪要》；2015年10月13日最高人民法院发布的《全国部分法院审理黑社会性质组织犯罪案件工作座谈会纪要》。
④ 参见张明楷：《刑法学（第6版）》（下册），法律出版社2021年版，第1406页。

为符合经济特征。此外,该纪要还对用以支持犯罪组织的经济利益的具体使用方式进行了说明,包括用于支持组织实施不法行为,如用于组织的作案经费、提供作案工具等;以及用于组织稳定的维护,如用于成员及其家属的待遇,伤亡成员的医治、丧葬费用等。

本案中,周某某用于支付刘某德死亡和其他伤害殴打等案件赔偿、"奖励"等的支出,全部加起来有数百万元,不足天元公司实际经营收益的千分之一。也就是说,天元公司的经营收益实际上绝大部分用于支付 3000 名职工的工资、福利、奖金以及缴纳国家税款。而且,用于黑社会性质组织的成员的工资、福利支出,均属正常支出,并无专门用于因为对所谓黑社会性质组织所做的贡献的奖励性支出。

例如,周某某作为天元公司的最大股东(占股 55%),也只是在 2015 年至 2017 年进行了分红,2018 年后没有再进行过分红,其并没有在公司股份分红之外获得额外的收入。又如,被认定为积极参加者的公司第三大股东张某国(占股 5%,同时代持魏某某的 40% 股份),"他在天元公司房地产公司工作期间,工资为每月 2 万元,年底公司还有分红,但已经 4 年没有分红了"①。还如,被法院认定为积极参加者的刘某某供称,"我和侯某刚、刘某城、商某某经常在周某某身边,但工资不高,都被周某某画的饼和虚荣心控制了"②。再如,被法院认定为一般参加者的保安徐某林收入也并不高,工资表证实,"2018 年 3 月,被告人徐某林出勤 19 天,实发工资 1681.70 元"③。

考察所获取的经济利益的客观效用也是判断经济特征的主要手段之一,如果所获取的经济利益在实际上并没有促进组织的维持、活动和发展,则难以认为具备了经济特征。而本案证据显示,周某某并未将所获经济利益主要或者部分用于黑社会性质的组织,故周某某等人的组织并不具备经济特征。判决所犯的致命错误在于,将公司与黑社会性质组织相混同,体现在将前者通过正常经营所获得的收益等同于后者所获取的经济利益,将前者的经济实力等同于后者的经

---

① 参见山东省阳信县人民法院刑事附带民事判决书,(2021)鲁 1622 刑初 125 号。
② 参见山东省阳信县人民法院刑事附带民事判决书,(2021)鲁 1622 刑初 125 号。
③ 参见山东省阳信县人民法院刑事附带民事判决书,(2021)鲁 1622 刑初 125 号。

济实力,将公司收益多年来主要用于支付公司职工的工资福利和缴纳国家税款的支出,视为用于支持犯罪组织的存续和发展。

综上所述,周某某十多年来所积攒的巨额财富,是合法取得的,不是通过有组织的违法犯罪活动取得的,是公司的经济实力,不是所谓黑社会性质组织的经济实力。用于违法犯罪赔偿、"奖励"等的支出,在公司的经营收益中所占比例较低。本书认为,周某某所领导的"组织",不能满足经济特征的要求。

(3)在行为特征认定方面

黑社会性质组织犯罪的危害性在于对社会的非法控制。而黑社会性质组织要实现这一目的,只能采取暴力、威胁手段。最直接的血腥暴力也是最简单有效的手段。[1] "因此,非法控制应以暴力或者以暴力相威胁为内容。其他手段也应以暴力或暴力相威胁为内容"[2]。而且,"暴力、胁迫与其他手段针对无辜者时,才有可能评价为'欺压、残害群众'"[3]。所以,这种"暴力、威胁应针对不特定或多数的人"[4],而不能仅针对特定的少数人。认定行为特征,应从手段是否具有暴力性,实施不法活动是否具有组织性、多次性,以及行为对群众是否具有残害性三方面进行审查判断。

其中,要认定为黑社会性质组织所实施的不法活动,必须是为了组织的利益而有组织地实施,也就是不法活动要具备组织性。按照实践的做法,如果不法活动既非组织、领导者亲自组织、策划、指挥、授意、参与,或得到其认可、默许,亦非按照体现组织意志的纪律、规约、惯例等实施,则不应认定为组织实施的违法犯罪活动。

"周某某黑社会性质组织案"判决所认定的由周某某等人有组织地实施的26起犯罪活动和27起违法行为,要么周某某根本不知情,也没有得到其认可或默许,如"羽绒服服装店案"等;要么纯属个人恩怨而起,如"韩某某案""刘某德

---

[1] 参见林毓敏:《黑社会性质组织犯罪中的暴力手段及软性升级》,载《国家检察官学院学报》2018年第6期。
[2] 李林:《黑社会性质组织司法认定研究》,载《河南财经政法大学学报》2013年第4期。
[3] 张明楷:《刑法学(第6版)》(下册),法律出版社2021年版,第1406页。
[4] 李林:《黑社会性质组织司法认定研究》,载《河南财经政法大学学报》2013年第4期。

被伤害致死案""曲某案"等；要么纯属民事纠纷，如"许某香夫妇案""杨某财案""泥某英案""皮某波案""韩某花案""来某堂案""孙某新案""周某坤案""高某民案""'飞飞'案""付某聪、盖某友案"等；要么纯属为了公司利益的公司经营管理纠纷，如"美景天城案""赵某斌超载轧坏大理石路面案""强拆居民部分院落案""贾某某案""殴打恐吓离职员工案""高某国案""私自加装地锁案""强拆案""姚某刚案""虚开发票案""妨害作证案""殷某来案""许某飞案""阻止业主上访案""李某乐案""张某全案""赵某盛案""高某华案""周某案""刘某启案"，等等。

可见，判决中被判定为黑社会性质组织实施的违法犯罪活动，没有一起是为了组织的利益而实施的。不仅如此，这些行为的实施，都是事出有因的，所针对的都是特定对象，没有一起是针对无辜群众的，不具有主动性。

综上所述，一审判决所认定的所谓黑社会性质组织实施的违法犯罪活动，很少是为了组织利益而实施的针对无辜群众的违法犯罪活动，故周某某所组织、领导的"组织"，不具备黑社会性质组织的行为特征。

(4) 在非法控制特征认定方面

黑社会性质组织的非法控制总是对抗合法控制，并削弱合法控制，这就是黑社会性质组织的反社会性与反政府性。所以说，"非法控制（危害性）特征是黑社会性质组织的本质特征"[①]。何为非法控制？"能够在相当程度上形成对一定范围的社会秩序和合法管控权的冲击的，就属于在一定区域或者行业内形成了非法控制"[②]。

认定非法控制特征，应从组织是否具有对抗社会的目的性、非法影响是否涵盖一定区域或一定行业以及组织行为是否达到非法控制或重大影响的程度这三方面进行审查判断。

本书认为，在"周某某黑社会性质组织案"中，周某某所组织、领导的"组织"，不具备非法控制特征。

首先，据统计，判决认定黑社会性质组织实施的 26 起犯罪活动和 27 起违法行

---

① 陈兴良：《论黑社会性质组织的非法控制（危害性）特征》，载《当代法学》2020年第5期。
② 周光权：《凡刑辩艰难处皆为刑法学痛点》，载《中国法律评论》2020年第1期。

为，其中报警的被害人有许某香、贾某某、刘某德、杨某财、皮某波、韩某花、周某、孙某新、刘某启，等等，报警后一般都能在民警的主持下达成民事和解协议。这说明周某某等人并未对合法利益受损的群众形成心理压制，使其不敢举报、控告。

其次，周某某所在的天元房地产公司，并未对博兴县的房地产行业形成非法控制。天元房地产公司的产值在博兴县房地产企业中并不靠前。排在前面的房地产企业有香驰、京博、豪门等大型房地产企业集团，另外还有兴业、锦秋、恒丰置业、新怡置业、渤海置业、正方置业等大型房地产开发公司。天元房地产公司属于个人投资慢慢发展起来的。天元房地产公司的房价以及地理位置都不是最好的，以天元上东城为例，该小区位于工业区，环境不好、有一股氯化氢的味道。

事实上，天元公司前后仅开发了上东城、天元星光城、天元万和城、天元皇家公馆四个小区，已经全部交房入住，开发面积约为100万平方米，住宅8000多户，商铺9000户左右。这些仅占博兴县房地产业极小的一部分。所以说，周某某在博兴县所主打的房地产业，远未对博兴县房地产业形成行业垄断和非法控制。

再次，本案中，并不存在"保护伞"。虽然在刘某德被伤害一案中，法院认定周某某通过贿买国家工作人员的方式妨害作证，但这纯属个案。没有证据表明，有国家工作人员对周某某组织、领导的所谓犯罪组织进行了持续性的包庇或者纵容，而形成了黑社会"保护伞"。

最后，周某某等人未对一定区域形成非法控制。判决所认定的几十起黑社会性质组织实施的违法犯罪活动，基本上都发生在天元房地产公司的上东城小区。姑且不论绝大多数都是一些物业、民事纠纷，仅仅一个小区，无论如何都不能评价为对一定区域形成了非法控制。

综上所述，本书认为本案也不具备黑社会性质组织的非法控制特征。

我们"不能简单将公司、企业在正常生产经营过程中自身具有的组织特征、经济实力特征和一定的影响力事实'借用'或'挪用'以认定该公司、企业符合黑社会性质组织(包括恶势力)特征进而将其认定为黑社会性质组织(包括恶势力)"[①]。本案中，周某某在公司之外并未成立犯罪组织，根本不具备成立黑社会性质组织所必须符合的特征，判决认定其行为构成组织、领导黑社会性质组织罪是错误的。

---

① 何荣功：《避免黑恶犯罪的过度拔高认定：问题、路径与方法》，载《法学》2019年第6期。

本案中,有的明显属于成员个人犯罪,却被法院认定为组织犯罪。判决犯了一个常识性的错误,将公司利益等同于犯罪组织的利益,将为了公司利益的行为,都视为为了所谓黑社会性质组织利益的组织行为。此外,还将明显因为个人恩怨冲突而起的普通民事纠纷,也统统装入所谓黑社会性质组织犯罪的"箩筐"中。例如,"美景天城案",美景天城公司业务员郭某因诋毁天元房地产公司楼盘被殴打,而且先后四五次派人到天元上东城踩盘,对公司刚面世的项目影响很大。该起案件明显是为了公司利益。又如,"羽绒服服装店案",是因为王某某带人到天元房地产公司上东城售楼处闹事,殴打天元房地产公司职工张某、曹某而起。再如,"许某香夫妇案",是因为天元上东城小区物业登记问题与值班保安发生争执,属于物业纠纷。另如,在"代某卿被伤害案"中,刘某城和刘某某二人商量教训代某卿,周某某事先并不知情,知道后还痛骂了他们一顿。该起犯罪事实显然属于个人犯罪而非组织犯罪。本案判决,没有区分组织犯罪与成员个人犯罪,违反了责任主义原则,因而是错误的。

本案中,周某某等人在依法成立的公司架构之外,并没有另外一套犯罪组织的架构,经济利益系通过公司合法的生产、经营所获得,获取的经济利益基本上用于支付职工的工资福利和缴纳国家税款,并未用于支持组织的违法犯罪活动,未对一定区域、行业形成非法控制,所以周某某等人至多属于恶势力犯罪集团或者团伙,而未形成黑社会性质组织。

该判决一方面认为"该犯罪组织自 2009 年 4 月成立至 2020 年,为树立非法权威,维护其非法利益,以暴力、威胁或软暴力等其他手段,为非作恶、欺压、残害群众,多次有组织地实施了故意伤害、强迫交易、寻衅滋事、非法拘禁、妨害作证、虚开发票等 26 起犯罪活动以及随意殴打、恐吓他人等 27 起违法行为,致 1 人死亡、1 人轻伤、7 人轻微伤,攫取巨额经济利益,在当地造成恶劣社会影响"[1];另一方面又认定周某某构成故意伤害罪、强迫交易罪、寻衅滋事罪、非法拘禁罪、妨害作证罪、虚开发票罪,并且数罪并罚。[2] 明显是将故意伤害等行为既单独评价

---

[1] 山东省阳信县人民法院刑事附带民事判决书,(2021)鲁 1622 刑初 125 号。
[2] 参见山东省阳信县人民法院刑事附带民事判决书,(2021)鲁 1622 刑初 125 号。

为犯罪,又将这些评价为周某某所组织、领导的所谓黑社会性质组织所实施的犯罪活动,以此认定成立组织、领导黑社会性质组织罪。事实上,如果剔除这些犯罪活动,剩下的27起违法行为,基本上就是一些已经在民警主持下调解结案的民事纠纷。如果只是一些民事纠纷或者治安案件,即便反复多次实施,除非有法律的明确规定,如多次盗窃、抢夺,否则不能质变成为犯罪。可以说,正是因为加上了这26起犯罪活动,一审判决才认定周某某的行为构成了组织、领导黑社会性质组织罪。所以,要么单独评价为故意伤害等犯罪,要么认定为组织、领导黑社会性质组织罪,不应重复评价。

综上所述,"周某某黑社会性质组织案"是个明显错误的判决,应予撤销。

司法实践中,有关黑社会性质组织犯罪的认定极其混乱。一方面,立法本身缺乏对于黑社会性质组织的明确界定,导致司法实践在认定组织性质时的顺序颠倒。也就是说,虽然法条描述了黑社会性质组织的四个特征,却欠缺内部的逻辑联系,不仅难以实现准确指导,还造成了适用上的混乱。另一方面,在组织性质的认定上,司法机关将一些并不符合黑社会性质组织实质特征的犯罪集团和团伙,甚至只是在生产经营过程中实施过违法犯罪行为的民营企业,认定为黑社会性质组织,将一些群体性事件中所实施的不法行为作为本罪来处理。此外,在裁判说理上,司法机关并未按照黑社会性质组织的特征进行判断和梳理,而只是在列举了行为人实施的违法犯罪事实后,便"综上所述"概括地定性为黑社会性质组织犯罪,致使本罪的适用出现严重的"口袋化"倾向。

诚如张明楷教授所言,"本罪没有存在的必要性。例如,现行《刑法》废除了旧刑法中的反革命集团罪,也没有增设组织、领导、参加危害国家安全集团罪,既然如此,就没有必要设立本罪。又如,即便存在杀人集团、抢劫集团,组织、领导者也只是对杀人、抢劫负责,而不会对组织、领导集团本身承担任何责任。从司法实践来看,黑社会性质组织通常实施的只是聚众斗殴、寻衅滋事、敲诈勒索等行为。随着寻衅滋事罪、敲诈勒索罪法定刑的提高,将组织、领导、参加黑社会性质组织罪作为独立罪名就丧失了意义。更为重要的是,无论如何都难以准确描述黑社会性质组织,现行刑法的不严谨、不准确的描述,以及其他各种原因,导致下级司法机关滥用本罪名,甚至使本罪名成为'口袋罪'。本罪的适用不仅严重违背责任主义,侵害行为人的合法权益,而且严重妨碍经济发展,助长司法腐败。设立一个犯罪却不能明确划定该罪的处罚范围时,就不得设立此罪。所以,本书建议立法机关废除本罪"①。

第四十节　入境发展黑社会组织罪

·导　读·

行为人不入境,通过电话、网络等手段在境内发展组织成员的,也能构成本罪。只是入境发展黑社会性质组织的成员的,不构成本罪。只有境外的黑社会组织人员成功发展境内人员加入境外的黑社会组织,才可能作为犯罪处理。

/条　文/

第二百九十四条第一款　【组织、领导、参加黑社会性质组织罪】

第二款　【入境发展黑社会组织罪】境外的黑社会组织的人员到中华人民共和国境内发展组织成员的,处三年以上十年以下有期徒刑。

第三款　【包庇、纵容黑社会性质组织罪】

第四款　犯前三款罪又有其他犯罪行为的,依照数罪并罚的规定处罚。

罪名精释

1.行为人不入境,通过电话、网络等手段在境内发展组织成员的,构成本罪吗?

本罪的实质是在我国境内发展黑社会组织成员,所以即便行为人不入境,而

---

① 张明楷:《刑法学(第5版)》(下册),法律出版社2016年版,第1072页。

是通过电话、网络等手段在我国境内发展黑社会组织成员的,也应以本罪论处。

2. 入境发展黑社会性质组织的成员,构成本罪吗?

本罪的主体是"境外的黑社会组织的人员",只有入境发展的也是黑社会组织的成员才能构成本罪。若发展的只是黑社会性质组织的成员,不能构成本罪。

3. 是否要求实际加入了境外的黑社会组织,才成立犯罪?

有观点认为,"发展组织成员",是指将境内外人员吸收为该黑社会组织成员的行为。至于实际上是否发展了黑社会组织成员,不影响本罪的成立。①

本书认为,相对于组织、领导黑社会性质组织罪(法定刑为 7 年以上有期徒刑),本罪(法定刑 3 年以上 10 年以下有期徒刑)属于轻罪,系抽象危险犯。如果行为人实际上没有成功发展成员,也就是没有人实际加入境外的黑社会组织,连抽象性危险都没有。虽然理论上讲组织、领导黑社会性质组织罪有未遂成立的余地,但如果黑社会性质的组织还没有建立起来,实践中是不可能作为犯罪处理的。所以说,只有境外的黑社会组织人员成功发展境内人员加入境外的黑社会组织,才可能作为犯罪处理。

第四十一节　包庇、纵容黑社会性质组织罪

·导 读·

本罪中的"包庇",不同于包庇罪中的"包庇"。不应将包庇黑社会性质组织罪中的国家机关工作人员,限定为负有查禁黑社会性质组织违法犯罪活动职责的人。不能简单认为"包庇"是作为、"纵容"是不作为。实施包庇行为,不必利用职务上的便利。包庇黑社会性质组织罪与包庇罪、窝藏罪等

---

① 参见张明楷:《刑法学(第 6 版)》(下册),法律出版社 2021 年版,第 1407 页。

犯罪之间是竞合关系。

条 文

第二百九十四条第一款 【组织、领导、参加黑社会性质组织罪】

第二款 【入境发展黑社会组织罪】

第三款 【包庇、纵容黑社会性质组织罪】国家机关工作人员包庇黑社会性质的组织,或者纵容黑社会性质的组织进行违法犯罪活动的,处五年以下有期徒刑;情节严重的,处五年以上有期徒刑。

第四款 犯前三款罪又有其他犯罪行为的,依照数罪并罚的规定处罚。

罪名精释

1. 本罪中的"包庇",等同于包庇罪中的"包庇"吗?

《刑法》第310条规定的包庇罪中的"包庇",是指"作假证明"。而本罪中的"包庇",并不限于作假证明一种情形,而是包括庇护、保护、掩护黑社会性质组织的一切行为。

2. 应否将包庇黑社会性质组织罪中的"国家机关工作人员"限定为负有查禁黑社会性质组织违法犯罪活动的人?

纵容属于不作为,只有负有查禁黑社会性质组织违法犯罪活动职责的人,才可能构成纵容黑社会性质组织罪。但由于"包庇"是指庇护,既可以是作为,也可以是不作为,所以不应将包庇黑社会性质组织罪的主体,即国家机关工作人员限定为负有查禁黑社会性质组织违法犯罪活动职责的人,只要是国家机关工作人员,都可能构成包庇黑社会性质组织罪。

3. 能否认为"包庇"是作为、"纵容"是不作为?

虽然可以认为纵容是一种不作为,但本罪中的"包庇"是指庇护,所以"包庇"既可能是不作为,也可能是一种作为。

4. 实施包庇行为必须利用行为人职务上的便利吗?

有观点认为,实施包庇行为必须利用行为人职务上的便利。①

包庇可以是作为,即便国家机关工作人员没有利用职务之便,如通风报信、伪造证据、帮助逃匿,也应以本罪论处。所以,不应要求成立包庇黑社会性质组织罪必须利用行为人职务上的便利。

5. 包庇黑社会性质组织罪与包庇罪、窝藏罪等犯罪之间是什么关系?

包庇黑社会性质组织的,可能同时构成包庇罪,窝藏罪,帮助毁灭、伪造证据罪,妨害作证罪等,形成竞合关系,按从一重处罚的原理通常应以包庇黑社会性质组织罪定罪处罚。

第四十二节 传授犯罪方法罪

·导 读·

本罪与共犯中的教唆犯之间虽然存在区别,但也可能发生竞合,且本罪构成要件不够明确,法定刑过重,本书认为,本罪规定与立法论不符。

|条 文|

第二百九十五条 【传授犯罪方法罪】传授犯罪方法的,处五年以下有期徒刑、拘役或者管制;情节严重的,处五年以上十年以下有期徒刑;情节特别严重的,处十年以上有期徒刑或者无期徒刑。

---

① 参见张明楷:《刑法学(第6版)》(下册),法律出版社2021年版,第1408页。

罪名精释

1. 本罪与共犯中的教唆犯之间是什么关系?

本罪与教唆犯之间存在区别:(1)侵犯的法益性质不同,前者侵犯社会管理秩序,后者依所教唆的犯罪的性质而定。(2)客观行为不同,前者是向他人传授犯罪方法,后者是诱发他人犯意。(3)故意内容不同,前者是对传授犯罪方法具有故意,后者是对所教唆的犯罪具有故意。(4)成立犯罪的情况不同,传授犯罪方法的,即使被传授的人按照所传授的方法实施了犯罪,二者也不一定成立共犯;后者成立犯罪遵循共犯的从属性原理,如果被教唆的人犯了被教唆的罪,则二者成立共犯,若被教唆的人没有着手实施符合犯罪构成要件的不法行为,则教唆犯不成立。(5)定罪量刑的根据不同,传授犯罪方法罪是独立的罪名,具有独立的法定刑,而教唆犯不是独立罪名,没有独立的法定刑。

本罪与共犯中的教唆犯之间虽然存在区别,但二者可能形成竞合关系。当对同一犯罪内容同时实施教唆行为与传授犯罪方法的行为时,或者用传授犯罪方法的手段使他人产生犯罪决意时,则既构成传授犯罪方法罪,又构成具体犯罪的教唆犯,应从一重罪处罚。如果行为人分别对不同的对象实施教唆行为与传授犯罪方法的行为,或者向同一对象教唆此罪而传授彼罪的犯罪方法,则应按所教唆的罪与传授犯罪方法罪实行数罪并罚。

2. 从立法论上讲,本罪有存在的必要吗?

本书认为,本罪是特定历史条件的产物。何谓传授犯罪方法,难以清晰地界定。本罪的设立不符合罪刑法定的明确性要求。本罪还曾经配置有死刑。现在虽然去掉了死刑,但最高刑为无期徒刑,也让人"毛骨悚然"。其实,传授犯罪方法,通常都能评价为具体犯罪的教唆犯。也就是说,对于传授犯罪方法的行为,通常评价为具体犯罪的教唆犯就能够有效规制这种行为。

第四十三节　非法集会、游行、示威罪

·导　读·

本书认为,不能认为只要未申请或申请未获许可而举行集会、游行、示威,便成立本罪。即便未申请或申请未获许可而举行集会、游行、示威,只要没有拒不服从解散命令,严重破坏社会秩序,就不能成立本罪。集会、游行、示威是公民的宪法性权利,本书认为,本罪不符合立法论。

/条　文/

第二百九十六条　【非法集会、游行、示威罪】举行集会、游行、示威,未依照法律规定申请或者申请未获许可,或者未按照主管机关许可的起止时间、地点、路线进行,又拒不服从解散命令,严重破坏社会秩序的,对集会、游行、示威的负责人和直接责任人员,处五年以下有期徒刑、拘役、管制或者剥夺政治权利。

罪名精释

只要未申请或申请未获许可而举行集会、游行、示威,便成立本罪吗?

有观点认为,只要未申请或申请未获许可而举行集会、游行、示威,便成立本罪。[1]

持这种观点者显然不知道刑法中"的,或者"的功能。从《刑法》第296条的表述来看,"或者"前面没有"的",这说明,"或者"后面的"又拒不服从解散命令,严重破坏社会秩序"这一犯罪成立条件同时适用于"或者"前面的行为类型。

---

[1] 参见张穹主编、最高人民检察院法律政策研究室编著:《修订刑法条文实用解说》,中国检察出版社1997年版,第385页;陈兴良:《刑法疏议》,中国人民公安大学出版社1997年版,第477页。

换言之,未依照法律规定申请有关行为或者有关行为申请未获许可,也只有"又拒不服从解散命令,严重破坏社会秩序",才能成立犯罪。从实质上看,如果是没有申请或者申请未获许可而举行集会、游行、示威,但在有关机关发布解散命令后解散集会、游行、示威的,其法益侵害性就没有达到值得科处刑罚的程度。再者,集会、游行、示威本就是宪法赋予公民的权利,对于公民行使宪法性权利的行为,即使在程序等方面存在轻微违法,也不宜认定为犯罪。所以说,即便未申请或申请未获许可而举行集会、游行、示威,只要没有拒不服从解散命令,严重破坏社会秩序,也不能成立本罪。

第四十四节　非法携带武器、管制刀具、爆炸物参加集会、游行、示威罪

/ ·导　读· /

携带事先持有的枪支参加集会、游行、示威的,成立非法持有枪支罪与本罪,应当数罪并罚。非法集会、游行、示威的负责人携带管制刀具参加集会、游行、示威的,成立本罪与非法集会、游行、示威罪的想象竞合,应从一重罪处罚。本罪中的武器,是指除爆炸物之外的,所有在战场上或者民间可能使用的具有大规模杀伤性的违禁品,如枪支、弹药、迫击炮、浓硫酸、生化武器等。

/ 条　文 /

第二百九十七条　【非法携带武器、管制刀具、爆炸物参加集会、游行、示威罪】违反法律规定,携带武器、管制刀具或者爆炸物参加集会、游行、示威的,处三年以下有期徒刑、拘役、管制或者剥夺政治权利。

罪名精释

1. 非法携带事先持有的枪支参加集会、游行、示威的,如何处理?

携带事先持有的枪支参加集会、游行、示威的,成立非法持有枪支罪与本罪,应当数罪并罚。

2. 非法集会、游行、示威的负责人携带管制刀具参加集会、游行、示威的,如何处理?

在非法集会、游行、示威时,集会、游行、示威的负责人和直接责任人员,携带管制刀具参加集会、游行、示威的,由于只有一个行为,成立本罪与非法集会、游行、示威罪的想象竞合,应从一重罪处罚。

3. 本罪中的"武器",是否同于走私武器罪中的"武器"?

由于走私武器与走私弹药并列规定,可以认为弹药不属于武器。但本罪没有规定弹药,所以可以认为本罪中的武器包括了弹药。因为本罪中"武器"与"爆炸物"是并列规定,所以"武器"不包括手榴弹、手雷等爆炸物。本罪中的武器,是指除爆炸物之外的,所有在战场上或者民间可能使用的具有大规模杀伤性的违禁品,如枪支、弹药、迫击炮、浓硫酸、生化武器等。

第四十五节　破坏集会、游行、示威罪

·导　读·

破坏非法举行的集会、游行、示威,不可能构成本罪。本书认为,本罪的规定不符合立法论的逻辑。

条 文

第二百九十八条 【破坏集会、游行、示威罪】扰乱、冲击或者以其他方法破坏依法举行的集会、游行、示威,造成公共秩序混乱的,处五年以下有期徒刑、拘役、管制或者剥夺政治权利。

罪名精释

1. 破坏非法举行的集会、游行、示威的,能构成本罪吗?

本罪的对象限于依法举行的集会、游行、示威。若是破坏非法举行的集会、游行、示威,不可能构成本罪。

2. 本罪有存在的必要吗?

虽然《宪法》第 35 条明文规定,中华人民共和国公民有言论、出版、集会、结社、游行、示威的自由,即便存在合法的集会、游行、示威,行为人进行扰乱、冲击、破坏的,也可以聚众扰乱社会秩序罪,聚众扰乱公共场所秩序、交通秩序罪等罪进行处罚。所以,从立法论上讲,对于本罪存在的必要性,笔者建议做进一步论证或做实质性修改。

第四十六节　侮辱国旗、国徽、国歌罪

导 读

在网络上侮辱国旗、国徽、国歌的,能构成本罪。从罪刑均衡和实质违法性考虑,成立侮辱国旗、国徽罪,也应要求情节严重。

条 文

第二百九十九条 【侮辱国旗、国徽、国歌罪】在公共场合,故意以焚烧、毁损、涂划、玷污、践踏等方式侮辱中华人民共和国国旗、国徽的,处三年以下有期徒刑、拘役、管制或者剥夺政治权利。

在公共场合,故意篡改中华人民共和国国歌歌词、曲谱,以歪曲、贬损方式奏唱国歌,或者以其他方式侮辱国歌,情节严重的,依照前款的规定处罚。

罪名精释

1. 在网络上侮辱国旗、国徽、国歌的,能构成本罪吗?

在网络空间侮辱国旗、国徽、国歌,比在现实空间侮辱国旗、国徽、国歌危害性更大。虽然不能认为所有犯罪中的"公共场所(合)"都包括网络空间,但就侮辱国旗、国徽、国歌而言,行为人完全可能在网络空间实施。即便行为人在非公共场合故意篡改国歌歌词、曲谱,或者以歪曲、贬损方式奏唱国歌,录音或者录像后在网络上传播的,应当认定为在公共场合侮辱国歌。

2. 成立侮辱国旗、国徽罪,需要情节严重吗?

《刑法修正案(十)》增设了侮辱国歌罪,成立犯罪要求"情节严重",而1997年《刑法》规定的侮辱国旗、国徽罪,从条文表述上看,成立犯罪不要求情节严重。没有理由认为侮辱国旗、国徽罪比侮辱国歌罪危害性更大,所以本书认为,从罪刑均衡和实质违法性的角度考虑,应当认为成立侮辱国旗、国徽罪也要求情节严重。

第四十七节 侵害英雄烈士名誉、荣誉罪

·导 读·

本罪所保护的法益是公众对死去的英雄烈士的崇敬感情。应将本罪中

的英雄烈士,限定为中国共产党成立以来所授予或者追认的已经死去的英雄烈士。

条 文

第二百九十九条之一 【侵害英雄烈士名誉、荣誉罪】侮辱、诽谤或者以其他方式侵害英雄烈士的名誉、荣誉,损害社会公共利益,情节严重的,处三年以下有期徒刑、拘役、管制或者剥夺政治权利。

罪名精释

1. 本罪所保护的法益是什么?

我国《刑法》没有规定损毁死者名誉罪,不可能单独规定一个罪名以保护死去的英雄烈士的名誉。所以说,本罪所保护的法益是公众对死去的英雄烈士的崇敬感情。

2. 应否对本罪中的"英雄烈士"的范围进行限制?

虽然文天祥、岳飞、屈原、丁汝昌、秋瑾、吉鸿昌、张自忠、"八百壮士"等也可谓英雄烈士。但从保护的必要性角度考虑,应将本罪中的英雄烈士,限定为中国共产党成立以来,中国共产党方面所授予或者追认的已经死去的英雄烈士。

3. 如何分析本罪的立法逻辑?

国外有立法例针对活人和死人分别规定损毁名誉罪和损毁死者名誉罪。损毁名誉罪相当于我国《刑法》中的侮辱、诽谤罪。如果我国《刑法》规定了损毁死者名誉罪,同时规定损毁英雄烈士名誉的,从重处罚,则既可以实现平等保护,又可以对严重损害社会公共利益的损毁英雄烈士名誉的行为进行更重处罚,本书认为,这样更符合立法逻辑。

第四十八节　组织、利用会道门、邪教组织、利用迷信破坏法律实施罪

·导　读·

无论是行为人制作的邪教宣传品,还是他人制作的邪教宣传品,只有实际传播出去,破坏了国家法律、行政法规的实施,才能认定成立本罪的既遂,才值得科处刑罚。制作和组织不是本罪的实行行为。本罪的实行行为是利用会道门、利用邪教组织、利用迷信破坏国家法律、行政法规的实施。《刑法》第300条第3款是注意规定,只有违背妇女意志才能数罪并罚。本书认为,本罪构成要件不明确。

/条　文/

第三百条第一款　【组织、利用会道门、邪教组织、利用迷信破坏法律实施罪】组织、利用会道门、邪教组织或者利用迷信破坏国家法律、行政法规实施的,处三年以上七年以下有期徒刑,并处罚金;情节特别严重的,处七年以上有期徒刑或者无期徒刑,并处罚金或者没收财产;情节较轻的,处三年以下有期徒刑、拘役、管制或者剥夺政治权利,并处或者单处罚金。

第二款　【组织、利用会道门、邪教组织、利用迷信致人重伤、死亡罪】

第三款　犯第一款罪又有奸淫妇女、诈骗财物等犯罪行为的,依照数罪并罚的规定处罚。

罪名精释

1. 持有、携带自己制作的邪教宣传品就成立既遂的司法解释规定,有无疑问?

2017年1月25日颁布的《关于办理组织、利用邪教组织破坏法律实施等刑

事案件适用法律若干问题的解释》第5条规定,为了传播而持有、携带,或者传播过程中被当场查获,邪教宣传品数量达到该解释第2条至第4条规定的有关标准的,按照下列情形分别处理:(1)邪教宣传品是行为人制作的,以犯罪既遂处理;(2)邪教宣传品不是行为人制作,尚未传播的,以犯罪预备处理;(3)邪教宣传品不是行为人制作,传播过程中被查获的,以犯罪未遂处理;(4)邪教宣传品不是行为人制作,部分已经传播出去的,以犯罪既遂处理,对于没有传播的部分,可以在量刑时酌情考虑。

上述司法解释规定存在疑问。本罪是实害犯、结果犯,不是抽象危险犯、行为犯。即便邪教宣传品是行为人制作的,单纯持有、携带邪教宣传品,或者传播过程中被当场查获的,只要还没有实际破坏国家法律、行政法律的实施,都应认为只具有抽象危险,制作、持有、携带邪教宣传品的行为,还只是本罪的预备。在传播过程中被当场查获的,也至多被评价为本罪的未遂,而不是本罪的既遂。

概言之,无论是行为人制作的邪教宣传品,还是他人制作的邪教宣传品,只有实际传播出去,破坏了国家法律、行政法规的实施,才能认定成立本罪的既遂,才值得科处刑罚。

2. 制作邪教宣传品就构成本罪的司法解释规定,有无疑问?

司法解释规定,制作邪教宣传品,达到一定数量的,以本罪处3年以上7年以下有期徒刑,并处罚金。[①]

本罪是实害犯、结果犯。单纯制作邪教宣传品而不传播的,还只是具有抽象性危险,不可能已经破坏国家法律、行政法规的实施,所以不可能构成犯罪。质言之,制作不可能是本罪的实行行为。

3. "组织"是本罪的实行行为吗?

从《刑法》第300条第1款的条文表述看,似乎组织是本罪的实行行为,组织

[①] 参见2017年1月25日《关于办理组织、利用邪教组织破坏法律实施等刑事案件适用法律若干问题的解释》第2条。

会道门、邪教组织就构成犯罪。但是,单纯组织会道门、邪教组织的行为只具有抽象性危险,不值得科处刑罚。只有组织会道门、邪教组织后利用会道门、邪教组织破坏国家法律、行政法规实施的,才成立犯罪。换言之,"组织"不是本罪的实行行为,本罪的实行行为是利用会道门、利用邪教组织、利用迷信破坏国家法律、行政法规的实施。

4.《刑法》第300条第3款规定是注意规定还是法律拟制？

《刑法》第300条第3款规定,犯第一款罪又有奸淫妇女、诈骗财物等犯罪行为的,依照数罪并罚的规定处罚。

只有违背妇女意志,符合强奸罪构成要件的,才能以本罪与强奸罪数罪并罚。实施诈骗财物的行为也是如此。所以本款是注意规定,不是法律拟制。

5.本罪构成要件明确吗？

虽然司法解释试图明晰"破坏国家法律、行政法规实施"的含义,但不得不说,"破坏国家法律、行政法规实施"的范围不够明确,可以认为所有反社会的行为都可谓"破坏国家法律、行政法规实施"。其实我国《刑法》分则琳琅满目的罪名足以规制所谓组织、利用会道门、邪教组织、利用迷信破坏国家法律、行政法规实施的行为。本书认为,该罪的罪状设计有违罪刑法定的明确性要求,而且法定刑高达无期徒刑,对于本罪存在的必要性,笔者建议做进一步论证或做实质性修改。

第四十九节　组织、利用会道门、邪教组织、利用迷信致人重伤、死亡罪

·导　读·

利用邪教、迷信教唆、帮助其成员或者他人实施自杀、自伤的,应构成本罪,而不是故意杀人罪与故意伤害罪。蒙骗缺乏意思能力,不能理解自伤、

第一章 扰乱公共秩序罪

自杀行为的性质和意义的人,如幼儿、高度的精神病患者,属于故意伤害、杀人的间接正犯,成立故意伤害罪与故意杀人罪。

条　文

第三百条第一款　【组织、利用会道门、邪教组织、利用迷信破坏法律实施罪】

第二款　【组织、利用会道门、邪教组织、利用迷信致人重伤、死亡罪】组织、利用会道门、邪教组织或者利用迷信蒙骗他人,致人重伤、死亡的,依照前款的规定处罚。①

罪名精释

1. 利用邪教、迷信教唆、帮助自杀、自伤以故意杀人、伤害罪定罪处罚的司法解释规定,有无疑问?

司法解释规定,组织、利用邪教组织,制造、散布迷信邪说,组织、策划、煽动、胁迫、教唆、帮助其成员或者他人实施自杀、自伤的,依照《刑法》第232条、第234条的规定,以故意杀人罪或者故意伤害罪定罪处罚。②

本书对上述司法解释规定存在疑问。由于自杀、自伤不构成犯罪,根据共犯的从属性原理,对于教唆、帮助自杀、自伤的行为,也不能作为犯罪处理。利用邪教、迷信教唆、帮助其成员或者他人实施自杀、自伤的,属于典型的"组织、利用邪教组织或者利用迷信蒙骗他人,致人重伤、死亡"的情形,应构成组织、利用会道门、邪教组织、利用迷信致人重伤、死亡罪,而不是故意杀人罪与故意伤害罪。《刑法》设

---

① 处3年以上7年以下有期徒刑,并处罚金;情节特别严重的,处7年以上有期徒刑或者无期徒刑,并处罚金或者没收财产;情节较轻的,处3年以下有期徒刑、拘役、管制或者剥夺政治权利,并处或者单处罚金。

② 参见2017年1月25日《关于办理组织、利用邪教组织破坏法律实施等刑事案件适用法律若干问题的解释》第11条。

219

立本罪旨在规制利用邪教、迷信蒙骗他人致人重伤、死亡的行为。本罪的法定刑高达无期徒刑,所以对于不具有杀人、伤害的实行行为性,不符合故意杀人、伤害罪构成要件的行为,以本罪论处,既符合构成要件原理,又能实现罪刑相适应。

2.蒙骗没有意思能力的幼儿、高度精神病患者自伤、自杀的,成立本罪吗？

本罪的对象限定为具有意思能力,能够理解自伤、自杀行为的性质和意义的人。若蒙骗缺乏意思能力,不能理解自伤、自杀行为的性质和意义的人,如幼儿、高度的精神病患者,则应认定为故意伤害、杀人的间接正犯,成立故意伤害罪与故意杀人罪,而非本罪。

第五十节 聚众淫乱罪

导读

本罪是单行为犯,聚众不是实行行为,实行行为只有进行淫乱活动。应将本罪中的淫乱活动限定为自然性交,聚众进行手淫、口交、肛交的,不宜以本罪论处。数人在不同地点的线上进行裸聊的,不构成犯罪。成人间基于同意秘密实施聚众淫乱活动的,不构成本罪。

条文

第三百零一条第一款 【聚众淫乱罪】聚众进行淫乱活动的,对首要分子或者多次参加的,处五年以下有期徒刑、拘役或者管制。

罪名精释

1."聚众"是本罪的实行行为吗？

从条文表述看,似乎本罪的实行行为是"聚众+淫乱",实施聚众就已经着手实行了本罪,而能以本罪的未遂犯进行处罚。但是,仅仅聚众而未实施淫乱活动的,不可能已经侵害或者威胁法益。所以,本罪中的"聚众",旨在强调必须以聚众的方式进行淫乱,而不是说聚众本身就是实行行为,进而肯定本罪属于所谓复行为犯。

概言之,本罪应是单行为犯,聚众不是实行行为,实行行为只有进行淫乱活动。

2. 聚众进行手淫、口交、肛交的,构成本罪吗?

刑法理论普遍认为,本罪中的淫乱行为除自然性交外,还包括所谓其他刺激、兴奋、满足性欲的行为,如聚众进行手淫、口交、肛交等行为。[①]

本罪所保护的法益是所谓性行为非公开化的社会秩序,是没有被害人的犯罪。处罚这种行为,有侵犯公民的表达自由之嫌,有悖开放、多元、包容的社会价值观,所以应限制其处罚范围,将淫乱行为限定为自然性交为宜,对于聚众进行手淫、口交、肛交等其他行为的,不宜以本罪论处。

3. 数人在不同地点的线上进行裸聊的,构成本罪吗?

本案中的淫乱活动,仅限于身体淫乱活动,聚众观看淫秽视频,聚众讲述淫秽言论,数人在不同地点的线上进行裸聊的,不成立本罪。

4. 成人间基于同意秘密实施聚众淫乱活动的,能构成本罪吗?

《刑法》规定本罪并不只是因为该行为违反了伦理秩序,还因为这种行为侵害了公众对性的感情,或者说侵害了性行为非公开化的社会秩序。三个以上的成年人,基于同意秘密实施的性交行为,因为没有侵害本罪所要保护的法益,不属于《刑法》规定的聚众淫乱行为。只有当3名以上成年人以不特定人或者多数人当场可能感知的方式实施淫乱行为的,才能以本罪论处。

[①] 参见高铭暄、马克昌主编:《刑法学(第10版)》,北京大学出版社、高等教育出版社2022年版,第559页;张明楷:《刑法学(第6版)》(下册),法律出版社2021年版,第1412页。

第五十一节 引诱未成年人聚众淫乱罪

·导 读·

已满16周岁不满18周岁的人被引诱参加聚众淫乱活动的,不构成犯罪。本罪所保护的法益是未成年人身心健康成长不受性行为妨碍的权利,系个人法益。引诱未成年人观看他人进行淫乱活动的,构成本罪。不应限制本罪中淫乱活动的范围,除自然性交外,还应包括手淫、口交、肛交等行为。引诱未成年人参加秘密的聚众淫乱活动的,也能构成本罪。引诱不满14周岁的幼女、男童参加聚众淫乱活动的,还可能构成强奸罪、猥亵儿童罪。

条 文

第三百零一条第一款 【聚众淫乱罪】

第二款 【引诱未成年人聚众淫乱罪】引诱未成年人参加聚众淫乱活动的,依照前款的规定,即处五年以下有期徒刑、拘役或者管制,从重处罚。

罪名精释

1. 本罪所保护的法益是什么?

虽然可以认为聚众淫乱罪所保护的法益是性行为非公开化的社会秩序,系社会法益,但由于引诱未成年人聚众淫乱罪保护的对象是未成年人,因此本书倾向于认为,本罪所保护的法益是未成年人身心健康成长不受性行为妨碍的权利,系个人法益。也就是说,虽然本罪位于妨害社会管理秩序罪一章,从实质解释的角度,应将本罪所保护的法益补正解释为个人法益。

2. 已满 16 周岁不满 18 周岁的人被引诱参加聚众淫乱活动的,构成犯罪吗?

从《刑法》第 301 条第 2 款引诱未成年人聚众淫乱罪的规定来看,未成年人是法律保护的对象,所以已满 16 周岁不满 18 周岁的人被引诱参加聚众淫乱活动的,不成立聚众淫乱罪。当然,已满 16 周岁不满 18 周岁的未成年人实施聚众淫乱活动或者引诱其他未成年人参加聚众淫乱活动的,能成立聚众淫乱罪或者引诱未成年人聚众淫乱罪。

3. 引诱未成年人观看他人进行淫乱活动的,构成本罪吗?

本罪所保护的法益是未成年人的身心健康成长不受性行为妨碍的权利,应对本罪中的"参加"作广义解释,不要求引诱未成年人实际进行淫乱活动,哪怕只是引诱未成年人观看他人进行淫乱活动,也能成立本罪。

4. 应将本罪中的淫乱活动限定于自然性交吗?

虽然应将聚众淫乱罪中的淫乱活动限定为自然性交,但由于引诱未成年人聚众淫乱罪是侵害未成年人身心健康的犯罪,故不应限制本罪中的淫乱活动的范围。也就是说,除自然性交外,本罪中的淫乱活动还应包括其他刺激、兴奋、满足性欲的行为,如手淫、口交、肛交等行为。

5. 引诱未成年人参加秘密的聚众淫乱活动的,构成本罪吗?

本罪所保护的法益是未成年人的身心健康,本罪中的淫乱活动不要求具有公然性,即引诱未成年人参加秘密的聚众淫乱活动的,也能构成本罪。

6. 引诱不满 14 周岁的幼女、男童参加聚众淫乱活动的,如何处理?

引诱不满 14 周岁的幼女、男童参加聚众淫乱活动,除成立引诱未成年人聚众淫乱罪外,还可能成立强奸罪、猥亵儿童罪,应视行为个数,以想象竞合或者数罪并罚处理。

第五十二节　盗窃、侮辱、故意毁坏尸体、尸骨、骨灰罪

·导　读·

本罪所保护的法益是生者对死者的虔诚感情。从医院太平间偷出女友的尸体摆放在自己家里的，也能构成本罪。抢劫、抢夺、诈骗尸体的，可以认定为盗窃尸体罪。侮辱尸体，不需要公然实施。以书面、文字等方式侮辱死者名誉的，不构成本罪。杀人后碎尸的，应以故意杀人罪与侮辱尸体罪数罪并罚。

/条　文/

第三百零二条　【盗窃、侮辱、故意毁坏尸体、尸骨、骨灰罪】盗窃、侮辱、故意毁坏尸体、尸骨、骨灰的，处三年以下有期徒刑、拘役或者管制。

罪名精释

1. 本罪所保护的法益是什么？

有生必有死。本罪所保护的法益是生者对自己死后的尸体、尸骨、骨灰不被他人盗窃、侮辱、故意毁坏的意愿与期待，或者说生者对死者的虔诚感情。

2. 从医院太平间偷出女友的尸体摆放在自己家里的，构成本罪吗？

由于并不存在需要与本罪相区分的毁弃罪，所以不需要认为非法占有目的是本罪的不成文的构成要件要素。也就是说，即便没有非法占有目的（利用的意思），例如将女友的尸体从医院太平间偷出来摆放在自己家里，行为人没有利用的意思，也能成立盗窃尸体罪。

3. 抢劫、抢夺、诈骗尸体的，如何处理？

由于盗窃是夺取型犯罪的兜底性犯罪，对于抢劫、抢夺、诈骗尸体的行为，可以认定为盗窃尸体罪。

4. 侮辱尸体，需要公然实施吗？

本罪所保护的法益是生者对死者的虔诚感情，所以本罪中的侮辱不同于侮辱罪中的侮辱，侮辱尸体不需要公然实施，偷偷溜到医院太平间奸污女尸的，也能构成侮辱尸体罪。

5. 以书面、文字等方式侮辱死者名誉的，构成本罪吗？

本罪的对象是尸体、尸骨、骨灰。以书面、文字等方式侮辱死者名誉的，不构成本罪。

6. 杀人碎尸的，如何处理？

有观点认为，杀人犯为毁灭本人犯罪的证据而毁坏尸体的行为，因缺乏期待可能性，而不成立本罪。[1] 本书认为，杀人后碎尸的，又侵害了新的法益，不能认为杀人后必须碎尸，所以还是认定为故意杀人罪与侮辱尸体罪，实行数罪并罚为宜。

第五十三节 赌 博 罪

· 导 读 ·

赌博罪所保护的法益，是以劳动或其他合法行为取得财产这一国民健全的经济生活方式与秩序。聚众并非赌博罪的实行行为，赌博才是实行行

---

[1] 参见张明楷：《刑法学（第6版）》（下册），法律出版社2021年版，第1414页。

为。只能处罚聚众者即召集赌博的人,不能处罚被召集的赌博分子,除非其以赌博为业。进行赌博诈骗的,成立诈骗罪,而不是赌博罪。本书对组织赌博就是聚众赌博的司法解释规定存在疑问。

条 文

第三百零三条第一款 【赌博罪】以营利为目的,聚众赌博或者以赌博为业的,处三年以下有期徒刑、拘役或者管制,并处罚金。

罪名精释

1. 赌博罪的法益是什么?

案1:赵某某在其经营的位于厦门市同安区的超市内,以营利为目的,利用"六合彩"揽注他人猜码参赌。经查,赵某某揽注张本某、兰勇某等39人猜码参赌,接受投注金额共计人民币9919元。

本案争议焦点:关于利用"六合彩"揽注他人猜码参赌的行为应认定为赌博罪、开设赌场罪、还是非法经营罪。

法院认为,利用"六合彩"揽注他人猜码参赌的行为,主要侵犯的客体应为社会风尚或者社会管理秩序,不应认定为侵犯市场秩序,因其是为法律所禁止的非经任何途径可得法律许可进而参与市场的行为,故不能构成非法经营罪。关于利用"六合彩"揽注他人猜码参赌的行为具体应认定为赌博罪还是开设赌场罪,关键在于是否有明确设立、承包或租赁专门用于赌博的场所,若未有专门用于赌博的场所则不宜认定为开设赌场罪,即对于一般的利用"六合彩"揽注他人猜码参赌的行为宜认定为赌博罪,以赌博罪定罪量刑。本案中赵某某在其经营的超市内,以营利为目的,利用"六合彩"揽注他人猜码参赌宜认定为赌博罪。[①]

赌博罪是公认的没有被害人的犯罪。国家为什么禁止赌博,或者说赌博犯

---

① 参见福建省厦门市同安区人民法院刑事判决书,(2018)闽0212刑初635号。

罪所保护的法益是什么？有观点认为，赌博犯罪所侵犯的是社会的善良风俗；有观点主张，赌博犯罪所侵犯的是勤奋的国民生活方式；有观点提出，赌博犯罪的本质是导致"二次犯罪"危险；有观点声称，赌博犯罪的本质是导致他人的财产危险。应该说，单纯违反伦理道德的行为不可能成为刑法规制的对象，而且我国《刑法》将赌博犯罪规定在扰乱公共秩序罪中，所以应当认为我国赌博犯罪所保护的法益，是以劳动或其他合法行为取得财产这一国民健全的经济生活方式与秩序。

2."聚众"是本罪的实行行为吗？

案2：张某于俄罗斯世界杯足球赛期间，在赌博网站宝马会全讯网下的子网站皇冠网站中的现金网上注册成会员，参与网上赌球活动，同月12日，廖某杰向张某询问有无境外赌球账号，次日张某利用自己的赌球账号生成虚拟子账号并提供给陈某使用，陈某将其中1个虚拟子账号提供给龙某峰使用。上述虚拟子账号只能虚拟投注，但可根据世界杯比赛实际情况计算出虚拟的输赢金额。廖某杰、陈某、龙某峰等人通过张某提供的虚拟子账号下注，张某接受投注后并未实际向赌博网站进行投注，而是依据赌博网站计算出的输赢情况，在线下与廖某杰进行现金结算，再由廖某杰与陈某等人结算，张某支付廖某杰上述虚拟子账号中下注有效金额一定比例的好处费。张某与廖某杰、陈某、龙某峰进行赌博的赌博流水金额高达615,335元，共进行了4次结算。

本案争议焦点：张某利用网络赌博网站，参照赌博网站开出的赔率及计算的结果与投注人进行对赌，是否属于赌博罪中的聚众赌博。

法院认为，本案中张某通过其在赌博网站登记的会员账号，设置可以进行虚拟下注的子账号，该虚拟下注的子账号只能模拟投注，不能直接向网站充值、投注。拿到该虚拟账号的人如果要在赌博网站参赌，只能将赌资交与张某，由其通过主账号进行投注。张某将虚拟子账号交给朋友并接受投注，但其没有将收到的赌资转给赌博网站，而是参照赌博网站开出的赔率及计算的结果与投注人进行对赌。其行为系利用赌博网站的赌博方式，利用赌博网站的信息在接受他人投注后与他人对赌的行为,不涉及对赌博场所的设立以及管理和控制。此外,张某不是通过自己经营的赌场获利,而是通过自己的人际关系召集、组织并直接与他人赌博来实现自己的营利目的,也就是与他人直接进行赌博的行为。因此,本案中张某的行为不符合开设赌场罪的行为性质。张某以营利为目的,组织3人以上赌博,赌资数额累计达到5万元以上,符合赌博罪中"聚众赌博"的规定,构成赌博罪。[①]

从《刑法》第303条第1款的条文表述看,似乎聚众赌博型赌博罪的实行行为是"聚众+赌博",但从与赌博为业型赌博罪的处罚相协调角度考虑,应认为,聚众赌博强调的是以聚众的方式进行赌博活动,"聚众"是修饰"赌博"的,聚众本身不是实行行为。或者说,赌博罪包括聚众型赌博和赌博为业型赌博两种行为类型。因为赌博并不需要多人实施,单个人在网上也可以实施赌博行为。对于聚众型赌博行为而言,仅处罚召集赌博的人,而不处罚不以赌博为业单纯偶尔参与赌博的人。

概言之,聚众不是赌博罪的实行行为,赌博才是实行行为;单纯聚众而不赌博的,不可能成立赌博罪的未遂;只有被聚的赌博分子实际从事赌博活动,才可能追究聚众者赌博罪的刑事责任;只能处罚召集赌博的人,不能处罚被召集的赌博分子,除非其以赌博为业。

3. 进行赌博诈骗的,是成立赌博罪还是诈骗罪?

赌博应是就偶然的输赢以财物进行赌事或者博戏的行为。如果对于一方当事人而言,胜败的结果已经确定,则不能称为赌博。设置圈套引诱他人参与"赌博",胜负并不具有偶然性,不符合赌博的特征,相反完全符合诈骗罪的犯罪构成,这就是人们所称的"赌博诈骗"。如果该行为人的其他赌博行为已构成赌博罪,则应将赌博罪与诈骗罪实行并罚。虽然赌博诈骗属于不法原因给付,但毕竟是行为人设置不法原因在前,对方给付财物在后,对方所交付的财产本身是合法的,所以不影响诈骗罪的成立。

[①] 参见广西壮族自治区桂林市中级人民法院刑事裁定书,(2019)桂03刑终666号。

我国司法实务曾经认为人为控制赌局输赢的仅构成赌博罪,但有规定认为,使用专门工具、设备或者其他手段诱使他人参赌、人为控制赌局输赢,构成犯罪的,依照《刑法》关于诈骗犯罪的规定定罪处罚。①

4. 认为组织赌博就是聚众赌博的规定,有无疑问?

有规定认为,组织3人以上赌博,抽头渔利数额累计5000元以上;组织3人以上赌博,赌资数额累计5万元以上;组织3人以上赌博,参赌人数累计20人以上的;组织中华人民共和国公民10人以上赴境外赌博,从中收取回扣、介绍费的,属于聚众赌博。②

将"聚众赌博"理解为"组织赌博"存在疑问。"聚众"赌博,强调处罚的是召集赌博的人,被召集的非以赌博为业的人不处罚。而"组织"赌博,强调的是对参赌人员、赌博场所、赌博活动的支配、管理、控制、经营。上述相关规定,可能正是司法实践混淆聚众赌博和开设赌场罪的根本原因。

第五十四节　开设赌场罪

· 导　读 ·

开设赌场,可谓经营赌场,行为人不仅提供赌博的场所或者空间,而且支配或者控制赌博场所或者空间。只有专门服务于他人的违法犯罪活动,主要用于非法用途,深度参与他人的违法犯罪活动的,才丧失中立的帮助行为的性质,成立相关犯罪的共犯。开设的"赌场",可以包括网络空间。有关具有国家工作人员身份的人实施赌博犯罪从重处罚的相关规定,存在疑

---

① 参见2020年10月16日最高人民法院、最高人民检察院、公安部联合颁布的《办理跨境赌博犯罪案件若干问题的意见》。

② 参见2008年6月25日施行的最高人民检察院、公安部《关于公安机关管辖的刑事案件立案追诉标准的规定(一)》第43条。

问。只要明知他人开设网上赌场还为其提供资金支付结算等帮助的,不仅成立帮助信息网络犯罪活动罪,还成立开设赌场罪的共犯。

开设赌场罪与聚众赌博的区别主要在于:(1)开设赌场者,提供赌博场所,经营赌博场所,支配、管理、控制参赌人员和赌博活动,通常制定赌博规则,提供资金支付结算服务,而聚众赌博,系召集他人从事赌博活动,本人一般亲自参加赌博活动;(2)开设赌场者系通过经营、管理赌博场所和赌博活动获利,而聚众赌博者是通过赌博活动本身获利;(3)开设赌场通常具有持续性、稳定性,而聚众赌博一般具有偶然性、随机性。

条 文

第三百零三条第二款 【开设赌场罪】开设赌场的,处五年以下有期徒刑、拘役或者管制,并处罚金;情节严重的,处五年以上十年以下有期徒刑,并处罚金。

罪名精释

1. 开设赌场罪是单行为犯还是复合行为犯?

案1:几个朋友相约在不固定的几个地点赌博,数额巨大。为了避免被警察抓获,几人专门请李某来结算赌资,并给予好处费,李某不参与赌博,但放贷给参与赌博的人。

本案中,不能认定李某的行为成立开设赌场罪,因为其没有支配他人参与赌博的场所与空间。李某只是赌博罪的共犯,而不可能成为赌博罪的正犯。因为其本人并没有聚众赌博或者以赌博为业。在赌场向参加赌博的人发放贷款的,一般成立赌博罪的共犯。如果开设赌场的人知道行为人在赌场放贷并且同意,或者说与开设赌场的人共谋,对赌场的维持起到作用的,才能认定为开设赌场罪的共犯。本案中没有人开设赌场,李某也就不能成立开设赌场罪的共犯。

开设赌场,可谓经营赌场,行为人不仅提供赌博的场所或者空间,而且支配或者控制赌博场所或者空间。所以，开设赌场可谓复合行为，而不是单一行为。

2. 将为赌博、开设赌场提供帮助的全部作为共犯处罚，有无疑问？

案2：黄某注册成立了网络科技公司。之后，网络科技公司开始对外承接赌博游戏应用程序软件（以下简称App）的定制、开发、制作业务，在承接上述业务的过程中，负责推广的杨某斌、邓某贵等在公司网站及各大论坛上发布该公司可以定制手机游戏App的文章并留下公司销售人员联系方式，待客户与公司的销售人员李某婧、谭某婵、卢某欢、谭某芸等联系并说明开发需求后，销售人员整理好客户需求形成开发需求文档，交由公司决策层决定由哪些技术人员负责该开发项目并成立项目小组并建立群聊以协调工作。技术部项目小组按照客户的需求将赌博软件开发完成后，交由销售人员，再由销售人员交由客户使用。自2018年8月至今，根据客户的需求，开发、制作、销售了多款具有赌博性质的网络棋牌类游戏软件给客户非法获利。

法院认为，开发赌博游戏App并不等同于开设赌场，两者不是一个概念，而是一种共犯行为。本案中黄某等人在为赌博网站提供App开发和维护服务过程中，各有分工，相互配合，在整个开设赌场的共同犯罪中起辅助作用，是从犯，应当从轻或减轻处罚。①

该案中，行为人为他人开设赌场量身定制游戏App，所开发的软件专门服务于开设赌场的犯罪活动，深度参与了他人的违法犯罪活动，判决认定成立开设赌场罪的共犯是正确的。

为赌博、开设赌场提供的日常生活和业务性质的服务，具有日常生活性、业务性、中立性、非针对特定对象性、非追求犯罪目的性、持续性，属于中立的帮助行为，一般不应作为共犯处罚。司法实践中，对于受雇用为赌场从事接送参赌人员、望风看场、发牌坐庄、兑换筹码等活动的人员，除参与赌场利润分成或者领取高额固定工资的以外，一般不追究刑事责任，可由公安机关依法给予治安管理处

---

① 参见广西壮族自治区南宁市中级人民法院刑事裁定书，(2021)桂01刑终630号。

罚。只有专门服务于他人的违法犯罪活动,主要用于非法用途,深度参与他人的违法犯罪活动的,才丧失中立的帮助行为的性质,而成立相关犯罪的共犯。

3. 开设的"赌场"是否包括网络空间?

案3:2016年年初,朱某琴从范某处获得境外"申博"赌博网站代理账号,额度为100万元(额度用完可以临时授权增加),后盛某新、朱某琴在家中使用该赌博账号接受多人投注进行赌博活动。范某以赌博流水的1.18%作为返利(俗称洗码费)给盛某新和朱某琴,范某从上家获取0.1%的洗码费,并通过与赌客对赌"占成"牟利;陆某多次驾车至盛某新、朱某琴住处楼下和朱某琴以现金的方式结算赌博资金。2016年4月至2018年5月,盛某新、朱某琴接受赌博人员累计投注金额2463万余元,以洗码费返利形式从中非法获利29万余元,范某、陆某以洗码返利的形式从中非法获利2.46万元。为逃避打击,盛某新、朱某琴指使吴某等人提供银行卡用于结算赌博资金。

本案争议焦点:利用境外赌博网站账号组织赌客赌博,同时进行资金结算是否构成开设赌场罪。

法院认为,范某将境外赌博网站账号提供给盛某新、朱某琴,与盛某新组织的赌客对赌,并从中获取洗码费提成;盛某新、朱某琴利用范某提供的账号组织赌客在家中赌博,本质上是将境外的实体赌场通过网站形式搬至境内供赌客下注,并进行资金结算,赚取洗码佣金。陆某将朱某琴需要的境外赌博网站的信息提供给范某,根据范某安排与朱某琴结算赌资,吴某、郭某生、张某、姜某兵、黄某平明知盛某新、朱某琴从事赌博活动,仍为其提供资金结算帮助,均应当以开设赌场罪追究刑事责任。法院判定盛某新、朱某琴、范某、陆某、吴某、郭某生、张某、姜某兵、黄某平犯开设赌场罪。①

案4:周某、史某与贾书某(另案处理)以营利为目的,建立微信群,邀请他人加入,雇用郭惠某(另案处理)为"托儿",并雇用他人为"走势员",由

---

① 参见江苏省南通市港闸区人民法院刑事判决书,(2019)苏0611刑初87号。

周某、史某、贾书某轮流坐庄,组织群内人员采用抢红包猜尾数下注的方式进行赌博。其中周某坐庄期间参与人数达157人,涉及赌资人民币659万余元;史某坐庄期间参与人数达346人,涉及赌资人民币623万余元。

本案争议焦点:群主建立微信群利用微信抢红包猜尾数下注是否构成开设赌场罪。

法院认为,周某、史某建立的赌博群有赌博规则,成员间有分工,并有一定的激励措施,从而实现运营下去持续牟利的目的,具有开设赌场经营性、组织性特征;周某、史某以营利为目的建立该赌博群,将二维码放在群内任由他人扫码入群,所拉人员也并非双方的亲朋好友。相反,为增加赌客人数,周某、史某找专门人员拉赌客进群参赌,每天群内人员近百人,参赌人员数十人,持续时间较长,具备不特定性和开放性的特点。因此,周某、史某的行为构成开设赌场罪。

上述案件中的微信群显然属于网络空间。虽然我国刑法理论通说不承认网络空间是公共场所,但普遍认为可以在网络空间开设赌场。

4. 具有国家工作人员身份的人实施赌博犯罪从重处罚的相关规定是否合理?

国家工作人员只是一种普通职业,只要国家工作人员没有利用职权实施犯罪,就不可能增加行为的不法性。所以,单纯因为具有国家工作人员身份实施赌博犯罪就从重处罚的司法解释规定,违反了《刑法》第4条"对任何人犯罪,在适用法律上一律平等"的规定。

5. 如何区分开设赌场罪的共犯与帮助信息网络犯罪活动罪?

案5:2019年3月至2021年1月,蒋某军在明知"××棋牌"是赌博网站的情况下,依然在位于A国的"××棋牌"赌博网站担任客服管理人员,为我国境内的赌客提供玩法咨询、出款等帮助,从中非法获利约人民币20万元。2020年9月,王某某、金某、冯某娟为谋取非法利益,共同商议通过"××代付"平台上线,金某负责联系赌博平台,冯某娟负责组建团队运营,抽取运营赌资的0.6%作为共同获利,双方约定按照一定比例分成。2020

年10月开始,冯某娟在某市成立"××代付"工作室,并陆续招募陈某懿等人为"××棋牌""×××棋牌"等网络赌博平台提供资金结算服务,汪某杰负责帮团队提供食宿并提供自己的银行卡给网络赌博平台结算赌资。

本案争议焦点:被告人对网络赌场的资金支付结算型帮助行为如何定性。

法院认为,蒋某军明知他人实施赌博活动仍在赌博平台担任客服,为赌博平台提供咨询、出款等帮助,收取服务费20余万元,情节严重;王某某等人,明知他人实施赌博活动,仍为赌博平台提供资金结算服务,情节严重;吴某波明知他人实施赌博活动,仍为赌博平台提供资金结算服务,帮助收取赌资85万余元,其行为构成开设赌场罪。蒋某军、王某某等在共同犯罪中起辅助作用。①

应该说,只要明知他人开设网上赌场还为其提供资金支付结算等帮助的,不仅成立帮助信息网络犯罪活动罪,还成立开设赌场罪的共犯。实践中司法人员"图省事",往往将开设赌场罪的共犯行为降格评价为帮助信息网络犯罪活动罪。这种做法有违《刑法》第287条之二第3款"有前两款行为,同时构成其他犯罪的,依照处罚较重的规定定罪处罚"的规定。

6. 如何界分开设赌场罪与赌博罪(聚众赌博)?

案6:"××棋牌"是一款棋牌桌游类手机游戏软件,玩家可以在该游戏软件内玩麻将,每一局结束后会显示玩家的输赢分数。2019年8月初至10月,唐某伙同王某、徐某梅,利用手机"××"聊天软件建立赌博群纠集参赌人员,唐某在"××麻将"软件内设置亲友圈,参赌人员经唐某审核加入亲友圈,并进入游戏软件内的虚拟房间玩麻将,麻将玩法规则由唐某事先选定。每局结束后,参赌人员根据唐某等人设置的1分等同1元的比例规则,依照输赢分数在赌博群进行资金结算,输家向赢家支付赌资,赢家向唐某等人支付4元、5元的台费,输家没有按照规则支付赌资时,唐某等人要为其垫付给赢家。唐某等人通过收取台费获利,唐某与王某按照比例分成,徐某梅按周领取工资,唐某系群主,负责建立赌博群、招揽赌博人员、收取台费;

---

① 参见江西省余江县人民法院刑事判决书,(2021)赣0603刑初125号。

王某系群内管理人员,负责收取台费、协调群内矛盾、维持群内秩序。该群累计收取台费 24 万余元。

本案争议焦点:利用网络社交软件组建聊天群,然后向群成员提供棋牌类 App 进行赌博,并收取一定"房费"获利的新型网络赌博行为,属于网上聚众赌博还是网上开设赌场。

一审法院认为,唐某、王某以营利为目的,聚众赌博,其行为已构成赌博罪。二审法院认为,设置赌博规则和管理资金结算是赌场的两大实质功能,行为人对赌博活动具有较强控制性,也正因赌场具有上述两大功能,才使得开设赌场的社会危害性大大增加。聚众赌博的行为人通常不设立赌博输赢规则,也不提供赌资结算服务,而是由赌客自行约定,行为人对赌博活动的控制性较弱。本案中,唐某、王某利用聊天群拉拢不特定人员入群,并在"××麻将"App 中设置亲友圈,为赌客提供赌博项目和用于赌博的网上场所;制定聊天群管理规则,并招募人员 24 小时发放"房卡"、收取"房费",维护群内秩序,对违反规则者给予踢出聊天群的惩罚;设置"1 分等于 1 元"的分值现金兑换比例规则,要求赌客在聊天群内以发红包方式进行资金结算,并在输家赖账时垫付红包给赢家,维持资金结算秩序,确保赌博活动持续进行;以每局收取 4 元或 5 元的"房费"作为固定的营利模式。可见,唐某、王某的行为属于开设赌场等行为,构成开设赌场罪。[①]

案 7:艾某甲、杨某以营利为目的,纠集徐某等人,在常州市武进漕桥镇金都歌舞厅一楼民房等地,多次组织他人以麻将牌"牛牛"的形式聚众赌博,从中非法获利人民币 5 万余元。其中,艾某甲、杨某为赌博活动组织者;徐某多次为赌博抽头渔利,个人非法获利人民币 3000 元;艾某乙多次为赌博望风,个人非法获利人民币 3000 元;贾某多次接送赌客,个人非法获利人民币 1700 元。

本案争议焦点:艾某甲等人是构成赌博罪还是开设赌场罪。

法院认为,本案中,赌博规模较小,在人员召集上多是通过组织者的人际关

---

① 参见上海市第一中级人民法院刑事判决书,(2020)沪 01 刑终 1701 号。

系拉拢赌客,在犯罪规模和组织结构上,更符合赌博罪的特征。①

赌博罪的法定最高刑为3年有期徒刑,而开设赌场罪的法定最高刑为10年有期徒刑。因此,区分赌博罪与开设赌场罪具有现实意义。

关于赌博罪与开设赌场罪的区别,有案例认为:(1)从犯罪规模和组织结构上看,赌博罪的赌博规模一般较小;开设赌场罪的规模一般较大,其营业场所大,赌博的工具齐全,赌博方式多样,有专门为赌场服务的人员,在赌场内负责望风、发牌、记账、收费等。在人员召集上,赌博罪的组织者往往是利用自己的人际关系和人际资源在一定范围内组织他人赌博;而开设赌场罪的经营者通常不亲自召集、组织人员参与赌博。(2)从赌博行为的时间和空间上看,赌博罪在时间和空间上不固定,具有临时性、短暂性的特点,赌博场所有时是临时租赁,有时是临时在宾馆里开房,具有隐秘性,参赌人员聚在一起开始赌博,赌完后散场,下一次再召集时另行聚集;而开设赌场的时间具有持续性和稳定性,一般具有固定的营业地点和场所,在特定时间内向赌博人员开放。(3)从赌博规则的设定及赌具的来源上看,赌博罪的赌博规则更加灵活多变,具有临时聚合性质,可以由所有参赌人员共同设定赌博规则,参赌人员可以"坐庄",赌具来源也不太固定;而开设赌场罪中,规则由组织人员事先设定赌博规则,对赌博规则的设定具备绝对的操控力,赌具由赌场提供。②

有案例主张,设置赌博规则和管理资金结算是赌场的两大实质功能,行为人对赌博活动具有较强的控制性,也正因赌场具有上述两大功能,才使得开设赌场的社会危害性大大增加;聚众赌博的行为人通常不设立赌博输赢规则,也不提供赌资结算服务,而是由赌客自行约定,行为人对赌博活动的控制性较弱。③

有案例声称,开设赌场是指开设专门用于赌博的场所的行为,侧重点是为赌博提供场所,设定赌博方式,提供赌具、筹码、资金等组织赌博的行为,行为人对其所开设的赌场具有管理和控制性,赌场具有半公开性,赌场开设的时间、地点、性质等被一定范围内的社会公众所知晓。赌博罪是指以营利为目的,聚众赌博

---

① 参见江苏省常州市武进区人民法院刑事判决书,(2018)苏0412刑初529号。
② 参见江苏省常州市武进区人民法院刑事判决书,(2018)苏0412刑初529号。
③ 参见上海市第一中级人民法院刑事判决书,(2020)沪01刑终1701号。

或者以赌博为业的犯罪行为。赌博犯罪有两种行为,以营利为目的而聚众赌博的行为就是其中之一。聚众赌博的行为人对赌场一般没有管理和控制权限,不是通过帮助赌场经营来使自己获利,而是通过组织他人参赌来实现自己的营利目的,具有规模较小及一定的隐蔽性的特点。①

理论上有观点认为,开设赌场罪和聚众赌博的区别在于,本罪的行为人对赌博活动有较强的支配性,即组织者对赌博的场地、赌博的规则、参与管理的人员等均具有实质上的控制力。② 也有观点主张,开设赌场罪是指开设以行为人为中心,在其支配下供他人赌博的场所的行为;开设赌场,也可谓经营赌场,行为人不仅提供赌博的场所或者空间,而且支配或控制赌博场所或者空间;至于开设的是临时性的赌场还是长期性的赌场,则不影响本罪成立;开设赌场,既可能是在现实空间开设赌场,也可能是在网络空间开设赌场;开设赌场的行为,虽然事实上一般以营利为目的,但《刑法》没有将营利目的规定为责任要素。③

相关规定认为,组织3人以上赌博,抽头渔利数额累计5000元以上;组织3人以上赌博,赌资数额累计5万元以上;组织3人以上赌博,参赌人数累计20人以上的;组织中华人民共和国公民10人以上赴境外赌博,从中收取回扣、介绍费的,属于聚众赌博。④

将"聚众赌博"理解为"组织赌博"存在疑问。"聚众"赌博,强调处罚的是召集赌博的人,被召集的非以赌博为业的人员不处罚。而"组织"赌博,强调的是对赌博人员、赌博场所、赌博活动的支配、管理、控制、经营。可以说,上述相关规定才是司法实践中混淆聚众赌博和开设赌场罪的根本原因。

之所以开设赌场罪的法定刑(法定最高刑为10年有期徒刑)远高于赌博罪的法定刑(法定最高刑为3年有期徒刑),是因为开设赌场者不仅提供赌博场所,而且经营、支配、控制、管理赌博场所。开设赌场者通过提供、经营、支配、控

---

① 参见广西壮族自治区桂林市中级人民法院刑事裁定书,(2019)桂03刑终666号。
② 参见周光权:《刑法各论(第4版)》,中国人民大学出版社2021年版,第444页。
③ 参见张明楷:《刑法学(第6版)》(下册),法律出版社2021年版,第1416页。
④ 参见2008年6月25日施行的最高人民检察院、公安部《关于公安机关管辖的刑事案件立案追诉标准的规定(一)》第43条。

237

制、管理赌博场所而获利。所以"组织"3人以上赌博并抽头渔利的,不是聚众赌博,而是开设赌场。虽然聚众赌博者也有营利的目的,但其营利来自赌博活动本身,而不是聚集、召集行为。聚众赌博与以赌博为业并列规定,说明聚众赌博的本质还是赌博,之所以在以赌博为业之外规定聚众赌博,就是为了扩大赌博罪的处罚范围,将不是以赌博为业但召集他人赌博的人也纳入刑事处罚的范畴。

综上所述,可以认为开设赌场罪与聚众赌博的区别主要在于:(1)开设赌场者,提供赌博场所,经营赌博场所,支配、管理、控制参赌人员和赌博活动,通常制定赌博规则,并提供资金支付结算服务;而聚众赌博,系召集他人从事赌博活动,本人一般亲自参加赌博活动。(2)开设赌场者系通过经营、管理赌博场所和赌博活动获利;而聚众赌博者是通过赌博活动本身获利。(3)开设赌场通常具有持续性、稳定性;而聚众赌博一般具有偶然性、随机性。

第五十五节　组织参与国(境)外赌博罪

·导 读·

参与国(境)外赌博,既包括被组织者前往国(境)外的赌场参与赌博,也包括被组织者在境内通过网络电信等方式参与国(境)外赌场的赌博。增设本罪可能有违双重犯罪原则。本罪的增设不符合互联网时代的社会现实。或许可以根据服务器所在地确定是国内还是国外、境内还是境外。组织参与国(境)外赌博,数额特别巨大或者有其他特别严重情节的,应当判处5年以上10年以下有期徒刑。

—条　文—

第三百零三条第三款　【组织参与国(境)外赌博罪】组织中华人民共和国

公民参与国(境)外赌博,数额巨大或者有其他严重情节的,依照前款的规定处罚。①

罪名精释

1. 为什么增设本罪?

在《刑法修正案(十一)》通过之前,司法实践中的做法是,对于内地人员以营利为目的,承包或者参股经营澳门赌场或境外赌场,组织、招揽内地人员前往其承包或者参股的赌场赌博的行为,也适用我国《刑法》规定,以开设赌场罪追究刑事责任。②

可是,单纯组织、招揽他人前往境外赌博,并不是开设赌场罪的构成要件。即使从客观上看,在境外开设赌场的人员常常在内地招揽赌徒,这也只是事实,而不能将客观事实强加于刑法规范。当《刑法》分则条文仅将开设赌场规定为构成要件行为时,就不能认为招揽赌徒的行为符合开设赌场罪的构成要件。如果认定为开设赌场罪,就明显违反了罪刑法定原则。此外,近年来境外赌场和网络赌博集团对我国公民招赌、吸赌的问题日益严重,跨境赌博违法犯罪活动日益猖獗,严重妨碍社会管理秩序,引发多种犯罪,致使巨额资金惊人流失,严重危害我国经济安全和社会稳定。同时,互联网领域黑灰产业助推传统赌博和跨境赌博犯罪向互联网迁移,跨境网络赌博违法犯罪活动呈高发态势,严重威胁人民群众的人身财产安全和社会公共安全,需要由《刑法》进行规制。

可以说,正是基于上述原因,《刑法修正案(十一)》增设了组织参与国(境)外赌博罪。即使行为人并未在境外开设赌场,没有承包或者参股经营境外赌场,只要行为人组织中华人民共和国公民参与国(境)外赌博,数额巨大或者有其他严重情节的,就成立本罪。

---

① 处5年以下有期徒刑、拘役或者管制,并处罚金;情节严重的,处5年以上10年以下有期徒刑,并处罚金。

② 参见2020年10月16日最高人民法院、最高人民检察院、公安部联合颁布的《办理跨境赌博犯罪案件若干问题的意见》。

2. 需要被组织者前往国(境)外的赌场参与赌博,才构成本罪吗?

只要行为人通过引诱、招揽等方式使中华人民共和国公民参与国(境)外赌博的,就属于"组织"。而参与国(境)外赌博,既包括被组织者前往国(境)外的赌场参与赌博,也包括被组织者在境内通过网络电信等方式参与国(境)外赌场的赌博。

3. 增设本罪是否有违双重犯罪原则?

我国《刑法》第7条规定了属人管辖。张明楷教授认为,"《刑法》第7条规定的属人管辖并没有以双重犯罪为原则。倘若中国公民在国外实施的行为并没有触犯所在地国的刑法,行为也没有侵犯我国的国家与公民的法益,就不宜适用我国刑法"①。也就是说,对于积极的属人管辖也应坚持所谓双重犯罪原则。

赌博在我国澳门地区和美国的阿拉斯加州是合法行为,组织他人到国(境)外从事合法活动,不可能构成犯罪。

4. 在互联网时代,还有国(境)内外之分吗?

本罪中的国(境)外,到底是指开设赌场的人是国(境)外的人员,还是指赌博网站的服务器在国(境)外,不无疑问。互联网无国界,在互联网时代,根本难以按照传统的地域概念区分国内国外、境内境外。从这个意义上来说,本罪的增设也不符合互联网时代的社会现实。或许可行的思路是,根据服务器所在地确定是国内还是国外、境内还是境外。

5. 本罪规定了一档法定刑,还是两档法定刑?

本罪规定的是"数额巨大或者有其他严重情节的,依照前款的规定处罚"。而前款规定的是"开设赌场的,处五年以下有期徒刑、拘役或者管制,并处罚金;情节严重的,处五年以上十年以下有期徒刑,并处罚金"。问题是,组织参与国(境)外赌博罪是规定了一档法定刑还是两档法定刑?或者说,组织参与国(境)外赌博,数额特别巨大或者有其他特别严重情节的,能否判处5年以上10年以

---

① 张明楷:《刑法学(第6版)》(上册),法律出版社2021年版,第97页。

下有期徒刑并处罚金？

"数额巨大或者有其他严重情节"，只是组织参与国(境)外赌博罪的成立条件，并不是说该罪只有一档法定刑。组织参与国(境)外赌博，数额特别巨大或者有其他特别严重情节的，应当判处第二档法定刑，即 5 年以上 10 年以下有期徒刑，并处罚金。

第五十六节　故意延误投递邮件罪

·导　读·

本罪的责任形式是故意。"快递小哥"故意延误投递信件的，不可能构成本罪。本罪与故意毁坏财物罪之间是竞合关系，竞合时从一重处罚。

条　文

第三百零四条　【故意延误投递邮件罪】邮政工作人员严重不负责任，故意延误投递邮件，致使公共财产、国家和人民利益遭受重大损失的，处二年以下有期徒刑或者拘役。

罪名精释

1.本罪的罪过形式是故意还是过失？

虽然条文中存在作为过失犯文理根据的"严重不负责任"的表述，但考虑到罪状中特意强调"故意"延误投递邮件，应该认为本罪的罪过形式为故意。过失实施的，不构成犯罪。

2."快递小哥"故意延误投递信件，构成本罪吗？

快递公司的"快递小哥"，不可能属于"邮政工作人员"。所以，"快递小哥"

故意延误投递信件的,不可能构成本罪。

3. 本罪与故意毁坏财物罪之间是什么关系?

若坚持"效用侵害说",则可能认为邮政工作人员故意延误投递邮件致使他人财产遭受损失的行为,既成立本罪,也成立故意毁坏财物罪,二者系竞合关系,应从一重罪处罚。

第二章 妨害司法罪

第一节 伪 证 罪

·导 读·

伪证罪所保护的阻挡层法益是刑事诉讼中的证明过程的客观真实性(纯洁性),背后层法益是刑事诉讼的客观公正性。在排除非法证据和涉及自首、立功认定等场合,相关的侦查、监管、检察人员也属于本罪中的"证人"。单纯保持沉默而不作任何陈述的行为,不成立伪证罪。作为本罪行为主体的"证人",包括被害人。伪证罪的行为主体,包括监察机关办理职务犯罪过程中的证人、鉴定人、记录人、翻译人。证人拒不作证的,不能成立伪证罪。犯罪嫌疑人、被告人教唆证人等为自己作伪证的,不成立伪证罪的教唆犯。

证人按照司法工作人员的要求作伪证的,不成立伪证罪。可将"在刑事诉讼中"的范围扩大解释到立案前。在刑事诉讼前作虚假告发,意图使他人受刑事追究的,成立诬告陷害罪,进入刑事诉讼后作虚假证明的,成立伪证罪。只有当证言既违反证人的记忆与实际体验,又不符合客观事实时,才是虚假的。配偶、直系亲属作伪证的,因缺乏期待可能性,不能成立伪证罪。侦查人员未事先告知证人作伪证的法律后果,证人作虚假证明的,不能成立伪证罪。诬告陷害导致他人被立案侦查,然后在刑事诉讼中故意作虚假证明,意图陷害他人的,成立包括的一罪。一次询问程序中的陈述全部终了时,就是伪证罪的既遂。

条 文

第三百零五条 【伪证罪】在刑事诉讼中,证人、鉴定人、记录人、翻译人对与案件有重要关系的情节,故意作虚假证明、鉴定、记录、翻译,意图陷害他人或者隐匿罪证的,处三年以下有期徒刑或者拘役;情节严重的,处三年以上七年以下有期徒刑。

罪名精释

1. 本罪所保护的法益是什么?

伪证罪属于《刑法》分则第六章妨害社会管理秩序罪第二节妨害司法罪中的罪名,不是侵犯公民人身权利、民主权利罪一章中的罪名。所以,伪证罪所保护的法益不是公民的人身权,而是刑事诉讼中的证明过程的客观真实性(纯洁性),这可谓阻挡层法益,而刑事诉讼的客观公正性,可谓背后层法益。

2. 在排除非法证据和涉及自首、立功认定等场合,相关的侦查、监管、检察人员是否属于本罪中的"证人"?

在排除非法证据和涉及自首、立功认定等场合,相关的侦查、监管、检察人员也是了解案件情况的人,也应属于伪证罪行为主体中的证人。例如,监管人员知道某项对案件有重要关系的口供系刑讯逼供所得应予排除,但监管人员在法庭上作伪证,谎称侦查人员没有进行刑讯逼供的,也符合本罪的构成要件(可能同时触犯其他罪名)。

3. 不作为能成立伪证罪吗?

从理论上讲,伪证行为并不限于作为,证人在陈述过程中,对自己记忆中的事项的全部或者部分保持沉默,使整体上的陈述成为虚假陈述时,可以成立不作为的伪证罪,但单纯保持沉默而不作任何陈述的行为,不成立伪证罪。

4. 作为本罪行为主体的"证人",是否包括被害人?

刑法具有从属性,也具有独立性,并不完全从属于其他部门法。虽然在刑事诉讼法中,证人证言与被害人陈述是并列的证据种类,但这并不意味着只能按照刑事诉讼法的规定解释刑法概念。被害人完全可能作虚假陈述而损害刑事诉讼中的证明过程的客观真实性,所以作为伪证罪行为主体中的"证人"包括被害人,被害人违背事实作虚假陈述的,也能成立伪证罪。

5. 伪证罪的行为主体,是否包括监察机关办理职务犯罪过程中的证人、鉴定人、记录人、翻译人?

《监察法》出台后,监委事实上取代了以前检察院的反贪局而成为职务犯罪案件的侦查机关。所以,伪证罪的行为主体应包括监察机关办理职务犯罪过程中的证人、鉴定人、记录人、翻译人。

6. 证人拒不作证的,能成立伪证罪吗?

虽然《刑事诉讼法》规定凡是知道案件情况的人都有作证的义务,但如果知道案件情况但拒不作证,即使具有隐匿罪证的意图,也不能认定为伪证罪。因为不作证并不符合"作虚假证明"的构成要件。

7. 本罪是抽象危险犯、具体危险犯还是实害犯?

如果认为本罪所保护的法益是刑事诉讼中证明过程的客观真实性(纯洁性),则本罪就是实害犯。因为只要证人、鉴定人、记录人、翻译人对与案件有重要关系的情节作虚假证明、鉴定、记录和翻译,就侵害了证明过程的客观真实性。但如果认为本罪所保护的法益是刑事诉讼的客观公正性,那么本罪就是抽象危险犯。也就是说,只要证人、鉴定人、记录人、翻译人对与案件有重要关系的情节作虚假证明、鉴定、记录和翻译,具有损害刑事诉讼的客观公正性的危险,就成立犯罪。本书认为伪证罪是抽象危险犯。不过,这两种法益并非对立关系,只不过前者是阻挡层法益,后者是背后层法益。

8. 犯罪嫌疑人、被告人教唆证人等为自己作伪证的,是否成立伪证罪的教唆犯?

犯罪嫌疑人、被告人自己作虚假供述不成立犯罪,是因为缺乏期待可能性。其作为正犯(实行犯)实施不成立犯罪,而教唆是比实行更轻的参与形式(教唆犯、帮助犯是二次的责任),故教唆他人为自己作伪证的,不应以伪证罪的教唆犯论处(被教唆者作伪证的,成立伪证罪)。当然,犯罪嫌疑人、被告人以暴力、威胁、贿买等方法指使他人作伪证的,并不缺乏期待可能性,故成立《刑法》第307条第1款的妨害作证罪。犯罪嫌疑人、被告人在作虚假陈述时,声称无辜的人是同案犯,启动对他人的追诉程序的,应当认定为诬告陷害罪。

9. 证人按照司法工作人员的要求作伪证的,能成立伪证罪吗?

证人按照办案人员的要求作伪证的,即使明知是伪证而作出的,由于缺乏期待可能性,对证人也不能以伪证罪论处,可追究办案人员的伪证罪的教唆犯与徇私枉法罪的正犯的刑事责任,从一重处罚。

10. 能否将"在刑事诉讼中"的范围扩大解释到立案前?

成立伪证罪,要求必须是在刑事诉讼中作虚假的证明、鉴定、记录、翻译。也就是说,一般是在立案侦查后、审判终结前的过程中作伪证,但对"刑事诉讼"应略做扩大解释。例如,公安机关对于伤害案件在决定立案前往往先作伤情鉴定。在此阶段,鉴定人将轻微伤鉴定为重伤,而导致被错误立案侦查的,宜认定为伪证罪。

11. 如何区分伪证罪与诬告陷害罪?

案1:某日,吸毒人员梁某打电话给犯罪嫌疑人甘某,要求甘某帮他买200元的冰毒。当天晚上甘某跟她的男朋友夏某、万某等人在一起玩,甘某就从夏某那里拿了一小包冰毒卖给吸毒人梁某。梁某就把 200 元交给夏某了。第二天早晨，警察抓获了吸毒人员梁某，问其所吸冰毒是从哪里买的。梁某说是从甘某那儿买的，甘某被抓获后，警察问毒品是从哪里来的，甘某前两次都说是从万某那里获得的，因为夏某是她的男朋友，她就没有供出夏某，于是公安机关仅在网上通缉万某。之后，警察对万某驾驶的车辆、住处进行搜查，发现有 5 个用于分装毒品的透明袋，车上还有吸毒工具，对万某手机进行检查时，还发现他帮助夏某贩卖了 30 克冰毒，公安机关对万某采取了拘留措施。拘留之后，万某不承认自己出卖毒品给甘某，而且说梁某吸食的毒品是甘某从夏某那里获得的，后来在第三次讯问甘某时，甘某才交代确实是从夏某那里买了之后再卖给梁某的。

本案中，甘某、夏某、万某三人的行为显然均构成贩卖毒品罪。甘某不是主动告发，而是在被警察抓获之后才说是从万某那里购买毒品的，故甘某的行为不能成立诬告陷害罪。至于甘某不交代出夏某，由于不交代不等于作假证明，所以甘某的行为也不能成立包庇罪。相对于夏某贩卖毒品罪的刑事追诉活动而言，甘某是证人，因为她明明是从夏某那里得到的毒品，她当然能证明夏某贩卖毒品的事实，但其向警察作了不是从夏某而是从万某处购买毒品的虚假证言，从这个意义上讲，甘某的行为构成伪证罪。

伪证罪发生在刑事诉讼中，也就是立案侦查后、审判终结前的过程中。而诬告陷害罪发生在刑事诉讼前，因为行为人的虚假告发而启动刑事追诉程序。换言之，在刑事诉讼前虚假告发，意图使他人受刑事追究的，成立诬告陷害罪，进入刑事诉讼后作虚假证明的，成立伪证罪。

12. 本想作伪证却说出真相的，能构成伪证罪吗？

案 2：张三目睹了王五和赵六共同抢劫的行为，因此作为证人被公安机关询问。不过，张三想借机栽赃陷害自己的情敌李四，于是在作证时对警察说谎，说自己看到了李四指挥王五和赵六实施抢劫。本来张三以为自己说的是谎话，可公安机关最后查明，王五和赵六抢劫的确是受到了李四的指使。

本案中，虽然张三有作伪证的故意，但因为其陈述内容符合客观事实，没有误导审判的危险，没有侵害法益，不构成伪证罪。

成立伪证罪，要求行为人必须作了虚假的证明、鉴定、记录和翻译，但关于什么是"虚假"，存在主观说和客观说的争议。主观说认为，证人应当原封不动地陈述自己的记忆与实际体验，而对证人证言的真实性、可靠性进行判断是法官的任务。因此，按照自己的记忆与实际体验陈述的，即使陈述内容与客观事实不相符合，也不是虚假的。相反，不按照自己的记忆与实际体验陈述的，即使陈述内容与客观事实相符合，也是虚假的。按照主观说，上述案2中张三的行为就成立伪证罪，因为其没有看到李四指使他人抢劫，却谎称自己看到了。客观说认为，只有当陈述内容与客观事实不相符合时，才是虚假的。按照客观说，上述案2中张三的行为不成立伪证罪，因为他虽然没有根据自己的记忆和实际体验来陈述，但所说内容却与客观事实相符合。

本书认为，客观说具有合理性，只有当证言既违反证人的记忆与实际体验，又不符合客观事实时，才是虚假的。如果证人违反记忆与实际体验进行陈述，虽然证人有作伪证的故意，但证言符合客观事实时，就不可能妨害司法活动，不成立伪证罪；如果证言符合证人的记忆与实际体验，却与客观事实不相符合，则由于证人没有作伪证的故意，也不能成立伪证罪。

13. 配偶、直系亲属作伪证的，能成立伪证罪吗？

我国自古以来就有"亲亲相容隐"的传统。应该认为，配偶、直系亲属作伪证的，因为缺乏期待可能性，不应认定为伪证罪。当然，配偶、直系亲属以暴力、威胁、贿买等方法指使他人作伪证的，可以成立妨害作证罪。

14. 侦查人员未事先告知证人作伪证的法律后果，证人作虚假证明的，能成立伪证罪吗？

《刑事诉讼法》规定，司法工作人员在调查取证前应告知证人作伪证的法律后果。如果侦查人员虽然出示了工作证件，但没有就案件性质作必要说明，没有告知证人应当如实提供证据、证言和有意作伪证或隐匿证据要负的法律责任，证人作虚假证明的，不应当以伪证罪论处，可以追究侦查人员渎职罪的刑事责任。

15. 诬告陷害导致他人被立案侦查,然后在刑事诉讼中故意作虚假证明,意图陷害他人的,是成立一罪还是数罪并罚?

张明楷教授认为,行为人诬告陷害导致他人被立案侦查,然后在刑事诉讼中故意作虚假证明,意图陷害他人的,虽然出于一个意图,但由于实施了两个行为,具有数个故意,且侵害了两个不同的法益,应当实行数罪并罚。①

本书认为,虽然存在两个行为,也可谓侵害了两个不同的法益,但毕竟行为人追求的是陷害他人,相当于"做戏做全套"。虽然妨害司法罪是侵害国家法益的犯罪,但其中也有"意图陷害他人",而国家法益和社会法益最终都可以为还原为个人法益,所以,将其作为包括的一罪从一重处罚,可能更合适。

16. 如何认定伪证罪的既遂?

伪证罪是抽象危险犯,只要伪证行为具有损害刑事诉讼的客观公正性的危险,就能认定成立伪证罪的既遂。证人在一次询问程序中所作的陈述或证明是一个统一的证言,应将其作为一个整体来观察。因此,一次询问程序中的陈述全部终了时,就是伪证罪的既遂。虽然证人起先作了虚假证明,但如果在整体的陈述终了之前对前面的虚假证明进行订正,则不应以伪证罪论处。

第二节 辩护人、诉讼代理人毁灭证据、伪造证据、妨害作证罪

· 导 读·

广大律师之所以反对本罪的增设,是因为这一规定暗含了对律师的不信任乃至歧视。辩护人、诉讼代理人成立本罪必须利用职务上(业务上)的便利。律师毁灭同事案头上的证据的,只能成立《刑法》第307条

---

① 参见张明楷:《刑法学(第6版)》(下册),法律出版社2021年版,第1421页。

第2款规定的帮助毁灭证据罪。不能认为凡是制造立功表现的均成立本罪，关键在于是否"伪造"了立功证据。本条中"帮助当事人毁灭、伪造证据"的规定，纯属多余。本罪中的"证人"，包括被害人、鉴定人、翻译人。考虑到刑事诉讼活动的特殊性，应将辩护人、诉讼代理人出于间接故意实施的毁灭、伪造证据、妨害作证的行为排除在犯罪之外。律师唆使他人帮助毁灭、伪造自己所承办的案件的证据的，律师成立辩护人、诉讼代理人毁灭、伪造证据罪，他人成立帮助毁灭、伪造证据罪；律师唆使他人毁灭、伪造非自己承办的案件的证据的，律师与他人成立帮助毁灭、伪造证据罪的共犯。

条　文

第三百零六条　【辩护人、诉讼代理人毁灭证据、伪造证据、妨害作证罪】在刑事诉讼中，辩护人、诉讼代理人毁灭、伪造证据，帮助当事人毁灭、伪造证据，威胁、引诱证人违背事实改变证言或者作伪证的，处三年以下有期徒刑或者拘役；情节严重的，处三年以上七年以下有期徒刑。

辩护人、诉讼代理人提供、出示、引用的证人证言或者其他证据失实，不是有意伪造的，不属于伪造证据。

罪名精释

1. 为何本罪的增设为广大律师所诟病？

本罪被形象地称为"律师伪证罪"。《刑法》第307条规定了一般主体的妨害作证罪和帮助毁灭、伪造证据罪。《刑法》第306条针对辩护人、诉讼代理人毁灭、伪造证据、妨害作证的行为专门设置一个罪名，却没有针对司法工作人员毁灭、伪造证据、妨害作证的行为单独设立罪名。就性质相同的犯罪，将某一类人员单列为特殊主体予以规定，并不是理想的立法例。即便《刑法》不增设本罪，对于辩护人、诉讼代理人（主要是律师）实施的毁灭、伪造证据、妨害作证的行为，完全可以依照《刑法》第305条规定的伪证罪的教唆犯、间接正犯和第307

条规定的妨害作证罪、帮助毁灭、伪造证据罪的正犯定罪处罚,且不会存在任何处罚漏洞。广大律师之所以反对本罪的增设,是因为这一规定暗含了对律师的不信任乃至歧视,而不是因为他们主张对《刑法》第306条所规定的行为不应当作为犯罪处理。

2. 律师毁灭同事案头上的证据的,构成本罪吗?

虽然条文中没有强调辩护人、诉讼代理人成立本罪必须利用职务上(业务上)的便利,或者说必须毁灭、伪造的是自己所承办案件的证据,但应认为本罪中的辩护人、诉讼代理人身份是违法身份,不是责任身份。也就是说,如果辩护人、诉讼代理人所毁灭、伪造的不是自己所承办的案件的证据,则其毁灭、伪造证据的行为跟一般人没有什么不同,没有进行特殊评价的必要。应当认为,辩护人、诉讼代理人只有利用职务上的便利,毁灭、伪造自己所承办案件的证据,才构成本罪。没有利用职务上的便利,例如律师毁灭同事案头上的证据的,只能成立《刑法》第307条第2款规定的帮助毁灭证据罪。

3. 制造立功表现的,是否属于"伪造"立功证据?

案1:甲是刑事被告人乙的律师,乙在一审时被判处死刑立即执行,甲希望乙在二审时能被改判为死刑缓期执行。为了帮助乙收集重大立功表现的证据,甲向乙的家属要了一些钱,拿出其中的5万元找到一个熟悉毒品犯罪的线人丙,让丙找人贩卖500克毒品。丙找到丁,让丁贩卖了500克毒品。随后,甲让乙在二审时检举揭发丁贩卖毒品的事实,以便二审法院认定乙有重大立功表现。

由于原本并不存在表明乙有重大立功表现的证据,甲制造了原本没有的立功证据,甲的行为符合《刑法》第306条的规定,构成辩护人伪造证据罪。可以认为甲有两个行为,一是唆使丙教唆丁贩卖毒品,属于间接教唆,成立贩卖毒品罪;二是将丁的犯罪线索提供给乙,让乙在二审过程中检举揭发丁的罪行,成立辩护人伪造证据罪。从"伪造"证据角度看,可以认为两个行为具有重合的部分,成立想象竞合。

虽然当事人原本没有立功表现,而辩护人伪造了当事人的立功证据,可构成辩护人伪造证据罪,但不能认为,凡是制造立功表现的均成立本罪。因为,关键在于是否"伪造"了立功证据。例如,辩护人甲通过其他途径获知乙的抢劫犯罪事实后,将该事实告知当事人丙,丙检举揭发了乙的抢劫犯罪事实。由于原本就存在乙抢劫的犯罪事实,不能认为甲伪造了立功证据,不应以本罪论处。

4. 本条中"帮助当事人毁灭、伪造证据"的规定是否多余?

《刑法》第306条中的"帮助",并非共犯意义上的帮助,是指帮助当事人毁灭、伪造证据,而不是为自己毁灭、伪造证据。本罪中无论"毁灭、伪造证据",还是"帮助当事人毁灭、伪造证据",都是指辩护人、诉讼代理人毁灭、伪造自己所承办的案件的当事人的证据。所以说,"帮助当事人毁灭、伪造证据"的规定,略显冗余。

5. 本罪中的"证人",包括被害人、鉴定人、翻译人吗?

凡是了解案件真实情况的人都可谓证人。本罪中的"证人"并不限于《刑事诉讼法》所规定的狭义的证人,还应包括了解案情的被害人、鉴定人(科学证人)、翻译人。所以,辩护人、诉讼代理人在刑事诉讼中威胁、引诱被害人、鉴定人、翻译人违背事实改变陈述、鉴定意见、翻译的,依然可能成立本罪。

6. 本罪可以由间接故意构成吗?

《刑法》第306条第2款规定,辩护人、诉讼代理人提供、出示、引用的证人证言或者其他证据失实,不是有意伪造的,不属于伪造证据。该规定显然旨在强调本罪只能由故意构成。为了鼓励辩护人、诉讼代理人积极地调查收集证据,以查明案件真相,只要不是有意即积极追求妨害司法公正的结果,即便放任所提供、出示、引用的证人证言或者证据失实的结果,也不应作为犯罪处理。也就是说,虽然根据故意的统一性原理,凡是可以由故意构成的犯罪,一般都不能排除间接故意,但考虑到刑事诉讼活动的特殊性,应将辩护人、诉讼代理人出于间接故意实施的毁灭、伪造证据、妨害作证的行为排除在本罪的处罚之外。

7. 律师唆使他人帮助毁灭、伪造证据的,如何处理?

由于本罪中的辩护人、诉讼代理人是一种违法身份,不是责任身份,如果律师没有利用职务上的便利,唆使他人毁灭、伪造不是其所承办的案件的证据,则律师与他人成立《刑法》第307条第2款所规定的帮助毁灭、伪造证据罪的共犯。如果律师利用职务上的便利,唆使他人毁灭、伪造其所承办的案件的证据,则律师成立《刑法》第306条规定的辩护人、诉讼代理人毁灭、伪造证据罪,他人成立帮助毁灭、伪造证据罪。

第三节 妨害作证罪

> **·导 读·**
>
> 妨害作证罪的法益不包括公民依法作证的权利。指使根本不了解案情的人作伪证的,也能成立妨害作证罪。在民事、行政诉讼中妨害作证的,不能构成妨害作证罪。妨害作证罪中的"证人"与"他人",不应限于狭义的证人,还应包括被害人、鉴定人、翻译人、勘验、检查人员。"指使他人作伪证",也要求"以暴力、威胁、贿买等方法"。本犯采取暴力、威胁、贿买等方法阻止证人作证或者指使他人作伪证的,由于并不缺乏期待可能性,宜认定为妨害作证罪(但可以从轻处罚)。教唆本犯作虚假供述的,不成立犯罪。
>
> "指使他人作伪证"型妨害作证罪,可谓伪证罪教唆犯的正犯化。"等方法"包括唆使、嘱托、请求、引诱等方法。同案犯之间的串供行为,不构成妨害作证罪。只有客观上阻止了证人作证或者使他人作了伪证的,才成立妨害作证罪的既遂。共犯人采取暴力、威胁、贿买等方法阻止同案犯作供述或者指使同案犯作虚假供述的,可能构成妨害作证罪,但如果采取一般性的请求、劝诱方法,则不宜以犯罪论处。司法工作人员妨害作证未利用职权、滥用职权的,不能从重处罚。

条 文

第三百零七条第一款 【妨害作证罪】以暴力、威胁、贿买等方法阻止证人作证或者指使他人作伪证的,处三年以下有期徒刑或者拘役;情节严重的,处三年以上七年以下有期徒刑。

第二款 【帮助毁灭、伪造证据罪】

第三款 司法工作人员犯前两款罪的,从重处罚。

罪名精释

1. 妨害作证罪的保护法益包括公民依法作证的权利吗?

妨害作证包括指使他人作伪证,而指使他人作伪证,就未必侵害了公民依法作证的权利,相反,被指使者还可能构成伪证罪。所以,不能认为本罪的保护法益还包括公民依法作证的权利。

2. 指使根本不了解案情的人作伪证的,能成立妨害作证罪吗?

一般来说,只有了解案件真实情况的人才是刑事诉讼法上的证人,但指使根本不了解案件情况的人作伪证的,也会妨碍司法活动,也能成立妨害作证罪。

3. 在民事、行政诉讼中妨害作证的,能构成妨害作证罪吗?

我国刑法理论通说认为,本罪既可能发生在刑事诉讼中,也可能发生在民事诉讼或行政诉讼中。[①]

本书认为,本罪只能发生在刑事诉讼中。理由是,既然伪证罪仅限于刑事诉讼,就没有理由认为妨害作证罪可以发生在其他诉讼领域;若认为本罪可以发生在民事、行政诉讼中,将会形成指使他人在民事、行政诉讼中作伪证的成立犯罪,而在民事、行政诉讼中作伪证的行为本身不成立犯罪的不协调的局面。

[①] 参见高铭暄、马克昌主编:《刑法学(第10版)》,北京大学出版社、高等教育出版社2022年版,第564页。

4. 何为妨害作证罪中的"证人"与"他人"？

案1：某地发生了一起盗窃案，在两名公安人员进行现场勘验、检验时，周某以暴力相威胁阻止二人进行现场勘验、检验。

本案中，勘验、检查人员也是了解案件情况的证人，以暴力、威胁方法阻止勘验、检查人员进行勘验、检验的，也是阻止证人作证，可以成立妨害作证罪与妨害公务罪的想象竞合，从一重处罚。

虽然证人证言、被害人陈述、鉴定意见、勘验检查笔录属于不同的证据种类，但由于凡是了解案件真实情况的人都可谓证人，妨害作证罪中的"证人"与"他人"，就不应限于狭义的证人，还应包括被害人、鉴定人、翻译人（限于对证人证言、被害人陈述的翻译）以及勘验、检查人员。当然，指使根本不了解案件情况的人作伪证的，也能成立本罪。

5. 指使他人作伪证，需要采取"以暴力、威胁、贿买等方法"吗？

案2：甲以受贿罪被定罪判刑，刑满释放后，甲想通过审判监督程序改判自己无罪，于是找到当初的行贿人A、B，要求他们证明甲并没有受贿，A、B同意后写好了证言并进行了公证。在检察院重新调查时，A、B称证言是应甲的要求，碍于情面写下的。但是，甲对A、B并未使用暴力、胁迫、贿买等手段。

甲的行为不构成妨害作证罪。首先，甲并没有"以暴力、威胁、贿买等方法阻止证人作证或者指使他人作伪证"。《刑法》第307条第1款中的"等方法"，也必须是与"暴力、威胁、贿买"相当的方法。甲只是反复劝说A、B二人，这样的行为与"暴力、威胁、贿买"的方法不相当。其次，对于甲来说，也可以认为缺乏期待可能性。所以，本案的关键在于A、B二人的行为是否成立帮助伪造证据罪。本案中A、B二人的行为的确属于帮助伪造证据，但因检察机关来调查时，他们立即说明了真相，没有严重妨害司法，故二人行为的情节并不严重，不应当作为犯罪处理。

以暴力、威胁、贿买等方法，不仅是对阻止证人作证的行为方式的限定，也是对指使他人作伪证的行为方式的限定。所以，"指使他人作伪证"，也要求"以暴力、威胁、贿买等方法"。

6. 本犯指使他人作伪证的,能成立妨害作证罪吗?

案3:陈某某案发前是某县公安局副局长兼刑警队长,一个月内先后两次强奸年仅14岁的陈某。2001年6月3日,被害人陈某在某某县警方做笔录时,向巡警揭发了其被"某县公安局一个大官"强奸的事实经过。6月4日,陈某某得知有关部门准备调查此案,为逃避法律制裁,其先是指使驾驶员林某作伪证,让林某为其顶罪,并指使某县公安局某民警劝说被害人陈某作虚假陈述,让陈某指认作案人是驾驶员林某。后陈某某认为由林某顶罪不好过关,又指使求其办事的陈某乙为其顶罪,并让被害人指认是陈某乙所为。为安全起见,陈某某还让某县公安局民警林某丙作伪证,证明案发当晚他们二人一直在一起,以排除作案时间。安排好作伪证的人员后,陈某某唯恐被害人及其母亲向有关部门作证,出资将邵某的"偶像发屋"承租下来,并让林某和陈某乙将母女二人带离此县。二审法院认定陈某某犯有强奸罪和妨害作证罪,分别判处有期徒刑8年和6年,数罪并罚决定执行有期徒刑12年。

本犯自己作虚假供述的,因缺乏期待可能性而不构成犯罪,而教唆是比实行犯责任更轻的参与形式,所以本犯采取一般的嘱托、请求、劝诱等方法阻止证人作证或者指使他人作伪证的,可以认为缺乏期待可能性,进而不以妨害作证罪论处。但如果本犯采取暴力、威胁、贿买等方法阻止证人作证或者指使他人作伪证的,由于并不缺乏期待可能性,宜认定为妨害作证罪(但可以从轻处罚)。

7. 教唆本犯作虚假供述的,成立犯罪吗?

由于本犯自己作虚假供述的不构成犯罪,加之本犯也不是证人,根据共犯的从属性原理和混合惹起说,教唆本犯作虚假供述的,也不成立犯罪。

8. "指使他人作伪证"型妨害作证罪,是伪证罪教唆犯的正犯化吗?

指使他人作伪证既成立妨害作证罪,也是伪证罪的教唆犯,所以本罪可谓伪证罪教唆犯的正犯化。

9. "等方法"是否包括唆使、嘱托、请求、引诱等方法？

以唆使、嘱托、请求、引诱等方法指使他人作伪证，与以贿买方法指使他人作伪证，并无实质区别，所以妨害作证罪中的"等方法"，是指与暴力、威胁、贿买方法相当，引起他人作伪证的方法，包括唆使、嘱托、请求、引诱等方法。

10. 同案犯之间的串供行为，构成妨害作证罪吗？

同案犯之间的串供行为缺乏期待可能性，因而不宜认定为妨害作证罪。

11. 妨害作证罪的既遂标准是什么？

只有客观上阻止了证人作证或者使他人作了伪证的，才成立妨害作证罪的既遂。如果行为人虽然以暴力、威胁、贿买等方法阻止证人作证或者指使他人作伪证，但证人依然作证或者未作伪证，则仅成立妨害作证罪的未遂。

12. 共犯人阻止同案犯作供述或者指使同案犯作虚假供述，成立妨害作证罪吗？

案4：某日，因涉嫌盗窃、诈骗犯罪被羁押在某县看守所的犯罪嫌疑人银某，为了推脱自己的主犯罪责，让同监号的在押人员鲁某为其代写串供纸条，后利用送开水的在押人员时某，将纸条传递给关押在另一监号的同案犯罪嫌疑人潘某。银某、潘某二人遂订立攻守同盟，妨碍了本案诉讼活动的进行。在本案中，对于犯罪嫌疑人银某、潘某的串供行为如何定性，主要有三种意见：第一种意见认为，银某的行为构成妨害作证罪；第二种意见认为，银某、潘某的串供行为均构成妨害作证罪；第三种意见认为，银某、潘某的串供行为均不构成妨害作证罪。

由于同案犯的供述对于其他共犯人而言，属于证人证言，共犯人采取暴力、威胁、贿买等方法阻止同案犯作供述或者指使同案犯作虚假供述的，可能构成妨害作证罪，但如果采取一般性的请求、劝诱方法阻止同案犯作供述或者指使同案犯作虚假供述,则因为缺乏期待可能性,而不宜以犯罪论处。对上述案4中银某、潘某的行为不宜作为犯罪处理。

13.司法工作人员妨害作证未利用职权的,能从重处罚吗?

《刑法》第307条第3款规定,司法工作人员犯妨害作证罪的,从重处罚。虽然法条没有要求司法工作人员"滥用职权""利用职权",但如果司法工作人员没有滥用职权或者利用职权,便缺乏从重处罚的理由。首先,就妨害作证而言,《刑法》第307条第3款之所以规定对司法工作人员从重处罚,并不只是因为其具有司法工作人员这一身份,而是因为司法工作人员利用职权实施的妨害作证行为,更为严重地妨害了司法活动的客观公正性,从而使上述犯罪的违法性更为严重。从这个意义上讲,第307条第3款中的司法工作人员首先是违法身份,而不只是责任身份。其次,一般来说《刑法》将司法工作人员、国家工作人员等规定为犯罪主体时,就暗含着其利用了职务上的便利或者滥用职权实施犯罪行为的意思。否则,《刑法》特别对主体作出规定就丧失了意义。当然,司法工作人员滥用职权、利用职权犯妨害作证罪,不需要利用具体的职务权限,只需利用抽象的一般的司法职务权限即可。如果司法工作人员利用承办案件的具体职务权限,为了追诉明知是无罪的人,或者为了不追诉明知是有罪的人,而阻止证人作证或者指使他人作伪证,则应认定为徇私枉法罪。

第四节 帮助毁灭、伪造证据罪

·导 读·

本罪中的"帮助",不是共犯意义上的帮助,旨在将本犯自己毁灭、伪造证据的行为排除在犯罪之外。毁灭、伪造自己刑事案件的证据,不构成犯罪。帮助民事、行政诉讼当事人毁灭、伪造证据的,不构成犯罪。误以为是自己刑事案件的证据而毁灭、伪造,或者相反,不构成犯罪。经当事人同意,帮助其毁灭无罪证据或者伪造不利于当事人的证据的,不能阻却违法性。本罪中的"证据",包括证据和证据材料。毁灭、伪造共犯证据是否构罪,取决于所毁灭、伪造的证据客观上仅对(或者主要对)自己还是其他当事人起作用,行为人主观上是专门(或者主要)为自己还是为他人毁灭、伪造证据。

无论本犯教唆他人,还是他人教唆本犯毁灭、伪造证据,本犯都不构成犯罪,他人均构成帮助毁灭、伪造证据罪。以为超过时效不再追诉而毁灭证据的,属于事实认识错误,不构成犯罪。贪官子女尽情享用父母贪污受贿的款物的,构成帮助毁灭证据罪。隐匿证据的,属于毁灭证据。变造证据的,属于伪造证据。司法工作人员只有利用职权或者滥用职权帮助毁灭、伪造证据的,才能从重处罚。普通人教唆司法工作人员利用职权帮助当事人毁灭、伪造证据的,只对司法工作人员从重处罚,对于普通人则无须从重处罚。

条 文

第三百零七条第一款 【妨害作证罪】

第二款 【帮助毁灭、伪造证据罪】帮助当事人毁灭、伪造证据,情节严重的,处三年以下有期徒刑或者拘役。

第三款 司法工作人员犯前两款罪的,从重处罚。

罪名精释

1.帮助毁灭、伪造证据罪有哪些行为类型?

本罪中的"帮助"不是共犯意义上的帮助,旨在将本犯自己毁灭、伪造证据的行为因为缺乏期待可能性而排除在犯罪之外,所以,"帮助"毁灭、伪造证据包括以下情形:(1)行为人单独为当事人毁灭、伪造证据。(2)行为人与当事人共同毁灭、伪造证据。在这种情况下,行为人构成本罪,当事人并不成立本罪的共犯。(3)行为人为当事人自己毁灭、伪造证据提供各种便利条件,或者向当事人传授毁灭、伪造证据的方法。在这种情况下,当事人不构成犯罪,行为人也并不是帮助犯,而是正犯。从这个意义上讲,本罪可谓帮助犯的正犯化。(4)行为人唆使当事人自己毁灭、伪造证据。在这种情况下,当事人不构成犯罪,行为人也并不是教唆犯,而是正犯。

2. 毁灭、伪造自己刑事案件的证据,构成犯罪吗?

毁灭、伪造自己刑事案件的证据的行为因为缺乏期待可能性,不应构成犯罪。《刑法》第307条第2款规定"帮助当事人毁灭、伪造证据",就是旨在将本犯毁灭、伪造自己刑事案件证据的行为排除在犯罪之外。

3. 帮助民事、行政诉讼当事人毁灭、伪造证据,构成帮助毁灭、伪造证据罪吗?

我国刑法理论通说认为,本罪中的当事人,不仅指刑事诉讼中的当事人,也包括民事诉讼和行政诉讼中的当事人。也就是说,帮助民事、行政诉讼中的当事人毁灭、伪造证据的,也能构成帮助毁灭、伪造证据罪。①

本书认为,本罪应仅限于帮助毁灭、伪造刑事诉讼证据。在民事、行政诉讼中作伪证的不构成犯罪,所以帮助当事人毁灭、伪造证据的,也不应构成犯罪。本罪的法定最高刑只有3年,明显属于轻罪。如果认为本罪中的证据包括民事和行政诉讼的证据,则明显与伪证罪仅限于刑事诉讼领域,以及在民事、行政诉讼中作伪证不构成犯罪不协调。

4. 本罪中的"帮助",是什么含义?

案1:余某酒后毁坏了银行的ATM而被刑事拘留,余某的妻子托刘某帮忙把余某"捞出来",余某并不知情。第二天,刘某找到负责ATM的工程师邱某,问维修ATM需要多少钱。邱某如实地开出一张维修价值为14,300元的定审单后,刘某向银行赔了14,300元。之后,刘某又请邱某出

---

① 参见高铭暄、马克昌主编:《刑法学(第10版)》,北京大学出版社、高等教育出版社2022年版,第564页。

具一张3000元的定审单,并将该定审单和赔付证明提交给公安机关。余某因毁坏财物的价值没有达到5000元而被释放。后案发。

本案中,邱某不是证人,其行为不能成立伪证罪。其受刘某之托,为余某伪造证据,应与刘某构成帮助伪造证据罪的共犯。

本罪中的"帮助",不是共犯意义上的帮助。"帮助"一词含有为当事人毁灭、伪造证据的意思。或者说,《刑法》条文使用"帮助"一词,旨在表明刑事诉讼活动的当事人毁灭、伪造自己刑事案件的证据,因为缺乏期待可能性而不能成立本罪,同时表明行为人是为当事人而毁灭、伪造证据的。

5. 误以为是自己刑事案件的证据而毁灭、伪造,或者相反,构成帮助毁灭、伪造证据罪吗?

本犯毁灭、伪造自己刑事案件的证据的行为因缺乏期待可能性,误以为是自己刑事案件的证据而毁灭、伪造的,因为没有帮助当事人毁灭、伪造证据的意思,即缺乏犯罪的故意,不构成帮助毁灭、伪造证据罪。相反,误以为是他人刑事案件的证据而毁灭、伪造,但事实上是自己刑事案件的证据,行为人虽然有帮助毁灭、伪造证据罪的故意,但没有帮助当事人毁灭、伪造证据的客观事实,所以也不构成帮助毁灭、伪造证据罪。

6. 经当事人同意,帮助其毁灭无罪证据或者伪造不利于当事人的证据的,是否阻却违法性?

该种行为并不阻却违法性。因为帮助毁灭、伪造证据罪是妨害司法的犯罪,不是侵害个人可以承诺放弃的个人法益的犯罪。此外,在刑事诉讼中,公诉方也有义务收集被告人无罪、罪轻的证据,即使经过犯罪嫌疑人、被告人同意,帮助其毁灭无罪证据或者伪造不利于当事人的证据,也会侵害刑事司法中的证明过程的客观真实性,进而可能妨害刑事司法的客观公正性,所以应当认定为帮助毁灭、伪造证据罪。

7. 帮助毁灭、伪造证据材料的,构成犯罪吗?

对于帮助毁灭、伪造证据罪中的"证据"应作扩大解释,即包括证据与证资料,而不能仅限于狭义的、已经查证属实的、作为定案根据的证据。帮助毁灭、伪造证据材料的,也能构成帮助毁灭、伪造证据罪。

8. 行为人毁灭、伪造共犯证据的,成立帮助毁灭、伪造证据罪吗?

当行为人与其他人均为案件当事人时,如果行为人所毁灭、伪造的证据在客观上仅对(或者主要对)其他当事人起作用,或者行为人主观上专门(或者主要)为了其他人而毁灭、伪造证据,则因为并不缺乏期待可能性,应认定为毁灭、伪造其他当事人的证据,构成帮助毁灭、伪造证据罪。相反,如果所毁灭、伪造的证据仅对(或者主要对)自己起作用,或者行为人主观上专门(或者主要)为了自己而毁灭、伪造证据,则因为缺乏期待可能性,而不能成立帮助毁灭、伪造证据罪。

9. 本犯教唆他人帮助毁灭、伪造证据,以及他人教唆本犯毁灭、伪造证据,如何处理?

本犯自己毁灭、伪造证据的,因为缺乏期待可能性而不成立犯罪。本犯教唆他人帮助毁灭、伪造证据,同样缺乏期待可能性,故不能成立犯罪,但被教唆者可构成帮助毁灭、伪造证据罪。他人教唆本犯毁灭、伪造证据,虽然被教唆者(本犯)不成立犯罪,但教唆本犯毁灭、伪造证据,可以评价为"帮助"当事人毁灭、伪造证据,而成立帮助毁灭、伪造证据罪。

10. 藏匿、杀害证人的,如何处理?

藏匿、杀害证人的,属于阻止证人作证,应成立妨害作证罪,而不是帮助毁灭证据罪。

11. 以为超过时效不再追诉而毁灭证据,构成犯罪吗?

甲认为乙实施的杀人罪已过20年追诉时效不再追诉,而帮助乙毁灭了杀人的证据,但最高人民检察院认为乙必须追诉的,对甲的行为应否认定为帮助毁灭证据罪?

应该说,这种认识错误属于事实认识错误,阻却犯罪的故意,不成立帮助毁灭证据罪。

12. 贪官子女尽情享用父母贪污受贿的款物的,构成帮助毁灭证据罪吗?

毫无疑问,贪官贪污受贿的款物是最重要的物证,子女明知是父母贪污受贿所得的款物而尽情享用的,应能构成帮助毁灭证据罪。

13. 隐匿证据的行为,是否属于毁灭证据?

根据效用侵害说,隐匿属于"毁坏"。毁灭证据,并不限于从物理上使证据消失,而是包括妨碍证据显现,使证据的证明价值减少、丧失的一切行为。因此,隐匿证据也应属于毁灭证据。

14. 变造证据是否属于伪造证据?

刑法中伪造的含义具有相对性。当伪造与变造并列规定或者单设罪名时,伪造不包括变造。但若仅规定伪造而不规定变造时,则伪造一般包括变造。而且,伪造和变造一般既包括有形伪造和有形变造,还包括无形伪造和无形变造。帮助伪造证据中的伪造也包括变造。变造证据是指对真正的证据进行加工,从而改变证据的证明价值的行为。不仅如此,变造证据还包括无形变造证据。例如勘验、检查人员事后对勘验、检查笔录进行变更的,就可谓无形变造证据。

15. 司法工作人员是否需要利用职权、滥用职权实施本罪行为才能从重处罚?

《刑法》第307条第3款规定,司法工作人员犯帮助毁灭、伪造证据罪的,从重处罚。

只有司法工作人员利用职权或者滥用职权实施本罪行为,才能增加行为的违法性,所以只有司法工作人员利用职权或者滥用职权实施本罪行为的,才能从重处罚。司法工作人员唆使他人帮助毁灭、伪造证据的,由于没有利用职权,对司法工作人员不能从重处罚。

当然,司法工作人员滥用职权、利用职权帮助毁灭、伪造证据,不需要利用具体的职务权限,只需利用抽象的、一般的司法职务权限即可。如果司法工作人员利用承办案件的具体职务权限,为了追诉明知是无罪的人,或者为了不追诉明知是有罪的人,而帮助毁灭、伪造证据,应认定为徇私枉法罪。

16. 他人教唆司法工作人员实施本罪行为的,也需要从重处罚吗?

普通人教唆司法工作人员利用职权帮助当事人毁灭、伪造证据的,只对司法工作人员从重处罚,对于普通人则无须从重处罚。

第五节 虚假诉讼罪

· 导 读 ·

本罪所保护的主要法益是司法秩序,次要法益是他人的合法权益。以部分捏造的事实提起民事诉讼,也能构成虚假诉讼罪。适用《民事诉讼法》所规定的程序的任何阶段、任何性质的诉讼,均可谓虚假诉讼罪中的"民事诉讼"。从立法论上讲,没有必要将"严重侵害他人的合法权益"规定为构成要件结果。虚假诉讼罪不是所谓复行为犯,实行行为只有"提起"虚假的民事诉讼。以捏造的事实"提起"民事诉讼,不同于虚假应诉。虚假诉讼罪以法院受理为既遂。原告起诉后以虚假的事实变更诉讼请求的,也能成立虚假诉讼罪。

民事诉讼中单纯提供虚假证据反驳对方诉讼请求的,虽可能构成诈骗罪,但不能构成虚假诉讼罪。本罪是行为犯。刑法上的虚假诉讼罪不以当事人之间的恶意串通为前提。行为人提出的事实是真实的,但理由是虚假的,不能构成本罪。本条第3款是注意规定。当事人一方与法官串通通过诉讼侵犯对方财产的,当事人构成虚假诉讼罪的正犯和民事枉法裁判罪的教唆犯,法官构成民事枉法裁判罪;当事人和法官还构成盗窃罪的共犯,想象竞合,从一重处罚。

条 文

第三百零七条之一 【虚假诉讼罪】以捏造的事实提起民事诉讼,妨害司法秩序或者严重侵害他人合法权益的,处三年以下有期徒刑、拘役或者管制,并处或者单处罚金;情节严重的,处三年以上七年以下有期徒刑,并处罚金。

单位犯前款罪的,对单位判处罚金,并对其直接负责的主管人员和其他直接责任人员,依照前款的规定处罚。

有第一款行为,非法占有他人财产或者逃避合法债务,又构成其他犯罪的,依照处罚较重的规定定罪从重处罚。

司法工作人员利用职权,与他人共同实施前三款行为的,从重处罚;同时构成其他犯罪的,依照处罚较重的规定定罪从重处罚。

罪名精释

1. 本罪所保护的法益是什么?

虽然虚假诉讼罪罪状中存在"妨害司法秩序或者严重侵害他人合法权益"的表述,但应认为虚假诉讼罪作为妨害司法罪中的罪名,其所保护的主要法益只能是"司法秩序",而"他人合法权益"至多是次要法益。正如他人林木的所有权和保险公司的财产权,分别只是盗伐林木罪和保险诈骗罪的次要法益。"他人合法权益"的表述,旨在限制虚假诉讼罪的处罚范围,是虚假诉讼行为实质违法性的重要判断资料,借此可以将为了车辆、房地产过户,通过法院查询遗产数额等单纯违反政策性规定、浪费司法资源,但并不侵害他人合法权益的行为排除在虚假诉讼罪之外,而仅作为民事诉讼违法行为进行处罚。

2. 以部分捏造的事实提起民事诉讼,构成虚假诉讼罪吗?

案1:周某向包某某借款 26,000 元,并在包某某事先打印好的、未写明具体借款金额的借条上签字。后被告人包某某将借条中的借款金额填写成10万元后向法院提起民事诉讼。后案发。法院认定包某某的行为构成虚假诉讼罪。①

本案中，包某某以部分捏造的案件事实提起民事诉讼，若认为虚假诉讼罪中的"捏造的事实"仅限于无中生有，不包括部分捏造或者部分虚假的情形，则本案中包某某的行为不构成虚假诉讼罪。本书认为，部分捏造也属于"捏造事实"，包某某的行为构成虚假诉讼罪。

2018年9月26日颁布的最高人民法院、最高人民检察院《关于办理虚假诉讼刑事案件适用法律若干问题的解释》（以下简称《虚假诉讼案件解释》）第1条将"以捏造的事实提起民事诉讼"限定为"捏造民事法律关系，虚构民事纠纷"；第7条规定，采取伪造证据等手段篡改案件事实，骗取人民法院裁判文书，构成犯罪的，依照《刑法》第280条、第307条等规定追究刑事责任。据此，理论与实践普遍认为，虚假诉讼罪仅限于"无中生有型"的捏造事实行为，即凭空捏造根本不存在的民事法律关系和因该民事法律关系产生民事纠纷的情形；如果存在真实的民事法律关系，行为人采取伪造证据等手段篡改案件事实，向人民法院提起民事诉讼，则不能认定为虚假诉讼罪。

认为以部分捏造的事实提起民事诉讼不构成虚假诉讼罪的观点与实践做法，存在疑问。以部分捏造的事实提起民事诉讼，同样侵害了司法过程的纯洁性并妨害了司法秩序。从妨害司法的角度来说，完全捏造民事法律关系的，反而容易判断，而捏造部分事实的，司法机关往往更难以判断。比如，侵权行为原本已经过了时效，但行为人捏造事实，导致侵权行为没过时效，可能没有理由不论以虚假诉讼罪。而且，就对他人合法权益的侵害而言，部分捏造甚至比完全捏造的危害有过之而无不及。例如，甲实欠乙1万元，乙篡改欠条，向法院起诉甲偿还100万元；丙不欠丁钱，丁伪造1万元欠条，向法院起诉要求丙偿还1万元。乙的虚假诉讼行为，无论是对司法秩序的妨害，还是对他人合法权益的侵害，都并不轻于丁。因此，没有理由认为，部分捏造情形的法益侵害性轻于全部捏造，而不

---

① 参见浙江省桐庐县人民法院刑事判决书，(2017)浙0122刑初359号。

值得以虚假诉讼罪进行处罚。

事实上,在《虚假诉讼案件解释》出台之前,司法实践中对于部分捏造事实以及改变债务性质提起诉讼的案件,一直都是以虚假诉讼罪进行判处的。例如,刘某某实际从杨某处借款 50 万元,后双方恶意串通,制作 5 张假借据,虚构刘某某欠杨某 360 万元债务及利息 165.4 万元。杨某以此提起民事诉讼。后案发。法院认定构成虚假诉讼罪。[①] 又如,被告人为了获得优先受偿权,恶意串通,将工程款、货款等普通债务,虚构成公司职工的劳务报酬债务后申请劳动仲裁,达成仲裁调解协议后申请法院强制执行。后案发。法院认定,被告人以捏造的事实进行劳动仲裁,后以申请执行方式进入民事诉讼程序,妨害司法秩序,其行为构成虚假诉讼罪。[②]

总之,"以捏造的事实"提起民事诉讼,既包括积极捏造,也包括隐瞒真相;既包括无中生有、完全捏造,也包括篡改事实、部分虚假;既包括利用自己捏造的事实提起民事诉讼,也包括利用他人捏造的事实提起民事诉讼。

3. 何为提起"民事诉讼"?

案 2:被告人为了获得优先受偿权,恶意串通,将普通债务虚构成劳务报酬债务后申请劳动仲裁,达成仲裁调解协议后申请法院强制执行。后案发。法院认定其行为构成虚假诉讼罪。

本案中,被告人申请法院执行劳动仲裁调解协议,适用的是《民事诉讼法》,所以属于以捏造的事实提起民事诉讼,成立虚假诉讼罪。法院认定构成虚假诉讼罪是正确的。

案 3:行为人甲先通过伪造证据的办法骗得了一个仲裁机构作出对其有利的裁决。仲裁裁决可以申请法院强制执行,甲以仲裁裁决为根据,向法院申请强制执行。

本案中,虽然申请仲裁适用的不是民事诉讼程序,但申请法院强制执行仲裁

[①] 参见黑龙江省密山市人民法院刑事判决书,(2017)黑 0382 刑初 133 号。
[②] 参见福建省三明市梅列区人民法院刑事判决书,(2017)闽 0402 刑初 162 号。

裁决适用的是民事诉讼程序。而甲所提交的仲裁裁决中包含了其所捏造的事实，所以还是可以认定为甲以捏造的事实提起民事诉讼，构成虚假诉讼罪。

适用《民事诉讼法》所规定的程序的任何阶段、任何性质的诉讼，均可谓虚假诉讼罪中的"民事诉讼"，如提起一审普通程序（起诉）、二审程序（上诉）、简易程序、反诉、抗诉、申请执行、执行异议之诉、督促程序、审判监督程序以及《民事诉讼法》第177条前段规定的特别程序等。需要指出的是，虽然提起虚假的仲裁（包括劳动仲裁）和对债权文书的公证，不属于提起民事诉讼，但如果行为人利用虚假的事实提起仲裁、公证，导致仲裁、公证机构作出了错误的仲裁裁决书、公证文书后，再凭此错误的仲裁裁决书、公证文书向法院申请强制执行时，由于最终适用了《民事诉讼法》规定的执行程序，因而仍然属于"以捏造的事实提起民事诉讼"，可能成立虚假诉讼罪。当然，如果错误的仲裁裁决书、公证文书的作出，不是因为行为人以捏造的事实提起所致，即不包括仲裁、公证过程中单纯隐瞒真相的情形，则即便行为人明知仲裁裁决书、公证文书存在错误，由于不是行为人主动的行为所引起，并以此申请法院强制执行，不宜以虚假诉讼罪论处。此外，利用《民事诉讼法》针对第三人规定的救济措施，如以捏造的事实提起第三人撤销之诉、案外人执行异议之诉、案外人申请再审等程序，同样可能成立虚假诉讼罪。

上述立场也得到了司法实践的肯定，以下为具体案例。

（1）王某某为获得优先受偿权，将普通的债务纠纷编造成劳动报酬纠纷后申请劳动仲裁，然后向法院申请执行仲裁调解书，法院立案执行。后案发。法院认为，王某某虚构劳动报酬纠纷向劳动争议仲裁部门申请进行劳动争议仲裁，再向法院申请执行，属于以捏造的事实提起民事诉讼，妨害司法秩序，其行为构成虚假诉讼罪。[①]

（2）胡某某因与他人的民间借贷纠纷被两审法院判决败诉，为阻止自己名下的健身房、房产、汽车被法院执行局强制拍卖，伙同陶某某签订虚假的租赁合同，然后以陶某某的名义向法院提出执行异议，被法院裁定驳回后，再次以案外

---

① 参见福建省武平县人民法院刑事判决书，(2017)闽0824刑初292号。

人身份向法院提出执行异议之诉,致使财产拍卖程序迟延。法院认为,胡某某、陶某某二人共同故意以捏造的事实提起民事诉讼,妨害司法秩序,严重侵害他人合法权益,其二人行为已构成虚假诉讼罪。①

(3)高某作为鹏豪集团法定代表人,出具虚假的借款借据,虚构鹏豪集团向王某某等人借款的事实,借此向公证处申请具有强制执行力的公证,后王某某等人又以债务人不履行协议为由在公证处申请了执行证书,然后使用上述具有强制执行力的公证文书及执行证书,向法院申请强制执行,法院予以立案执行。后案发。法院认定高某、王某某等人的行为构成虚假诉讼罪。②

(4)张某(另案处理)因合伙纠纷被起诉后,伙同某某庆虚构已清偿部分仍有合伙债务的事实提起反诉,要求从原告起诉款项中扣除,而得到了法院判决的支持。后案发。法院认为,某某庆伙同他人以捏造的事实提起民事诉讼,妨害司法秩序,严重侵害他人合法权益,其行为构成虚假诉讼罪。③

4. 从立法论上讲,有必要将"严重侵害他人的合法权益"规定为构成要件结果吗?

对于虚假诉讼罪罪状中"严重侵害他人合法权益"的表述,或可这样解释:该表述旨在限制虚假诉讼罪的处罚范围,将并不侵害案外人合法权益,只是违反政策性规定、单纯浪费司法资源的虚假诉讼行为,排除在犯罪之外,也就是将"严重侵害他人合法权益"的表述,作为对虚假诉讼行为入罪的实质解释的根据。例如"汽车过户虚假诉讼案""房地产过户虚假诉讼案""遗产查询虚假诉讼案",这类犯罪中的行为人追求的只是让法院调查取证,或者获得通过生效裁判使车辆、房地产强制过户的程序上的利益,虽然可能破坏了相关的法律、政策的实施,浪费了司法资源,但并未侵害他人的合法权益,因此危害性不大,不具有实质违法性,不值得科处刑罚。

不过,应该认识到,所有虚假诉讼都妨害了司法秩序,不存在没有妨害司法

---

① 参见河南省新县人民法院刑事判决书,(2018)豫1523刑初31号。
② 参见陕西省西安市雁塔区人民法院刑事判决书,(2016)陕0113刑初942号。
③ 参见浙江省德清县人民法院刑事判决书,(2017)浙0521刑初511号。

秩序却严重侵害了他人合法权益的虚假诉讼行为。所以，从立法论上讲，"严重侵害他人合法权益"这一结果要件的表述可以删去。

5. 本罪是复行为犯，实行行为是"捏造行为 + 起诉行为"吗？

有人认为，以捏造的事实提起民事诉讼，可以转换成"在捏造事实的基础上提起诉讼"，言外之意是，还存在捏造事实的行为。有人主张，虚假诉讼罪的客观行为包括两个：一是捏造事实，二是提起民事诉讼，二者结合构成虚假诉讼罪的客观要件。

其实，学界普遍存在根据罪状的文字表述就断言某罪属于复行为犯的现象。例如，根据《刑法》第221条中"捏造并散布虚伪事实，损害他人的商业信誉、商品声誉"的表述，就断言损害商业信誉、商品声誉罪的实行行为是"捏造 + 散布"；根据第243条中"捏造事实诬告陷害他人"的表述，就认定诬告陷害罪的实行行为是"捏造 + 诬告"；根据第246条中"捏造事实诽谤他人"的表述，就确定诽谤罪的实行行为是"捏造 + 诽谤"；根据第291条之一中"编造爆炸威胁、生化威胁、放射威胁等恐怖信息，或者明知是编造的恐怖信息而故意传播""编造虚假的险情、疫情、灾情、警情，在信息网络或者其他媒体上传播"的表述，就肯定"编造"也是独立的实行行为；根据第292条中"聚众斗殴"的表述，就坚信聚众斗殴罪的实行行为系"聚众 + 斗殴"；等等。殊不知，上述罪名均为单行为犯，"捏造""编造""聚众"均不是实行行为，实行行为只有"散布""诬告""诽谤""传播""斗殴"。

就虚假诉讼罪而言，"以捏造的事实提起民事诉讼"的表述，旨在说明行为人赖以提起民事诉讼的事实是捏造的、虚假的，而无论是自己捏造并提起，还是明知是他人捏造的事实而利用其提起民事诉讼，均不影响虚假诉讼罪的成立。如果认为只有利用自己捏造的事实提起民事诉讼才成立犯罪，反而不当缩小了处罚范围。

总之，"虚假诉讼罪并不是复行为犯，也就是说，虚假诉讼行为并不是由捏造行为+起诉行为所构成"①。

6. 以捏造的事实"提起"民事诉讼与虚假应诉,有无不同?

案4:曹某起诉其子曹乙,要求法院将其已去世的妻子齐某霞名下的一套房产全部判归其所有。为此,曹某提交了伪造的关于"齐某明(其岳母)死亡时间和子女情况"的派出所证明材料,并且在开庭当日,曹某对自称系"曹乙"本人的某年轻男子未提出异议,并认可其答辩内容。法院认为,曹某伪造证据材料,在明知原审被告并非曹乙本人的情况下进行虚假诉讼,造成原审遗漏当事人、实体处理错误、案件再审,其行为已构成虚假诉讼罪。②

问题是,本案是属于以捏造的事实"提起"民事诉讼,还是属于诉讼过程中单纯提供伪造证据材料的情形? 原审被告人的身份的查明是法院的义务,还是原告的责任? 或者说,如果行为人所伪造的证据材料不是在起诉前提供,而是案件受理后提供,是否影响案件的性质? 本来《刑法》仅处罚帮助当事人毁灭、伪造证据的行为,而不处罚当事人本人毁灭、伪造证据的行为,倘若将起诉时提供伪造的证据材料的行为,均作为犯罪处理,就意味着变相处罚了当事人伪造证据的行为,而形成了不当的间接处罚。本案中,如果行为人起诉时只是对事实进行模糊描述(如起诉时根本不提其有岳母的事实),并不提供具体证明材料,待法院受理案件后再提供伪造的证明材料,又如何认定? 想必很难认定行为人"以捏造的事实"提起民事诉讼。遗产之类的纠纷本就复杂,是非曲直,本需法院审理查明,不能指望原告对案件事实及其法律适用问题事先有准确的把握。而且本着"有案必立,有理必诉"的立案原则,行为人即便不对案件事实进行具体描述,也完全可能引起法院受理案件。也就是说,行为人完全可以等到法院受理案件后,再对案件事实具体化(如被告人岳母的死亡时间)并提供相关的证据材料。此外,原告并没有义务审查被告人的身份,被告人身份认证错误的责任,不能归咎于原告。可见,该案到底属于以捏造的事实提起民事诉讼,还是属于在诉

---

① 张明楷:《虚假诉讼罪的基本问题》,载《法学》2017年第1期。
② 参见北京市丰台区人民法院刑事判决书,(2017)京0106刑初1402号。

讼过程中提供伪造的证据,还存在疑问。

以捏造的事实"提起"民事诉讼,不同于虚假应诉。前者强调以虚假的事实"启动"民事诉讼程序,后者表明在诉讼过程中存在伪造证据、虚假陈述、虚构事实或者隐瞒真相的情节。不应将在诉讼过程中提供伪造的证据材料、隐瞒真相进行虚假诉讼的行为,作为虚假诉讼罪处理,而变相处罚当事人毁灭、伪造证据的行为。

7. 如何认定本罪的既遂?

案5:邵某、王某借款100万元给周某,后以公司分家为由让周某出具两张50万元的借条以冲抵原100万元的借条,但未将原借条交还。后邵某、王某持3张借条起诉周某。开庭后,二人撤诉,法院裁定准许。法院认为,上述撤诉行为不构成犯罪中止。①

本案中,邵某、王某提起的虚假民事诉讼已被法院受理,法院受理,本罪就已既遂,犯罪既遂之后不能再中止。法院否定成立犯罪中止是正确的。

案6:被告人为了对公司财产获得优先受偿权,编造劳动报酬债务,申请劳动仲裁,然后向法院申请强制执行,法院作出执行裁定书。后被告人主动提出撤回强制执行申请。被告人辩称成立未遂,但法院认为不构成未遂。②

本案中,法院已经受理了其强制执行劳动仲裁的裁决,犯罪已经既遂。在法院受理后撤诉的,不能成立犯罪未遂。法院否定成立犯罪未遂是正确的。

虚假诉讼罪属于行为犯,而行为犯是根据行为的完成或者进展程度来判断既未遂的。若要求等到法院作出错误的判决才成立既遂,显然认定既遂过晚,而不利于司法秩序的保护;倘若根据法院受理案件后是否进行了庭前准备、调查活动、开庭审理、采取了诉讼保全措施等实质的司法活动判断既未遂,则可能导致判断标准不明。相对而言,以法院受理案件作为既遂标准,简单明了,便于操作。

---

① 参见江苏省新沂市人民法院刑事判决书,(2017)苏0381刑初916号。
② 参见江苏省新沂市人民法院刑事判决书,(2017)苏0381刑初916号。

不过可能有人担心,由于最高人民法院已于2015年4月起改革了法院的案件受理制度,变立案审查制为立案登记制,坚持"有案必立,有诉必理",在立案阶段也就难以通过审查判断阻却虚假诉讼。也就是说,法院现行的立案登记制度极大降低了立案条件,倘若不考虑虚假诉讼的危害程度,则必然导致打击范围过广,造成刑法的肆意扩张。应该说,这种担心是不必要的。因为即便以虚假诉讼案件的受理为既遂标准,也需要对行为本身是否值得科处刑罚进行实质判断。正如盗窃他人车内价值300元的财物本身可能已经因取得而既遂,但是否值得以盗窃罪进行处罚,则是另外一回事。换言之,是否既遂,与行为本身是否值得科处刑罚不是一个层面的问题。就虚假诉讼罪而言,法院受理行为人提起的虚假诉讼,只是意味着行为本身已经既遂,但是否值得作为虚假诉讼罪进行处罚,还必须从诉讼标的的大小、虚假的程度、妨害司法秩序的严重程度、侵害或者威胁他人合法权益的性质及程度等方面进行综合的实质性判断。

8. 原告起诉后以虚假的事实变更诉讼请求的,也能成立虚假诉讼罪吗?

张明楷教授认为,原告起诉后以虚假的事实变更诉讼请求的行为,也属于以捏造的事实"提起"民事诉讼,也能成立虚假诉讼罪。理由是,原告变更诉讼请求,意味着放弃原来的诉讼请求,提出新的诉讼请求;倘若认为变更诉讼请求不属于"提起"民事诉讼,则行为人完全可能以真实的事实起诉,待案件受理后再以虚假的事实变更诉讼请求,却不能以虚假诉讼罪论处,从而形成明显的处罚漏洞。①

从理论上讲,以捏造的事实变更诉讼请求可谓提起新的诉讼,有成立虚假诉讼罪的可能性。因为从民诉原理上讲,为了保证被告人的抗辩权,一般变更诉讼请求就相当于形成一个新的诉讼,法院事实上都会要求原告另行起诉,而以捏造的事实另行起诉,当然可能成立虚假诉讼罪。

9. 在民事诉讼中,单纯提供虚假证据反驳诉讼请求的,构成犯罪吗?

在民事诉讼中,单纯提供虚假证据反驳对方诉讼请求的,并没有"提起"一

---

① 参见张明楷:《虚假诉讼罪的基本问题》,载《法学》2017年第1期。

个民事诉讼程序,所以不能成立虚假诉讼罪。不过,作为民事诉讼中的被告提供虚假证据欺骗法官,导致法官作出了错误判决,进而非法占有他人财物或者逃避合法债务的,可能成立诈骗罪,但不成立虚假诉讼罪。

10. 本罪是行为犯还是结果犯?

张明楷教授认为,就虚假诉讼行为对司法秩序的妨害而言,本罪是行为犯;但就对他人合法权益的侵害而言,本罪则是结果犯。①

本书认为,由于是否"严重侵害他人合法权益",只是判断虚假诉讼行为是否严重"妨害司法秩序"、是否值得科处刑罚的一种资料,并不意味着只有实际产生严重侵害他人合法权益的结果才成立犯罪或者犯罪既遂。为了与其他妨害司法罪名相协调,体现其妨害司法的罪质,应当认为虚假诉讼罪属于行为犯。不过,虚假诉讼行为本身是否达到值得科处刑罚的程度,还需要进行实质判断。

11. 刑法上的虚假诉讼罪也以当事人之间恶意串通为前提吗?

《民事诉讼法》中的虚假诉讼以当事人之间的恶意串通为前提,但是《刑法》上的虚假诉讼罪,并不以当事人之间的恶意串通为前提。因为一方面,从《刑法》规定看,只要行为人以捏造的事实提起民事诉讼,就符合了虚假诉讼罪的构成要件。另一方面,当事人之间没有恶意串通,一方当事人以捏造的事实单方面提起民事诉讼的,也会妨害司法秩序和侵害他人的合法权益。所以说,不管是妨害司法秩序还是严重侵害他人合法权益,都不以当事人之间恶意串通为前提。

12. 行为人提出的事实是真实的,但理由是虚假的,构成本罪吗?

任何民事诉讼的提起,都需要有事实和理由。所谓事实,是指作为诉讼标的的法律关系发生、变更或者消灭的事实,如合同纠纷中,合同签订、履行的时间、地点、合同内容等属于事实。而理由,是指提出诉讼的原因与法律依据,如要求对方赔偿,是因为对方侵害自己的人身而造成了损害,要求承担违约责任是因为

---

① 参见张明楷:《虚假诉讼罪的基本问题》,载《法学》2017年第1期。

对方迟延交付货物。显然,理由只是一种价值判断,不是事实本身,而虚假诉讼罪规定的是以捏造的"事实"提起民事诉讼。只要行为人提出的事实是真实的,即使理由是虚假的,也不可能成立本罪。

13. 本条第3款是注意规定还是法律拟制?

本条第3款关于罪数的规定,是注意性规定,旨在提醒司法人员注意,提起虚假诉讼同时构成诈骗罪等犯罪的,应当作为想象竞合从一重处罚。

14. 如果当事人一方与法官串通通过诉讼侵犯对方财产,如何处理?

如果当事人一方与法官串通通过诉讼侵犯对方财产,由于没有人受骗,不属于诉讼诈骗,当事人构成虚假诉讼罪的正犯和民事枉法裁判罪的教唆犯,法官构成民事枉法裁判罪。另外,由于侵犯了对方的财产,可以认为当事人和法官还构成"违反被害人的意志,将他人占有下的财物转移为自己或者第三者占有"的盗窃罪的共犯,想象竞合,从一重处罚。

第六节　打击报复证人罪

/ ·导　读· /

本罪中的证人,除狭义的证人外,还包括被害人、鉴定人、翻译人等;除刑事案件中的证人外,还包括民事诉讼、行政诉讼案件中的证人。本罪与故意杀人罪、故意伤害罪、盗窃罪等罪之间可能形成想象竞合。

/ 条　文 /

第三百零八条　【打击报复证人罪】对证人进行打击报复的,处三年以下有期徒刑或者拘役;情节严重的,处三年以上七年以下有期徒刑。

罪名精释

1. 本罪中的"证人",包括哪些人?

凡是了解案件真实情况的人都可谓证人。本罪中的证人应是指已经作证的证人,但并不限于狭义的证人,还应包括被害人、鉴定人、翻译人等。此外,本罪中的"证人"并不限于刑事诉讼案件中的证人,也包括民事诉讼、行政诉讼案件中的证人。对证人亲属的打击报复行为,能够评价为对证人的打击报复时,也应以本罪论处。

2. 本罪与故意杀人罪、故意伤害罪等罪之间是什么关系?

打击报复证人的手段没有限制,所以以杀人、伤害、盗窃财物等手段对证人进行打击报复的,也能成立打击报复证人罪。不过,在成立本罪的同时,还成立故意杀人罪、故意伤害罪、盗窃罪等罪,属于想象竞合,应从一重处罚。

第七节 泄露不应公开的案件信息罪

导读

本罪所保护的司法秩序的实质是为了保护当事人的权利,所以经当事人同意的泄露行为,能够阻却违法性。

条文

第三百零八条之一第一款 【泄露不应公开的案件信息罪】司法工作人员、辩护人、诉讼代理人或者其他诉讼参与人,泄露依法不公开审理的案件中不应当公开的信息,造成信息公开传播或者其他严重后果的,处三年以下有期徒刑、拘役或者管制,并处或者单处罚金。

第二款 【故意泄露国家秘密罪】【过失泄露国家秘密罪】有前款行为,泄露国家秘密的,依照本法第三百九十八条的规定定罪处罚。

罪名精释

1. 如何从立法上分析本罪?

本书认为,泄露案件信息会妨害司法公正的说法没有根据。因为审判公开是原则,不公开是例外。在法治社会,无论是否公开审判,都应接受公众和舆论的监督。通过避免公众关注案件的审理情况来保证法官进行公正审理,不明智,也得不偿失。如果因泄露不公开审理的案件信息而侵害国家秘密、商业秘密、个人隐私的,可以以泄露国家秘密罪、侵犯商业秘密罪、侵犯公民个人信息罪、侮辱罪、诽谤罪等罪论处。所以,本罪的规定与立法论的逻辑不相符。

2. 经当事人同意的泄露行为,是否阻却违法性?

应该说,虽然本罪被规定在妨害司法罪一节中,似乎旨在保护司法秩序,但是本罪所保护的司法秩序的具体内容则是"依法不公开审理的案件中不应当公开的信息"未被披露,其实质是为了保护当事人的权利。所以,在不公开审理的案件审理终结后,行为人泄露不应当公开的信息的,即便没有破坏本案的司法秩序,也依然成立本罪。反过来说,当事人的同意有可能阻却违法。至于在什么情况下阻却违法,需要具体分析。例如,商业秘密的权利人同意泄露审理信息的,阻却违法性,对披露行为不得以犯罪论处;仅涉及被害人隐私的,被害人同意他人披露审理信息的,阻却违法性,对披露行为不得以犯罪论处;涉及未成年人隐私的,经未成年人及其法定代理人同意而披露的,阻却违法性,不得以犯罪论处;案件性质涉及双方当事人隐私的,征得双方当事人同意而披露的,阻却违法性,不得以本罪论处。

第八节　披露、报道不应公开的案件信息罪

·导　读·

通过避免公众关注案件的审理情况来保证法官进行公正审理的方式，是否妥当？

︱条　文︱

第三百零八条之一第三款　【披露、报道不应公开的案件信息罪】公开披露、报道第一款规定的案件信息，情节严重的，依照第一款的规定处罚。①

第四款　单位犯前款罪的，对单位判处罚金，并对其直接负责的主管人员和其他直接责任人员，依照第一款的规定处罚。

罪名精释

如何分析本罪的立法逻辑？

审判公开是原则，不公开是例外。在民主法治社会，无论案件是否公开审理，都应接受公众和舆论的监督。通过避免公众关注案件的审理情况来保证法官进行公正审理，不明智，也得不偿失。没有公众的监督，就不可能实现司法公正。如果公开披露了不公开审理案件中不应当公开的信息而侵害了国家秘密、商业秘密、个人隐私的，可以以泄露国家秘密罪、侵犯商业秘密罪、侵犯公民个人信息罪、侮辱罪、诽谤罪等罪论处。所以，本罪不符合立法逻辑。

---

① 处3年以下有期徒刑、拘役或者管制，并处或者单处罚金。

第九节 扰乱法庭秩序罪

·导 读·

庭审结束后等待阅签笔录期间殴打诉讼参与人的,构成扰乱法庭秩序罪。在法庭上对司法工作人员的违法行为,以不改正就告发相威胁的,不构成犯罪。本罪与故意伤害、侮辱、诽谤、故意毁坏财物等罪之间是想象竞合关系。

条 文

第三百零九条 【扰乱法庭秩序罪】有下列扰乱法庭秩序情形之一的,处三年以下有期徒刑、拘役、管制或者罚金:

(一)聚众哄闹、冲击法庭的;

(二)殴打司法工作人员或者诉讼参与人的;

(三)侮辱、诽谤、威胁司法工作人员或者诉讼参与人,不听法庭制止,严重扰乱法庭秩序的;

(四)有毁坏法庭设施,抢夺、损毁诉讼文书、证据等扰乱法庭秩序行为,情节严重的。

罪名精释

1.庭审结束后等待阅签笔录期间殴打诉讼参与人的,构成扰乱法庭秩序罪吗?

案1:某日,镇江中院公开开庭审理一起案件。当天中午12时许,当事人及其诉讼代理人在法庭阅读庭审笔录期间,参与本庭庭审的旁听人员被告人张某某、叶某某、黄某、胡某某等人未经准许进入审判区,与被告人潘某某一起殴打被害人彭某某,在法官谢毅某出面制止的情况下,上述被告人仍追打彭某某至隔壁第九法庭,将彭某某打倒在地,致使法庭秩序严重混乱。

本案争议焦点:庭审结束后诉讼参与人在等待阅读,于庭审笔录上签字的期间殴打诉讼参与人,致使法庭秩序严重混乱,是否构成扰乱法庭秩序罪。

法院认为,法庭是人民法院代表国家审理案件的专门场所。诉讼参与人、社会公众进入法庭,参与或者旁听案件审理时,应当遵守法庭纪律,自觉维护法庭秩序,这是尊重法治权威、保障审判活动正常开展、保护法庭安全的当然要求,也是维护当事人诉讼权利的当然要求。毫无疑问,庭审活动属于法庭安全和法庭秩序的核心利益,同时围绕特定庭审活动而进行的、与庭审活动紧密相连的准备阶段、中间休庭阶段、等待阶段、评议阶段以及庭审结束后阅读庭审笔录阶段、法庭内人员离开法庭阶段,也属于我国《刑法》所要保护的法庭安全和法庭秩序范畴,仍然是扰乱法庭秩序罪所要保护的法益。本案中,5名被告人在审判长宣布庭审活动结束后,诉讼参与人等待阅读庭审笔录期间,不能控制情绪而大闹法庭,殴打诉讼参与人,且不听承办法官制止,继续追打诉讼参与人,属于侵害我国《刑法》所保护的法庭安全和法庭秩序的行为。5名被告人的行为造成法庭秩序严重混乱,均构成扰乱法庭秩序罪。①

本罪位于妨害司法罪一节,其所保护的法益是国家的司法活动,具体而言,就是通过维护法庭秩序来保证诉讼活动的顺畅进行和司法程序上的公正性。上述案件中,在审判长宣布庭审活动结束后,诉讼参与人未离开审判席并在等待阅读于庭审笔录上签字期间,系处于在法庭内进行的、与庭审密切相关的诉讼活动。潘某某等5人不能控制情绪而大闹法庭,未经准许进入审判区,且不听承办法官制止,殴打诉讼参与人,在诉讼参与人逃离到隔壁法庭后继续追打,严重侵害我国《刑法》所保护的法庭安全和法庭秩序,造成了恶劣影响。一审、二审法院均认定潘某某等5人构成扰乱法庭秩序罪,体现了刑事审判打击违法犯罪、维护司法权威的使命职责。

---

① 参见江苏省镇江市中级人民法院刑事裁定书,(2018)苏11刑终113号。

2. 在法庭上对司法工作人员的违法行为,以不改正就告发相威胁的,构成犯罪吗?

《宪法》第41条规定,中华人民共和国公民对于任何国家机关和国家工作人员,有提出批评和建议的权利;对于任何国家机关和国家工作人员的违法失职行为,有向有关国家机关提出申诉、控告或者检举的权利,但是不得捏造或者歪曲事实进行诬告陷害。因此,在司法工作人员存在违法行为的情况下,行为人以不改正就告发相威胁的,不得认定为"威胁司法工作人员"而构成扰乱法庭秩序罪。

3. 本罪与故意伤害、侮辱、诽谤、故意毁坏财物等罪之间是什么关系?

行为人在法庭上殴打、侮辱、诽谤司法工作人员或者诉讼参与人、毁坏法庭设施的,在构成扰乱法庭秩序罪的同时,完全可能构成故意伤害、侮辱、诽谤、故意毁坏财物等罪,二者系想象竞合关系,从一重处罚即可。特殊情况下也不排除数罪并罚的可能性。

虽然法庭也可谓公共场所,但在法庭上威胁(恐吓)司法工作人员或者诉讼参与人的,只能以本罪论处,不宜认定为法定刑相对较高的"口袋罪"寻衅滋事罪。

第十节 窝 藏 罪

> **· 导 读 ·**
>
> 本罪所保护的法益是刑事司法秩序。行为不可能侵犯犯罪侦查、刑事审判、刑罚执行等刑事司法秩序的,不能作为窝藏罪处理。"提供隐藏处所、财物"与"帮助其逃匿"之间不是并列关系,而是从属关系。本罪中的"帮助",不是共犯意义上的帮助。"犯罪的人",是指作为犯罪嫌疑人已经或者将要被列为立案侦查对象的人。同时窝藏多名犯罪的人,应认

定为本罪中的"情节严重"。犯罪的人教唆他人对自己实施窝藏行为的，不成立犯罪。教唆本犯逃匿的，可以评价为"帮助其逃匿"而成立窝藏罪。

犯罪嫌疑人确实无罪，行为人为使嫌疑人免受错误拘捕而窝藏的，不构成犯罪。《刑法》第362条的规定，既是注意规定，又是法律拟制。单纯的知情不举，不构成犯罪。中途知情而继续窝藏的，不构成窝藏罪。本罪第2款"事前通谋的，以共同犯罪论处"的规定，是注意规定。犯罪人窝藏共犯人，如果是专门为了使共犯人逃避法律责任而窝藏，则成立窝藏罪，反之，若是专门为了使本人或者既为本人也为共犯人逃避法律责任而窝藏，则不宜认定为本罪。

条 文

第三百一十条 【窝藏、包庇罪】明知是犯罪的人而为其提供隐藏处所、财物，帮助其逃匿或者作假证明包庇的，处三年以下有期徒刑、拘役或者管制；情节严重的，处三年以上十年以下有期徒刑。

犯前款罪，事前通谋的，以共同犯罪论处。

罪名精释

1. 窝藏罪所保护的法益是什么？

案1：甲雇乙开车拉运木材，甲自己驾车跟在乙后拉运木材。乙将迎面骑摩托车过来的行人撞死，甲与乙将死者的尸体移到路边，并与乙一同驾车开往搬运点。

本案中，如果在乙撞死人以后，甲将乙载在自己的车上离开现场，可以认定为窝藏罪；如果案发当时，乙执意要留在现场，甲最终说服乙离开现场，也可认定为窝藏罪。但在本案中，很难说将死者尸体搬离马路就是帮助逃匿的行为，因为尸体摆在马路中间，对甲和乙能否顺利离开现场并不产生影响。所以，本案如果无法进一步查清到底是不是甲要求乙离开现场，就不能轻易将甲的行为认定为窝藏罪。

窝藏罪属于妨害司法罪一节的罪名,窝藏行为的特点是妨害公安或司法机关发现犯罪的人,或者说使公安或司法机关不能或难以发现犯罪的人,从而侵害犯罪侦查、刑事审判、刑罚执行等刑事司法秩序。简单地讲,本罪所保护的法益是刑事司法秩序。行为不可能侵犯犯罪侦查、刑事审判、刑罚执行等刑事司法秩序的,不能作为窝藏罪处理。

2."提供隐藏处所、财物"与"帮助其逃匿"之间是什么关系?

案2:某日,涉案人员李某清(另案处理)驾驶一辆小型轿车,途经某路口路段时。与被害人马某某驾驶的载着赵某某的电动摩托车发生碰撞,造成被害人马某某、赵某某倒地昏迷,涉案人李某清弃车逃离现场。之后涉案人李某清告知其表兄王某宇,其在和平镇发生了交通事故,并叫王某宇到和平镇接其离开。王某宇随即驾驶小轿车赶到和平镇载涉案人李某清逃至龙湖区,后涉案人李某清外出潜逃。经法医鉴定,被害人赵某某的损伤程度为重伤二级,被害人马某某的损伤程度为轻伤二级。经交警大队认定,涉案人李某清应承担事故的全部责任。

本案争议焦点:行为人主观上知道或者应当知道其所帮助的人是或很可能是犯罪的人,仍协助其逃离,是否属于窝藏罪中的帮助逃匿行为。

法院认为,本案中王某宇虽未为李某清提供隐藏处所,但其载人逃跑的行为客观上已妨碍司法机关的正常活动,属于帮助逃匿的表现形式之一,且其主观上具有帮助犯罪的人逃匿的目的。因此,王某宇帮助李某清离开案发地的行为属于窝藏行为,依法应以窝藏罪定罪处罚。[1]

《刑法》第 310 条窝藏罪中"提供隐藏处所、财物"与"帮助其逃匿",二者不是并列关系,而是从属关系。或者说,"为犯罪的人提供隐藏处所、财物"与"帮助其逃匿",不是手段与目的的关系,而是前者是后者的例示,前者是对最典型、最常见窝藏行为的列举,如犯罪预备中的"准备工具"只是"制造条件"的列举,

---

[1] 参见广东省汕头市潮阳区人民法院刑事判决书,(2020)粤 0513 刑初 826 号。

"以勒索财物为目的绑架他人"也只是"绑架他人作为人质"的列举。换言之,帮助犯罪的人逃匿的方法行为并不限于为犯罪的人提供隐藏的处所、财物,还包括向犯罪的人通报侦查或者追捕的动静,向犯罪的人提供化装的用具或者虚假的身份证件,给犯罪的人指明逃跑的路线等。

3. 本罪中的"帮助",是共犯意义上的帮助吗?

本罪中的"帮助"并非共犯意义上的帮助,使用"帮助"的表述,旨在强调本犯自己作案后逃匿因为缺乏期待可能性而不构成犯罪,只有帮助他人逃匿的才构成犯罪。本罪中的帮助不是共犯意义上的帮助,所以不要求坚持共犯的实行从属性,不要求必须有正犯行为才成立犯罪。即使犯罪的人没打算逃匿,也没有逃匿,但行为人使犯罪的人昏迷后将其送至外地,或者劝诱、迫使犯罪的人逃匿的,也属于"帮助其逃匿"。不过,这种帮助应该限于直接使犯罪的人逃匿更容易的行为,而不是漫无边际的行为。例如,受已经逃匿到外地的犯罪的人之托,向犯罪的人的妻子提供金钱,使犯罪的人安心逃匿;向犯罪的人归还欠款,使其配偶单纯陪同潜逃并且在外地共同生活;向逃匿的犯罪的人提供管制刀具;犯罪的人意欲自首而行为人劝诱其不自首;等等;都不能成立窝藏罪。

4. 何为"犯罪的人"?

"犯罪的人"本来是个规范的概念,是指被判决有罪的人,但对本罪中的"犯罪的人"只能从普通用语上进行理解,即所谓规范用语的普通化。关于"犯罪的人",有三种理解:(1)真正犯罪的人,即被判决有罪的人;(2)客观上看犯罪嫌疑浓厚的人;(3)作为犯罪嫌疑人而被列为立案侦查对象的人。第三种观点基本上是合理的。除已被公安、司法机关依法作为犯罪嫌疑人、被告人列为立案侦查、起诉对象的人外,还包括暂时没有被公安、司法机关作为犯罪嫌疑人,但确实实施了犯罪行为,因而将要作为犯罪嫌疑人、被告人被公安、司法机关侦查、起诉的人。当然,已被法院判决有罪的人即已决犯,也属于本罪中的"犯罪的人",窝藏脱逃的已决犯的,成立窝藏罪。对于实施了符合构成要件的不法行为但没有达到刑事责任年龄、不具有刑事责任能力的人,虽然原则上也属于本罪中的"犯罪的人"，但联系本罪所保护的法益，如果行为人已确定，案件事实清楚，公安、司法机关不可能展开刑事侦查与司法活动，对这类"犯罪的人"实施窝藏行为的，不成立犯罪。例如，12周岁的甲抢劫了乙的财物，案件事实清楚，因为甲不满14周岁，公安机关不可能对其进行立案侦查，这种情况下，窝藏甲的行为不成立窝藏罪。

5. 同时窝藏多名犯罪的人，构成一罪还是数罪？

2021年8月9日颁布的《关于办理窝藏、包庇刑事案件适用法律若干问题的解释》（以下简称《窝藏包庇案件解释》）指出，多次窝藏犯罪的人，或者窝藏多名犯罪的人的，应认定为本罪中的"情节严重"。这里"窝藏多名犯罪的人"，既包括先后窝藏多名犯罪的人，也包括一次同时窝藏多名犯罪的人。将同时窝藏多名犯罪的人认定为"情节严重"，作为窝藏罪的加重犯判处3年以上10年以下有期徒刑，还是可行的。

6. 犯罪的人教唆他人对自己实施窝藏行为的，构成犯罪吗？

本犯自己作案后逃匿，因为缺乏期待可能性而不成立犯罪，而教唆是比正犯责任更轻的参与形式，应该更加缺乏期待可能性，所以，犯罪的人教唆他人对自己实施窝藏行为的，不成立犯罪。

7. 他人教唆犯罪的人逃匿的，如何处理？

他人教唆犯罪的人逃匿，虽然被教唆的本犯因为缺乏期待可能性而不成立犯罪，但教唆本犯逃匿，并不缺乏期待可能性，故可以评价为"帮助其逃匿"而成立窝藏罪。

8. 犯罪嫌疑人确实无罪，行为人为使犯罪嫌疑人免受错误拘捕而窝藏的，构成犯罪吗？

如果犯罪嫌疑人确实无罪，行为人为使犯罪嫌疑人免受错误拘捕而窝藏，由于其行为并没有妨害司法，不宜以本罪论处。

9.《刑法》第362条,是注意规定还是法律拟制?

《刑法》第362条规定,旅馆业、饮食服务业、文化娱乐业、出租汽车业等单位的人员,在公安机关查处卖淫、嫖娼活动时,为违法犯罪分子通风报信,情节严重的,依照窝藏、包庇罪的规定定罪处罚。

由于卖淫、嫖娼活动并不都是犯罪活动,卖淫、嫖娼分子并不都是"犯罪的人",但对其进行窝藏的人都应按照窝藏罪定罪处罚,从这个角度看,该条规定是法律拟制,不是注意规定。不过,如果卖淫、嫖娼是犯罪活动,如组织、强迫卖淫的犯罪活动,窝藏这种"犯罪的人"本来就构成窝藏罪,从这个角度讲,本条是一种注意规定。所以可以认为,本条既是注意规定,又是法律拟制。

10.单纯的知情不举,构成犯罪吗?

明知发生犯罪事实或者明知犯罪人的去向,而不主动向公安、司法机关举报的行为,属于单纯的知情不举行为,不成立犯罪。

11.中途知情而继续窝藏的,构成窝藏罪吗?

理论上有观点认为,窝藏罪是继续犯,中途知情而继续窝藏的,构成窝藏罪。本书认为,窝藏罪不是侵害人身权的犯罪,难以认为窝藏期间法益每时每刻都受到同等程度的侵害,不能持续性肯定构成要件的符合性,所以,窝藏罪不是继续犯,而是状态犯,对于中途知情的,不宜认定为窝藏罪。

12.本罪第2款的规定是注意规定还是法律拟制?

本罪第2款"事前通谋的,以共同犯罪论处"的规定,是注意规定,不是法律拟制,旨在提醒司法人员注意,事前通谋的,因为与正犯行为和结果之间具有心理上的因果性,而应作为共犯处理。应该说,《刑法》分则条文中的共犯条款都是注意规定。而且,成立共犯也不限于"事前通谋"的情形,片面共犯也能成立共犯。由于本款是注意规定,所以在成立共犯的同时,并没有排除窝藏罪的成立。倘若事前通谋实施的犯罪较轻,如虚假广告罪,还应当以法定刑相对较重的窝藏罪进行评价。此外,也不能排除数罪并罚的可能性。例如,行为人与盗窃犯事前通谋,事后实施窝藏的,应该认为,既成立盗窃罪的共犯(心理上的帮助),也成立窝藏罪。由于行为人实施了两个行为,侵害了两个法益,可以考虑实行数罪并罚。

13. 犯罪的人窝藏共犯人的,如何处理?

《窝藏包庇案件解释》第 8 条规定,共同犯罪人之间互相实施的窝藏、包庇行为,不以窝藏、包庇罪定罪处罚,但对共同犯罪以外的犯罪人实施窝藏、包庇行为的,以所犯共同犯罪和窝藏、包庇罪数罪并罚。

上述司法解释规定过于绝对。本书认为,犯罪人窝藏共犯人,如果是专门为了使共犯人逃避法律责任而窝藏,则成立窝藏罪,反之,若是专门为了使本人或者既为本人也为共犯人逃避法律责任而窝藏,则不宜认定为本罪。

14. 犯罪人的配偶、近亲属对犯罪的人实施窝藏行为的,构成犯罪吗?

我国自古以来就有"亲亲相容隐"的法制传统。犯罪人的配偶、近亲属对犯罪人实施窝藏行为的,由于缺乏期待可能性,不宜以本罪论处。

第十一节 包 庇 罪

·导 读·

包庇,是指通过提供虚假的证明的方式让公安、司法机关误以为其不是犯罪的人而不进行追诉。在刑事诉讼中证人等作虚假陈述,意图隐匿罪证的,成立伪证罪,而在刑事诉讼之前作假证明庇护犯罪人,使犯罪人逃避刑事追诉的,成立包庇罪。包庇罪仅限于作假证明包庇犯罪人,而不包括帮助当事人毁灭、伪造证据的行为,但行为人帮助当事人伪造无罪证据的,可能同时符合包庇罪与帮助伪造证据罪的构成要件。

条　文

第三百一十条　【窝藏、包庇罪】明知是犯罪的人而为其提供隐藏处所、财物，帮助其逃匿或者作假证明包庇的，处三年以下有期徒刑、拘役或者管制；情节严重的，处三年以上十年以下有期徒刑。

犯前款罪，事前通谋的，以共同犯罪论处。

罪名精释

1. 为何人们公认所谓"顶包"行为属于"包庇"？

案1：某日，无驾驶资格证的李某政驾驶小型汽车与行人杨某现发生碰撞，造成杨某现受伤并经送医院抢救无效死亡及车辆损坏的道路交通事故。李某政承担事故的主要责任。事故发生后，李某政拨打电话叫其儿媳妇胡某芳到现场，后李某政与胡某芳合谋，确定由胡某芳冒充肇事车辆驾驶员。

法院认为，李某政主观上是为了逃避法律制裁，客观上实施了与其儿媳胡某芳串通，编造胡某芳交通肇事的虚假事实，企图逃避法律制裁的潜逃藏匿行为，即使李某政未离开肇事现场，亦无法掩盖其交通肇事后逃逸的本质，其符合《道路交通事故处理程序规定》第112条规定，应当认定为交通运输肇事后逃逸。[①]

上述案件中肇事者李某政的行为属于"交通运输肇事后逃逸"和包庇罪的教唆。由于采取一般性的劝诱、嘱托他人作假证明包庇自己的行为缺乏期待可能性，所以不能追究李某政包庇罪的教唆和妨害作证罪的刑事责任，但可以追究被教唆者胡某芳包庇罪的刑事责任。

包庇，是指向公安、司法机关提供虚假证明，使犯罪的人逃避刑事追诉的行为。包庇罪是与窝藏罪并列的规定并适用同样法定刑的犯罪，所以包庇罪应是与窝藏罪具有相同性质的庇护性犯罪。不同的是，窝藏是通过藏匿、资助犯罪的人逃匿的方式来帮助犯罪的人逃避刑事追诉，而包庇是通过提供虚假证明的方

---

① 参见广西壮族自治区贺州市中级人民法院刑事裁定书，(2021)桂11刑终123号。

式让公安、司法机关误以为其不是犯罪人而不进行追诉。两者本质上都是使犯罪人逃避刑事追诉。所以说,在司法机关追捕的过程中,行为人出于某种特殊原因为了使犯罪人逃匿,而自己冒充犯罪人向司法机关投案或者实施其他使司法机关误认为自己为原犯罪人的行为,属于包庇,构成包庇罪。

2. 如何区分包庇罪与伪证罪?

伪证罪的法定最高刑为7年,而包庇罪的法定最高刑为10年。包庇罪系与窝藏罪并列的规定。在已经锁定犯罪嫌疑人而进入刑事诉讼程序后,即在刑事诉讼中,证人等作虚假陈述,意图隐匿罪证的,成立伪证罪。而在没有锁定犯罪嫌疑人,尚未进入刑事诉讼程序,即在刑事诉讼之前作假证明庇护犯罪人,使犯罪人逃避刑事追诉的,成立包庇罪。可见,跟窝藏罪一样,包庇行为具有导致公安、司法机关不能正常进入刑事诉讼程序的危险,因而其法益侵害性重于伪证罪。当然,也不能排除一个行为同时触犯包庇罪与伪证罪的可能性,对此应作为包括的一罪,从一重处罚。

3. 如何正确处理包庇罪与帮助毁灭、伪造证据罪的关系?

在没有规定帮助毁灭、伪造证据罪的旧刑法时代,有观点认为消灭罪迹与毁灭罪证的行为构成包庇罪,[1]但在刑法规定了帮助毁灭、伪造证据罪之后,还是有观点认为包庇罪包括湮灭罪迹和毁灭罪证的行为,[2]这可能存在问题。包庇罪仅限于作假证明包庇犯罪人,而不包括帮助当事人毁灭、伪造证据的行为。单纯毁灭证据的行为,不可能符合"作假证明包庇"的要件,但伪造无罪证据并向公安、司法机关出示的行为,则作出了足以包庇犯罪人的证明,符合"作假证明包庇"的要件,所以说,行为人帮助当事人伪造无罪证据的,可能同时符合包庇罪与帮助伪造证据罪的构成要件,形成想象竞合,应从一重处罚。

---

[1] 参见高铭暄主编:《中国刑法学》,中国人民大学出版社1989年版,第551页。
[2] 参见高铭暄主编:《新编中国刑法学》(下册),中国人民大学出版社1998年版,第859页。

第十二节　拒绝提供间谍犯罪、恐怖主义犯罪、极端主义犯罪证据罪

·导　读·

构成本罪仅限于拒绝提供书证、物证等有形证据，而不包括拒绝作证（提供证人证言）的情形。行为人作虚假证明的，虽然不构成本罪，但可能构成包庇罪或者伪证罪。

条　文

第三百一十一条　【拒绝提供间谍犯罪、恐怖主义犯罪、极端主义犯罪证据罪】明知他人有间谍犯罪或者恐怖主义、极端主义犯罪行为，在司法机关向其调查有关情况、收集有关证据时，拒绝提供，情节严重的，处三年以下有期徒刑、拘役或者管制。

罪名精释

1. 行为人拒绝作证的，能构成本罪吗？

有观点认为，拒绝提供，包括拒不提供司法机关所要调查的情况与所要收集的证据。在司法机关向行为人调查有关情况、收集有关证据时，行为人逃匿的，也成立犯罪。[①]

应该说，在证人保护机制不够健全，传统上普遍有"多一事不如少一事"心理的现代中国社会，要求普通公民积极作证指控间谍犯罪、恐怖主义犯罪和极端

[①] 参见张明楷：《刑法学（第6版）》（下册），法律出版社2021年版，第1443页。

主义犯罪,可能强人所难。而且,本罪条文所表述的是"在司法机关向其调查有关情况、收集有关证据时,拒绝提供,情节严重的"情形。所以,构成本罪仅限于拒绝提供书证、物证等有形证据,而不包括拒绝作证(提供证人证言)的情形。也就是说,证人单纯保持沉默或者逃匿,而拒绝作证的,不应认定为"拒绝提供,情节严重"而符合本罪的构成要件。

2. 行为人作虚假证明的,如何处理?

行为人在司法机关向其调查有关情况、收集有关证据时,不是保持沉默,而是积极作虚假证明误导司法的,虽然不符合本罪的构成要件,但可能符合包庇罪或者伪证罪的构成要件,应以包庇罪或者伪证罪定罪处罚。

第十三节 掩饰、隐瞒犯罪所得、犯罪所得收益罪

·导 读·

不妨害司法活动,不妨碍国家对犯罪所得及其收益的追缴、退赔、归还、没收的,就不可能构成掩饰、隐瞒犯罪所得、犯罪所得收益罪。本犯自己实施窝藏、转移、销售赃物行为的,也是符合本罪构成要件的不法行为。教唆、帮助本犯实施掩饰、隐瞒犯罪所得及其收益的行为,成立本罪的共犯。《刑法修正案(十一)》将"自洗钱"入罪,并不意味着"自窝藏"也构成犯罪。未达刑事法定年龄的人的盗窃所得,也是"犯罪"所得。本犯教唆他人帮助窝藏、转移、销售赃物的,本犯不构成犯罪,被教唆者构成赃物犯罪。

教唆、帮助他人盗窃后收购赃物的,只构成盗窃罪的共犯,不另外构成赃物犯罪。对于掩饰、隐瞒的财物,还可以再成立掩饰、隐瞒犯罪所得、犯罪所得收益罪。单独未达数额较大,但总共收购的数额达到数额较大的,不能认定为收购"犯罪所得"。犯罪人取得赃物后死亡的,该赃物仍然属于犯罪所得。行为人侵吞所保管的赃物或者销赃款的,构成赃物罪和侵占罪的想象竞合。既遂之前参与,成立共犯;既遂之后参与,成立掩饰、隐瞒犯罪所

得、犯罪所得收益罪。对房屋进行装修、原油质量进行鉴定,不能构成本罪。"应当知道",不是"明知"。本罪是状态犯,不是继续犯。

隐瞒真相销赃,构成诈骗罪。他人通过污染环境的手段生产或者制造的物品,不属于犯罪所得。子女享用父母贪污的公款,构成本罪。不应根据行为人获利多少和所掩饰、隐瞒的财产数额大小确定罪与非罪、罪轻罪重。行为人不知道是犯罪所得,而帮助他人取款的,不构成本罪;知道是犯罪所得而偶尔帮助取款的,构成本罪;长期帮助他人取款,成立诈骗罪的共犯。行为没有达到司法解释所要求的数额标准,如盗窃500元、职务侵占2万元、集资诈骗9万元,不属于犯罪所得。对于"掐卡"行为,应认定为针对银行职员的诈骗罪。

能证明是在上游犯罪既遂之前参与、提供支付结算帮助的,成立帮信罪和诈骗等罪共犯的想象竞合,从一重处罚;基于抽象的事实认识错误提供支付结算帮助,以及不能查明上游犯罪的具体犯罪性质的,可以仅认定成立帮信罪;不能查明是在上游犯罪既遂之前还是之后参与、提供支付结算帮助,以及不能查明参与支付结算的资金是否原始犯罪所得,则可以认定成立掩饰、隐瞒犯罪所得、犯罪所得收益罪。

条 文

第三百一十二条 【掩饰、隐瞒犯罪所得、犯罪所得收益罪】明知是犯罪所得及其产生的收益而予以窝藏、转移、收购、代为销售或者以其他方法掩饰、隐瞒的,处三年以下有期徒刑、拘役或者管制,并处或者单处罚金;情节严重的,处三年以上七年以下有期徒刑,并处罚金。

单位犯前款罪的,对单位判处罚金,并对其直接负责的主管人员和其他直接责任人员,依照前款的规定处罚。

罪名精释

1.本罪的性质及所保护的法益是什么?

案1:甲注册了一个域名www.8.cn,注册时在万维网上进行了登记,不久后乙把这个域名盗走了,其盗走后也在万维网上进行了登记,但登记时使用了假名。甲报案后公安机关很久破不了案。公安人员可以在万维网上查到这个域名,但是密码由乙控制,关键问题是不知道乙是谁。丙专门从事域名买卖生意,他觉得该域名不错,而且乙也有意要出卖,丙就把这个域名买了过来,买价比较便宜(12.5万元,市场价为40万元),丙买过来时用真名在万维网上进行了登记。

本案中,丙购买的域名可谓赃物,也是收购行为。丙以明显低于市场的价格购买该域名,也可以推定其主观上明知是犯罪所得而购买,具有犯罪故意。但是,丙购买的同时以真实姓名在万维网上登记了该域名,公安机关立即就发现了丙是域名的登记者,这在客观上帮助公安机关查明了案件事实,而没有妨害司法,所以丙的行为并不符合掩饰、隐瞒犯罪所得罪的客观构成要件,不成立掩饰、隐瞒犯罪所得罪。

关于赃物犯罪的性质,国外刑法理论上存在追求权说、收益说、事后共犯说、违法状态维持说、物的包庇说和综合说等学说。我国赃物犯罪不是侵犯财产罪的罪名,而是妨害司法罪的罪名,所以,我国赃物犯罪的性质可以采取以违法状态维持说为基础,同时考虑追缴权、追求权说的综合说。我国赃物犯罪所保护的法益是司法机关的正常活动。赃物具有证据的作用,掩饰、隐瞒犯罪所得及其产生的收益会妨害司法机关查处犯罪的活动,而且赃物最终都要被追缴、退赔、归还或者没收,所以,掩饰、隐瞒犯罪所得及其产生的收益,还会妨害司法机关对赃物的追缴、退赔、归还和没收,妨害国家的追缴权和被害人追求权的行使。因此,不妨害司法活动,不妨碍国家对犯罪所得及其收益的追缴、退赔、归还、没收的,就不可能构成掩饰、隐瞒犯罪所得、犯罪所得收益罪。

2. 本犯窝藏、转移、销售赃物,是因缺乏违法性,还是有责性而不作为犯罪处理?

本犯自己窝藏、转移、销售赃物,也会妨害司法,具有违法性,只是因为缺乏期待可能性而不具有有责性。换言之,本犯自己实施窝藏、转移、销售赃物行为的,也是符合本罪构成要件的不法行为,但因不具有有责性而不作为犯罪处理。

3.教唆、帮助本犯实施掩饰、隐瞒行为,是否成立本罪?

案2:张三为了窝藏自己盗窃所得的大型赃物,需要特殊工具分割赃物,或需要卡车转移赃物,李四知道真相但仍然给张三提供了特殊工具或卡车,使张三顺利窝藏、转移了赃物。

本案中,李四帮助盗窃犯张三自己窝藏、转移赃物,由于盗窃犯张三实施窝藏、转移赃物的行为,也是符合赃物犯罪构成要件的不法行为,根据共犯的限制从属性原理,应肯定李四与张三构成赃物犯罪的共犯(违法性意义上的),李四是从犯,张三因为不具有有责性,而不作为犯罪处理。

由于本犯自己窝藏、转移、销售赃物的行为也是符合本罪构成要件的不法行为,而共犯是违法性意义上的,根据共犯的限制从属性原理,应认为教唆、帮助本犯实施掩饰、隐瞒犯罪所得及其收益的行为,成立本罪的共犯。对于本犯因不具有有责性而不作为犯罪处理,只处罚教唆、帮助者。例如,甲将他人的保险箱偷回家,但无法打开,乙知道真相后将开锁工具借给甲,使甲打开保险箱的,乙也成立本罪的共犯。又如,丙盗窃珠宝店的珠宝后堆放在自己家里,丁知道后劝丙将珠宝转移到隐蔽的地方藏起来,丙照办。丁与丙成立本罪的共犯,丁是教唆犯,丙是正犯,但丙因不具有有责性而不作为犯罪处理。

4.如何理解本罪的构成要件行为?

掩饰、隐瞒犯罪所得、犯罪所得收益罪的构成要件行为包括窝藏、转移、收购、代为销售与其他方法。窝藏,是指隐藏、保管等使司法机关难以发现赃物的行为。转移,是指改变赃物的存放地点的行为。转移行为应达到足以妨害司法机关追缴赃物的程度,在同一房屋内转移赃物的,不宜认定为本罪,但从一个房间转移到另一个房间,不失为转移。将赃物藏匿在房间内隐蔽的地方,也是窝藏。接受犯罪人赠与的赃物,也可以评价为窝藏、转移赃物。窝藏、转移必须基于本犯的意思,即为了本犯的利益。盗窃、抢劫、诈骗、抢夺赃物的,只能构成盗窃、抢劫、诈骗、抢夺罪,而不可能构成本罪。收购,是指收买不特定的犯罪人的赃物或者购买大量的赃物的行为;对于购买特定的少量赃物自用的,一般不宜认定为犯罪,但购买他人犯罪所得的机动车等价值重大财物的,应认定为收购赃物。本犯自己销赃不构成本罪,而代为销售是指替本犯有偿转让赃物的行为,为了本犯的利益而将赃物卖给本犯的被害人的,依然属于代为销售赃物。对于在本犯与购买人之间进行斡旋的,也应认定为代为销售赃物。其他方法,是指上述四种方法之外的,任何使司法机关难以发现赃物、难以追缴赃物或者难以分辨赃物性质的掩饰、隐瞒赃物的方法。例如,贪官子女使用父母贪污受贿的钱款购买房屋,或者采用其他方法消费父母贪污受贿的款物的,可能成立本罪。挪用的公款不是犯罪所得,所以子女消费父母挪用的公款的,不宜认定为本罪。

5. 何为"犯罪所得及其产生的收益"?

综合各国的刑法规定,特别没收的内容主要有以下几种:第一,组成犯罪行为之物。组成犯罪行为之物,就是作为犯罪行为所不可缺少的要素的物。例如,赌博罪中的赌资、行贿罪中的贿赂款等。第二,供犯罪行为所用之物(犯罪工具)。供犯罪行为所用之物,不是犯罪行为不可缺少的要素,而是行为人实施犯罪时所使用的物,包括已经供犯罪所用和将要供犯罪所用的物。例如,杀人用的枪支、走私集团所用的船只、无行医执照的人为了行医所准备的药品等。第三,犯罪行为滋生之物。犯罪行为滋生之物,包括三种物:一是由犯罪行为所产生的物,即行为人实施犯罪前不存在这种物,正是行为人实施犯罪行为才制造出这种物。例如,伪造的货币、有价证券等。二是犯罪行为所得之物,即行为人实施犯罪前原本就存在,而行为人通过实施犯罪行为而取得了该物。例如,赌博所赢的金钱、官员收受的贿赂、盗窃所得的财物等。三是作为犯罪行为的报酬而得到的物,受雇杀人的酬金就属于这一类。出售或交换这三类物而得到的金钱或财物,也属于应没收之物。第四,对社会有危险之物。这类物一般是违禁品或可能用作犯罪之物。[①]

本罪的行为对象是犯罪所得及其产生的收益。只要对犯罪所得或者犯罪所得产生的收益实施窝藏等行为即可,不必同时对犯罪所得及其产生的收益实施

[①] 参见张明楷:《外国刑法纲要(第3版)》,法律出版社2020年版,第360页。

窝藏等行为。这里的犯罪所得,是指犯罪所得的赃物,即通过犯罪行为直接获得的财物,包括财产性利益,但不包括犯罪工具。其中的犯罪是指上游犯罪,既包括财产犯罪、经济犯罪,也包括其他可能获取财物的犯罪,如赌博罪、受贿罪、非法狩猎罪等。犯罪所得产生的收益,是指利用犯罪所得的赃物获得的利益。例如,对犯罪所得进行处理后得到的孳息和租金,把贿赂存入银行后获得的利息,利用走私犯罪所得投资房地产所直接获取的利润,等等。

本罪是妨害司法、侵害国家追缴权和被害人物上追求权的犯罪,所以,犯罪所得及其产生的收益,限于应当追缴、退赔、归还、没收的财物、物品与财产性利益,其中包括虚拟财产。显然,本罪的对象与特别没收的对象不完全一致。例如,组成犯罪行为之物(赌资、行贿款、挪用的公款等)和供犯罪行为所用之物(犯罪工具),不是本罪的对象。对社会具有危险性之物除作为犯罪工具外,也可能成为本罪的对象,如盗窃的枪支、管制刀具、毒品、危险物质等。犯罪行为所得之物(赌博所赢的金钱、受贿款等),以及作为犯罪的报酬而得到的财物(受雇杀人的酬金等),都是本罪的对象。

有争议的是,由犯罪行为所产生的物是否本罪的对象?张明楷教授认为,伪造的货币、制造的毒品不属于本罪中的赃物。[①] 本书认为,凡是可能妨害司法(影响犯罪的证明查处)、影响追缴权、追求权实现的,都应认定为本罪中的犯罪所得。窝藏、转移伪造的货币、制造的毒品,无疑会影响犯罪的证明查处(所伪造的货币、制造的毒品是最重要的物证),和妨害国家追缴权的实现,所以没有理由将其排除在本罪的对象之外。事实上,《刑法》第349条规定的窝藏、转移、隐瞒毒品、毒赃罪中的"毒品",应包括他人制造的毒品。综上,本书认为,伪造的货币、金融票证、有价证券,制造的毒品,制作、复制的淫秽物品,生产的伪劣商品等,都属于本罪的对象。

张明楷教授认为,所收买的被拐卖的妇女、儿童,不是赃物,窝藏之不属于窝藏犯罪所得。[②] 本书认为,将人评价为赃物,只是人们观念上不能接受,但不可

[①] 参见张明楷:《张明楷刑法学讲义》,新星出版社2021年版,第610页。
[②] 参见张明楷:《张明楷刑法学讲义》,新星出版社2021年版,第610页。

否认,窝藏被拐卖的妇女、儿童,无疑影响案件的证明查处和被拐卖的妇女、儿童的解救,应认定成立本罪。至于窝藏他人盗窃的欲制作成标本贩卖牟利的尸体的,当然属于窝藏犯罪所得。

6.本罪是所谓选择性罪名吗?

张明楷教授认为,本罪是选择性罪名,主要是对象的选择,对有的案件定掩饰、隐瞒犯罪所得罪,对有的案件定掩饰、隐瞒犯罪所得收益罪。就行为本身而言,如果要求必须选择其中之一,要么会给司法机关徒增负担,要么司法机关会随意选一个。所以,强调行为的选择是没有意义的。①

本书认为,将本罪认定为选择性罪名可能问题不大,问题在于,我国刑法理论通说认为选择性罪名不能数罪并罚,这样就可能导致罪刑不相适应。例如,甲窝藏他人犯罪所得,就够顶格判处7年有期徒刑,同时又转移他人犯罪所得产生的收益,也够顶格判处7年有期徒刑。如果认为本罪是选择性罪名,同时认为选择性罪名不能数罪并罚,显然就会导致罪刑不相适应。所以,鉴于我国刑法理论通说固守选择性罪名不能数罪并罚的立场,或许将本罪看作并列罪名或者概括罪名,而不是选择性罪名会更好。

7.《刑法修正案(十一)》将"自洗钱"入罪,是否意味着"自窝藏"也构成犯罪?

"自洗钱"入罪是因为刑法的明文规定。而赃物犯罪明确规定的是"明知是犯罪所得及其产生的收益而予以窝藏、转移",说明本罪的犯罪主体不包括本犯。所以,本犯自己窝藏、转移、销售赃物的,因为缺乏期待可能性而不成立本罪。不过,问题在于如何区分洗钱罪与本罪。例如,受贿犯罪分子用银行卡取出受贿款,若认为这种行为属于洗钱行为,则行为人在受贿之外还成立洗钱罪;若认为这种行为不是洗钱行为,而是转移赃物的行为,则仅成立受贿罪,不另外成立掩饰、隐瞒犯罪所得、犯罪所得收益罪。

---

① 参见张明楷:《刑法的私塾(之三)》(下册),北京大学出版社2022年版,第817页。

8. 未达刑事法定年龄的人的盗窃所得,是"犯罪"所得吗?

未达刑事法定年龄的人实施盗窃行为,也属于违法性意义的"犯罪",只是在有责性层面无法予以谴责,窝藏、转移其盗窃所得之物的,也会妨害追缴权、追求权的实现,也值得以本罪论处。因此,未达刑事法定年龄的人的盗窃所得,是"犯罪"所得,也需要追缴。

9. 司法解释曾经规定,掩饰、隐瞒犯罪所得及其产生的收益价值在3000元以上的应予立案,有无疑问?

这种将赃物犯罪看作财产犯罪的规定,明显不当。因为,如果本犯不构成犯罪,即使行为人掩饰、隐瞒犯罪所得及其产生的收益价值在3000元以上,如窝藏职务侵占的价值2万元的财物,也不应以本罪论处;反之,倘若本犯构成犯罪,即使行为人掩饰、隐瞒犯罪所得及其产生的收益价值没有达到3000元,如窝藏抢劫的价值300元的财物,也应以本罪论处。换言之,倘若认为,本项规定的3000元以上是以上游行为构成犯罪为前提的,那么,本项规定不当缩小了处罚范围。例如,掩饰、隐瞒他人抢劫所得的财物,即使其价值没有达到3000元以上,如价值300元的财物,也应以本罪论处。该规定还会违反罪刑法定原则,导致本罪处罚范围的不当扩大。例如,虽然掩饰、隐瞒他人职务侵占价值2万元的财物(是既遂,不是未遂),赃物价值超过了3000元,也不能以本罪论处。因为该财物根本就不是"犯罪"所得。

10. 本犯教唆他人帮助窝藏、转移、销售赃物的,构成犯罪吗?

本犯作为正犯实施不具有期待可能性,作为教唆犯实施则更没有期待可能性,所以本犯教唆他人帮助窝藏、转移、销售赃物的,本犯不构成犯罪,被教唆者构成赃物犯罪。

11. 教唆、帮助他人盗窃后收购赃物的,成立本罪吗?

在日本,只有本犯自己不构成赃物犯罪,教唆、帮助本犯后收购赃物的,还可以另外构成赃物犯罪。在我国,一般认为,事前通谋的,仅成立本犯的共犯,事后收购赃物的,也不另外成立赃物犯罪。所以,教唆、帮助他人盗窃后收购赃物的,只构成盗窃罪的共犯,不另外构成赃物犯罪。

12. 对于掩饰、隐瞒的财物,还可以再成立掩饰、隐瞒犯罪所得、犯罪所得收益罪吗?

案3:甲收购了别人盗窃的原油,之后又把原油交给知情的乙加工成柴油后出售。

本案中,甲收购他人盗窃的原油,就盗窃的原油构成赃物犯罪,而乙加工原油赃物,也构成赃物犯罪。

由于我国刑法对上游犯罪没有规定,所以本罪也能成为上游犯罪,也就是说,对于掩饰、隐瞒犯罪所得及其收益所取得的财物与财产性利益,还可以再成立掩饰、隐瞒犯罪所得、犯罪所得收益罪,如案3所述。

13. 掩饰、隐瞒的价值总额达到10万元以上即为"情节严重"的司法解释规定,有无疑问?

2021年4月13日颁布的最高人民法院《关于审理掩饰、隐瞒犯罪所得、犯罪所得收益刑事案件适用法律若干问题的解释》指出,掩饰、隐瞒犯罪所得及其产生的收益价值总额达到10万元以上的,应认定为本罪的"情节严重"。该规定存在疑问。集资诈骗成立犯罪的数额标准为10万元以上,该规定会导致掩饰、隐瞒集资诈骗犯罪所得及其收益的行为,要么不成立犯罪,要么就属于情节严重。归根结底,司法解释还是将赃物犯罪看作财产犯罪了,而没有认识到本罪的妨害司法的本质。

14. 单独未达数额较大,但总共收购的数额达到数额较大的,能否认定为收购"犯罪所得"?

以盗窃罪为例,既然没有达到普通盗窃行为成立犯罪的数额较大的标准,所盗窃的财物就不是"犯罪"所得,收购这种财物的,就不属于收购犯罪所得。因为赃物犯罪是与本犯相关联的犯罪,如果没有本犯,就没有掩饰、隐瞒犯罪所得罪。不过，如果本犯成立值得处罚的未遂犯，如行为人本打算盗窃数额巨大的财物，但因为意志以外的原因，仅盗得数额不大的财物，收购这种赃物的，也会妨害司法，所以也成立本罪。

总的来说，"犯罪所得及其产生的收益"中的"犯罪"，是指既遂，或者说虽然未遂但已终结的犯罪，而且是值得处罚的未遂犯。行为人在既遂前故意参与的，应认定为本犯的共犯，而不是赃物犯罪。

15. 犯罪人取得赃物后死亡的，该赃物是否为犯罪所得？

该赃物也是犯罪所得。因为即便犯罪人已经死亡，也存在案件的查处，赃物的追缴、没收、返还等问题。

16. 本罪与洗钱罪，窝藏毒品、毒赃罪之间是什么关系？

洗钱罪是破坏金融管理秩序的犯罪，本罪是妨害司法的犯罪。一般认为本罪与洗钱罪的区别主要体现在以下几个方面：首先，二者所保护的法益不同。本罪所保护的法益是国家司法机关的正常活动。而洗钱罪所保护的法益是国家的金融管理秩序，只有当行为主体是金融机构及其工作人员，或者行为人利用金融机构，或利用金融领域的相关活动(手段)时，才能成立洗钱罪。虽然洗钱行为通常都会妨害司法，但《刑法》规定洗钱罪是为了保护金融管理秩序。

其次，二者上游犯罪的范围不同。本罪的上游犯罪没有限制，可以是任何存在犯罪所得及其收益的犯罪，而洗钱罪的上游犯罪仅限于毒品犯罪、黑社会性质的组织犯罪、恐怖活动犯罪、走私犯罪、贪污贿赂犯罪、破坏金融管理秩序犯罪和金融诈骗犯罪。

最后，二者的行为对象也不完全相同。本罪针对的是犯罪所得及其产生的收益本身，而洗钱罪针对的是犯罪所得及其收益的来源和性质。

窝藏毒品、毒赃罪是本罪的特别法条，窝藏、转移、隐瞒的是毒品和毒品犯罪所得的财物的，成立窝藏毒品、毒赃罪，但如果不构成窝藏毒品、毒赃罪，如窝藏、转移、隐瞒毒品犯罪所得产生的收益，则只能认定为本罪。

17. 行为人侵吞所保管的赃物或者销赃款的,如何处理?

张明楷教授认为,行为人将替本犯窝藏的赃物据为己有的,仅构成本罪,不另成立侵占罪。①

本书认为,我国《刑法》第 270 条第 1 款规定的侵占罪并不是委托物侵占罪,成立侵占罪无须侵害委托信任关系。而且,即使认为侵吞受委托保管的赃物、侵吞销赃款,不是侵吞委托物,至少也是侵占脱离占有物。也就是说,无论如何都不能否认侵吞受委托保管的赃物和销赃款的行为构成侵占罪,与赃物犯罪形成想象竞合,应从一重处罚。

18. 既遂之前参与的,成立掩饰、隐瞒犯罪所得、犯罪所得收益罪吗?

案 4:万某经营"勇宏号"自卸运输船在长江跑货过程中,明知秦某(另案处理)销售的卵石是秦某伙同他人在长江流域公安县、江陵县段面水域非法采挖的,仍利用其"勇宏号"自卸运输船向秦某等人购买、收购卵石 32 船共计 4 万余吨,并销售给他人。万某收购他人非法采挖卵石的金额为 132 万余元,销售上述卵石的金额为 173 万余元,获利 41 万余元。

曾某(另案处理)伙同他人在长江流域石首市新厂段面水域非法采挖江砂销售给外省运输船期间,万某明知曾某等人从事非法采挖江砂活动,仍受邀利用其"勇宏号"自卸运输船为曾某等人过驳,将曾某等人非法采挖的江砂运送到外省购买江砂的运输船上,共计过驳江砂 2.97 万余吨,曾某按每吨 5 元的价格支付给万某过驳费共计 14.85 万元。经某价格认证中心认定,2018 年长江流域石首新厂段面水域江砂出水年均价格为每吨 12 元,2.97 万吨江砂价值共计 35.64 万元。

本案争议焦点:万某的行为是仅构成非法采矿罪还是既构成非法采矿罪,也构成掩饰、隐瞒犯罪所得罪。

法院认为,万某为获取非法利益,明知系他人在长江非法采挖的卵石而多次予以收购并销售,收购金额 132.06 万元,情节严重,其行为已构成掩饰、隐瞒犯

---

① 参见张明楷:《刑法学(第 6 版)》(下册),法律出版社 2021 年版,第 1450 页。

罪所得罪;明知他人违反《矿产资源法》的规定,未取得采砂许可证在长江内采砂,仍予参与,涉案金额35.64万元,情节严重,其行为已构成非法采矿罪。万某为获取非法利益,明知系他人非法采挖的卵石而进行收购、销售,符合掩饰、隐瞒犯罪所得罪的构成要件,公诉机关指控万某构成非法采矿罪,罪名不当,依法予以纠正。[①]

掩饰、隐瞒犯罪所得、犯罪所得收益罪在传统上属于事后共犯,因此,只有在本犯既遂之后参与的,才能成立本罪,既遂之前参与的应成立本犯的共犯。也就是说,是成立本罪还是本犯的共犯,关键看其是在本犯既遂之前参与,还是在本犯既遂之后参与。既遂之前参与的,成立本犯的共犯,如事前通谋事后收购赃物的,成立本犯的共犯;在本犯既遂之后参与的,单独成立本罪。

19. 改装丧失了同一性,一种货币兑换成另一种货币,是否属于犯罪"所得"?

虽然有观点可能认为不属于犯罪"所得",但其无疑属于犯罪所得产生的收益,故仍然是赃物犯罪的对象。

20. 对房屋进行装修、原油质量进行鉴定,能构成本罪吗?

本罪是妨害司法的犯罪,对官员受贿的房屋进行装修和技术人员对盗窃的原油质量进行鉴定,并没有妨害司法和赃物的追缴、返还、没收,所以,不构成本罪。

21. "应当知道",是"明知"吗?

案5:申美公司调度员何某平利用其分配车辆、安排送货路线及装载量等职务之便,指使公司司机李某武、刘某刚、李某生、殷某进将罗森超市退回的134,187瓶雪碧(价值312,333.66元)运至闻六路一空地销售给吴某书。吴某书明知上述雪碧系犯罪所得,仍以8万元的价格予以收购并加价谋利。

---

① 参见湖北省荆州市中级人民法院刑事裁定书,(2021)鄂10刑终68号。

本案争议焦点:行为人是否明知涉案雪碧是犯罪所得而予以收购。

法院认为,本罪中的明知既包括确定知道,也包括根据一般人的判断推定行为人应当知道的情形。当行为人辩解其不知案涉物品为赃物时,可以根据双方的交易时间、地点、方式,职业以及行为人的供述和辩解,综合其认知能力推定其应当知道涉案物品系赃物。本案中,根据交易的价格,行为人的职业、认识能力,可以认定吴某书系明知是犯罪所得的赃物而仍予以收购,情节严重,其行为已构成掩饰、隐瞒犯罪所得罪。①

本罪中规定"明知",旨在强调过失不构成犯罪和本犯不构成本罪。明知,是指知道、认识到、预见到,包括确知和知道可能。不包括可能明知和可能知道,也不包括"应当知道"。"应当知道"是赃物,无论如何都不属于"明知"是赃物,否则便否认了过失与故意的区别;如果将"应当知道"是赃物的情形也认定为赃物犯罪,则意味着处罚过失赃物犯罪,但《刑法》并没有规定过失赃物犯罪,相反,《刑法》明文要求行为人"明知"是赃物。当然,为了避免放纵犯罪,不宜对"明知"作出过于狭窄的限定。

可以采用推定的方法认定"明知"。例如,以下情形可以推定行为人明知是赃物:商定在秘密地点交付财物;以明显低于市场的价格进行收购;对方交付的是个人不可能持有的公用设施器材或其他零部件,但又没有单位证明的;购买没有合法有效的来历凭证的物,如发动机号、车辆识别代号有明显更改痕迹且没有合法证明的机动车;等等。当然,既然是推定就可能会出错,应允许行为人提出辩解。

22. 本罪是继续犯吗?

张明楷教授认为,行为人不知是赃物而保管的,不成立犯罪;但知道真相后继续保管的,成立本罪。②

本书认为,本罪是状态犯,不是继续犯,中途知情继续保管的,不成立犯罪。上述认为中途知情后继续保管而成立本罪的观点,大概是将本罪看作继续犯了。

---

① 参见上海市第一中级人民法院刑事判决书,(2019)沪01刑终1694号。
② 参见张明楷:《刑法学(第6版)》(下册),法律出版社2021年版,第1448页。

本罪不是侵害人身法益的犯罪，难以认为保管期间法益每时每刻都受到同等程度的侵害，难以持续性地肯定构成要件的符合性，所以不能认为本罪是继续犯。本罪只是状态犯。若认为本罪是继续犯，就会与作为状态犯的盗窃等取得罪不协调。盗窃他人一台价值3000元的彩电，5年后就不能再追诉，而受托保管他人所盗窃的彩电的，却只要不归还、不被查获，则时效永远不开始计算，这恐怕不合适。所以，本罪是状态犯，追诉时效应从窝藏、转移、收购、代为销售之日起开始计算。

23. 销赃构成诈骗罪吗？

刑法不承认赃物的善意取得。盗窃犯隐瞒真相销售赃物的，另外构成诈骗罪；代为销售赃物的犯罪人隐瞒真相销赃的，构成本罪和诈骗罪的想象竞合，应从一重处罚；第三人明知是赃物而购买的，可能成立赃物犯罪（收购赃物），出售方的行为不构成诈骗罪。

24. 他人通过污染环境的手段生产或者制造的物品，是否属于犯罪所得？

虽然污染环境行为本身构成犯罪，如非法焚烧电路板提炼出铝锭，但提炼铝锭的行为本身并不是犯罪，只是在提炼铝锭的过程中违反国家规定污染了环境而构成污染环境罪，但不能将提炼的铝锭本身认定为犯罪所得。

25. 子女享用父母贪污的公款，构成本罪吗？

子女明知是父母贪污的公款而用之购买房屋，或者采用其他方式消费父母贪污的公款的，也属于掩饰、隐瞒犯罪所得，妨害司法的行为，应当认定为本罪。

26. 子女消费父亲挪用的公款的，构成本罪吗？

挪用的公款可谓犯罪行为组成之物，不是犯罪所得，子女消费该公款的，不构成本罪，可能构成帮助毁灭证据罪。

27. 能否根据获利多少，掩饰、隐瞒财产数额大小确定罪与非罪、罪轻罪重？

本罪不是财产犯罪，而是妨害司法的犯罪，不应根据行为人获利多少和所掩饰、隐瞒的财产数额大小确定罪与非罪、罪轻罪重的标准,而应根据行为对刑事司法活动本身的妨害程度,如本犯的性质和法定刑的轻重,对追缴、追求权实现的妨害程度等,评价本罪的严重程度。

28. 乙盗窃了他人价值 5000 元的财物,而甲仅窝藏了其中价值 1000 元的财物,甲构成本罪吗?

赃物不但是最重要的物证,而且属于应追缴、返还、没收的对象,所以,即便仅仅窝藏了其中 1000 元的财物,也属于窝藏犯罪所得,也构成本罪。

29. 如何追究电信诈骗取款人的刑事责任?

案 6:郑某明知是犯罪所得,仍按照微信名为"兰"的人的要求,采用戴帽子、口罩的方式伪装自己,在福建省漳州市、龙海市、莆田市等地的农商行、中国工商银行、光大银行、中国银行等银行,帮助"兰"取现并从中获得好处费 1300 元。其中转移的赃款包含"兰"诈骗杨某所得 9200 元、诈骗徐某所得 1230 元、诈骗吴某所得 9900 元、诈骗蒋某所得 9200 元,共计 29,530 元。

法院认为,郑某帮助他人转移赃款,其行为已构成掩饰、隐瞒犯罪所得罪。[1]

关于电信诈骗取款人的刑事责任,如果行为人不知道是犯罪所得,而帮助他人取款的,不构成本罪。如果知道是犯罪所得而偶尔帮助取款的,构成本罪。如果长期帮助他人取款,则应认定行为人与电信诈骗犯之间已经形成了一种默契,行为人的取款行为与诈骗行为和结果之间具有心理的甚至物理的因果性,应当成立诈骗罪的共犯。

30. 被害人在法律上没有追求权的物品,如管制刀具,可以成为本罪的对象吗?

赃物不但是最重要的物证,而且是追缴、没收的对象。所以,即便是被害人

---

[1] 参见江苏省兴化市人民法院刑事判决书,(2019) 苏 1281 刑初 823 号。

在法律上没有追求权的物品,如被盗的管制刀具,也可以成为本罪的对象。

31. 行为没有达到司法解释所要求的数额标准,如盗窃 500 元、职务侵占 2 万元、集资诈骗 9 万元,是否属于犯罪所得?

本罪的对象是犯罪所得及其产生的收益,所以只有掩饰、隐瞒"犯罪"所得及其产生的收益时,才能成立本罪。盗窃的 500 元、职务侵占的 2 万元、集资诈骗的 9 万元,由于不是"犯罪"所得,不能成立本罪的对象。当然,虽然没有达到数额较大的要求,但成立值得处罚的未遂犯,例如行为人本打算职务侵占 100 万元的财物,客观上也可能侵占 100 万元的财物,但因为意志以外的原因仅侵占 2 万元的财物,这种财物也是犯罪所得。此外,虽然集资诈骗的 9 万元,不是集资诈骗犯罪所得,但属于诈骗犯罪所得,所以其还是可以成为本罪对象。

32. 如何定性"掐卡""黑吃黑"案件的行为性质?

案 7:被害人曾某遭遇电信网络诈骗,将 50 万元转账至诈骗犯罪人员提供的农行卡账户内。被告人蒋某通过补办的手机卡接收短信得知被告人张某提供的农行卡内转入了 50 万元,欲将卡内资金占为己有,遂指使被告人张某将案涉账户挂失并补办新卡,尔后将卡内截留下的 15 万元取现或转账至本人控制的微信账户内,并于 2018 年 11 月 13 日将该银行卡销户。

本案争议焦点:蒋某通过挂失、补卡后取现、转账的方式将转入张某银行卡中的款项占为己有的行为(俗称"黑吃黑")应如何定性。

法院认为,被告人蒋某明知转入张某农卡行内的钱款系上游犯罪分子的犯罪所得,还采取挂失、补办新卡、转账等秘密手段将犯罪所得占为己有,系以非法占有为目的实施秘密窃取他人财物的行为,符合盗窃罪的构成要件。根据相关司法解释规定,对犯罪所得及其产生的收益实施盗窃行为,构成犯罪的,以盗窃罪定罪处罚。关于蒋某及其辩护人提出该行为应认定为侵占的辩解和辩护意见,法院认为,侵占系将代为保管的他人财物非法占为己有,本案中,蒋某将户名为张某的银行卡及配套手机卡、U 盾出售给他人用于转移违法犯罪所得,对该银行卡及卡内可能产生的资金进出已不具备控制权,更不存在代他人保管财物的情况,故不符合侵占的构成要件。①

本案中,张某虽然是银行卡的名义人,但其中钱款并非其占有和所有,蒋某唆使张某在银行柜台隐瞒真相凭身份证办理挂失、补卡手续,欺骗了银行职员,系三角诈骗,构成诈骗罪,而不是违反被害人的意志将他人占有下的财物转移为自己或者第三者占有的盗窃罪。

关于"掐卡、取款"行为的定性,张明楷教授撰文指出,在供卡人将银行卡提供给实际用卡人正常使用(用卡人不利用银行卡实施违法犯罪行为)的情形下,供卡人以非法占有为目的,违反用卡人的意志挂失旧卡补办新卡(掐卡)的行为,成立盗窃罪,即便没有取款也成立盗窃罪的既遂,盗窃对象是"可以随时取款或转账"这一财产性利益;在供卡人将银行卡提供给用卡人用于电信诈骗(非共同犯罪)等场合时,供卡人违反用卡人意志实施的掐卡行为,虽然符合财产罪的构成要件,但由于提高了电信诈骗被害人挽回财产损失的可能性,存在违法性阻却事由,不应当作为财产罪处理;供卡人掐卡后以非法占有为目的的取款行为构成财产罪;该取款行为并非盗窃了电信诈骗犯的财产(不是所谓"黑吃黑"),而是侵害了银行管理者对现金的占有与所有,因而应根据取款行为的性质分别认定为盗窃罪与诈骗罪。②

张明楷教授的上述观点存在疑问。如果行为人掐卡(电信诈骗用卡)后不是取现而是转账,银行没有损失现金,又该如何定性,张明楷教授显然回避了这一问题。所谓名义人占有卡中存款,这只是出于交易便捷的需要在金融法上作的一种推定,如果有充分的证据证明银行卡名义人并非卡中存款的权利人,银行卡名义人隐瞒其不是银行卡中存款权利人的事实,在银行柜台办理挂失补卡,其实是欺骗了银行职员,使银行职员因为认识错误将卡中存款处分给银行卡名义人占有和所有,属于(三角)诈骗,构成诈骗罪。至于补卡之后是取款还是转账,都是行为人事后的处分行为,没有侵害新的法益,属于共罚的事后行为,无须另行评价。

---

① 参见福建省厦门市中级人民法院刑事裁定书,(2019)闽02刑终514号。
② 参见张明楷:《供卡人掐卡、取款的行为性质》,载《法学评论》2024年第1期。

概言之,对于"掐卡"行为,应认定为针对银行职员的诈骗罪。

33. 如何界分掩饰、隐瞒犯罪所得、犯罪所得收益罪,帮信罪与诈骗等罪共犯?

案8:罗某某明知上游系违法犯罪活动,仍提供自己的银行账户等信息用于收取违法犯罪钱款并实施转移。罗某某组织杨某等人提供自己的银行账户等信息用于收取违法犯罪钱款并转移。汤某等人明知上游系违法犯罪活动,仍提供自己的银行账户等信息用于收取违法犯罪钱款并在转账过程中配合他人刷脸转移钱款,从中获利。

本案争议焦点:供卡人受犯罪分子招募,其本人并不亲自操作账户,只是在旁等候,为犯罪分子转账提供银行账户、密码,在需要人脸认证的时候配合刷脸,该类行为应当如何定性。

一审法院认为:罗某某、汤某等10人明知是犯罪所得而通过收存、转移的方法予以掩饰,情节严重,其行为均已构成掩饰、隐瞒犯罪所得罪。二审法院则认为:罗某某等9人明知所转存的款项是犯罪所得,仍然利用自己的银行卡、微信、支付宝帮助收存、转移,从中获利,且本案的交易活动多处于深夜,明显不属于正常的交易活动,综上,可以认定罗某某等9人均具有掩饰、隐瞒犯罪所得罪的故意,其行为均构成掩饰、隐瞒犯罪所得罪。根据汤某在公安机关的供述,其主观上明知帮助转存的款项可能是违法犯罪所得,仍然办理银行卡,供他人转存使用,在需要人脸识别时予以配合,提供手机验证码,情节严重,其行为构成帮信罪。[①]

案9:高某(另案处理)等与境外诈骗等"犯罪集团"联系,组建"洗钱"工作室,专门提供"洗钱"服务,根据"洗钱"金额获取提成。具体就是从事租用、提供银行卡、支付宝账户等帮助收款、转账、取现、转移资金的活动。

法院认为,谷某等人明知是犯罪所得资金,仍租用、提供银行卡、支付宝账户

---

① 参见河南省平顶山市中级人民法院刑事判决书,(2022)豫04刑终138号。

等帮助收款、转账、取现、转移资金,情节严重,其行为均已构成掩饰、隐瞒犯罪所得罪。①

实践中,关于为上游违法犯罪活动提供银行账户、取现、转账等帮助行为的性质,往往存在是认定掩饰、隐瞒犯罪所得、犯罪所得收益罪,帮信罪,还是诈骗罪等上游犯罪共犯的定性分歧。

首先,只要能够查明上游犯罪的性质,行为人明知他人在从事诈骗等具体的犯罪活动,而提供支付结算等帮助的,既成立帮信罪,也成立诈骗罪、开设赌场罪等罪的共犯。根据《刑法》第 287 条之二第 3 款的规定,应当依照处罚较重的规定定罪处罚。实践中对于明显在既遂之前参与本应构成诈骗等罪共犯的帮信行为,仅论以法定刑相对较低的帮信罪进行评价,明显违反了本款规定,应予纠正。

其次,若行为人基于抽象的事实认识错误为他人利用信息网络实施犯罪提供了支付结算帮助,如误以为上游利用信息网络开设赌场,实际上是实施电信诈骗,或者虽然行为人对他人实施犯罪提供了支付结算等帮助,也能查明他人系利用信息网络实施了某种犯罪,但不能查明他人的行为究竟符合何种犯罪的构成要件时,可以认定行为人提供支付结算帮助的行为构成帮信罪。

最后,若不能查明行为人是在他人诈骗等犯罪既遂之前还是在诈骗等犯罪既遂之后提供支付结算帮助,或者不能查明行为人所提供支付结算的资金是否属于诈骗等犯罪中被害人首次按照诈骗等犯罪人的要求转入指定账户的原始犯罪所得,但能查明行为人明知上游行为人在从事违法犯罪活动,还应要求提供支付结算帮助的,则可以认定成立掩饰、隐瞒犯罪所得、犯罪所得收益罪。

概言之,能证明是在上游犯罪既遂之前参与、提供支付结算帮助的,成立帮信罪和诈骗等罪共犯的想象竞合,应从一重处罚;基于抽象的事实认识错误提供支付结算帮助,以及不能查明上游犯罪的具体犯罪性质的,可以仅认定成立帮信罪;不能查明是在上游犯罪既遂之前还是之后参与、提供支付结算帮助,以及不能查明参与支付结算的资金是否原始犯罪所得的,则可以认定成立掩饰、隐瞒犯罪所得、犯罪所得收益罪。

---

① 参见江苏省响水县人民法院刑事判决书,(2020) 苏 0921 刑初 381 号。

第十四节 拒不执行判决、裁定罪

·导 读·

有能力执行,是指行为人具有作为可能性。拒不执行,是指不履行判决、裁定规定的义务,不实现判决、裁定所要求的内容。行为人在判决、裁定生效后、执行立案之前实施隐藏、转移财产等行为的,能认定成立本罪。拒不执行判决、裁定罪不是继续犯,追诉时效应从行为人产生作为义务成立拒不执行判决、裁定罪之日起计算。只有拒不履行判决、裁定的执行标的金额,隐藏、转移财产的数额,以及隐藏、转移财产的数额占执行标的金额的比例均为巨大,而且行为人拒不执行判决、裁定的行为本身极为恶劣时,才能认定为拒不执行判决、裁定罪"情节特别严重"。行为人在判决、裁定生效之前实施隐藏、转移财产等行为的,不应以本罪论处。行为人单纯不遵守管制规定的,不能成立本罪。行为人单纯不执行刑事判决的,不构成犯罪。终结执行,不影响拒不执行判决、裁定罪的成立。

·条 文·

第三百一十三条 【拒不执行判决、裁定罪】对人民法院的判决、裁定有能力执行而拒不执行,情节严重的,处三年以下有期徒刑、拘役或者罚金;情节特别严重的,处三年以上七年以下有期徒刑,并处罚金。

单位犯前款罪的,对单位判处罚金,并对其直接负责的主管人员和其他直接责任人员,依照前款的规定处罚。

·罪名精释·

1. 何为"有能力执行"?

案1:王某栋因犯故意伤害罪于2015年8月4日被东城区人民法院判

处有期徒刑1年,缓刑1年。同年5月4日,该案被害人宁某向东城区人民法院提起民事诉讼,法院于2016年5月31日判决王某栋赔偿宁某各项损失共计57万余元。宣判后王某栋未提出上诉,并于同年6月15日授权其子王某通过爱家营公司将其承租的位于本市东城区干面胡同2×号的公有住房,以每月4500元的价格出租给他人使用。原告宁某提出上诉后,北京市第二中级人民法院于2016年11月24日判决王某栋赔偿宁某各项损失共计70万元。因王某栋未自动履行赔偿义务,经宁某申请,东城区人民法院于2017年2月8日执行案件立案,并在其原居住地东城区干面胡同2×号张贴执行通知、传票,王某栋未到庭,亦未向法院说明其出租房屋及收取租金的使用情况,并且在继续委托王某收取房租的情况下仍不履行赔偿义务。

本案争议焦点:行为人王某栋是否具有执行法院判决的能力,以及是否构成情节严重。

法院认为,王某栋无亲属需要扶养,其子王某亦有固定收入,家庭经济状况良好,且银行明细显示,其虽然于2016年8月开始每月收取房租,但是直至2017年4月才有支取房租的记录,房租在长达几个月时间内处于无须支取的状态。结合王某栋未能提供证据证实房租系必要的生活费用,以及北京地区最低工资标准,可以认定该项房租收入并非王某栋不可或缺的生活来源,其具备部分执行能力,却对法院张贴的文书置之不理,无视法院的生效判决,拒不执行,情节严重,构成拒不执行判决、裁定罪。[1]

案2:马晓某及其妻子张某诉陈绪某民间借贷纠纷案,宜昌市西陵区人民法院于2016年8月1日以(2016)鄂0502民初834号民事判决书判决陈绪某偿还马晓某、张某借款本金692,500元及相应利息。上述判决生效后,经马晓某申请,宜昌市西陵区人民法院向陈绪某下达了(2016)鄂0502执1007号执行裁定书,但陈绪某仍不履行判决确定的义务。2017年11月1日,陈绪某与刘某为儿子办周岁酒宴,陈绪某共收取礼金29万元。上述礼

---

[1] 参见北京市第二中级人民法院刑事裁定书,(2019)京02刑终305号。

金中,刘某拿走9万元,其余被陈绪某用于餐费、烟酒、住宿、娱乐等宴席开支之后,又付了熊启某租金6万元,剩余2万余元被陈绪某用于消费。

本案争议焦点:执行案件中被执行人先行履行其他债务的行为如何认定,以及这一行为是否属于"有能力执行而拒不执行,情节严重"的情形,是否可以认定为拒不执行判决、裁定罪。

法院认为,法院生效判决一经作出即发生强制性的法律效力,相比其他普通债务而言具有强制性和优先性。在该案进入强制执行阶段后,陈绪某收取礼金后剩余的8万余元完全有能力执行法院判决、裁定,其明知应当履行法院生效的判决、裁定,而将该款用于其他个人消费性支出及偿还他人债务,其行为已严重妨害了正常的司法秩序,属于对人民法院的判决、裁定"其他有能力执行而拒不执行,情节严重"的情形,构成拒不执行判决、裁定罪。[1]

有能力执行,是指行为人具有作为可能性。是否有能力执行,应当根据判决、裁定的内容以及行为人主客观条件进行判断。2020年12月29日颁布的最高人民法院《关于审理拒不执行判决、裁定刑事案件适用法律若干问题的解释》第2条对全国人大常委会关于《刑法》第313条的解释中规定的"其他有能力执行而拒不执行,情节严重的情形"进行了明确。

2. 何为"拒不执行"?

案3:2016年2月22日,胡某凤向法院申请强制执行并于同日立案,同月24日法院向邓某英送达执行通知书、财产报告令等法律文书。邓某英既未向人民法院如实报告其实际控制的金猇公司、经营的养猪场等情况,也未履行付款义务。2018年3月29日、5月3日,经法院多次催促,邓某英分别支付胡某凤2000元、1000元。2018年6月至10月,邓某英通过金猇公司进行电器销售,公司账户有大额资金流水,但邓某英仍未向法院报告该财产情况也未向胡某凤偿还债务。

法院认为,邓某英隐瞒其实际控制的金猇公司的经营情况,且该公司账户存

---

[1] 参见湖北省宜昌市中级人民法院刑事裁定书,(2019)鄂0502刑终13号。

在大额资金流动;2017年6月,邓某英实际经营的养猪场被拆迁后得到补偿款156,043元,其转移了财产;邓某英在执行案件过程中不报告其财产状况,经采取拘留措施后仍拒不执行,人民法院在执行过程中穷尽了各种程序和执行手段,查清了邓某英在执行过程中相关财产的来源及去向,邓某英的行为符合隐藏、转移财产,亦不如实申报财产,致使判决、裁定无法执行的情形,构成拒不执行判决、裁定罪。①

案4:王某燕于2018年4月19日向法院申请执行生效判决书确认的离婚协议第一项内容,即许某将女儿许某露交由王某燕抚养。立案执行后,法院多次做许某的工作,但许某将女儿许某露藏匿起来,拒不履行将许某露交由王某燕抚养的义务。

本案争议焦点:(1)确认之诉中的抚养权交付是否属于给付内容,能否作为向法院申请执行的依据;(2)许某拒不履行交付其女儿抚养权的行为,是否构成拒不执行判决、裁定罪。

法院认为,具有抚养权交付的确认之诉可以作为申请执行的依据。本案中许某拒不履行交付抚养权的行为,符合拒不执行判决、裁定罪的构成要件。②

案5:陈宗某与陈今某股权转让纠纷案,由福建省泉州市洛江区人民法院于2015年6月17日作出(2015)洛民初字第96号民事判决书,判决陈宗某、吴超某应返还陈今某投资款161万元及利息。判决生效后,陈宗某仅偿还陈今某5万元,尚有188.5万元还款义务未继续履行。上述股权转让纠纷案的二审审理期间及增资纠纷案判决生效后,陈宗某虚造购房交易的银行流水将其位于某广场的A幢某室及A幢某车库分别于2015年9月6日、28日与陈招某签订买卖合同并办理过户手续,将该房产和车库在名义上转移至陈招某名下,后授意陈招某于2016年11月23日将该房产及车库以258万元的价格出售给王翰某,实际出售所得均归其所有。

---

① 参见湖北省宜昌市猇亭区人民法院刑事判决书,(2019)鄂0505刑初45号。
② 参见安徽省淮南市潘集区人民法院刑事判决书,(2019)皖0406刑初72号。

法院认为,上诉人陈宗某明知人民法院已作出的具有执行内容的判决、裁定发生法律效力后,其财产可能被人民法院强制执行,故意隐藏、转移财产,将其位于某广场的 A 幢某室及 A 幢某车库在名义上先行过户至其亲戚陈招某的名下,并在人民法院强制执行期间授意陈招某将上述房产出售,所得 258 万元款项仍归其所有并用于他用,导致 188.5 万元的债务无法归还,属于恶意转移财产,主观上系有能力履行而故意不履行人民法院的生效判决,客观上已造成具有执行内容的判决、裁定无法执行的严重后果,其行为符合拒不执行判决罪的构成要件。[①]

拒不执行,是指不履行判决、裁定规定的义务,不实现判决、裁定所要求的内容。实践中,行为人多采取隐藏、转移财产,偿还普通债务,不申报财产状况等手段逃避履行判决、裁定确定的义务。

3. 行为人在判决、裁定生效后,执行立案之前实施隐藏、转移财产等行为的,能否认定为本罪?

能够认定为本罪。一方面,判决、裁定生效后,行为人便产生了执行判决、裁定的义务,此时实施隐藏、转移财产等行为的,必然妨碍了判决、裁定的执行,因而妨害了司法。另一方面,如果这种情形不以犯罪论处,必然导致本罪形同虚设。

4. 本罪是继续犯吗?

本罪是真正不作为犯。理论上有观点认为,不作为犯都是继续犯。但本书认为,不作为犯只存在作为义务的判断问题,不能认为不作为犯的情形法益每时每刻都受到同等程度的侵害,不能持续性地肯定构成要件的符合性,所以不能认为不作为犯是继续犯。拒不执行判决、裁定罪作为不作为犯,只存在作为义务的判断问题,不宜作为继续犯看待。追诉时效应从行为人产生作为义务成立拒不执行判决、裁定罪之日起计算。

---

① 参见福建省泉州市中级人民法院刑事裁定书,(2018)闽 05 刑终 140 号。

5.如何认定"情节特别严重"?

案6:2017年8月11日,江西省吉安市中级人民法院就彭某与某业公司借款纠纷作出(2017)赣08民初59号民事判决,判令某业公司返还彭某借款本金1429.13万元和支付利息1059.8889万元,杨某在240万元及利息范围内承担连带赔偿责任。同年9月12日,彭某向江西省吉安市中级人民法院申请强制执行,吉安市中级人民法院于9月26日送达了执行文书。2018年4月27日,某业公司、杨某等未如实申报财产情况,且某业公司利用公司工作人员的银行账户进出账,规避法院执行,被江西省高级人民法院罚款。2019年4月,杨某在取保候审期间指使某业公司员工注册某邦公司,擅自转移、处分巨额财产,规避法院执行。

本案争议焦点:某业公司、杨某的行为属于有能力执行而拒不执行的"情节严重"的情形,但是否属于"情节特别严重",需要结合在案证据认定。

一审法院认为,某业公司未申报财产,利用公司工作人员的银行账户进出账被江西省吉安市中级人民法院处以罚款后,再次通过设立某邦公司来转移、隐藏财产,拒不执行法院生效判决,该行为属于有能力执行而拒不执行的"情节严重"的情形,应以拒不执行判决、裁定罪追究其刑事责任。二审法院认为,某业公司、杨某的行为,应当认定为《刑法修正案(九)》所规定的"情节特别严重"。本案中某业公司、杨某拒不执行的行为持续时间长,江西省吉安市中级人民法院执行局采取了一系列执行措施,前后持续近3年。2018年4月27日,某业公司、杨某等未如实申报财产情况,且某业公司利用公司工作人员的银行账户进出账,规避法院执行,被江西省高级人民法院罚款,其中某业公司罚款人民币100万元、杨某罚款人民币2万元。2018年9月14日,杨某因拒不执行判决、裁定而被刑事拘留,因执行和解于2018年12月7日被取保候审。在取保候审期间,杨某指使某业公司员工注册某邦公司,擅自转移、处分巨额财产,规避法院执行,主观恶性特别大。(2017)赣08民初59号民事判决书确定的金额是1429.13万元本金和1059.8889万元利息,(2018)赣民终338号民事判决书确定的金额是3407.7万元股权转让款及违约金。某业公司仍有415万元未履行,杨某仍有1951.61万元未履行。综合某业公司、杨某的犯罪数额和犯罪情节,犯罪行为和犯罪后果,可依法认定为拒不执行判决、裁定罪"情节特别严重"。[①]

案7:就被告人曾某某与王某栋之间的民间借贷纠纷,法院分别于2018年6月8、12日作出给付29,200元、6万元的两份判决。被告人拒不履行。原告向法院申请强制执行,法院依法向被告人曾某某发出执行通知书、执行决定书、报告财产令及限制消费令。2018年11月25日,被告人曾某某为逃避执行判决,将其所有的位于惠安县的某号房屋的征收补偿款1,516,815.07元授权其女儿曾某芸代收,均未用于履行上述两件生效判决确定的还款义务且拒不报告财产情况。

本案争议焦点:被告人未将收到的房屋征收补偿款1,516,815.07元用于履行生效判决确定的还款义务,是否可认定该款项为恶意转移财产数额,是否达到"情节特别严重"的情形。

一审法院认为,被告人曾某某在经人民法院作出生效判决确定其应当承担还款义务后,藐视法律权威,不但未在判决指定的履行期限内主动履行义务,在案件进入强制执行阶段后,仍拒不按照规定报告个人财产情况及返还欠款,并转移财产至其亲属名下,数额达1,516,815.07元,对人民法院的判决有能力执行而拒不执行,且无偿转移财产金额达到执行标的金额30%以上,其行为已构成拒不执行判决、裁定罪,且属情节特别严重。

二审法院则认为,原审被告人曾某某所有的房屋征收补偿款1,516,815.07元中超过137,459元的部分(判决确定应支付的本金及利息总额),人民法院不得因执行本案而查封、扣押,即超过履行债务数额的部分属曾某某可自由支配的个人财产。原审被告人曾某某虽将其所有的房屋征收补偿款人民币1,516,815.07元授权其女儿代收,未用于履行生效判决确定的还款义务,但该款项超过被执行标的额的部分与本案无关,不能直接将该款项认定为转移财产数额,原审被告人曾某某转移财产的数额以拒不履行生效判决的执行标的额为限,未达到"情节特别严重"的情形,应认定为"情节严重",原审被告人曾某某转移财产的数额为拒不履行生效判决的执行标的额即137,450元,应认定为曾某

[①] 参见江西省吉安市中级人民法院刑事判决书,(2020)赣08刑终287号。

某拒不执行判决、裁定罪,属"情节严重"。①

只有拒不履行判决、裁定的执行标的金额,隐藏、转移财产的数额以及隐藏、转移财产的数额占执行标的金额的比例均为巨大,且行为人拒不执行判决、裁定的行为本身极其恶劣,如被处以罚款、拘留后仍继续隐藏、转移财产,致使法院的生效判决、裁定无法执行,才能认定为拒不执行判决、裁定罪的"情节特别严重"。不能单凭某一项,如执行标的金额巨大,隐藏、转移财产的数额巨大,或者隐藏、转移财产的数额占执行标的金额的比例巨大,就认定为"情节特别严重"。

6. 拒不执行判决、裁定的行为必须发生在什么时间?

有能力执行而拒不执行判决、裁定的时间应从判决、裁定发生法律效力时开始起算。行为人在判决、裁定生效之前实施隐藏、转移财产等行为的,不应以本罪论处。行为人在执行立案之后实施隐藏、转移财产等行为的,应以本罪论处。

7. 行为人单纯不遵守管制规定的,能成立本罪吗?

行为人单纯不遵守管制规定的,不成立本罪,但在管制期间逃往外地摆脱管制的,可能成立本罪。

8. 行为人单纯不执行刑事判决的,能否成立本罪?

拒不执行可谓不作为犯,但本罪的成立以情节严重为要件,所以,只有当国家机关执行判决、裁定的内容时,行为人拒不执行的,才应以本罪论处。例如,行为人单纯不缴纳罚金的,或者危险驾驶的行为人被外地法院判处拘役后,不主动回审判地服刑的,均不成立本罪。

9. 终结执行是否影响拒不执行判决、裁定罪的成立?

案8:2017年1月22日,就某达公司与阀门公司买卖合同纠纷案,郑州市上街区人民法院作出(2017)豫0106民初169号民事调解书。2017年1

---

① 参见福建省泉州市中级人民法院刑事判决书,(2020)闽05刑终181号。

月23日，就阀门厂与阀门公司买卖合同纠纷案，郑州市上街区人民法院作出（2017）豫0106民初168号民事调解书。上述民事调解书生效后，阀门公司均未履行还款义务。2018年10月23日，某达公司、阀门厂申请执行立案。2018年11月20日，郑州市上街区人民法院作出（2018）豫0106执911号、912号执行裁定书，裁定查封、冻结、扣押、划拨、提取、拍卖被执行人名下价值1,574,117元的财产，并于2018年11月22日送达阀门公司。2018年11月22日，阀门公司与阀门厂、某达公司达成执行和解协议，后未依约履行。

郜某建让祁某军安排阀门公司出纳王某玲将公司账户款项及时转入王某玲的个人银行账户。客户给阀门公司汇款前，祁某军让王某玲查询公司账户是否被法院冻结，如果账户没有被冻结，祁某军就通知业务经理安排客户打款，同时安排王某玲将公司账户款项转移到王某玲的个人账户中。经审计，自2018年11月23日至2019年6月12日，阀门公司银行账户共向王某玲个人银行账户转款7,573,400元。

阀门公司只在2019年1月3日向某达公司支付5万元后就拒不执行，后经法院强制执行，将阀门公司所欠某达公司的款项执行完毕。但裁定涉及的阀门公司欠阀门厂的款项1,089,354.1元（不含利益）至今无法执行。

本案争议焦点：终结执行是否影响拒不执行判决、裁定罪的成立。

一审法院认为，郜某建作为阀门公司的董事长、法定代表人，祁某军作为阀门公司的总经理，收到法院的裁定书后，明知阀门公司部分账户被法院查封、冻结，为防止法院对阀门公司账户查封、冻结，通过转移公司对公账户资金的方式逃避执行，严重影响法院执行工作，其行为已构成拒不执行裁定罪。二审法院认为，河南省郑州市上街区人民法院系在双方达成和解协议后以终结执行方式结案，此种情形终结执行对强制执行措施并非必要解除，且阀门公司并未主动履行和解协议，执行裁定要求执行阀门公司1,574,117元财产的事项亦未执行完毕，执行裁定要求的内容仍具有强制执行效力。郜某建、祁某军作为公司负责人员，指使和安排转移、隐藏公司账户资金，二人对此行为负有直接责任，致使执行标的未能实际执行完毕，符合拒不执行判决、裁定罪的规定，应承担相应刑事法律责任。裁定驳回上诉,维持原判。[1]

拒不执行判决、裁定罪中的"执行"和法院的终结执行、恢复执行中的"执行"的内涵不同。前者是指当事人有能力执行而拒不执行人民法院已经发生法律效力的判决、裁定规定的义务;后者是指法院的强制执行手段,如查封、扣押、冻结等。终结执行只是一种法院内部报结方式,并不终结当事人的权利义务。上述案件中,由于当事人达成执行和解协议,法院终结执行,终结的是执行人员采取强制执行措施的权力,而不是被执行人履行生效裁判文书确定的法律义务,法院的强制执行措施并没有结束。阻却执行裁定书执行效力的,是当事人的和解,但这种阻却只存在于当事人按照和解协议正常履行义务的过程中,并没有改变原裁判文书的有效性和执行力;一旦当事人没有按照和解协议履行义务,原裁判文书的效力自动恢复。申请执行人申请恢复执行,是恢复法院对被执行人的强制执行手段和措施,而不是申请执行人申请后才恢复原生效裁判文书的执行力(被执行人的履行义务)。

在法院作出并向被执行人送达执行裁定书后,尽管双方当事人达成了执行和解协议,但该执行裁定书并不因此失效。原执行裁定书确定的义务并未履行完毕,在被执行人未履行完毕执行裁定书确定义务的情形下,该执行裁定书仍具有强制执行的效力。被告人在执行裁定书生效后采取转移、隐匿财产的手段逃避执行,不履行执行裁定书所确定的义务的,构成拒不执行判决、裁定罪。

第十五节 非法处置查封、扣押、冻结的财产罪

· 导 读 ·

本罪所保护的主要法益是国家的诉讼保全制度。根据《刑法》第 91 条第 2 款的规定,非法处置查封、扣押、冻结的财产的,除成立本罪外,还可能

---

[1] 参见河南省郑州市中级人民法院刑事裁定书,(2021)豫 01 刑终 861 号。

成立盗窃、诈骗、故意毁坏财物等财产罪，系想象竞合，应从一重处罚。

条 文

第三百一十四条 【非法处置查封、扣押、冻结的财产罪】隐藏、转移、变卖、故意毁损已被司法机关查封、扣押、冻结的财产，情节严重的，处三年以下有期徒刑、拘役或者罚金。

罪名精释

1. 本罪所保护的法益是什么？

案1：2017年5月15日，湖南省桂阳县人民法院以（2017）湘1021保11号民事裁定书查封了某房地产公司（法定代表人为陈某华）的68套房产，后某房地产公司对该裁定提出异议。2018年4月15日，湖南省桂阳县人民法院经审查以（2018）湘1021执异14号执行裁定书解封了其中19套房产，对剩余49套房产继续予以查封。陈某华明知该49套房产已被湖南省桂阳县人民法院依法查封，依然签订合同将查封的49套房产出卖给业主并收取购房业主的预付款，现被出售的49套查封的房产大部分业主已入住。

本案争议焦点：陈某华是否构成非法处置查封的财产罪。

法院认为，陈某华违反规定变卖已被人民法院查封的房产，致使人民法院生效文书无法执行，情节严重，其行为已构成非法处置查封的财产罪。①

本罪属于妨害司法罪一节的罪名，其所保护的主要法益是国家的诉讼保全制度。查封、扣押、冻结是人民法院为了保证诉讼活动的顺利进行和将来判决、裁定的有效执行，而根据一方当事人的申请或者依据职权对诉讼有关的财产做出的一种强制性的诉讼保全措施。行为人对司法机关依法查封、扣押、冻结的财

---

① 参见湖南省郴州市中级人民法院刑事裁定书，（2020）湘10刑终366号。

产进行非法处置,必然妨害诉讼活动的顺利开展和将来生效判决、裁定的有效执行,从而损害当事人的合法权益。

2.为何本罪的法定刑偏低?

因为本罪是妨害司法的犯罪,其所保护的主要法益是国家的诉讼保全制度。法定刑轻重取决于行为对主要法益的侵害程度,而妨害司法的犯罪的法定刑通常不高。所以就对诉讼保全制度的侵害而言,3年有期徒刑就足以评价。

3.本罪与盗窃、诈骗、故意毁坏财物罪等财产罪之间是什么关系?

根据《刑法》第91条第2款"在国家机关、国有公司、企业、集体企业和人民团体管理、使用或者运输中的私人财产,以公共财产论"的规定,即便原本属于私人所有但被司法机关依法查封、扣押、冻结的财产,也属于公共财物。无论是财产所有人还是他人以非法占有为目的,采取盗窃、诈骗、变卖等方式取得财产,或者故意毁坏财产的,除成立非法处置查封、扣押、冻结的财产罪外,还可能同时成立盗窃罪、诈骗罪、故意毁坏财物罪等财产罪,系想象竞合,应从一重处罚。这可能是非法处置查封、扣押、冻结的财产罪本身法定刑不重的原因,因为立法者相信司法人员会运用竞合原理妥当处理案件。

第十六节 破坏监管秩序罪

·导 读·

破坏监管秩序可能同时触犯故意伤害罪、故意毁坏财物罪等罪名,属于想象竞合,应从一重处罚。受监管人员指使,殴打、体罚虐待其他被监管人员的,监管人员构成虐待被监管人罪,受指使的人员构成虐待被监管人罪的共犯。

条文

第三百一十五条 【破坏监管秩序罪】依法被关押的罪犯,有下列破坏监管秩序行为之一,情节严重的,处三年以下有期徒刑:

(一)殴打监管人员的;

(二)组织其他被监管人破坏监管秩序的;

(三)聚众闹事,扰乱正常监管秩序的;

(四)殴打、体罚或者指使他人殴打、体罚其他被监管人的。

罪名精释

1. 本罪与故意伤害罪等罪之间是什么关系?

案1:何某云、汪某林、何某林、夏某照、肖某超钢在案发时均系珙县看守所1监室的在押服刑人员。2018年6月12日16时许,何某云因琐事与同监室在押人员韩某康发生了口角并打斗。汪某林、肖某超钢参与了打斗。当晚18时许,何某云误认为同监室的黄某正在先前的打斗中用塑料板凳打了自己的头部,便率先动手殴打黄某正,随后汪某林、何某林、夏某照、肖某超钢围上前去参与殴打黄某正,造成黄某正左肾挫裂伤伴血肿形成,盆腹腔积血。经鉴定,黄某正上述损伤均属轻伤二级。

法院认为,何某云、汪某林、何某林、夏某照、肖某超钢在留所服刑期间,破坏监管秩序,殴打其他被监管人员,造成一人轻伤,情节严重,其行为构成破坏监管秩序罪。[1]

上述案件中何某云等人的行为除成立破坏监管秩序罪外,还同时成立故意伤害罪,二者是想象竞合,应从一重处罚。黄某正作为故意伤害罪的被害人,有权提起刑事附带民事诉讼。上述判决仅认定破坏监管秩序罪,而没有肯定故意伤害罪的成立,没有全面评价案件事实,不利于保护被害人的

---

[1] 参见四川省宜宾市中级人民法院刑事判决书,(2019)川15刑终137号。

法益。

破坏监管秩序可能同时触犯故意伤害罪、故意毁坏财物罪等罪名,属于想象竞合,应从一重处罚。本罪法定刑之所以不重,是因为本罪所侵害的主要法益是监管秩序,破坏监管秩序的行为同时触犯故意伤害罪等犯罪的,应当作为想象竞合处理,从一重处罚,这样才不至于罪刑失衡。

2.受监管人员指使,殴打、体罚虐待其他被监管人员的,如何处理?

受监管人员指使,殴打、体罚虐待其他被监管人员的,监管人员构成虐待被监管人罪,受指使的人员构成虐待被监管人罪的共犯,同时构成破坏监管秩序罪,属于想象竞合,应从一重处罚。

第十七节 脱 逃 罪

·导 读·

事实上无罪的人,不能成为本罪的行为主体。不能认为准许回家探亲而逾期不归的,也成立脱逃罪。只有行为人摆脱了监管机关与监管人员的实力支配(控制)时,才是脱逃既遂。两人串通一起脱逃,只有一人脱逃成功的,成立脱逃既遂。脱逃罪是状态犯,不是继续犯,追诉时效从脱逃之日起计算。被关押人员教唆监管人员私放自己的,不成立犯罪。被判处死刑立即执行以及终身监禁的人脱逃的,不构成犯罪。

/条 文/

第三百一十六条第一款 【脱逃罪】依法被关押的罪犯、被告人、犯罪嫌疑人脱逃的,处五年以下有期徒刑或者拘役。

罪名精释

1. 事实上无罪的人,能否成为本罪的行为主体?

被非法关押的人脱逃的,不可能成立犯罪。国家有错在先,不能期待国民必须忍受这种错误。也就是说,事实上无罪的人脱逃的,因缺乏期待可能性,不应作为犯罪处理。

2. 能否认为准许回家探亲而逾期不归的,也成立脱逃罪?

有观点认为,受到监狱(包括劳改农场等监管机构)奖励,节假日受准回家的罪犯,故意不在规定时间返回监狱,采取逃往外地等方式逃避入狱的,也应以脱逃罪论处。①

上述观点存在疑问。脱逃是一种作为犯罪,限于从监管场所积极脱逃的情形。受准回家,不是逃出监狱,逾期不归这种不作为,明显不符合脱逃罪的构成要件。

3. 脱逃罪的既遂标准是什么?

只有行为人摆脱了监管机关与监管人员的实力支配(控制)时,才是脱逃既遂。不过,虽然行为人逃出了关押场所,但只要其明显处于被监管人员追捕的过程中,还是应认定为脱逃未遂。

4. 两人串通一起脱逃,只有一人脱逃成功的,是既遂还是未遂?

曾有观点认为,脱逃罪是亲手犯,二人共同脱逃,只有一人成功脱逃的,未成功脱逃的行为人成立脱逃罪的未遂。

根据"部分实行全部责任"原则,共同脱逃的,只要有一人成功脱逃,整体就应认定成立脱逃罪既遂。当然,对于未成功脱逃的行为人,在量刑上可以酌情从轻处罚。

---

① 参见张明楷:《刑法学(第6版)》(下册),法律出版社2021年版,第1456页。

5. 脱逃罪是继续犯吗？

人们想当然地认为，既然脱逃了，就一直处于脱离羁押的状态，故脱逃罪是继续犯，追诉时效从重新收押之日起计算。

在脱逃的状态下，难以认为法益每时每刻都受到同等程度的侵害，进而能够持续性地肯定构成要件的符合性，这也与盗窃、诈骗、故意杀人罪等非继续犯的处罚不协调。例如，盗窃一台彩电，超过5年即不再追诉，但盗窃彩电的人从监狱脱逃，只要不被抓回，追诉时效就一直不开始计算，显得不协调。所以，脱逃罪是状态犯，不是继续犯，追诉时效从脱逃之日起计算。

6. 被关押人员教唆监管人员私放自己的，成立犯罪吗？

被关押人员教唆监管人员私放自己的行为缺乏期待可能性，虽然监管人员构成私放在押人员罪，但对教唆者不宜以犯罪论处，不成立私放在押人员罪的教唆犯。

7. 被判处死刑立即执行以及终身监禁的人脱逃的，成立犯罪吗？

脱逃本身就是缺乏期待可能性的行为，尤其是被判处死刑立即执行以及被判处终身监禁的人脱逃，更是缺乏期待，不成立脱逃罪。当然，行为人采取破坏监管设施或者杀害、伤害监管人员的手段脱逃的，可以根据其手段行为定罪处罚。

第十八节　劫夺被押解人员罪

·导　读·

从庭上劫走被告人的，构成本罪。不使用暴力、威胁方法，单纯乘对方不注意而迅速夺取被押解人的，不能评价为"劫"夺。

条　文

第三百一十六条第二款　【劫夺被押解人员罪】劫夺押解途中的罪犯、被告人、犯罪嫌疑人的,处三年以上七年以下有期徒刑;情节严重的,处七年以上有期徒刑。

罪名精释

1. 从庭上劫走被告人的,构成本罪吗?

本罪中的所谓"押解途中",是指处在看守所、监狱、劳改农场之外的情形,如常见的押往监狱、看守所、劳改农场的途中,押往法庭开庭的途中,开庭后押回看守所的途中。将正在开庭的被告人劫走,也属于劫夺"押解途中"的被告人,构成劫夺被押解人员罪。

2. 不使用暴力、威胁方法,乘押解人不注意而迅速夺取被押解人,也是"劫夺"吗?

有观点认为,劫夺行为既可以采用对押解人进行暴力、威胁方法,也可以不使用暴力、威胁方法,如乘押解人不注意而迅速夺取被押解人。[1]

只有具有暴力性才能称之为"劫夺"。不使用暴力、威胁方法,单纯乘对方不注意而迅速夺取被押解人的,不能评价为"劫"夺。正如乘他人不注意而拿走他人身上或者身边的财物,不能评价为抢劫罪一样。虽然《水浒传》中"智取生辰纲"可谓劫夺,因为事先用酒灌醉对方,或者用迷药迷晕对方,可谓与暴力、威胁相当的其他方法(抢劫罪中的"其他方法"),但单纯利用押解人员处于醉酒或者昏迷状态,夺走被押解人员的,不是"劫"夺。

---

[1] 参见张明楷:《刑法学(第6版)》(下册),法律出版社2021年版,第1457页。

第十九节　组织越狱罪

·导　读·

组织他人越狱和有组织地越狱,均成立本罪。"越狱"和"组织"都是本罪的实行行为,行为主体不限于依法被关押的罪犯、被告人和犯罪嫌疑人,还包括组织被关押人员脱逃的狱外人。依法被关押的人在组织他人越狱的同时自己越狱的,成立组织越狱罪与脱逃罪,实行数罪并罚。组织越狱行为只有使被组织的全部人员或者部分人员摆脱了监管机关的实力支配的,才成立本罪的既遂。

条　文

第三百一十七条第一款　【组织越狱罪】组织越狱的首要分子和积极参加的,处五年以上有期徒刑;其他参加的,处五年以下有期徒刑或者拘役。

罪名精释

1."组织越狱",是指有组织地集体越狱,还是组织他人越狱?

这个问题也关系到本罪的实行行为究竟是"越狱"还是"组织",或者说,行为主体是否仅限于依法被关押的罪犯、被告人、犯罪嫌疑人,法条中的"积极参加""其他参加"是指参加越狱还是参加组织。如果认为本罪的实行行为是越狱,那么,行为主体仅限于依法被关押的罪犯、被告人、犯罪嫌疑人,3人以上共同故意脱逃的,都有可能被认定为组织越狱罪。但如果认为本罪的实行行为是组织,行为主体就不限于依法被关押的罪犯、被告人、犯罪嫌疑人,因为狱外人也可能组织被关押的人员脱逃。

从本罪既处罚首要分子和积极参加者,又处罚其他参加者来看,可以认为组织他人越狱(指首要分子和积极参加者)和有组织地越狱(指积极参加者和其他参加者),均成立本罪。"越狱"和"组织"都是本罪的实行行为,行为主体不限于依法被关押的罪犯、被告人和犯罪嫌疑人,还包括组织被关押人员脱逃的狱外人。

2. 本罪与脱逃罪之间是什么关系?

本罪对首要分子和积极参加者处5年以上有期徒刑,对其他参加者处5年以下有期徒刑或者拘役(与脱逃罪法定刑持平),所以,依法被关押的人在组织他人越狱的同时自己越狱的,成立组织越狱罪与脱逃罪,实行数罪并罚;狱外人组织被关押的人员脱逃的,狱外人作为首要分子和积极参加者,成立组织越狱罪;被关押的人员积极参加组织越狱的,作为组织越狱的积极参加者,以组织越狱罪追究刑事责任即可;被关押人员作为组织越狱的"其他参加者",以组织越狱罪追究其刑事责任。

3. 本罪的既遂标准是什么?

组织越狱行为只有使被组织的全部人员或者部分人员摆脱了监管机关的实力支配的,才成立本罪的既遂。其他参加组织越狱的被关押人员,只有自己摆脱了监管机关的实力支配的,才成立本罪的既遂。

第二十节 暴动越狱罪

·导 读·

"暴动"不等于"暴力",只有多人大规模的暴力,才能评价为暴动。对于没有实施暴动,只是趁乱脱逃的被关押人员,应认定成立脱逃罪。

条 文

第三百一十七条第二款【暴动越狱罪；聚众持械劫狱罪】暴动越狱或者聚众持械劫狱的首要分子和积极参加的，处十年以上有期徒刑或者无期徒刑；情节特别严重的，处死刑；其他参加的，处三年以上十年以下有期徒刑。

罪名精释

1."暴动"等于"暴力"吗？

"暴动"不等于"暴力"，只有多人大规模的暴力，才能评价为暴动。数人采取非暴动的暴力方式越狱、脱逃的，只能成立组织越狱罪或者脱逃罪。

2.参加暴动越狱的，均成立暴动越狱罪吗？

虽然暴动越狱罪同时处罚首要分子、积极参加者和其他参加者，但对于没有实施暴动，只是趁乱脱逃的被关押人员而言，其期待可能性较低，不宜评价为法定刑偏重的暴动越狱罪，而应认定成立脱逃罪。

第二十一节 聚众持械劫狱罪

导 读

单纯携带器械，不能谓之"持械"。"械"，不同于凶器。聚众持械从看守所劫走被关押人员的，不能构成本罪。

条 文

第三百一十七条第二款【暴动越狱罪；聚众持械劫狱罪】暴动越狱或者聚众持械劫狱的首要分子和积极参加的，处十年以上有期徒刑或者无期徒刑；情节特别严重的,处死刑;其他参加的,处三年以上十年以下有期徒刑。

罪名精释

1. 携带器械就是"持械"吗?

本罪的持械,是指对监管人员等使用器械,而不是指单纯地携带器械。也就是说,携带器械而不现实地使用器械(包括用械进行威胁)的,不能认定为本罪中的"持械"。

2. 本罪中的"械"等于凶器吗?

有观点认为,"持械"是指对监管人员等使用凶器。[1]

本罪特意使用"械",而不使用凶器,应认为本罪中的"械"的范围不同于凶器。刀枪棍棒、砖头等都可谓"械",浓硫酸虽可谓凶器,但不能认为是"械"。

3. 聚众持械从看守所劫走被关押人员的,能构成本罪吗?

有观点认为,本罪中的"狱"并不限于狭义的监狱,而是包括看守所等依法关押罪犯、被告人、犯罪嫌疑人的场所。[2]

虽然刑期不满1年的可在看守所服刑,但在人们的观念中,监狱不同于看守所。所以,认为本罪中的"狱"包括看守所,恐超出了一般人的预测可能性,系不当的扩大解释。

---

[1] 参见张明楷:《刑法学(第6版)》(下册),法律出版社2021年版,第1458页。
[2] 参见张明楷:《刑法学(第6版)》(下册),法律出版社2021年版,第1458页。

第三章　妨害国（边）境管理罪

第一节　组织他人偷越国（边）境罪

/ ·导　读· /

被组织者不成立本罪的共犯,只可能单独成立偷越国(边)境罪。组织使用以虚假的出入境事由、隐瞒真实身份、冒用他人身份证件等方式骗取的出入境证件出入国(边)境的,不能构成本罪。只有被组织者非法出境或者入境,才成立本罪的既遂。成立本罪,以被组织者的行为属于偷越国(边)境为前提。评价为加重情节的不能再按照第2款的规定数罪并罚。第1款第3项"造成被组织人重伤",包括故意重伤。引诱、介绍行为,不能评价为"组织"行为。从立法论上讲,妨害国(边)境管理罪一节中的大多数罪名与立法逻辑不符。

/ 条　文 /

第三百一十八条　【组织他人偷越国（边）境罪】组织他人偷越国（边）境的,处二年以上七年以下有期徒刑,并处罚金;有下列情形之一的,处七年以上有期徒刑或者无期徒刑,并处罚金或者没收财产：

(一)组织他人偷越国(边)境集团的首要分子;

(二)多次组织他人偷越国(边)境或者组织他人偷越国(边)境人数众多的;

(三)造成被组织人重伤、死亡的;

(四)剥夺或者限制被组织人人身自由的;

(五)以暴力、威胁方法抗拒检查的;

(六)违法所得数额巨大的;

(七)有其他特别严重情节的。

犯前款罪,对被组织人有杀害、伤害、强奸、拐卖等犯罪行为,或者对检查人员有杀害、伤害等犯罪行为的,依照数罪并罚的规定处罚。

罪名精释

1. 被组织人能构成本罪的共犯吗?

从理论上讲,被组织人可谓片面对向犯。如果片面的对向犯既不是法益的承受者(法律保护的对象),也不缺乏期待可能性,是有可能与受处罚的一方成立共犯的。但本罪只处罚组织者,不处罚被组织者,被组织者不成立本罪的共犯,只可能单独成立偷越国(边)境罪。

2. 组织使用骗取的出入境证件的人出入国(边)境,能构成本罪吗?

2012年12月12日颁布的最高人民法院、最高人民检察院《关于办理妨害国(边)境管理刑事案件应用法律若干问题的解释》(以下简称《办理越境案件解释》)指出,使用以虚假的出入境事由、隐瞒真实身份、冒用他人身份证件等方式骗取的出入境证件出入国(边)境的,属于偷越国(边)境行为。这种规定显然违反《出境入境管理法》的规定。① 只要行为人使用的出入境证件本身是真实的,而不是伪造、变造、无效

---

① 《出境入境管理法》第12条规定:"中国公民有下列情形之一的,不准出境:(一)未持有效出境入境证件或者拒绝、逃避接受边防检查的;(二)被判处刑罚尚未执行完毕或者属于刑事案件被告人、犯罪嫌疑人的;(三)有未了结的民事案件,人民法院决定不准出境的;(四)因妨害国(边)境管理受到刑事处罚或者因非法出境、非法居留、非法就业被其他国家或者地区遣返,未满不准出境规定年限的;(五)可能危害国家安全和利益,国务院有关主管部门决定不准出境的;(六)法律、行政法规规定不准出境的其他情形。"第25条规定:"外国人有下列情形之一的,不准入境:(一)未持有效出境入境证件或者拒绝、逃避接受边防检查的;(二)具有本法第二十一条第一款第一项至第四项规定情形的;(三)入境后可能从事与签证种类不符的活动的;(四)法律、行政法规规定不准入境的其他情形。对不准入境的,出入境边防检查机关可以不说明理由。"

的,使用这种真实的出入境证件出入境,就不是偷越国(边)境,组织这种人出入国(边)境的,当然也不能成立组织他人偷越国(边)境罪。

3. 本罪既遂的标准是什么?

有观点认为,他人在行为人的煽动、拉拢、诱使、串联或者安排下,被组织起来,组织者即构成本罪既遂。至于被组织者在行为人的安排、组织下偷越国(边)境最终是否成功,也不影响本罪既遂的成立。①

本书认为,只有被组织者非法出境或者入境,即偷越国(边)境成功,才侵害了本罪所保护的法益,才值得以既遂进行评价和处罚。

4. 本罪成立的前提是什么?

案1:某日,罗某某、三某某组织19名缅甸籍人员到中国广东打工,并准备偷渡入境中国;同日罗某某与被告人赵某电话联系,罗某某等21人入境至中国清水河后由赵某安排车辆将罗某某等21人送至广东。次日,罗某某、三某某组织19名缅甸籍人员偷渡入境至清水河后,赵某联系周某某(另案处理)安排他人驾驶车辆将罗某某等21人送往昆明,并由赵某安排入住于赵某经营的甲招待所。之后,赵某联系张某某安排罗某某等21人坐上昆明至广东的客车,该客车行至弥勒市腻落江服务区时被查获。

法院认为,组织他人偷越国(边)境罪是指领导、策划、指挥他人偷越国(边)境或者在首要分子指挥下,实施拉拢、引诱、介绍他人偷越国(边)境的行为。本案罗某某、三某某、赵某违反国家出入国(边)境管理法规,非法组织他人偷越我国国(边)境,其行为均已构成组织他人偷越国(边)境罪。②

案2:赵某为某公司经理,为了营利,制作虚假公司文书,证明7名出境人员为其公司人员,并出具财产(担保)证明,为其办理旅游签证,使7名人员得以出境。法院认定赵某构成组织他人偷越国(边)境罪。

---

① 参见周光权:《刑法各论(第4版)》,中国人民大学出版社2021年版,第470~471页。
② 参见云南省红河哈尼族彝族自治州中级人民法院刑事裁定书,(2018)云25刑终143号。

本案中,虽然7名出境人员是通过使用虚假的出境事由骗取出境证件而出境的,但因为出境证件本身是真实的,按照《出境入境管理法》的规定,不属于偷越国(边)境。既然被"组织"者的行为不属于偷越国(边)境,赵某这种所谓的组织者,当然也就不能成立组织他人偷越国(边)境罪。法院认定赵某构成组织他人偷越国(边)境罪是错误的。

成立本罪,以被组织者的行为属于偷越国(边)境为前提[不要求被组织者的行为构成偷越国(边)境罪,但其行为至少属于违反出入境管理法的偷越国(边)境的行为]。换言之,如果被组织者出入境行为不属于偷越国(边)境,就不能认定组织者的行为构成组织他人偷越国(边)境罪。

5. 评价为加重情节的是否还能按第2款的规定数罪并罚？

对于剥夺被组织人人身自由以及以暴力、威胁方法抗拒检查的,除评价为组织他人偷越国(边)境罪的加重犯外,是否还应按照第2款的规定,以组织他人偷越国(边)境罪与非法拘禁罪、妨害公务罪数罪并罚,这是一个问题。

若既评价为本罪的加重犯,又数罪并罚,就违反了禁止重复评价原则。所以,评价为本罪的加重犯后就不应当再数罪并罚。

6. 本条第1款第3项"造成被组织人重伤",包括故意重伤吗？

《刑法》分则中有关数罪并罚的条款都是注意性规定。也就是说,不管有没有这种数罪并罚的规定,都应该根据犯罪构成及罪数原理和罪刑相适应原则,确定是以一罪论处还是数罪并罚。质言之,分则中的数罪并罚条款是完全可以删除的。比如,按照本条第3款的规定,故意造成被组织人重伤,似乎应该以本罪的基本犯(处2年以上7年以下有期徒刑)与故意(重)伤害罪(处3年以上10年以下有期徒刑)数罪并罚,最重判处17年有期徒刑。可是,过失造成被组织人重伤的,成立本罪的加重犯,能处7年以上有期徒刑或者无期徒刑。数罪并罚的结果就是,故意重伤被组织人比过失重伤被组织人的处罚还要轻。不能认为"立法规定如此,没办法",而应认为,《刑法》第318条第1款第3项中的"造成被组织人重伤",既包括过失造成被组织人重伤,也包括故意造成被组织人重伤的情形。也就是说,故意重伤被组织人的,应评价为本罪的加重犯,而不是以本罪的基本犯与故意(重)伤害罪数罪并罚。这说明,不能机械理解适用《刑法》分则中的数罪并罚条款,是否数罪并罚,还应考虑是否罪刑相适应、处罚是否协调。

7. 引诱、介绍行为能评价为"组织"行为吗?

《办理越境案件解释》第1条第1款规定,领导、策划、指挥他人偷越国(边)境,或者在首要分子指挥下实施拉拢、引诱、介绍他人偷越国(边)境等行为的,应认定为组织他人偷越国(边)境罪。

显然,本罪仅处罚组织行为。在首要分子指挥下实施拉拢、引诱、介绍他人偷越国(边)境等行为,难以评价为"组织"行为。所以,该司法解释对"组织"的解释过于宽泛,不当扩大了本罪的处罚范围。可以考虑将本罪中的"组织",限定为集团性、职业性的组织行为。

8. 如何分析妨害国(边)境管理罪一节罪名的立法逻辑?

一般认为,本罪的法益是所谓出入境管理秩序。随着国力不断增强,中国公民有了享受免签证、在持有护照的前提下自由出入他国国境的权利。司法机关应顺应社会生活的变化,确立与时代发展相适应的刑法观念(如现在已几乎不存在骗取护照的问题),合理确定处罚范围,正确认定出入境相关的犯罪。自由出入国(边)境是公民的基本权利,从立法论上讲,妨害国(边)境管理罪一节中的大多数罪名,笔者建议做进一步论证或做实质性修改。

第二节 骗取出境证件罪

· 导 读 ·

从立法论上讲,本罪早已过时,根本没有存在的必要。本罪中"为组织他人偷越国(边)境使用",是一种主观的超过要素。成立本罪,应以他人的行为具有偷越国(边)境的性质为前提。骗取出境证件后出境的行为,不属于《刑法》上的偷越国(边)境。

条 文

第三百一十九条 【骗取出境证件罪】以劳务输出、经贸往来或者其他名义,弄虚作假,骗取护照、签证等出境证件,为组织他人偷越国(边)境使用的,处三年以下有期徒刑,并处罚金;情节严重的,处三年以上十年以下有期徒刑,并处罚金。

单位犯前款罪的,对单位判处罚金,并对其直接负责的主管人员和其他直接责任人员,依照前款的规定处罚。

罪名精释

1.本罪有存在的必要吗?

案1:甲从事为他人办理出国签证之类的中介服务。一些年轻人想去国外打工,但没法办理这类签证,甲就弄虚作假,帮这些人办理留学签证,这些人获得了国外的留学签证之后,就出国了。至于这些年轻人出国后干什么,甲并不是很清楚。

出入境基本上只是一种形式审查,只要行为人有护照有签证,出入境就是合法的。换言之,只要出入境的人所持的护照与签证是真实的,而不是伪造、变造的,即使申领过程中存在虚假内容,也没有必要以犯罪论处。本案中,虽然申领签证的理由是虚假的,但外国政府签发的签证本身是真实的。持这种真实的签证出境,不属于偷越国(边)境。当然,甲这种帮忙申领办理出国签证的行为,也不值得以犯罪论处,不构成骗取出境证件罪。

众所周知,现在中国人只要向公安局申领护照,基本上都能办下来,所以几乎没有人再去骗领护照。至于出境的签证,本来就是外国政府签发的,持这种签证出境后进入外国国境,侵害的也是外国的国境管理秩序,而不是我国的出境管理秩序。毕竟,进出国边境本就是公民的自由。所以,对于本罪存在的必要性可做进一步论证。

2. 本罪中"为组织他人偷越国(边)境使用",是什么性质的要素?

本罪中的"为组织他人偷越国(边)境使用",不可能是客观的构成要件要素,而是一种主观的超过要素。只要行为人具有将所骗取的出境证件用于自己或者第三者组织他人偷越国(边)境的目的,就成立本罪。

3. 成立本罪是否应以他人的行为具有偷越国(边)境的性质为前提?

本罪的成立,一方面以有现实的或者可能的组织者为前提,另一方面以现实的或者可能的被组织者的行为具有偷越国(边)境的性质为前提。首先,当准备将骗取的出境证件用于自己或者第三者组织他人偷越国(边)境时,或者说骗取的出境证件还没有实际用于组织他人偷越国(边)境时,被组织者(或将要被组织的人员)的出境行为必须具有偷越国(边)境的性质。其次,当行为人骗取的出境证件已经用于自己或者第三者组织他人偷越国(边)境时,要求被组织者出境的行为属于偷越国(边)境,否则组织者的行为不成立组织他人偷越国(边)境罪,骗取出境证件者的行为也不成立骗取出境证件罪,更不可能构成组织他人偷越国(边)境罪的共犯。

司法实践中有些情况下忽视了上述前提条件。也就是说,只要行为人以劳务输出、经贸往来或者其他名义,弄虚作假,骗取护照、签证等出境证件,就认定为骗取出境证件罪,甚至认定为组织他人偷越国(边)境罪,这是极其错误的,应予以纠正。

4. 骗取出境证件后出入境的行为,是否属于《刑法》上的偷越国(边)境?

虽然行为人以劳务输出、经贸往来或者其他名义,弄虚作假,骗取了护照、签证等出入境证件,但这种证件本身是真实的,不是伪造、变造、无效的证件。根据《出境入境管理法》的规定,持真实有效的证件出入国(边)境的行为,不属于偷越国(边)境。所以说,骗取出境证件后出境的行为,并不属于《刑法》中的偷越国(边)境。

第三节　提供伪造、变造的出入境证件罪

·导　读·

本罪中的"伪造""变造",既包括有形伪造、变造,也包括无形伪造、变造。向他人提供作废、无效的出入境证件,也能构成提供伪造、变造的出入境证件罪。

条　文

第三百二十条　【提供伪造、变造的出入境证件罪;出售出入境证件罪】为他人提供伪造、变造的护照、签证等出入境证件,或者出售护照、签证等出入境证件的,处五年以下有期徒刑,并处罚金;情节严重的,处五年以上有期徒刑,并处罚金。

罪名精释

1. 本罪中的伪造、变造,仅限于有形伪造、变造吗?

理论上认为,本罪中的"伪造"是指无权制作护照、签证等出入境证件的人,非法制作假的出入境证件。变造是指用涂改、抹擦、拼接等方法,对真实的出入境证件进行加工改造,改变其真实内容的活动。[①]

显然,上述观点是从狭义上来理解伪造和变造的。其实,伪造、变造的含义具有相对性。一般来说,只要没有特别的理由(如《刑法》第 412 条商检徇

---

① 参见周光权:《刑法各论(第 4 版)》,中国人民大学出版社 2021 年版,第 472 页。

私舞弊罪),伪造、变造都既包括有形伪造、变造,也包括无形伪造、变造。也就是说,有制作权的人制作了形式真实但内容虚假的证件,也是伪造、变造。具有制作出入境证件能力的国家机关工作人员完全可能制作形式真实但内容虚假(不符合事实)的出入境证件。将这种无形伪造、变造的出入境证件提供给他人使用,也会妨害出入境的管理秩序。当然,能否认为这种证件是"真实"的,使用这种证件出入国(边)境的不属于偷越国(边)境,实践中存在争议。本书倾向于认为这种证件属于伪造、变造的证件,使用这种出入境证件出入国(边)境,属于偷越国(边)境,提供这种出入境证件的,构成提供伪造、变造的出入境证件罪。

2.提供作废、无效的出入境证件的,构成犯罪吗?

使用作废、无效的出入境证件出入国(边)境显然属于偷越国(边)境。因为,伪造、变造的本质就是制作无效的文件,故可将作废、无效的出入境证件归入伪造、变造的出入境证件。向他人提供作废、无效的出入境证件用于偷越国(边)境的,构成提供伪造、变造的出入境证件罪。

第四节　出售出入境证件罪

· 导　读 ·

将本罪的对象限定为真实的出入境证件,在出现认识错误时会形成处罚漏洞。出售空白护照,不能构成出售出入境证件罪。

— 条　文 —

第三百二十条　【提供伪造、变造的出入境证件罪;出售出入境证件罪】为他人提供伪造、变造的护照、签证等出入境证件,或者出售护照、签证等出入境证件的,处五年以下有期徒刑,并处罚金;情节严重的,处五年以上有期徒刑,并处罚金。

罪名精释

1. 本罪的对象限于真实的出入境证件吗?

理论上普遍认为,为了和提供伪造、变造的出入境证件罪相区分,出售出入境证件罪中的证件必须是真实的。[1]

虽然一般来说本罪的对象是真实的出入境证件,但不能过于绝对。因为若将本罪的对象限于真实的出入境证件,当行为人误以为是真实的出入境证件而出售给他人,其实是伪造、变造的出入境证件时,既不能构成本罪(因为不是真实的出入境证件),也不能认定成立提供伪造、变造的出入境证件罪(因为缺乏故意)。如此一来,只能是无罪,但这无疑为行为人指明了一条逃避刑事处罚的康庄大道。所以,只要向他人出售出入境证件,无论是真实的,还是伪造、变造的出入境证件,都能成立本罪。若行为人明知是伪造、变造的出入境证件而提供给他人时,则构成提供伪造、变造的出入境证件罪。

2. 出售空白护照,也能构成本罪吗?

2000年5月16日公安部《关于盗窃空白因私护照有关问题的批复》指出,行为人将盗窃的护照出售,其出售护照的行为也妨害国(边)境管理秩序,触犯《刑法》第320条,涉嫌构成出售出入境证件罪。

上述批复存在疑问。虽然空白护照可以评价为国家机关证件,但空白护照难以评价为本罪的出入境证件,因为持空白护照不可能偷越国(边)境,出售空白护照的行为也不可能侵犯出入国(边)境管理秩序。在他人利用空白护照实施偷越国(边)境等相关犯罪的前提下,出售行为符合共犯成立条件的,可以成立相关犯罪的共犯。

---

[1] 参见刘宪权主编:《刑法学(第6版)》,上海人民出版社2022年版,第722页。

第五节　运送他人偷越国(边)境罪

·导　读·

在境内运送偷越国(边)境的人员,不能构成运送他人偷越国(边)境罪。徒步带领他人偷越国(边)境的,不属于运送他人偷越国(边)境。被运送者非法出境或者入境,是本罪的既遂标志。被运送人员不成立本罪的共犯,只可能单独成立偷越国(边)境罪。既组织又运送他人偷越国(边)境的,若被组织者和被运送者具有同一性,则应以组织他人偷越国(边)境罪论处,若不具有同一性,则应数罪并罚。运送他人偷越国(边)境的人自己也顺便偷越国(边)境的,应以运送他人偷越国(边)境罪与偷越国(边)境罪数罪并罚。

/条　文/

第三百二十一条　【运送他人偷越国(边)境罪】运送他人偷越国(边)境的,处五年以下有期徒刑、拘役或者管制,并处罚金;有下列情形之一的,处五年以上十年以下有期徒刑,并处罚金:

(一)多次实施运送行为或者运送人数众多的;

(二)所使用的船只、车辆等交通工具不具备必要的安全条件,足以造成严重后果的;

(三)违法所得数额巨大的;

(四)有其他特别严重情节的。

在运送他人偷越国(边)境中造成被运送人重伤、死亡,或者以暴力、威胁方法抗拒检查的,处七年以上有期徒刑,并处罚金。

犯前两款罪,对被运送人有杀害、伤害、强奸、拐卖等犯罪行为,或者对检查人员有杀害、伤害等犯罪行为的,依照数罪并罚的规定处罚。

罪名精释

1. 在境内运送偷越国(边)境的人员,能构成本罪吗?

案1:某日,陆某明接到"越南工头"(另案处理)的电话,说有一批越南工人准备从越南谅山省到中国广西壮族自治区宁明县去,要求陆某明到该省凭祥市友谊镇英阳村路口接送,并承诺每拉载一人给其80元的报酬。因当时越南工人未走到英阳村路口,陆某明就跟"越南工头"说,等越南工人到边界再说。当日17时许,"越南工头"电话告诉陆某明越南工人已到边界了。于是陆某明便驾车到约定地点,并电话告知"越南工头"其驾驶的面包车车牌号码。"越南工头"即安排越南工人从边境小路非法进入中国境内,并到指定地。后陆某明将这些越南工人接到凭祥市大连城附近的草棚安置。陆某明知道这批越南工人无合法出入境证件,害怕被高速路检查站查获,为此于次日8时许,陆某明驾车从二级公路运送该批越南籍人员到南友高速199路段涵洞附近,打算让这些越南人由此走上高速公路,换乘另外前来接应的面包车时被公安民警查获。经核实,被查获的越南籍人员共18名。经查证,该18名越南籍人员没有办理合法的出入境手续。

一审法院认为,陆某明明知他人要求其运送的是无合法有效出入境证件的越南籍偷渡人员仍予以运送,且人数众多,其行为已构成运送他人偷越国境罪,依法应予惩处。二审法院认为,陆某明的行为虽然构成运送他人偷越国境罪,但其是在越南籍人员已经越过国境但尚未到达目的地时予以运送,目的是赚取车费,在运送途中被查获,属于未遂。①

上述判决定性错误。运送他人偷越国(边)境,是指违反国(边)境管理法规,运送他人偷越国(边)境,包括将他人从国(境)内运送到国(境)外和从国(境)外运送到国(境)内。简单地讲,运送他人偷越国(边)境,必须是通过运送让他人跨越国(边)境。在他人已经入境而在境内转运,或者他人已经出境而在境外转运的,不可能属于运送他人"偷越"国(边)境。本案中,陆某明运送的越南籍工人已

---

① 参见广西壮族自治区崇左市中级人民法院刑事判决书,(2020)桂14刑终13号。

经偷越中国国境进入中国境内,也就是已经偷越国(边)境既遂。对于运送已经偷越国(边)境既遂的人不可能构成运送他人"偷越"国(边)境罪。其实,陆某明明知"越南工头"组织他人偷越国(边)境还答应"越南工头"为其进行境内转运,而对"越南工头"组织他人偷越国(边)境的犯罪行为起到了心理上的帮助作用,应成立组织他人偷越国(边)境罪的帮助犯(从犯)。正犯(实行犯)"越南工头"未被抓获,不应影响对陆某明作为组织他人偷越国(边)境罪的共犯(从犯)的评价。

2. 徒步带领他人偷越国(边)境,属于运送他人偷越国(边)境吗?

2022年6月29日最高人民法院、最高人民检察院、公安部、国家移民管理局《关于依法惩治妨害国(边)境管理违法犯罪的意见》认为,徒步带领他人通过隐蔽路线逃避边防检查偷越国(边)境的,属于运送他人偷越国(边)境。

上述司法解释性质文件的立场存在疑问。按照一般人的理解,所谓运送,应是指使用车辆、船只等交通工具将偷越国(边)境的人运送出、入国(边)境。"徒步带领他人偷越国(边)境的行为不属于运送,对这种行为可认定为偷越国(边)境罪的共犯"[①]。

3. 本罪的既遂标志是什么?

只有被运送的人偷越国(边)境成功,才会侵害出入境管理秩序。所以,被运送者非法出境或者入境是本罪的既遂标志。

4. 被运送的偷越国(边)境人员,构成本罪的共犯吗?

本罪可谓片面对向犯,对被运送人员不能评价为本罪的共犯,只可能单独成立偷越国(边)境罪。

5. 既组织又运送他人偷越国(边)境的,如何处理?

有观点认为,组织他人偷越国(边)境后,又运送他人偷越国(边)境的,应以

[①] 张明楷:《刑法学(第6版)》(下册),法律出版社2021年版,第1462页。

组织他人偷越国(边)境罪和运送他人偷越国(边)境罪并罚。①

这种观点存在疑问。如果行为人既组织又运送,且运送行为是组织他人偷越国(边)境行为的组成部分,被运送者与被组织者具有同一性,则只能认定为组织他人偷越国(边)境罪,而不能同时认定成立组织他人偷越国(边)境罪和运送他人偷越国(边)境罪实行并罚。因为只有一个结果,并罚会导致重复评价。如果运送行为不是组织行为的组成部分,被运送者与被组织者不具有同一性,则应分别定罪,实行数罪并罚。

6.运送他人偷越国(边)境的人自己也顺便偷越国(边)境的,如何处理?

有观点认为,运送者自己也有偷越国(边)境的意思,将他人送达目的地后,自己也不再返回国(边)境以内的,构成偷越国(边)境罪,应与运送他人偷越国(边)境罪并罚。②

这种观点具有合理性。虽然从自然意义上讲,运送他人偷越国(边)境,顺便自己也偷越国(边)境的,似乎只有一个行为,但对于行为个数应从规范性意义上进行评价,而不能仅从自然意义上进行评价。对于运送他人偷越国(边)境并且自己顺便偷越国(边)境的,从规范性意义上既是运送他人偷越国(边)境,也是自己偷越国(边)境。正如携带禁止进出口物品偷越国(边)境的,既是走私行为,也是偷越国(边)境行为,应当肯定成立数罪并且实行数罪并罚。

第六节 偷越国(边)境罪

· 导 读 ·

使用以劳务输出、经贸往来或者其他名义骗取的出入境证件出入国

---

① 参见周光权:《刑法各论(第4版)》,中国人民大学出版社2021年版,第471页。
② 参见周光权:《刑法各论(第4版)》,中国人民大学出版社2021年版,第473页。

(边)境的,不属于偷越国(边)境,不构成偷越国(边)境罪。偷越国(边)境罪,是状态犯,不是继续犯。追诉时效应从偷越国(边)境罪成立之日起计算。本罪中的"为参加恐怖活动组织、接受恐怖活动培训或者实施恐怖活动",是一种主观的超过要素,不要求行为人已经实际参加恐怖活动组织、接受恐怖活动培训或者实施恐怖活动。走私犯罪人偷越国(边)境的,应数罪并罚。

条 文

第三百二十二条 【偷越国(边)境罪】违反国(边)境管理法规,偷越国(边)境,情节严重的,处一年以下有期徒刑、拘役或者管制,并处罚金;为参加恐怖活动组织、接受恐怖活动培训或者实施恐怖活动,偷越国(边)境的,处一年以上三年以下有期徒刑,并处罚金。

罪名精释

1. 持以劳务输出等名义办理的出入境证件出入国(边)境,属于偷越国(边)境吗?

2012年12月12日《办理越境案件解释》指出,使用以虚假的出入境事由、隐瞒真实身份、冒用他人身份证件等方式骗取的出入境证件出入国(边)境的,应当认定为"偷越国(边)境"行为。《刑法》第319条也规定,以劳务输出、经贸往来或者其他名义,弄虚作假,骗取护照、签证等出境证件,为组织他人偷越国(边)境使用的,构成骗取出境证件罪。这些规定似乎表明,持以劳务输出、经贸往来或者其他名义骗取的出入境证件出入国(边)境的,属于偷越国(边)境,能构成偷越国(边)境罪。

应该说,偷越国(边)境,仅限于不在出入境口岸、边防站等规定的地点出入国(边)境,或者使用伪造、变造、作废的出入境证件在规定的地点出入国(边)境。即便行为人是以劳务输出、经贸往来或者其他名义骗取的出入境证件,也不可否认这些证件本身是真实的。"只要出入境证件形式上是真实的,就不得认定为偷越国(边)境"①。当然,如果行为人冒用他人身份申领出入境证件,这种出入境证件就是(无形)伪造的出入境证件,行为人持这种出入境证件出入境的,属于使用伪造的出入境证件出入国(边)境,属于偷越国(边)境,能构成偷越国(边)境罪。

2. 本罪是继续犯吗?

案1:全某华为出国去蒙古国务工,冒用其弟弟的身份信息,使用其本人照片,于2008年7月骗领了护照。2008年8月20日至2014年5月6日,全某华使用该护照出入往返中国和蒙古国国境共计21次。公安机关于2014年12月12日对全某华涉嫌偷越国(边)境一案立案侦查。全某华一直在蒙古国,直至护照过期,于2019年5月被遣返,2019年7月19日被公安机关抓获归案,如实提供了自己的罪行。

法院认为,公安机关于2014年12月对全某华的犯罪实施立案侦查,且实际开展了侦查活动,对全某华之妻进行了详细的询问,全某华也通过电话从其妻子处得知公安机关在调查其骗领护照出国事宜。全某华明知公安机关掌握其骗领护照出国,长期避而不回国,属于逃避侦查的行为,故不应受追诉期间的限制。全某华违反国(边)境管理法规,使用冒用他人身份信息骗领的护照,偷越国(边)境,情节严重,其行为构成偷越国(边)境罪。②

不能认为行为人偷越国(边)境后,法益每时每刻都受到同等程度的侵害,而能够持续性地肯定偷越国(边)境罪构成要件的符合性。行为人偷越国(边)境后,持续的只是滞留境内或者境外的状态,而不是偷越国(边)境的行为。所以,偷越国(边)境罪是状态犯,而不是继续犯。追诉时效应从偷越国(边)境罪成立之日起计算。本案中行为人冒用其弟弟的身份信息骗领护照,属于无形伪造护照,持无形伪造的出入境证件出入国(边)境的,构成偷越国(边)境罪。本案为中途立案而导致追诉时效的延长,所以未超过追诉时效。认定全某华的行为没有超过追诉时效,以偷越国(边)境罪追究其刑事责任的上述判决,是正确的。

---

① 张明楷:《刑法学(第6版)》(下册),法律出版社2021年版,第1462页。
② 参见江苏省泰州市姜堰区人民法院刑事判决书,(2019)苏1204刑初520号。

3. 本罪中"为参加恐怖活动组织、接受恐怖活动培训或者实施恐怖活动",是什么性质的要素?

为参加恐怖活动组织、接受恐怖活动培训或者实施恐怖活动,不是客观的构成要件要素,而是一种主观的超过要素。也就是说,只要行为人出于参加恐怖活动组织、接受恐怖活动培训或者实施恐怖活动的意图而偷越国(边)境,就成立偷越国(边)境罪的加重犯,而不要求行为人已经实际参加恐怖活动组织、接受恐怖活动培训或者实施恐怖活动。

4. 走私犯罪人偷越国(边)境的,是成立想象竞合还是应数罪并罚?

有观点认为,走私犯罪人偷越国(边)境的,是走私罪与本罪的想象竞合,从一重罪处罚;国家机关工作人员或者掌握国家秘密的国家工作人员偷越国(边)境叛逃的,以叛逃罪论处,也不应认定为本罪。[①]

上述观点完全是从自然意义上把握行为人个数。从规范性意义上讲,走私犯罪人偷越国(边)境的,存在走私和偷越国(边)境两个行为,就像同时走私武器和假币时存在两个行为,侵害两个法益,应认定为两个行为而实行数罪并罚。掌握国家秘密的国家机关工作人员叛逃的,也存在叛逃和偷越国(边)境两个行为,应当数罪并罚,而不是仅以叛逃罪论处。

第七节 破坏界碑、界桩罪

· 导 读 ·

一切影响界碑、界桩功能发挥的行为,都可谓破坏。本罪与故意毁坏财物罪之间是想象竞合关系。

[①] 参见张明楷:《刑法学(第6版)》(下册),法律出版社2021年版,第1463页。

条 文

第三百二十三条 【破坏界碑、界桩罪；破坏永久性测量标志罪】故意破坏国家边境的界碑、界桩或者永久性测量标志的，处三年以下有期徒刑或者拘役。

罪名精释

1. 破坏限于物理性毁损吗？

虽然故意毁坏财物是否限于物理性毁损在理论上存在争议，但破坏是比毁坏范围更广的概念，应该是理论上的共识。凡是一切影响界碑、界桩功能发挥的行为，都可谓破坏。例如拆毁、损坏、改变、移动、掩盖、窃取以及其他使界碑、界桩丧失其本来效用的一切行为，均可谓破坏界碑、界桩的行为。

2. 本罪与故意毁坏财物罪之间是什么关系？

本罪法定最高刑只有3年有期徒刑。国家边境的界碑、界桩也是财物，行为人破坏界碑、界桩，使界碑、界桩丧失效用的行为，也属于故意毁坏财物的行为。同时触犯破坏界碑、界桩罪和故意毁坏财物罪，二者是想象竞合关系，大量破坏界碑、界桩的，完全可能以故意毁坏财物罪最重判处7年有期徒刑。

第八节 破坏永久性测量标志罪

导 读

本罪的对象不限于国家边境的永久性测量标志。本条不是选择性罪名，而是并列罪名。既破坏界碑、界桩，又破坏永久性测量标志的，应以破坏界碑、界桩罪与破坏永久性测量标志罪数罪并罚。

条 文

第三百二十三条 【破坏界碑、界桩罪；破坏永久性测量标志罪】故意破坏国家边境的界碑、界桩或者永久性测量标志的，处三年以下有期徒刑或者拘役。

罪名精释

1. 本罪的对象限于国家边境的永久性测量标志吗？

《刑法》第323条中的"国家边境"仅修饰界碑、界桩，而不修饰永久性测量标志。事实上，许多永久性测量标志，如水准点、地形点、天文点、导线点、炮控点等，并不位于国家边境，却值得刑法保护。但破坏这些永久性测量标志的行为，并不会妨害国(边)境管理。所以，对本罪的法益必须进行补正解释。本罪并不侵害国(边)境管理秩序，而是侵害国家对永久性测量标志的管理秩序，永久性测量标志不限于国家边境的永久性测量标志。

2. 既破坏界碑、界桩，又破坏永久性测量标志的，应如何处理？

《刑法》第323条规定的罪名并非选择性罪名，而是并列罪名。行为人既破坏界碑、界桩，又破坏永久性测量标志的，应以破坏界碑、界桩罪与破坏永久性测量标志罪数罪并罚。

第四章 妨害文物管理罪

第一节 故意损毁文物罪

·导读·

　　隐匿他人所有的珍贵文物的,不构成故意损毁文物罪,而可能构成故意毁坏财物罪。所有权人损毁自己收藏的珍贵文物的,可能构成故意损毁文物罪。故意损毁他人享有所有权的文物的,成立故意损毁文物罪与故意毁坏财物罪的想象竞合,应从一重处罚,所有权人有权提起刑事附带民事赔偿。割下兵马俑头颅后取走的,不是构成故意损毁文物罪与盗窃罪的想象竞合,而应数罪并罚。

/条 文/

　　第三百二十四条第一款　【故意损毁文物罪】故意损毁国家保护的珍贵文物或者被确定为全国重点文物保护单位、省级文物保护单位的文物的,处三年以下有期徒刑或者拘役,并处或者单处罚金;情节严重的,处三年以上十年以下有期徒刑,并处罚金。

罪名精释

1. 隐匿他人所有的珍贵文物的,构成本罪吗?

本罪所保护的法益是珍贵文物和被确定为全国重点文物保护单位、省级文物保护单位的文物的完整性。本罪中的损毁,只能是损坏、毁坏、破坏文物以及其他使文物的历史、艺术、科学、史料、经济价值或者纪念意义、教育意义丧失或者减少的行为。而单纯的隐匿文物,并不会损害文物的完整性和使文物的历史、艺术、科学、史料、经济价值或纪念意义、教育意义丧失或者减少,不属于本罪中的"损毁",不构成本罪,但可能构成故意毁坏财物罪。

2. 所有权人损毁自己收藏的珍贵文物,构成犯罪吗?

根据《文物保护法》第 50 条第 1 款的规定,公民可以收藏通过依法继承、接受赠与、从文物商店购买、从经营文物拍卖的拍卖企业购买、公民个人合法所有的文物相互交换或者依法转让及国家规定的其他合法方式取得的文物。也就是说,公民是可以对一定的文物享有所有权的。公民毁坏自己享有所有权的文物的,显然不可能构成故意毁坏财物罪,但因为其损害了文物的完整性,可能构成故意损毁文物罪。

3. 故意损坏他人所有的文物的,如何处理?

文物也是有所有权人的。故意损毁他人享有所有权的文物的,既成立本罪,也成立故意毁坏财物罪,二者是想象竞合,应从一重处罚。即便从一重最终以故意损毁文物罪定罪处罚,文物的所有权人(个人或者国家)也有权提起刑事附带民事诉讼,要求损毁者进行民事赔偿。

4. 割下兵马俑头颅后取走的,是想象竞合还是应数罪并罚?

有观点认为,使用有形力使文物分割,然后窃取的,构成本罪和盗窃罪之间的想象竞合,应从一重罪处断。[①]

---

① 参见周光权:《刑法各论(第 4 版)》,中国人民大学出版社 2021 年版,第 475 页。

使用有形力使文物分割属于故意损毁文物的行为,之后窃取分割下的文物属于盗窃行为,应当数罪并罚,而不是想象竞合。正如没有人会否认敲碎豪车玻璃拿走车内财物的,存在两个行为,应以故意毁坏财物罪与盗窃罪数罪并罚一样。所以,割下兵马俑头颅后取走的,不是构成故意损毁文物罪与盗窃罪的想象竞合,而应数罪并罚。

第二节 故意损毁名胜古迹罪

·导 读·

故意损毁名胜古迹并取走文物的,应以故意损毁名胜古迹罪与盗窃罪数罪并罚。本罪与故意毁坏财物罪之间是想象竞合关系,名胜古迹所有权人如国家,有权提起刑事附带民事赔偿。

条 文

第三百二十四条第二款 【故意损毁名胜古迹罪】故意损毁国家保护的名胜古迹,情节严重的,处五年以下有期徒刑或者拘役,并处或者单处罚金。

罪名精释

1. 故意损毁名胜古迹并取走文物的,如何处理?

在国家保护的名胜古迹处通过开挖切割的方式分离出珍贵文物并取走的,由于存在故意损毁名胜古迹和盗窃两个行为,应以故意损毁名胜古迹罪和盗窃罪数罪并罚。

2. 本罪与故意毁坏财物罪之间是什么关系?

国家保护的名胜古迹也是财物,也存在所有权人。故意损毁名胜古迹的,既构成故意损毁名胜古迹罪,也构成故意毁坏财物罪,二者是想象竞合关系,应从一重处罚。损毁名胜古迹价值特别巨大或者情节特别严重的,完全能以故意毁坏财物罪最重判处7年有期徒刑。此外,既然名胜古迹有所有权人,那么名胜古迹的所有权人如国家,有权提起刑事附带民事赔偿。

第三节 过失损毁文物罪

·导 读·

本罪是对过失毁坏财物行为的处罚范围的扩大,可考虑从两个方面进行限制:一是对于普通人实施的过失损毁文物犯罪,应限于有认识的过失和非文物所有权人;二是将过失损毁文物罪的主体限定为国有博物馆、图书馆等文物保护单位中对文物负有管理职责的工作人员。

/条 文/

第三百二十四条第三款 【过失损毁文物罪】过失损毁国家保护的珍贵文物或者被确定为全国重点文物保护单位、省级文物保护单位的文物,造成严重后果的,处三年以下有期徒刑或者拘役。

罪名精释

1. 过失损毁公民自己所有的文物的,构成犯罪吗?

虽然公民个人过失损毁自己所有的文物,也会侵害文物的完整性,但毕竟是自己收藏的享有所有权的物品,从利益权衡的角度考虑,这种行为不值得科处刑罚。也就是说,应将本罪中的珍贵文物限定为他人所有的文物,而不包括公民自己所有的文物。

2. 可否将本罪中的过失限定为有认识的过失？

一般来说，只有国家机关工作人员失职造成财产损失和危害公共安全犯罪中过失造成财产损失的，才作为犯罪处理。对过失损毁文物的行为也作为犯罪处理，是对过失毁坏财物行为的处罚范围的扩大，应对其处罚范围进行适当限制。一种思路是，将本罪限定为有认识的过失造成文物毁损的行为，进而排除因为疏忽大意而造成文物损毁的刑事可罚性。

3. 应否对将本罪的主体限定为管理文物的人？

国家机关工作人员严重不负责任，造成珍贵文物损毁或者流失，后果严重的，构成《刑法》第419条规定的法定最高刑为3年有期徒刑的失职造成珍贵文物损毁、流失罪。可是，过失损毁文物罪的法定最高刑也是3年有期徒刑。显然，如果不对过失损毁文物罪的处罚范围进行适当限制，就会与国家机关工作人员实施的失职造成珍贵文物损毁、流失罪的处罚不协调。可考虑从两个方面进行限制：一是对于普通人实施的过失损毁文物犯罪，应限于有认识的过失和非文物所有权人；二是将过失损毁文物罪的主体限定为国有博物馆、图书馆等文物保护单位中对文物负有管理职责的工作人员。

第四节 非法向外国人出售、赠送珍贵文物罪

·导 读·

本罪中的"外国人"，包括外国机构和组织。盗窃文物后出售、赠送给外国人的，应以盗窃罪与非法向外国人出售、赠送珍贵文物罪数罪并罚。

条 文

第三百二十五条 【非法向外国人出售、赠送珍贵文物罪】违反文物保护法

规,将收藏的国家禁止出口的珍贵文物私自出售或者私自赠送给外国人的,处五年以下有期徒刑或者拘役,可以并处罚金。

单位犯前款罪的,对单位判处罚金,并对其直接负责的主管人员和其他直接责任人员,依照前款的规定处罚。

罪名精释

1. 私自出售、赠送珍贵文物给外国机构、组织的,构成本罪吗?

本罪中的"外国人",并不限于具有外国国籍和无国籍的自然人,还应包括外国机构和组织。

2. 盗窃珍贵文物后出售、赠送给外国人的,如何处理?

盗窃文物后出售、赠送给外国人的,因为侵犯了新的法益,而不属于不可罚的事后行为,所以应以盗窃罪与非法向外国人出售、赠送珍贵文物罪数罪并罚。

第五节 倒卖文物罪

导读

将自己合法收藏的文物出售给他人的,不能成立倒卖文物罪。为出售而收购、运输、储存文物的行为,只是倒卖行为的预备行为,不应认定为倒卖文物罪的实行行为,更不应认定为倒卖文物罪的既遂。盗窃文物后出售的,应以盗窃罪与倒卖文物罪数罪并罚。

条文

第三百二十六条 【倒卖文物罪】以牟利为目的,倒卖国家禁止经营的文物,情节严重的,处五年以下有期徒刑或者拘役,并处罚金;情节特别严重的,处五年以上十年以下有期徒刑,并处罚金。

单位犯前款罪的,对单位判处罚金,并对其直接负责的主管人员和其他直接责任人员,依照前款的规定处罚。

罪名精释

1. 将自己合法收藏的文物出售给他人的,能成立倒卖文物罪吗?

2015年12月30日最高人民法院、最高人民检察院颁布的《关于办理妨害文物管理等刑事案件适用法律若干问题的解释》(以下简称《办理文物案件解释》)第6条规定,出售《文物保护法》规定的"国家禁止买卖的文物"的,应认定为《刑法》第326条规定的"倒卖国家禁止经营的文物",构成倒卖文物罪。

可是,《文物保护法》第50条第1款与第2款分别规定:"文物收藏单位以外的公民、法人和其他组织可以收藏通过下列方式取得的文物:(一)依法继承或者接受赠与;(二)从文物商店购买;(三)从经营文物拍卖的拍卖企业购买;(四)公民个人合法所有的文物相互交换或者依法转让;(五)国家规定的其他合法方式。""文物收藏单位以外的公民、法人和其他组织收藏的前款文物可以依法流通。"第51条规定:"公民、法人和其他组织不得买卖下列文物:(一)国有文物,但是国家允许的除外;(二)非国有馆藏珍贵文物;(三)国有不可移动文物中的壁画、雕塑、建筑构件等,但是依法拆除的国有不可移动文物中的壁画、雕塑、建筑构件等不属于本法第二十条第四款规定的应由文物收藏单位收藏的除外;(四)来源不符合本法第五十条规定的文物。"

根据《文物保护法》的上述规定,文物收藏单位以外的公民、法人和其他组织出售自己可以收藏的文物,是法律所允许的。所以,上述司法解释的规定明显有悖《文物保护法》的规定,应属无效的规定。文物收藏单位以外的公民、法人和其他组织出售自己合法收藏的文物,不属于倒卖国家禁止经营的文物,不可能构成倒卖文物罪。

2. 为出售而收购、运输、储存文物构成倒卖文物罪的司法解释规定,有无疑问?

案1:刘某中在某宾馆,收购曲某亮、张某峰(均另案处理)等在某村民房(殷墟遗址保护区建设控制地带)盗墓时挖出的4个直径10—20厘米的玉璧、1个约10厘米长的鸟型(或鱼型)玉件、1个方形玉琮等文物,交易价格为40万元人民币。

一审法院认为,刘某中明知是犯罪所得赃物而予以收购,情节严重,其行为已构成掩饰、隐瞒犯罪所得罪。公诉机关指控刘某中以牟利为目的倒卖国家禁止经营的文物,提出应以倒卖文物罪追究被告人的刑事责任的意见,经查,公诉机关提交的现有在案证据不足以证实刘某中是以倒卖牟利为目的而购买涉案玉件,故对该项指控罪名不予支持。

二审法院认为,对于以做古玩等文物生意为业的经营者而言,到案后如不能退出所收购的涉案文物,不能印证是以收藏为目的,则说明文物极有可能已经出售,并不在被告人手中。因此,如果简单地定罪为掩饰、隐瞒犯罪所得的话,那么将不符合罪责刑相适应的原则。上诉人刘某中以牟利为目的,倒卖国家禁止经营的文物,交易数额为人民币40万元,情节特别严重,其行为已构成倒卖文物罪。原判认定刘某中犯掩饰、隐瞒犯罪所得罪定罪不当,予以纠正。[1]

上述二审判决是根据《办理文物案件解释》中为出售而收购文物即构成倒卖文物罪的规定定罪的,这显然是错误的。

《办理文物案件解释》第6条规定,为出售而收购、运输、储存《文物保护法》规定的"国家禁止买卖的文物"的,应认定为《刑法》第326条规定的"倒卖国家禁止经营的文物",构成倒卖文物罪。

可是,为出售而收购、运输、储存文物的行为,充其量只是倒卖行为的预备行为,而不应认定为倒卖文物罪的实行行为,更不应当认定为倒卖文物罪的既遂。所以本书认为,上述司法解释规定存在疑问。

---

[1] 参见河南省安阳市中级人民法院刑事判决书,(2021)豫05刑终25号。

3. 盗窃文物后出售的,如何处理?

盗窃文物后出售的,也属于倒卖。由于倒卖文物又侵害了新的法益,不是不可罚的事后行为,故应以盗窃罪与倒卖文物罪数罪并罚。

第六节 非法出售、私赠文物藏品罪

·导 读·

本罪与非法向外国人出售、赠送珍贵文物罪之间是竞合关系。国有博物馆、图书馆等单位将国家保护的文物藏品出售或者私自送给国有控股公司的,不宜作为犯罪处理。出售、私自送给国有参股公司的,可能作为本罪处理。国有博物馆、图书馆等单位的工作人员,出于不法所有的目的将自己主管、管理的国家保护的文物藏品出售或者私自送给非国有单位或者个人的,不仅成立本罪,还可能成立贪污罪。

条 文

第三百二十七条 【非法出售、私赠文物藏品罪】违反文物保护法规,国有博物馆、图书馆等单位将国家保护的文物藏品出售或者私自送给非国有单位或者个人的,对单位判处罚金,并对其直接负责的主管人员和其他直接责任人员,处三年以下有期徒刑或者拘役。

罪名精释

1. 本罪与非法向外国人出售、赠送珍贵文物罪之间,是什么关系?

如果国有博物馆、图书馆等单位将国家保护的文物藏品出售或者私自赠送的对象是外国人,则既构成本罪,又构成非法向外国人出售、赠送珍贵文物罪,二者是竞合关系,应从一重处罚。

2.将文物出售、赠送给国有控股公司的,构成本罪吗?

从现实来看,国有独资公司、企业并不多,大量存在的是控股、参股公司,如六大银行。所以,从现实考虑,国有控股公司也可谓国有公司。也就是说,国有博物馆、图书馆等单位将国家保护的文物藏品出售或者私自送给国有控股公司的,不宜作为犯罪处理。至于出售、私自送给国有参股公司的,由于不是国有控股,很难保证文物不流失,可能作为本罪处理。

3.本罪与贪污罪之间是什么关系?

国有博物馆、图书馆等单位的工作人员,出于不法所有的目的将自己主管、管理的国家保护的文物藏品出售或者私自送给非国有单位或者个人的,不仅成立本罪,还可能成立贪污罪,二者既可能是想象竞合关系(直接出售、赠送),也可能成立数罪并罚(先侵吞后再出售、赠送)。

第七节 盗掘古文化遗址、古墓葬罪

·导 读·

打捞被水淹没的古文化遗址、古墓葬的,也能构成本罪。公开盗掘的,也成立本罪。只有已经实际损害古文化遗址、古墓葬的历史、艺术、科学价值的,才应认定为盗掘古文化遗址、古墓葬罪的既遂。采用破坏性手段盗窃古文化遗址、古墓葬以外的古建筑、石窟寺、石刻、壁画、近现代重要史迹和代表性建筑等其他不可移动文物的,构成盗窃罪、故意损毁文物罪与故意毁坏财物罪,既可能竞合,也可能数罪并罚。作为加重犯的多次盗掘,需要每次均既遂,盗掘并盗窃的,需要盗掘与盗窃均既遂。

|条 文|

第三百二十八条第一款 【盗掘古文化遗址、古墓葬罪】盗掘具有历史、艺术、科学价值的古文化遗址、古墓葬的,处三年以上十年以下有期徒刑,并处罚金;情节较轻的,处三年以下有期徒刑、拘役或者管制,并处罚金;有下列情形之一的,处十年以上有期徒刑或者无期徒刑,并处罚金或者没收财产:

(一)盗掘确定为全国重点文物保护单位和省级文物保护单位的古文化遗址、古墓葬的;

(二)盗掘古文化遗址、古墓葬集团的首要分子;

(三)多次盗掘古文化遗址、古墓葬的;

(四)盗掘古文化遗址、古墓葬,并盗窃珍贵文物或者造成珍贵文物严重破坏的。

罪名精释

1.打捞被水淹没的古文化遗址、古墓葬的,构成本罪吗?

"盗掘",是指违法挖掘。盗掘既不是单纯的盗窃,也不是单纯的损毁,而是指未经国家文物主管部门批准,私自挖掘古文化遗址、古墓葬。因此,盗掘可谓集盗窃与损毁于一体,其法益侵害程度相当严重。但是,盗掘并不限于挖掘埋藏于地下的古文化遗址、古墓葬,打捞被水淹没的古文化遗址、古墓葬的,掘出掩埋于其他物体中的古文化遗址、古墓葬的,也应认定为"盗掘",进而构成本罪。

2.公开盗掘的,构成本罪吗?

未经国家文物主管部门批准而私自挖掘古文化遗址、古墓葬的,都可谓盗掘,故盗掘行为不必具有秘密性,公开盗掘的,也成立本罪。

3.实施盗掘古文化遗址、古墓葬的行为,就成立本罪的既遂吗?

案1:2019年3月31日20时许,被告人时某得、陈某军、熊某勇、陈某政至某村某组西偏南约500米处曹某芳家田地,使用挖掘机对两处古墓葬进行盗掘。其中,被告人陈某军负责用挖掘机挖掘古墓葬,被告人陈某政负责照明,被告人时某得、熊某勇负责在古墓葬周围查找文物,当晚4人未窃得文物。经安徽省文物鉴定站鉴定,该两座古墓葬为东汉至六朝时期古墓葬,具有历史、艺术、科学价值。

2019年4月被告人时某得、熊某勇、陈某军商量盗掘古墓葬,后被告人陈某军联系被告人陈某政、吴某中,五被告人于2019年4月18日21时许至某县大墅镇刘兴村吴庄组西北处,使用挖掘机对该处古墓葬进行盗掘。其中,被告人时某得、陈某军负责望风,被告人吴某中负责用挖掘机挖掘古墓葬,被告人陈某政、熊某勇负责在古墓葬周围观察挖掘情况,经安徽省文物鉴定站鉴定,该古墓葬为战国至西汉时期古墓葬,具有历史、艺术、科学价值。

本案争议焦点:五被告人盗掘古墓葬的犯罪行为是否既遂。

一审法院认为,五被告人利用挖掘机对古墓葬进行盗掘,现有证据证实被挖掘的古墓葬存在被他人或自然等原因造成破坏的可能性,被告人仅挖到古墓葬墓砖,公诉机关未能提供确实、充分证据证实盗掘行为已对古墓葬的历史、艺术、科学价值造成损害,各被告人盗掘古墓葬属于犯罪未遂。二审法院认为,本案被告人主观上有盗掘古墓葬的故意,客观上实施了使用挖掘机两次盗掘古墓葬的行为,并且已经掘及某村大吴组的古墓葬墓坑的南壁,损害了古墓葬的历史、艺术、科学价值,对该古墓葬造成了不可恢复的破坏,侵犯了国家文物管理秩序,应当认定为既遂。[①]

理论上有观点认为,"实施盗掘古文化遗址、古墓葬的行为,即构成本罪的既遂。是否实际取得财物,是否实际造成古文化遗址、古墓葬被破坏的后果,对犯罪既遂均无影响。"[②]

本罪是破坏国家保护的文物的完整性的犯罪,虽然实施了盗掘古文化遗址、古墓葬的行为,但尚未实际造成古文化遗址、古墓葬被破坏的后果的,还没有侵害法益,不值得作为既遂进行处罚。换言之,实施盗掘行为,只有已经实际损害古文化遗址、古墓葬的历史、艺术、科学价值的,才应认定为盗掘古文化遗址、古墓葬罪的既遂。已经着手实施盗掘行为,但尚未实际造成古文化遗址、古墓葬被

[①] 参见安徽省滁州市中级人民法院刑事判决书,(2020)皖11刑终285号。
[②] 周光权:《刑法各论(第4版)》,中国人民大学出版社2021年版,第477页。

破坏的后果的,只能成立盗掘古文化遗址、古墓葬罪的未遂。

4. 采取破坏性手段盗窃古文化遗址、古墓葬以外的古建筑、石窟寺等不可移动文物的,构成犯罪吗?

采用破坏性手段盗窃古文化遗址、古墓葬以外的古建筑、石窟寺、石刻、壁画、近现代重要史迹和代表性建筑等其他不可移动文物的,虽然不构成盗掘古文化遗址、古墓葬罪,但行为完全符合盗窃罪、故意损毁文物罪与故意毁坏财物罪的构成要件,三者既可能是竞合关系,也可能数罪并罚。例如,破坏石窟寺后取走文物的,成立故意损毁文物罪与盗窃罪,应以故意损毁文物罪与盗窃罪数罪并罚。

5. 作为加重犯的多次盗掘需要每次均既遂、盗掘并盗窃的需要盗窃既遂吗?

我国《刑法》分则规定的罪名加重刑都是较重的,从罪刑相适应和人道主义考虑,应严格限制加重犯的成立范围。就本罪而言,应认为只有每次盗掘古文化遗址、古墓葬均既遂,多次实施的,才能认定为"多次盗掘古文化遗址、古墓葬"而加重处罚。同样,对于盗掘古文化遗址、古墓葬并盗窃珍贵文物的,只有盗掘和盗窃均既遂,即盗掘造成古文化遗址、古墓葬被破坏并实际取得珍贵文物的,才能认定为"盗掘古文化遗址、古墓葬,并盗窃珍贵文物"而适用加重法定刑。

第八节　盗掘古人类化石、古脊椎动物化石罪

·导　读·

盗掘恐龙蛋化石的,不能构成盗掘古脊椎动物化石罪。盗掘古人类化石、古脊椎动物化石的,既构成盗掘古人类化石、古脊椎动物化石罪,又构成盗窃罪、故意损毁文物罪与故意毁坏财物罪,形成想象竞合,应从一重处罚。

条 文

第三百二十八条第二款 【盗掘古人类化石、古脊椎动物化石罪】盗掘国家保护的具有科学价值的古人类化石和古脊椎动物化石的,依照前款①的规定处罚。

罪名精释

1. 盗掘恐龙蛋化石的,能构成盗掘古脊椎动物化石罪吗?

根据 2005 年 12 月 29 日施行的全国人民代表大会常务委员会《关于〈中华人民共和国刑法〉有关文物的规定适用于具有科学价值的古脊椎动物化石、古人类化石的解释》,《刑法》关于文物的规定,适用于具有科学价值的古脊椎动物化石、古人类化石。但立法解释并没有明确将恐龙蛋化石认定为具有科学价值的古脊椎动物化石,也没有明确将恐龙蛋化石认定为文物。

虽然一般考古学界将恐龙蛋化石认定为珍贵的古生物化石,但《刑法》第 328 条第 2 款规定的是盗掘古脊椎动物化石,并不是古生物化石。古脊椎动物化石较古生物化石更加具体。所以,不能因为恐龙蛋化石能够被认定为古生物化石,就肯定恐龙蛋化石也能够被认定为古脊椎动物化石。从这个意义上讲,盗掘恐龙蛋化石的行为,不能构成盗掘古脊椎动物化石罪。

2. 本罪与盗窃罪、故意损毁文物罪、故意毁坏财物罪之间是什么关系?

盗掘古人类化石、古脊椎动物化石的,可能既构成本罪,又构成盗窃罪、故意损毁文物罪与故意毁坏财物罪,形成想象竞合关系,从一重处罚即可。

---

① 第三百二十八条第一款 【盗掘古文化遗址、古墓葬罪】盗掘具有历史、艺术、科学价值的古文化遗址、古墓葬的,处三年以上十年以下有期徒刑,并处罚金;情节较轻的,处三年以下有期徒刑、拘役或者管制,并处罚金;有下列情形之一的,处十年以上有期徒刑或者无期徒刑,并处罚金或者没收财产:(一)盗掘确定为全国重点文物保护单位和省级文物保护单位的古文化遗址、古墓葬的;(二)盗掘古文化遗址、古墓葬集团的首要分子;(三)多次盗掘古文化遗址、古墓葬的;(四)盗掘古文化遗址、古墓葬,并盗窃珍贵文物或者造成珍贵文物严重破坏的。

第九节 抢夺、窃取国有档案罪

·导 读·

抢劫国有档案的,成立抢夺、窃取国有档案罪,国有档案具有财产性质的,还成立抢劫罪。诈骗、敲诈勒索、侵占、故意毁坏国有档案的,可能构成窃取国有档案罪,非法获取国家秘密罪,诈骗罪,敲诈勒索罪,侵占罪,非法持有国家绝密、机密文件、资料、物品罪,故意毁坏财物罪,均为竞合关系,从一重处罚即可。

/条 文/

第三百二十九条第一款 【抢夺、窃取国有档案罪】抢夺、窃取国家所有的档案的,处五年以下有期徒刑或者拘役。

第二款 【擅自出卖、转让国有档案罪】

第三款 有前两款行为,同时又构成本法规定的其他犯罪的,依照处罚较重的规定定罪处罚。

罪名精释

1.抢劫国有档案的,如何处理?

抢劫行为完全符合"抢夺""窃取"的要件,故抢劫国有档案的,完全可以认定为抢夺、窃取国有档案罪。当然,如果认为所抢劫的档案属于财物,抢劫国有档案的,还同时构成抢劫罪,属于想象竞合,应从一重处罚。

2.诈骗、敲诈勒索、侵占、毁坏国有档案的,如何处理?

由于可以将盗窃看作夺取罪的兜底性犯罪(基本犯),故诈骗、敲诈勒索国有档案的,可以认定为窃取国有档案罪。国有档案属于国家秘密,敲诈勒索、诈骗国有档案的,还构成非法获取国家秘密罪。国有档案具有财产性质,敲诈勒索、诈骗国有档案的,还同时成立敲诈勒索罪和诈骗罪。捡拾国有档案后持有的,可能成立非法持有国家绝密、机密文件、资料、物品罪;国有档案具有财产性质的,还同时成立侵占罪。故意毁坏国有档案的,如果国有档案属于文物,则构成故意损毁文物罪;国有档案具有财产性质的,则同时构成故意毁坏财物罪。以上均为竞合关系,从一重处罚即可。

第十节　擅自出卖、转让国有档案罪

·导　读·

本罪与故意泄露国家秘密罪之间是想象竞合关系。国家工作人员利用职务上的便利,擅自出卖具有财产性质的国有档案的,同时成立本罪与贪污罪,应从一重处罚。

条　文

第三百二十九条第一款　【抢夺、窃取国有档案罪】

第二款　【擅自出卖、转让国有档案罪】违反档案法的规定,擅自出卖、转让国家所有的档案,情节严重的,处三年以下有期徒刑或者拘役。

第三款　有前两款行为,同时又构成本法规定的其他犯罪的,依照处罚较重的规定定罪处罚。

罪名精释

1. 本罪与故意泄露国家秘密罪之间是什么关系?

如果国有档案属于国家秘密,擅自出卖、转让国有档案,既构成本罪,又构成故意泄露国家秘密罪,属于想象竞合,应从一重处罚。

2. 本罪与贪污罪之间是什么关系?

如果国家工作人员利用职务上的便利,擅自出卖具有财产性质的国有档案,将所得对价据为己有或者第三者所有,则同时成立本罪与贪污罪,应从一重处罚。

第五章　危害公共卫生罪

第一节　妨害传染病防治罪

> **·导　读·**
>
> 　　本罪的罪过形式是故意,不是过失。通常只有行为人已经被确诊为新冠病例,或者至少已经出现新冠典型症状,才能肯定行为人主观上具有故意。本罪既是具体危险犯,也是实害犯。不能认为从疫区回来的人随意出入公共场所就构成本罪。该罪仅适用于客观上已感染的人,而不适用于虽有感染风险但实际上未感染的人。对于已经引起传播与有传播严重危险的情形,在量刑上应区别对待。本罪与危害公共安全罪、故意伤害罪、故意杀人罪等罪之间可能存在竞合,竞合时应从一重处罚。如果县级以上人民政府、疾病预防控制机构提出的预防、控制措施并不符合《传染病防治法》的规定,则拒绝执行的行为不构成犯罪。本罪未设置兜底条款,不是立法疏漏,而是立法者有意为之。

> **／条　文／**
>
> 　　第三百三十条　【妨害传染病防治罪】违反传染病防治法的规定,有下列情形之一,引起甲类传染病以及依法确定采取甲类传染病预防、控制措施的传染病

传播或者有传播严重危险的,处三年以下有期徒刑或者拘役;后果特别严重的,处三年以上七年以下有期徒刑:

(一)供水单位供应的饮用水不符合国家规定的卫生标准的;

(二)拒绝按照疾病预防控制机构提出的卫生要求,对传染病病原体污染的污水、污物、场所和物品进行消毒处理的;

(三)准许或者纵容传染病病人、病原携带者和疑似传染病病人从事国务院卫生行政部门规定禁止从事的易使该传染病扩散的工作的;

(四)出售、运输疫区中被传染病病原体污染或者可能被传染病病原体污染的物品,未进行消毒处理的;

(五)拒绝执行县级以上人民政府、疾病预防控制机构依照传染病防治法提出的预防、控制措施的。

单位犯前款罪的,对单位判处罚金,并对其直接负责的主管人员和其他直接责任人员,依照前款的规定处罚。

甲类传染病的范围,依照《中华人民共和国传染病防治法》和国务院有关规定确定。

罪名精释

1. 本罪的罪过形式是什么?

案1:2020年1月20日,国家卫生健康委员会经国务院批准发布2020年第1号公告,将新冠肺炎纳入《传染病防治法》规定的乙类传染病,并采取甲类传染病的预防和控制措施。同年1月23日,已在湖北省武汉市居住3日的李某平得知武汉市于当日10时施行封闭管理措施后,改签车票,经辗转南昌返回上海,于同月24日抵沪。李某平抵沪后,未按上海市启动重大突发公共卫生事件一级响应关于重点地区来沪人员实行居家或者集中隔离观察14天的要求进行居家隔离,隐瞒武汉旅行史入住上海市松江区某酒店,次日回金山区独居其家中,其间多次出入超市、水果店、便利店等公共场所。1月26日至31日,李某平出现咳嗽、胃口差、乏力、胸闷等症状后,至上海市第六人民医院金山分院看诊,在历次看诊期间,其违反疫情防控的有关规定,未如实陈述,隐瞒武汉旅行史。2020年2月2日,李某平至医院看诊时,在医护人员追问下承认途经武汉的事实,后被隔离。同月4日,李某平被确诊为新冠肺炎病例,与其密切接触的55人被隔离观察,均未被感染。

  法院认为,妨害传染病防治罪的主观罪过系过失。李某平返沪后未向居委会报告,未自觉隔离,在签订居家隔离承诺书后擅自外出,至医院看诊时隐瞒武汉旅行史,拒绝执行防控措施,在客观方面造成与其密切接触的55人被隔离,有传播严重危险,但是李某平在外出就医、到便利店购买生活必需品的过程中,没有故意、主动与他人密切接触,且出入公共场所基本上均佩戴口罩,未长时间逗留。事后被确诊为新冠肺炎,行为人主观上对引发传染病或者传播危险的后果是否定的、排斥的,主观方面是过失。李某平拒绝执行隔离措施,瞒报谎报武汉旅居史,并进入公共场所或者公共交通工具,密切与多人接触,最终造成55人被隔离,应当认定为造成了新冠肺炎传播的严重危险,以妨害传染病防治罪定罪处罚。[①]

  我国刑法理论通说在确定分则具体罪名的罪过形式时,忽视了《刑法》第15条第2款"过失犯罪,法律有规定的才负刑事责任"的规定,往往随意确定罪名的罪过形式。例如,关于本罪的罪过形式,通说认为是过失。[②]

  应该说,过失犯罪的,必须是法律有规定的才负刑事责任。但从《刑法》第330条妨害传染病防治罪的条文表述中根本找不到"法律有规定"的相关表述,所以通说认为本罪的罪过形式是过失,有违罪刑法定原则。既然缺乏"法律有规定"的相关表述,就只能承认本罪的罪过形式是故意,即行为人明知自己的行为具有引起甲类传染病传播的具体危险,并希望或者放任这种危险的发生。换言之,通常只有行为人已经被确诊为新冠肺炎感染病例,或者至少已经出现发烧、乏力、胸闷、嗓子疼等新冠肺炎的典型症状,才能认为其主观上认识到其不遵守防控规定,随意出入公共场所或者公共交通工具的行为,具有引起新冠肺炎传

[①] 参见上海市金山区人民法院刑事判决书,(2020)沪0116刑初198号。
[②] 参见高铭暄、马克昌主编:《刑法学(第10版)》,北京大学出版社、高等教育出版社2022年版,第584页。

染的具体危险,进而肯定其主观上具有犯罪故意。所以上述案1的判决是错误的。

2. 本罪是具体危险犯还是实害犯?

从"引起甲类传染病以及依法确定采取甲类传染病预防、控制措施的传染病传播"的表述来看,本罪是实害犯,但从"有传播严重危险"来看,本罪又是具体危险犯。也就是说,本罪既是实害犯,又是具体危险犯,行为只有具有引起甲类传染病传播的具体危险的,才能成立本罪。

3. 从疫区回来的人随意出入公共场所的构成本罪吗?

案2:2020年2月29日至3月7日,郭某某从河南省郑州市乘坐火车到达北京市,从北京市乘飞机经阿联酋阿布扎比中转,先后到意大利米兰、法国巴黎旅行,后乘飞机按原路线返回。3月7日,郭某某乘飞机从阿布扎比到达北京市后,乘坐机场大巴到北京西站,于当日下午乘坐火车返回郑州市。回到郑州市后,郭某某明知境外入郑人员需要申报健康登记和采取隔离措施,故意隐瞒其出入境情况,且未执行隔离规定,返程次日到单位上班。其间,郭某某出现咽痛、发热等症状,仍多次乘坐公共交通工具,出入公共场所。3月11日,郭某某被确诊为新冠肺炎患者,与其密切接触的43人被集中隔离医学观察,其工作单位所在大厦全楼封闭7天。后43名密切接触者均已解除隔离医学观察,尚无人实际感染新冠疫情。

法院认为,郭某某违反《传染病防治法》的规定,拒绝执行卫生防疫机构依照《传染病防治法》提出的预防、控制措施,引起新冠疫情传播的严重危险,其行为构成妨害传染病防治罪。郭某某在全球疫情蔓延的形势下,出国旅游返回后故意隐瞒出入境情况,不执行隔离规定,多次出入公共场所,造成43名密切接触者被集中隔离,单位所在办公大楼被封闭7天,社会危害严重,影响恶劣,应依法从严惩处。综合其犯罪事实、性质、情节和对社会的危害程度以及认罪悔罪表现,于2020年4月3日以妨害传染病防治罪判处被告人郭某某有期徒刑1年6

个月。①

应该说,只要行为人没有被确诊为感染者,即使从疫区回来,随意出入公共场所,也还只是具有引起病毒传播的抽象危险。上述案 2 中,郭某某之所以被定罪,是因为其最终被确诊为新冠肺炎患者。

4. 本罪是仅适用于客观上已感染的人,还是也可适用于虽有感染风险但实际上未感染的人?

只有客观上已感染的人,才有引起传播的具体危险,故该罪仅适用于客观上已感染的人,而不适用于虽有感染风险但实际上未感染的人。

5. 如何判断"有传播严重危险"?

"有传播严重危险",表明本罪是具体危险犯。未遂犯都是具体危险犯。所以可以认为,所谓"有传播严重危险",就是必须形成甲类传染病传播的具体、现实、紧迫的危险,而不只是抽象危险。

6. 已经引起传播与有传播严重危险的情节,在量刑上应否区别对待?

已经引起传播是实害,有传播严重危险只是形成了传播的具体危险,二者法益侵害程度不同,所以在量刑上应区别对待。

7. 本罪与危害公共安全罪、故意伤害罪、故意杀人罪等罪之间是什么关系?

本罪与危害公共安全罪、故意伤害罪、故意杀人罪等罪之间可能存在竞合,竞合时应从一重处罚。但认定竞合关系时应当特别慎重,一般来说评价为本罪即可。

8. 拒绝执行不符合《传染病防治法》规定的预防、控制措施,构成犯罪吗?

如疫情防控期间,有的地方疾病预防控制机构防控措施层层加码,出现了侵

---

① 参见河南省郑州市二七区人民法院刑事判决书,(2020)豫 0103 刑初 144 号。

犯公民的基本人权,甚至干扰和破坏地方经济发展的情形。所以,如果县级以上人民政府、疾病预防控制机构提出的预防、控制措施并不符合《传染病防治法》的规定,则拒绝执行的行为不构成犯罪。

9.本罪未设置兜底条款,是否属于立法疏漏?

明确性是罪刑法定原则的基本要求,本罪有被滥用的危险。本罪未设置兜底条款,不是立法疏漏,而是立法者有意为之。

第二节 传染病菌种、毒种扩散罪

·导 读·

本罪的责任形式是模糊罪过(至少有过失),即无论对结果是否有认识和持希望或者放任的态度,都能构成犯罪。本罪可能与重大责任事故罪、危险物品肇事罪发生竞合,由于法定刑完全一样,通常应以本罪论处。

条 文

第三百三十一条 【传染病菌种、毒种扩散罪】从事实验、保藏、携带、运输传染病菌种、毒种的人员,违反国务院卫生行政部门的有关规定,造成传染病菌种、毒种扩散,后果严重的,处三年以下有期徒刑或者拘役;后果特别严重的,处三年以上七年以下有期徒刑。

罪名精释

1.本罪的责任形式是什么?

由于本罪的法定刑较低,刑法理论几乎没有争议地认为本罪的责任形式是过失。① 不过,张明楷教授还是坚持认为,"由于缺乏'法律有规定'的文理根据,确定为故意犯罪比较合适。对于侵害结果,可以作为客观的超过要素对待"②。

一方面认为本罪的责任形式是故意,另一方面又认为"造成传染病菌种、毒种扩散,后果严重"是不需要行为人主观上认识到(只需要有认识的可能性)并持希望或者放任态度的客观的超过要素,这可能违背构成要件和责任主义原理。因为故意和过失的区别就在于对结果的态度,既然认为不需要对结果有认识(只需要有认识的可能性),那就只能是过失。所以,本书倾向于认为本罪的责任形式是模糊罪过(至少有过失),即无论对结果是否有认识和持希望或者放任的态度,都能构成犯罪。当然,如果行为同时符合危害公共安全罪、故意杀人罪、故意伤害罪等罪的构成要件,可以认为是竞合关系,则从一重处罚即可。

2. 本罪与重大责任事故罪、危险物品肇事罪等罪之间是什么关系?

由于"从事实验、保藏、携带、运输传染病菌种、毒种的人员,违反国务院卫生行政部门的有关规定"也可谓"在生产、作业中违反有关安全管理的规定","造成传染病菌种、毒种扩散,后果严重的"也可谓"发生重大伤亡事故或者造成其他严重后果","毒种"也可谓"毒害性物品",本罪可能与重大责任事故罪、危险物品肇事罪发生竞合,由于法定刑完全一样,通常应以本罪论处。

第三节　妨害国境卫生检疫罪

·导　读·

就引起检疫传染病传播的严重危险而言,行为人主观上必须对之有认识并持希望或者放任态度,即行为人主观上必须具有故意,不应承认过失的

---

① 参见周光权:《刑法各论(第4版)》,中国人民大学出版社2021年版,第481页;王作富、黄京平主编:《刑法(第7版)》,中国人民大学出版社2021年版,第528页。
② 张明楷:《刑法学(第6版)》(下册),法律出版社2021年版,第1469页。

危险犯,但对于引起检疫传染病传播这一实害结果而言,可以认为行为人持一种模糊罪过(至少有过失)的态度。就引起检疫传染病传播而言,本罪是实害犯,但就引起检疫传染病传播的严重危险而言,本罪又可谓具体危险犯。

条 文

第三百三十二条 【妨害国境卫生检疫罪】违反国境卫生检疫规定,引起检疫传染病传播或者有传播严重危险的,处三年以下有期徒刑或者拘役,并处或者单处罚金。

单位犯前款罪的,对单位判处罚金,并对其直接负责的主管人员和其他直接责任人员,依照前款的规定处罚。

罪名精释

1. 本罪的责任形式是什么?

刑法理论几乎没有争议地将本罪确定为过失犯罪。[①] 不过也有观点认为,"本罪的主观方面既可以是故意,也可以是过失"[②]。张明楷教授还是一如既往地坚持认为,本罪的责任形式应为故意,即行为人明知自己的行为具有引起检疫传染病传播的严重危险,并且希望或者放任这种危险的发生,但"引起检疫传染病传播"是客观的超过要素,不需要行为人对此有认识(但需要具有认识的可能性)和持希望或者放任态度。[③]

本书认为,就引起检疫传染病传播的严重危险而言,行为人主观上必须对之有认识并持希望或者放任态度,即行为人主观上必须具有故意,不应承认所谓

[①] 参见王作富、黄京平主编:《刑法(第7版)》,中国人民大学出版社2021年版,第528页;高铭暄、马克昌主编:《刑法学(第10版)》,北京大学出版社、高等教育出版社2022年版,第585页。

[②] 刘宪权主编:《刑法学(第6版)》,上海人民出版社2022年版,第733页。

[③] 参见张明楷:《刑法学(第6版)》(下册),法律出版社2021年版,第1470页。

过失的危险犯,但对于引起检疫传染病传播这一实害结果而言,可以认为行为人持一种模糊罪过(至少有过失)的态度,即无论行为人对引起检疫传染病传播这一结果是否具有认识和持希望或者放任的态度,都能构成本罪,至于可能同时符合危害公共安全罪等罪的构成要件的,可以作为想象竞合犯从一重处罚。

2. 本罪是实害犯还是危险犯?

就引起检疫传染病传播而言,本罪是实害犯,但就引起检疫传染病传播严重危险而言,本罪又可谓具体危险犯。

第四节 非法组织卖血罪

· 导 读 ·

劝诱特定个人出卖血液的,不成立本罪。出卖血液的"他人"即供血者,既不能成立本罪的正犯,也不能成立本罪的共犯。本条第2款中的"伤害",不能包括轻伤。非法组织卖血造成伤害的定故意伤害罪,能并处罚金。本条第2款"对他人造成伤害"中的"他人",包括用血者。《刑法》第333条第2款的规定是法律拟制,没有伤害故意的,也能以故意伤害罪定罪处罚。组织艾滋病患者等出卖血液,并将血液提供给他人的,可能另触犯故意伤害罪、非法供应血液罪,既可能从一重,也可能数罪并罚。

— 条 文 —

第三百三十三条 【非法组织卖血罪;强迫卖血罪】非法组织他人出卖血液的,处五年以下有期徒刑,并处罚金;以暴力、威胁方法强迫他人出卖血液的,处五年以上十年以下有期徒刑,并处罚金。

【故意伤害罪】有前款行为,对他人造成伤害的,依照本法第二百三十四条的规定定罪处罚。

罪名精释

1. 劝诱特定个人出卖血液的,构成本罪吗?

组织,是指通过策划、动员、拉拢、联络等方式使不特定人或者多人出卖血液的行为。劝诱特定个人出卖血液,不能谓之"组织",所以不成立本罪。处罚"组织"出卖血液的行为,旨在将供血者和用血者排除在刑事处罚之外。也就是说,凡是参与他人出卖血液的,包括采集血液的医生,除供血者和用血者外,都可谓"组织"他人出卖血液,均构成本罪。

2. 非法组织他人出卖血液的"他人",能成立本罪的共犯吗?

虽然不能认为"他人"是被害者,但可以认为"他人"出卖血液的行为缺乏期待可能性,所以出卖血液的"他人"即供血者,既不能成立本罪的正犯,也不能成立本罪的共犯。

3. 本条第 2 款中的"伤害",能包括轻伤吗?

《刑法》第 333 条第 2 款规定,非法组织他人出卖血液对他人造成伤害的,依照故意伤害罪定罪处罚。本款规定的立法目的是严厉处罚非法组织他人出卖血液造成他人伤害的情形,但是非法组织他人出卖血液对他人造成轻伤的以故意(轻)伤害罪论处,反而只能判处 3 年以下有期徒刑、拘役或者管制,而轻于非法组织卖血罪的 5 年以下有期徒刑的刑罚。所以,本条第 2 款中的"伤害"不能包括轻伤,而应限于"重伤",即非法组织出卖血液造成他人轻伤的,仍应认定为非法组织卖血罪;造成重伤的,应认定为故意伤害罪,并适用故意(重)伤害罪的法定刑(3 年以上 10 年以下有期徒刑);如果非法组织卖血造成他人死亡,应认定为故意伤害致人死亡罪。

4. 非法组织卖血造成伤害的定故意伤害罪,能并处罚金吗？

虽然《刑法》第 333 条第 2 款规定非法组织卖血对他人造成伤害的,依照故意伤害罪定罪处罚,但应认识到该行为本身也构成非法组织卖血罪。尽管故意伤害罪未规定罚金刑,但非法组织卖血罪规定有罚金刑,所以该行为虽然可定故意伤害罪但应并处罚金。

5. 本条第 2 款"对他人造成伤害"中的"他人",包括用血者吗？

有观点认为,"对他人造成伤害"中的"他人",应当仅限于卖血者,不包括输入血液者。①

法律禁止非法组织他人卖血的行为,不只是为了保护卖血者,还为了保护输入血液者即用血者。非法组织卖血罪是侵害社会法益公共卫生而非侵害个人法益生命健康的犯罪。所以,应认为"对他人造成伤害"中的"他人",既包括供血者也包括用血者。

6. 只有对伤害结果有故意的,才能定故意伤害罪吗？

虽然我国刑法理论通说一般认为这种规定是注意规定,即只有行为人对伤害结果持故意态度时才能定故意伤害罪,但应认为之所以设置这种规定是为了严厉处罚非法组织他人出卖血液造成他人伤害的情形,即便行为人对造成他人伤害的结果仅具有过失,也值得严厉处罚。应认为,《刑法》第 333 条第 2 款的规定是法律拟制,即只要非法组织卖血造成他人重伤害的,不管行为人对伤害结果有无认识并持希望或者放任态度,只要具有预见可能性,都应以故意(重)伤害罪定罪处罚。

7. 组织艾滋病患者、乙型肝炎患者等出卖血液的,如何处理？

组织艾滋病患者、乙型肝炎患者、丙型肝炎患者等出卖血液,并将血液提供给他人的,可能另触犯故意伤害罪、非法供应血液罪。若认为只有一个行为则作

---

① 参见张明楷：《刑法学(第 6 版)》(下册),法律出版社 2021 年版,第 1470 页。

为竞合犯从一重处罚;若认为存在数个行为,如先将血液买来后再提供给他人,则可以数罪并罚。

第五节 强迫卖血罪

·导 读·

强迫特定个人出卖血液的,构成本罪。强迫卖血造成他人重伤的,应以故意(重)伤害罪判处5年以上10年以下有期徒刑,并处罚金。强迫他人出卖血液中的"他人",不能成立本罪的共犯。"对他人造成伤害"中的"他人",包括用血者。强行无偿采集血液的,只可能成立故意伤害罪和抢劫罪。

条 文

第三百三十三条 【非法组织卖血罪;强迫卖血罪】非法组织他人出卖血液的,处五年以下有期徒刑,并处罚金;以暴力、威胁方法强迫他人出卖血液的,处五年以上十年以下有期徒刑,并处罚金。

【故意伤害罪】有前款行为,对他人造成伤害的,依照本法第二百三十四条的规定定罪处罚。

罪名精释

1. 强迫特定个人出卖血液的,构成本罪吗?

虽然本罪被置于妨害社会管理秩序罪一章,但应认为本罪主要是侵害个人法益生命健康的犯罪,所以即便强迫特定个人出卖血液的,也值得以本罪进行处罚。

2.如何把握本条第2款的规定?

《刑法》第333条第2款规定,强迫卖血对他人造成伤害的,依照故意伤害罪定罪处罚。问题是,故意(轻)伤害罪的法定刑是3年以下有期徒刑、拘役或者管制,故意(重)伤害罪的法定刑是3年以上10年以下有期徒刑。对此,张明楷教授提出一个解释思路:将本条第2款中的"对他人造成伤害"作出两种不同解释,针对组织他人出卖血液限制解释为"致人重伤",针对强迫他人出卖血液限制解释为"以特别残忍手段致人重伤造成严重残疾",这样可以维护刑罚的协调。①

本书认为,考虑到故意(轻)伤害的法定刑为3年以下有期徒刑、拘役或者管制,比强迫卖血罪的法定刑(5年以上10年以下有期徒刑,并处罚金)还要轻,故意(重)伤害罪的起点刑为3年有期徒刑,也轻于强迫卖血罪的起点刑5年有期徒刑,应当这样来把握本条第2款的规定:(1)第2款中的"伤害",仅限于重伤;(2)强迫出卖血液造成他人重伤的,虽应认定为故意(重)伤害罪,但不能判处低于5年有期徒刑的刑罚,即强迫卖血造成他人重伤的,应以故意(重)伤害罪判处5年以上10年以下有期徒刑,致人死亡的,成立故意伤害致人死亡罪,判处10年以上有期徒刑、无期徒刑或者死刑,强迫出卖血液,以特别残忍手段致人重伤造成严重残疾的,处10年以上有期徒刑、无期徒刑或者死刑;(3)由于强迫卖血罪配有罚金刑,强迫卖血造成他人重伤的,以故意(重)伤害罪判处5年以上10年以下有期徒刑,并处罚金。

3.强迫他人出卖血液中的"他人",能成立本罪的共犯吗?

强迫他人出卖血液中的"他人",是法律保护的对象,是被害人,所以他人不能成立本罪的共犯。

4."对他人造成伤害"中的"他人",包括用血者吗?

有观点认为,强迫卖血罪"造成他人伤害"中的"他人"应当仅限于卖血者,

---

① 参见张明楷:《刑法学(第6版)》(下册),法律出版社2021年版,第1471页。

不包括输入血液者。强迫卖血后供应不符合国家规定标准的血液,导致输血者身体伤害的,成立非法供应血液罪的结果加重犯或者故意伤害等罪。[①]

强迫卖血罪作为危害公共卫生的犯罪,既保护供血者的生命健康,也维护用血者的生命健康。强迫卖血者未必实际供应血液,强迫出卖的血液最终造成用血者健康损害的,未必能以非法供应血液罪进行评价。所以应认为,本条第2款"对他人造成伤害"中的"他人",不仅包括供血者,也包括用血者。

5.强行无偿采集血液的,构成犯罪吗?

由于没有付钱,不能成立非法组织卖血罪和强迫卖血罪。若认为血液是身体的一部分,则只能以故意伤害罪进行评价,但按照实践中对"伤害"的把握,强采身强体壮人身上的少量血液的,很难评价为故意伤害罪。若认为血液是财产,则可以评价为抢劫罪。

第六节 非法采集、供应血液、制作、供应血液制品罪

·导 读·

若认为本罪是具体危险犯,则采集、制作不是实行行为;若认为本罪属于准抽象危险犯,采集、制作也是本罪的实行行为。"足以危害人体健康"中的"人体",既包括供血者,也包括用血者。非法组织他人出卖血液后又非法供应血液、制作、供应血液制品的,成立包括的一罪。强迫他人出卖血液后又供应血液或者制作、供应血液制品的,应以强迫卖血罪与非法供应血液、制作、供应血液制品罪数罪并罚。

[①] 参见张明楷:《刑法学(第6版)》(下册),法律出版社2021年版,第1470页。

第五章　危害公共卫生罪

条 文

第三百三十四条第一款　【非法采集、供应血液、制作、供应血液制品罪】非法采集、供应血液或者制作、供应血液制品,不符合国家规定的标准,足以危害人体健康的,处五年以下有期徒刑或者拘役,并处罚金;对人体健康造成严重危害的,处五年以上十年以下有期徒刑,并处罚金;造成特别严重后果的,处十年以上有期徒刑或者无期徒刑,并处罚金或者没收财产。

罪名精释

1. 采集、制作是本罪的实行行为吗?

如果认为本罪是所谓具体危险犯,由于单纯采集血液、制作血液制品的行为不可能形成具体、现实、紧迫的危险,所以采集、制作不是本罪的实行行为。但如果认为本罪是所谓准抽象危险犯,则采集、制作也是本罪的实行行为。

2. 本罪是具体危险犯吗?

有观点认为,因为本罪的成立条件是"足以危害人体健康",所以本罪属于具体危险犯。[1]

应该说,单纯非法采集血液、制作血液制品的行为也值得科处刑罚,但如果认为本罪是所谓具体的危险犯,只有行为形成具体、现实、紧迫的危险才能成立犯罪,就不能认为采集、制作是本罪的实行行为。司法解释认为,只要行为人采集的血液、制作的血液制品含有艾滋病毒、乙型肝炎病毒、丙型肝炎病毒、梅毒螺旋体等病原微生物,或者将含有上述病原微生物的血液用于制作血液制品的,就成立本罪。[2] 而单纯采集、制作这种血液或者血液制品,不可能对人体健康形成具体、现实、紧迫的危险。所以本书认为,本罪是一种准抽象危险犯,只要行为人

---

[1] 参见张明楷:《刑法学(第6版)》(下册),法律出版社2021年版,第1471页。
[2] 参见2008年最高人民法院、最高人民检察院《关于办理非法采供血液等刑事案件具体应用法律若干问题的解释》第2条。

381

非法采集、供应的血液、制作、供应的血液制品具有足以危害人体健康的性质，或者说只要非法采集、供应、制作了足以危害人体健康的血液或者血液制品的，就能成立本罪。

3. "足以危害人体健康"中的"人体"，仅限于供血者吗？

本罪是侵害公共卫生的犯罪，旨在保证血液和血液制品的安全，所以"足以危害人体健康"中的"人体"，不仅包括供血者，还包括用血者。

4. 非法组织、强迫卖血后又非法供应血液、制作、供应血液制品的，如何处理？

非法组织、强迫他人出卖血液后又非法供应血液或者非法制作、供应血液制品的，存在两个行为，由于非法组织卖血罪主要是侵害公共卫生的犯罪，所以非法组织他人出卖血液后又非法供应血液、制作、供应血液制品的，可以认为成立包括的一罪，以非法供应血液、制作、供应血液制品罪定罪处罚即可。强迫卖血罪主要是侵害个人法益的犯罪，所以强迫他人出卖血液后又供应血液或者制作、供应血液制品的，应以强迫卖血罪与非法供应血液、制作、供应血液制品罪数罪并罚。

第七节　采集、供应血液、制作、供应血液制品事故罪

·导　读·

采集、制作不是本罪的实行行为，本罪的实行行为只有供应血液、血液制品。从严格遵守罪刑法定原则的角度而言，只能认为本罪的责任形式是故意。

／条　文／

第三百三十四条第二款　【采集、供应血液、制作、供应血液制品事故罪】经

国家主管部门批准采集、供应血液或者制作、供应血液制品的部门,不依照规定进行检测或者违背其他操作规定,造成危害他人身体健康后果的,对单位判处罚金,并对其直接负责的主管人员和其他直接责任人员,处五年以下有期徒刑或者拘役。

罪名精释

1. 采集、制作是本罪的实行行为吗?

由于单纯采集血液、制作血液制品的行为,不可能造成危害他人身体健康的后果,所以采集、制作不是本罪的实行行为。换言之,本罪的实行行为只有供应血液、血液制品。

2. 本罪的责任形式是什么?

从最高人民法院、最高人民检察院确定的采集、供应血液、制作、供应血液制品事故罪的罪名来看,似乎认为本罪的责任形式是过失。刑法理论也无可争议地认为本罪的责任形式是过失。[①] 但从《刑法》第 15 条第 2 款"过失犯罪,法律有规定的才负刑事责任"的规定来看,由于从本罪中找不出"法律有规定"的相关表述,所以就严格遵守罪刑法定原则的角度而言,只能认为本罪的责任形式是故意。

第八节 非法采集人类遗传资源、走私人类遗传资源材料罪

> **·导 读·**
>
> 本罪是保护生命伦理和人类尊严的犯罪。通过电子邮件发送人类遗传资源信息的,属于运送、邮寄而构成本罪。

---

① 参见刘宪权主编:《刑法学(第 6 版)》,上海人民出版社 2022 年版,第 735 页。

条文

第三百三十四条之一 【非法采集人类遗传资源、走私人类遗传资源材料罪】违反国家有关规定，非法采集我国人类遗传资源或者非法运送、邮寄、携带我国人类遗传资源材料出境，危害公众健康或者社会公共利益，情节严重的，处三年以下有期徒刑、拘役或者管制，并处或者单处罚金；情节特别严重的，处三年以上七年以下有期徒刑，并处罚金。

罪名精释

1.本罪所保护的法益是什么？

虽然从条文表述看，大致可以认为本罪是危害公众健康或者社会公共利益的犯罪，但准确地讲，本罪是保护生命伦理和人类尊严的犯罪。

2.通过电子邮件发送人类遗传资源信息的，构成本罪吗？

人类遗传资源，包括人类遗传资源材料和人类遗传资源信息。人类遗传资源材料，是指含有人体基因组、基因等遗传物质的器官、组织、细胞等遗传材料；人类遗传资源信息，是指利用人类遗传资源材料产生的数据等信息资料。对于人类遗传资源信息，显然是可以通过电子邮件发送到国外的。所以，只有将本罪中的"运送""邮寄"解释为包括通过网络空间传递、发送信息的情形，才不至于形成处罚漏洞。

第九节 医疗事故罪

导读

医务人员，是指直接从事诊疗护理事务的人员。一次医疗事故造成多名患者死亡的，应以过失致人死亡罪进行评价。多次医疗事故造成多名患者死亡的，应以医疗事故罪同种数罪并罚。

第五章 危害公共卫生罪

条 文

第三百三十五条【医疗事故罪】医务人员由于严重不负责任,造成就诊人死亡或者严重损害就诊人身体健康的,处三年以下有期徒刑或者拘役。

罪名精释

1. 何为"医务人员"?

本罪的行为主体是医务人员。所谓医务人员,是指直接从事诊疗护理事务的人员,包括国家、集体医疗单位的医生、护士、药剂人员,以及经主管部门批准开业的个体行医人员。

2. 医务人员严重不负责任造成多名就诊人死亡的,能定过失致人死亡罪吗?

刑法理论普遍认为,根据《刑法》第233条中"本法另有规定的,依照规定",医疗事故罪属于特别法条,医务人员严重不负责任造成就诊人死亡的,只能成立医疗事故罪。

本书认为,过失致人死亡罪中"本法另有规定的,依照规定",不是特别法优于普通法的适用原则的重申,而是指引适用重法的提示性规定。也就是说,医疗事故罪的3年以下有期徒刑评价的只是死亡人数不多的一般性医疗事故。而一次性造成多名就诊人死亡的重大医疗事故,就超出了医疗事故罪所能评价的范畴,为做到罪刑相适应,应以过失致人死亡罪进行评价,最重可以判处7年有期徒刑。或者说,医疗事故罪仅适用于一次造成一两人死亡的情形,而不能评价一次造成多名患者死亡的情形。一次医疗事故造成多名患者死亡的,应以过失致人死亡罪进行评价。多次医疗事故造成多名患者死亡的,应以医疗事故罪同种数罪并罚。只有这样评价,才能做到罪刑相适应。

第十节　非法行医罪

·导 读·

本罪所保护的法益是公共卫生,不是患者个体的生命健康权,患者的承诺不能阻却非法行医行为的违法性。不能认为以非法手段取得医师资格从事医疗活动的就属于非法行医。取得了医师资格证书但未取得医师执业证书的人行医的,属于非法行医。不能认为只要取得了医师资格,就不可能构成非法行医罪。没有取得医生执业资格的人确实医治了很多疑难杂症,但同时导致个别患者死亡的,也能构成非法行医罪。本罪属于职业犯,持续非法行医的,也仅成立非法行医罪一罪。

未取得医生执业资格的人免费为他人行医,情节严重的,也能构成本罪。牙科医生为患者做阑尾炎手术,导致患者死亡的,构成非法行医罪,而非医疗事故罪。具有医生执业资格的人教唆、帮助没有医生执业资格的人行医,能构成非法行医罪的共犯。只有在能够肯定非法行医行为是导致就诊人死亡的直接、主要、根本的原因时,才能认定成立非法行医"造成就诊人死亡",而适用加重法定刑,否则只能认定成立非法行医罪的基本犯。医院的外科手术医生在自己家里给人动手术的,也能构成非法行医罪。

·条 文·

第三百三十六条第一款【非法行医罪】未取得医生执业资格的人非法行医,情节严重的,处三年以下有期徒刑、拘役或者管制,并处或者单处罚金;严重损害就诊人身体健康的,处三年以上十年以下有期徒刑,并处罚金;造成就诊人死亡的,处十年以上有期徒刑,并处罚金。

罪名精释

1. 本罪所保护的法益是什么?

本罪是《刑法》分则第六章妨害社会管理秩序罪的第五节危害公共卫生罪中的罪名,所以本罪首先侵犯的是公共卫生,其次是医疗管理秩序。也就是说,本罪所保护的法益是公共卫生,而不是患者个体的生命健康权。

2. 如何认定非法"行医"?

案1:偏僻山村的一名孕妇因为意外突然要生产,但因为离县城太远,来不及过去。正好隔壁邻居老王出于个人爱好学过一些妇科医术,紧急之下,老王为孕妇接生,但由于他医术不精,孕妇难产死亡。

本案中,老王给人接生属于行医,但只是很偶然的一次行为,不具有业务性、职业性,不能成立非法行医罪,只可能成立过失致人死亡罪。

非法行医罪中的"行医"具有两个基本特征:第一,行医是指从事医疗业务。而医疗业务是只有医生才能从事的业务,即医疗行为。如果未取得医生资格的人不是根据医学知识与技能从事医疗、预防与保健行为,就不能认定为非法行医。例如,职业巫师利用封建迷信给人治病导致他人重伤、死亡的,由于从事的不是医疗行为,所以不成立非法行医罪,只能成立《刑法》第300条第2款规定的组织、利用迷信致人重伤、死亡罪。第二,行医是指以实施医疗行为为职业的业务行为。所谓业务,是指基于社会生活中的地位而反复、持续从事的事务。偶尔一次实施医疗行为的,不属于本罪中的行医,不成立非法行医罪,可能成立过失致人重伤罪、过失致人死亡罪。

在认定一个行为是否属于行医时,应当根据行为人的行为方式、样态、时间、场所等进行判断。首先,只要性质上是要反复、持续实施的,或者行为人以反复、持续实施的意思从事医疗、预防、保健活动的,第一次行医就属于行医活动,首次诊疗活动中被查获的,也属于非法行医。其次,行医虽然是一种业务行为,但并不要求行为人将其作为唯一的职业,也不要求行医行为具有不间断性。例如,行为人工作日上班、周末非法行医,或者白天非法行医、晚上开网约车的,都属于非法行医。

之所以认定本罪的行医必须满足上述要求,一是因为本罪属于职业犯,其构成要件就包括反复从事非法行医行为;二是因为本罪属于危害公共卫生的犯罪,如果行为人只是针对特定的个人偶然从事医疗行为,就不可能危害公共卫生,只有当行为人将行医作为一种业务活动而反复、持续实施的,才可能危害公共卫生。

3. 以非法手段取得医师资格从事医疗活动的,属于非法行医吗?

2008年6月25日最高人民检察院、公安部《关于公安机关管辖的刑事案件立案追诉标准的规定(一)》与2016年12月16日修正后的最高人民法院《关于审理非法行医刑事案件具体应用法律若干问题的解释》(以下简称《2016年解释》)都规定了,"以非法手段取得医师资格从事医疗活动的"情形属于"未取得医生执业资格的人非法行医"。但本书认为,对于是否取得医师资格只能进行形式判断,不能进行实质判断。例如,医师资格考试时找人替考通过考试后取得医师资格,由于医师资格证书本身是真实的,就不能认为是"未取得医师资格证"而属于无证行医。正如法考时作弊取得律师资格执业不能认为是非法执业,驾校考试作弊取得驾驶证驾车不能认定为无证驾驶一样。质言之,只要资格证书本身是真实的,就不能认为是无证行医、非法行医。

概言之,医生执业许可,应属于一种控制性许可,不是特殊许可。只要取得了医生执业许可后行医,就不属于"未取得医生执业资格的人非法行医",不成立非法行医罪,只能成立医疗事故罪。

4. 取得了医师资格证书但未取得医师执业证书的人行医的,属于非法行医吗?

案2:某幼儿园的负责人孙某为了增加幼儿园的收入,以预防感冒为由,冒用其他医疗机构的名称,购进54,600片病毒灵,换季期间给幼儿服用。喂药的保健医生只持有医师资格证书,并未取得医师执业证书。

本案中,幼儿园的保健医生给幼儿喂药是在预防疾病,属于"从事医疗活动"或者"行医"。"病毒灵"是一种只有具有医生执业资格的人才能开具和使用的处方药。该保健医生虽有医师资格证书但未取得医师执业证书,却对那么多幼儿使用处方药,应当认定为非法行医,构成非法行医罪。

本罪的主体是"未取得医生执业资格的人"。根据《医师法》以及相关法规的规定,只有通过了医师资格考试,取得了医师资格证书,并且经医师注册取得医师执业证书后,方可从事医生执业活动。所以,本罪中的"未取得医生执业资格",既包括未取得医师资格证书,也包括虽然取得了医师资格证书但未取得医师执业证书的人。只有既通过法考,又取得律师执业证的人才能从事律师业务一样。也就是说,只有同时具备医师资格证书和医师执业证书,才属于取得了"医生执业资格"。

5. 只要取得了医师资格,就不可能构成非法行医罪吗?

最高人民检察院、公安部《关于公安机关管辖的刑事案件立案追诉标准的规定(一)》规定,"未取得医生执业资格的人非法行医",是指具有五种情形之一:(一)未取得或者以非法手段取得医师资格从事医疗活动的;(二)个人未取得《医疗机构执业许可证》开办医疗机构的;(三)被依法吊销医师执业证书期间从事医疗活动的;(四)未取得乡村医生执业证书,从事乡村医疗活动的;(五)家庭接生员实施家庭接生以外的医疗活动的。但修正后的《2016年解释》关于何谓"未取得医生执业资格的人非法行医",删除了《关于公安机关管辖的刑事案件立案追诉标准的规定(一)》中"个人未取得《医疗机构执业许可证》开办医疗机构"的规定。也就是说,在《2016年解释》看来,只要行为人取得了医师资格证书,即使没有取得医师执业证书,也不可能构成非法行医罪。换句话说,取得了医师资格的医学院的学生寒暑假回家就可以利用自己掌握的医学知识给老乡做手术了。正如认为只要通过了法考就可以接案子打官司一样。显然,《关于公安机关管辖的刑事案件立案追诉标准的规定(一)》关于本罪主体的规定更具有合理性。

6. 没有取得医生执业资格的人确实医治了很多疑难杂症,但同时导致个别患者死亡的,能构成非法行医罪吗?

应认定为非法行医罪。因为,其一,行为人未取得医师执业资格而行医,本身就具有非法性,不能以其医治了许多疑难杂症为由肯定其行为的合法性。其二,不能因为其医治了许多疑难杂症,而否认其造成患者死亡的事实。其三,即使医生治愈了成千上万的患者,也不能否认偶然因为过失导致患者死亡而成立医疗事故罪。与此相比,未取得医生执业资格的人非法行医致人死亡的,更没有理由不认定为非法行医罪。

7. 持续非法行医的,是认定一罪还是数罪？

与赌博罪一样,本罪属于职业犯,持续非法行医的,也仅成立非法行医罪一罪。

8. 没有医生执业资格但经患者同意而治病的,构成本罪吗？

案3：李四听闻张三在当地医治好了很多疑难杂症患者,于是花重金请张三到自己所在之处为自己治病。但是,张三诚恳地告知李四自己并非科班毕业的医生,没有受过正规训练,也没有相关的证书,治病全靠一本家传的医书。听到张三有家传医书,李四更加深信张三能治好自己,于是满口承诺："您放心治,治好了我给重金答谢,治不好我也不会怪您。"就这样,张三按照医书配制草药为李四医治,结果导致李四身体抽搐,终生半身不遂。

本案中,虽然李四请求张三为自己治病,但他的承诺是无效的,不能阻却张三行医行为的违法性,张三的行为依然成立非法行医罪。

患者的承诺不能阻却非法行医行为的违法性。首先,承诺必须有效才能阻却行为的违法性。非法行医侵害的是公共卫生这一社会法益,而任何个人对社会法益都没有承诺的权利。其次,对治疗行为的承诺只能是一种具体的承诺,而且这种承诺只是对医疗行为本身的承诺,不包括对死伤结果的承诺。最后,一般认为对生命和危及生命的重大健康的承诺是无效的。所以说,非法行医导致患者伤亡的行为,不可能因为患者的承诺而阻却违法性。

9. 非法行医行为同时触犯生产、销售、提供劣药、假药、诈骗犯罪的,如何处理？

非法行医行为可能同时触犯生产、销售、提供假药、劣药罪与诈骗罪,形成竞合关系,从一重处罚。

10. 未取得医生执业资格的人免费为他人行医,情节严重的,构成本罪吗?

成立本罪不要求以营利为目的。不以营利为目的,免费行医的,也能构成非法行医罪。

11. 牙科医生为患者做阑尾炎手术,导致患者死亡的,是构成医疗事故罪还是非法行医罪?

根据《医师法》的规定,医师经注册后,只能按照注册的执业类别,从事相应的医疗、预防、保健业务。对于违反该规定行医的行为,如牙医给患者做阑尾炎手术导致患者死亡,则属于非法行医,构成非法行医罪,不构成医疗事故罪。不仅如此,医生不借助医院的设备、人力而私自给人动手术致人死亡的,也成立非法行医罪,而不是医疗事故罪。例如,医生下班回家给邻居动手术导致邻居死亡的,除非符合紧急避险的条件,否则也成立非法行医罪,而不是医疗事故罪。所以说,《刑法》第336条第1款所规定的"未取得医生执业资格",可以解释为未取得特定类型、特定医疗机构的医生执业资格。

12. 具有医生执业资格的人教唆、帮助没有医生执业资格的人行医,构成非法行医罪吗?

案4:利民诊所的法定代表人为李某凤。2014年6月,李某杰与李某凤签订合作协议,该协议约定由李某杰负责诊所人员的聘任、管理、给付报酬,该诊所发生的事故纠纷(包括医疗纠纷和医疗事故)责任均由李某杰承担。侯某英系李某杰之妻,1998年从郑州医学成人中等专业学校毕业,所学专业为西医专业。侯某英未通过医师资格考试,未取得执业医师资格或者执业助理医师资格。2015年11月侯某英到利民诊所工作后,长期以医生身份独自为患者提供临床诊疗服务。2017年7月19日16时许,孟某海(男,殁年37岁)到该诊所就诊,侯某英以医生身份为孟某海诊治,后在未书写处方的情况下从药房内亲自挑选头孢呋辛钠等药品对孟某海进行输液治疗,孟某海输液半小时左右出现呼吸困难等不良反应,后经抢救无效死亡。

法院认为,根据在案证据可以证实以下事实:第一,侯某英未取得医师资格,属于未取得医生执业资格的人,符合非法行医罪的主体条件。第二,侯某英为治疗孟某海的疾病,从药柜中挑选出来的是头孢呋辛钠。第三,侯某英在没有医师资格,没有独自开具处方药物权利的情况下,擅自为死者孟某海诊疗,并开具药物头孢呋辛钠,由他人为孟某海输液,导致孟某海死亡。根据鉴定机构意见,孟某海符合注射头孢呋辛钠导致过敏性休克死亡的情形。同时死者也未见致死性疾病改变,无机械性损伤致其死亡的证据。根据以上事实,侯某英的非法行医行为应当认定为导致孟某海死亡的直接原因。侯某英犯非法行医罪,判处有期徒刑10年6个月。二审维持原判。①

李某杰作为利民诊所负责诊所人员的聘任、管理、给付报酬的管理人员,纵容默许未取得医师资格证书和医师执业证书的侯某英长期以医生身份独自为患者提供临床诊疗服务,即便李某杰本人具有医师资格证书和医师执业证书,也能与侯某英就非法行医罪成立共犯或者共同正犯。上述案件中没有交代和处理李某杰,应该说是错误的。

本罪的主体身份是"未取得医生执业资格的人",因而可谓消极身份犯。具有医生执业资格的人教唆、帮助未取得医生执业资格的人非法行医的,可以成立非法行医罪的共犯。例如,具有医生执业资格的人聘请没有取得医生执业资格的人与自己共同行医的,可以成立非法行医罪的共犯。又如,具有医生执业资格的医院负责人,雇请没有取得医生执业资格的人行医的,成立非法行医罪的共犯。

13. 如何认定非法行医造成就诊人死亡?

案5:2017年3月至5月8日,柏某金在未取得医生执业资格的情况下,在其家中从事诊疗活动。同年3月8日,王某英因身体不适(2015~2016年曾多次到某医院诊治未果),经他人介绍来到被告人柏某金家中就医,柏某金便连续21日对王某英肌肉注射青霉素、地塞米松等处方制剂。

---

① 参见北京市第三中级人民法院刑事裁定书,(2019)京03刑终648号。

同年4月,王某英再次来到柏某金家中就医,柏某金便连续4日对王某英肌肉注射青霉素、林可霉素、小诺霉素、地塞米松等处方制剂。同年5月8日8时许,王某英因病情加重,再次来到柏某金家中就医,柏某金便对王某英静脉输入青霉素、林可霉素、小诺霉素、地塞米松等处方制剂。当日11时许,在输液过程中王某英死亡。其间,柏某金已收取就诊人费用约4000元。2017年6月15日,司法鉴定中心作出(2017)第55号法医学鉴定意见书,其综合分析认为,被鉴定死者王某英应系急性肺炎、真菌性肺脓肿、左肺不张伴肝细胞广泛坏死等重要器官感染及组织坏死,致多个器官功能衰竭,导致呼吸循环衰竭死亡。同年7月27日,司法鉴定中心作出(2017)第812号司法鉴定意见书,其综合分析认为,柏某金在对王某英的整个医疗过程中存在无任何病例记录及检验记录,未做任何客观检查,在病情诊断不明且无联合使用多种抗生素指针情况下长期大量使用多种抗生素,同时长期大剂量使用糖皮质激素(地塞米松),导致病员体内正常菌群失调,机体抵抗力下降,继发感染形成急性真菌性肺炎、真菌性脓肿、左肺不张、肝细胞广泛坏死等重要器官损伤及组织坏死,致多个器官功能衰竭,导致呼吸循环衰竭死亡。司法鉴定中心意为,柏某金在对王某英的整个医疗过程中存在重大过错,与王某英死亡存在相当因果关系,其医疗行为过错参与度为40%～60%为宜。2019年3月28日,司法鉴定中心作出(2019)第341号司法鉴定意见书,王某英承担主要责任(60%)。

一审法院认为,柏某金在未取得医生执业资格的情况下非法行医,严重损害就诊人身体健康,其行为已构成非法行医罪,判处有期徒刑5年6个月。二审法院认为,柏某金在未取得医生执业资格的情况下非法行医,情节严重,其行为已构成非法行医罪。在案证据不能证实柏某金的非法行医行为系造成就诊人王某英死亡的直接、主要原因,不属于造成就诊人死亡。原判认定事实清楚,审判程序合法,但是认定柏某金非法行医严重损害就诊人身体健康,系适用法律错误,二审法院依法予以纠正,改判上诉人(原审被告人)柏某金犯非法行医罪,判处有期徒刑3年。①

---

① 参见四川省遂宁市中级人民法院刑事附带民事判决书,(2019)川09刑终157号。

案6:2002年至2018年6月,陈某星在未取得医生执业资格及医疗机构执业许可证的情况下,在古田县鹤塘镇鹤塘村下湖路开设私人诊所,非法从事治疗蛇伤等医疗活动。2009年9月27日,肖某超锦因左手背被蛇咬伤,到该诊所治疗蛇伤。陈某星以注射药物、针剂、拔火罐及服用青草药汤等方式为其实施诊疗,其间,肖某超锦出现呕吐、疼痛等症状。同年10月1日,肖某超锦因呕吐更严重等症状,被送往古田县鹤塘卫生院,经抢救无效死亡。

法院认为,由于现有证据只能证明肖某超锦的死亡与陈某星延误其治疗时机的行为具有一定的间接关系,不能肯定陈某星非法行医造成就诊人死亡。认定陈某星的行为构成非法行医罪,判处有期徒刑1年6个月。[1]

医疗活动本身具有专业性、复杂性、风险性。患者的死亡结果往往不单纯由诊疗活动本身造成,还会介入被害人本身体质和基础性疾病等因素。可以说,很多时候患者的死亡是多方面因素综合作用的结果。只有在能够肯定非法行医行为是导致就诊人死亡的直接、主要、根本的原因时,才能认定成立非法行医"造成就诊人死亡",而适用加重法定刑,否则只能认定成立非法行医罪的基本犯,处3年以下有期徒刑、拘役或者管制,并处或者单处罚金。

14. 医院的外科手术医生在自己家里给人动手术的,构成非法行医罪吗?

案7:王在某于2004年取得乡村医生执业证书。2010年经河北省沧县卫生局许可在沧县崔尔庄镇前乔庄村经营沧县崔尔庄镇前乔庄卫生室,诊疗科目为内科,具有收费资格。2014年6月,王在某来到天津市东丽区华明街甲小区,租赁××号楼×门101室经营乙诊所,开展诊疗活动。12月12日,谷吉某先后两次到王在某经营的诊所就诊,王在某使用了盐酸林可霉素、替硝唑氯化钠注射液、5%葡萄糖注射液、地塞米松磷酸钠注射液、维生素C注射液等药物为其打针、输液治疗。治疗后17时30分许谷吉某回到家中。当晚18时30分许,谷吉某在家中晕倒,后经抢救无效死亡。经鉴定,谷吉某系冠心病发作导致猝死,死者生前使用的盐酸林可霉素、替硝唑氯化钠注射液、5%葡萄糖注射液、地塞米松磷酸钠注射液、维生素C注射

---

[1] 参见福建省古田县人民法院刑事附带民事判决书,(2019)闽0922刑初224号。

液等药物和谷吉某的死亡没有直接关系,但王在某的诊疗行为及用药不规范(无病历记录、未行相应检查、无用药记录、未明确诊断),在客观上对谷吉某的死亡起到了延误诊断和治疗的作用。

法院认为,王在某已取得乡村医生执业证书,具有医生执业资格,具备一定的医学知识并多年从事医疗活动,不符合非法行医罪主体方面的要求。根据卫生部对最高人民法院的回复,乡村医生超出其申请执业地点的,应视为非法行医,但对其非法行医行为,应当受到行政处罚而非刑事处罚。本案中,被害人的死亡与被告人的诊疗行为之间没有因果关系。王在某的行为不构成非法行医罪,故宣告其无罪。①

上述案件之所以没有因为乡村医生超出许可的地域范围执业而认定构成非法行医罪,是因为其准许的诊疗项目为内科。而内科通常不需要借助复杂的诊疗检查设备。通俗地讲,行为人无论是在许可的地点行医还是超出许可的地点行医,对于就诊人的风险都是一样的,不能认为天津人就比河北沧县崔尔庄镇前乔庄的村民的生命更精贵。如果诊疗项目不是内科,而是需要借助一定诊疗设备的外科,行为人超出许可的地点行医,如医院的外科医生擅自在自己家里给人动手术,则属于非法行医,可能构成非法行医罪。

第十一节　非法进行节育手术罪

- 导　读 -

本罪与非法行医罪之间存在竞合关系,本罪是特别法条,竞合时以本罪论处。

— 条　文 —

第三百三十六条第二款　【非法进行节育手术罪】未取得医生执业资格的

---

① 参见天津市第二中级人民法院刑事裁定书,(2018)津02刑终331号。

人擅自为他人进行节育复通手术、假节育手术、终止妊娠手术或者摘取宫内节育器,情节严重的,处三年以下有期徒刑、拘役或者管制,并处或者单处罚金;严重损害就诊人身体健康的,处三年以上十年以下有期徒刑,并处罚金;造成就诊人死亡的,处十年以上有期徒刑,并处罚金。

罪名精释

1. 本罪与非法行医罪之间是什么关系?

非法进行节育手术的行为也是一种非法行医行为,本罪与非法行医罪之间存在竞合关系。可以认为本罪是特别法条,竞合时以本罪论处。

2. 如何分析本罪的立法逻辑

当初增设该罪旨在推行国家的计划生育政策,但现在国家已由计划生育变为鼓励生育,而且,所谓非法进行节育手术其实也是一种非法行医行为,从立法论上讲,本罪完全没有继续存在的必要。至于非法进行节育手术损害他人身体健康的,可以非法行医罪进行评价,而不至于形成处罚漏洞。

第十二节　非法植入基因编辑、克隆胚胎罪

导读

本罪不在于保护生命健康本身,而是旨在保护生命伦理和人之为人的人类尊严。"基因编辑"和"克隆"均为定语。本罪包括了9种行为类型。将基因编辑、克隆的动物胚胎植入动物体内的,不构成犯罪。

条文

第三百三十六条之一　【非法植入基因编辑、克隆胚胎罪】将基因编辑、克

隆的人类胚胎植入人体或者动物体内,或者将基因编辑、克隆的动物胚胎植入人体内,情节严重的,处三年以下有期徒刑或者拘役,并处罚金;情节特别严重的,处三年以上七年以下有期徒刑,并处罚金。

罪名精释

1.本罪的立法目的是什么?

本罪不在于保护生命健康本身,而是旨在保护生命伦理和人之为人的人类尊严。

2.本罪有哪些行为类型?

"基因编辑"和"克隆"都是定语,起修饰作用,所以可以认为本罪包括了以下行为类型:(1)将基因编辑的人类胚胎植入人体内;(2)将基因编辑的人类胚胎植入动物体内;(3)将基因编辑的动物胚胎植入人体内;(4)将克隆的人类胚胎植入人体内;(5)将克隆的人类胚胎植入动物体内;(6)将克隆的动物胚胎植入人体内;(7)将基因编辑的并且克隆的人类胚胎植入人体内;(8)将基因编辑的并且克隆的人类胚胎植入动物体内;(9)将基因编辑的并且克隆的动物胚胎植入人体内。

3.将基因编辑、克隆的动物胚胎植入动物体内,构成犯罪吗?

从条文表述可以看出,以下行为类型不构成犯罪:(1)将基因编辑的动物胚胎植入动物体内;(2)将克隆的动物胚胎植入动物体内;(3)将基因编辑的并且克隆的动物胚胎植入动物体内。

第十三节 妨害动植物防疫、检疫罪

·导 读·

由于缺乏"法律有规定"的相关表述,只能认为本罪的罪过形式是故意。本罪既是实害犯,又是具体危险犯。

条 文

第三百三十七条 【妨害动植物防疫、检疫罪】违反有关动植物防疫、检疫的国家规定,引起重大动植物疫情的,或者有引起重大动植物疫情危险,情节严重的,处三年以下有期徒刑或者拘役,并处或者单处罚金。

单位犯前款罪的,对单位判处罚金,并对其直接负责的主管人员和其他直接责任人员,依照前款的规定处罚。

罪名精释

1. 本罪的罪过形式是什么?

理论上普遍认为本罪的罪过形式是过失,[①]但根据《刑法》第15条第2款"过失犯罪,法律有规定的才负刑事责任"的规定,由于该罪缺乏"法律有规定"的相关表述,只能认为本罪的罪过形式是故意。

2. 本罪是实害犯还是危险犯?

就"引起重大动植物疫情"而言,本罪属于实害犯,但就"有引起重大动植物疫情危险"而言,本罪又可谓具体危险犯。

---

① 参见高铭暄、马克昌主编:《刑法学(第10版)》,北京大学出版社、高等教育出版社2022年版,第592页。

第六章　破坏环境资源保护罪

第一节　污染环境罪

> **·导　读·**
>
> 　　关于污染环境罪的法益,应该采取生态的人类中心主义的法益论。本罪的罪过形式是一种至少过失的模糊罪过,对于过失排污导致环境被严重污染的,也应认定成立污染环境罪。所谓"严重污染环境",是指对于非法排放、倾倒、处置有毒有害物质,从排放物的性质、排放的地点、方式、数量、排放造成的后果等方面综合来看超出了环境的承受能力,旨在将公民乱扔垃圾、工厂少量排污等没有超出环境自我净化能力的污染环境行为排除在犯罪之外。污染环境罪属于一种准抽象危险犯。应从客观违法构成要件,即从法益、所投物质的毒害性程度、行为本身的危险性、"污染经由"等方面,界分污染环境罪与投放危险物质罪。
>
> 　　非法排放、倾倒、处置有可能严重污染环境的危险废物时,因已成立污染环境罪而应开始计算基本犯的追诉期限。但如果污染环境的严重后果在多年之后才发生,则应当作为"情节严重"的污染环境罪的情节加重犯开始计算追诉期限。受雇(聘)在污染企业中从事生产、加工、排污的工人,其行为具有业务中立性的一面,角色随时可以被替换,对犯罪的支配力较弱,而且难以期待行为人冒着失业的风险而违抗雇主或者领导的指令,处罚这类

人员难以实现预防犯罪的刑罚目的，因而不宜追究这类人员的刑事责任。危险废物产生单位和个人在明知他人无危险废物经营许可资质，仍委托其处置危险废物的，成立污染环境罪的共犯。

条文

第三百三十八条 【污染环境罪】违反国家规定，排放、倾倒或者处置有放射性的废物、含传染病病原体的废物、有毒物质或者其他有害物质，严重污染环境的，处三年以下有期徒刑或者拘役，并处或者单处罚金；情节严重的，处三年以上七年以下有期徒刑，并处罚金；有下列情形之一的，处七年以上有期徒刑，并处罚金：

（一）在饮用水水源保护区、自然保护地核心保护区等依法确定的重点保护区域排放、倾倒、处置有放射性的废物、含传染病病原体的废物、有毒物质，情节特别严重的；

（二）向国家确定的重要江河、湖泊水域排放、倾倒、处置有放射性的废物、含传染病病原体的废物、有毒物质，情节特别严重的；

（三）致使大量永久基本农田基本功能丧失或者遭受永久性破坏的；

（四）致使多人重伤、严重疾病，或者致人严重残疾、死亡的。

有前款行为，同时构成其他犯罪的，依照处罚较重的规定定罪处罚。

罪名精释

1. 本罪所保护的法益是什么？

案1：甲是一家造纸厂的厂长，这几年生意不好，为了节约成本，他私自拆除了工厂里的污水净化设备，把造纸厂的污水直接排放到一块荒芜了很久的空地上。他觉得这里既不住人，也不种地，往这里排放污水最多只会污染土壤，不会带来什么严重的危害。可他没想到，这块地下面是城镇居民饮用水的地下水水源。污水导致地下水被污染，进而使很多城镇居民中毒。

本案中，甲对土壤被严重污染这个基本结果有认识并持放任态度，所以，虽然他对人身侵害结果没有认识和持放任态度，但这并不影响认定其行为成立污染环境罪。

关于污染环境罪所保护的法益，理论上存在三种立场和学说。

第一种是生态中心主义的法益论，也叫环境中心主义的法益论。这种学说认为，本罪保护的法益就是生态学的环境本身，比如水、土壤、大气以及动物、植物等其他环境利益。这种学说有利于保护环境，符合社会发展的需要，但不符合我国的现状和《刑法》的规定。首先，我国刑法并不禁止对危害人类的物种、生物等进行灭杀的行为，也不禁止捕杀食用鸡、鸭、猪、牛、羊等普通飞禽走兽、鱼类和砍伐利用普通林木等植物，虽然这些动植物也是环境的一部分。其次，在落后地区，为了确保粮食产量和发展经济，也会实施一定的破坏环境的开发行为。如果按照生态中心主义的法益论，就会认为这种行为也成立污染环境罪。可是，我国的现状和《刑法》的规定并不支持这么做。

第二种是人类中心主义的法益论。这种学说认为，本罪保护的法益是人的生命、身体和健康。这种学说也明显不符合我国现行《刑法》的规定。因为捕杀一只大熊猫，或者盗伐、滥伐一片林木的行为，并不会对任何人的生命、身体和健康造成任何威胁，却仍然可能构成犯罪。

第三种是生态的人类中心主义的法益论。这种学说认为，水、大气、土壤、植物、动物作为独立的生态学的法益，应当得到认可，但只有当环境作为人基本的生活基础而发挥机能时，它才值得保护。应该说，这种学说克服了前面两种学说的缺陷，也符合我国现行《刑法》的规定。我国《刑法》第338条规定的污染环境罪中的"严重污染环境"，既包括行为给环境本身造成严重污染，也包括行为因为污染环境而给人的生命、身体、健康造成严重危险以及实害的情形。

本书认为，关于污染环境罪所保护的法益，应该采取生态的人类中心主义的法益论。也就是说，只要生态学的法益与人类中心的法益不相抵触，就需要对生态学的法益予以保护。

2. 本罪的罪过形式是什么？

案2：被告人在未经环保局批复的情况下，擅自进行试生产，用于工艺冷凝液处理系统的汽提塔不能正常运行，视镜的垫子刺漏，使没有经过完全处理的含氨氮的工艺冷凝液直接排放，造成沱江发生特大水污染事故。法院认定被告人"明知排放的污水可能超过污水处理厂的处理能力，应当预见有可能发生危害结果而没有预见"，其超标排污的行为构成重大环境污染事故罪。①

本案中，被告人对违法排污行为和结果在主观上是出于过失的态度，按照1997年《刑法》的规定构成重大环境污染事故罪，按照现行《刑法》规定，也能成立污染环境罪。

案3：被告人卓某某在改造浴池过程中，私自将原有的锅炉排烟通道由向上排烟改为向下水道排烟，所排出的废气通过下水道逸进被害人家中，造成正在使用卫生间的被害人因吸入一氧化碳中毒死亡。法院认为被告人"在周围居民多次向其反映排放有毒物质，污染环境的情况下，其轻信不会发生严重污染环境的后果，不采取任何整改措施。据此，被告人卓某某在主观上已经预见其行为会发生严重污染环境的后果，但轻信能够避免"，其行为构成污染环境罪。

本案中，行为人对违法排污行为是故意的，对造成他人死亡的结果是过失的，法院认定为污染环境罪。

案4：被告人林某雇用被告人易某及王某从事电镀加工，将电镀生产过程中产生的电镀废水直接排放到加工点后面的土坑及加工点后面的河道内。被告人辩称"因污染环境罪为过失犯罪，并不构成共同犯罪"。法院认为，"污染环境罪的主观故意一般认为属于过失，但这种过失是指行为人对造成环境污染，致使公私财产遭受重大损失或人身伤亡严重后果的心理态度而言。至于行为人违反国家规定排放危险废物的行为本身属于直接故意，这一点没有争议。对照本案，二被告人明知电镀废水具有腐蚀性而故意

---

① 参见四川省成都市锦江区人民法院刑事判决书，(2005) 锦江刑初字第49号。

非法排放,应当构成共同犯罪",故本案被告人成立污染环境罪的共同犯罪。①

本案中,法院以行为人排污是直接故意,对造成环境污染后果是过失为由,认定为污染环境罪的共犯。

关于污染环境罪的罪过形式,理论上有过失说、故意说、双重罪过说等各种学说,实践认定也十分混乱,或者有意回避罪过形式问题。

由于原重大环境污染事故罪中存在"造成重大环境污染事故"的表述,刑法理论通说认为该罪是过失犯罪。《刑法修正案(八)》将《刑法》第338条中的"造成重大环境污染事故,致使公私财产遭受重大损失或者人身伤亡的严重后果",修改为"严重污染环境",罪名也相应变更为污染环境罪后,有力说认为,污染环境罪是故意犯罪。不过,无论重大环境污染事故罪还是污染环境罪,在罪过形式上均存在过失说、故意说以及双重罪过说之争。罪过形式之争的实质在于,是根据行为人对排污行为的态度还是对环境污染结果的态度确定罪过形式。

本书认为,故意说导致原本可以重大环境污染事故罪规制的过失排污的情形,反而不能构成环境污染犯罪而有违修法初衷;过失说导致难以合理评价普遍存在的故意排污的情形;双重罪过说导致在个案中仍需具体确定罪过形式,而徒增司法成本。为严密治理环境污染的刑事法网,提高打击环境污染犯罪的效率,应当认为,污染环境罪的罪过形式为一种模糊罪过,即无论是故意排污,还是过失泄漏污染物,不管对严重污染环境的结果具有认识并持希望或者放任态度,还是应当预见因为疏忽大意而没有预见或者已经预见而轻信能够避免,均成立污染环境罪。

严格区分故意与过失的传统观点已经不能适应法定犯时代的要求。法定犯中"造成严重后果""造成重大损失"之类的规定,是我国"立法定性又定量"立法模式,以及刑罚与行政处罚二元处罚模式的特殊体现,旨在限制刑罚处罚范围。由于法定犯的罪过在伦理谴责上远比自然犯淡薄,对于结果的态度即罪过形式对于量刑的意义日趋减小,因此对于法定犯而言,不应纠缠于行为人对结果

---

① 参见浙江省苍南县人民法院刑事判决书,(2014)温苍刑初字第658号。

的态度,而应认为对结果具有模糊罪过即可。如果行为通常是故意实施,或者说没有必要处罚过失行为的情形,则可以认为罪过形式为结果型模糊罪过,例如非法出租、出借枪支罪、丢失枪支不报罪、违法发放贷款罪、妨害传染病防治罪、擅自进口固体废物罪等。倘若出于重大公共利益的考虑,认为有必要处罚过失实施的情形,则可以认为罪过形式为行为与结果型模糊罪过,例如污染环境罪、滥用职权罪、玩忽职守罪。

3. 如何理解认定"严重污染环境"?

案5:尹某华、左某锋伙同廖某全、黄某来在无固体废物垃圾处理资质的情况下,为牟取垃圾处理的差价利润,共谋以堆放杂物为借口租赁厂房,将收购来的垃圾倾倒在厂房内。四人分工合作,通过物色、租赁厂房、联系垃圾货源接受垃圾的方式将大量的布碎、海绵碎、塑胶、皮革以及生活垃圾等固体废物倾倒于其租赁的厂房。经鉴定评估,生态环境损失费用为4,851,817.5元。上述垃圾,在案发后已由业主组织人员清空,共计花费人民币87,500元。

法院认为,尹某华、左某锋无视法律,违反相关规定,伙同他人倾倒有害物质,严重污染环境,其行为已构成污染环境罪。[①]

上述判决存在疑问。首先,行为人的行为不属于"倾倒",只可能是"处置"。虽然《刑法修正案(八)》删除了1997年《刑法》第338条中"向土地、水体、大气"这些环境要素,但事实上,所谓排放、倾倒、处置,也只能是向土地、水体和大气这些环境要素进行排放、倾倒、处置,而"倾倒",按照常识,应是向土地、水体进行释放。本案中,行为人将固体垃圾堆放在有硬底化措施的厂房里,不可能属于向土地、水体倾倒。其次,行为人的行为难以评价为"严重污染环境"。经查,根据某环境科学研究院作出的《评估报告》,本案中涉及的固体废物类型基本一致,主要涉及废塑料袋、废塑料、废泡沫、废布条、废海绵,少量废人造革等工业固体废物,以上固体废物分别堆放在上述三个厂房内并散发刺激性气味。由于涉

---

① 参见广东省江门市蓬江区人民法院刑事判决书,(2020)粤0703刑初495号。

的厂房均设置有硬底化措施且建有房顶,不涉及渗滤液等水环境污染和土壤污染问题。既如此,就不能认为本案中堆放固体废物的行为严重污染环境。至于散发刺激性气味,由于就算一般性的垃圾桶在夏天也会散发刺激性气味,所以也不能认为行为人向大气排放有毒有害气体而严重污染环境。事实上,《评估报告》也指出,非法倾倒固体废物若不及时清运处置,其有害物质对区域内的环境空气等环境介质及其生态环境带来持续性污染风险。在评价时间范围内,三起厂房内非法倾倒固体废物时间暂未造成可量化的财产损害费用,亦未造成可量化的人身损害费用。也就是说,除非能够证明本案中因堆放固体垃圾而散发出的刺激性气味中含有严重危害人体健康的有害物质,否则不能认为单纯堆放固体普通垃圾的行为"严重污染环境",而构成污染环境罪。

之所以《刑法修正案(八)》将本罪的成立条件由1997年《刑法》第338条规定的"造成重大环境污染事故,致使公私财产遭受重大损失或者人身伤亡的严重后果",修改为"严重污染环境",就是为了降低入罪门槛,扩大处罚范围。如果认为"严重污染环境"还是指造成环境污染的严重后果,则修改就失去了意义。其实,所谓"严重污染环境",是指对于非法排放、倾倒、处置有毒有害物质,从排放物的性质、排放的地点、方式、数量、排放造成的后果等方面综合来看超出了环境的承受能力,旨在将公民乱扔垃圾、工厂少量排污等没有超出环境自我净化能力的污染环境的行为排除在犯罪之外。

4. 本罪是行为犯、结果犯、危险犯还是实害犯?

张明楷教授认为,就对环境本身的危害来说,它既包括行为犯也包括结果犯,就对人的生命、身体、健康等法益的危害来说,它只能是结果犯;相对于生态学的环境法益来说,本罪就是实害犯,相对于人类中心的法益来说,本罪就是危险犯。总结一下,如果采取生态学的人类中心的法益论,那么相对于不同的法益来说,本罪既可能是行为犯也可能是结果犯,既可能是危险犯也可能是实害犯。①

---

① 参见张明楷:《张明楷刑法学讲义》,新星出版社2021年版,第627~628页。

本书认为，污染环境罪属于一种准抽象危险犯。"严重污染环境"，既对排放、倾倒、处置的对象——有放射性的废物、含传染病病原体的废物、有毒物质或者其他有害物质的毒害程度的要求，也对非法排放、倾倒、处置行为本身的限定。2023年8月8日最高人民法院、最高人民检察院《关于办理环境污染刑事案件适用法律若干问题的解释》第1条第2项规定，"非法排放、倾倒、处置危险废物三吨以上的"，才属于"严重污染环境"，就是对行为本身的要求；第3项要求，"排放、倾倒、处置含铅、汞、镉、铬、砷、铊、锑的污染物，超过国家或者地方污染物排放标准三倍以上的"，才属于"严重污染环境"，是对所排放的对象的毒害性程度的限定。也就是说，污染环境罪中的"严重污染环境"，相当于破坏交通工具罪、破坏交通设施罪、生产、销售不符合安全标准的食品罪中的"足以"，以及非法制造、买卖、运输、储存、盗窃、抢夺、抢劫危险物质罪中的"危害公共安全"的要素规定。因为在现实生活中，无论企业还是个人，都不同程度地排放、倾倒、处置了具有一定放射性的废物、含传染病病原体的废物、有毒物质或者其他有害物质，但只要不超过国家规定的排污标准，一般认为没有超出环境本身的自净能力，不足以造成严重污染环境的后果，故而不值得以污染环境罪科处刑罚。《关于办理环境污染刑事案件适用法律若干问题的解释》第1条前5项规定，在一定地点，超过一定数量，超过排污标准，或者以一定的方式排放、倾倒、处置毒害性物质，即成立污染环境罪。其中，要么是对排放、倾倒、处置行为本身的限定，要么是对所排放、倾倒、处置的对象的毒害程度的要求。

从司法实践中看，只要在一定地点、以一定方式、超过一定数量或者超过排污标准，排放、倾倒或者处置可能严重污染环境的放射性的废物、含传染病病原体的废物、有毒物质或者其他有害物质，即成立污染环境罪。例如，超过国家标准排放含有铬、锌等重金属的电镀加工的废水；[1]违规填埋电镀污泥；[2]将超过国

---

[1] 参见浙江省乐清市人民法院刑事判决书，(2014)温乐刑初字第615号；广东省深圳市宝安区人民法院刑事判决书，(2014)深宝法龙刑初字第324号；江苏省泰州市姜堰区人民法院刑事判决书，(2014)泰姜环刑初字第0001号。

[2] 参见江苏省太仓市人民法院刑事判决书，(2013)太刑初字第0617号。

家标准的含有毒害性物质的工业废液、废物直接排放、倾倒于河流、土壤中;①非法对医疗废物进行碎粉、分拣,②等等,直接认定成立污染环境罪。

5. 如何认定本罪的既遂、未遂与中止?

污染环境罪是否存在未遂、中止等未完成形态,取决于对"严重污染环境"及其罪过形式的理解。倘若认为"严重污染环境"是指造成人身、财产损害的实际结果,则只是实施了排污行为,在造成上述实际损害结果之前,尚不能认定成立污染环境罪既遂。但如果认为污染环境罪是故意犯罪,而且认为"严重污染环境"是对行为本身的性质、进展程度及所排放对象的毒害性程度的要求,则只要在特定区域排放、倾倒超过3吨以上、超标3倍以上排放、以特定方式排放、2年内受过2次以上行政处罚后又排放,以及造成《关于办理环境污染刑事案件适用法律若干问题的解释》第1条第9、10项所规定的实际后果的,即成立犯罪既遂,在此之前均有成立犯罪未遂与中止的余地;如果认为污染环境罪系过失犯罪,则没有犯罪未遂和中止成立的余地。

司法实践中存在涉及污染环境罪未完成形态认定的判决。例如:(1)上诉人将含有有毒有害物质的洗车废水直接排放至渗坑及地表,辩称成立犯罪中止。法院认为,上诉人在未采取任何防渗防漏措施的情况下,将洗车废水直接排放至渗坑及地表近一年,严重污染土壤和地下水,构成污染环境罪既遂。③ (2)被告人指使他人运输倾倒电镀污泥,在运输途中被查获。被告人辩称其行为属于未实行终了的未遂。法院认定,被告人的犯罪由于其意志以外的因素未能得逞,成立污染环境罪未遂。④ (3)被告人运输废酸正准备倾倒时被查获,法院认定成立污染环境罪未遂。⑤ (4)被告人辩称,收购医疗废物后仅将医疗废物装袋贮存尚

---

① 参见山东省鄄城县人民法院刑事判决书,(2014)鄄刑初字第135号;广东省茂名市茂南区人民法院刑事判决书,(2014)茂南法刑初字第163号;江苏省淮安市中级人民法院刑事判决书,(2014)淮中环刑终字第0001号。

② 参见江苏省宿迁市宿城区人民法院刑事判决书,(2014)宿城生刑初字第0006号。

③ 参见山东省淄博市中级人民法院刑事裁定书,(2014)淄刑一终字第53号。

④ 参见广东省深圳市龙岗区人民法院刑事判决书,(2014)深龙法刑初字第2178号。

⑤ 参见河北省新乐市人民法院刑事判决书,(2015)新刑公初字第192号。

未进行破碎、加工等处置行为，属于犯罪未遂。法院则认为，是否对存放的医疗废物进行处理，不影响污染环境罪既遂的认定。[1] (5)被告人辩称将电镀废水存储于加工点后的土坑，尚未排向河流即被抓获，应认定为犯罪未遂。法院认为，被告人明知电镀废水有毒害性而非法排放的行为已经完成，经检测铜含量超过国家排放标准3倍，实际的犯罪结果已经产生，应当属于犯罪既遂而不是犯罪未遂。[2]

不过，司法实践中更多判决对是否成立未遂与中止不予回应，例如：(1)被告等人欲合伙焚烧垃圾赚钱，购得电线皮、塑料粒等工业垃圾45吨，其中27吨工业垃圾已倾倒在空地上进行焚烧，后被查获。法院未将未焚烧的18吨垃圾认定为未遂。[3] (2)被告人雇用他人运输倾倒废水，他人正准备往雨水管网中排放时被当场查获，法院未认定成立未遂。[4] (3)被告等人非法运输、加工、排放、处置废旧医疗废物，查获的医疗废物共计23.6吨，其中已处置医疗废物2.1吨，未处置医疗废物21.5吨，法院对于未处置的部分未认定为未遂。[5] (4)被告人魏某某在明知张某某没有处理危险废物资质的情况下，在2013年5月至2014年5月，多次让张某某将公司100余吨固体危险废物运出公司倾倒。2014年6月，被告人魏某某意识到事情的严重性，又让张某某将该固体危险废物运回公司并按规定交由具有资质的公司作无害化处理。法院未认定成立犯罪中止，只是认为二被告人在案发后对固体危险废物及时进行了处置，积极消除污染，依法可以从轻处罚。[6]

本书认为，如果被告人的行为已经对环境造成了污染，如在加工、处置、焚烧医疗废物、工业垃圾之前，随意堆放而形成泄漏、渗透，或者将工业废水先存储在水池、土坑中拟集中排放到外环境，因水池、土坑无防渗措施而造成泄漏、渗透

---

[1] 参见山东省潍坊市坊子区人民法院刑事判决书，(2014)坊刑初字第202号。
[2] 参见浙江省苍南县人民法院刑事判决书，(2014)温苍刑初字第658号。
[3] 参见陈洪兵：《论污染环境罪中的"严重污染环境"》，载《刑法论丛》2017年第2卷。
[4] 参见江苏省江阴市人民法院刑事判决书，(2024)苏0281刑初76号。
[5] 参见河北省阜平县人民法院刑事判决书，(2014)阜刑初字第109号。
[6] 参见安徽省广德县人民法院刑事判决书，(2014)广刑初字第00209号。

的,则应认定已经既遂;如果倾倒固体废物后在造成环境不利改变前及时清除的,则可能成立犯罪中止,但如在清除前已造成环境污染的,则只能认定成立犯罪既遂;正在排放、倾倒、处置时被查获,未污染环境的,应当认定成立犯罪未遂;排放、倾倒、处置过程中被查获,已经排放、倾倒、处置的部分认定为犯罪既遂,未及排放、倾倒、处置的部分应认定成立犯罪未遂,对全案酌情从轻处罚;准备倾倒而在运输途中被查获的,属于污染环境罪的预备,一般不值得处罚。

6. 如何理解《刑法》第 338 条第 2 款"同时"构成其他犯罪?

《刑法》分则中"同时构成其他犯罪的,依照处罚较重的规定定罪处罚"的条款,都是注意性规定,旨在提醒司法人员注意,无论法条竞合还是想象竞合,竞合时从一重处罚即可。

7. 如何界分污染环境罪与投放危险物质罪?

案 6:胡某标、丁某生,作为盐城市环保部门规定的"废水不外排"企业——标新化工有限公司的法定代表人及生产负责人,在 2007 年 11 月底至 2009 年 2 月 16 日,明知该公司生产过程中所产生的废水含有苯、酚类有毒物质,仍将大量废水排放至该公司北侧的五支河内,任其流经蟒蛇河污染盐城市越河自来水厂取水口,导致盐城市区 20 多万居民饮用水停水长达 66 小时 40 分钟,造成直接经济损失人民币 543.21 万元。法院认为:"胡某标、丁某生明知其公司在生产过程中所产生的废水含有毒害性物质,仍然直接或间接地向其公司周边的河道大量排放,放任危害不特定多数人的生命、健康和公私财产安全结果的发生,使公私财产遭受重大损失,构成投放危险物质罪,且属共同犯罪。"①

司法实践中,对于类似故意排放有毒有害物质造成重大人身、财产损失的案件,定性并不统一,除个别定性为投放危险物质罪外,《刑法修正案(八)》生效前多认定为重大环境污染事故罪,之后基本上认定为污染环境罪。

---

① 参见《江苏省高级人民法院公报》2010 年第 2 期。

例如:(1)魏某某将含有二氯乙烷等毒性物质的盐酸废液、亚硫酸钠废液270余吨倾倒入张泾河内,致使张泾河水质受到污染,造成直接经济损失169,189元,一审、二审法院均认定构成投放危险物质罪。① (2)吴某等将氯气罐中残存的氯气排入水中,水中的氯气散发到空气中致使淮阴县果林场营西村小学204名师生中毒,花去医疗费8万余元,同时造成当地127.9亩农作物受损和一头猪被毒死,直接经济损失价值达9万余元,法院认定构成重大环境污染事故罪。② (3)王某伙同其妻子门某,多次帮助他人经由私自铺设的管道将废硫酸等化工废料排放至市政排污管道内,导致三人因吸入硫化氢气体中毒死亡,法院认定构成污染环境罪。③ (4)王某等人,将含有有毒物质乙腈的脱硫液1897吨排放到黄河内,严重危害到以黄河水作为饮用水水源的济南市、聊城市、德州市、淄博市、滨州市、东营市、青岛市等地区城乡居民的身体健康,一审法院认定构成投放危险物质罪,二审法院以控方未提供所投放的废液属有毒物质的证据为由,改判为污染环境罪。④

本书认为,界分污染环境罪与投放危险物质罪,只能从客观违法构成要件着手。

首先,二罪法益不同。环境污染的后果不同于投放危险物质的地方在于,往往具有长期性、累积性、渐进性、潜伏性,而且严重污染环境并不必然危害公共安全,环境本身的损害也不等同于不特定或者多数人的人身、财产损害。故而,污染环境罪所保护的环境法益不能等同于投放危险物质罪所保护的公共安全法益。

其次,排放对象不同。污染环境罪要求所排放、倾倒的是"有放射性的废物、含传染病病原体的废物、有毒物质或者其他有害物质",而投放危险物质罪要求投放的是"毒害性、放射性、传染病病原体等物质"。对于化学品,科学上通

---

① 参见上海市第一中级人民法院刑事裁定书,(2013)沪一中刑终字第185号。
② 参见最高人民法院刑事审判第一庭、第二庭编:《刑事审判参考》(2001年第4辑),法律出版社2001年版,第40~41页。
③ 参见山东省高级人民法院刑事裁定书,(2014)鲁刑一终字第65号。
④ 参见山东省菏泽市中级人民法院刑事判决书,(2013)菏刑一终字第74号。

常按其危害程度分为剧毒、有毒和有害三类。因此,大体上来说《刑法》第338条所规定的污染环境罪中的"有毒物质"应该是专指污染物;而第114、115条所指的"毒害性物质"则专指剧毒物(从立法沿革看,投放危险物质罪的前身就是"投毒罪")。简言之,二罪所排(投)放对象的毒害性程度存在显著差异。

再次,由于投放危险物质罪是与放火、决水、爆炸并列规定的罪名,根据同类解释的原理,应具有危害的相当性。放火、决水、爆炸对人体的危害具有瞬间的爆发性、蔓延性、难以控制性,而向河中排污,事实上都能够通过及时关闭水闸而避免大规模人身伤亡结果的发生。

最后,二罪"污染经由"或者说发挥作用的机理存在明显差异。投放危险物质罪通常是将毒物投入他人的茶杯、水缸,进而直接作用于人体,而污染环境罪系通过向土地、水体、大气排放、倾倒污染物,通过环境要素间接作用于人体。事实上,将100克砒霜投入他人茶杯,可能比将1吨砒霜倾入作为饮用水水源的河流在毒害性上有过而无不及。所以,对于通过向河流、大气、土壤排放、倾倒危险物质的,一般应认定为污染环境罪,但如果直接向公民的自来水管投放毒害性物质,则可能被认定为投放危险物质罪。故上述向河中排放、倾倒危险废物的江苏盐城"2·20水污染案"之类案件,以投放危险物质罪定性不够妥当。

综上所述,应从客观违法构成要件,即从法益、所投物质的毒害性程度、行为本身的危险性、"污染经由"等方面,界分污染环境罪与投放危险物质罪。

8.过失排污导致环境严重污染的,构成污染环境罪吗?

虽然故意排污的行为可以通过将环境本身的损害解释为"严重污染环境"的结果而论以污染环境罪,但对于因疏于管理发生污染物泄漏,即过失排污导致环境严重污染的情形,在《刑法修正案(八)》生效之前尚能以重大环境污染事故罪治罪,按照故意说现在反而不能构成环境污染犯罪。

对此,持故意说的张明楷教授认为,这或许是故意说的批判者提出的具有实质意义的唯一问题。不过,故意犯也能妥当处理这一问题。

首先,过失排污行为导致环境严重污染在《刑法修正案(八)》生效之前也构成犯罪,显然也是以造成人身与财产损失为前提的。所以,不能一概认为,过失排污导致环境严重污染的情形,在《刑法修正案(八)》生效之前尚能以重大环境污染事故罪治罪,按照故意说反而不能构成环境污染犯罪。例如,故意排污行为造成环境本身的严重污染但没有造成重大财产损失与人身伤亡的,在《刑法修正案(八)》生效之前不可能成立犯罪,但现在无疑成立犯罪。

其次,如果过失排污行为造成了人身与财产的重大损失,大多数都可能构成过失投放危险物质罪或者过失以危险方法危害公共安全罪。如果造成了人身伤亡,即使没有危害公共安全,也可以认定为过失致人死亡罪与过失致人重伤罪。所以,故意说不会导致污染环境罪的处罚范围比重大环境污染事故罪的处罚范围窄。

再次,过失排污行为完全可能产生作为义务,在行为人没有履行作为义务的情况下,同样可以认定为故意的非法处置。例如,过失将有害物质倾倒在土壤中的、过失将有害物质排放在河流中的,在可以采取有效措施的情况下,如果事后不采取有效措施,导致严重污染或者持续严重污染环境的,完全可以认定为故意的不作为的处置,进而认定为污染环境罪。

最后,如果过失排污行为仅造成环境污染,没有造成人身伤亡,也没有造成危害公共安全的其他结果,不符合其他过失犯的构成要件的,对之不以犯罪论处,只追究行政责任或者民事责任,也不缺乏合理性。

总之,污染环境罪的基本犯的责任形式只能是故意,不可能是过失,因而也不能采取混合说或者模糊罪过说。①

上述故意说的反驳存在疑问。一是不能认为凡是污染环境造成人身财产损失的都可能构成投放危险物质罪。如前所述,虽然污染环境罪中排放、倾倒、处置的对象"有放射性的废物、含传染病病原体的废物、有毒物质或者其他有害物质",似乎与投放危险物质罪的对象"毒害性、放射性、传染病病原体等物质"一样,其实污染环境罪是通过污染环境媒介(水、土壤、大气)间接作用于人类,而不是像投放危险物质罪通过投放危险物质直接作用人体致人伤亡,所以投放危险物质罪中的"危险物质"相对于污染物而言具有剧毒性。由于作用机理和对

---

① 参见张明楷:《污染环境罪的争议问题》,载《法学评论》2018年第2期。

象性质不同,所以不能认为过失污染环境不能构成污染环境罪的情形,"大多数都可能构成过失投放危险物质罪或者过失以危险方法危害公共安全罪"。二是不能认为过失排污的都因为产生了作为义务而能成立故意的不作为的污染环境罪。因为既然是过失排污,如排污管道年久失修,因轻信不至于破裂污染环境,但遇到夜间陡降暴雨,污水处理池水量暴涨使排污管道破裂,导致污水四溢污染环境的,就不能认为行为人因故意的不作为而对污染环境的结果持故意的态度。

所以本书坚持认为,本罪的罪过形式是一种至少过失的模糊罪过,对于过失排污导致环境被严重污染的,也应认定成立污染环境罪。

9. 污染环境罪的追诉时效如何计算?

非法排放、倾倒、处置有可能严重污染环境的危险废物时,因已成立污染环境罪而应开始计算基本犯的追诉期限。但如果污染环境的严重后果在多年之后才显现,则应当作为"情节严重"的污染环境罪的情节加重犯开始计算追诉期限。也就是说,即便滞后多年方才显现污染环境的严重后果,也可认为并未超过污染环境罪情节加重犯的追诉时效,而能追究行为人污染环境罪的刑事责任。对于工程重大安全事故罪的追诉期限,应从多年后墙倒屋塌安全事故发生之日,起算追诉期限。

10. 如何以中立帮助行为理论为指导确定环境犯罪的主体范围?

案7:被告人杨某甲作为被告单位的实际经营人,为降低生产成本,指使其雇用的工人即被告人边某将在使用盐酸对金属表面进行酸洗、除油、除锈、洗涤过程中产生的270余吨废腐蚀液、洗涤液和污泥等表面处理废物通过私设的暗管经污水管网排入龙泉河内,严重污染环境。法院认为被告人杨某甲、边某作为直接负责的主管人员和直接责任人员,应承担污染环境罪的刑事责任。①

---

① 参见山东省即墨市人民法院刑事判决书,(2015)即刑初字第978号。

案8：被告人刘伟某担任被告单位的法定代表人，聘请被告人刘吉某担任厂长，负责生产管理、污水排放等工作，聘请被告人商景某、王官某等员工，分别作为该厂污水处理车间的班长及工人。4名被告人明知污水未经处理仍任由超标废水直排厂外，污染周边环境。法院认定被告人刘伟某和刘吉某为直接负责的主管人员，被告人商景某和王官某为直接责任人员，承担污染环境罪的刑事责任。[①]

案9：被告单位系被告人韩某设立。被告人韩某收购废酸后，私设暗管，指使受雇用的被告人顾某、张某排放废酸。法院认定被告人韩某、顾某、张某为被告单位的直接负责人，成立共同犯罪，应负污染环境罪的刑事责任。[②]

案10：被告人黄某系被告单位的法定代表人，雇请被告人刘某从事不锈钢拉管酸洗工作，刘某将酸洗后未经处理的废水直接排入公司外的泥土里。法院认为，被告人黄某、刘某应分别作为直接负责的主管人员和其他直接责任人员，承担污染环境罪的刑事责任。[③]

应该说，上述处罚普通职工的判例存在疑问。一则，普通职工从事的工作通常存在业务中立性的一面，如从事酸洗加工、电镀加工、医疗废物分拣等，并非纯粹的犯罪行为。二则，受雇职工即使专司排污，但由于这类人通常属于受教育程度较低的农民工和城市贫民，一般认识不到行为的违法性。三则，这类人受雇于人，具有随时可替换性，通常听从他人指令从事工作，对犯罪事实不具有支配性，实际所起作用不大。四则，这些雇员一般属于因贫困或生计需要而受雇用者，属于难以期待他不服从命令冒着失业的风险拒绝执行命令的人员，即期待可能性较低。五则，在污染环境案件中，若属于大型企业违法排污发生重大环境污染事故，追究法定代表人、总经理、厂长、部门负责人的刑事责任，若属于电镀小作坊之类的小型企业，通常追究法定代表人、负责生产经营的投资人、生产管理人员，

[①] 参见广东省佛山市南海区人民法院刑事判决书，(2015)佛南法刑初字第2070号。
[②] 参见江苏省南通市港闸区人民法院刑事判决书，(2015)港环刑初字第00002号。
[③] 参见浙江省温州市龙湾区人民法院刑事判决书，(2014)温龙刑初字第873号。

就足以评价行为的违法性和实现预防犯罪的刑罚目的,不必无限扩大刑罚处罚范围。

相关司法解释虽然主张限制单位犯罪中直接责任人员的处罚范围,但未明确限制处罚的根据,不具有可操作性。中立帮助行为理论可为限制单位犯罪中直接责任人员以及共犯的处罚范围提供理论根据。① 受雇(聘)在污染企业中从事生产、加工、排污的工人,其行为具有业务中立性的一面,角色随时可以被替换,对犯罪的支配力较弱,而且难以期待行为人冒着失业的风险而违抗雇主或者领导的指令,处罚这类人员难以实现预防犯罪的刑罚目的,因而不宜追究这类人员的刑事责任。

受雇运输、倾倒污染物的司机、押运员,由于直接支配了犯罪进程,而且行为本身仅服务于犯罪的目的,因而应评价为犯罪。为污染企业提供生产、加工所需原材料的行为,以及为污染企业安装调试设备,讲授生产、制造工艺,由于行为具有促进生产的一面而属于正当业务行为,不应评价为犯罪。将场地、设备出租给污染企业使用的,由于不负有法益保护义务和危险源监督义务,而完全属于污染企业自我答责的领域,不应承担共犯的责任。只有实际控制、管理公司、企业的投资者,才值得科处刑罚。

概言之,是否作为共犯或者单位犯罪中的直接责任人员进行处罚,应考虑罪名法定刑的高低,违法性的总量大小,对犯罪支配的程度,期待可能性的高低,预防犯罪必要性的大小等因素。在非法采矿犯罪中受雇(聘)开船、使用机器、采矿、记账、开票的人员,通常不值得以犯罪论处。有权出售林木的行为,不应承担非法采伐犯罪共犯的责任。受雇非法采伐林木的伐木工,通常不值得科处刑罚,但明知系盗伐他人所有的林木而参与盗伐的,则应成立盗伐林木罪的共犯。受雇非法捕捞水产品、狩猎的人,通常不值得科处刑罚,但如果明知所猎捕、杀害的可能是国家重点保护的珍贵、濒危野生动物,仍受雇进行猎捕、杀害的,则可能成立危害珍贵、濒危野生动物罪的共犯。

---

① 所谓中立帮助行为,是指外观上无害、客观上促进了他人犯罪的情形。

11. 委托无危险废物经营许可资质的人处理危险废物的,能构成污染环境罪吗?

案11:上海甲复合材料有限公司在生产过程中产生的钢板清洗废液,因含有重金属成分,属于危险废物,可能对环境造成损害,需要委托有资质的专门机构予以处置,跨省、市区域转移的需填写危险废物转移联单并经相关部门批准。乔某作为该单位的总经理。全面负责日常生产及管理工作。陶某作为单位工作人员,负责案涉钢板清洗液的采购和钢板清洗液的处置。乔某、陶某在明知贡某无危险废物经营许可资质的情况下,未填写危险废物转移联单并经相关部门批准,多次要求贡某将单位产生的钢板清洗废液拉回常州市处置。2016年3月至2017年1月,贡某多次驾驶卡车将单位的钢板清洗废液运至常州市乙纺织印染有限公司用于中和该公司的碱性废液;2017年2月至12月,贡某驾驶卡车将单位的钢板清洗废液运至常州市,非法倾倒于常州市新北区春江路与辽河路交叉口附近污水井、常州市新北区罗溪镇黄河西路附近等处;2017年12月30日,贡某驾驶卡车从被告单位运载钢板清洗废液至常州市新北区黄河西路某某号附近停靠至非机动车道,利用塑料管引流将钢板清洗废液非法倾倒至下水道,造成兰陵河水体被严重污染。

法院认为,乔某作为单位直接负责的主管人员,陶某作为单位的具体负责案涉危险废物处理的人员,明知本单位产生的危险废物需要有资质的单位来处理,且跨省、市区域转移需填写危险废物转移联单并经相关部门批准,仍通过与有资质的单位签订合同但不实际处理,并同意将危险废物交由无资质的被告人贡某无偿运回常州市处理,放任对环境造成危害。贡某非法倾倒危险废物3吨以上,严重污染环境,构成污染环境罪。乔某作为单位直接负责的主管人员,陶某作为单位的直接责任人员,贡某作为实施者,其行为均已构成污染环境罪,应以共同犯罪论处。[①]

由于通常认为污染环境罪是故意犯罪,所以危险废物产生单位和个人在明

[①] 参见江苏省常州市武进区人民法院刑事判决书,(2018)苏0412刑初1057号。

知他人无危险废物经营许可资质,仍委托其处置危险废物的,按照共同犯罪原理,应当认定危险废物产生单位和个人,与无危险废物经营许可资质而非法处置危险废物的单位和个人,成立污染环境罪的共犯。

第二节 非法处置进口的固体废物罪

/ 导 读 /

"进境"不同于"进口",本罪的罪名确定不妥当,准确的罪名应是"非法进境处置固体废物罪"。将危险废液、废气装入容器运到中国境内倾倒、排放的,也能构成本罪。只要行为人将境外的固体废物进境倾倒、堆放、处置,即便尚未严重污染环境,也应成立本罪的既遂。本罪与污染环境罪之间可能存在竞合,竞合时从一重处罚即可。

/ 条 文 /

第三百三十九条第一款 【非法处置进口的固体废物罪】违反国家规定,将境外的固体废物进境倾倒、堆放、处置的,处五年以下有期徒刑或者拘役,并处罚金;造成重大环境污染事故,致使公私财产遭受重大损失或者严重危害人体健康的,处五年以上十年以下有期徒刑,并处罚金;后果特别严重的,处十年以上有期徒刑,并处罚金。

/ 罪名精释 /

1.本罪的罪名确定妥当吗?

条文规定的是"进境"倾倒、堆放、处置。"进境"显然不同于"进口"。例如,某外国公司将一船固体废物倾倒于中国领海内的,显然属于"进境"倾倒,理当成立本罪,但不能说其行为属于"非法处置进口的固体废物"。所以准确的罪名应是"非法进境处置固体废物罪"。

2. 将危险废液、废气装入容器运到中国境内倾倒、排放的,构成本罪吗?

只要是以固体呈现的,都可谓固体废物。将危险废液、废气装入容器的,也属于固体废物。当然,从立法论上讲,不应将本罪的对象限定为固体废物,一切危险废物、有害物质都应成为本罪的对象。

3. 本罪的既遂标准是什么?

本罪可谓行为犯、抽象危险犯。只要行为人将境外的固体废物进境倾倒、堆放、处置,即便尚未严重污染环境,也应成立本罪的既遂。

4. 本罪与污染环境罪之间是什么关系?

本罪与污染环境罪行为方式相同,对象也存在重叠,所以本罪与污染环境罪之间可能存在竞合,竞合时从一重处罚即可。

第三节 擅自进口固体废物罪

·导 读·

本罪是一种模糊罪过,即至少有过失,无论行为人对造成重大环境污染事故持故意还是过失的态度,都能成立本罪。骗取国务院有关主管部门许可进口固体废物用作原料,造成重大环境污染事故的,不能成立本罪,但可能构成污染环境罪。

/条 文/

第三百三十九条第二款 【擅自进口固体废物罪】未经国务院有关主管部门许可,擅自进口固体废物用作原料,造成重大环境污染事故,致使公私财产遭受重大损失或者严重危害人体健康的,处五年以下有期徒刑或者拘役,并处罚金;后果特别严重的,处五年以上十年以下有期徒刑,并处罚金。

第三款 【走私废物罪】以原料利用为名,进口不能用作原料的固体废物、液态废物和气态废物的,依照本法第一百五十二条第二款、第三款的规定定罪处罚。

罪名精释

1. 本罪的责任形式是什么?

有观点认为,本罪的主观方面是故意。[1] 也有观点认为,本罪在主观方面是过失,即行为人应当预见到自己的行为可能造成重大环境污染事故,致使公私财产遭受重大损失或者严重危害人体健康,因疏忽大意而没有预见,或者已经预见,但轻信能够避免,以致发生了这种结果。[2]

本书倾向于认为,本罪是一种模糊罪过,即至少有过失,无论行为人对造成重大环境污染事故持故意还是过失的态度,都能成立本罪。

2. 骗取国务院有关主管部门许可进口固体废物用作原料,构成本罪吗?

这种许可属于控制性许可,只要行为人形式上取得了国务院有关主管部门的许可,就不再属于"未经国务院有关主管部门许可,擅自进口固体废物用作原料",所以不能成立擅自进口固体废物罪。若因为违反国家规定,排放、倾倒或者处置毒害性物质,严重污染环境的,可能构成污染环境罪。

第四节 非法捕捞水产品罪

· 导 读 ·

成立本罪,行为人对禁渔区、禁渔期以及禁用的工具、方法必须存在认

---

[1] 参见高铭暄、马克昌主编:《刑法学(第10版)》,北京大学出版社、高等教育出版社2022年版,第597页。

[2] 参见周光权:《刑法各论(第4版)》,中国人民大学出版社2021年版,第494页。

识。只有实际捕捞到水产品的,才能成立犯罪。未实际捕捞到水产品的,只是犯罪未遂,不值得作为犯罪处理。

条　文

第三百四十条　【非法捕捞水产品罪】违反保护水产资源法规,在禁渔区、禁渔期或者使用禁用的工具、方法捕捞水产品,情节严重的,处三年以下有期徒刑、拘役、管制或者罚金。

罪名精释

1. 成立本罪,行为人对禁渔区、禁渔期、禁用的工具、方法是否应有认识?

本罪的责任形式是故意。禁渔区、禁渔期以及禁用的工具、方法属于客观的构成要件要素。成立本罪,行为人对禁渔区、禁渔期以及禁用的工具、方法必须存在认识。当然,这种认识不需要达到确切知道的程度,只要知道有可能是禁渔区、禁渔期以及禁用的工具、方法,就能肯定故意的成立。

2. 本罪的既遂标准是什么?

案1:某晚,卞某驾驶渔船并携带MX-300型蓄电池、吸力王三号高效逆变电源、电击竿、捞海等工具,从南平市延平区大窠二路附近水域出发欲进行电力捕捞作业。卞某将船只行至高铁南平北站对面水域后开始组装电力捕捞工具,并使用该工具向市区方向行进进行捕捞作业,船只行至朱熹路雅阁酒店对面水域时被南平市延平区农业农村局渔政大队工作人员当场查获。

法院认为,卞某驾驶渔船并携带MX-300型蓄电池、吸力王三号高效逆变电源、电击竿、捞海等工具,属于故意使用禁止使用的电击捕捞工具在南平市延平区禁渔区、禁渔期进行捕捞作业,给该区域的渔业生态环境带来巨大危害,情节严重,无论是否有渔获,都应当以非法捕捞水产品罪追究其刑事

第六章　破坏环境资源保护罪

责任。①

非法捕捞水产品罪作为一个法定最高刑只有3年有期徒刑的轻罪，即便其犯罪成立条件是"情节严重"，也应认为本罪是实害犯。也就是说，只有实际捕捞到水产品的，才能成立犯罪。未实际捕捞到水产品的，只是犯罪未遂，不值得作为犯罪处理。上述判决认为"不论是否有渔获，都应当以非法捕捞水产品罪追究其刑事责任"，显然存在疑问。

第五节　危害珍贵、濒危野生动物罪

·导　读·

动物园未经林业主管部门批准，将发情的公老虎送往外地交配的，不构成犯罪。本罪与危害公共安全犯罪、盗窃罪、故意毁坏财物罪等罪之间可能发生竞合，从一重处罚即可。砍掉东北虎的四肢，成立危害珍贵、濒危野生动物罪，而不是故意毁坏财物罪。行为人既非法猎捕大熊猫，又非法运输东北虎的，应当以危害珍贵、濒危野生动物罪同种数罪并罚。只要是人工繁育的动物，自己进行捕杀、运输、加工、出售的，都没有破坏"野生"动物资源，不应作为犯罪处理。非法猎捕濒危野生动物后走私，或者走私入境后杀害的，应当实行数罪并罚。将捡到的已经死亡的重点保护野生动物制成标本后运输的，不成立犯罪。《刑法》第341条第1款中的"及其"，是"或者"而不是"并且"的意思。在森林挖陷阱或布下天网，同时捕获普通野生动物和珍贵、濒危野生动物的，应当以非法狩猎罪与危害珍贵、濒危野生动物罪数罪并罚。以营利为目的的"加工"利用行为属于"出售"的司法解释规定，属于不当的类推解释。

---

① 参见福建省南平市延平区人民法院刑事判决书,(2019)闽0702刑初310号。

421

条 文

第三百四十一条第一款 【危害珍贵、濒危野生动物罪】非法猎捕、杀害国家重点保护的珍贵、濒危野生动物的,或者非法收购、运输、出售国家重点保护的珍贵、濒危野生动物及其制品的,处五年以下有期徒刑或者拘役,并处罚金;情节严重的,处五年以上十年以下有期徒刑,并处罚金;情节特别严重的,处十年以上有期徒刑,并处罚金或者没收财产。

罪名精释

1. 未经林业主管部门批准,将发情的公老虎送往外地交配的,构成犯罪吗?

危害珍贵、濒危野生动物罪所保护的法益是国家的珍贵、濒危野生动物资源。行为没有侵害或者威胁国家的珍贵、濒危野生动物资源的,不能成立本罪。例如,动物园管理者未经林业主管部门批准,将突然发情的公老虎送往外地动物园与母老虎交配的,以及居民搬家时运输祖传或者年代久远的野生动物制品,抑或将祖传的象牙制品带到新加坡拍卖,拍卖不成又带回南京的,都因为没有侵害或者威胁国家的珍贵、濒危野生动物资源,不能认定成立犯罪。

2. 本罪与危害公共安全罪、盗窃罪、故意毁坏财物罪之间是什么关系?

本罪与危害公共安全犯罪、盗窃罪、故意毁坏财物罪等罪之间,可能发生竞合,竞合时从一重处罚即可。

3. 砍掉东北虎的四肢,是危害珍贵、濒危野生动物还是故意毁坏财物?

张明楷教授认为,单纯故意伤害珍贵、濒危野生动物的,应以故意毁坏财物罪论处。[1]

本书认为,即便只是伤害,如果使其丧失了野生动物资源的功能,或者说实

---

[1] 参见张明楷:《刑法学(第6版)》(下册),法律出版社2021年版,第1493页。

质上破坏了珍贵、濒危野生动物资源的,也应认为不只是故意毁坏了财物而构成故意毁坏财物罪。换言之,还因破坏了珍贵、濒危野生动物资源,进而构成危害珍贵、濒危野生动物罪。例如,砍掉了东北虎的四肢,使其"趴窝"成为残疾虎的,无疑破坏了野生动物资源,应当成立危害珍贵、濒危野生动物罪。

4. 司法解释认为以营利为目的的"加工"利用行为属于"出售",是否有类推解释之嫌?

不能认为加工就是出售,正如不能说造房子就是在卖房子一样。司法解释将"加工"解释为出售行为,明显有类推解释之嫌。行为人在为他人实施有偿加工时,并没有出售动物与动物制品,只是出售了"劳动力"。当然,由于餐馆加工珍贵、濒危野生动物,就是用来出售给食客的,所以可以评价为出售。

5. 既非法猎捕大熊猫又非法运输东北虎的,是一罪还是数罪?

案1:某日,陆某富携带一批野生动物(部分野生动物已被陆某富宰杀)从绥县中东镇上余村枯攀屯前往南宁市出售。陆某富在南宁市西乡塘区大学鲁班路口下车时被查获。

法院认为,陆某富杀害国家重点保护的珍贵、濒危野生动物,其行为已构成非法杀害珍贵、濒危野生动物罪,陆某富非法运输、出售国家重点保护的珍贵、濒危野生动物,其行为已构成非法运输、出售珍贵、濒危野生动物罪。陆某富对部分同一犯罪对象实施了不同的犯罪行为,但陆某富将难以存活的待出售野生动物宰杀并冷藏,最终是为了运输、出售该野生动物,即陆某富出于一个犯罪目的,实施数个犯罪行为,行为之间存在手段与目的的关系。根据全案事实,本案应以非法运输、出售珍贵、濒危野生动物定罪处罚。[①]

先猎捕、杀害珍贵濒危野生动物后再运输出售的,由于只侵害了一个法益而属于包括的一罪。不应认为杀害后运输存在所谓的手段与目的的牵连关系而属于牵连犯。

---

① 参见广西壮族自治区南宁市中级人民法院刑事裁定书,(2020)桂01刑终574号。

"两高"之前将第1款的罪名确定为"非法猎捕、杀害珍贵、濒危野生动物罪"与"非法收购、运输、出售珍贵、濒危野生动物、珍贵、濒危野生动物制品罪",现在修改为"危害珍贵、濒危野生动物罪"。

我国刑法理论通说习惯于将存在行为、对象、后果、主体等并列规定的罪名称为选择性罪名,同时认为选择性罪名不能并罚。其实,是否选择性罪名与应否数罪并罚没有关系。不能认为,以前"两高"将本条确定为两个罪名,就能够数罪并罚,例如行为人既非法猎捕大熊猫,又非法运输东北虎的,就应该数罪并罚,而现在"两高"将本条确定为一个罪名,就不能数罪并罚了。其实,我国通说之所以会错误坚持选择性罪名不应数罪并罚,是因为我国《刑法》分则规定的罪名的法定刑普遍很重,尤其是最高刑为无期徒刑、死刑时,即便不数罪并罚通常也能做到罪刑相适应。但当最高刑仅为有期徒刑时,认为选择性罪名一概不得数罪并罚,就可能导致罪刑不相适应。例如,假定根据行为人猎捕大熊猫的数量就能顶格判处15年有期徒刑,而另外实施的非法运输东北虎的行为也够顶格判处15年有期徒刑。如果不数罪并罚,显然不能做到罪刑相适应。所以务必要抛弃选择性罪名不能数罪并罚的观念。是否数罪并罚,只能考虑犯罪构成的规定和是否罪刑相适应。行为人既非法猎捕大熊猫,又非法运输东北虎的,应当以危害珍贵、濒危野生动物罪同种数罪并罚。

6. 人工驯养繁殖的动物是否属于危害珍贵、濒危野生动物罪的对象?

案2:李某为饲养新奇宠物,在未依法取得国家相关许可证件的情况下,通过微信向他人购买驯养繁殖的鳄鱼2只,后自行饲养。经鉴定,这2只鳄鱼均为暹罗鳄,被列入《濒危野生动植物种国际贸易公约》附录1。

本案争议焦点:人工驯养繁殖的珍贵、濒危野生动物是否可以成为非法收购珍贵、濒危野生动物罪的犯罪对象。

法院认为,人工繁育技术成熟稳定的野生动物,仍需依法管理、贸易。商业交易的范围仅限于具有专用标识的人工繁育野生动物及其制品。本案中,李某未取得许可,明知暹罗鳄不能随意买卖,仍通过网络购买,出售方未凭专用标识而层层转售,导致难以追溯。无法认定暹罗鳄的来源合法,侵害了野生动物监管秩序。人工驯养的野生动物的非法交易会引起疫病和外来物种入侵等公共风险，导致人工驯养甚至纯野生动物流入市场，造成公共卫生安全风险；不科学、不规范的养殖也会严重影响动物福利。李某违反野生动物保护法规，非法收购珍贵、濒危野生动物暹罗鳄，其行为已构成非法收购珍贵、濒危野生动物罪。[①]

上述判决存在疑问。一则，虽然人工繁育技术成熟稳定的野生动物仍需依法管理、贸易，行为人未取得许可而进行交易，也只是违反了行政法规，因为本质上并未侵害国家的野生动物资源，所以只能对其进行行政处罚，而不是作为犯罪追究刑事责任。二则，即便"出售方未凭专用标识而层层转售，导致难以追溯，无法认定暹罗鳄的来源合法"，根据"事实存疑时有利于被告人"的原则，也应推定来源合法，不能对被告人定罪。三则，即便"人工驯养的野生动物的非法交易会引起疫病和外来物种入侵等公共风险"，也不应以旨在保护珍贵濒危野生资源的本罪进行评价。也就是说，即便存在这种风险，也只能以非法猎捕、收购、运输、出售陆生野生动物罪或者非法引进、释放、丢弃外来入侵物种罪进行评价。

案3：某日，解某东以55,000元的价格从杜某城处帮他人购买了人工繁育马鹿9头，解某东在未办理野生动物购买、运输相关手续的情况下，将9头马鹿从杜某城家运输至村后帮他人进行临时饲养。其间，1头马鹿死亡，3头马鹿丢失。经鉴定，涉案的疑似野生动物马鹿活体5头，鹿皮1张、鹿鞭1副的动物物种均为国家二级重点保护野生动物马鹿，合计价值人民币145,290元。本案中，鉴定人当庭表示，无法通过鉴定确定涉案的9头马鹿是人工繁育的还是野生的。另查，杜某城于2002年取得马鹿人工繁育许可证后，即开始人工繁育马鹿，繁育至2016年12月29日将繁育的9头马鹿及繁育许可证一并转让给解某东，出售、收购、运输上述马鹿时二被告人均未办理相关手续。辩护人认为，二被告人出售、收购、运输的是人工繁育的马鹿，依据相关规定，人工繁育成熟的马鹿不应作为犯罪对象处理，故应认定二被告人无罪。

法院认为，杜某城具备国家重点保护野生动物驯养繁殖许可证，取得人工

[①] 参见江苏省如皋市人民法院刑事判决书，(2019)苏0682刑初97号。

驯养繁殖马鹿的资格,并人工繁育马鹿十几年。《人工繁育国家重点保护陆生野生动物名录(第一批)》明确将马鹿、虎纹蛙、梅花鹿等9种陆生野生动物公布纳入第一批人工繁育成熟的名录,马鹿属于人工繁育技术成熟的9种陆生野生动物之一。本案涉案的人工繁育的且进行商业性经营利用的9头马鹿,不宜作为《刑法》第341条第1款规定的犯罪对象,宣告被告人杜某城、解某东无罪。①

应该说,上述判决是正确的。

张明楷教授认为,人工繁殖的动物是否属于本罪对象,不可一概而论。需要根据人工繁殖的目的、难度、数量、动物的珍贵、濒危程度等进行判断。例如,人工繁殖的大熊猫,应是本罪的对象。但以食用为目的人工大量繁殖的动物,不是本罪的对象。②

本书认为,只要是人工繁育的动物,自己进行捕杀、运输、加工、出售,都没有破坏"野生"动物资源,不应作为犯罪处理。

7. 非法猎捕濒危野生动物后走私,或者走私入境后杀害的,一罪还是数罪?

由于存在数个行为,也侵害了数个法益,应当数罪并罚。正如走私枪支进境后出售的,应当以走私武器罪与非法买卖枪支罪数罪并罚一样。

8. 将捡到的已经死亡的重点保护野生动物制成标本后运输的,成立犯罪吗?

由于野生动物已经死亡,行为人捡到后加工利用的,并没有侵害或者威胁国家的珍贵、濒危野生动物资源,不能认定成立危害珍贵、濒危野生动物罪。

9.《刑法》第341条第1款中的"及其",是"或者"还是"并且"的意思?

应该说本款中的"及其",是"或者",而不是"并且"的意思。单纯非法收购、运输、出售珍贵、濒危野生动物制品的,也能成立危害珍贵、濒危野生动物罪。

---

① 参见新疆维吾尔自治区昌吉回族自治州中级人民法院刑事裁定书,(2020)新23刑终3号。
② 参见张明楷:《刑法学(第6版)》(下册),法律出版社2021年版,第1492页。

10.在森林挖陷阱或布下天网,同时捕获普通野生动物和珍贵、濒危野生动物的,是成立一罪还是应数罪并罚?

由于普通野生动物和珍贵、濒危野生动物在刑法上属于不同罪名所保护的对象,行为人也认识到了这一点,所以,即便自然意义上行为人只实施了一个行为,但在规范性意义上,也应认为存在数个行为,应当以非法狩猎罪和危害珍贵、濒危野生动物罪数罪并罚。

第六节 非法狩猎罪

·导 读·

在森林挖一陷阱既捕到野兔,又猎到大熊猫的,应当以非法狩猎罪与危害珍贵、濒危野生动物罪数罪并罚。成立本罪,需要行为人对禁猎区、禁猎期或者禁用的工具、方法存在认识。没有认识到是珍贵、濒危野生动物而猎捕的,可能成立非法狩猎罪。本罪与危害珍贵、濒危野生动物罪、危害公共安全犯罪、盗窃罪等罪之间可能发生竞合。

条 文

第三百四十一条第二款 【非法狩猎罪】违反狩猎法规,在禁猎区、禁猎期或者使用禁用的工具、方法进行狩猎,破坏野生动物资源,情节严重的,处三年以下有期徒刑、拘役、管制或者罚金。

罪名精释

1.在森林挖一陷阱既捕到野兔,也猎到大熊猫,是一罪还是数罪?

虽然行为人在自然意义上只有一个设陷阱的动作,但从规范性意义上,应认为存在数个行为。若既有野兔栽死在陷阱里,又有大熊猫掉进陷阱里,行为人显然对这种结果存在认识,所以应认定成立非法狩猎罪与危害珍贵、濒危野生动物罪数罪并罚。

2.成立本罪,是否需要行为人对禁猎区、禁猎期或者禁用的工具、方法存在认识？

显然,本罪中禁猎区、禁猎期以及禁用的工具、方法属于客观的构成要件要素,根据责任主义原理,行为人只有对这些客观要素存在认识,才能肯定故意的成立。当然,不需要行为人对此存在确切的认识,只要认识到有可能是禁猎区、禁猎期或者禁用的工具、方法即可。

3.没有认识到是珍贵、濒危野生动物而猎捕的,无罪吗？

行为人若没有认识到是珍贵、濒危野生动物而猎捕的,显然不能构成危害珍贵、濒危野生动物罪。但如果行为人认识到是禁猎区、禁猎期或者禁用的工具、方法而猎捕的,则可能成立非法狩猎罪。

4.本罪与危害珍贵、濒危野生动物罪、危害公共安全犯罪、盗窃罪等罪之间是什么关系？

本罪与危害珍贵、濒危野生动物罪、危害公共安全犯罪、盗窃罪等罪之间,可能发生竞合,竞合时从一重处罚即可。

第七节 非法猎捕、收购、运输、出售陆生野生动物罪

·导 读·

从立法论上讲,由于本罪的立法目的不明、不当,应予以取消。本款中"第一款规定以外",不是必须具备的构成要件要素。以食用为目的猎捕人工繁育的陆生野生动物的,不构成犯罪。

条 文

第三百四十一条第三款 【非法猎捕、收购、运输、出售陆生野生动物罪】违反野生动物保护管理法规,以食用为目的非法猎捕、收购、运输、出售第一款规定以外的在野外环境自然生长繁殖的陆生野生动物,情节严重的,依照前款的规定处罚。

罪名精释

1. 本罪的立法目的是什么?

关于本罪的立法目的,一种很流行的观点认为,是为了从源头上防范和控制重大公共卫生安全风险。[①]

其实,无论2003年的"非典",还是2020年的"新冠",均没有科学的证据表明病毒是源于野生动物。让野生动物群体"背锅",是没有道理的。长期以来,只要在不破坏生态环境的前提下,是可以适当猎捕野生动物以满足人类的食用等需求的。如果猎捕、杀害的是珍贵濒危野生动物,可以危害珍贵、濒危野生动物罪进行规制,若违反狩猎法规,在禁猎区、禁猎期或者使用禁用的工具、方法进行狩猎,则以非法狩猎罪进行处罚。也就是说,只要不破坏生态资源,猎捕食用陆生野生动物,根本就不至于危害国家的野生动物资源。倘若认为食用陆生野生动物存在重大公共卫生安全风险,那也应该在危害公共卫生罪一节中设置相应罪名进行规制,而不应该"炉头不对马嘴"地在破坏环境资源保护罪一节中设置罪名进行规制。

总之,从立法论上讲,本罪的立法目的不明、不当。

2. 本款中"第一款规定以外",是必须具备的构成要件要素吗?

若行为人以食用为目的,没有认识到是珍贵、濒危野生动物而猎捕的,虽然

[①] 参见张明楷主编:《刑法学(第7版)》,中国政法大学出版社2024年版,第640页。

不成立危害珍贵、濒危野生动物罪,但可能成立非法猎捕陆生野生动物罪。所以,本款中"第一款规定以外",不是必须具备的要素,而属于表面的构成要件要素。可以说,行为人以食用为目的认识到是珍贵、濒危陆生野生动物而猎捕的,既成立危害珍贵、濒危野生动物罪,也成立非法猎捕陆生野生动物罪,应以法定刑较重的危害珍贵、濒危野生动物罪定罪处罚。

3. 以食用为目的猎捕人工繁育的陆生野生动物的,构成本罪吗?

有观点认为,全面禁止食用国家保护的"有重要生态科学、社会价值的陆生野生动物"以及其他陆生野生动物,包括人工繁育、人工饲养的陆生野生动物。①

既然是人工繁育的,就不属于"在野外环境自然生产繁殖的陆生野生动物",所以本罪的对象"不包括人工驯养繁殖的陆生动物"②,以食用为目的猎捕、收购、运输、出售人工繁育的陆生动物的,不构成犯罪。

第八节 非法占用农用地罪

· 导 读 ·

非法占用农用地罪所保护的法益是农用地资源。本罪属于实害犯而非结果犯。在农用地上堆放东西,只要很容易清除,不会造成农用地的毁坏,就不能认定为非法占用农用地。本罪的实行行为,是改变农用地的用途,而不是占有农用地。不能认为不作为也能成立非法占用农用地罪。在林地上种植农作物,也是改变林地的用途,成立本罪。非法在农用地上建厂房,后来该农用地正常变更为建设用地的,不影响非法占用农用地罪的成立。非法占用农用地罪是状态犯,而非继续犯,追诉时效应从占用之

---

① 参见周光权:《刑法各论(第4版)》,中国人民大学出版社2021年版,第498页。
② 高铭暄、马克昌主编:《刑法学(第10版)》,北京大学出版社、高等教育出版社2022年版,第599页。

日起开始计算。

/ 条 文 /

第三百四十二条 【非法占用农用地罪】违反土地管理法规,非法占用耕地、林地等农用地,改变被占用土地用途,数量较大,造成耕地、林地等农用地大量毁坏的,处五年以下有期徒刑或者拘役,并处或者单处罚金。

罪名精释

1. 本罪所保护的法益是什么?

本罪所保护的法益是农用地资源。没有实质改变农用地的用途,没有侵害农用地资源的,不能评价为非法占用农用地罪。

2. 本罪属于何种犯罪类型?

有观点认为,非法占用农用地罪是结果犯。[1] 显然,该观点混淆了实害犯与结果犯概念。根据《刑法》第342条的规定,只有改变了被占用土地用途,造成耕地、林地等农用地大量毁坏的,才能成立非法占用农用地罪。也就是说,只有实际造成农用地被大量毁坏的法益侵害结果,才成立本罪。所以,本罪是实害犯而非结果犯。结果犯与实害犯不是一个概念,结果犯有未遂,如故意杀人罪,但实害犯没有未遂,只有成立和不成立的问题,如过失犯罪、滥用职权罪、骗取贷款罪、丢失枪支不报罪。

3. 在农用地上堆放东西,属于"占用"农用地吗?

案1:行为人与农民签合同,租用农民的耕地种蔬菜。租用后,行为人在耕地上搭建温室,在里边种植无土栽培的蔬菜。公安机关认定行为人的行为构成非法占用农用地罪。

---

[1] 参见张明楷编著:《刑法的私塾(之三)》(下),北京大学出版社2022年版,第826页。

本案中,如果单纯从构成要件符合性的角度来说,或许公安机关以行为人在耕地上搭建了温室为由,认定行为人改变了耕地用途。但这只是形式上的改变,实质上并没有改变用途,以前是种蔬菜的,现在还是在种蔬菜。即使以前种小麦现在种蔬菜,也不能认定为改变了农用地用途。本案中,行为人占用是合法的,也没有改变农用地的用途,更没有毁坏农用地,不具备非法占用农用地的任何一种构成要件要素。将本案认定为犯罪是不对的。

本罪中的"占用",不在于"占",而在于"用",本质是改变被占用的农用地的用途。在他人耕地上种庄稼,将他人的耕地围起来,都不能评价为非法占用农用地。在农用地上堆放东西,只要很容易清除,不会造成农用地的毁坏,也不能认定为非法占用农用地。

4. 本罪的实行行为是什么?

案2:行为人以前占用耕地建造建筑物的行为,并不违法或者不构成犯罪(其中有两种情形:一种情形是在1997年以前就占用了耕地,另一种情形是以前占用的是建设用地,但后来政府将其变更为耕地,因为规划变更导致行为人占用了耕地),现在有关部门要求行为人拆除土地上的建筑物、恢复耕地,但行为人拒不拆除建筑物,或者在有关部门拆除的时候,行为人阻止拆除。

本案中,行为人以前将农用地改变为建设用地的时候是合法的,只是后来规划变更需要将建设用地再改为农用地,但行为人不将建设用地改变为农用地的,不可能说他以前的行为是犯罪行为,只能判断现在的不作为是否符合《刑法》第342条规定的构成要件。本案中行为人没有将建设用地恢复为农用地的行为不符合"改变被占用的农用地用途"这一要求,不符合非法占用农用地的构成要件,不构成非法占用农用地罪。如果行为人不拆除建筑物,政府可以安排人员强行拆除。如果行为人再以暴力、威胁方法进行妨碍的,可以认定为妨害公务罪。

只要行为人改变了农用地的用途,就成立非法占用农用地罪。也就是说,本罪的构成要件行为即实行行为,是改变农用地的用途,而不是占有农用地。单纯的占用行为,如在别人的耕地上种庄稼,或者把别人的耕地围起来,只要没有改变农用地的性质,在我国就不一定构成犯罪。这种行为在国外可能构成侵夺不动产罪。简言之,非法占用农用地罪的实行行为,是改变农用地的用途,这才是核心。

5. 本罪可以由不作为构成吗？

虽然一般认为凡是可以由作为构成的犯罪都可以由不作为构成,但不真正不作为犯的不作为也要符合作为犯的法条表述。或者说,姑且不论成立不真正不作为犯要求不作为与作为必须具有等价性,不作为也必须与法条表述构成要件行为所使用的动词相符合,才能认定其构成犯罪。承认不作为的杀人,是因为不作为致人死亡的行为本身可以评价为杀人行为。但不将建设用地改为农用地的不作为,如上述案2,不能评价为改变了农用地的用途,或者说不能评价为将农用地改变为建设用地。《刑法》第342条中的"改变被占用土地用途",显然是指"改变被占用的农用地的用途"。没有将建设用地恢复为农用地的行为明显不符合"改变被占用的农用地的用途"这一要求。所以说,不能认为不作为也能成立非法占用农用地罪。

6. 如何认定"造成耕地、林地等农用地大量毁坏"？

案3:在未经县级以上人民政府审批,也未办理合法用地手续的情况下,郝某红、张某在汤阴县菜园镇西尧会村东南地由石某芹、张某全、刘某荣、王某青4户村民承包的耕地上非法取土,使该处耕地遭到破坏。经鉴定,非法取土占有耕地9278.07平方米(合13.917亩),耕地类型为一般耕地。郝某红、张某非法取土行为已造成菜园镇西尧会村9278.07平方米耕地的种植条件被严重毁坏。

法院认为,郝某红、张某违反土地管理法规,非法占用耕地9278.07平方米,造成耕地大量毁坏,其行为已构成非法占用农用地罪。[①]

[①] 参见河南省安阳市汤阴县人民法院刑事附带民事判决书,(2019)豫0523刑初298号。

造成耕地、林地等农用地大量毁坏,是本罪成立的条件。造成农用地大量毁坏,是指行为人非法占用农用地建窑、建坟、建房、挖沙、采石、采矿、取土、堆放固体废弃物或者进行其他非农业建设,造成基本农田5亩以上或者基本农田以外的农用地10亩以上种植条件严重毁坏或者严重污染。改变了所占用的土地用途还不等于毁坏,比如在农用地上建了塑料厂房,拉走了厂房后第二天就可以种植庄稼了,不能认定为毁坏了农用地。改变用途和大量毁坏也是有区别的。改变用途有很多种情况,有的恢复起来很容易,有的恢复起来非常困难。不过,恢复的难度只是一种判断资料,不能完全按照恢复的难易程度来判断农用地是否被毁坏。

只要发生了大量农用地被毁坏的结果,就已经既遂了。如同伤害类犯罪一样,不能因为事后恢复了身体健康就认为没有造成伤害。毁坏与否还是要按照农用地本来的用途来判断。比如,将耕地圈起来变成森林公园,也应认定为毁坏了耕地。耕地改林地,开垦草原种植粮食作物、经济作物、林木的,也构成非法占用农用地罪。将建设用地改变为农用地的,不可能构成非法占用农用地罪。在耕地上建顶棚,取决于建顶棚是否导致种植条件被破坏,还要考虑农用地原本的用途。农民原本就是种稻谷的,行为人搭建顶棚后虽然还可以养花,但还是应认为毁坏了农用地。

7. 在林地种植农作物的,构成本罪吗?

案4:福建甲生态农业股份有限公司、江某某在闽侯县洋里乡某某村某某自然村甲生态农业股份有限公司所在地,扩大养猪场过程中,超出林业部门审批的占用林地红线,经鉴定,审批用地红线外占用林地面积共计118.3亩,其中29.8亩已建成建筑或硬化,88.5亩山林已开挖,占用林地均未涉及生态公益林,占用范围内植被已全部灭失。

法院认为,福建甲生态农业股份有限公司违反土地管理法等法律、法规规定非法占用118.3亩的林地,改变林地用途,毁坏林地原有植被,数量较大,其行为已构成非法占用农用地罪。[①]

---

① 参见福建省闽侯县人民法院刑事判决书,(2018)闽0121刑初32号。

只要非法改变了农用地的用途,造成了农用地的毁坏,就构成本罪。在林地上种植农作物,也是改变林地的用途,所以可以构成本罪。

8. 非法在农用地上建厂房,后来该农用地正常变更为建设用地的,如何处理?

行为人违反土地管理法规,在农用地建厂房,就已经成立非法占用农用地罪的既遂。即便后来该农用地正常变更为建设用地,也不能改变本来的犯罪行为性质的评价。当然,如果行为人建厂房后很快(如一个季度内)变更为建设用地的,则不宜认定为犯罪。

9. 本罪是继续犯吗?

案5:行为人在15年前与农民签合同租用农民的耕地,使用期限是30年,行为人后来在耕地上建厂房,这当然是非法的,但政府一直不干涉。厂房已经建了12年,现在政府要求行为人拆除厂房,行为人也拆除了,但公安机关现在要追究行为人非法占用农用地的刑事责任。

如果认为本罪是状态犯,则本案在12年前就已经既遂,追诉时效要从12年前开始计算,如此便不能追诉。但如果认为本罪是继续犯,则行为一直持续到现在,追诉时效还没有开始计算,可以本罪进行追诉。

本罪是继续犯还是状态犯,直接关系到追诉时效的起算,在理论上和实务中都存在很大争议。

张明楷教授指出,判断行为是否在持续,就是看能否认为刑法分则规定的构成要件中的动词还在持续。例如,就非法占用农用地而言,要看行为人是不是一直在改变农用地的用途,如果不是,就只能认定为状态犯。行为人一直在占用农用地,但改变农用地的用途的行为并没有持续,如果12年前就毁坏了农用地,那么,结果在12年前就发生了,而不是持续在发生。如果上面的判断标准还不明确,还可以这样问:行为人的某个行为结束了吗?例如,在非法拘禁期间,拘禁行为结束了吗?回答是没有结束,所以是持续犯。在非法占用农用地罪中,我们可以这样问:改变农用地用途的行为结束了吗?答案是:在12年前就结束了,所以是状态犯。这样看来,应该认为非法占用农用地罪是状态犯,而不是继续犯。上述案5,在12年前就既遂了,追诉时效要从12年前开始计算,这样的话就不能追诉了。①

本书认为,区分继续犯与状态犯,应从实质上进行判断。只有能够肯定法益每时每刻都受到同等程度的侵害,能够持续性地肯定构成要件符合性的,才能认为是继续犯(持续犯),否则只能认为是状态犯。还有,通常只有侵害或者威胁人身权益的犯罪,才可能认定为继续犯,如非法拘禁罪、非法侵入住宅罪、危险驾驶罪、非法持有枪支罪。不能过于扩大继续犯的范围,否则会和相关的状态犯的处理不协调。其实,完全可以将非法占用农用地罪看作一种毁弃罪,而毁弃罪,是不可能认为法益每时每刻都受到同等程度的侵害,不可能持续性地肯定构成要件符合性。所以,应当认为非法占用农用地罪是状态犯,而非继续犯。追诉时效应从非法占用农用地之日起开始计算。

第九节 破坏自然保护地罪

·导 读·

设立本罪旨在保护国家的自然保护地资源。本罪与非法占用农用地罪、危害国家重点保护植物罪等罪之间可能发生竞合,竞合时从一重处罚即可。

/条 文/

第三百四十二条之一 【破坏自然保护地罪】违反自然保护地管理法规,在国家公园、国家级自然保护区进行开垦、开发活动或者修建建筑物,造成严重后

---

① 参见张明楷编著:《刑法的私塾(之三)》(下册),北京大学出版社2022年版,第823~824页。

果或者有其他恶劣情节的,处五年以下有期徒刑或者拘役,并处或者单处罚金。

有前款行为,同时构成其他犯罪的,依照处罚较重的规定定罪处罚。

罪名精释

1.本罪保护的法益是什么?

从条文表述可以看出,设立本罪旨在保护国家的自然保护地资源。违规对国家公园、国家级自然保护区进行开垦、开发活动或者修建建筑物,可能破坏国家公园、国家级自然保护区的动植物等生态环境资源。

2.本罪与非法占用农用地罪、危害国家重点保护植物罪等罪之间是什么关系?

违规对国家公园、国家级自然保护区进行开垦、开发活动或者修建建筑物,可能非法占用农用地、破坏国家重点保护的植物等,因而可能与非法占用农用地罪、危害国家重点保护植物罪等罪之间发生竞合,竞合时从一重处罚即可。

第十节 非法采矿罪

·导 读·

设立本罪旨在保护国家的矿产资源能被持续性地开采利用,满足国家可持续发展的需要。如果擅自开采河砂只是妨害防洪安全,而没有破坏国家的矿产资源的,不能以非法采矿罪论处。"非法开采的矿产品价值,根据销赃数额认定"的司法解释规定,存在疑问。就非法开采他人或者国家的一般性矿产资源而言,以非法采矿罪最高判处 7 年有期徒刑就能做到罪刑相适应,除非开采的是具有重大的市场价值而且极容易开采的矿产资源,才可能考虑以盗窃罪进行评价和判处更重的刑罚。《刑法修正案(八)》修改非法采矿罪条文时删除了"的",不够妥当。非法采矿中受雇记账、开机器、采矿的工人的行为属于中立的帮助行为,一般应将其排除在犯罪之外。

非法采矿同时非法排放、倾倒、处置有害物质严重污染环境的,可以认为存在两个行为,应当依照数罪并罚的规定处罚。非法采矿行为同时触犯非法占用农用地罪的,既可能成立想象竞合,也可能实行数罪并罚。行为人虽未取得采矿许可证,但地方政府要求或者同意行为人采矿并缴纳相关费用的,不构成本罪。非法采矿过程中造成重大伤亡事故的,既可能成立想象竞合,也可能实行数罪并罚。

条 文

第三百四十三条第一款 【非法采矿罪】违反矿产资源法的规定,未取得采矿许可证擅自采矿,擅自进入国家规划矿区、对国民经济具有重要价值的矿区和他人矿区范围采矿,或者擅自开采国家规定实行保护性开采的特定矿种,情节严重的,处三年以下有期徒刑、拘役或者管制,并处或者单处罚金;情节特别严重的,处三年以上七年以下有期徒刑,并处罚金。

罪名精释

1.本罪的立法目的是什么?

案1:山西省临县人民检察院指控,2017年5月17日临县恒圆沙业有限公司中标黄河临县段河道采砂权。2018年至2019年3月,该公司开始在黄河临县段河道采砂,被告人马某平(公司实际控制人)通过前期规划组织召开采砂管理会议,会上宣布河道采砂由被告人马某2总负责及相关人员的职责分工。后经马某平决定划分了三个采区,分区承包给采砂人员,并提供每个采砂区使用的采砂船、铲车、拉砂车等设备,马某2具体负责分区承包及从采砂到运输、销售的全面工作。其中第三采区于2019年2月至3月采砂,该采区分1、2、3、4四个采点,每个采点均插着写有"第三采区"的铁架子,并有公司人员经常巡查监督采砂工作,其中第三采区1、2、3三个采点位

第六章 破坏环境资源保护罪

于《黄河临县段河道采砂规划报告》中柱号20+793-22+793段,经临县水利局认定属于禁采区。经鉴定,黄河流域临县段第三采区1、2、3采点采砂总净重80,265.24吨,价格共计3,772,466.28元。①

山西省临县人民法院判决认为,被告人马某平、马某2为获取非法利益,无视法律法规,超出其采砂许可证规定的采砂范围设定采砂区域,采砂价值达3,772,466.28元,其行为构成非法采矿罪,情节严重;被告人马某平犯非法采矿罪,判处有期徒刑3年,并处罚金人民币5万元;被告人马某2犯非法采矿罪,判处有期徒刑1年,并处罚金人民币3万元;追缴被告人马某平、马某2非法采矿罪中犯罪所得3,772,466.28元,依法没收,上缴国库。②

上述指控和判决存在疑问。

应该说,由于采挖河砂无须缴纳资源税和管理费,在所谓"禁采区"采挖河砂只是妨害了防洪安全,没有侵害国家的矿产资源;非法采矿罪是故意犯罪,必须要求行为人具有主观明知;马某平对所谓"禁采区"和"超范围"采矿缺乏犯罪故意,马某平不应承担非法采矿罪的刑事责任。

本案中由水利局负责招标采砂,是为了保护河道稳定和防洪安全,不是为了保护矿产资源;临县恒圆沙业有限公司在所谓"禁采区"采砂,并未破坏国家矿产资源,没有侵害非法采矿罪所保护的法益,不构成非法采矿罪。

在过去数十年国内基础建设蓬勃发展的时间里,我国并未对天然砂的开采制定太多管理措施,这就导致许多河流、湖泊中的天然砂被过度开采,以至于对河道、航运、河床造成了许多负面影响,对生态环境也造成了严重破坏。近年来,国家越来越重视对河砂的保护。目前国内合法的河道采砂场必须取得水利部门颁发的"河道采砂许可证"。

《刑法》第343条非法采矿罪仅规定了"未取得采矿许可证擅自采矿""擅自进入国家规划矿区、对国民经济具有重要价值的矿区和他人矿区范围采矿""擅自开采国家规定实行保护性开采的特定矿种"三种类型。非法采矿罪属于破坏

---

① 参见山西省临县人民检察院起诉书,临检刑诉〔2024〕16号。
② 参见山西省临县人民法院刑事判决书,(2024)晋1124刑初15号。

439

环境资源保护罪的罪名,说明非法采矿罪所侵害的法益是国家的矿产资源。《矿产资源法》第3、5、11条规定,"矿产资源属于国家所有""开采矿产资源,必须按照国家有关规定缴纳资源税和资源补偿费""省、自治区、直辖市人民政府地质矿产主管部门主管本行政区内矿产资源勘查、开采的监督管理工作"。

本案中,是临县水利局而不是地质矿产主管部门对黄河临县段采砂区采砂权进行招标,说明招标的目的不是保护国家的矿产资源,而是保护黄河的防洪安全。招投标文件也明确采砂项目建设"是为了进一步规范采砂行为,杜绝私采乱挖、滥采滥挖、零星散乱采砂等行为导致的河床严重下降、河流改向、水土流失、草地遭受破坏及废料乱弃等危害生态环境的现象"。事实上,河砂也不属于《矿产资源法实施细则》所规定的矿产资源分类细目中的矿产资源。简言之,采挖河砂,并未侵害国家的矿产资源。

《矿产资源法》第5条规定,国家实行探矿权、采矿权有偿取得的制度,"开采矿产资源必须按照国家有关规定缴纳资源税和资源补偿费";第16条规定,开采国家规划矿区和对国民经济具有重要价值的矿区内的及上述规定区域以外可供开采的矿产储量规模在大型以上的矿产资源以外的矿产资源,"由国家、省、地、自治区、直辖市人民政府地质矿产主管部门审批和颁发采矿许可证"。《矿产资源法》和《矿产资源法实施细则》中均没有所谓"禁采区"概念。所谓的"禁采区"概念,其实出现在《水法》第39条中。该条规定:"国家实行河道采砂许可制度。在河道管理范围内采砂,影响河势稳定或者危及堤防安全的,有关县级以上人民政府水行政主管部门应当划定禁采区和规定禁采期,并予以公告。"第41条规定,单位和个人不得毁坏堤防、护岸。

虽然《矿产资源法》第39条第1款、第40条前半段分别规定了"违反本法规定,未取得采矿许可证擅自采矿的,擅自进入国家规划矿区、对国民经济具有重要价值的矿区范围采矿的,擅自开采国家规定实行保护性开采的特定矿种的,责令停止开采、赔偿损失,没收采出的矿产品和违法所得,可以并处罚款;拒不停止开采,造成矿产资源破坏的,依照刑法有关规定对直接责任人员追究刑事责任";"超越批准的矿区范围采矿的,责令退回本矿区范围开采,赔偿损失,没收越界开采的矿产品和违法所得,可以并处罚款",但《刑法》第343条的非法采矿罪条文仅将"未取得采矿许可证擅自采矿,擅自进入国家规划矿区、对国民经济具有重要价值的矿区和他人矿区范围采矿,或者擅自开采国家规定实行保护性开采的特定矿种"的情形规定为犯罪,而未将"超出许可证规定的开采范围采矿"纳入刑事处罚的范围,说明所谓"超出许可证规定的开采范围采矿"只是行政违法行为,对之应予以行政处罚,而不是刑事处罚。

在本案中,首先,虽然司法解释规定,超越许可证规定的矿区范围或者开采范围的,属于"未取得采矿许可证",但应认为,这里的"超越许可证规定的矿区范围或者开采范围"采矿,是指超出划定的范围采矿。例如,许可证规定从A到B的10公里的开采范围,而行为人从A采挖到C共15公里,超出了划定的从A到B的10公里的开采范围。若采挖并未超出从A到B的10公里的开采范围,只是采挖了其中的所谓禁采区,也至多属于在禁采区范围采矿,而不属于所谓"超越许可证规定的开采范围"采矿。所以,临县法院判定马某平超越许可证规定的开采范围采矿,并不成立。

其次,马某平作为集团公司的董事长,并未组织、策划、指挥、授意手下员工在所谓禁采区采矿,其不具有非法采矿罪的犯罪故意,不构成非法采矿罪。

再次,临县水利局没有在恒圆沙业有限公司30公里的采砂范围内设置桩号、明显标识物来公示可采区、禁采区的范围。

最后,经在裁判文书网检索近年来非法采矿罪的生效判决,行为人大多是因为没有采矿许可证进行非法采砂活动。本案中,临县恒圆沙业有限公司已经取得采砂许可证,而且采砂范围从北往南有近30公里。因此,马某平完全没有必要放着可采区不采砂,而指示他人去禁采区采砂,这显然不符合常理。

综上所述,在所谓禁采区采矿,只是危及防洪安全,并未破坏国家的矿产资源,未侵害非法采矿罪所保护的法益;作为集团公司董事长的马某平,既未组织、策划、指使、授意下属在所谓"禁采区"采砂,也未亲临现场指挥采砂,其缺乏非法采矿罪的犯罪故意,不可能构成非法采矿罪。

本罪属于《刑法》分则第六章妨害社会管理秩序罪的第六节破坏环境资源保护罪的罪名,其保护的法益是国家的矿产资源。矿产资源具有不可再生的特点,具有稀缺性,我国的矿产资源属于国家。刑法设立本罪,就是旨在保护国家的矿产资源能被持续性地开采利用,满足国家可持续发展的需要。如果擅自开采的是取之不尽、用之不竭的不具有稀缺性的矿产资源,如山上的普通岩石,不宜以本罪论处。如果擅自开采河砂只是妨害防洪安全,而没有破坏国家的矿产资源的,也不能以非法采矿罪论处。

2. "非法开采的矿产品价值,根据销赃数额认定"的司法解释规定,有无疑问?

销赃数额与行为的法益侵害程度并非正相关关系,根据销赃数额认定非法开采的矿产品价值,违反了"刑法应关注的不是利己,而是损人"的法益保护原则,不具有合理性。

3. 非法采矿罪与盗窃罪之间是什么关系?

虽然从理论上讲,未取得采矿许可证采矿,以及擅自进入国家规划矿区、对国民经济具有重要价值的矿区和他人矿区范围采矿的,既是非法采矿行为,也是盗窃矿产资源的行为,成立非法采矿罪与盗窃罪的想象竞合,从一重处罚。但是,非法采矿行为毕竟不同于盗窃他人已经开采好堆放在平地上可以直接运走卖掉的情形,就非法开采他人或者国家的一般性矿产资源而言,以非法采矿罪判处7年有期徒刑就能做到罪刑相适应,除非开采的是具有重大的市场价值且极容易开采的矿产资源,才可能考虑以盗窃罪进行评价和判处更重的刑罚。

4.《刑法修正案(八)》修改非法采矿罪条文时删除了"的",是否妥当?

《刑法修正案(八)》修改非法采矿罪条文时删除了"的",意味着"未取得采矿许可证擅自采矿、擅自进入国家规划矿区、对国民经济具有重要价值的矿区和他人矿区范围采矿",也需要"情节严重"才成立犯罪,但问题是,这两种行为类型与"擅自开采国家规定实行保护性开采的特定矿种"行为类型的法益侵害性是否相当?

未取得采矿许可证擅自采矿和擅自进入国家规划矿区采矿、对国民经济具有重要价值的矿区和他人矿区范围采矿,属于盗采矿产资源,与擅自开采国家规定实行保护性开采的特定矿种这种有证采矿不同。1997年《刑法》第343条第1款的表述在"或者"前面有"的",以此明确区分了这两种非法采矿的行为类型,并设置了不同的犯罪成立条件。但《刑法修正案(八)》的修改显然不妥。实践中在定罪量刑标准的掌握上应区分无证采矿和有证采矿,即有证采矿的定罪量刑的标准应相对高一些。

《刑法》分则中"或者"前面的"的",是罪状表述完结的标志,意味着后面紧跟的应该是法律后果。如果"或者"前面没有"的",则意味着到此为止,此类行为还不值得科处刑罚,还需要增添"情节严重""后果严重"等进一步的要素,才能达到犯罪的要求。所以,理论和实务在阅读适用《刑法》分则条文时,务必注意《刑法》分则条文中"或者"前面是否有"的"的表述,而对犯罪构成要件或者犯罪成立条件作出不同的解读。

5. 如何在确定非法采矿罪直接责任人员的范围时贯彻中立帮助行为的理念?

案2:甲非法开采矿产,乙受雇记账40余夜,非法获利8000元,丙明知甲等人非法采矿,仍同意甲使用其购买的炮头机用于采矿。法院认定上述被告人均构成非法采矿罪。①

本案中,乙只是受雇记账,丙只是同意他人使用其购买的炮头机采矿,应该说都属于中立帮助行为,不值得科处刑罚。法院将其作为共犯处理是错误的。

案3:肖某、朱某荣密谋非法开采稀土资源,肖某雇请李某红负责开采技术、招聘工人、安排工作及日常生活的管理,李某红又雇请李某明等7人非法开采稀土活动。法院认定上述被告人均成立非法采矿罪。②

本案中,李某红雇请李某明等7人从事非法开采活动,应该说这7人对犯罪过程没有支配作用,对其进行处罚不会达到预防犯罪的效果。只需处罚肖某、朱某荣和李某红3人就能实现刑罚的目的。法院将李某明等7人作为共犯处理是

---

① 参见浙江省台州市黄岩区人民法院刑事判决书,(2014)台黄刑初字第940号。
② 参见广东省广州市中级人民法院刑事裁定书,(2013)穗中法刑一终字第710号。

错误的。

本书认为,非法采矿中受雇记账、开机器、采矿的工人的行为属于中立的帮助行为,将其作为犯罪处理,不会起到预防犯罪的作用,不能实现刑罚的目的,故一般应将这些人的行为排除在犯罪之外。

司法解释规定,"对受雇佣为非法采矿、破坏性采矿犯罪提供劳务的人员,除参与利润分成或者领取高额固定工资的以外,一般不以犯罪论处,但曾因非法采矿受过处罚的除外"[①]。

上述司法解释将参与利润分成的人纳入处罚范围是正确的,但将领取所谓高额工资的人都作为罪犯处理还是存在疑问的。因为即便领取所谓高额工资,其对犯罪过程也未必具有支配作用,对其进行处罚也未必能发挥预防犯罪的效果和实现刑罚的目的。所以对于非法采矿罪,一般只需要将投资者、经营管理者作为犯罪处理就可以了。

6. 非法采矿同时非法排放、倾倒、处置有害物质严重污染环境的,如何处理?

非法采矿同时非法排放、倾倒、处置有害物质严重污染环境的,可以认为存在两个行为,应当依照数罪并罚的规定处罚。

7. 非法采矿行为同时触犯非法占用农用地罪的,是想象竞合还是数罪并罚?

张明楷教授认为,非法采矿同时触犯非法占用农用地罪的,按想象竞合处理。[②]

本书认为,如果农用地的表层就是矿产资源,则的确非法采矿行为本身就是"非法占用农用地,改变被占用土地用途,造成农用地大量毁坏"的非法占用农用地行为,成立想象竞合,从一重处罚。但如果行为人是首先破坏农用地土壤表层然后向下开采矿采资源,则应认为存在两个行为,侵害了两个法益,应当数罪并罚。

---

① 2016年11月28日最高人民法院、最高人民检察院《关于办理非法采矿、破坏性采矿刑事案件适用法律若干问题的解释》第11条。

② 参见张明楷:《刑法学(第6版)》(下册),法律出版社2021年版,第1497页。

8. 行为人虽未取得采矿许可证，但地方政府要求或者同意行为人采矿并缴纳相关费用的，构成本罪吗？

行为人虽未取得采矿许可证，但地方政府要求或者同意行为人采矿并缴纳相关费用的，可以认为行为人缺乏违法性认识的可能性，或者认为阻却违法性，而不宜认定为非法采矿罪。

9. 非法采矿造成重大伤亡事故的，如何处理？

非法采矿中造成重大伤亡事故的，可以认为成立想象竞合，从一重处罚。但如果另外可以单独评价为非法采矿罪的，还可能数罪并罚。

第十一节 破坏性采矿罪

· 导 读 ·

破坏性采矿罪与非法采矿罪之间不是对立关系，而是竞合关系。本罪与故意毁坏财物罪之间是竞合关系。破坏性采矿造成重大伤亡事故、严重污染环境的，应以本罪与重大责任事故罪、重大劳动安全事故罪、污染环境罪数罪并罚。

条 文

第三百四十三条第二款　【破坏性采矿罪】违反矿产资源法的规定，采取破坏性的开采方法开采矿产资源，造成矿产资源严重破坏的，处五年以下有期徒刑或者拘役，并处罚金。

罪名精释

1. 本罪与非法采矿罪之间是什么关系？

不能认为破坏性采矿罪与非法采矿罪之间是对立关系，前者是有证采矿，后者是无证采矿。应认为二者是竞合关系,还可能数罪并罚。也就是说,无论是有证还是无证,只要采取破坏性的开采方法开采矿产资源,就能构成破坏性采矿罪,同时符合非法采矿罪构成要件,既可能成立想象竞合,也可能实行数罪并罚。

2. 本罪与故意毁坏财物罪之间是什么关系?

破坏性采矿也是一种故意毁坏矿产资源,而矿产资源显然属于财物,所以,破坏性采矿也是故意毁坏财物,二者是想象竞合,从一重处罚即可。

3. 本罪与重大责任事故罪、污染环境罪等罪之间是什么关系?

破坏性采矿行为构成犯罪,同时造成重大伤亡事故或者其他严重后果,同时构成重大责任事故罪、重大劳动安全事故罪的,由于可以认为存在数个行为,所以应以本罪与重大责任事故罪、重大劳动安全事故罪数罪并罚。破坏性采矿,同时非法排放、倾倒、处置有害物质严重污染环境的,应以本罪与污染环境罪数罪并罚。

第十二节　危害国家重点保护植物罪

·导　读·

采伐枯死、病死、烧死、淹死的珍贵树木的,不构成本罪。成立本罪,需要行为人认识到是珍贵树木或者国家重点保护的其他植物。对树木进行截冠、断根、采挖移植的,属于采伐、毁坏行为。非法采伐、毁坏珍贵树木或者国家重点保护的其他植物的,可能同时触犯盗伐林木罪、滥伐林木罪、盗窃罪或者故意毁坏财物罪的构成要件,竞合时从一重处罚即可。本罪的最高刑为7年有期徒刑,只是评价了行为对珍贵树木或者国家重要保护的其他植物资源的侵害,而没有评价对他人生长中的林木所有权和他人财产所有权的侵害。

条 文

第三百四十四条 【危害国家重点保护植物罪】违反国家规定,非法采伐、毁坏珍贵树木或者国家重点保护的其他植物的,或者非法收购、运输、加工、出售珍贵树木或者国家重点保护的其他植物及其制品的,处三年以下有期徒刑、拘役或者管制,并处罚金;情节严重的,处三年以上七年以下有期徒刑,并处罚金。

罪名精释

1. 采伐枯死、病死、烧死、淹死的珍贵树木,构成本罪吗?

本罪所保护的法益是珍贵树木或者国家重点保护的其他植物资源。认定本罪时,需要特别注意行为是否侵害或者威胁了珍贵树木或者国家重点保护的其他植物资源,而不能形式化地判断。例如,只有存活的树木才有作为生态资源的价值。即便是珍贵树木,一旦枯死、病死、烧死、淹死,就不再具有生态资源的价值,所以采伐这类树木的,不可能构成本罪。若这类树木有所有权人,非法采伐的,可能构成盗窃罪。又如,居民搬家时运输祖传或者年代久远的植物制品,由于没有破坏植物资源,不能认定成立本罪。再如,在珍贵树木、植物自然死亡后,收购、运输、加工、出售该树木、植物及其制品的,也不应认定成立本罪。

2. 成立本罪,是否需要行为人认识到是珍贵树木、国家重点保护的植物?

案1:广东省陆丰市湖东镇竹林村委会为新农村建设清理村道,未经林业主管部门批准,由原村党支部书记陈某、原村委会主任陈某林等村"两委"干部开会决定将寨内村竹林寨墙外3株大榕树采挖迁走,并交由寨内村村民陈某城负责处理。同年10月19日,陈某城先对其中最小株的榕树进行采挖,并将另两株榕树委托给林某哺进行采挖。次日,林某哺雇用工人、挖掘机、拖车等设备将两株榕树锯断树枝后采挖。在采挖树木过程中,陈某、陈某林与阻拦采挖的村民发生冲突,后被接警处置的民警制止,当地镇政府和村委又监督将三棵榕树重新种植回原来的位置。经鉴定,被采挖树木共3株,树种均为榕树(又称细叶榕),属于桑科榕属植物;树龄分别为150年、116年、75年;立木蓄积分别为20.8394立方米、11.5762立方米、2.6605立方米。

本案争议焦点:陈某、陈某林采伐两株树龄超100年榕树的行为是否构成非法采伐国家重点保护植物罪(危害国家重点保护植物罪)。

一审法院认为,陈某、陈某林违反国家森林法规,未经林业主管部门批准,非法采挖两株100年以上的古树,其行为均已构成非法采伐国家重点保护植物罪,且属情节严重。二审法院认为,列入国家重点保护的年代久远的古树名木应由有关行政主管部门作出鉴定后予以挂牌公示,而有关行政主管部门尚未对湖东镇竹林村的树木进行古树名木普查,即尚未进行登记、鉴定、挂牌、公示,故涉案榕树无法认定为"古树名木"。本案被采伐的树木没有充分证据证明属于《刑法》所规定的国家重点保护植物或者珍贵树木。在此情况下,要求作为普通公民的二被告人承担明确识别所砍伐的树木属国家重点保护植物或者珍贵树木,超出了普通公民的认知能力,因此缺乏充分理据和期待可能性。故而陈某和陈某林均不构成非法采伐国家重点保护植物罪。[①]

应该说,上述判决是正确的。

本罪中的珍贵树木和国家重点保护的其他植物属于客观构成要件要素,根据责任主义,成立本罪要求行为人必须认识到所采伐、毁坏、收购、运输、加工、出售的系珍贵树木或者国家重点保护的其他植物。列入国家重点保护的年代久远的古树名木,应由有关行政主管部门作出鉴定后予以挂牌公示。有关行政主管部门未进行登记、鉴定、挂牌、公示的树木,不能认定为"古树名木",行为人也无法认识到系珍贵树木,对之进行采伐、毁坏、收购、运输、加工、出售的,不能构成危害国家重点保护植物罪。

3. 对树木进行截冠、断根、采挖移植,是否属于采伐、毁坏行为?

案2:两名被告人在没有办理相关手续的情况下,组织他人对122株野

---

① 参见广东省汕尾市中级人民法院刑事判决书,(2019)粤15刑终32号。

生香樟树先作了截冠和断根处理(截断的树干和枝叶遗留在现场),打算在两年左右再进行挖运并移植至其他地方,尚未挖运并移植即案发。经鉴定,该 122 株野生香樟树属于国家二级保护野生动物,被毁林木的活立木蓄积共计 14.99 立方米,司法机关争论的问题是,前期截冠和断根行为是否属于采伐行为?

相对于采伐而言,本案显然已经着手实行,但认定为采伐既遂恐难被人接受。但相对于毁坏而言,本案则已经既遂。因为所谓毁坏,并不限于导致植物死亡,只要通过对植物施加影响,从而妨碍植物正常生长的一切行为都是毁坏行为。也就是说,对存活树木的毁坏不同于对其他有体物的毁坏,明显影响树木外观的行为,也可能构成毁坏。本案中既然行为人已经实施了截冠与断根行为,当然妨碍了树木的生长,所以认定为毁坏没有疑问。认为采挖移植的采集行为不会对国家重要保护的植物存活构成威胁的观点也明显不符合事实。

总之,无论是截冠、断根,还是采挖移植,只要是妨碍珍贵树木和国家重点保护的其他植物生长的行为,都可谓采伐或者毁坏,都可能构成危害国家重点保护植物罪。

4. 为何本罪的法定最高刑只有 7 年有期徒刑?

非法采伐、毁坏他人所有的珍贵树木或者国家重点保护的其他植物的,除成立本罪外,还能成立盗伐林木罪、盗窃罪,从一重处罚,能以盗伐林木罪定罪最重判处 15 年有期徒刑,以盗窃罪定罪能最重判处无期徒刑。这就是本罪法定最高刑只有 7 年有期徒刑的原因。也就是说,本罪的最高刑为 7 年有期徒刑,只是评价了行为对珍贵树木或者国家重要保护的其他植物资源的侵害,而没有评价对他人生长中的林木所有权和他人财产所有权的侵害。

5. 本罪与盗伐林木罪、滥伐林木罪、盗窃罪、故意毁坏财物罪等罪之间,是什么关系?

非法采伐、毁坏珍贵树木或者国家重点保护的其他植物的,可能同时触犯盗伐林木罪、滥伐林木罪、盗窃罪或者故意毁坏财物罪的构成要件,竞合时从一重处罚即可。

第十三节　非法引进、释放、丢弃外来入侵物种罪

·导　读·

设立本罪旨在防止非法引进、释放、丢弃外来入侵物种,打破我国动植物的生态平衡,破坏我国生物物种的多样性。本罪的责任形式为故意,只有有意引进、释放、丢弃外来入侵物种的,才能构成犯罪;过失、不小心带入外来入侵物种的,不构成犯罪。

条　文

第三百四十四条之一　【非法引进、释放、丢弃外来入侵物种罪】违反国家规定,非法引进、释放或者丢弃外来入侵物种,情节严重的,处三年以下有期徒刑或者拘役,并处或者单处罚金。

罪名精释

1. 本罪的立法目的是什么?

我国《生物安全法》第60条第1款、第3款规定,国家加强对外来物种入侵的防范和应对,保护生物多样性;任何单位和个人未经批准,不得擅自引进、释放或者丢弃外来物种。可见,本罪的立法目的就在于防止非法引进、释放、丢弃外来入侵物种,打破我国动植物的生态平衡,破坏我国生物物种的多样性,危害我国生态环境和我国人民的生命、健康和财产的安全。例如,人们熟知的"红火蚁"这种外来物种入侵我国后,对我国生态环境造成极大的破坏。

2. 本罪的罪过形式是什么？

我国很多外来物种，如"红火蚁"，是人们通过进口木材等方式不小心带入我国的。从本罪条文表述来看，因为缺乏"法律有规定"，只能认为本罪的罪过形式为故意。也就是说，只有有意引进、释放、丢弃外来入侵物种的，才能构成犯罪，过失、不小心带入外来入侵物种的，不构成犯罪。

第十四节　盗伐林木罪

·导　读·

盗伐林木罪所保护的法益，除森林资源及其合理利用外，还包括国家、集体和他人对生长中的林木的所有权。本罪与盗窃罪之间是特别关系的法条竞合。未达盗伐林木罪定罪标准但达盗窃罪定罪标准的，能以盗窃罪定罪处罚。盗伐林木罪的法定刑重于滥伐林木罪，是因为其侵害了双重法益，不法程度重于滥伐林木罪。从行为人所砍伐的林木由谁所有以及是否具有采伐许可证这两点，可以合理区分盗伐林木罪与滥伐林木罪。

盗伐价值特别巨大的林木，能以盗窃罪定罪最重判处无期徒刑。伐倒了他人所有的正在生长中的林木，就应成立盗伐林木罪的既遂。把买树人领到被害人的山上，让买树人伐倒运走的，成立盗伐林木罪与诈骗罪，应实行数罪并罚。盗伐林木时被人发现，为窝藏赃物使用暴力的，能转化成抢劫。成立盗伐林木罪，不需要行为人主观上具有非法占有的目的。

/条　文/

第三百四十五条第一款　【盗伐林木罪】盗伐森林或者其他林木，数量较大的，处三年以下有期徒刑、拘役或者管制，并处或者单处罚金；数量巨大的，处三年以上七年以下有期徒刑，并处罚金；数量特别巨大的，处七年以上有期徒刑，并处罚金。

罪名精释

1. 本罪所保护的法益是什么？

盗伐林木罪属于《刑法》分则第六章妨害社会管理秩序罪的第六节破坏环境资源保护罪的罪名，其所保护的法益，除森林资源及其合理利用外，还包括国家、集体和他人对生长中的林木的所有权。所以，将国家、集体或者他人所有并且已经伐倒的树木窃为己有，偷伐他人房前屋后、田间地头、自留地种植的零星树木，数额较大，以及盗伐他人已经枯死、病死的树木的，由于没有侵害森林资源，不成立盗伐林木罪，只能成立盗窃罪。

2. 本罪与盗窃罪之间是什么关系？

关于本罪与盗窃罪的关系，一般认为是特别关系的法条竞合。但张明楷教授认为，即使人们坚持认为盗窃罪与盗伐林木罪是法条竞合的特别关系，按照不法的包容性的实质标准，这种特别关系也仅限于盗伐林木的财物价值（不法程度）没有超出15年有期徒刑程度的情形。换言之，当盗伐林木所造成的财产侵害程度需要判处无期徒刑时，其与盗窃罪之间便是想象竞合。这是因为，如果仅认定为法条竞合的特别关系，就没有对重大财产侵害这一不法内容进行充分评价，而仅认定为盗窃罪就没有评价对森林资源的侵害内容。只有认定为想象竞合，才能充分评价行为的不法性质与不法内容。[1]

本书认为，从盗伐林木罪的对象是生长中的林木来看，盗伐林木罪与盗窃罪之间是特别关系的法条竞合。但本书坚持认为，除非是具有减轻根据的封闭的特权条款，无论是法条竞合还是想象竞合，只要是竞合，从一重处罚即可。我们不认为两个罪名之间的关系可以一会儿是法条竞合、一会儿又是想象竞合。法条竞合基本上是一种逻辑关系，从条文表述就可以看出二者之间的法条竞合关

---

[1] 参见张明楷：《盗伐、滥伐林木罪的重要问题》，载《上海政法学院学报（法治论丛）》2021年第5期。

系。而想象竞合是因为偶然的案件事实才使两个罪名或者法条产生关系。从条文表述上完全能够看出盗伐林木罪与盗窃罪之间是特别关系的法条竞合。只是因为盗伐林木罪不是具有减轻根据的封闭的特权条款,所以即便肯定二者之间的法条竞合的特别关系,也可以从一重处罚,从而实现罪刑相适应。

3. 未达盗伐林木罪定罪标准但达盗窃罪定罪标准的,能以盗窃罪定罪处罚吗?

案1:某日,柴某、王某驾驶吉利牌金刚轿车到阳城县町店镇崦山自然保护区,王某负责望风,柴某用事先购买的油锯盗伐林区内柏树5棵计蓄积1.353立方米,未转运后返回县城。当日林区管护员在巡查中发现被盗伐林木即安排人员蹲点守候。次日5时许,柴某、王某再次驾车来到崦山自然保护区,将所盗伐柏树抬至林区路边计划择日转移。7时许,二人驾车返回时被林场工作人员查获。经鉴定,被盗伐林木价值9000元。对于本案,公诉机关认为,柴某、王某以非法占有为目的,盗窃公私财物,数额较大,其行为触犯盗窃罪。

法院认为,柴某、王某以非法占有为目的,盗伐自然保护区内的林木,数额较大,其行为均构成盗窃罪,由于其意志以外的原因未得逞,属犯罪未遂。[①]

本案中,被告人采伐的林木没有达到5立方米,不符合盗伐林木罪的数量较大条件,但由于完全符合盗窃罪的成立要件,故法院认定为盗窃罪是完全合适的。但在认定为盗窃罪的情形下,就只能将行为人或第三者实际占有了所盗伐的林木作为既遂标准,所以本案作为盗伐林木是既遂,但作为盗窃只能是未遂。

由于盗伐林木罪是侵害森林资源的犯罪,实践中以立木蓄积5立方米以上或者盗伐幼树200株以上作为立案标准,而盗窃罪是侵害财产的犯罪,所以一般以财产价值达到2000元以上作为立案标准。当盗伐林木立木蓄积不到5立方米,只能说明行为对森林资源的侵害不值得以盗伐林木罪进行评价。但林木也是财产,也具有价值,盗伐林木的行为也符合盗窃罪的构成要件,所以当盗伐林

[①] 参见山西省阳城县人民法院刑事判决书,(2019)晋0522刑初291号。

木的价值达到盗窃罪立案标准时,就应该以盗窃罪定罪处罚。

4. 为何盗伐林木罪的法定刑高于滥伐林木罪?

滥伐林木罪只是侵害森林资源及其合理利用,而盗伐林木罪除侵害森林资源及其合理利用外,还侵害了国家、集体和他人对生长中的林木的所有权。正是因为盗伐林木罪侵害了双重法益,所以其不法程度重于滥伐林木罪,这就是盗伐林木罪的法定刑重于滥伐林木罪的根据所在。

5. 如何区分盗伐林木罪与滥伐林木罪?

滥伐林木罪的保护法益是森林资源及其合理利用,盗伐林木罪的保护法益是森林资源及其合理利用以及国家、集体、他人对生长中的林木的财产所有权。所以,根据盗伐、滥伐林木罪的保护法益,从行为人所砍伐的林木由谁所有以及是否具有采伐许可证这两点,就可以合理确定对行为是以盗伐林木罪论处还是以滥伐林木罪论处。

具体而言,对于没有林木采伐许可证,而采伐他人所有的属于国家森林资源一部分的林木的,不管行为人是否具有非法占有目的,均应以盗伐林木罪论处;对于虽取得了林木采伐许可证,但超过林木采伐许可证规定的地点、数量、树种采伐他人所有的林木的,也应以盗伐林木罪论处。没有取得林木采伐许可证,采伐自己所有的属于国家森林资源一部分的林木的,仅成立滥伐林木罪;虽然取得了林木采伐许可证,但违反林木采伐许可证规定的地点、数量、树种、方式采伐自己所有的林木的,也成立滥伐林木罪。

6. 盗伐价值特别巨大的林木,能以盗窃罪定罪最重判处无期徒刑吗?

案2:张三看见村里最近种了不少自己没见过的树木,经常有人来收购,而且张三听到他们议论的价格相当不菲。于是张三起了贼心,趁着晚上,把村里承包经营的这片树林中长得很茂盛的那些树砍倒,准备自己弄走去卖。不过在他装车时,村里巡逻的人发现了他,然后报了案。经鉴定,张三所砍伐的树木的价值是100万元。

本案中,张三的行为既构成盗伐林木罪,又构成盗窃罪,形成想象竞合,应当以盗窃罪定罪,最重可以判处无期徒刑。由于伐倒还未转移树木,对于盗伐林木罪而言是既遂,但对盗窃罪而言还只是未遂。

盗伐林木的行为也符合盗窃罪的构成要件,所以盗伐林木价值特别巨大的林木的,能够而且应该以盗窃罪最重可以判处无期徒刑。

7. 盗伐林木罪的既遂标准是什么?

案3:某晚,何某甲、何某乙、何某丙携带大刀锯、卷尺等工具,来到婺源县大鄣山乡古坦村委会张溪村"破亭"山场盗伐属于该村委会村民洪某丁所有的杉木,并将盗伐的杉木堆放在便于装车的山塝上。次日凌晨,何某甲通知何某丁到山场运树,何某丁到山场后发现警车,便告知何某甲等3人逃跑。经勘验,现场遗留背包、大刀锯、手机、杉原木等物品。经检量,被告人何某甲、何某乙、何某丙3人在"破亭"山场盗伐杉木原木材积3.505立方米。

法院认为,何某甲、何某乙、何某丙以非法占有为目的,盗伐属于他人所有的林木,数量较大,三被告人的行为已构成盗伐林木罪。何某甲、何某乙、何某丙在盗伐婺源县大鄣山乡古坦村委会张溪村"破亭"山场杉木时,因意志以外的原因而未得逞,是犯罪未遂,可以比照既遂犯从轻处罚。①

本案中,被告人已经采伐了杉木,并且将所采伐的杉木放在便于装车的山塝上。法院认定为盗伐林木罪未遂,只是因为行为人还没有将盗伐的杉木运走。显然,这一判决是将行为人运走所采伐的杉木作为盗伐林木罪的既遂标准。这一判决存在疑问。盗伐林木罪所侵害的法益是森林资源和他人生长中的林木的所有权,砍伐他人所有的林木,只要伐倒就侵害了这两个法益,所以本案应认定为既遂,而不是未遂。

案4:2015年4月26日、27日,张某某与张某明相互邀约,雇用龙某等2人到富民县罗免镇马房村后山、秧田村小庙丫口山盗挖野生马樱花树,4月

---

① 参见江西省婺源县人民法院刑事判决书,(2015)婺刑初字第58号。

27日富民县森林公安局接到报警后赶到现场,张某某与张某明将盗挖好的马樱花树49株,作案使用的皮卡车及锄头、铁锹等作案工具丢弃在现场后逃窜。经云南云林司法鉴定中心鉴定,被盗挖的49株马樱花树活立木蓄积共计6.7189立方米,价值人民币150,820元。张某某的辩护人认为张某某系盗伐林木罪未遂,但法院认定张某某构成犯罪既遂。①

本案中,虽然砍伐的林木未来得及运走,但既然已经伐倒,就侵害了森林资源和他人生长中的林木的所有权,所以不是成立未遂,而是既遂。法院认定成立盗伐林木罪既遂是正确的。

案5:2019年6月10日至17日,黄某琳以丰产林公司没有交地租为由,雇请陆某贤、黄某根到太平镇那线村委屯阳村石古岭处砍伐丰产林公司种植在该处的桉树并欲出卖。2019年6月17日,丰产林公司工作人员郑某巡查到该处发现后,立即制止黄某琳等人的行为。黄某琳等人即停止砍伐,被砍伐的林木全部未运离现场。

本案争议焦点:在盗伐林木犯罪中,黄某琳在盗伐林木的行为被发现后即停止砍伐且被砍伐的林木全部未运离现场,被告人的犯罪行为该如何认定,是既遂还是未遂。

一审法院认为,黄某琳在盗伐林木的过程中,被丰产林公司发现制止后便放弃继续砍伐,被砍伐的林木全部未运离现场,属于犯罪未遂。二审法院则认为,黄某琳已盗伐林木,虽然被砍伐的林木全部未运离现场,但由于其行为侵害了国家保护森林资源的管理制度,故属于犯罪既遂。②

二审法院改判认定成立盗伐林木罪的既遂是正确的,但对"由于已侵害了国家保护森林资源的管理制度"这一理由,存在疑问。之所以成立盗伐林木罪的既遂,是因为只要伐倒了林木,即便不运走,也已侵害了森林资源和他人生长中的林木所有权。

盗伐林木罪是侵害森林资源和他人生长中的林木所有权的犯罪,伐倒了林

---

① 参见云南省安宁市人民法院刑事判决书,(2017)云0181刑初203号。
② 参见广西壮族自治区钦州市中级人民法院刑事判决书,(2019)桂07刑终293号。

木,即便还没有来得及运走,也因为已经侵害了法益,所以应成立犯罪既遂。质言之,伐倒了他人所有的正在生长中的林木,就应成立盗伐林木罪的既遂。

8. 把买树人领到被害人的山上,让买树人伐倒运走的,如何处理?

虽然一般认为这种情形成立针对树木主人的盗窃罪和买树人的诈骗罪,属于想象竞合,应从一重处罚。但本书认为,这种情形和自己伐倒运到街上去卖没有什么本质区别,行为人不过是节省了两次转移的劳力。所以,从规范意义上讲,存在两个行为,应当以盗窃罪与诈骗罪数罪并罚。

9. 盗伐林木时被人发现,为窝藏赃物使用暴力,能否转化成抢劫?

由于盗伐林木的行为也符合盗窃罪的构成要件,所以也能评价为"犯盗窃罪",在盗伐林木时被人发现,为窝藏赃物使用暴力,也能够成立事后抢劫,定抢劫罪。

10. 成立盗伐林木罪,需要行为人主观上具有非法占有的目的吗?

案6:2016年3月开始,杨某某、张某某没有林木采伐许可证,且未经许可,共同在权属为国家所有的某村石树顶山开荒种植沉香,经专业机构现场调查,林木被砍伐面积约18亩,蓄积量为98立方米。现场勘查证明,被砍伐的林木并没有被杨某某、张某某挪作他用,而是遗留在原地。公诉机关认为,两被告人无视国家法律,违反森林法及相关规定,未经林业行政主管部门及法律规定的其他主管部门批准并核发采伐许可证,私自采伐国家所有的林木,破坏森林资源,数量较大,应当以滥伐林木罪追究刑事责任。辩护人也认为两被告人的行为成立滥伐林木罪。

法院认为,虽然控辩双方均认为两被告人的行为构成滥伐林木罪,但根据最高人民法院《关于审理破坏森林资源刑事案件适用法律若干问题的解释》(以下简称《破坏森林资源解释》)第3条之规定,以非法占有为目的,擅自砍伐国家、集体、他人所有或者他人承包经营管理的森林或者其他林木的,数量较大,构成盗伐林木罪。该司法解释第5条规定,未取得核发的林木采伐许可证,或者违反林木采伐许可规定的时间、数量等,任意采伐本单位所有或者本人所有的森林或者其他林木等行为,则构成滥伐林木罪。经查,涉案林木权属为国家,两被告人为在涉案地块种植沉香谋取非法利益,擅自砍伐国家所有的林木,并已实际非法占有,其是否出售牟利并不影响非法占有的认定,故两被告人的行为应构成盗伐林木罪。①

显然,公诉机关是按照《破坏森林资源解释》规定起诉的,亦即,由于杨、张二人没有非法占有目的,不能认定为盗伐林木罪,故只能认定为滥伐林木罪。应该说,杨、张二人的行为也的确符合滥伐林木罪的成立条件,因为没有取得采伐许可证而采伐林木的行为,都属于滥伐林木。但是,其一,如果将杨、张二人的行为仅认定为滥伐林木罪,就没有评价其行为侵害了国家对林木的所有权这一不法内容,因而评价不全面。其二,倘若因为杨、张二人的行为没有非法占有目的而不符合《破坏森林资源解释》第5条的规定,便仅认定行为人的行为构成故意毁坏财物罪,则仅评价了行为对国家财产的侵害,并没有评价行为对森林资源的侵害。其三,只有以盗伐林木罪论处,才能全面评价本案事实,实现罪刑的合理化,而要评价为盗伐林木罪,就不能将非法占有目的作为本罪的主观要素。上述一审判决认定行为人具有非法占有目的,并不符合客观事实。因为非法占有目的包括排除意思与利用意思,杨、张二人显然没有利用意思。

虽然盗伐林木罪中也有"盗",但盗伐林木罪所侵害的主要法益是森林资源,即便行为人没有利用伐倒的林木的意思,也侵害了森林资源,而盗窃罪是侵害财产的犯罪,为了与故意毁坏财物罪相区分,所以强调"非法占有目的"这一不成文的构成要件要素。盗伐林木罪并不存在一个与故意毁坏财物罪相类似的"故意毁坏林木罪"相区分的问题,所以,只要违反了他人的意志砍伐了他人生长中的林木,就既侵害了森林资源,又侵害了他人正在生长中的林木所有权。此种情况下,即便行为人没有非法占有目的(利用所伐倒的林木的意思),也因为侵害了盗伐林木罪所保护的法益,而应认定成立盗伐林木罪的既遂。对于出于毁坏的目的(如报复的目的)砍伐他人所有的生长中的林木,若仅认定成立故意

---

① 参见广东省深圳市南山区人民法院刑事判决书,(2019)粤0305刑初236号。

毁坏财物罪,虽然评价了对他人生长中的林木所有权的侵害,但遗漏了行为对森林资源的侵害的评价。若仅认定成立滥伐林木罪,虽然评价了行为对森林资源的侵害,但遗漏了对他人生长中的林木所有权侵害的评价。综上,只有评价为盗伐林木罪,才能全面又不重复评价行为的法益侵害事实。

第十五节　滥伐林木罪

·导　读·

滥伐属于自己所有的枯死、病死的林木,不构成犯罪。只要伐倒了林木,就成立滥伐林木罪的既遂。超出许可证规定的数量、地点、树种采伐他人所有的林木的,不成立滥伐林木罪,而应成立盗伐林木罪。行为人滥伐后的林木已经不再是国家森林资源的一部分,而是其个人所有的财产,不是违法所得,不应予以追缴没收。

条　文

第三百四十五条第二款　【滥伐林木罪】违反森林法的规定,滥伐森林或者其他林木,数量较大的,处三年以下有期徒刑、拘役或者管制,并处或者单处罚金;数量巨大的,处三年以上七年以下有期徒刑,并处罚金。

罪名精释

1. 滥伐属于自己所有的枯死、病死的林木,构成犯罪吗?

案1:韦某(女)在某坡地种植了杉木林。2011年5月,韦某的儿子覃某为筹集资金建房,计划砍伐韦某种植的杉木林,并对活立木进行剥皮。同年7月,覃某因病死亡,被剥皮的林木尚未得到处理,至同年11月,该片林木已经枯死。韦某在未办理林木采伐许可证的情况下,请村民砍伐该片杉木林(无证采伐的林地面积10.8亩,立木储蓄量为51.2514立方米)。

法院认为,韦某未经林业部门批准颁发采伐许可证,擅自采伐林木,构成滥伐林木罪。[1]

本案中,在林木已经枯死的情况下,即使没有取得林木采伐许可证而予以采伐的,也没有破坏森林资源。主张韦某的行为构成犯罪的观点,只是以行政法律、规章为根据,完全没有从刑法规定滥伐林木罪的目的进行独立判断,或者牵强地认为枯死树木具有经济价值或者水土保持价值。然而,及时清理山上死亡松树不仅可以缓解松林内树种间的竞争,促进植物群落演替,还可以减少松材线虫病传播松褐天牛的虫源,防止疫情进一步扩散。既然如此,就不得将未取得林木采伐许可证而滥伐枯死树木的行为认定为滥伐林木罪。

从滥伐林木罪的体例位置和条文表述可以看出,滥伐林木罪的保护法益是森林资源及其合理利用。未办理林木采伐许可证而砍伐枯死、病死、烧死、淹死的林木,由于并未侵害森林资源,所以不成立滥伐林木罪。

2. 滥伐林木罪的既遂标准是什么?

由于滥伐林木罪所保护的法益是森林资源及其合理利用,所以只要伐倒了林木,即便还没有转移和利用,也因为已经侵害了法益而应认定成立滥伐林木罪的既遂。

3. "超过数量""超出地点""超出树种"采伐他人所有的林木的,是成立滥伐林木罪还是盗伐林木罪?

案2:程某先后收购了"坞头"山场、"门科"山场等处林木,其办理的林木采伐许可证批准的采伐方式为"择伐",数量为杉树采伐蓄积7.68立方米,出材量5立方米;松树采伐蓄积4.61立方米,出材量3立方米。2017年5月,程某将所购山场林木承包给鲍某,要求鲍某将指界的山场"一刀光"砍伐。另外,程某明知鲍某为方便运树架设索道需要砍伐索道沿线有碍作业

---

[1] 参见广西壮族自治区河池市金城江区人民法院刑事判决书,(2013)金刑初字第228号。

的树木,既未办理相关林木采伐许可证,亦未对鲍某进行有效约束,造成附近多户村民林木被采伐,其中部分为退耕还林地林木。经林业工程师鉴定,程某超数量、无证采伐林木259株,蓄积27.148立方米,折合材积17.647立方米,违法所得9930.28元。

法院认为,程某违反森林法的规定,超出林木采伐许可证规定的数量、方式或在未办理林木采伐许可证的情况下,采伐林木27.148立方米,数量较大,其行为已构成滥伐林木罪。①

上述判决存在疑问。超出林木采伐许可证数量采伐他人所有的林木的,由于不仅侵害了森林资源及其合理利用,而且侵害了他人生长中的林木所有权,所以不是成立滥伐林木罪,而应成立盗伐林木罪。

《破坏森林资源解释》第5条规定,在采伐许可证规定的地点,超过规定的数量采伐国家、集体或者他人所有的林木的,应当认定为"滥伐森林或者其他林木",构成滥伐林木罪。显然,该司法解释的规定存在疑问。超出林木采伐许可证规定的范围、数量、树种采伐他人所有的林木的,因为侵犯了他人的林木所有权,虽然也符合滥伐林木罪的构成要件,但由于具备了盗伐林木罪的特别要素,所以应以盗伐林木罪而不是滥伐林木罪论处。概言之,对于"超出地点""超过数量"与"超出树种"的采伐行为而言,只能根据行为是否侵害了他人对林木的所有权,来决定最终对行为以何罪追究刑事责任。

4. 滥伐属于自己所有的林木应作为违法所得的财物予以追缴的"批复"规定,有无疑问?

案3:徐某某、姜某某、赵某某等11人,在未办理林木采伐许可证的情况下,由胡某某、赵某某雇用多人一同砍伐徐某某、姜某某承包的树木,后胡某某、赵某某将这批树木卖给张某某,获取37,500元。经测算,现场伐根共75个,林木总蓄积量为47.6426立方米。张某某在胡某某、赵某某未提供林木采伐许可证的情况下,仍以37,500元的价格收购其树木并卖予他人。

---

① 参见安徽省绩溪县人民法院刑事附带民事判决书,(2018)皖1824刑初75号。

一审法院认定,徐某某、姜某某、赵某某等人的行为构成滥伐林木罪,但没有判决追缴被告人所滥伐的林木。一审宣判后,检察院提出抗诉,认为被告人滥伐自己所有的林木,违反国家保护森林法规,破坏了国家的森林资源,所滥伐的林木不再是个人合法财产,应作为违法所得予以追缴。原审判决未依法追缴,适用法律确有错误。二审法院审理后驳回抗诉,维持原判,理由如下:首先,《刑法》第64条规定的违法所得是指行为人因实施违反刑事法律的行为,而取得的全部财物及其孳息,其重要的特征是该财物的来源必须违反刑事法律。在确定违法所得的范围时,应严格区分违法所得和合法财产的界限,注意保护不法行为人的合法财产。其次,依据《刑法》第64条的规定,不得因追缴或者责令退赔违法所得而导致行为人双重受罚。对行为人尚未实施违反刑事法律行为即已依法取得的财物,不能界定为违法所得而进行追缴或者责令退赔。最后,刑法所规定的滥伐林木罪,与相近的盗伐林木罪中行为人非法占有国家、集体所有或者他人依法所有的林木有着明显的区别。森林法中对盗伐林木案件规定了没收盗伐的林木或者变卖所得,而没有作出没收滥伐林木或者变卖所得的规定。本案滥伐林木罪中的林木,不是行为人实施违反刑事法律行为而取得的财物,不能界定为违法所得。[①]

应该说,上述不判决追缴没收所滥伐的林木,是完全正确的。

未取得采伐许可证滥伐自己所有的林木,虽然也侵害了国家的森林资源,但并没有侵害他人的财产所有权。也就是说,个人所有的林木虽然是国家森林资源的一部分,但行为人滥伐后的林木已经不再是国家森林资源的一部分,而是其个人所有的财产,不是违法所得,不应予以追缴没收。

第十六节 非法收购、运输盗伐、滥伐的林木罪

· 导 读 ·

事前与盗伐、滥伐林木者通谋的,成立盗伐、滥伐林木罪的共犯。本罪

---

① 参见江苏省盐城市中级人民法院刑事裁定书,(2017)苏09刑终307号。

与掩饰、隐瞒犯罪所得罪之间是特别关系的法条竞合。如果采取其他方式掩饰、隐瞒盗伐、滥伐的林木,如窝藏、代为销售,则还是应以掩饰、隐瞒犯罪所得罪论处。

/ 条 文 /

第三百四十五条第三款【非法收购、运输盗伐、滥伐的林木罪】非法收购、运输明知是盗伐、滥伐的林木,情节严重的,处三年以下有期徒刑、拘役或者管制,并处或者单处罚金;情节特别严重的,处三年以上七年以下有期徒刑,并处罚金。

第四款 盗伐、滥伐国家级自然保护区内的森林或者其他林木的,从重处罚。

/ 罪名精释 /

1.事前与盗伐、滥伐林木者通谋的,还构成本罪吗?

既遂前参与的,成立共犯,既遂后参与的成立赃物犯罪。所以,事前与盗伐、滥伐林木者通谋的,不是成立本罪,而是成立盗伐、滥伐林木罪的共犯。

2.本罪与掩饰、隐瞒犯罪所得罪之间是什么关系?

本罪其实也是一种赃物犯罪,所以属于掩饰、隐瞒犯罪所得罪的特别法条,以收购、运输的方式掩饰、隐瞒盗伐、滥伐的林木的,只需以本罪论处。但如果采取其他方式掩饰、隐瞒盗伐、滥伐的林木,如窝藏、代为销售,则还是应以掩饰、隐瞒犯罪所得罪论处。

第七章　走私、贩卖、运输、制造毒品罪

第一节　走私、贩卖、运输、制造毒品罪

·导　读·

　　毒品犯罪的保护法益不是刑法理论通说所称的国家对毒品的管理制度，而是公众健康。我国刑法之所以未将吸毒者购买毒品的行为规定为犯罪，是因为吸毒者本身就是被害人，是法律保护的对象，购买毒品者不能成立贩卖毒品罪的共犯。吸食毒品的人明知毒品对自己有害而仍然购买的，不能阻却贩毒行为的违法性。贩卖毒品罪的实行行为只有贩卖，为了贩卖而购买毒品的行为，只能成立贩卖毒品罪的预备和非法持有毒品罪的想象竞合犯。实施所谓"诱惑侦查""陷阱教唆""犯意引诱""双套引诱""数量引诱"的警察和线人，可能成立贩卖毒品罪的教唆犯。

　　不应根据代购者有无牟利目的，认定成立贩卖毒品罪还是非法持有毒品罪。只要可以认定系收受毒资交付毒品而属于有偿转让交付毒品的，就成立贩卖毒品罪。从贩毒人员住所、车辆等处查获的毒品，不应计入贩卖毒品既遂的数量，只能评价为贩卖毒品罪的预备或者非法持有毒品罪。购买、运输、携带、寄递麻黄碱类复方制剂进出境的，只是制造毒品罪的预备。"居间介绍"与"代购"之争毫无意义。用毒品换枪、用毒品抵债，构成贩卖毒品罪，但用毒品支付嫖资、用毒品支付彩礼、用毒品行贿，不能构成贩卖毒

品罪。二人以上同行运输毒品,只要没有实施配合、掩护他人运输毒品的行为,就不能认定成立共同运输毒品。

对输入毒品和输出毒品,在入罪和量刑标准上应区别对待。只有与走私、贩卖、制造毒品具有关联性,才能认定成立运输毒品罪。去除非毒品物质即提纯,是制造毒品,但分装毒品不属于制造毒品。明知不是毒品而欺骗他人说是毒品让其贩卖的,成立诈骗罪的间接正犯,贩卖者不构成犯罪。贩卖、运输假毒品的,不成立贩卖、运输毒品罪的未遂,属于不能犯,不值得科处刑罚。误以为400克海洛因是氯胺酮而贩卖的,不能判处死刑。为了自己吸食而从外地购买毒品后带回居住地的,不构成运输毒品罪。不能认为运输途中被查获的,就成立运输毒品罪。

行为人制造了2900克的氯胺酮,仅销售30克即案发的,不能以制造、贩卖2900克毒品氯胺酮判处死刑。吸毒者戒毒后低价将剩余毒品出卖的,也能构成贩卖毒品罪。盗窃毒品后持有的,仅成立盗窃罪,不另成立非法持有毒品罪。"不满",不是必须具备的客观构成要件要素。《刑法》第356条仅适用于不符合累犯条件的再犯。对于不满18周岁的人实施毒品犯罪的,不能适用毒品再犯规定从重处罚。贩卖毒品的行为人主动交代"上家"的,构成立功。不能一概认为"利用、教唆未成年人走私、贩卖、运输、制造毒品,或者向未成年人出售毒品的,从重处罚"中的"未成年人",是指不满18周岁的人。不应区分所谓居间介绍与居中倒卖。

条 文

第三百四十七条 【走私、贩卖、运输、制造毒品罪】走私、贩卖、运输、制造毒品,无论数量多少,都应当追究刑事责任,予以刑事处罚。

走私、贩卖、运输、制造毒品,有下列情形之一的,处十五年有期徒刑、无期徒刑或者死刑,并处没收财产:

(一)走私、贩卖、运输、制造鸦片一千克以上、海洛因或者甲基苯丙胺五十克以上或者其他毒品数量大的;

(二)走私、贩卖、运输、制造毒品集团的首要分子；

(三)武装掩护走私、贩卖、运输、制造毒品的；

(四)以暴力抗拒检查、拘留、逮捕,情节严重的；

(五)参与有组织的国际贩毒活动的。

走私、贩卖、运输、制造鸦片二百克以上不满一千克、海洛因或者甲基苯丙胺十克以上不满五十克或者其他毒品数量较大的,处七年以上有期徒刑,并处罚金。

走私、贩卖、运输、制造鸦片不满二百克、海洛因或者甲基苯丙胺不满十克或者其他少量毒品的,处三年以下有期徒刑、拘役或者管制,并处罚金;情节严重的,处三年以上七年以下有期徒刑,并处罚金。

单位犯第二款、第三款、第四款罪的,对单位判处罚金,并对其直接负责的主管人员和其他直接责任人员,依照各该款的规定处罚。

利用、教唆未成年人走私、贩卖、运输、制造毒品,或者向未成年人出售毒品的,从重处罚。

对多次走私、贩卖、运输、制造毒品,未经处理的,毒品数量累计计算。

罪名精释

1. 毒品犯罪的保护法益是国家对毒品的管理制度吗？

我国刑法理论通说习惯于认为某个罪所保护的客体或者法益是某种管理制度或者管理秩序,对于毒品犯罪所保护的法益的理解也是如此。例如,我国刑法通说教科书指出,走私、贩卖、运输、制造毒品罪的客体是国家对毒品的管理制度。[①]

认为毒品犯罪所保护的法益是国家对毒品的管理制度的通说观点,存在诸多问题。首先,通说并没有进一步解释"国家对毒品的管理制度"的具体内容,这种抽象性的表述并不能揭示《刑法》分则规定毒品犯罪的目的。其次,将"国

---

① 参见高铭暄、马克昌主编:《刑法学(第10版)》,北京大学出版社、高等教育出版社2022年版,第604页。

家对毒品的管理制度"确定为毒品犯罪的保护法益,根本不能说明毒品犯罪的处罚范围。例如,吸毒行为也侵犯了国家对毒品的管理制度,但该行为并不成立犯罪。再次,将"国家对毒品的管理制度"确定为毒品犯罪的保护法益,根本不能对毒品犯罪构成要件的解释起到指导作用。例如,离开本罪的保护法益,就可能将"贩卖"解释为先购入再出售,也可能将单纯的购买行为解释为"贩卖"。复次,将"国家对毒品的管理制度"确定为毒品犯罪的保护法益,根本不能说明各种具体犯罪在不法程度上的差异。例如,贩卖毒品的行为与非法种植毒品原植物的行为,在违反"国家对毒品的管理制度"方面,不存在任何差异,但这两种行为的法益侵害程度明显不同,因而法定刑相差悬殊。最后,将"国家对毒品的管理制度"确定为毒品犯罪的保护法益,导致对某些毒品犯罪既遂的认定过于提前。从逻辑上说,任何违反国家对毒品的管理制度的行为都是既遂。所以,司法实践中将为了出售而购买毒品的行为认定为贩卖毒品罪的实行行为乃至贩卖毒品的既遂,将购买、运输、携带、寄递麻黄碱进出境和采挖、收购麻黄草这种制造毒品罪的预备行为,也认定为制造毒品罪的既遂。

可见,刑法理论通说将"国家对毒品的管理制度"确定为毒品犯罪的法益是毫无意义的。应当认为,毒品犯罪的保护法益是公众健康。

2. 吸毒者从境外网购毒品,属于购买毒品还是走私毒品?

案1:唐某某因患有颈椎轻度骨质增生等症状,长期滥用泰勒宁、曲马多等精神药物并形成瘾癖。2020年1月5日,唐某某明知曲马多系国家管制的精神药品,为解决自身瘾癖,通过微信向"如也"从日本购买两盒含有曲马多成分的药片。随后,"如也"通过国际快递将唐某某购买的药片从日本发往中国境内唐某某指定的地址。同月9日,机场海关对该进境邮件实施查验,经检查和鉴定,该邮件物品为曲马多片,共200粒,每粒重量380毫克。检出含有国家管制的二类精神药品曲马多成分,每片曲马多含量50毫克。

本案争议焦点:被告人以治病为由,实施走私精神药品进境的行为,该行为应如何定性。

法院认为,唐某某无视国家法律,明知曲马多系国家管制的精神药品,为解决自身瘾癖而从境外购买含有曲马多成分的药片并通过邮寄入境,其行为已构成走私毒品罪。①

上述判决存在疑问。行为人只是出资购买毒品,邮寄毒品入境的是身处日本的卖方"如也",构成走私毒品罪的也应该是卖方,而不是作为买方的被告人。倘若认为从国外购买毒品的行为也能构成走私毒品罪,则向境内异地卖主购买毒品的,境内卖主通过邮寄方式向其发货的,购毒者也能构成运输毒品罪,但这显然是不可能的。简单地讲,无论出资向国外卖主购买毒品,还是向境内异地卖主购买毒品,始终只是购买物品,而在我国,购买毒品是不构成犯罪的。所以本案对唐某某从境外购买精神药品的行为认定构成走私毒品罪,是错误的。

虽然贩卖毒品罪所保护的法益是公众健康这一社会法益,但具体的吸毒者才是真正的受害者。吸毒者是法律保护的对象,所以刑法没有将为了自己吸食而购买毒品的行为规定为犯罪,否则就是双重受害。

3.购买毒品者能成立贩卖毒品罪的共犯吗?

自己购买毒品吸食是自害行为,按照片面对向犯原理,对于购买毒品自己吸食的,无论如何都不能作为贩卖毒品罪的共犯处理。但如果购买毒品不是用于自己吸食,则可能成立贩卖毒品罪的共犯。具体而言,只有当行为超出了购买行为的范畴,或者说对贩毒的正犯起到了超出购买范围的促进作用,才可能构成贩卖毒品罪的共犯。行为超出购买范围的促进作用包括成立贩卖毒品罪的教唆犯与帮助犯。大致而言,在对方没有出卖毒品的故意时,购毒者使他人产生出卖毒品的故意进而出卖毒品的,成立贩卖毒品罪的教唆犯;在贩毒者已有出卖毒品的犯意的情况下,购毒者的行为对贩毒起到了超出购买范围的帮助作用时,成立贩卖毒品罪的帮助犯。

---

① 参见广东省汕头市中级人民法院刑事判决书,(2021)粤05刑初27号。

4. 吸食毒品的人明知毒品对自己有害仍然购买的,阻却贩毒行为的违法性吗?

作为毒品犯罪保护法益的公众健康,并不是指特定个人的身体健康,而是作为社会法益的公众健康,个人承诺放弃无效。所以,即使吸毒者央求贩毒者卖给其毒品,也不能阻却贩毒行为的违法性,不妨碍贩卖毒品罪的成立。

5. 认为贩卖是指明知是毒品而非法销售或者以贩卖为目的而非法收买的行为的司法解释规定,有无疑问?

案2:乙向甲购买毒品,甲声称要先收到钱才能向乙提供毒品。于是,乙给甲汇了1.2万元,甲用乙汇来的钱向丙购买了冰毒,还没有提供给乙时,就被公安抓获。

本案中,甲为了贩卖毒品而购买了毒品,但还没有贩卖出去,司法实践中都是认定为贩卖毒品罪的既遂,但本书认为仅成立贩卖毒品罪的预备和非法持有毒品罪的竞合,从一重处罚。

司法实践中,之所以认为为了贩卖而购买毒品就成立贩卖毒品罪的既遂,应该是因为司法解释一直秉持这种立场。例如,2012年5月16日最高人民检察院、公安部《关于公安机关管辖的刑事案件立案追诉标准的规定(三)》第1条就《刑法》第347条的立案追诉标准规定,该条规定的"贩卖"是指明知是毒品而非法销售或者以贩卖为目的而非法收买的行为。又如,根据2022年6月21日人民检察院第三十七批指导性案例第151号"马某某走私、贩卖毒品案",行为人出于非法用途,以贩卖为目的非法购买国家管制的麻醉药品、精神药品的,应当认定为贩卖毒品罪既遂。

如果认为购买就是贩卖,或者说购买毒品也构成犯罪,那么立法者就应该像规定非法买卖枪支罪那样规定非法买卖毒品罪。但立法者并没有这样规定。这说明,贩卖毒品的实行行为就是出卖,为了贩卖而购买毒品的行为就只是贩卖毒品罪的预备行为(同时可能成立非法持有毒品罪),而不可能成立贩卖毒品罪的既遂。认为贩卖就是购买,从语法上也说不通,就如为了销售假药而购买假药的行为,不可能被评价为销售假药罪的既遂。当我们说"贩卖包括购买与出售"

时，显然是指贩卖由购买与出售两个行为构成，而不是说只要有购买或者出卖就属于贩卖。可是，一方面，如果说贩卖由购买与出售两个行为构成，那么，行为人出卖祖传的鸦片或者捡拾的毒品，就因为缺乏购买行为而不成立贩卖毒品罪了，这显然是行不通的。另一方面，如果说贩卖是购买或者出卖，就是直接将购买评价为贩卖了，或者将购买直接评价为出卖了，这显然是违背生活常识的。因为这样说的话，买卖双方都说不清谁买谁卖了。而且，我国刑法显然不处罚购买毒品的行为。因此，贩卖毒品就是出卖毒品，为了贩卖而购买的，只能是贩卖毒品罪的预备行为，当然，购买了毒品后，同时也就持有了毒品，所以成立贩卖毒品罪的预备与非法持有毒品罪，从一重处罚。当然，有时还可能构成运输毒品罪的既遂犯。

6. 如何评价所谓"诱惑侦查""陷阱教唆""犯意引诱""双套引诱""数量引诱"？

对于这些情形，我国司法实务的立场只是从宽处罚，而不是不作为犯罪处理。例如，2008年12月1日最高人民法院《全国部分法院审理毒品犯罪案件工作座谈会纪要》(以下简称《2008年毒品纪要》)指出，行为人本没有实施毒品犯罪的主观意图，而是在特情诱惑和促成下形成犯意，进而实施毒品犯罪的，属于"犯意引诱"，对于"犯意引诱"，应当依法从轻处罚，无论涉案毒品数量多大，都不应判处死刑立即执行；行为人在特情既为其安排上线，又提供下线的双重引诱，即"双套引诱"下实施毒品犯罪的，处刑时可予以更大幅度的从宽处罚或者依法免予刑事处罚；行为人本来只有实施数量较小的毒品犯罪的故意，在特情引诱下实施了数量较大甚至达到实际掌握的死刑数量标准的毒品犯罪，属于"数量引诱"，对因"数量引诱"实施毒品犯罪的被告人，应当依法从轻处罚，即使毒品数量超过实际掌握的死刑数量标准，一般也不判处死刑立即执行。

一般认为，关于"诱惑侦查"或者"陷阱教唆"，对于对方已有犯罪的意图，警察(包括警察的线人)只是提供犯罪机会的，警察可以免责；他人本来没有犯罪的意图，在警察引诱下才实施犯罪的，不能免除警察教唆犯的责任。在德国，有学者对构成要件进行限缩解释，认为这个时候警察与线人的行为还不符合构成要件;也有学者认为这个时候警察与线人的行为符合构成要件,但由于是为了打击犯罪,可以成立紧急避险,进而给警察、线人脱罪。

只有当警察与线人是针对有毒品犯罪嫌疑的人进行陷阱教唆时,才可以说不符合构成要件或者是紧急避险。倘若警察与线人随意针对他人进行陷阱教唆,还是可能成立贩卖毒品罪的教唆犯的。

张明楷教授认为,鉴于毒品犯罪的特殊性,在满足一定条件的前提下可以使用内线侦查方法"引诱"某些犯罪嫌疑人贩卖毒品。这里的一定条件是指:首先,使用通常的侦查方法无法取证查实。其次,"引诱"的对象必须是合理地被认为有毒品犯罪嫌疑的人。再次,"引诱"的目的只是取得证据。最后,"引诱"没有达到使对方失去自由意志的程度,通常采取的方法是,警察装扮成吸毒者或使线人装扮成吸毒者与对方接触,提出购买毒品。如果采取教唆、强制、欺骗等手段,则不认为具有正当性。在上述条件下,警察或线人的行为不构成贩卖毒品罪的教唆犯或帮助犯,只有实施了贩卖毒品行为的人,才可能构成犯罪。张明楷教授还对上述《2008年毒品纪要》的规定提出批评:"这种做法意味着负有禁毒职责的国家机关工作人员可以直接诱惑或者安排他人诱惑没有毒品犯罪故意的人贩卖毒品,明显不当。诱惑没有贩卖毒品故意的人贩卖毒品的,成立贩卖毒品罪的教唆犯。对其中的被'双套引诱'所实施的行为应认定为不能犯。"[1]

本书认为,首先,国家不能直接制造罪犯这一原则应当得到坚持。其次,可以参考片面对向犯的立法者意思说,如果对向犯的行为没有超出定型性的参与或者说最小限度的参与,对向犯的行为就不成立犯罪。就毒品犯罪的"诱惑侦查"而言,只有在对方已有贩卖毒品的意图,警察或者线人只是单纯提供机会的,警察和线人的行为不成立犯罪,贩毒者按照其实际贩卖的毒品数量承担贩卖毒品罪的刑事责任。如果对方没有贩卖毒品的意图,本来就不贩毒,或者虽然曾经贩毒但已打算"金盆洗手",因为警察或者线人的极力引诱才"重操旧业"的,则警察和线人成立贩卖毒品罪的教唆犯,贩毒者成立贩卖毒品罪。如果不追究警察和线人贩卖毒品罪教唆犯的刑事责任,则也不能追究贩毒者的刑事责任。

---

[1] 张明楷:《刑法学(第6版)》(下册),法律出版社2021年版,第1508页。

最后，对于数量引诱的，相当于行为人本打算仅实施伤害，因他人怂恿其杀人而实施杀人行为，所以，除非同时追究警察或者线人对所引诱数量的贩毒共犯的刑事责任，否则不能追究贩毒者超出本来意图贩卖数量的贩卖毒品罪的刑事责任，也就只能追究行为人本来意图贩卖数量的贩卖毒品罪的刑事责任。

7. 根据有无牟利目的确定代购行为性质的实务做法，有无疑问？

案3：郑某因无经济能力长期吸食毒品，便以蹭吸为目的，以代购方式向吸毒人员张某、金某、李某、田某志等人贩卖甲基苯丙胺15次，共计贩卖冰毒3.7克。其中，2019年1月至2月，郑某通过他人购得毒品后，四次向张某贩卖冰毒共1.4克，通过微信收取毒资共1200元，并与张某等人分别在某甲客栈、某乙客栈以及郑某租住屋内将毒品共同吸食。

法院认为，郑某违反国家毒品管理法规，以获得免费吸食毒品为目的，向多人、多次贩卖毒品，情节严重，其行为已构成贩卖毒品罪。①

上述判决之所以认定郑某构成贩卖毒品罪，不是因为其以蹭吸为目的，而是因为，其是购得冰毒后交付给吸毒者并通过微信收取毒资，属于有偿交付毒品，完全符合贩卖毒品罪的构成要件。即便行为人不以蹭吸为目的，而是单纯代购，只要属于有偿交付毒品，就应成立贩卖毒品罪。

案4：某日，蔡某应接受万某购买毒品甲基苯丙胺片剂200粒的委托，从他人处询价，后以转账的方式收取万某人民币4600元。同日20时许，蔡某应将购买的甲基苯丙胺片剂200粒私自截留20粒，后在与万某约定的交易地点武汉市江夏区某小区门口其车内，向万某交付甲基苯丙胺片剂180粒，并告知其截留行为。

本案争议焦点：如何区分"代购蹭吸"行为。

法院认为，蔡某应受万某之托购买毒品，蔡某应虽将收取的毒资全部转给了毒品卖家，但其将200粒毒品中的20粒（价值460元，利润10%）予以截留，实属

---

① 参见湖北省鹤峰县人民法院刑事判决书，(2020)鄂2828刑初17号。

变相加价将毒品贩卖给万某,其行为构成贩卖毒品罪。①

其实,肯定蔡某应的行为构成贩卖毒品罪,并非其截留了10%,而是其收取吸毒者毒资后交付毒品,属于有偿转让毒品,而完全符合贩卖毒品罪的构成要件。换句话说,即便行为人一点都不截留,只要属于有偿交付毒品,就应肯定贩卖毒品罪的成立。

案5:甲经常为自己吸毒而购买毒品,一来二去与毒贩很熟悉。甲的一些朋友也吸毒,他们经常聚在娱乐场所内,想吸毒的时候就让甲去联系毒贩购买,买到后大家一同吸食。甲帮助朋友购买毒品三四次,每次都没有从中牟利,只是购买后和朋友一起吸食而已。

本案中,甲的行为看似属于代购毒品,但其明显是收受毒资后再交付毒品,属于有偿交付毒品。所以构成贩卖毒品罪。

案6:一天晚上,在宾馆房间住宿的吸毒人员乙,来到该宾馆丙住的另一个房间,给了丙300元让丙帮忙购买冰毒。丙接过钱出门买了1克冰毒,然后回到自己的房间,吸食了其中的一部分,之后才把剩下的冰毒拿到乙的房间交给了乙。这时,乙又邀请丙在自己的房间共同吸食丙买来的冰毒。

本案中,由于丙是有偿向乙交付毒品,所以构成贩卖毒品罪。

案7:张三、李四二人因为在同一场所被强制戒毒而相识。强制戒毒结束后,李四对张三说:"以后要是有人想吸毒,你可以介绍到我这儿来,我有毒品。"张三当时既没有同意,也没表示反对。一年后,张三的朋友王五听说张三曾经吸食过毒品,就问张三有没有毒品,张三说自己没有,但可以帮忙问问。于是,张三想到了一年前李四跟自己说过的话,就联系了李四,李四回复说自己有毒品,20克售价1万元。之后,张三把这个信息告诉了王五,王五利用微信转给张三1万元,张三再转给李四,李四收到钱后,通过货车司机把毒品先运送给张三,张三又开车将毒品送给了王五。

本案中,虽然难以确认张三究竟是在帮助贩卖还是帮助购买毒品,但从张三收钱转账又转交毒品来看,张三无疑是在有偿转让毒品,应成立贩卖毒品罪。

---

① 参见湖北省武汉市东湖新技术开发区人民法院刑事判决书,(2020)鄂0192刑初297号。

对于所谓代购毒品的行为是成立贩卖毒品罪还是非法持有毒品罪,理论与实务争论不休。实务一如既往地根据行为人有无牟利的目的分别认定成立贩卖毒品罪与非法持有毒品罪。例如《2008年毒品纪要》指出,有证据证明行为人不以牟利为目的,为他人代购仅用于吸食的毒品,毒品数量超过《刑法》第348条规定的最低数量标准的,对托购者、代购者应以非法持有毒品罪定罪。代购者从中牟利,变相加价贩卖毒品的,对代购者应以贩卖毒品罪定罪。2015年5月18日最高人民法院《全国法院毒品犯罪审判工作座谈会纪要》(以下简称《2015年毒品犯罪纪要》)也指出,行为人为他人代购仅用于吸食的毒品,在交通、食宿等必要开销之外收取"介绍费""劳务费",或者以贩卖为目的收取部分毒品作为酬劳的,应视为从中牟利,属于变相加价贩卖毒品,以贩卖毒品罪定罪处罚。

关于代购毒品的行为是否构成贩卖毒品罪,首先,不能以代购毒品行为是否牟利作为判断标准。因为从我国《刑法》第347条贩卖毒品罪的法条表述来看,贩卖毒品罪的成立既不要求主观上必须以牟利为目的,也不要求客观上必须牟利。从刑法的目的来看,判断代购毒品的行为是否成立犯罪,其实质根据在于这种行为是否危害公众健康。从证据上看,虽然代购者加价将毒品交付给吸毒者是比较典型的贩卖毒品行为,但事实上,很难证明代购者是否进行了加价交付。

其次,不能单纯从帮助贩卖还是帮助购买的角度来判断。因为在许多情况下,从客观上难以判断行为人是为了帮助贩卖还是为了帮助购买;另外,在客观上难以判断的情况下,根据行为人的主观想法判断是帮助贩卖还是帮助购买,必然会导致定罪的随意性。如上述案7,要想确认张三究竟是在帮助李四贩卖毒品还是在帮助王五购买毒品,其实是十分困难的,甚至是不可能的。既然如此,就难以据此来判断张三的行为是否构成贩卖毒品罪,而只能从张三的行为是否属于有偿转让或者交付毒品来判断。

最后,根据代购者是否有偿地将毒品交付给他人,以及代购行为是否超出了购买范畴,来判断是否成立贩卖毒品罪的正犯或者共犯。只要行为人有偿地将毒品交付给他人,无论毒品源于何处,也无论行为人是否以牟利为目的,以及客观上是否牟利,都属于贩卖毒品。贩卖不要求将对象交付给不特定人或者多数人,也不限于买进后再卖出,只要是有偿地转让或者出卖毒品,就是贩卖毒品。

吸毒者直接将毒资交付给上家，代购者只是代为将毒品从上家转交给吸毒者的，或者单纯为吸毒者指示、寻找上家，以及其他帮助吸毒者购买毒品但没有实施有偿交付毒品，即没有收受毒资然后交付毒品，或者先交付毒品然后收受毒资，或者在收受毒资的同时交付毒品。在这种情况下，代购者和吸毒者之间并不存在有偿的毒品交易，所以不能认定代购者对吸毒者贩卖了毒品，只能讨论代购者是否成立上家的贩卖毒品罪的共犯。

代购者是否成立上家的贩卖毒品罪的共犯，关键是看代购行为是否超出购买行为的范畴。例如，帮助卖家找买家的行为就超出了购买行为的范畴；帮助卖家与买家谈价的行为也超出了购买行为的范畴。如果只是帮助买家找卖家，还没有超出购买行为的范畴。单纯为吸毒者寻找、联系贩卖者的，仍属购买毒品的行为，不应当认定为贩卖毒品罪的共犯。但是，为贩卖者寻找、联系上游贩毒者或者下游吸毒者的，则成立贩卖毒品罪的共犯。我国刑法没有将购买毒品的行为规定为犯罪，所以为了自己吸食而购买毒品的行为，不与上家构成贩卖毒品罪的共犯。既然如此，为了特定人吸食而无偿将毒品从贩毒者处转交给吸毒者的行为，也不可能成立贩卖毒品罪的共犯。之所以如此认定，是因为无论是为自己吸食而购买毒品，还是为了特定人吸食而代为转交毒品，对贩卖毒品的行为所起的作用都是相同的。

总之，关于代购毒品的行为，若能认定为有偿交付毒品，则应单独成立贩卖毒品罪的正犯；帮助卖家找买家，或者帮助卖家与买家谈价，以及为贩卖者寻找、联系上游贩毒者或者下游吸毒者的，成立贩卖毒品罪的共犯；单纯为吸毒者寻找、联系贩毒者，以及不接收转交毒资仅单纯转交毒品的，没有超出购买行为的范畴，不成立贩卖毒品罪的共犯。

8. 如何认定走私、贩卖、运输、制造毒品罪的既未遂与预备？

案8：韦某第、王某宏商量共同制造甲基苯丙胺。随后，韦某第召集被告人韦某、罗某杰共同制造甲基苯丙胺。某日凌晨，韦某第、韦某、罗某杰在一处平房内开始制毒。次日凌晨，公安机关在该处将正在制造毒品甲基苯丙胺的韦某第、韦某抓获，并在现场查获18.134千克甲基苯丙胺半成品。

本案争议焦点:毒品半成品是否应当认定为已经制造出毒品,对被告人制造毒品的行为应认定为未遂还是既遂。

法院认为,4 名被告人制造出的毒品已属于毒品半成品,根据法律规定,不应对毒品的纯度予以折算,其行为依法应认定为制造毒品罪既遂,查获的毒品甲基苯丙胺 18.134 千克为制造毒品的数量。①

上述判决存在疑问。既然只是半成品,说明行为人并不会将这些半成品直接出售给他人,相对于制造出毒品成品而言,其对公众健康的危险还非常抽象。所以应认为制造出毒品半成品的,仅成立制造毒品罪的未遂,而不是既遂。

案 9:塔某携带 1500 克海洛因,欲乘飞机前往广州,在机场内被查获。一审认定构成运输毒品罪(未遂)。二审认为,上诉人塔某将毒品带离藏匿地点,其行为已使毒品发生了位移并且已经起运,进入了运输的环节,构成运输毒品罪(既遂)。②

本案中,虽然被告人未能将毒品带到目的地广州,但其使毒品从家里转移到了机场,导致毒品扩散,所以二审法院认定成立运输毒品罪既遂是正确的。

走私毒品可以分为输入毒品与输出毒品。关于输入毒品的既遂标准,应分陆路输入与海路、空路输入来讨论。对于陆路输入,应当以逾越国境线、使毒品进入我国领域内的时刻为既遂标准,这点没有争议。关于海路和空路输入的既遂,国外刑法理论存在"领海、领空说""登陆说""关税线说""搬出可能说""到达说"5 种学说。"到达说"认为,装载毒品的船舶到达本国港口或航空器到达本国领土内时为既遂,否则为未遂。应该说,"到达说"基本上是合理的。不过,若航空器只是到达本国领空尚未着陆,由于毒品不是武器和核材料,只是在领空,还未威胁到生活在地面的国人的健康,所以还是应当在航空器着陆后才宜评价为走私毒品罪的既遂。

贩卖毒品罪的实行行为是贩卖,只有毒品实际上转移给了买方才能评价为既遂。至于转移毒品后行为人是否已经获取了利益,则并不影响贩卖毒品罪既

---

① 参见广西壮族自治区柳州市中级人民法院刑事裁定书,(2019)桂 02 刑终 402 号。
② 参见新疆维吾尔自治区乌鲁木齐市中级人民法院刑事判决书,(2007)乌中刑一初字第 18 号;新疆维吾尔自治区高级人民法院刑事判决书,(2007)刑一抗字第 3 号。

遂的成立。毒品实际上没有转移,即使已达成转移的协议,或者已经获得了利益,也不宜认定为贩卖毒品罪的既遂。行为人以贩卖为目的购买了毒品但未能出售给他人的,宜认定为贩卖毒品罪的预备行为。

为了运输而开始搬运毒品时,是运输毒品罪的着手;由于行为人意志以外的原因未能使毒品离开原处或者说未能转移毒品存放地的,属于未遂;运输毒品行为使毒品离开了原处或者转移了存放地,即使没有到达目的地,也是运输毒品罪的既遂。

制造毒品罪应以实际上制造出毒品为既遂标准;着手制造毒品,没有实际上制造出毒品的,成立制造毒品罪的未遂;制造出毒品半成品即案发的,由于半成品不会直接被出售,因而对公众健康的威胁还非常抽象,应认定成立制造毒品罪的未遂,而不是既遂;行为人以为自己所使用的原料与配料能够制造出毒品,但事实上未能制造出毒品的,视行为是否具有制造出毒品的具体危险,判断成立制造毒品罪的未遂犯和不能犯。

9. 将从贩毒人员住所、车辆等处查获的毒品计入贩毒既遂数量的实践做法,有无疑问?

案10:劳某卖出海洛因47.5克,同时从其身上缴获海洛因371.5克。法院认为,"劳某持毒品进行贩卖,虽只卖出47.5克,但剩下的371.5克仍是在继续贩卖中,应认定劳某贩卖毒品419克……判处死刑"[①]。

本案中,劳某实际卖出海洛因仅47.5克,这是犯罪既遂的数额。从其身上缴获的海洛因371.5克只能算是贩卖毒品预备或者非法持有毒品的数额,不应将其计入贩卖毒品罪既遂的数额。法院将未卖出的毒品数额一并计入贩卖毒品罪既遂的数额并判处死刑,是极其错误的。正确的做法应是以贩卖毒品罪(47.5克海洛因)与非法持有毒品罪(371.5克海洛因)数罪并罚。

案11:丁某单独或指使他人贩卖海洛因500克,同时从其住处查获海洛因11.5克。最高人民法院复核认为,在丁某的租住处查获的海洛因,亦应

---

① 海南省海口市中级人民法院刑事判决书,(2001)海中法刑初字第6号。

计入丁某贩卖海洛因的数量。①

本案中,从住处查获的11.5克海洛因并非其实际贩卖出去的毒品,只能评价为非法持有毒品罪的数额,而不应一并计入贩卖毒品既遂的数额。正确的做法是,认定为贩卖毒品罪(500克海洛因)与非法持有毒品罪(11.5克海洛因),实行数罪并罚。最高人民法院复核认为应一并计入贩卖毒品罪既遂的数额,明显是错误的。

案12:某日,李某在其租房内贩卖0.6克海洛因给彭志某。同日,在南安市水头镇康店村新区某某号店面的公路旁,欲将6克海洛因贩卖给张志某时被查获,并在其随身携带的手提包内缴获海洛因6.01克,在其身上文胸处缴获海洛因1.16克,在其租房里的黑色行李箱内缴获海洛因11.57克,从吸毒人员彭志某身上缴获海洛因0.6克。共计缴获海洛因19.34克。

法院认为,将毒贩住处等地查获的毒品数量计入贩卖数量是基于贩卖的目的而进行的司法推定,其实质是根据被抓获的行为人的现场贩卖行为,以此证明其具有贩卖目的。本案中,可以认定租房内被扣押海洛因11.57克为李某所持有,应计入李某贩卖毒品的数量。李某犯贩卖毒品罪,判处有期徒刑7年2个月,并处罚金人民币3万元。②

案13:2017年6月初的一天,程某在崇阳县天城镇中医院老大门门口以200元钱的价格向吸毒人员吴某出售海洛因约0.3克。2017年6月27日12时许,程某在崇阳县天城镇四板桥头以100元钱的价格向吸毒人员庞某出售海洛因约0.12克。2017年6月28日16时许,程某在崇阳县交通局门前正欲向吴某出售200元钱的海洛因时,被崇阳县公安局民警当场抓获,并从程某身上搜查出海洛因2小包共计0.63克,从程某所骑摩托车内搜查出海洛因26小包共计17.77克。

本案争议焦点:从程某摩托车内查获的17.77克毒品海洛因是否应当认定是其贩卖的毒品。

---

① 参见最高人民法院刑事判决书,(2001)刑复字第18号。
② 参见福建省泉州市中级人民法院刑事裁定书,(2018)闽05刑终567号。

法院认为,本案中,并无确凿的证据证明从被告人程某摩托车内查获的毒品并非被告人程某用于贩卖。因此,在程某有贩卖毒品的客观行为的情况下,对从其摩托车内查获的毒品数量应当认定为其贩卖的数量。①

《2015年毒品犯罪纪要》指出,贩毒人员被抓获后,对于从其住所、车辆等处查获的毒品,一般均应认定为其贩卖的毒品。确有证据证明查获的毒品并非贩毒人员用于贩卖,其行为另构成非法持有毒品罪、窝藏毒品罪等其他犯罪的,依法定罪处罚。这个规定明显存在疑问。

贩卖毒品罪的实行行为是贩卖,既不是"购买+贩卖",也不是购买或者贩卖,只有毒品实际转移给了买方才能评价为既遂。对于从其身上、住所、车辆查获的毒品,即便查明是行为人准备用于贩卖的,也因为没有实际转移交付给买方而不能认定为犯罪既遂。正如,不可能将仓库中准备用于销售的伪劣产品数额一并计入销售伪劣产品罪既遂的数额一样。上述规定和实践做法,是违背常识和犯罪既遂原理的,应当予以纠正。

10. 购买、运输、携带、寄递麻黄碱类复方制剂进出境的就成立制造毒品罪的司法解释规定,有无疑问?

2012年6月18日最高人民法院、最高人民检察院、公安部《关于办理走私、非法买卖麻黄碱类复方制剂等刑事案件适用法律若干问题的意见》指出,以加工、提炼制毒物品制造毒品为目的,购买麻黄碱类复方制剂,或者运输、携带、寄递麻黄碱类复方制剂进出境的,依照《刑法》第347条的规定,以制造毒品罪定罪处罚。

这种行为只能评价为制造毒品罪的预备。如果上述司法解释所称的"以制造毒品罪定罪处罚",是指以制造毒品罪的预备定罪处罚,则没有疑问,若是以制造毒品罪的未遂或者既遂处罚,就存在问题了。

11. 应否区分"居间介绍"与"代购"?

案14:某日傍晚,杨某替蒋某芹电话联系王某,并为蒋某芹带路至王某

---

① 参见湖北省咸宁市中级人民法院刑事裁定书,(2018)鄂12刑终180号。

住处,蒋某芹以2200元的价格将6克甲基苯丙胺出售给王某。为表示感谢,蒋某芹给付杨某0.3克甲基苯丙胺用于吸食。

本案争议焦点:居间介绍买卖毒品未获利应如何定性。

法院认为,居间介绍买卖毒品,是指行为人自身不拥有毒品,也不向他人贩卖毒品,而是在毒品销售者和具有购买毒品意图的人之间进行传递信息、联络双方,促使毒品交易完成的行为。本案中,杨某为贩毒者介绍交易对象,并为贩毒者带路前往购毒者家中使得贩卖毒品交易顺利进行,被告人虽然没有牟利的意图和获得实质的经济利益,但是被告人明知其是为贩毒者出卖毒品而提供帮助,不论是否从中获利,其行为都构成贩卖毒品罪,与毒品贩卖者一方构成共同犯罪。原因在于贩卖毒品的行为必须有买方和卖方才能进行,居间介绍毒品买主的行为正是贩卖毒品的一个重要表现形式,是否获利不是贩卖毒品罪的构成要件,居间介绍人主观上具有明知是毒品而帮助他人贩卖的故意,客观上实施了帮助他人贩卖毒品的行为,在贩卖过程中,与毒品所有人形成了贩卖毒品的共同故意,与贩毒者构成贩卖毒品罪的共同犯罪。①

应该说,上述判决之所以认定居间介绍者成立贩卖毒品罪的共犯,是因为居间介绍行为促进了贩毒行为。根据《刑法》总则中关于共同犯罪的规定,对于促进了贩毒行为的人,无论居间介绍者是否从中获利,都应论以贩卖毒品罪的共犯。

案15:范某得知唐某能从上海买到毒品海洛因,遂一同前往上海。唐某联系毒贩购得海洛因后交给范某,二人正准备离开时被抓获。一审法院认为,唐某居间介绍买卖毒品,构成贩卖毒品罪。二审法院则认为,唐某仅是为了帮助吸毒者能够买到毒品,不成立贩卖毒品罪的共犯,而是成立非法持有毒品罪。②

本案中,即使认为不是居间介绍,而是代购毒品,也因为唐某是有偿转让交付毒品,而应成立贩卖毒品罪的正犯。

---

① 参见江苏省连云港市中级人民法院刑事裁定书,(2019)苏07刑终418号。
② 参见上海市第二中级人民法院刑事判决书,(2003)沪二中刑终字第289号。

司法实践中,往往通过确定居间介绍与代购行为来判断代购行为是否构成贩卖毒品罪。其实,代购与居间介绍都不是刑法上的概念,代购也并非一律不构成贩卖毒品罪,居间介绍虽然一般能评价为贩卖毒品罪的共犯,但单纯为购毒者寻觅和指示贩毒者的居间行为不一定成立贩卖毒品罪。所以,居间介绍与代购之争,既不是罪与非罪之争,也不是此罪与彼罪之争,而是毫无意义的争论。

民法上的居间包括媒介居间与报告居间(指示居间)。媒介居间,是指居间人为订约媒介,介绍双方订立合同,即斡旋于交易双方之间,从而促成双方的交易。显然,因为媒介居间为贩毒者出卖毒品做出了贡献,因而成立贩卖毒品罪的共犯。报告居间,是指居间人为委托人报告订约机会,即居间人接受委托人的委托,寻觅及指示其可与委托人订立合同的相对人,从而为委托人订约提供机会。可以肯定,在报告居间的场合,为贩毒者寻觅和指示购毒者的,也是帮助贩卖毒品,但是单纯为购毒者寻觅和指示贩毒者的居间行为,并不构成贩卖毒品罪的共犯。

12. 如何评价"互易毒品"行为的性质?

张明楷教授认为,吸食者相互之间交换毒品的,不宜认定为贩卖毒品罪,但贩毒者为了调剂各自的毒品种类与数量而相互交易毒品的,因为增加了危害公众健康的抽象危险,应认定为贩卖毒品罪。[1]

本书认为,即便是吸毒者相互之间交换毒品,也属于有偿交付毒品,也导致了毒品的扩散,所以不能排除贩卖毒品罪的成立。

13. 用毒品换枪、用毒品抵债等行为构成贩卖毒品罪吗?

用毒品换枪、用毒品抵债,均属于有偿转让毒品,成立贩卖毒品罪。当然,用毒品换枪,还成立非法买卖枪支罪,属于想象竞合,从一重处罚,对方也成立非法买卖枪支罪。

---

[1] 参见张明楷:《刑法学(第6版)》(下册),法律出版社2021年版,第1507页。

14. 将毒品作为有偿服务(包括卖淫等性服务)的对价交付给对方的,构成贩卖毒品罪吗?

张明楷教授认为,将毒品作为有偿服务(包括卖淫等性服务)的对价交付给对方的,宜认定为贩卖毒品罪。①

本书认为,因为性服务没有对价,不能用来交换,将毒品作为嫖资支付的行为评价为贩卖毒品罪可能存在疑问。如果这种观点成立,那么将毒品作为彩礼、用毒品行贿、用毒品买官、雇凶者用毒品支付杀人酬金的,都可能被评价为贩卖毒品罪,这恐怕不合适。

15. 同行运输毒品的,当然成立运输毒品罪的共犯吗?

案16:某日,许某某指使金某甲和金某乙将一包毒品带至吉林火车站。案发后,乘警从金某甲处扣押2包疑似毒品。其中一包内有3小包白色晶体状物(共24.468克)和1包红色和绿色片状颗粒物(46粒,共4.337克),另一包内有1包白色晶体状物(4.855克)和10粒红色片状颗粒物(0.908克)。

法院认为,许某某是在金某乙和金某甲均在场的情况下,委托二人将毒品带至吉林给吉林站的接货人。许某某是运输毒品犯罪的犯意提起者,金某乙和金某甲本就是同行人,二人多次在许某某处购买毒品,关系较好,二人对于接受许某某的委托是心领神会,都明知自己并不是孤立地在实施运输毒品的犯罪行为,而是共同实施了犯罪行为,该情形之下金某乙和金某甲之间对运输毒品形成默示的犯意联络,具备了共同故意的特征。同时,金某甲、金某乙均证实许某某委托运输毒品的事实,二人均彼此印证,后金某乙与金某甲共同乘坐火车实施了运输毒品的行为,且金某乙在公安机关第一次讯问笔录中,明确供述与金某甲共同运输毒品,虽然其在之后的供述中否认参与运输毒品,但未能对供述发生变化作出合理解释。现有证据足以认定许某某、金某甲、金某乙共同实施了运输毒品的

---

① 参见张明楷:《刑法学(第6版)》(下册),法律出版社2021年版,第1507页。

第七章 走私、贩卖、运输、制造毒品罪

犯罪行为,均构成运输毒品罪。①

上述判决存在疑问。虽然是许某某指使金某甲和金某乙将一包毒品带至吉林火车站,但案发后乘警是从金某甲处搜出2包疑似毒品,并未从金某乙处搜出毒品。不能认为共同乘坐火车同行就是共同运输毒品。因为成立共同运输毒品,对运输毒品的数量进行累加,必须证明存在共同运输的故意和共同运输的行为。本案中,未能证明存在所谓共同运输的行为。所以肯定共同运输毒品,还存在疑问。

案17:2018年12月8日8时许,刘某、石某明在宏基花园小区旁的永跃生鲜连锁超市购买两袋香果奶脆糖、一包冰糖等商品后,共同搭乘网约车到邵东高铁站,准备从邵东乘坐高铁前往苏州。途中,刘某、石某明在网约车后座,二人将香果奶脆糖袋内的奶糖换成冰糖装入,并用打火机重新烫封。当日9时2分许,刘某和石某明到达邵东高铁站。9时12分许,石某明先行进站,两分钟后被告人刘某进站。9时18分许,民警在候车室将刘某抓获并带至公安执勤室,从其腰间右侧皮带内发现一个香果奶脆糖包装袋,内有6小包用透明塑料封口袋包装的无色晶状物。刘某主动交代无色晶状物系冰毒,并指认其同行人。随即,民警在候车室将石某明带至公安执勤室,从其上衣左侧口袋中发现一个香果奶脆糖果袋,封口有烫烧痕迹,内有无色晶体状固体,石某明自述为"冰毒"。经称量,刘某携带的无色晶状物,共计144.25克;石某明携带的无色晶体状固体称重240.76克。刘某携带的无色晶状物均检出甲基苯丙胺成分,石某明携带的无色晶体状固体未检出甲基苯丙胺成分。

法院认为,刘某明知是毒品而非法携带含有甲基苯丙胺成分的毒品144.25克乘坐高铁列车进行运输,其行为已构成运输毒品罪。公诉机关指控石某明犯运输毒品罪的事实不清,证据不足;指控刘某、石某明受人指使购置甲基苯丙胺准备运往苏州,仅有刘某的供述,没有其他证据予以印证,不能成立。判定刘某

---

① 参见吉林省长春铁路运输中级人民法院刑事裁定书,(2020)吉71刑终7号。

犯运输毒品罪,判处有期徒刑15年,并处没收财产1万元;石某明无罪。[1]

二人以上同行运输毒品,即便知道有人与其同行带有毒品,只要没有实施配合、掩护他人运输毒品的行为,都不能认定为运输毒品的共犯,不能将同行人携带的毒品数量计入运输毒品的数量。

16. 对输入毒品和输出毒品,在入罪和量刑标准上应否区别对待?

输入毒品和输出毒品的危害性是不一样的。有的国家如日本,就区别规定了输入毒品与输出毒品,输出毒品犯罪的法定刑低于输入毒品犯罪的法定刑。即便我国《刑法》没有区别规定输入毒品与输出毒品,在具体定罪量刑上也应区别对待,即对于输出毒品的定罪量刑应适当轻于输入毒品。

17. 如何限制运输毒品罪的处罚范围?

运输毒品是与走私、制造、贩卖毒品并列规定的罪名,适用同样的法定刑。所以,只有与走私、贩卖、制造具有关联性,因而使运输毒品的行为对国民健康造成了与走私、贩卖、制造毒品相当的抽象危险时,才宜认定为运输,否则会导致罪刑之间的不协调。换句话说,运输与走私、贩卖、制造毒品的行为只是内部的分工不同而已,都是犯罪的有机组成部分。不能查明与走私、贩卖、制造毒品相关联的,即使转移了毒品,也不能认定成立运输毒品罪,只能认定为非法持有(动态持有)毒品罪。

18. 提纯、分装毒品,是制造毒品吗?

《2008年毒品纪要》认为,去除其他非毒物质,不属于制造毒品的行为。张明楷教授则认为,"去除其他非毒品物质"的行为,应属于制造毒品;应对"制造"作广义解释,将分装毒品的行为包括在制造毒品之中,是比较合适的。[2]

本书认为,去除非毒品物质,就是提纯,的确能提高毒品的"口感",会助推

---

[1] 参见广州铁路运输中级人民法院刑事判决书,(2019)粤71刑终27号。
[2] 参见张明楷:《刑法学(第6版)》(下册),法律出版社2021年版,第1509页。

毒品的扩散,将其评价为制造毒品还是可行的。但将分装毒品(就是将毒品进行分割,并装入一定的容器,即所谓量的精制),并没有改变毒品的成分,评价为制造毒品可能有点牵强。

19. 明知不是毒品而欺骗他人说是毒品让其贩卖的,如何处理?

案 18:2020 年 3 月 22 日,经事先联系,姜某某带被害人陈某某至四川省成都市向谢某、张甲购买 150 克冰毒,谢某、张甲在没有毒品的情况下,谎称以快递的方式将毒品寄送给陈某某,骗取陈某某支付毒资 8 万元。其间,姜某某得知谢某、张甲二人没有毒品,也提议其三人将毒资占有,再寄送假的毒品给陈某某。后谢某、姜某某经预谋,又向陈某某虚构多准备了 150 克冰毒的事实,让陈某某追加毒资。同年 4 月 16 日,谢某由成都至上海,伙同姜某某一起,以 300 克假冰毒(头痛粉)再次骗取被害人陈某某毒资及好处费 13 万元。

同月 19 日,姜某某向谢某转账 1 万元以购买毒品,同月 21 日,姜某某飞抵成都,谢某将 20 克毒品交与姜某某,姜某某于次日乘飞机携毒品返沪。同月 22 日 17 时许,姜某某在某小区门口,将其中约 1 克冰毒以 800 元的价格卖予张乙。同月 23 日,民警抓获姜某某,从其住处当场查获 4 包白色晶体(其中 3 包重 17.87 克,检出甲基苯丙胺成分;1 包重 5.78 克,未检出常见毒品成分),并在其住处门口消防通道内查获 1 包白色晶体(重 298.02 克,未检出常见毒品成分)。

法院认为,姜某某因涉嫌非法持有毒品而案发,2020 年 4 月 23 日在其住处被抓获并查获毒品 17.87 克。再根据其供述查实其于 22 日有贩毒约 1 克予张乙的事实。故而涉案毒品并非姜某某因贩毒行为被当场抓获后从其住处查获,不能适用贩毒故意的推定规则,认定为包含于其贩毒故意之中。姜某某为贩卖而购买、运输毒品 20 克并已贩卖部分予他人,其行为构成贩卖、运输毒品罪,依法应予数罪并罚。判定谢某犯诈骗罪、贩卖毒品罪;姜某某犯诈骗罪、贩卖、运输毒品罪;张甲犯诈骗罪。[1]

---

[1] 参见上海市第二中级人民法院刑事裁定书,(2021)沪 02 刑终 30 号。

本案中，法院认定被告人明知是假毒品而贩卖的行为构成诈骗罪是正确的。但认为之所以不将从被告人住处查获的毒品计入贩毒数量，是因为被告人不是因贩毒行为被当场抓获后从其住处查获，故不能适用贩毒故意的推定规则的说理存在问题。即便因贩毒被当场抓获进而从其住处查获毒品，由于住处查获的毒品并没有实际被贩卖，所以对于从其住处查获毒品的事实，只能认定成立贩卖毒品罪的预备或者非法持有毒品罪，而不能将从被告人住处查获的毒品一并计入贩卖毒品既遂的数量。

明知不是毒品而欺骗他人说是毒品让其贩卖的，成立诈骗罪（间接正犯），贩卖者是其利用的工具，由于贩卖的不是毒品，贩卖者成立贩卖毒品的不能犯，不构成犯罪。

20. 贩卖、运输假毒品，能成立贩卖、运输毒品罪的未遂吗？

案19：黄某举欲购买毒品，通过朋友介绍联系上湖北省黄冈市一男子。黄某举在该男子居住的出租屋内，以5800元购买15克K粉疑似物，以3300元购买21克冰毒疑似物，又给该男子转账1000元好处费，共计10,100元。经鉴定，上述K粉疑似物、冰毒疑似物均不是毒品。黄某举将购买的毒品疑似物添加食盐后，按照每包0.9克左右的重量予以分包，并以每包500元的价格进行出售。

法院认为，黄某举因对所贩卖毒品事实的认知错误未能得逞，系犯罪未遂。判定黄某举犯贩卖毒品罪，判处有期徒刑4年，并处罚金人民币1万元。[1]

案20：某天，彭某贩卖给何某凯100元的氯胺酮可疑物。同日13时许，被告人彭某以500元的价格贩卖给雷某一小包净重为0.98克的氯胺酮可疑物。经鉴定，从上述氯胺酮可疑物中未检出氯胺酮成分。

法院认为，在贩卖毒品过程中，彭某在其并不知道所贩卖的毒品不含氯胺酮成分的情况下进行贩卖，是犯罪未遂。[2]

---

[1] 参见河南省平顶山市郏县人民法院刑事判决书，(2021) 豫0425刑初66号。
[2] 参见广西壮族自治区南宁市兴宁区人民法院刑事判决书，(2019) 桂0102刑初116号。

本书认为,上述两个判决均是错误的。既然贩卖的不是毒品,就不具有侵害公众健康的危险性,应属于不能犯,不构成犯罪。

案21:一名绰号叫"十三"的男子(另案处理)让李某与梁洪某跟其去广东帮其带毒品回贵港,后在运输途中被查获。从货车驾驶室后排中间座位下的储物箱内缴获两包毒品可疑物,净重1972.75克。经鉴定,上述缴获的两包毒品可疑物均未检出甲基苯丙胺、海洛因、氯胺酮成分。

本案争议焦点:错把普通货物当毒品运输是否构成运输毒品罪。

一审法院认为,李某、梁洪某运输冰毒疑似物,未检出毒品成分,系由于被告人意志以外的原因未能得逞,属于犯罪未遂,可以比照既遂犯减轻处罚。李某犯运输毒品罪,判处有期徒刑12年,并处罚金人民币2万元。梁洪某犯运输毒品罪,判处有期徒刑11年,并处罚金人民币2万元。二审法院认为,李某、梁洪某主观上具有运输毒品的故意,客观上实施了把假毒品当作毒品运输的行为,其行为符合运输毒品罪的构成要件,构成运输毒品罪,公安机关在查获的毒品疑似物未检出毒品成分系由于李某、梁洪某意志以外的原因未得逞,属于运输毒品犯罪未遂。驳回上诉,维持原判。①

上述判决明显存在疑问。既然未检出毒品成分,就说明其运输"毒品"的行为不具有侵害公众健康的危险性,客观上就不是运输毒品,怎么还能符合运输毒品罪的构成要件呢?

根据客观的未遂犯论,只有行为具有侵害法益的具体危险,才能成立未遂犯。贩卖、运输假毒品,显然不具有侵害公众健康的危险性,所以不能成立贩卖、运输毒品罪的未遂犯,只能成立不能犯,不值得科处刑罚。

21. 误以为400克海洛因是氯胺酮而贩卖的,能判处死刑吗?

通常认为,对毒品种类的认识错误,不阻却故意,不影响犯罪既遂的成立。但是,如果误以为是毒性较低的毒品而贩卖,实则达到判处死刑的标准,如误以为贩卖的是400克氯胺酮,实际贩卖的是400克海洛因。实践中对贩卖海洛因

---

① 参见广西壮族自治区贵港市中级人民法院刑事裁定书,(2018)桂08刑终253号。

400克可能判处死刑,而贩卖氯胺酮必须达到500克以上才可能判处死刑。虽然行为的违法性是贩卖400克海洛因,但其有责性即非难可能性仅是贩卖400克氯胺酮,正如行为人误以为是普通财物而盗窃,但实际盗窃的是枪支,不能认定为盗窃枪支罪而判处死刑一样。所以,误以为是400克氯胺酮实则是400克海洛因的,不能判处死刑。也就是说,虽然一般而言毒品种类的认识错误,不阻却故意,不影响毒品犯罪的认定,但如果关涉死刑的判处,则毒品种类的认识错误对量刑还是会产生影响,即不能超出责任的程度判处刑罚,这是责任主义和保障人权的要求。

22. 为了自己吸食而从外地购买毒品后带回居住地的,以及帮助吸毒者从外地代购毒品后带回吸毒者所在地的,构成运输毒品罪吗?

由于行为与走私、贩卖、制造毒品的行为不具有关联性,不能认定为运输毒品罪,只可能认定成立非法持有毒品罪。

23. 运输途中被查获,就成立运输毒品罪的实践做法,妥当吗?

《2015年毒品犯罪纪要》指出,"吸毒者在运输过程中被查获,没有证据证明是为了实施贩卖毒品等其他犯罪,毒品数量达到较大以上的,以运输毒品罪定罪处罚""行为人为吸毒者代购毒品,在运输过程中被查获,没有证据证明托购者、代购者是为了实施贩卖毒品等其他犯罪,毒品数量达到较大以上的,对托购者、代购者以运输毒品罪的共犯论处"。

显然,上述规定的制定者没有认识到运输是与走私、贩卖、制造毒品并列规定、危害性相当、适用同样法定刑的事实,简单地认为带着毒品移动就成立运输毒品罪。这样认定显然会导致罪刑不相适应。上述行为与走私、贩卖、制造毒品的行为没有关联,不成立运输毒品罪,只能成立非法持有毒品罪。

24. 行为人制造了大量氯胺酮,仅销售了少量即案发,能以制造、贩卖毒品罪判处死刑吗?

案22:被告人王某俊伙同他人制造氯胺酮15,320克(其中查获8320

克)后,贩卖氯胺酮260余克,法院认定犯罪人王某俊制造、贩卖毒品氯胺酮15,580余克,以制造、贩卖毒品罪判处其死刑。①

应该说,这是一起因为罪名适用错误而错判死刑的典型判例。根据2016年4月6日最高人民法院发布的《关于审理毒品犯罪案件适用法律若干问题的解释》,贩卖氯胺酮500克以上才属于"其他毒品数量大"而可能判处15年有期徒刑、无期徒刑或者死刑。本案中,行为人虽然制造了15,320克氯胺酮,但其实际贩卖的氯胺酮只有260余克。虽然最高人民法院、最高人民检察院将《刑法》第347条规定之罪命名为"走私、贩卖、运输、制造毒品罪",但应当认识到,"以贩卖为目的而制造毒品的,是贩卖毒品罪的预备行为,其社会危害性相对较轻,不能将制造毒品的数额计入贩卖毒品的数额"②。法条虽然将制造与贩卖并列规定,但由于制造毒品的行为对于公众健康只具有抽象性危险,因而属于贩卖毒品的预备行为,对预备行为无论如何是不能判处死刑的。制造毒品的危害性不可能重于伪造货币,而伪造货币罪已经废除死刑。所以说,即便该条规定了死刑,也应认为死刑只能适用于贩卖毒品的行为,而不能适用于走私、制造、运输毒品的行为。所以正确的做法是,将被告人王某俊的行为认定为制造毒品罪(数额为15,320克)和贩卖毒品罪(数额为260余克),进行数罪并罚,不应判处死刑。

25. 吸毒者戒毒后低价将剩余毒品出卖的,构成贩卖毒品罪吗?

《刑法》条文没有要求营利目的,事实上没有营利目的的贩毒行为也会侵害法益。所以,成立贩卖毒品罪,不要求行为人具有营利目的。行为人戒掉毒瘾后亏本卖掉手中的毒品,也应成立贩卖毒品罪。

26. 盗窃、抢夺、抢劫毒品的,如何处理?

司法解释规定,盗窃、抢夺、抢劫毒品的不计犯罪数额,根据情节轻重予以定

---

① 参见最高人民法院刑事审判一、二、三、四、五庭主办:《刑事审判参考》总第67集,法律出版社2009年版,第43~49页。

② 李运才:《论毒品犯罪的死刑立法控制——以走私、贩卖、运输、制造毒品罪的罪名调整为切入点》,载《贵州师范大学学报(社会科学版)》2010年第6期。

罪量刑,以及盗窃、抢夺、抢劫毒品后又实施其他毒品犯罪的,对盗窃罪、抢夺罪、抢劫罪和所犯的具体毒品犯罪分别定罪,依法数罪并罚。

除特殊盗窃外,成立盗窃罪的基本犯还是需要"数额较大",而盗窃毒品未必就达到加重犯"有其他严重情节"的要求,所以还是要计"数额"。只是可以将盗窃罪中的"数额较大"理解为包括"数量较大",或者按照毒品的黑市价值计算数额。盗窃毒品后贩卖的,的确应当数罪并罚,但盗窃毒品后持有的,因为来源很清楚,所以不必在盗窃罪之外另定非法持有毒品罪。因此,本书认为上述司法解释规定不够严谨。

27."不满",是必须具备的客观构成要件吗?

"不满"不是为违法性、有责性提供根据的要素,属于表面的构成要件要素、分界的要素。其实条文只需规定"走私、贩卖、运输、制造鸦片一千克以上""二百克以上""少量毒品"就可以了。

28.《刑法》第347条第7款多次实施的毒品数量累计计算的规定,是注意规定还是法律拟制?

理论界与实务界均认为,不管有无累计计算数额的规定,都应该累计计算,所以把这种数量累计计算的规定看作注意性规定。其实细究起来,没有明文规定累计计算数额的也累计计算数额的做法,并非没有疑问。因为数额累计计算,实际上相当于将多个轻伤累计成重伤、多个重伤累计成死亡。所以,对于通过累计计算达到判处无期徒刑甚至死刑的数量标准的,还是应当特别慎重。正如只要不是以特别残忍手段致人重伤造成严重残疾的,对于多个重伤的,无论如何不能判处无期徒刑和死刑一样,因为同种数罪并罚至多20年。

29.司法解释规定,国家工作人员走私、贩卖、运输、制造毒品的,应当认定为"情节严重",有无疑问?

只要国家工作人员没有利用职务上的便利实施,就没有因为国家工作人员的身份实施而增加违法性与有责性。国家工作人员其实也是一个普通职业,法律没有明文规定国家工作人员实施此类犯罪的应当从重处罚,司法解释对此进行规定的,违反了《刑法》第 4 条"对任何人犯罪,在适用法律上一律平等"的平等适用刑法的原则。

30. 有准司法解释指出,同时构成累犯和毒品再犯的,只适用毒品再犯条款,不再援引累犯条款,以及同时引用累犯条款与毒品再犯条款,有问题吗?

本来《刑法》第 356 条是鉴于毒品犯罪的严重性才作出毒品再犯从重处罚的规定的,如果同时符合累犯和毒品再犯的适用条件,不引用累犯条款仅适用毒品再犯规定,意味着对符合累犯条件的毒品犯罪人可以适用缓刑、假释,而其他犯罪的累犯反而不能适用缓刑、假释,这显然有失公允。所以,对于符合累犯条件的,必须适用总则关于累犯的条款,而不再适用(引用)《刑法》第 356 条。质言之,《刑法》第 356 条应仅适用于不符合累犯条件的再犯。

31. 对于不满 18 周岁的人实施毒品犯罪的,能适用毒品再犯规定从重处罚吗?

本着对未成年教育挽救的刑事政策精神,对于不满 18 周岁的人,既不得适用累犯规定从重处罚,也不得适用再犯规定从重处罚。

32.《刑法》第 29 条规定"教唆不满十八周岁的人犯罪的,应当从重处罚",第 347 条规定"教唆未成年人走私、贩卖、运输、制造毒品,从重处罚",是否意味着教唆不满 18 周岁的人走私、贩卖、运输、制造毒品的犯罪分子具有两个从重处罚的情节?

这并不意味着教唆不满 18 周岁的人走私、贩卖、运输、制造毒品的犯罪分子具有两个从重处罚的情节,即上述规定只是对《刑法》第 29 条规定的重申,而不是说在《刑法》第 29 条从重处罚的基础上再根据该规定从重处罚。

33. 贩卖毒品的行为人主动交代"上家"的,是否构成立功?

毒品犯罪中,毒品来源是否查明不影响本罪的认定。单纯交代自己贩毒的事实是自首与坦白的要求,而所谓交代"上家",实际上属于揭发"上家"贩卖毒品的犯罪事实,应当属于立功。

34. "利用、教唆未成年人走私、贩卖、运输、制造毒品,或者向未成年人出售毒品的,从重处罚"中的"未成年人",是指不满18周岁的人吗?

理论上一般认为,这里的"未成年人"是指未满18周岁的人。其中的利用未成年人走私、贩卖、运输、制造毒品,大体指间接正犯,其中的教唆未成年人走私、贩卖、运输、制造毒品,是指教唆犯。①

本书认为,这里的"未成年人"一概指未满18周岁的人的通说观点存在疑问。因为,根据《刑法》第17条的规定,贩卖毒品罪的刑事责任年龄是14周岁,走私、运输、制造毒品罪的刑事责任年龄是16周岁。也就是说,已满14周岁的人贩卖毒品和已满16周岁的人走私、运输、制造毒品本来就应独立承担刑事责任,不存在被利用的问题。所以,利用、教唆已满14周岁的人贩卖毒品和已满16周岁的人走私、运输、制造毒品,不能成为从重处罚的理由,只应作为普通的共同犯罪处理。当然,为了自己吸食、注射毒品而购买毒品的行为因本身就是被害人而没有被刑法规定为犯罪,所以可以认为"向未成年人出售毒品"中的"未成年人",是不满18周岁的人。

35. 应否区分居间介绍与居间倒卖?

案23:某日,吸毒人员董某某(已被行政处罚)向肖某求购1000元毒品甲基苯丙胺和甲基苯丙胺片剂。肖某随即联系易某购买毒品。易某随后将1.8克左右毒品甲基苯丙胺和2粒甲基苯丙胺片剂放在长沙市芙蓉区甲小区13楼楼梯间垃圾桶角落后离开,并将藏毒的地点告诉肖某。肖某再将藏毒地点告诉董某某。董某某通过微信向肖某转账900元,现金支付肖某100元,然后自行到上述地点将毒品取走。肖某随后将该1000元毒资通过微信转账给易某。对于此案,肖某的辩护人作无罪辩护,具体

---

① 参见张明楷:《刑法学(第6版)》(下册),法律出版社2021年版,第1517页。

理由如下：肖某主观上没有贩卖毒品的主观故意，也没有和易某有过共同贩卖毒品的犯意联络，客观上没有实施贩卖毒品的行为，只是居间介绍董某某和易某进行毒品交易，没有从中获利，不符合贩卖毒品罪的构成要件。

本案争议焦点：肖某的行为是居间介绍买卖毒品还是居中倒卖毒品。

法院认为，肖某收取董某某交付的毒资，利用自己的渠道自主寻找毒品来源，是毒品交易中的关键一环，符合贩卖毒品罪的构成要件，应当认定为贩卖毒品罪。[①]

《2015年毒品犯罪纪要》指出，居间介绍者在毒品交易中处于中间人地位，发挥介绍联络作用，通常与交易一方构成共同犯罪，但不以牟利为要件；居中倒卖者属于毒品交易主体，与前后环节的交易对象是上下家关系，直接参与毒品交易并从中获利。居间介绍者受贩毒者委托，为其介绍联络购毒者的，与贩毒者构成贩卖毒品罪的共同犯罪；明知购毒者以贩卖为目的购买毒品，受委托为其介绍联络贩毒者的构成贩卖毒品罪的共同犯罪；受以吸食为目的的购毒者委托，为其介绍联络贩毒者，毒品数量达到《刑法》第348条规定的最低数量标准的，一般与购毒者构成非法持有毒品罪的共同犯罪；同时与贩毒者、购毒者共谋，联络促成双方交易的，通常认定与购毒者构成贩卖毒品罪的共同犯罪。

其实，上述区分所谓居间介绍与居中倒卖并没有必要。只要能评价为有偿转让交付毒品，或者行为对贩毒起到了促进作用，行为人本身又不是吸毒者，不是为自己购买毒品的，都应当评价为贩卖毒品罪的共犯。既然是在购毒者与贩毒者之间进行居间介绍，必然促进了贩毒行为，所以当然成立贩卖毒品罪的共犯。居间倒卖本来就是在有偿转让交付毒品，当然本身就是贩卖毒品的正犯行为。所以，无须区分居间介绍还是居间倒卖，都构成贩卖毒品罪，只是居间介绍构成的是贩卖毒品罪的共犯，而居间倒卖构成的是贩卖毒品罪的正犯而已。

---

① 参见湖南省长沙市芙蓉区人民法院刑事判决书，(2018)芙刑初字第1115号。

第二节　非法持有毒品罪

·导　读·

　　持有型犯罪的正当化根据在于，国家为了保护重大的公共利益，防止出现处罚漏洞，在无法查清来源和去向时，改变证明事项，降低证明难度，将行为人控制某种物品的状态评价为犯罪。从立法论上讲，非法持有毒品罪的法定刑过重，其法定最高刑不应高于7年有期徒刑。持有是一种持续性行为，只有当毒品在一定时间内由行为人持续性地支配时，才能肯定持有。只有查明与走私、贩卖、制造毒品有关联，才能认定成立运输毒品罪。不能简单地根据对空间具有支配权就得出共同持有的结论。非法持有毒品罪不是继续犯，而是状态犯，追诉时效应从持有之日起开始计算。持有假毒品的，系不能犯，不成立犯罪未遂。

　　成立非法持有毒品罪，要求行为人主观上必须明知是毒品。无论行为人主观上是否明知是毒品而盗窃，均仅成立盗窃罪，不另外成立非法持有毒品罪。只要不能证明与走私、贩卖、制造毒品有关联，对接收毒品的行为都不能认定成立运输毒品罪，只能认定为非法持有毒品罪。有关国家工作人员非法持有毒品的应当认定为"情节严重"的司法解释规定，有违罪刑法定和平等适用刑法原则。认定非法持有毒品"情节严重"，应以达到规定的数量标准为前提。持有型犯罪是一种推定型犯罪，如果最终查明了来源和去向，就应当撤销原判，以查明的来源或者去向进行评价。对于吸毒者与非吸毒者，在入罪和量刑标准上应当区别对待。

·条　文·

　　第三百四十八条　【非法持有毒品罪】非法持有鸦片一千克以上、海洛因或者甲基苯丙胺五十克以上或者其他毒品数量大的,处七年以上有期徒刑或者无期徒刑,并处罚金;非法持有鸦片二百克以上不满一千克、海洛因或者甲基苯丙胺十克以上不满五十克或者其他毒品数量较大的,处三年以下有期徒刑、拘役或者管制,并处罚金;情节严重的,处三年以上七年以下有期徒刑,并处罚金。

罪名精释

1. 持有型犯罪的正当化根据是什么?

案1:宋某斥资10万元购买了900克海洛因被查获,并从其住处搜查出千斤顶、天平秤、搅拌器、铁器具等物品。

对于此案,一审、二审法院均认为,宋某有贩毒前科,又一次性购买大量的高纯度毒品,还拥有加工毒品的工具,明显具有将所购买的毒品加工贩卖的意图,故宋某提出其购买海洛因是用于自己及家人吸食而非贩卖,属非法持有毒品的辩解不能成立,其行为构成贩卖毒品罪,判处死刑。最高人民法院复核认为,"鉴于宋某及其子均系吸毒成瘾者,且查获的其藏匿器具已锈蚀严重,现有证据尚不足以证明其购买毒品的目的是贩卖。宋某购买大量海洛因并非法持有的行为,已构成非法持有毒品罪……判处无期徒刑"[①]。

应该说,最高人民法院改判为非法持有毒品罪是正确的。不能根据购买、持有大量毒品的事实直接推定行为人具有贩卖的目的进而认定成立贩卖毒品罪,而只能根据持有一定量毒品的事实推定为"非法"持有而成立非法持有毒品罪。

持有型犯罪的正当化根据在于,国家为了保护重大的公共利益,防止出现处罚漏洞,在无法查清来源和去向时,改变证明事项,降低证明难度,将行为人控制某种物品的状态评价为犯罪。一旦查明来源或者去向,就应当按照所查明的来源或者去向进行评价,而没有持有型犯罪适用的余地。持有型犯罪改变了证明事项,降低了证明难度,这对被告人是不利的,所以不能无限扩大持有型犯罪的处罚范围,也不能配置过高的法定刑。从刑法规定的持有型犯罪来看,对象主要

[①] 最高人民法院刑事审判第一、二、三、四、五庭主办:《刑事审判参考》2005年第5辑(总第46辑),法律出版社2006年版,第45页。

限于枪支、假币、毒品、伪造的发票、宣扬恐怖主义、极端主义的物品、国家绝密、机密文件、资料、物品、官员来源不明的巨额财产等。

2. 非法持有毒品罪存在预备与未遂吗？

案 2：农某地联系在广东的"何某"要"冰毒"（甲基苯丙胺）。"何某"表示同意并通过邮寄方式送冰毒给农某地。农某地向周某礼索要某县的收货地址，并许诺收货后让周某礼一起吸食毒品。周某礼将其堂弟在某县城的商铺门面地址提供给农某地。农某地将其使用的某手机号码、收件人名字龙某华及上述地址发给"何某"。后"何某"将毒品放入装有运动鞋的鞋盒中，按照农某地提供的地址，通过快递将毒品包裹寄往某县某街某号。某日，快递员黄某派送该快递包裹到某县城某小区巷口，并根据收件人信息栏预留的电话号码联系农某地领取快递。后农某地电话通知周某礼去领取快递包裹。几分钟后，周某礼到达该巷口，从黄某手上接过包裹准备签收时被民警当场抓获。经检查，包裹内的一双鞋子里各有一包冰毒，净重分别是 49.87 克和 49.61 克，总净重为 99.48 克。

法院认为，农某地通过电话联系贩毒者并确认通过物流方式交付毒品后，让周某礼提供收货地址，周某礼明知农某地欲购买毒品而为其提供收货地址，并按农某地的要求，于快递送达当日接收贩毒者通过物流寄递方式交付的"冰毒"（甲基苯丙胺），二人的行为构成非法持有毒品罪。在本案中，周某礼在接收邮寄的毒品包裹过程中被公安民警查获，因此二被告人实际未能直接或者间接持有该毒品，属非法持有毒品罪的犯罪未遂。判定农某地犯非法持有毒品罪，判处有期徒刑 5 年 10 个月，并处罚金人民币 15,000 元；周某礼犯非法持有毒品罪，判处有期徒刑 4 年 2 个月，并处罚金人民币 10,000 元。[①]

应该说，上述判决存在疑问。本案中周某礼"从黄某手上接过包裹准备签收时被民警当场抓获"，对毒品控制时间极短，即便认为成立非法持有毒品罪的未遂，由于控制毒品的时间极短，也不值得科处刑罚。法院居然以非法持有毒品

[①] 参见广西壮族自治区百色市中级人民法院刑事裁定书，(2021) 桂 10 刑终 225 号。

罪分别判处农某地、周某礼有期徒刑5年10个月、4年2个月,量刑明显过重,有悖罪刑相适应原则。

案3:余某筹措资金汇款购买毒品,由他人送货,在毒品尚未交到其手上时即被抓获。法院认为,"余某筹措毒资购买毒品,在购买过程中已经实际控制和支配该毒品,使该毒品处于自己的支配范围之内,构成非法持有毒品罪"①。

本案中,法院认定"在购买过程中已经实际控制和支配该毒品,使该毒品处于自己的支配范围之内",明显不符合事实。持有毒品必须是行为人对毒品事实上的支配。毒品还未交付到行为人手上,如何能认定其"已经实施控制和支配、使该毒品处于自己的支配范围之内"?余某只是筹资汇款,充其量评价为非法持有毒品罪的预备,何谈未遂甚至既遂?所以,本书认为上述判决是错误的,本案中余某的行为不构成犯罪。

案4:甲给乙打电话要购买毒品,乙就安排丙携带毒品到某市一个宾馆里去。第二天,甲去了宾馆之后,就将1万元现金交给了丙,但是,乙要求甲把钱汇到某个账户上。于是,甲、丙二人准备到银行将1万元汇到指定的账户上,此时公安人员来到了宾馆,从丙的房间搜出了毒品。

本案中,乙的行为肯定构成贩卖毒品罪,只是既遂还是未遂的问题。丙把毒品送到宾馆的某个房间,也可以认定为贩卖、运输毒品。由于持有型犯罪需要一定的持续性,若刚拿到手就被抓获,只能认定成立非法持有毒品罪的未遂。本案中,甲还没有拿到毒品,不成立非法持有毒品罪的未遂,充其量只是非法持有毒品罪的预备。

持有是一种持续性行为,只有当毒品在一定时间内由行为人支配时,才构成持有。订购数量较大的毒品,但还没有接收毒品的,不管是否支付了对价,都不能认定为非法持有毒品罪的未遂与既遂,充其量只能认定为非法持有毒品罪的预备。刚收到毒品时就被抓获的,可以认定为非法持有毒品罪的未遂,不值得科处刑罚。

---

① 西安铁路运输法院刑事判决书,(2010)西铁刑初字第99号。

3.如何区分运输毒品罪与非法持有毒品罪?

案5:某日,宣某驾驶一辆红色无牌号普通二轮摩托车,从老挝丰沙里省约乌县兰堆坊欲前往老挝八家寨子。当日9时40分许,当其行驶途中过境中老8-1号界碑附近的中国境内时,被我国江城县边境管理大队曼滩执勤点的巡逻民警抓获,当场从其外衣左侧内口袋查获毒品甲基苯丙胺2包,净重40.06克。

本案争议焦点:宣某的行为应当认定为运输毒品行为还是非法持有毒品行为,如何根据在案证据定罪。

法院认为,宣某在其外衣左侧口袋内非法携带的毒品在查获时虽然是处于运动状态,但其行驶的路线及欲到达的目的地是老挝八家寨子,只是过境中国,查明的证据不能证明其是为了实施走私、贩卖毒品等其他犯罪,且毒品数量未达到较大以上。本案定性为运输毒品罪不符合立法本意且违背罪刑相适应的刑法原理。公诉机关指控宣某构成运输毒品罪,建议对其判处7年至12年有期徒刑并处罚金的量刑意见,法院不予支持。判定宣某犯非法持有毒品罪,判处有期徒刑2年,并处罚金4000元,附加驱逐出境。①

案6:张某与成都市某男子电话联系购买400克海洛因,并约定采用邮寄的方式,张某向对方提供了收件人地址、姓名。当张某领取邮包准备离开收发室时被抓获。

一审法院认为,张某伙同他人采用邮寄的方式运输毒品,构成运输毒品罪。张某为将毒品海洛因从成都市运输到乌鲁木齐市,与他人预谋采用邮寄的方式进行运输,为了达到目的,其提供了收件人的姓名、地址和联系方式,在毒品到达乌鲁木齐市后其又亲自领取,最终完成运输毒品的全部犯罪过程,其行为应认定为运输毒品罪,判处死刑。二审予以维持。最高人民法院复核后认为,张某的行为构成非法持有毒品罪,改判无期徒刑。②

本案中,不能证明张某的行为与走私、贩卖、制造毒品有关联,其实际上也没

---

① 参见云南省江城哈尼族彝族自治县人民法院刑事判决书,(2019)云0826刑初76号。
② 《张玉英非法持有毒品案》,参见最高人民法院刑事审判第一庭、第二庭编:《刑事审判参考》总第47集,法律出版社2006年版,第53~54页。

有"运输",认定运输毒品罪肯定是错误的。刚领取到邮包就被抓获,还没有形成持续性支配,充其量评价为非法持有毒品罪的未遂。最高人民法院复核改变罪名是正确的,但判处无期徒刑,还是过重。

案7:被告人在四川省攀枝花市用17,500元购买毒品133丸后吞服,乘坐火车中被查获,经鉴定,133丸毒品为海洛因,共重545克。被告人辩称,购买毒品是为了自己吸食,应认定非法持有毒品罪。一审法院认为,被告人体内藏匿大量毒品,在旅客列车上被查获,其行为符合运输毒品罪构成要件,是否自吸,不影响运输毒品罪的构成。被告人犯运输毒品罪,判处死刑。二审法院以及最高人民法院复核予以维持。①

应该说,上述判决存在疑问。只要不能查明被告人的行为与走私、贩卖、制造毒品有关联,就不能认定为运输毒品罪,只能认定为非法持有毒品罪。法院认定为运输毒品罪是错误的。

运输毒品的行为也表现为非法持有毒品。持有包括携带行为,而携带行为便可能表现为运输。例如实践中行为人利用自己的身体、衣服等将毒品从一个地方运到另一个地方,一方面实施了运输行为,另一方面也表现为非法持有的行为。但在这种情况下,不能将转移毒品的行为均认定为运输毒品罪。因为运输毒品是与走私、贩卖、制造毒品罪并列规定并适用相同法定刑的,只有查明行为与走私、贩卖、制造毒品有关联,行为的法益侵害性才与走私、贩卖、制造毒品相当,才能认定为运输毒品罪。例如,行为人在外地出差期间购买了数量较大的毒品带回老家,如果不能查明其是打算用于贩卖的,就只能认定为非法持有毒品罪。若是打算用于贩卖的,则应认定为运输毒品罪。

4. 吸毒者与代购毒品者在运输过程中被查获的以运输毒品罪定罪处罚的准司法解释规定,有无疑问?

案8:某日9时许,刘某在某市某银行取完9998.01元毒资后,与周某一同驾驶小汽车前往某县向谢某军购买毒品。10时30分许,周某带刘某去

---

① 参见最高人民法院刑事裁定书,(2000)刑复字第156号。

谢某军位于某化工厂小区的出租房内吸食毒品。11时许，周某与谢某军驾驶小汽车离开化工厂小区，11时30分许，刘某离开化工厂小区与周某在文昌路路口见面，周某上车后将毒品交给刘某，随后两人返回某市。11月8日13时许，警察在某市某路某餐厅将周某、刘某抓获，并在刘某随身携带挎包内及小汽车上查获疑似毒品12.4克。经鉴定，刘某身上查获的12.02克疑似冰毒白色晶体中检出甲基苯丙胺成分。

本案争议焦点：吸毒者为其个人吸食毒品而购买、运输数量较大的毒品，在运输毒品过程中被查获的行为是否适用《2015年毒品犯罪纪要》的规定，以运输毒品罪定罪处罚。

一审法院认为，周某、刘某犯运输毒品罪。二审法院则认为，现有证据证明刘某及其代堂兄刘某2购买的毒品是用于自己吸食，刘某亦非在运输途中被抓获且两人共同购买毒品的数量为12余克。结合罪刑相适应原则，刘某的行为符合非法持有毒品罪的犯罪构成。周某受以吸食为目的的购毒者委托，为刘某居间介绍购买毒品，其行为符合非法持有毒品罪的犯罪构成。[①]

应该说，上述判决认定吸毒者刘某构成非法持有毒品罪是正确的，但认定周某也构成非法持有毒品罪恐存疑问。从案情描述看，周某的行为明显属于居间介绍买卖毒品，故其应与贩毒者谢某军成立贩卖毒品罪的共同犯罪。

《2015年毒品犯罪纪要》指出，吸毒者在运输毒品过程中被查获，没有证据证明其是为了实施贩卖毒品等其他犯罪，毒品数量达到较大以上的，以运输毒品罪定罪处罚；行为人为吸毒者代购毒品，在运输过程中被查获，没有证据证明托购者、代购者是为了实施贩卖毒品等其他犯罪，毒品数量达到较大以上的，对托购者、代购者以运输毒品罪的共犯论处。

显然，上述规定存在疑问。无论是吸毒者还是代购毒品者，即便是在"运输"过程中被查获，只要不能查明其与走私、贩卖、制造毒品犯罪有关联，即不能确定是因为走私、贩卖、制造毒品而运输，就不能认定为运输毒品罪，只能认定成立非法持有毒品罪。

[①] 参见江西省宜春市中级人民法院刑事判决书，(2020)赣09刑终310号。

5. 如何认定"持有"毒品？

所谓持有毒品，是指行为人对毒品事实上的支配。具体而言，第一，持有具体表现为直接占有、携有、藏有或者以其他方法支配毒品。第二，持有不要求物理上的握有，不要求行为人时时刻刻将毒品握在手中、放在身上和装在兜里，只要行为人认识到它的存在，能够对之进行管理或者支配，就是持有。第三，持有时并不要求行为人是毒品的"所有者""占有者"，即使属于他人"所有""占有"的毒品，但事实上置于行为人的支配之下时，行为人即持有毒品，行为人是否知道"所有者""占有者"，不影响持有的成立。第四，持有并不要求直接持有，即介入第三者时，也不影响持有的成立。例如，行为人认为自己管理毒品不安全，将毒品委托给第三者保管时，行为人与第三者均持有该毒品。第三者为直接持有，行为人为间接持有。第五，持有不要求单独持有，二人以上共同持有毒品的，也成立本罪；持有也不要求具有排他性，完全可以由二人以上重叠持有。第六，持有是一种持续性行为，只有当毒品在一定时间内由行为人支配时，才构成持有；至于时间的长短，则并不影响持有的成立，即只是一种量刑情节，但如果时间过短，不足以说明行为人事实上支配毒品时，则不能认定是持有。例如，行为人偶然发现自己口袋里有一包疑似毒品的物品（事实上也是毒品），便立即扔掉或者冲入下水道的，不成立非法持有毒品罪。

6. 非法持有毒品罪的法定刑是否偏重？

持有型犯罪的正当化根据并不在于持有某种物品本身对法益具有抽象性危险，而是通过行为人持有某种物品的事实推定某种物品的来源或者去向非法。质言之，持有型犯罪就是一种犯罪的推定。倘若能够查清来源或者去向，必须按照所查明的来源或者去向进行评价，而没有持有型犯罪适用的余地。既然是推定，就可能出错。例如，1997年《刑法》规定巨额财产来源不明罪的法定最高刑为5年有期徒刑，后来《刑法修正案（七）》将其法定最高刑提高到了10年有期徒刑。即便如此，还是有学者认为巨额财产来源不明罪法定刑太轻，因为有的贪官被查出来的来源不明的巨额财产能达到数十亿元，而主张进一步提高该罪的法定刑到无期徒刑甚至死刑。倘若对存在来源不明的巨额财产的官员"依法"

判处了死刑,后来查明其来源不是犯罪所得,而是情人赠与,则人死不能复生,就没有纠错的机会了。所以,本书认为持有型犯罪的法定刑以不高于7年有期徒刑为宜。国家为了减轻司法人员查处毒品犯罪的负担,将非法持有毒品罪配置高达无期徒刑的刑罚,可能致使司法人员本来可以查清毒品来源与去向的,也产生懈怠心理。可以想象,若想陷害一个吸毒者,在其身上、住所、车上放上足以判处无期徒刑的数量的毒品,吸毒者一定有口难辩,结果被判处无期徒刑,等其服刑20年后查明真相,其失去的时间也追不回来了。所以,本书主张对于非法持有毒品罪至多配置7年有期徒刑。

7. 如何认定共同持有?

案9:甲、乙、丙三个人都是吸毒的,约在一起向同一人购买冰毒,甲购买了6克冰毒,乙和丙各自购买了2克冰毒,加在一起就是10克冰毒,10克冰毒都是分袋装的,一共10袋。情形一:由甲一起拿着放在身上,开车回来的路上被警察抓获了。

情形二:如果三人将自己购买的毒品各自放在身上,但坐在同一辆车上,是否因为总共持有10克毒品,而成立非法持有毒品罪的共犯呢?

情形三:如果三个人将毒品放在一个袋子里,然后将袋子放在车上,这种情形是否成立非法持有毒品罪呢?

情形四:如果三个人都上了车,每个人都将自己购买的毒品放在自己的身边,都没有放在自己的口袋或者包里,但又不是集中放在一起,是否构成非法持有毒品罪?

对于第一种情形,由于数量刚刚达到非法持有毒品罪的立案标准10克,甲肯定成立非法持有毒品罪。乙和丙将自己购买的毒品交给甲持有,与甲形成了共同持有关系,促成甲成立非法持有毒品罪。不过,乙、丙分别与甲共同持有毒品的数量只有2克,没有达到非法持有毒品罪10克的立案标准,不构成非法持有毒品罪。

对于第二种情形,每个人都是通过自己的身体或者口袋等来控制或者支配毒品,由于每个人支配的毒品数量都没有达到定罪标准,所以都不构成犯罪。

对于第三种情形,可以认为甲乙丙三个人共同支配着毒品,三个人成立非法持有毒品罪的共同正犯,都对 10 克冰毒的持有负责,都成立非法持有毒品罪。

第四种情形跟第二种情形相似,虽然每个人表面上是放在车上,但由于是放在自己身边,还是可以评价为每个人支配着各自购买的毒品,而不是共同支配,所以,不构成非法持有毒品罪。

案 10:法院以被告二人共同租住酒店一室为由,认定室内的海洛因系二人共同持有。①

本案中,虽然被告二人共同租住酒店一室,也不能就此认为二人对毒品形成了共同持有关系。如不能查明是谁持有的,就只能按照事实存疑时有利于被告人的原则,宣告无罪。判决认定共同持有是错误的。

案 11:王某虽与郭某同居一室,但郭某并未将房间的钥匙交给王某,而是将王某锁在房间后独自外出购买毒品。由于王某不能独立支配空间,也未改变郭某藏匿毒品的地点,法院判决仅将王某随身携带的毒品认定其非法持有毒品的数量,而未将郭某藏匿在房间的毒品一并认定为王某非法持有毒品的数量。②

应该说,上述判决是正确的,因为二人并未形成共同支配毒品的关系。

案 12:唐某受吸毒者范某的委托,共同前往上海购买毒品,唐某买到毒品后当场转交给范某。法院认定二人成立非法持有毒品罪的共犯。③

上述判决存在疑问。本案中,唐某控制毒品时间极短,因毒品是由范某独自出资购买,且所购毒品最终也由其单独支配,故不宜认定二人成立非法持有毒品罪的共犯。本案应根据由唐某联系贩毒者购买毒品的事实,认定其与贩毒者成立贩卖毒品罪的共犯。

持有是一种状态,虽然也存在共同持有,但不能简单地根据对空间具有支配权就得出共同持有的结论。学生宿舍、公民住宅、酒店房间,如果不能查明是谁支配、控制毒品,就只能按照事实存疑时有利于被告人的原则,认定无人持有,而

---

① 参见海南省海口市振东区人民法院刑事判决书,(1997)振刑初字第 40 号。
② 参见北京市高级人民法院刑事裁定书,(2007)高刑复字第 82 号。
③ 参见上海市第二中级人民法院刑事判决书,(2003)沪二中刑终字第 289 号。

不能认为空间的支配者共同持有。例如,在宿舍公共区域、家里的客厅发现了一包毒品,只要不能查明是谁将毒品带进来的,就不能认定为宿舍和家里的所有人都共同持有毒品。

8. 非法持有毒品罪是继续犯吗?

虽然理论通说认为持有型犯罪都是继续犯。但考虑到与相关状态犯、即成犯的时效处理相协调,应当将继续犯限定为能评价法益每时每刻都受到同等程度的侵害、能够持续性地肯定构成要件的符合性的人身犯罪,如非法拘禁罪、绑架罪、非法侵入住宅罪、危险驾驶罪。对于持有型犯罪,只能认为非法持有枪支、弹药罪是继续犯,因为持有枪支、弹药会对公共安全形成持续性的抽象危险。而非法持有毒品罪,虽然理论上认为其是抽象危险犯,但其实是一种推定型犯罪,难以认为非法持有毒品能如非法持有枪支一样,存在持续性的抽象危险。而且,如果认为非法持有毒品罪是继续犯,会形成贩卖1吨海洛因20年之后不再被追诉,而捡到一小包海洛因时效始终不开始计算的悖论。所以,本书认为,非法持有毒品罪不是继续犯,而是状态犯。追诉时效应从持有之日起开始计算。

9. 误将头痛粉当作毒品持有的,构成本罪未遂吗?

持有假毒品,不可能威胁公众健康,所以应是不能犯,而不是未遂犯。

10. 成立本罪,是否要求行为人明知是毒品?

非法持有毒品罪是故意犯罪,毒品又是客观要素,根据责任主义的要求,行为人主观上必须明知是毒品而持有,才能成立非法持有毒品罪。

11. 如何处理盗窃毒品的行为?

明知是毒品而盗窃后持有的,来源很清楚,所以不能在盗窃罪之外,另外认定非法持有毒品罪。如果盗窃时不知是毒品,盗窃后知晓是毒品而持有的,也因为来源很清楚,只能根据来源定盗窃罪,而不能另外认定非法持有毒品罪。张明楷教授认为,盗窃、抢夺、抢劫毒品后,应当分别以盗窃罪、抢夺罪或者抢劫罪定罪,不另认定为非法持有毒品罪。行为人盗窃财物的同时盗窃了毒品后,非法持有毒品的,应当以盗窃罪与非法持有毒品罪实行并罚。①

本书认为,即便在盗窃财物的同时盗窃毒品后持有毒品的,也因为来源清楚,只能根据来源进行评价,即定盗窃罪。事实上,毒品也可以成为盗窃罪的对象,甚至也可以按照毒品在黑市上的价值计算盗窃数额(成立盗窃罪的基本犯时,必须计算数额)。换言之,盗窃毒品后持有的,并不同于不明知是枪支而盗窃后持有,可以在盗窃罪之外另外认定成立非法持有枪支罪,因为事后持枪行为对公共安全存在持续性危险。而非法持有毒品罪,只有在来源去向不清楚时才有适用的余地。

12. 购毒者、代收者明知是贩毒者通过物流寄递的毒品包裹而接收的,如何处理?

案13:段某受托在物流货运站内领取装有毒品的邮件时被当场抓获。检察院指控构成转移毒品罪。一审法院认为构成非法持有毒品罪,二审法院改判为运输毒品罪,同时驳回关于成立未遂的上诉意见。②

本案中,段某只是受托领取邮件,并没有"运输"毒品,所以不能认定成立运输毒品罪,一审法院认定构成非法持有毒品罪是基本正确的,二审改判为运输毒品罪是错误的。严格来说,由于刚领取邮件就被抓获,控制毒品的时间极短,可以认定成立非法持有毒品罪的未遂,通常不值得科处刑罚。

只要不能证明其行为与走私、贩卖、制造毒品有关联,就不能认定为运输毒品罪,只能认定成立非法持有毒品罪。

13. 如何认定非法持有毒品罪的自首?

非法持有毒品罪也存在自首。只要行为人主动交代自己持有毒品,就能认定为非法持有毒品罪的自首。

---

① 参见张明楷:《刑法学(第6版)》(下册),法律出版社2021年版,第1520页。
② 参见北京市朝阳区人民法院刑事判决书,(2006)朝刑初字第01392号;北京市第二中级人民法院刑事裁定书,(2006)二中刑终字第1509号。

14. 有关国家工作人员非法持有毒品的应当认定为"情节严重"的司法解释规定,有无疑问?

只要刑法条文没有明文规定国家工作人员实施的应当从重处罚,司法解释就无权做出这种规定,否则有违罪刑法定和平等适用刑法的原则。

15. 认定"情节严重",是否以达到规定的数量标准为前提?

《刑法》第348条规定,非法持有毒品数量较大的,处3年以下有期徒刑、拘役或者管制,并处罚金;情节严重的,处3年以上7年以下有期徒刑,并处罚金。显然,认定"情节严重",必须是在数量达到较大基础上又具备其他严重情节,才能处以更重的刑罚。如果认为认定"情节严重",不要求数量较大,条文就会表述为"数量较大或者有其他严重情节"。所以,数量没有达到较大的,不可能认定成立非法持有毒品罪的"情节严重"。

16. 如何处理持有型犯罪的既判力问题?

理论上有观点认为,成立持有型犯罪是因为行为人拒不说明来源,所以认定非法持有毒品罪之后即便最终查明了来源和去向,甚至来源或者去向是合法的,也不能改判。

本书认为,持有型犯罪是一种推定型犯罪,不是没有说明来源的不作为犯罪。如果最终查明了来源和去向,就应当撤销原判,以查明的来源或者去向进行评价。

17. 对于吸毒者与非吸毒者,在入罪和量刑标准上应否区别对待?

理论界与实务界均认为,即便是吸毒者,持有一定数量的毒品,也能构成非法持有毒品罪。可是,非法持有毒品罪本来就是在不能查明来源和去向时才认定的罪名。既然来源很清楚(购买不构成犯罪),去向很明白(吸毒不构成犯罪),为什么还要定罪呢?这恐怕存在疑问。

可以说,处罚吸毒者的非法持有毒品行为,其实是在变相处罚购买毒品的行为。本书认为,如果来源与去向很清楚,就只能根据来源和去向进行评价,而不能认定为非法持有毒品罪。即便认定为非法持有毒品罪,对于吸毒者与非吸毒者也应在定罪量刑标准上区别对待,即对吸毒者持有毒品的定罪量刑标准应相对高些。

第三节 包庇毒品犯罪分子罪

·导 读·

本罪中的"包庇",仅限于作假证明,使毒品犯罪分子的身份不能或者难以被发现的行为,而不包括帮助毒品犯罪分子毁灭罪证的行为。本罪与包庇罪之间是一种特别法与普通法的法条竞合关系。本罪与走私、贩卖、运输、制造毒品罪的共犯的区别在于,行为人是在走私、贩卖、运输、制造毒品罪既遂之前参与还是之后参与。对其他国家机关工作人员掩护、包庇的从重处罚,必须利用职务上的便利实施。

条 文

第三百四十九条 【包庇毒品犯罪分子罪】【窝藏、转移、隐瞒毒品、毒赃罪】包庇走私、贩卖、运输、制造毒品的犯罪分子的,为犯罪分子窝藏、转移、隐瞒毒品或者犯罪所得的财物的,处三年以下有期徒刑、拘役或者管制;情节严重的,处三年以上十年以下有期徒刑。

【包庇毒品犯罪分子罪】缉毒人员或者其他国家机关工作人员掩护、包庇走私、贩卖、运输、制造毒品的犯罪分子的,依照前款的规定从重处罚。

犯前两款罪,事先通谋的,以走私、贩卖、运输、制造毒品罪的共犯论处。

罪名精释

1.通说认为本罪中的"包庇"包括帮助毁灭罪证,有无疑问?

案1:某日晚,何某某组织制毒团伙成员将制造的毒品氯胺酮259克连夜运走。当晚,何某某离开时交代陈某某将现场打扫干净,并支付陈某某场地租用、处理费现金3万元。几天后,陈某某雇请他人将厂房内遗留的包装袋、垃圾等物品烧毁,废水倒入厂房旁沟中,并将塑料桶铝锅、洗衣机、电风扇等物运到邓某某家中二楼,将液化气罐、灶运到陈某某老屋猪栏藏匿。

法院认为,公诉机关未提供证据证明陈某某亲眼所见制造毒品者在实施制毒行为,或者提供陈某某的从业经历、认知能力等证据证明陈某某应当知道他人在制造毒品。毒品制造完毕后,陈某某按照制毒团伙的要求安排人冲洗制毒场地,烧毁、转移相关物品,其行为的最终结果是帮助毒品制造者逃避法律制裁。此时应当认定,陈某某明知是制造毒品的犯罪分子而帮助毁灭罪证,其行为构成了包庇毒品犯罪分子罪。陈某某包庇的毒品犯罪分子被判处死刑,其包庇行为应认定为情节严重。判定陈某某犯包庇毒品犯罪分子罪,判处有期徒刑3年。①

刑法理论通说教科书认为,本罪中的"包庇",是指明知是走私、贩卖、运输、制造毒品的犯罪分子,而为其掩盖罪行,向司法机关作虚假证明或毁灭罪证,从而使其逃避法律制裁。②

上述通说观点和实践做法存在疑问。不能认为,帮助杀人犯毁灭罪证的,成立《刑法》第307条第2款的帮助毁灭证据罪最重判处3年有期徒刑,而帮助走私、贩卖、运输、制造毒品的犯罪分子毁灭罪证的,能以《刑法》第349条第1款规定的包庇毒品犯罪分子罪最重判处10年有期徒刑,这明显不协调。所以应认为,本罪中的"包庇",仅限于"作假证明,使毒品犯罪分子的身份不能或者难以被发现的行为"③,而不包括所谓帮助毒品犯罪分子毁灭罪证的行为。也就是说,帮助走私、贩卖、运输、制造毒品的犯罪分子毁灭罪证,与帮助实施杀人、强奸、放火等犯罪的犯罪分子毁灭罪证,没有什么不同,均应以《刑法》第307条第

---

① 参见湖南省慈利县人民法院刑事判决书,(2018)湘0821刑初65号。
② 参见高铭暄、马克昌主编:《刑法学(第10版)》,北京大学出版社、高等教育出版社2022年版,第609页;周光权:《刑法各论(第4版)》,中国人民大学出版社2021年版,第512页。
③ 张明楷:《刑法学(第6版)》(下册),法律出版社2021年版,第1521页。

2款规定的帮助毁灭证据罪定罪处罚。所以,上述案1的判决结论存在疑问,对被告人陈某某清理制毒现场、帮助制毒犯罪分子毁灭罪证的行为,应认定为帮助毁灭证据罪。

2. 本罪与包庇罪之间是什么关系?

本罪与包庇罪之间是一种特别法与普通法的法条竞合关系,作假证明包庇走私、贩卖、运输、制造毒品犯罪分子的,论以本罪,不再认定为《刑法》第310条规定的包庇罪。

3. 如何区分本罪与走私、贩卖、运输、制造毒品罪的共犯?

本罪具有事后共犯的性质。本罪与走私、贩卖、运输、制造毒品罪的共犯的区别在于,行为人是在走私、贩卖、运输、制造毒品罪既遂之前参与还是之后参与。既遂之前参与,即所谓事前通谋的,以走私、贩卖、运输、制造毒品罪的共犯论处;走私、贩卖、运输、制造毒品犯罪完成,即既遂后参与的,才可能成立本罪。

4. 对其他国家机关工作人员掩护、包庇的从重处罚,是否必须利用职务上的便利?

《刑法》第349条第2款规定,缉毒人员或者其他国家机关工作人员掩护、包庇走私、贩卖、运输、制造毒品的犯罪分子的,依照前款的规定从重处罚。

国家机关工作人员也只是一种普通的职业。即便是国家机关工作人掩护、包庇走私、贩卖、运输、制造毒品的犯罪分子,只要没有利用职权实施,就不可能因此增加行为的不法程度,从平等适用刑法的角度考虑,不应对国家机关工作人员从重处罚。也就是说,这里"其他国家机关工作人员掩护、包庇走私、贩卖、运输、制造毒品的犯罪分子",必须利用职权实施,否则不应从重处罚。

第四节 窝藏、转移、隐瞒毒品、毒赃罪

导 读

尽管在理论上有窝藏、转移毒品罪成立的余地,但由于窝藏、转移毒品罪与非法持有毒品罪、运输毒品罪以及走私、贩卖、制造毒品罪的共犯相互交织,而事实上难有单独成立的余地。窝藏、转移、隐瞒毒赃罪可谓特别法条,窝藏、转移、隐瞒毒赃的,以窝藏、转移、隐瞒毒赃罪定罪处罚即可,无需再论以掩饰、隐瞒犯罪所得、犯罪所得收益罪。

条 文

第三百四十九条 【包庇毒品犯罪分子罪】【窝藏、转移、隐瞒毒品、毒赃罪】包庇走私、贩卖、运输、制造毒品的犯罪分子的,为犯罪分子窝藏、转移、隐瞒毒品或者犯罪所得的财物的,处三年以下有期徒刑、拘役或者管制;情节严重的,处三年以上十年以下有期徒刑。

【包庇毒品犯罪分子罪】缉毒人员或者其他国家机关工作人员掩护、包庇走私、贩卖、运输、制造毒品的犯罪分子的,依照前款的规定从重处罚。

犯前两款罪,事先通谋的,以走私、贩卖、运输、制造毒品罪的共犯论处。

罪名精释

1.何为"窝藏""转移""隐瞒"?

窝藏,是指使毒品、毒赃不能或者难以被发现的行为,窝藏行为可能表现为持有行为,但不限于持有行为。窝藏毒品的行为同时触犯非法持有毒品罪的,应作为包括的一罪,从一重处罚。转移毒品、毒赃,也可谓运输行为,但这里的转移应限于为使走私、贩卖、运输、制造毒品的犯罪分子逃避法律追究而转移毒品;如

果是为了贩卖而转移毒品,则应认定为运输毒品罪。隐瞒毒品、毒赃,是指为走私、贩卖、运输、制造毒品的犯罪分子隐瞒毒品的来源、去向、存放地、毒品犯罪所得的财物的行为。

2. 窝藏、转移毒品罪与运输、非法持有毒品罪之间是什么关系?

根据《刑法》第349条规定,窝藏、转移毒品罪的法定最高刑为10年有期徒刑,低于非法持有毒品罪的最高刑无期徒刑和运输毒品罪的最高刑死刑。窝藏也是一种对毒品的非法控制、支配,因而窝藏毒品罪与非法持有毒品罪之间的关系值得研究,而转移毒品也可能属于运输,因此转移毒品罪与运输毒品罪之间的界限需要讨论。

从窝藏、转移毒品罪与包庇毒品犯罪分子罪及隐瞒毒赃罪并列规定来看,窝藏、转移毒品罪显然具有妨害司法的事后帮助犯的性质。虽然现代各国刑法均将这种事后帮助的行为单独规定为犯罪,但这种犯罪具有在本犯既遂之后帮助本犯逃避法律追究的本质并没有改变。因而应当认为,只有在走私、贩卖、运输、制造毒品罪既遂之后,为了使这类犯罪分子逃避法律追究而窝藏、转移毒品的,才成立窝藏、转移毒品罪,否则应当成立相关犯罪的共犯。司法实践中,为制造、贩卖、运输毒品的犯罪分子保管毒品的,几乎无一例外地被认定为非法持有毒品罪,而非窝藏、转移毒品罪。[1]

例如,张某发现他人将海洛因藏匿于自己借给其临时居住的房间内的电冰箱里后,私自将该海洛因转移至他处藏匿,以供自己继续吸食。法院并未认定为转移毒品罪,而是认定为非法持有毒品罪。[2] 这说明,由于走私、贩卖、运输、制造毒品的犯罪分子的最终目的通常是将毒品出售给他人,而在此之前(既遂之前)的参与,通常只能评价为相应犯罪的共犯,难有窝藏、转移毒品罪成立的余地。走私、贩卖、运输、制造毒品既遂之后,为使走私、贩卖、运输、制造毒品的犯罪分子逃避法律追究而帮助窝藏、转移毒品的,虽然成立窝藏、转移毒品罪,但也

---

[1] 参见《最高人民法院发布毒品犯罪典型案例》,载《最高人民法院公报》2012年第8期。
[2] 参见上海市高级人民法院编:《上海法院典型案例丛编》(行政·刑事案例),上海人民出版社2001年版,第574~575页。

同时成立法定刑更重的非法持有毒品罪,从一重处罚的结果也是论以非法持有毒品罪。所以说,尽管在理论上有窝藏、转移毒品罪成立的余地,但由于窝藏、转移毒品罪与非法持有毒品罪、运输毒品罪以及走私、贩卖、制造毒品罪的共犯相互交织,而事实上难有单独成立的余地。

3. 窝藏、转移、隐瞒毒赃罪与掩饰、隐瞒犯罪所得罪之间是什么关系?

窝藏、转移、隐瞒毒品犯罪所得的财物,也属于明知是犯罪所得及其产生的收益而予以掩饰、隐瞒的行为,成立《刑法》第312条规定的掩饰、隐瞒犯罪所得、犯罪所得收益罪。因而,窝藏、转移、隐瞒毒赃罪可谓特别法条,窝藏、转移、隐瞒毒赃的,以窝藏、转移、隐瞒毒赃罪定罪处罚即可,无须再论以掩饰、隐瞒犯罪所得、犯罪所得收益罪。

第五节 非法生产、买卖、运输制毒物品、走私制毒物品罪

·导 读·

生产不是本罪的实行行为,对于单纯生产具有正当用途的化学原料、配剂的,不应作为犯罪处理;对于生产专门用于制造毒品的化学原料、配剂的,可以作为买卖、运输、走私制毒物品罪的预备处理。走私制毒物品的,成立本罪与走私国家禁止进出口的货物、物品罪、走私普通货物、物品罪的想象竞合。即便明知他人制造毒品而为其生产、买卖、运输制毒物品,只有在他人已经开始着手实施制造毒品时,才能追究行为人制造毒品罪共犯的刑事责任;在他人没有着手制造毒品时,为他人制造毒品而生产、买卖、运输制毒物品的,只是制造毒品罪的预备,通常不值得科处刑罚。

条 文

第三百五十条 【非法生产、买卖、运输制毒物品、走私制毒物品罪】违反

国家规定,非法生产、买卖、运输醋酸酐、乙醚、三氯甲烷或者其他用于制造毒品的原料、配剂,或者携带上述物品进出境,情节较重的,处三年以下有期徒刑、拘役或者管制,并处罚金;情节严重的,处三年以上七年以下有期徒刑,并处罚金;情节特别严重的,处七年以上有期徒刑,并处罚金或者没收财产。

明知他人制造毒品而为其生产、买卖、运输前款规定的物品的,以制造毒品罪的共犯论处。

单位犯前两款罪的,对单位判处罚金,并对其直接负责的主管人员和其他直接责任人员,依照前两款的规定处罚。

罪名精释

1. 生产是本罪的实行行为吗?

案1:龚某姣、李某焕明知麻黄草为限制买卖物品,在未取得麻黄草专营资格的情况下,由李某焕在外地收购5吨麻黄草后运输回玉林市玉州区,意图销售从中牟利。经约定,龚某姣将李某焕收购回来的5吨(82包)麻黄草以10万元的价格卖给了甘某前、周某积、陈某明等人。

甘某前、周某积、陈某明以10万元的价格向龚某姣购买了5吨麻黄草后,运至兴业县山心镇大良村泉塘陈某华家旧屋旁边空地处一临时搭建的工棚,通过按比例加水及草酸、盐酸等化学原料熬煮麻黄草的方法,经过滤、沉淀后提炼麻黄碱液体。之后,公安机关依法查获该生产制毒物品窝点,现场缴获制毒设备、制毒原料一批及制毒物品麻黄碱液体疑似物3桶(共计净重59.8千克)。经鉴定,上述制毒原料麻黄草渣、麻黄草水、制毒物品麻黄碱液体疑似物中均检出麻黄碱。

法院认为,龚某姣、李某焕违反国家规定,未经许可即经营行政法规规定的专营物品麻黄草,情节严重,其行为构成非法经营罪。甘某前、周某积、陈某明违反国家规定,购买5吨麻黄草后,用麻黄草非法生产出制毒原料麻黄碱液体,其行为均已构成非法生产制毒物品罪,且系犯罪既遂。[1]

理论界与实务界均将生产视为本罪的实行行为,即单纯生产醋酸酐、乙醚、三氯甲烷或者其他用于制造毒品的原料、配剂的,就能以生产制毒物品罪既遂追究刑事责任,最重可以判处15年有期徒刑。可是,制造毒品本身对公众健康都只具有抽象性危险,买卖、运输制毒物品,可谓具有抽象的危险,而生产制毒物品更是仅具有抽象的危险。可以说,制造毒品是贩卖毒品的预备,而买卖、运输制毒物品是制造毒品罪的预备,而生产制毒物品是买卖、运输制毒物品的预备。对于生产与买卖、运输制毒物品适用同样的法定刑,显得罪刑不相适应,况且,单纯生产制毒物品,也很难达到情节严重的程度。此外,醋酸酐、乙醚、三氯甲烷以及其他用于制造毒品的原料、配剂,未必是专门或者说只能用于制造毒品,也就是说,这些所谓制毒物品,本来可能具有正当的用途。对于生产具有正当用途的化学原料、配剂的行为,仅因为行为人主观上可能具有为他人制造毒品而为其生产的意思,就作为犯罪处理,这难免有主观归罪、唯心论罪的嫌疑。

本书的看法是,生产不是本罪的实行行为,对于单纯生产具有正当用途的化学原料、配剂的行为,不应作为犯罪处理;对于生产专门用于制造毒品的化学原料、配剂的,可以作为买卖、运输、走私制毒物品罪的预备处理。

2.走私制毒物品罪与走私犯罪之间是什么关系?

非法携带制毒物品进出境的,可能还构成走私国家禁止进出口的货物、物品罪或者走私普通货物、物品罪。由于所侵犯的法益不同,所以可以认为走私制毒物品的,成立本罪与走私国家禁止进出口的货物、物品罪、走私普通货物、物品罪的想象竞合,从一重处罚即可。

3.明知他人制造毒品而为其生产、买卖、运输制毒物品的,就构成制造毒品罪的共犯吗?

《刑法》第350条第2款规定,明知他人制造毒品而为其生产、买卖、运输前

---

[1] 参见广西壮族自治区玉林市中级人民法院刑事裁定书,(2020)桂09刑终8号。

款规定的物品的,以制造毒品罪的共犯论处。

对于上述规定,人们很可能误解为,只要行为人主观上明知他人制造毒品,而为其生产、买卖、运输了制毒物品,即便他人尚未着手实施制造毒品的行为,也能以制造毒品罪的共犯论处。其实,根据共犯的实行从属性原理,只有当正犯着手实行犯罪时,才能对教唆、帮助他人实施犯罪的人以共犯(教唆犯、帮助犯)追究其刑事责任。也就是说,要对生产、买卖、运输制毒物品的人以制造毒品罪的共犯追究刑事责任,必须是他人已经开始着手实行制毒行为。只是明知他人制造毒品而为其生产、买卖、运输制毒物品的,至多成立制造毒品罪的预备犯,而不是制造毒品罪的共犯。正如,知道他人要杀人而为他人准备刀的,只有他人已经用其提供的刀实施了杀人行为,才能追究提供刀的人的故意杀人罪的共犯的责任。如果他人还未利用其提供的刀杀人,就还只是成立故意杀人预备的共犯。

概言之,即便明知他人制造毒品而为其生产、买卖、运输制毒物品,只有在他人已经利用其生产、买卖、运输的制毒物品开始着手实施制造毒品行为时,才能追究生产、买卖、运输制毒物品的行为人的制造毒品罪的共犯的刑事责任;在他人没有着手制造毒品时,为他人制造毒品而生产、买卖、运输制毒物品的,只是制造毒品罪的预备,通常不值得科处刑罚。

第六节 非法种植毒品原植物罪

· 导 读 ·

在收获前自动铲除的,可以免除处罚,可谓一种特殊中止。非法种植罂粟200平方米以上尚未出苗的应认定为"数量较大"的司法解释规定,系偷换概念,违反罪刑法定原则。"不满三千株",不是必须具备和查明的客观构成要件要素。经公安机关处理后又种植,不应包括被依法追究刑事责任后再次种植毒品原植物。利用自己种植的原植物制造毒品的,成立包括的一罪,以制造毒品罪论处,不实行数罪并罚。

条文

第三百五十一条 【非法种植毒品原植物罪】非法种植罂粟、大麻等毒品原植物的,一律强制铲除。有下列情形之一的,处五年以下有期徒刑、拘役或者管制,并处罚金:

(一)种植罂粟五百株以上不满三千株或者其他毒品原植物数量较大的;

(二)经公安机关处理后又种植的;

(三)抗拒铲除的。

非法种植罂粟三千株以上或者其他毒品原植物数量大的,处五年以上有期徒刑,并处罚金或者没收财产。

非法种植罂粟或者其他毒品原植物,在收获前自动铲除的,可以免除处罚。

罪名精释

1. 为何规定"在收获前自动铲除的,可以免除处罚"?

案1:公安人员在巡逻的时候,发现村民甲的院落中种有大量的罂粟,清点后发现有3600株,公安人员让村民甲和村干部一起去派出所。但在去派出所的途中,甲因害怕拉了一裤子,公安人员便让甲回家换裤子后自己去派出所。甲回家后换了裤子,并且和家人一起把罂粟全部铲除了,然后骑自行车去了派出所。

本案中,虽然公安机关已经发现了甲非法种植罂粟的事实,但尚未强制其铲除。在公安人员还没有要求其铲除的时候,甲就自己主动铲除了,所以仍然应认定为"在收获前自动铲除",可以免除处罚。

在收获前自动铲除的,不仅消除了行为的不法性,而且反映特殊预防的必要性较小。为了奖励这种自动消除犯罪后果的行为,规定"在收获前自动铲除的,可以免除处罚",这可谓一种特殊中止。当然,从立法论上讲,为了充分鼓励行为人及时中止犯罪以避免损失,可以规定"在收获前自动铲除的,不予追究刑事责任"。

2. 非法种植罂粟 200 平方米以上尚未出苗的应认定为"数量较大"的司法解释规定,有无疑问?

2016 年 4 月 6 日最高人民法院《关于审理毒品犯罪案件适用法律若干问题的解释》第 9 条规定,非法种植罂粟 200 平方米以上不满 1200 平方米、大麻 2000 平方米以上不满 12,000 平方米,尚未出苗的,应当认定为《刑法》第 351 条第 1 款第 1 项规定的"数量较大"。

上述司法解释规定显然存在疑问。刑法明文规定种植罂粟 500 株以上的才构成犯罪,即便非法种植罂粟的面积达到 200 平方米以上,也未必就能长出罂粟 500 株以上。而且,"尚未出苗",意味着尚未长出罂粟,又怎么能认为非法种植罂粟 500 株以上呢?其实,行为人在种植之前的行为,肯定符合非法买卖、运输、携带、持有毒品原植物种子、幼苗罪构成要件,因而以该罪论处即可;即使认定为非法种植毒品原植物罪,也只能认定成立未遂或者预备犯。

3. "不满三千株",是必须具备和查明的客观构成要件吗?

所谓"不满三千株",只是一种表面的构成要件,而不是必须具备和查明的客观构成要件。也就是说,只要证明非法种植罂粟 500 株以上,即使不能证明具体数量(不能证明是否"不满三千株"),也应认定为本罪。从立法论上讲,对本罪的成立条件只需规定为"种植罂粟五百株以上或者其他毒品原植物数量较大"即可。

4. "经公安机关处理后又种植",包括"被依法追究刑事责任,又再次种植毒品原植物"吗?

《刑法》第 351 条第 1 款第 2 项规定"经公安机关处理后又种植的"是成立本罪的一种情形。有观点认为,"经公安机关处理后又种植的……也包括被依法追究刑事责任,又再次种植毒品原植物的"。[①]

虽然从当然解释的原理来看,这一观点似乎有道理。但是,由于行政处理

---

① 郎胜主编:《中华人民共和国刑法释义(第 6 版)》,法律出版社 2015 年版,第 616 页。

(不一定是处罚)与刑罚处罚性质不同,故经过行政处理的行为也完全可能再作刑事处理。换言之,"经公安机关处理后又种植"实际上是将两次种植行为作为一个整体评价为犯罪。但是,已经做出刑事处罚的不得再作刑事处罚。换言之,已经受到刑事处罚,只是判断行为人再犯罪可能性大小的资料,而不可能成为新犯罪的不法根据。所以,被依法追究刑事责任后再次种植的,只有再次种植的行为本身完全符合本罪的犯罪构成,才能以本罪论处,并同时判断是否成立累犯。上述观点明显与刑法关于累犯的规定相抵触,也违反了禁止重复评价的原则,因而不可取。

5. 利用自己种植的原植物制造毒品的,如何处理?

行为人非法种植毒品原植物后,利用自己种植的原植物制造毒品的,成立包括的一罪,以制造毒品罪论处,不实行数罪并罚。但是,既非法种植毒品原植物,又利用其他毒品原植物制造毒品,或者仅利用自己种植的部分毒品原植物制造毒品的,则应当实行数罪并罚。

第七节 非法买卖、运输、携带、持有毒品原植物种子、幼苗罪

·导 读·

立法者意图通过禁止非法买卖、运输、携带、持有未经灭活的罂粟等毒品原植物种子或者幼苗,来杜绝非法种植毒品原植物,进而根除毒品。非法种植罂粟的行为不构成犯罪,却以持有种植罂粟后所收获的种子认定成立非法持有毒品原植物种子罪的实践做法,是错误的。

/条 文/

第三百五十二条 【非法买卖、运输、携带、持有毒品原植物种子、幼苗罪】

非法买卖、运输、携带、持有未经灭活的罂粟等毒品原植物种子或者幼苗,数量较大的,处三年以下有期徒刑、拘役或者管制,并处或者单处罚金。

罪名精释

1. 本罪的立法目的是什么?

本罪不是所谓抽象危险犯,而是非法种植毒品原植物罪的预备行为。立法者意图通过禁止非法买卖、运输、携带、持有未经灭活的罂粟等毒品原植物种子或者幼苗,来杜绝非法种植毒品原植物,进而根除毒品。

2. 未达到非法种植毒品原植物罪立案标准,能以非法持有毒品原植物种子罪定罪处罚吗?

根据持有型犯罪的兜底性、补充性特点,当查明行为人所持毒品原植物种子的来源时,应当以来源进行评价,而排除非法持有毒品原植物种子罪的适用。但司法实践中,对于非法种植罂粟后将收获的罂粟籽留存的,不定非法种植毒品原植物罪,而定非法持有毒品原植物种子罪;[1]饮食店购买发芽率极低的罂粟壳用于食品加工,不是认定为生产、销售有毒、有害食品罪或欺骗他人吸毒罪,而是认定为非法持有毒品原植物种子罪。[2]

司法实践中之所以将种植罂粟后收获罂粟壳的行为,不认定为非法种植毒品原植物罪,而是认定为非法持有毒品原植物种子罪,一个重要的原因可能在于,《刑法》第351条规定的非法种植毒品原植物罪成立犯罪的门槛过高(要求种植罂粟五百株以上),而事实上,要么查明的事实是种植罂粟未达到500株,要么事后难以查明具体的株数。但无论如何,非法持有毒品原植物种子属于非法

---

[1] 参见甘肃省会宁县人民法院刑事判决书,(2017)甘0422刑初133号;内蒙古自治区宁城县人民法院刑事判决书,(2015)宁刑初字第00363号;四川省宁南县人民法院刑事判决书,(2014)宁南刑初字第44号。

[2] 参见河南省滑县人民法院刑事判决书,(2014)滑刑初字第452号;河南省濮阳市华龙区人民法院刑事判决书,(2013)华区刑初字第227号。

种植毒品原植物罪的预备犯,即便以作为预备犯的非法持有毒品原植物种子罪定罪,定罪标准也应与非法种植毒品原植物罪立案标准相协调。因此,要么司法解释根据种植500株罂粟通常可能收获的种子数量提高非法持有毒品原植物种子罪的立案标准,要么通过立法降低非法种植毒品原植物罪的成立要求,而不能继续坚持目前非法种植罂粟的行为不构成犯罪,却以持有种植罂粟后所收获的种子认定成立非法持有毒品原植物种子罪。正如,难以认为盗窃母牛因未达到数额较大的标准而不成立盗窃罪,却可以加上之后所盗母牛产下的小牛的价值而以盗窃罪定罪处罚是合理的。

第八节 引诱、教唆、欺骗他人吸毒罪

·导 读·

本罪中的"教唆",不是共犯意义上的教唆,旨在强调诱发他人产生吸毒(一般违法行为)的意思。饭店老板将罂粟壳掺入饭菜中招揽顾客的,成立欺骗他人吸毒罪与生产、销售有毒、有害食品罪的想象竞合,应从一重处罚。他人已经吸食、注射毒品,是本罪既遂成立的标志。

/条 文/

第三百五十三条 【引诱、教唆、欺骗他人吸毒罪】引诱、教唆、欺骗他人吸食、注射毒品的,处三年以下有期徒刑、拘役或者管制,并处罚金;情节严重的,处三年以上七年以下有期徒刑,并处罚金。

【强迫他人吸毒罪】强迫他人吸食、注射毒品的,处三年以上十年以下有期徒刑,并处罚金。

引诱、教唆、欺骗或者强迫未成年人吸食、注射毒品的,从重处罚。

罪名精释

1. 何为"引诱""教唆""欺骗"？

案1：何某为使国家公务员考试竞争对手曲某受到行政处罚，遂找到肖某合谋，由肖某前往曲某工作单位，以应聘为名接触曲某。肖某在某农机服务专业合作社曲某办公室内，趁机将毒品放入曲某水杯中并确保其喝下。次日，肖某拨打"110"举报曲某吸毒，曲某后被抓获，民警从曲某办公室电脑键盘下起获甲基苯丙胺0.05克。经检验，曲某尿液中检出苯丙胺和甲基苯丙胺。何某共给付肖某人民币26,250元。

法院认为，何某、肖某无视国法，合谋欺骗他人吸食毒品，其行为已构成欺骗他人吸毒罪，且系共同犯罪。[1]

所谓引诱、教唆，一般表现为在他人本无吸食、注射毒品意愿的情况下，通过向他人宣扬吸食、注射毒品后的感受、传授或者示范吸毒方法、技巧以及利用金钱、物质等进行诱惑的方法，引起他人产生吸食、注射毒品的意愿或者欲望。他人原本仅吸食极少量毒品，行为人引诱、教唆他人吸食大量毒品的，或者他人原本仅吸食软毒品（如大麻），行为人引诱、教唆他人吸食海洛因的，以及他人原本仅吸食纯度低的毒品，行为人引诱、教唆他人吸食纯度高的毒品的，也应认定为本罪。这里的"教唆"，不是共犯意义上的教唆，因为被教唆者即吸毒者是不构成犯罪的。此处的"教唆"，旨在强调诱发他人产生吸毒（一般违法行为）的意思。所谓欺骗，是指隐瞒真相或者制造假相，使他人吸食、注射毒品的行为。

2. 饭店老板将罂粟壳掺入饭菜中招揽顾客的，如何处理？

将罂粟壳掺入饭菜中让不知情的顾客食用的，属于欺骗他人吸食毒品的行为，构成欺骗他人吸毒罪。掺入罂粟壳的饭菜对人体有害，所以这种行为还是生产、销售有毒、有害食品。由于只有一个行为，所以成立欺骗他人吸毒罪与生产、销售有毒、有害食品罪的想象竞合犯，从一重处罚即可。

---

[1] 参见北京市第三中级人民法院刑事裁定书，(2020) 京03刑终148号。

3.本罪既遂的标志是什么？

本罪所侵犯的法益是他人的健康，应以他人已经吸食、注射毒品作为本罪既遂成立的标志。

第九节 强迫他人吸毒罪

·导 读·

引诱、教唆、欺骗不满14周岁的人吸食、注射毒品的，成立强迫他人吸毒罪。本罪不是侵害社会法益，而是侵害作为个人法益的身体健康。本罪以他人已经吸食、注射了毒品为既遂标志。本罪与故意伤害、杀人罪之间是竞合关系。

条 文

第三百五十三条 【引诱、教唆、欺骗他人吸毒罪】引诱、教唆、欺骗他人吸食、注射毒品的，处三年以下有期徒刑、拘役或者管制，并处罚金；情节严重的，处三年以上七年以下有期徒刑，并处罚金。

【强迫他人吸毒罪】强迫他人吸食、注射毒品的，处三年以上十年以下有期徒刑，并处罚金。

引诱、教唆、欺骗或者强迫未成年人吸食、注射毒品的，从重处罚。

罪名精释

1.能否认为引诱、教唆、欺骗不满14周岁的人吸食、注射毒品的成立强迫他人吸毒罪？

不满14周岁的人不能理解吸食、注射毒品行为的性质和意义，其不具有承诺能力，参照奸淫幼女型强奸罪成立的条件，可以认为，引诱、教唆、欺骗不满14

周岁的人吸食、注射毒品的,不仅成立引诱、教唆、欺骗他人吸毒罪,还同时成立强迫他人吸毒罪,以强迫他人吸毒罪论处即可。

2. 本罪是侵犯个人法益还是社会法益的犯罪?

虽然本罪位于妨害社会管理秩序罪一章,但应认为,本罪所侵害的法益并非社会法益,而是侵害作为个人法益的身体健康。

3. 本罪的既遂标志是什么?

本罪是侵害作为个人法益的身体健康的犯罪,应以他人已经吸食、注射了毒品为既遂标志。

4. 本罪与故意伤害、杀人罪之间是什么关系?

强迫他人吸食、注射毒品会损害他人的身体健康,强迫他人吸毒造成他人身体健康受损或者死亡的,可以同时成立故意伤害、杀人罪,形成竞合,从一重处罚即可。

第十节　容留他人吸毒罪

· 导　读 ·

本罪的立法目的在于,禁止宾馆、酒吧、舞厅、饭店等公共营业性场所,为他人提供吸毒的场所。吸毒者唆使他人为自己提供吸毒场所的,不成立本罪的教唆犯。将身份证借给他人在宾馆开房间吸毒的,不能构成容留他人吸毒罪。宜对本罪的适用进行目的性限缩,应仅限于宾馆、酒吧、舞厅、茶室、饭店等大型的公共娱乐性场所,不应包括私人住宅、办公室、会议室、出租车等小型私密场所和火车、汽车、轮船、飞机等公共交通工具。一次容留多人吸毒的,仅成立一罪。不制止共同居住者吸毒的,不构成容留他人吸毒罪。容留是一种作为,是行为人将自己事先已经支配的场所提供给他人吸毒。

条文

第三百五十四条 【容留他人吸毒罪】容留他人吸食、注射毒品的,处三年以下有期徒刑、拘役或者管制,并处罚金。

罪名精释

1. 本罪的立法目的是什么?

国家禁止吸毒,相应地禁止任何人为吸毒者提供场所。本罪的立法目的在于,禁止宾馆、酒吧、舞厅、饭店等公共营业性场所,为他人提供吸毒的场所。

2. 吸毒者唆使他人为自己提供吸毒场所的,成立本罪的教唆犯吗?

在我国吸毒不构成犯罪,容留他人吸毒罪规制的是为他人吸毒提供场所的行为,而之所以禁止为他人提供吸毒的场所,说到底还是保护包括吸毒者在内的公众健康。也就是说,吸毒者实际上是法律所保护的对象,所以根据片面对向犯原理,不应将吸毒者唆使他人为自己提供吸毒场所的行为,评价为容留他人吸毒罪的教唆犯。

3. 将身份证借给他人在宾馆开房间吸毒的,能构成容留他人吸毒罪吗?

案1:甲、乙二人经常吸食毒品,某段时间该地举行扫黄打非活动,二人很难找到地方吸毒。丙是甲、乙二人的朋友,丙用自己的身份证为甲、乙二人在某宾馆开了一个房间,甲、乙二人便在丙所开的房间吸毒。

本案中,丙用自己的身份证在宾馆开了一个房间,因而取得了对所开房间的完全支配权,其容许甲、乙在自己所支配的宾馆房间吸毒,应构成容留他人吸毒罪。

案2:甲想在宾馆开房间吸毒,但又不想暴露自己,就跟乙商量借乙的身份证开房间吸毒,乙同意,于是甲用乙的身份证登记房间吸毒。

本案中,乙并没有将自己事实上支配的场所提供给他人吸毒,不能认定成立容留他人吸毒罪。

行为人将身份证借给吸毒者,由吸毒者在宾馆开房后在房间吸毒的,不成立容留他人吸毒罪。因为身份证并不等于宾馆房间,利用身份证支配宾馆房间还需要一定的程序和对价。按照社会的一般观念,不能认为用谁的身份证订了房间谁就支配了房间,开房间并拿着房卡的人,才是支配房间的人。所以,不能将提供身份证件的行为直接评价为提供场所的行为。司法实践中将这种情形认定为犯罪,是错误的。

4. 应否对本罪的适用进行目的性限缩?

按照共犯的从属性原理,成立共犯的前提是正犯必须实施了符合构成要件的不法行为。但在我国,吸毒行为只是一般违法行为,不是犯罪。正如,自杀不是犯罪,要处罚教唆、帮助自杀的行为,必须有刑法的明文规定。当然,我们可以将容留他人吸毒罪理解为共犯的正犯化。但是,毕竟吸毒只是一般违法行为,将帮助一般违法行为评价为犯罪还是缺乏实质的合理性。所以本书主张对容留他人吸毒罪进行限制解释,应仅限于宾馆、酒吧、舞厅、茶室、饭店等大型的公共娱乐性场所,不应包括私人住宅、办公室、会议室、出租车等小型私密场所和火车、汽车、轮船、飞机等公共交通工具。客人在私人住宅吸毒,主人不予制止的,不宜认定为犯罪。出租车司机不阻止乘客在车上吸毒的,不构成犯罪。房东不阻止房客在出租屋内吸毒的,也不构成犯罪。

5. 一次容留多人吸毒的,是一罪还是数罪?

案3:某日,黄某文容留龚某旗、陈某兵、黄某伏在自己舅哥宋某林位于赤壁市第四小学对面商品房7楼的家中吸食毒品甲基苯丙胺和甲基苯丙胺片剂。

法院认为,黄某文一次容留多人吸食、注射毒品,构成容留他人吸毒罪。[①]

一次容留多人吸毒,只有一个提供场所的行为,只能成立一罪。

---

① 参见湖北省赤壁市人民法院刑事判决书,(2020)鄂1281刑初130号。

6. 不制止共同居住者吸毒的,构成容留他人吸毒罪吗?

共同居住者都对房屋存在支配权,每个人都没有对房屋形成排他性支配,所以不制止同住者吸毒的,不构成犯罪。

7. 本罪是作为犯还是不作为犯?

案4:酒吧里张贴了禁止吸毒的标语,客人到酒吧房间后,女服务员甲为客人提供相应的服务。在客人吸毒时,服务员甲放任不管,任由客人在房间吸毒。

本案中,如果甲是酒吧特定房间的固定服务员,酒吧的管理者也要求服务员禁止他人在房间吸毒,则服务员可能构成容留他人吸毒罪。

容留,是指允许他人在自己管理的场所吸食、注射毒品或者为他人吸食、注射毒品提供场所的行为。容留是一种作为,是行为人将自己事先已经支配的场所提供给他人吸毒。所谓容许他人在自己支配的场合吸毒,就是将自己支配的场所提供给他人吸毒,不能认为,行为人支配了场所,行为人就产生了作为义务。

第十一节 非法提供麻醉药品、精神药品罪

·导 读·

成立本罪无须以牟利为目的。向走私、贩卖毒品的犯罪分子提供麻醉药品、精神药品的,既成立本罪的既遂,还根据对方是否着手和完成犯罪,分别成立走私、贩卖毒品罪的预备、未遂与既遂,二者是竞合关系,应从一重处罚。

/条 文/

第三百五十五条 【非法提供麻醉药品、精神药品罪】依法从事生产、运输、

管理、使用国家管制的麻醉药品、精神药品的人员,违反国家规定,向吸食、注射毒品的人提供国家规定管制的能够使人形成瘾癖的麻醉药品、精神药品的,处三年以下有期徒刑或者拘役,并处罚金;情节严重的,处三年以上七年以下有期徒刑,并处罚金。向走私、贩卖毒品的犯罪分子或者以牟利为目的,向吸食、注射毒品的人提供国家规定管制的能够使人形成瘾癖的麻醉药品、精神药品的,依照本法第三百四十七条的规定定罪处罚。

单位犯前款罪的,对单位判处罚金,并对其直接负责的主管人员和其他直接责任人员,依照前款的规定处罚。

罪名精释

1. 成立本罪是否需要以牟利为目的?

本罪的责任形式是故意,但不要求以牟利为目的。若行为人以牟利为目的,向吸食、注射毒品的人有偿提供麻醉药品或者精神药品的,则成立贩卖毒品罪。当不能查明行为人是否具有牟利目的时,还是只能成立非法提供麻醉药品、精神药品罪。

2. 本罪与走私、贩卖毒品罪之间是什么关系?

本罪的对象是吸食、注射毒品的人。若行为人向走私、贩卖毒品的犯罪分子提供麻醉药品或者精神药品,则不仅成立本罪,还成立走私、贩卖毒品罪的共犯。不过,走私、贩卖毒品的人接受所提供的麻醉药品、精神药品,还只是成立走私、贩卖毒品罪的预备,而提供者的行为既是走私、贩卖毒品罪的预备犯,也是非法提供麻醉药品、精神药品罪的既遂犯,二者是竞合关系,宜从一重处罚。如果接受提供的人已经着手实施了走私、贩卖毒品的行为而未得逞的,则提供者的行为既成立走私、贩卖毒品罪的未遂,也成立本罪的既遂,二者系竞合关系,应从一重处罚。如果接受提供的人完成了走私、贩卖毒品的行为,则提供者的行为成立本罪的既遂和走私、贩卖毒品罪的既遂,二者是竞合关系,应从一重处罚。

第十二节　妨害兴奋剂管理罪

·导　读·

本罪是单行为犯,实行行为是引诱、教唆、欺骗、组织、强迫运动员使用兴奋剂。成立本罪的既遂,必须是运动员使用兴奋剂并实际参加了国内、国际的重大体育竞赛。本罪与引诱、教唆、欺骗、强迫他人吸毒罪之间是竞合关系,竞合时从一重处罚。

条　文

第三百五十五条之一　【妨害兴奋剂管理罪】引诱、教唆、欺骗运动员使用兴奋剂参加国内、国际重大体育竞赛,或者明知运动员参加上述竞赛而向其提供兴奋剂,情节严重的,处三年以下有期徒刑或者拘役,并处罚金。

组织、强迫运动员使用兴奋剂参加国内、国际重大体育竞赛的,依照前款的规定从重处罚。

罪名精释

1. 本罪的实行行为是什么?

实行行为应该是具有侵害法益紧迫危险性的行为,而且是本人实施或者本人能掌控的行为。虽然妨害兴奋剂条文表述的是"引诱、教唆、欺骗运动员使用兴奋剂参加国内、国际重大体育竞赛",看似本罪的实行行为是引诱、教唆、欺骗运动员使用兴奋剂加上参加体育竞赛,但参加体育竞赛的行为并不是行为人实施的。所以应认为,本罪的实行行为只有引诱、教唆、欺骗运动员使用兴奋剂和组织、强迫运动员使用兴奋剂。

2.本罪的既遂标准是什么？

虽然因为兴奋剂本身可能属于毒品，引诱、教唆、欺骗他人使用兴奋剂的，就能成立引诱、教唆、欺骗他人吸毒罪的既遂，但本罪不仅侵害了运动员的身体健康，还侵害了重大体育竞赛的公平性，所以，成立本罪的既遂，必须是运动员使用兴奋剂并实际参加了国内、国际的重大体育竞赛。

3.本罪与引诱、教唆、欺骗、强迫他人吸毒罪之间是什么关系？

由于兴奋剂本身可能属于毒品，所以引诱、教唆、欺骗、组织、强迫运动员使用兴奋剂参加重大体育竞赛，除成立本罪外，还能成立引诱、教唆、欺骗、强迫他人吸毒罪，二者是竞合关系，应从一重处罚。这可能正是本罪的法定刑并不高的原因。引诱、教唆、欺骗、组织、强迫他人使用兴奋剂，若运动员还未实际参加重大体育竞赛，则成立引诱、教唆、欺骗、强迫他人吸毒罪的既遂和本罪的未遂，二者系竞合关系，应从一重处罚。

第八章　组织、强迫、引诱、容留、介绍卖淫罪

第一节　组织卖淫罪

·导　读·

"组织"卖淫的本质或者特征,是对卖淫人员的管理与控制。不应要求成立组织卖淫罪必须以营利为目的。被组织的他人,不成立组织卖淫罪的共犯。组织卖淫罪中的"卖淫",应仅限于异性之间的生殖器性交和男性之间的肛交,而不包括口交等以及女性单纯用乳房摩擦男性生殖器等"性"行为。卖淫的对象必须是不特定的。与特定的人发生性关系并有金钱给付的,不属于卖淫嫖娼。组织女性被特定人包养的,不应认定为组织卖淫罪。只有被组织者实际实施了卖淫行为的,才能成立组织卖淫罪的既遂。认定组织未成年人卖淫的从重处罚,行为人必须认识到对象是未成年人。

条　文

第三百五十八条第一款　【组织卖淫罪】【强迫卖淫罪】组织、强迫他人卖淫

的,处五年以上十年以下有期徒刑,并处罚金;情节严重的,处十年以上有期徒刑或者无期徒刑,并处罚金或者没收财产。

第二款 组织、强迫未成年人卖淫的,依照前款的规定从重处罚。

第三款 犯前两款罪,并有杀害、伤害、强奸、绑架等犯罪行为的,依照数罪并罚的规定处罚。

罪名精释

1. 何为"组织"卖淫?

案1:李某伙同武某、亚某、努某等人,在北京市东城区、朝阳区、西城区、海淀区等地,通过网络获取嫖客信息,由努某、古某、麦某向嫖客卖淫,并以举报嫖客嫖娼、假冒警察等手段勒索嫖客钱财。其中,李某和武某主要负责敲诈勒索被害人钱款,亚某主要负责联系卖淫女。敲诈勒索款由4被告人按比例分配。在一年时间内通过"仙人跳"实施了29次敲诈勒索行为,敲诈勒索金额为44.69万元。

本案争议焦点:李某、武某组织不同时间段内3名以上卖淫女在一年时间内实施了29次卖淫嫖娼行为,可否认定为组织卖淫罪。

法院认为,组织卖淫罪的构成应当以具有"组织性"为前提,被组织者应为三人以上,而且组织的目的是使分散的人员形成较为固定的整体,也就是要求组织他人卖淫在人数上达到多人,在空间上具有稳定性,在时间上具有重合性,本案中李某、武某的行为不具备以上犯罪构成要素。而且李某、武某等人的行为是以敲诈勒索为目的,卖淫只是实施敲诈勒索过程中威胁被害人的手段和借口,是敲诈勒索犯罪的一个环节,在查明的部分事实中,亦存在不卖淫而直接敲诈的情形,因此应以处罚较重的目的行为定罪。故公诉机关指控李某、武某犯组织卖淫罪不成立,法院依法予以纠正。[①]

所谓组织,是指以招募、雇用、强迫、引诱、容留等手段,控制他人从事卖淫活

---

① 参见北京市第二中级人民法院刑事裁定书,(2020)京02刑终201号。

动的行为,"组织"卖淫的本质或者特征,是对卖淫人员的管理和控制。组织卖淫一般表现两种情形:一是设置卖淫场所或者变相卖淫场所,控制卖淫者,招揽嫖娼者,俗称开妓院;二是没有固定的卖淫场所,通过控制卖淫人员,有组织地进行卖淫活动。组织的核心在于控制。所谓控制卖淫人员,是指通过对卖淫人员施加物理的或者心理的影响,进而左右卖淫人员的意志,使其难以摆脱行为人的影响。

2. 成立组织卖淫罪,要求以营利为目的吗?

虽然卖淫以营利为目的,组织卖淫通常也以营利为目的,但《刑法》条文并未将营利目的规定为本罪的构成要件要素,所以,不应要求成立组织卖淫罪必须要以营利为目的。

3. 被组织的他人成立共犯吗?

组织他人卖淫可谓片面对向犯,被组织者虽然不能认为是被害人和缺乏期待可能性,但从刑法仅规制组织卖淫行为,以及在我国卖淫嫖娼本身只是一般违法行为(性病患者卖淫嫖娼除外)来看,不宜将被组织者(卖淫者)纳入刑事处罚的范畴,包括共犯。

4. 组织进行口交、肛交等,能构成组织"卖淫"罪吗?

案2:张某伙同"菲菲"(在逃)通过网上发布信息,先后招募、组织吴某某、张某、李某某、田某某、贺某某(均已行政处罚)等人以按摩为名为客人提供"服务",并从中获取提成收入。张某安排吴某某、张某、李某某在成都市金牛区某某大街某某号甲酒店租用三个房间,并通过"菲菲"网上招揽客人后,安排客人分别到上述三个房间,由吴某某、张某、李某某以368元的价格分别与客人李某某、张某、孙某某(均已行政处罚)进行卖淫嫖娼活动时,被民警现场抓获。

本案争议焦点:"口交"等进入式的性行为,是否应当认定为组织卖淫罪中的"卖淫"行为。

第八章　组织、强迫、引诱、容留、介绍卖淫罪

法院认为,根据相关法律及司法解释,对于性交以外的性行为,应依法认定为刑法意义上的卖淫。张某在组织卖淫活动中,系卖淫人员的实际招募者,张某虽没有设立固定的场所,但招募专门的管理人员利用微信对卖淫人员进行指挥管理,体现出组织管理性。而且张某还负责收取嫖资,在犯罪中起主要作用,张某构成组织卖淫罪。①

案3:2020年4月以来,刘某军伙同王某芬在聊城市经营足浴店期间,组织徐某某、张某某、姜某、黄某某从事卖淫活动,非法获利960,530元,犯罪所得480,265元。

法院认为,刘某军、王某芬组织他人卖淫,卖淫人员在三人以上,其行为均构成组织卖淫罪。刘某军是足浴店的投资人,为卖淫者提供场所、在店外望风、参与日常管理,与王某芬共同支配使用犯罪所得,不是单纯的容留行为,其行为构成组织卖淫罪,王某芬负责接待联络、安排上钟、收取嫖资、给卖淫人员发放工资等,与刘某军共同支配使用犯罪所得,不是单纯的协助行为,其行为构成组织卖淫罪。对卖淫行为的认定应依照刑法的基本含义,结合大众的普遍认知和公民的心理预期,并严格遵循罪刑法定原则,对于性交之外的性行为,应当认定为刑法意义上的卖淫,对于"手淫"行为不宜认定为刑法意义上的卖淫,二审将微信、支付宝交易明细统计的298元、300元涉及"手淫"行为的非法获利数额予以扣减。非法获利是指行为人收取的全部嫖资,不应扣除卖淫人员的分成部分;犯罪所得是指行为人实际所得的利益,认定退缴犯罪所得时,应扣除卖淫人员的分成。②

组织卖淫罪中的"卖淫",是指以营利为目的,满足不特定对方(不限于异性)的性欲的行为。理论与实务认为,组织卖淫罪中的"卖淫",包括与不特定的对方性交和实施类似性交的行为。组织女性向女性、男性向男性实施口交、肛交等类似性交行为的,也成立本罪。但是,组织他人单纯为异性"手淫"等不应认定为组织"卖淫"罪。③

本书认为,上述理论观点和实务做法存在问题。组织卖淫罪属于重罪(基

---

① 参见四川省成都市金牛区人民法院刑事判决书,(2018)川0106刑初1101号。
② 参见山东省聊城市中级人民法院刑事判决书,(2022)鲁15刑终11号。
③ 参见张明楷:《刑法学(第6版)》(下册),法律出版社2021年版,第1528页。

533

本犯法定刑比强奸罪还重),而且没有被害人。从立法论上讲,这种没有被害人,也不能还原为侵害个人法益的犯罪,不符合立法论。对于没有被害人的重罪理应限制其处罚范围。由于《刑法》第358条第1款规定的是组织"他人"卖淫,而不排除组织男性向男性卖淫。男性向男性卖淫因为生理所限,通常只能通过肛交来满足性欲。虽然也不排除女性向女性卖淫,但囿于生理限制,也只能限于特定满足性欲的方式。但是,在人们普遍将强奸方式限定为传统的生殖器媾和的现状下,将法定刑很重且没有被害人的组织卖淫罪扩大到包括口交等进入式性行为,难言具有合理性。所以,应限制组织卖淫罪的成立范围,将卖淫限定为异性生殖器性交和男性之间的肛交。此外所谓进入式性行为,以及"手淫"等都不宜纳入组织"卖淫"的范畴,论以组织卖淫罪。简单地讲,除男性之间的肛交和作为强奸方式的异性之间的生殖器性交外,人们传统上视为猥亵行为的,都不是组织卖淫罪中的"卖淫"方式。

此外,组织卖淫罪中的"卖淫",不同于《治安管理处罚法》中的"卖淫"。2001年公安部《关于对同性之间以钱财为媒介的性行为定性处理问题的批复》指出,根据《治安管理处罚条例》(已失效,现为《治安管理处罚法》)和全国人大常委会《关于严禁卖淫嫖娼的决定》的规定,不特定的异性之间或者同性之间以金钱、财物为媒介发生不正当性关系的行为,包括口淫、手淫、鸡奸等行为,都属于卖淫嫖娼行为,对行为人应当依法处理。

可见,组织卖淫罪中的"卖淫"范围明显窄于《治安管理处罚法》中的"卖淫"行为,应仅限于异性之间的生殖器性交和男性之间的肛交,而不包括口交等"性"行为。

5. 与特定的人发生性关系并有金钱给付的情形,属于"卖淫"吗?

卖淫的对象必须是不特定的。与特定的人发生性关系并有金钱给付,不属于卖淫嫖娼。

6. 组织他人被特定人"包养"的,成立组织卖淫罪吗?

卖淫的对象必须是不特定的。组织女性被特定人包养的,不应认定为组织卖淫罪。

7. 组织卖淫罪的既遂标准是什么？

只有被组织者实际实施了卖淫行为的，才能成立组织卖淫罪的既遂。

8. 认定组织未成年人卖淫的从重处罚，是否需要认识到对象是未成年人？

案4：吉子某某为牟取经济利益，将其女友阿呷某某带到重庆后，安排阿呷某某到张某某、朱某（均已判决）经营的卖淫场所卖淫。随后，吉子某某将阿呷某某联系而来的斗布某某、申子某某，分别安排到黄某龙、刘某欣（均已判决）经营的卖淫场所内卖淫。其间，吉子某某为便于管理，租赁房屋，用于自己与阿呷某某、斗布某某、申子某某4人一起居住。吉子某某负责卖淫人员的生活，接送卖淫人员上下班，从黄某龙、朱某等卖淫店老板处结算费用，统一保管并分配卖淫收入。

本案争议焦点：吉子某某组织申子某某等人卖淫，能否认定吉子某某组织未成年人卖淫这一法定从重情节。

法院认为，吉子某某组织3名以上卖淫人员进行卖淫，并对卖淫活动进行管理和控制，其行为构成组织卖淫罪。关于吉子某某及其辩护人提出其不知道卖淫人员中有未成年人的意见。公民户籍信息是判断年龄的主要法定依据，申子某某系未成年人，在17岁生日聚会时曾明确告诉吉子某某自己未满18周岁，且无相反证据证明吉子某某确实明知或应知申子某某已成年。结合保护未成年人合法权益的立法本意，只要客观上所组织的卖淫人员系未成年人，就应认定组织未成年人卖淫这一法定从重情节，这体现了人民法院从严打击侵害未成年人合法权益犯罪的态度和决心。故应认定吉子某某组织一名未成年人卖淫从重处罚，对吉子某某及其辩护人的意见不予采纳。[1]

上述判决明显存在疑问。《刑法》第358条关于组织、强迫未成年人卖淫的从重处罚规定中的"未成年人"，显然是一种客观要素。根据责任主义，显然要

---

[1] 参见重庆市巴南区人民法院刑事判决书，(2019) 渝0113刑初534号。

求行为人必须认识到所组织、强迫卖淫的对象是未成年人这一客观事实。行为人确实没有认识到组织、强迫卖淫的对象是未成年人的，不能对行为人从重处罚，否则就是客观归罪。上述判决认为"只要客观上所组织的卖淫人员系未成年人，就应认定组织未成年人卖淫这一法定从重情节"，显然有违责任主义，因而是错误的。

第二节　强迫卖淫罪

·导　读·

　　强迫卖淫罪除侵害所谓善良风俗这一社会法益外，还侵害卖淫人员的人身权这一个人法益。由于强迫卖淫罪不只是侵害社会法益，还侵害个人的人身权，所以不应限制强迫卖淫罪的处罚范围。强迫卖淫罪中的"卖淫"，可以是一切满足人的性欲、侵害人的性自主权的性行为，除生殖器性交、肛交外，还包括口交等其他性行为。强迫他人与特定对象从事所谓有偿性服务活动的，成立强奸罪，而不是强迫"卖淫"罪。对强奸后迫使卖淫的，根据时间、场所是否密接，成立强奸罪的共同正犯或者间接正犯。

　　嫖客明知卖淫人员系被迫同意卖淫而与其发生性关系的，可能构成强奸罪。在嫖客过失导致被害妇女重伤、死亡时，不能将重伤、死亡结果归属于强迫卖淫行为，不能认定为强迫卖淫"情节严重"。只有被强迫者实施了卖淫行为，强迫卖淫行为才既遂。行为人为了强迫他人从事卖淫活动，对他人实施强制猥亵、强奸行为，进而迫使其卖淫的，应认定为强迫卖淫罪，并且与强制猥亵、强奸罪数罪并罚。如果行为人除实施强制猥亵、强奸行为外，没有实施其他强制手段强迫卖淫，则成立强迫卖淫罪与强制猥亵、强奸罪的想象竞合。

第八章　组织、强迫、引诱、容留、介绍卖淫罪

条　文

第三百五十八条第一款　【组织卖淫罪】【强迫卖淫罪】组织、强迫他人卖淫的,处五年以上十年以下有期徒刑,并处罚金;情节严重的,处十年以上有期徒刑或者无期徒刑,并处罚金或者没收财产。

第二款　组织、强迫未成年人卖淫的,依照前款的规定从重处罚。

第三款　犯前两款罪,并有杀害、伤害、强奸、绑架等犯罪行为的,依照数罪并罚的规定处罚。

罪名精释

1. 强迫卖淫罪是侵犯个人法益还是社会法益的犯罪?

案1:甲、乙两人在餐馆吃饭时,乙问甲最近有没有新的"小妹",实际上,就是乙意欲嫖娼,让甲去物色。于是,甲深夜到某网吧将一名17岁的女孩丙叫到乙住的宾馆,让这名女孩陪乙"谈谈心"。甲与丙之前就认识,但从来没有介绍丙去卖淫。在丙不愿意去的情况下,甲强行将丙带到了乙的房间。乙与丙聊了一会儿,交给丙500元以后就去睡觉了,丙一个小时以后也离开了宾馆,还把乙给她的500元给了甲,第二天甲就把丙送回学校。

不宜将本案中甲的行为认定为强迫卖淫罪。从甲与丙之前就认识,丙事后将钱交给甲等细节来判断,似乎甲并没有使用严重的暴力和胁迫,可能只是轻微地吓唬了一下丙,而且甲也没有强迫丙向不特定的人卖淫,所以,不宜将甲的行为认定为强迫卖淫罪。当然,如果丙进去乙的房间以后,乙用暴力等手段强奸了丙,在这种情况下,有可能将甲的行为认定为强奸罪的帮助犯。

强迫卖淫罪,是指使用暴力、威胁、虐待等强制方法迫使没有卖淫意愿的人从事卖淫活动的行为。所以,虽然强迫卖淫罪位于妨害社会管理秩序罪一章,但应认为其与组织、引诱、容留、介绍卖淫罪所侵害的法益不同,本罪除侵害所谓善良风俗这一社会法益外,还侵害卖淫人员的人身权这一个人法益。

强迫卖淫主要表现为以下情形:(1)在他人不愿意从事卖淫活动的情况下,

537

行为人使用强制手段迫使其从事卖淫活动;(2)他人虽然原本从事卖淫活动,但在他人不愿意继续从事卖淫活动的情况下,行为人使用强制手段迫使其继续从事卖淫活动;(3)在他人不愿意在此场所从事卖淫活动的情况下,行为人使用强制手段迫使其在此场所从事卖淫活动;(4)他人虽然原本从事卖淫活动,但在他人不愿意向某类人卖淫的情况下,行为人使用强制手段迫使其向某类人卖淫;(5)他人虽然原本从事卖淫活动,但在他人不愿意以某种方式卖淫的情况下,行为人使用强制手段迫使其以某种方式卖淫。

2.何为强迫"卖淫"?

虽然本书主张限制没有被害人的组织、引诱、容留、介绍卖淫罪的成立范围,但由于强迫卖淫罪不仅侵害社会法益,还侵害个人的人身权,所以本书不主张限制强迫卖淫罪的处罚范围,认为强迫卖淫罪中的"卖淫",可以是一切满足人的性欲、侵害人的性自主权的性行为,除生殖器性交、肛交外,还包括口交等性行为。另外,只有强迫他人与不特定人从事有偿性服务活动的,才是"卖淫"。强迫他人与特定对象从事所谓有偿性服务活动的,成立强奸罪,而不是强迫"卖淫"罪。

3.如何厘清强迫卖淫罪与强奸罪之间的关系?

案2:甲男在网络聊天时骗取了乙女的真实信息及裸照,然后以在网上散布乙女的裸照相要挟,要求乙女卖淫。甲男随后冒充嫖客与乙女发生性关系,给了乙女200元。乙女父母得知后报警。

如果甲男以散布乙女裸照相要挟,要求乙女去指定地点与指定人发生性关系,则甲的行为构成强奸罪,而不是强迫卖淫罪。本案中,甲是强迫乙去卖淫,也就是说,强迫乙为不特定人提供有偿性服务,所以甲男的行为构成强迫卖淫罪。

案3:甲、乙二人开了一个洗浴中心,招聘了一个女被害人丁,要求丁卖淫,但丁不同意。第二天来了一个嫖客丙,甲、乙就安排丁接待丙。丙到了包房之后,丁说"我不是卖淫的,他人强迫我卖淫,但我是不干这种事情的"。丙就找到甲、乙说,"我已经支付了嫖宿费用,但丁不愿意,你们看怎么办，要不然把钱退给我"。于是，甲、乙就到包房去对丁实施暴力，逼迫丁同意卖淫。甲、乙从包房出来后，就对丙说，"行了，你再进去吧"。丙进包房后就对丁说"这就不怪我了"，随后与丁发生性关系。

本案中，丙出去与甲、乙商量该怎么办时，事实上相当于共谋，丙的要求显然是，要么退钱，要么让丁同意与其发生性关系，当甲、乙进包房而丙在外等候时，丙就知道甲、乙进包房是要强迫丁同意。也就是说，由甲、乙压制了丁的反抗之后，再由丙实施奸淫行为，这就形成了强奸罪的共同正犯。在共同正犯的场合，不必再要求丙实施了暴力、胁迫等行为，因为场所、时间如此紧密，明显是甲、乙使用暴力压制了丁的反抗，丙在丁被压制反抗的情形下实施奸淫行为。所以，本案中丙与甲、乙成立强奸罪的共同正犯，另外甲、乙成立强迫卖淫罪，系想象竞合，从一重处罚。

案4：B 住在某宾馆后想找一个卖淫女，就要 A 去找，A 找不到合适的卖淫女，就强迫 C 女与 B 发生性关系，事后 B 还给了 C 女 1000 元钱。

本案中，A 强迫 C 女与特定的 B 发生性关系，不能谓之强迫"卖淫"。B 并不知道 C 女是被强迫的，A 利用了不知情的 B 的行为，所以 A 是强奸罪的间接正犯，不构成强迫卖淫罪。

只有向不特定的对象提供有偿性服务的，才能谓之"卖淫"，所以，强迫他人仅与特定的个人包括自己性交或者从事猥亵活动的，由于被强迫者的行为不符合卖淫的特征，不能认定为强迫卖淫罪，只能认定为强奸、强制猥亵罪。在行为人实施了强迫行为后，被害人不得以同意卖淫的，可以仅认定为强迫卖淫罪，但在行为人实施了强迫行为后，被害人仍不同意卖淫，为了让具体嫖客与被害人性交，而对被害人实施暴力的，完全符合强奸罪的共同正犯的成立条件。但如果是在时间、场所密接的情况下，让不知情的嫖客与被迫"卖淫"的人发生性关系的，则由于嫖客只是被利用的工具，强迫他人"卖淫"的人，既构成强迫卖淫罪，也构成强奸罪的间接正犯，二者是想象竞合，从一重处罚即可。若不是在时间、场所密接的情形，则仅成立强迫卖淫罪。若嫖客明知他人是被迫的，不愿意卖淫，嫖客仍与"卖淫"女性交的，可以评价为"嫖客"利用他人不能反抗的状态（类似于处于昏迷、昏睡、孤立无援的境地的状态）实施性交，所以嫖客可能构成强奸罪。

4.强迫卖淫致人重伤、死亡的,如何处理?

案5:刘某强迫几名妇女在自己开设的洗浴中心卖淫。某日,嫖客王某在对被害人陈某实施嫖宿行为时,一只手间断地掐陈某的脖子,过失导致陈某死亡。

本案中,王某间断地掐陈某的脖子,导致陈某死亡。姑且不要求直接性要件,就是单纯从过失致人死亡罪的角度来说,刘某也不能承担责任,更不能承担结果加重犯的责任。也就是说,刘某仅承担强迫卖淫罪基本犯的刑事责任。

1997年《刑法》规定,造成被强迫卖淫的人重伤、死亡或者其他严重后果的,处10年以上有期徒刑或者无期徒刑。显然,只有强迫卖淫的行为本身导致了妇女的重伤、死亡的,才能将该结果归属于强迫卖淫罪。《刑法修正案(九)》将强迫卖淫行为的5种加重情节全部归纳为一个情节严重,一方面如果重伤、死亡结果能够归属于强迫卖淫者的行为,则肯定可以说强迫卖淫情节严重;另一方面在嫖客过失导致被害妇女重伤、死亡时,不能将重伤、死亡结果归属于强迫卖淫行为,不能认为不法提升或者加重,故不能认定为强迫卖淫"情节严重"。

5.强迫卖淫罪的既遂标准是什么?

案6:2017年12月某日夜晚,许某某、杜某、白某伙同陈某(在逃)、赵某(在逃)预谋后,驾车窜至博爱县文化路"甲琴行"附近,白某将被害人葛某某(2001年12月21日出生)哄骗出来,许某某和陈某强行将葛某某拽上车拉往焦作市,途中许某某和陈某对被害人葛某某进行殴打、恐吓逼迫葛某某最终同意卖淫。当知道葛某某已不是处女后,许某某又采取拍裸照等方式威逼葛某某同意去KTV当"陪唱小姐",其间杜某提供车辆并参与对葛某某的看管。次日凌晨,被害人葛某某被带至焦作市人民路与塔南路交叉口附近乙饭店吃饭期间趁机逃脱并报警,许某某、杜某当场被民警抓获。

本案争议焦点:强迫卖淫罪中,应以行为发展的哪个时间点认定为既遂。

一审法院认为,对强迫卖淫罪的既遂标准应采取理论界的"同意卖淫说",即以被害人违背自己的意志而作出从事卖淫活动的"同意"时作为认定犯罪既遂的标准。本案中,被害人葛某某因为许某某和陈某对其进行殴打、恐吓而被迫最终同意卖淫,即使最后没有实际从事卖淫活动,也不影响强迫卖淫罪既遂的成立。

二审法院则认为,对强迫卖淫罪的既遂标准应采用理论界的"着手卖淫说"。因为通说认为强迫卖淫罪的法益是社会管理秩序和人的性自主权,而犯罪的本质是对法益的侵害,因此只有当该罪的实行行为对这两方面的法益均造成侵害形态或具备侵害的危险时,才能构成犯罪既遂。本案中,被害人虽被迫同意去卖淫,但最终并未着手实施卖淫行为,不存在扰乱社会管理秩序的现象,因此此时该行为不宜被界定为既遂。只有当被害人"着手实施"卖淫行为时,即违背自我意志按照行为人的指示去勾搭嫖客、进入嫖客的房间、等待接待嫖客等为嫖客实施奸淫行为作必要准备工作时,行为人的犯罪行为才对社会管理秩序造成了侵害,才有可能被认定为既遂。借鉴抢劫罪对法益提前保护的方式,当被害人按照行为人的指示被迫"着手实施"卖淫行为时,此时对被害人的性的自主权侵害的概率极大,采用提前保护的方式有利于维护被害人的切身权益。一审法院综合本案案情对行为人的量刑并无不当。许某某提出其行为系犯罪未遂的意见成立,予以采纳。关于许某某的辩护人所提许某某的犯罪行为属于中止,于法无据,不予采纳。综上,原判认定事实清楚,定罪准确,审判程序合法,但认定许某某、白某、杜某的行为系犯罪既遂不当,予以纠正。①

强迫卖淫罪除侵害所谓的善良风俗外,还侵害公民的性自主权,若仅仅只是所谓被迫同意卖淫,或者已经着手卖淫而实际没有卖淫的,怎么可能已经侵害所谓的善良风俗和他人的性自主权呢?所以,所谓"同意卖淫说"和"着手卖淫说",都会导致认定强迫卖淫罪的既遂标准过于提前。从法益侵害考虑,应认为只有被强迫者实际实施了卖淫行为,强迫卖淫行为才既遂。上述案6,因为发现被害人葛某某不是处女后就放弃了迫使其卖淫的想法,尚未着手卖淫,所以应认定成立强迫卖淫罪的中止,而不是犯罪既遂或者未遂。

---

① 参见河南省焦作市中级人民法院刑事判决书,(2018)豫08刑终471号。

6.强奸后迫使卖淫的,如何处理?

1997年《刑法》曾将"强奸后迫使卖淫的"规定为强迫卖淫罪的加重情节。《刑法修正案(九)》删除了包括"强奸后迫使卖淫的"在内的各项加重情节的规定,代之以"情节严重"的概括规定。如果行为人为了强迫他人从事卖淫活动,对他人实施强制猥亵、强奸行为,进而迫使其卖淫的,则应认定为强迫卖淫罪,并且与强制猥亵、强奸罪数罪并罚。当然,如果行为人除实施强制猥亵、强奸行为外,没有实施其他强制手段强迫卖淫,则可以认为成立强迫卖淫罪与强制猥亵、强奸罪的想象竞合,从一重处罚即可。

第三节 协助组织卖淫罪

·导 读·

帮助犯的正犯化与帮助犯的量刑规则之争的实质在于,成立协助组织卖淫罪,是否以他人现实地实施了组织卖淫行为为前提。成立协助组织卖淫罪的前提,是他人已经组织行为人所招募、运送的人员从事卖淫活动,或者利用行为人所提供的其他协助行为实施了组织卖淫行为。或者说,只有在他人实际实施了组织卖淫行为,才能认定成立协助组织卖淫罪。

从理论上讲,除教唆犯外,对组织卖淫罪的从犯均应认定为协助组织卖淫罪。也就是说,组织卖淫罪只有正犯、共同正犯与教唆犯之分,不存在正犯与帮助犯之分(因为对组织卖淫的帮助犯均应按协助组织卖淫罪论处)。从司法实践来看,区分两罪的关键是看行为人在整个犯罪过程中对卖淫行为的组织、控制、管理程度。具体而言,是指行为人在组织卖淫中是否发挥核心作用,即是否有对卖淫团伙中的人(卖淫人员及其他人员)、事(卖淫活动及其他联络、保障工作)、物(卖淫定价及非法所得的分配使用)等全部事项或核心事项有统筹、决定的权力。

第八章　组织、强迫、引诱、容留、介绍卖淫罪

条 文

第三百五十八条第四款　【协助组织卖淫罪】为组织卖淫的人招募、运送人员或者有其他协助组织他人卖淫行为的,处五年以下有期徒刑,并处罚金;情节严重的,处五年以上十年以下有期徒刑,并处罚金。

罪名精释

1. 成立协助组织卖淫罪,是否以他人实施了组织卖淫行为为前提?

案1:A明知B将要或者正在实施组织他人卖淫的行为,在没有通谋的情况下,A以不为一般人所知悉的方式(如向特定妇女发短信、发微信介绍宾馆服务工作)为其招募了5名妇女(妇女不知真相),但B没有接收A招募的妇女,更没有着手组织该5名妇女从事卖淫活动。由于5名妇女要求A补偿经济损失,导致案发。

案2:甲明知乙将要或者正在实施组织卖淫活动,在没有通谋的情况下,以不特定人、多数人可以知悉的方式公开招募卖淫女,被招募的6名妇女知道从事卖淫活动,但在乙没有接收甲招募的6名妇女或者还未得及组织甲所招募的6名妇女从事卖淫活动时案发。

案3:李四已经租用房屋,准备组织他人卖淫,张三受李四指使从外地招募、运送了若干人员,但在被招募、运送的人员还没有开始从事卖淫活动(李四还没有着手实行组织卖淫行为)时,即被查获。

关于《刑法》第358条第4款协助组织卖淫罪条款的性质,理论上有所谓帮助犯的正犯化和帮助犯的量刑规则之争。帮助犯被正犯化之后,不再按照刑法总则规定的从犯处理,即不能适用《刑法》第27条关于对从犯"应当从轻、减轻处罚或者免除处罚"的规定,而必须直接按分则条文规定的法定刑处罚。而且,既然帮助犯被正犯化,则教唆、帮助他人实施协助组织卖淫行为的,成立协助组织卖淫罪的教唆、帮助犯。主张该款是帮助犯的量刑规则的观点认为,协助组织卖淫罪属于组织卖淫罪的共犯,不应单独定罪。

帮助犯的正犯化与帮助犯的量刑规则之争的实质在于,成立协助组织卖淫罪,是否以他人现实地实施了组织卖淫行为为前提。

对此,张明楷教授认为,协助组织卖淫罪是否帮助犯的正犯化,不可一概而论,需要独立判断招募、运送行为本身是否值得科处刑罚。换言之,在这种场合,帮助犯既可能被正犯化,也可能没有被正犯化。在没有被正犯化的场合,帮助犯是否值得处罚,取决于该帮助行为本身是否侵害法益以及法益侵害的程度。案1中,A虽然有为他人组织卖淫招募人员的行为与故意,但是,所招募的人员并没有从事卖淫活动,A的招募行为本身没有侵犯刑法所保护的法益,因而不可能将A的行为以协助组织卖淫罪论处。就此而言,《刑法》第358条第4款就没有被正犯化。案2中,乙虽然还未来得及组织甲所招募的妇女从事卖淫活动,但甲的行为已经侵害了社会管理秩序,值得科处刑罚。所以,即使正犯没有针对甲所招募的人员实施组织卖淫活动,对甲的行为也应以协助组织卖淫罪论处。换言之,在本案中,甲的行为成立协助组织卖淫罪不以存在符合构成要件的正犯行为为前提。不仅如此,即使甲的行为是由丙唆使的,对丙也应以协助组织卖淫罪的教唆犯论处。案3中,张三的行为依然成立协助组织卖淫罪(既遂)。李四的行为虽然只是组织卖淫罪的预备行为,但同时也是协助组织卖淫罪的教唆犯。就此而言,《刑法》第358条第4款对帮助犯实行了正犯化。

概言之,为他人组织卖淫实施的招募、运送人员的行为是否成立协助组织卖淫罪,一方面取决于正犯是否实施了组织卖淫的行为,另一方面在正犯没有实施组织卖淫行为时,取决于协助行为本身是否严重侵害了社会管理秩序。明知他人已经、正在、将要实施组织卖淫犯罪活动而为其招募、运送人员的,以协助组织卖淫罪定罪处罚,不以组织卖淫罪的从犯论处。在招募、运送人员正犯化的场合,教唆、帮助他人招募、运送人员的,成立协助组织卖淫罪的共犯,而不是成立组织卖淫罪的共犯。换言之,不得将协助组织卖淫罪的狭义共犯认定为协助组织卖淫罪的正犯。[①]

本书不赞成上述观点。虽然《刑法》第358条第4款对协助组织卖淫行为规

---

① 参见张明楷:《协助组织卖淫罪的重要问题》,载《中国刑事法杂志》2021年第5期。

定了独立的法定刑,而不像《刑法》第244条第2款规定"明知他人实施前款行为,为其招募、运送人员或者有其他协助强迫他人劳动行为的,依照前款的规定处罚",但本质上都是提醒司法人员注意对共犯行为的打击。也就是说,这类条款,不管是规定了独立的法定刑,还是规定"依照前款的规定处罚",本质上规定的都是共犯行为。既然规定的是共犯行为,就应遵循共犯的限制从属性和实行从属性的规定,即只有在正犯实施了符合构成要件的不法行为时,才能处罚协助行为。具体而言,只有在他人接受了行为人为其招募、运送的人员并实际强迫所招募、运送的人员劳动的,才能处罚招募、运送行为;只有他人接受行为人为其招募、运送的人员并实际组织所招募、运送的人员从事卖淫活动的,才值得以协助组织卖淫罪处罚为组织卖淫的人招募、运送人员的行为;行为人虽然为他人组织卖淫招募、运送了人员,他人没有接受,或者虽然接收,但他人没有实际组织行为人为其招募、运送的人员卖淫的,就不值得处罚为他人组织卖淫招募、运送人员或者其他协助组织卖淫的行为。简言之,成立协助组织卖淫罪的前提,是他人已经组织行为人所招募、运送的人员从事卖淫活动,或者利用行为人所提供的其他协助行为实施了组织卖淫行为。或者说,只有在他人实际实施了组织卖淫行为的,才能认定成立协助组织卖淫罪。

2. 如何区分协助组织卖淫罪与组织卖淫罪?

案4:闫某龙于2015年至2017年5月,先后纠合何某婷、邓某艳、赵某等人,通过互联网发布高薪招聘信息的方式招聘卖淫人员,并将招聘的卖淫人员输送至钟某飞所在的梅州市宝丰酒店、揭阳市富榕大厦从事卖淫活动。该团伙输送的卖淫人员卖淫情况由邓某会、王某双等人通过微信告知闫某龙,并由闫某龙根据卖淫女的卖淫情况与卖淫场所进行嫖资的分成。闫某龙负责该卖淫团伙的招聘、面试、输送等全面工作;何某婷、邓某艳、赵某协助被告人闫某龙在网上招聘卖淫人员,其中何某婷还根据闫某龙的安排,对所输送的卖淫人员卖淫情况及获利情况进行核对、记录。

本案争议焦点:协助组织卖淫罪与组织卖淫罪的区分、转化和主从犯认定问题。

法院认为,闫某龙在招聘卖淫女并输送至卖淫场所后还与管理卖淫女的人员进行对数、管理并派遣赵某前往管理,故其行为已具备对卖淫人员的管理和控制性,应以组织卖淫罪定罪处罚,且是组织卖淫罪的主犯。何某婷是闫某龙的妻子,主要的职责是记录闫某龙介绍的卖淫女的上钟情况,故其起辅助作用,是从犯。赵某帮助闫某龙发布招聘信息,参与面试,故其起辅助作用,亦是从犯。鉴于何某婷、赵某均只参与招聘的环节,故上述二人均应以协助组织卖淫罪定罪处罚。[①]

案5:2014年8月8日,某乐公司登记设点,住所地某大厦某某号。该公司设有财务总监、店总经理、技师经理、前厅经理、督导等管理岗位以及人事、财务、迎宾、收银、保安、保洁、厨师、厨工等岗位,制定完整的出勤请销假、工资提成、财务报支等管理制度,招募"女技师"向客户提供"阳光指压""奢享之旅""私人订制""五行养生"等服务,并向男性客户收取"买钟"费,由男性客户带"女技师"离开营业场所进行性交易。其中"私人订制""五行养生"包含"技师"为男性客户提供按摩、口交、手淫等服务。林某和参与公司的筹建工作并作为店总经理自公司设立以来负责管理公司的日常经营,招募、管理"技师",曾某成于2016年11月28日入职,2017年5月离职,其间担任前厅经理,负责管理迎宾、收银员、服务员、保洁员、厨房工作人员以及处理客人投诉等。张某岐于2017年5月15日入职,在曾某成离职后接替曾某成的工作岗位及职责。

本案争议焦点:在组织卖淫共同犯罪中,"前厅经理"等一些不具有处置决定权、未直接管控卖淫人员的非核心管理人员,应定性为组织卖淫罪还是协助组织卖淫罪。

法院认为林某和作为某乐公司的总经理,利用公司条件,组织林某兰、赖某梅等10名卖淫人员,其行为已构成组织卖淫罪,曾某成、张某岐明知某乐公司内有组织卖淫犯罪活动而予以协助,二人的行为均已构成协助组织卖淫罪,情节严重。抗诉机关认为曾某成、张某岐作为现场前厅经理,其职责范围包括管理请销

[①] 参见广东省高级人民法院刑事裁定书,(2019)粤刑终722号。

假、负责卫生、客人投诉、负责管理前厅事务等,具有管理职责,就应当认定为组织卖淫罪。而一审、二审法院均认为,曾某成、张某岐受雇用,仅领取固定工资,不享有利润分成,虽为前厅经理,但管理职权没有涉及对卖淫活动的人、物等,对组织卖淫活动的核心事项没有管理处置决定权,仅起协助作用,符合协助组织卖淫罪的构成要件。①

案6:于某系某某街道社区保安员。2014年5月至2018年8月在某派出所打击队负责协助民警摸排违法犯罪线索,收集违法犯罪证据等工作。2018年,赵某在其租用的某某门面房实施组织卖淫犯罪活动期间,于某为赵某介绍卖淫人员孙某某,并为赵某实施组织卖淫活动提供通风报信等帮助。2018年8月19日,赵某在该场所组织多人卖淫,被公安机关抓获,现赵某因犯组织卖淫罪被判处有期徒刑3年。

法院认为,本案中,首先,于某虽然在卖淫活动中实施了一定帮助,如看店、招揽嫖客等行为,但综合全案分析,其不是卖淫场所和卖淫活动的实际所有者、控制者,与组织者赵某没有分工合谋、利润分成约定,卖淫活动实际受赵某领导和指挥,于某相对作用较小,组织地位较低。其次,于某在卖淫活动中不直接指挥、管理或指派卖淫人员,失足妇女的卖淫活动对于某的行为亦不具有依赖性,不符合组织卖淫罪的特征。最后,于某为赵某组织卖淫活动提供帮助并非其唯一经济来源,其还向多家店老板通风报信并从中谋取利益。综上所述,应当认定于某构成协助组织卖淫罪。②

案7:高某为非法获利,经与他人共谋后,在本市注册成立了涉案会所,并于2016年7月起正式对外营业。由高某担任总经理,何某明、汪某珍、吴某国等人担任经理,以提供洗浴服务为幌子,招募卖淫女、招揽嫖客至该会所进行卖淫嫖娼,并雇用主管、领班、服务员等各级工作人员,对卖淫活动进行管理、控制。其中,高某全面负责会所的整体运营,何某明、汪某珍等经理负责会所的日常经营管理,吴某国参与后勤事务的管理。同年10月,郭某

---

① 参见福建省漳州市中级人民法院刑事裁定书,(2021)闽06刑终325号。
② 参见北京市第三中级人民法院刑事判决书,(2021)京03刑终522号。

彬经人介绍结识高某,两人商定,由郭某彬安排专门的团队负责为会所招揽接待嫖客、招募培训卖淫女。会所经营期间,先后由近百名卖淫女在高某、何某明、汪某珍等人的管理和控制下进行卖淫活动。

本案争议焦点:何某明、汪某珍、吴某国同为涉案会所经理,何某明、汪某珍负责会所的日常经营管理,吴某国参与后勤事务的管理,该三人均未直接参与卖淫女的招募、管理,该三人的行为应认定为组织卖淫罪还是协助组织卖淫罪。

法院认为,何某明、汪某珍虽未直接参与管理、控制卖淫女及客服,但现有证据可以证实,何某明、汪某珍作为经理,直接负责卖淫场所的日常经营管理,还将卖淫场所的经营情况向高某汇报、请示,对主管、领班等布置工作,宣布、强调工作纪律,决定部分卖淫女的排班、定牌等。因此,现有证据足以证实被告人何某明、汪某珍直接管理、控制他人卖淫,应认定为组织卖淫罪,被告人吴某国作为经理,明知高某等人组织他人卖淫,仍参与会所后勤事务的管理,但现有证据不足以证实吴某国有直接参与管理、控制他人卖淫活动的行为,应认定为协助组织卖淫罪。①

从理论上讲,除教唆犯之外,对组织卖淫罪的从犯均应认定为协助组织卖淫罪。也就是说,组织卖淫罪只有正犯、共同正犯与教唆犯之分,不存在正犯与帮助犯之分(因为对组织卖淫的帮助犯均应按协助组织卖淫罪论处)。其中的共同正犯包括实行共同正犯与共谋共同正犯。如果教唆者在组织卖淫活动中起到了主要作用,则属于共谋共同正犯,对组织卖淫罪的罪行承担全部责任,不能适用从犯的处罚规定。如果教唆者只是单纯引起他人实施组织卖淫的行为,则应认定为组织卖淫罪的从犯,并适用从犯的处罚规定。除此之外的参与人,即使客观上安排卖淫者与嫖客实施性行为,也应认定为协助组织卖淫罪。例如,在卖淫场所工作的参与人,即使与组织卖淫者形成了组织卖淫的共同故意,并直接从组织卖淫活动中分红,牟取非法利益的,也并不当然成立组织卖淫罪,完全可能成立协助组织卖淫罪。再如,在该组织卖淫犯罪中充当"代聊手"招揽嫖客的,只

---

① 参见上海市高级人民法院刑事裁定书,(2019)沪刑终92号。

能认定为协助组织卖淫罪。①

从司法实践来看,区分两罪的关键是看行为人在整个犯罪过程中对卖淫行为的组织、控制、管理程度。具体而言,是指行为人在组织卖淫中是否发挥核心作用,即是否有对卖淫团伙中的人(卖淫人员及其他人员)、事(卖淫活动及其他联络、保障工作)、物(卖淫定价及非法所得的分配使用)等全部事项或核心事项有统筹、决定的权力。具体可从以下两个方面分析:

一是行为人在组织卖淫中是否发挥组织作用。组织卖淫罪中的组织行为主要体现在将分散的卖淫人员纠集、控制起来,管理、安排她们进行卖淫。具体包括:(1)卖淫组织的建立。卖淫组织的建立一般是为组织卖淫活动进行谋划布置、制定计划的行为。例如,为组织卖淫集团制订计划、拟订具体方案、物色卖淫妇女以及为建立卖淫窝点而进行的选择时间、地点、设计伪装现场等。(2)对卖淫者进行管理。组织者通过制定、确立相关的人、财、物、卖淫行为等管理制度从而与卖淫人员之间形成管理和被管理的关系。(3)组织、安排卖淫活动。组织者通过推荐、介绍、招揽嫖客,安排相关服务,提供物质条件,从而安排具体的卖淫活动等。

二是行为人在组织卖淫中是否发挥控制作用。具体包括:(1)组织他人卖淫的行为贯穿于组织卖淫活动的整个过程。既包括将卖淫人员组织在一起的行为,也包括将卖淫人员组织起来后实施卖淫的行为。(2)行为人在实施组织他人卖淫活动中起领导、指挥作用。如实际指挥、命令、调度等卖淫活动的具体实施等。(3)是否以招募、雇用、纠集等手段对卖淫人员达到对人身、财产、行为等方面的管理和控制,即卖淫人员服从于组织行为,受组织卖淫人员的管理和控制,而协助者没有权力参与对卖淫人员的指挥、管理和控制。

此外,根据罪刑相适应原则,在组织卖淫类案件中应对体现组织性、控制性的行为进行具体分析,当案件中的组织性、控制性和行为的社会危害性均没有达到组织卖淫罪的严重程度时,就不能以组织卖淫罪论处,而只能以协助组织卖淫罪定罪处罚。

---

① 参见张明楷:《协助组织卖淫罪的重要问题》,载《中国刑事法杂志》2021年第5期。

第四节 引诱、容留、介绍卖淫罪

·导 读·

将身份证借给他人在宾馆开房间卖淫的,不能构成容留卖淫罪。介绍卖淫,就是介绍他人去卖淫,而不是介绍他人去嫖娼。出租车司机不阻止乘客在车内卖淫的,不能构成容留卖淫罪。引诱、容留、介绍不同的人卖淫的,应数罪并罚。组织卖淫罪的本质,是管理和控制卖淫人员与卖淫活动。协助组织卖淫罪的实质,是对组织卖淫活动的协助,是组织卖淫罪中除教唆犯、正犯、共同正犯之外的从犯。而介绍卖淫,通常没有组织卖淫活动的存在,只是单纯在卖淫人员与嫖客之间牵线搭桥、沟通撮合,没有组织,可谓"散兵游勇"。区分组织卖淫罪与容留卖淫罪的关键在于,行为人是否对卖淫人员与卖淫活动形成了控制。控制了卖淫人员和卖淫活动的,成立组织卖淫罪;没有对卖淫人员与卖淫活动进行控制,只是为卖淫活动提供场所的,构成容留卖淫罪。

条 文

第三百五十九条第一款 【引诱、容留、介绍卖淫罪】引诱、容留、介绍他人卖淫的,处五年以下有期徒刑、拘役或者管制,并处罚金;情节严重的,处五年以上有期徒刑,并处罚金。

罪名精释

1. 何为"引诱""容留""介绍"他人卖淫?

案1:甲、乙从外地出差到某城市,住在宾馆后,发现该宾馆没有卖淫的。两人晚上出门想找地方嫖娼,但不知道什么地方有卖淫的,于是,向站

第八章 组织、强迫、引诱、容留、介绍卖淫罪

在路边并不认识的老人丙询问什么地方有卖淫的,丙告诉他们前面200多米的理发店有卖淫的,甲、乙二人在理发店嫖娼时被查获。

案2:C向已经在卖淫的A、B提供信息,说某宾馆有两位男士要嫖娼,A、B就到了某宾馆供甲、乙嫖娼。

刑法规定的介绍卖淫罪,是指打算卖淫的人没有找到卖淫的窝点,或者说,没有找到容留她卖淫的地方,而行为人介绍她到某个窝点卖淫。如果再扩大范围,也可能将向卖淫女介绍嫖客的行为认定为介绍卖淫罪。简单地讲,介绍卖淫就是介绍他人去卖淫,而不是介绍他人去嫖娼。刑法只规定了介绍卖淫罪,而没有规定介绍嫖娼罪。因此,介绍卖淫与介绍嫖娼是有区别的。案1中,丙的行为至多只能评价为介绍嫖娼,而不能认定为介绍卖淫罪。案2中,由于C只是向卖淫女提供了有人要嫖娼的信息,并没有在卖淫者与嫖客之间牵线搭桥、沟通撮合,所以C也不能构成介绍卖淫罪。[①]

所谓"引诱"他人卖淫,是指在他人本无卖淫意愿的情况下,使用勾引、利诱等手段使他人从事卖淫活动的行为。卖淫者原本在此地卖淫,行为人引诱其在彼地卖淫的,不应认定为引诱他人卖淫。

所谓"容留"他人卖淫,是指允许他人在自己支配的场所卖淫或者为他人卖淫提供场所的行为。提供场所让特定嫖客与上门提供性服务的卖淫人员从事性行为的,属于容留嫖娼,不应认定为容留卖淫罪。例如,甲让朋友乙为自己提供房间,以便与卖淫女发生性关系的,对乙的行为不应认定为容留卖淫罪。丈夫以自己的名义租房后与妻子共住,妻子在租房内卖淫的,丈夫不成立容留卖淫罪。二人合租一间房屋时,其中的一人从事卖淫活动的,另一人不成立容留卖淫罪。甲以自己的名义租房后,乙在租房内卖淫并向甲交付租金的,甲的行为属于容留卖淫。

所谓"介绍"他人卖淫,一般是指在卖淫者与嫖客之间牵线搭桥,沟通撮合,使他人卖淫得以实现的行为。在意欲卖淫者与卖淫场所的管理者之间进行介绍的属于介绍他人卖淫。但是,单纯向意欲嫖娼者介绍卖淫场所,而与卖淫者没有

[①] 参见张明楷:《刑法的私塾》,北京大学出版社2014年版,第553~554页。

任何联络的,可谓"介绍他人嫖娼",不能认定为介绍卖淫。介绍女子被他人"包养"的,不成立介绍卖淫罪。

2. 将身份证借给他人开房间卖淫,能构成容留卖淫罪吗?

案3:乙女要卖淫,嫖客要求乙女在宾馆开一个房间。乙女不想暴露自己的身份,就借用其朋友甲的身份证,并且将用途告诉了甲,甲多次将身份证借给乙。乙利用甲的身份证在宾馆开房间后卖淫。

身份证不是场所,将提供身份证行为直接认定为提供了场所,明显是一种跳跃式的判断方式。因为从身份证到宾馆房间,中间还需要办理入住等一系列行为,中间的行为不是甲实施的,如果认定为容留卖淫罪,就是将中间的办理入住等手续都算在甲的头上,这显然不合适。如果甲将身份证交给丙,丙为乙开好房间,然后让乙用于卖淫,则可以说甲与丙是容留卖淫的共犯。但在案3中,一部分行为是卖淫人员乙自己实施的,乙不能成为容留自己卖淫的主体,也不能将乙的行为归属为甲的行为。所以,不认定为容留卖淫是合适的。

概言之,身份证不等于宾馆房间,借身份证给他人在宾馆开房间卖淫的,不能成立容留卖淫罪。

3. 出租车司机不阻止乘客在车内卖淫的,能构成容留卖淫罪吗?

从理论上讲,卖淫本身不构成犯罪,根据共犯的从属性原理,也不应处罚帮助他人卖淫的行为。正如,吸毒不构成犯罪,帮助他人吸毒(如提供吸毒的工具)的,也不应构成犯罪一样。此外,容留卖淫罪也没有被害人。指望出租车司机阻止乘客在车内卖淫,也缺乏期待可能性。所以,出租车司机不阻止乘客在车内卖淫的,不应作为容留卖淫罪科处刑罚。

从实质解释论角度,可以考虑对容留卖淫罪进行目的性限缩,将容留卖淫罪的主体限定为饭店、宾馆、歌舞厅、酒吧等大型公共服务性场所的支配者,以及私有住宅或者租用房屋的支配者。小型出租车作为营运的交通工具,乘客上车后事实上也支配着出租车上的空间。也就是说,小型出租车内的空间是由司机和乘客共同支配的,不能认为空间的共同支配者不阻止其他支配者在公共空间内卖淫吸毒的,构成容留卖淫罪与容留他人吸毒罪。正如不阻止室友在寝室内卖淫吸毒的,不能认定成立容留卖淫罪与容留他人吸毒罪。

4. 同时实施引诱、容留、介绍卖淫三种行为,也只能认定成立一罪吗?

理论上普遍认为,本罪是所谓选择性罪名,同时实施引诱、容留、介绍卖淫三种行为的,也只能认定为一罪,不实行数罪并罚。①

应该说,上述观点是错误的。选择性罪名与数罪并罚与否毫无关系,也就是说,即便是所谓选择性罪名,也完全可能数罪并罚。就引诱、容留、介绍卖淫罪而言,如果行为人对同一名卖淫人员实施引诱、容留、介绍卖淫行为,当然仅成立包括的一罪,以引诱、容留、介绍卖淫罪一罪定罪处罚即可。但如果行为人引诱甲、容留乙、介绍丙卖淫,当然应考虑以引诱卖淫罪、容留卖淫罪与介绍卖淫罪数罪并罚。

5. 如何区分介绍卖淫罪与组织卖淫罪、协助组织卖淫罪?

案4:甲雇用他人发放卖淫广告卡片,卡片上留着甲自己的电话号码。在嫖客给甲打来电话以后,甲再打电话联系卖淫女,将嫖客的所在地告诉卖淫女,事后,甲会向卖淫女收取一定的费用。

应该说,是否管理、控制了卖淫女,才是区分"组织"与"介绍"的关键所在。本案中的甲似乎没有控制卖淫女,只是向卖淫女传递相关信息,收取介绍费用,所以充其量认定成立介绍卖淫罪。

案5:鲁某、王某(均已判决)等人组织徐某某、谢某某、张某某在武义县桐琴镇等地卖淫,江某在明知鲁某、王某组织他人卖淫的情况下还按照鲁某、王某等人制定的卖淫价格和方式在某社交平台上帮助鲁某、王某等人发布招嫖信息,招揽嫖客,并从中牟利。经查,江某在此期间非法获利人民币1万余元。

本案争议焦点:介绍卖淫罪与协助组织卖淫罪的认定区别。

---

① 参见张明楷:《刑法学(第6版)》(下册),法律出版社2021年版,第1535页。

法院认为，江某明知鲁某、王某等人以纠集等手段，以制定统一的卖淫种类、卖淫价格，并收取卖淫所得。同时，通过接送卖淫人员前往指定卖淫地点的方式，管理、控制着张某某、徐某某、谢某某实施卖淫活动，通过微信等聊天平台发送招嫖信息，帮助鲁某、王某等人招揽嫖客，传达嫖客要求，并从中获取收益，其行为符合协助组织卖淫罪的构成要件，应以协助组织卖淫罪定罪处罚。公诉机关指控构成介绍卖淫罪不当。江某明知他人实施组织卖淫犯罪活动而予以协助，其行为已构成协助组织卖淫罪。[1]

　　介绍卖淫罪，通常是指为卖淫人员与嫖客寻找对象，并在他们之间牵线搭桥、沟通撮合的行为，即人们通常所说的"拉皮条"；而组织卖淫罪，是指以招募、雇用、强迫、引诱、容留等手段，控制多人从事卖淫的行为。组织卖淫罪中的组织行为有安排食宿、提供休息场所、安排车辆接送、规定价格及分成比例等，但为卖淫人员提供进行卖淫活动的场所、与卖淫人员规定分成比例并非组织卖淫罪的必要条件。协助组织卖淫罪，是指明知他人实施组织卖淫犯罪活动而为其招募、运送人员或者充当保镖、打手、管账人等的行为。这里所说的"招募"是指协助组织卖淫者招募、招聘、募集人员；"运送"是指为组织卖淫者通过提供交通工具接送、输送所招募的人员的行为。

　　组织卖淫罪的本质是管理和控制卖淫人员和卖淫活动；协助组织卖淫罪的实质是对组织卖淫活动的协助，是组织卖淫罪中除教唆犯、正犯、共同正犯之外的从犯。而介绍卖淫，通常没有组织卖淫活动的存在，只是单纯在卖淫人员与嫖客之间牵线搭桥、沟通撮合，没有组织。

6. 如何区分容留卖淫罪与组织卖淫罪？

　　案6：张某姿、徐某北承租古田县城西街道河圪路某某号房屋一楼至三楼，以经营推拿店为名，通过微信或电话联系的方式让殴某玉、罗某勇、黄某银、黄某英、"沉默是金"等48名女子到古田县从事卖淫活动，并为上述人员提供卖淫场所等便利条件。张某姿、徐某北从每次卖淫所得中抽成30

---

[1] 参见浙江省金华市中级人民法院刑事裁定书，(2021)浙07刑终138号。

元,以微信或现金方式收取,共获利8790元。

法院认为,张某姿、徐某北以营利为目的,为他人从事卖淫活动提供场所等便利条件,人数达10人以上,情节严重,其行为已构成容留卖淫罪。①

案7:南某昌于2003年开始租用位于乳源瑶族自治县乳城镇解放北路的房子经营金谷发廊,并于2008年开始以容留的方式将自愿上门从事卖淫活动的刘某连、吕某、陈某兰、徐某妹等人纠集至其经营的金谷发廊进行卖淫嫖娼活动,在金谷发廊设定固定电话,为卖淫女提供食宿等便利,安排卖淫女供嫖客挑选,规定性交易价格,并从中抽取台费。每次接客150元,台费50元;外出接客一次170元,其中车费20元,台费50元;包夜一次500元,台费100元;凌晨2时后包夜300元。

本案争议焦点:为卖淫人员提供进行卖淫活动的处所,为卖淫女提供食宿等便利,安排卖淫女供嫖客挑选,与卖淫人员规定分成比例,是否构成组织卖淫罪的问题。

一审法院认为,南某昌无视国家法律,明知他人从事卖淫活动,仍进行管理,且卖淫人员在三人以上,其行为触犯了《刑法》第358条之规定,构成组织卖淫罪。二审法院则认为,南某昌并未主动、公开招募失足妇女,在卖淫活动中,卖淫人员为自愿上门从事卖淫活动,卖淫对象及次数、时间均由卖淫人员自主决定,其人身自由、卖淫时间并没有受到南某昌的控制及限制,不具有强迫性。虽然南某昌有规定性交易价格及分成比例,但嫖资在嫖客交给卖淫人员后由卖淫人员自己掌握,再由卖淫人员直接向南某昌交纳台费,并无相关管账人。而且为卖淫人员提供进行卖淫活动的处所、与卖淫人员规定分成比例并非构成组织卖淫罪的必要条件。南某昌在容留他人卖淫中虽然有一定的组织管理行为,但管理或控制他人卖淫的行为不明显,更符合容留卖淫罪的构成要件,应以容留卖淫罪定罪处罚。②

虽然组织卖淫活动中也存在为卖淫人员和卖淫活动提供场所的行为,但其

---

① 参见福建省宁德市中级人民法院刑事裁定书,(2019)闽09刑终398号。
② 参见广东省韶关市中级人民法院刑事判决书,(2018)粤02刑终330号。

提供场所只是组织卖淫活动的一部分。组织卖淫的核心是对卖淫人员和卖淫活动的管理和控制，尤其是控制，而容留卖淫罪通常只是单纯为卖淫活动提供场所，虽然可能也存在为卖淫人员提供食宿、与卖淫人员约定分成比例甚至为性交易定价的行为，但没有对卖淫人员和卖淫活动进行控制。所以，区分组织卖淫罪与容留卖淫罪的关键在于，行为人是否对卖淫人员和卖淫活动形成了控制。控制了卖淫人员和卖淫活动的，成立组织卖淫罪；没有对卖淫人员和卖淫活动进行控制，只是为卖淫活动提供场所的，构成容留卖淫罪。

第五节 引诱幼女卖淫罪

·导 读·

引诱幼女卖淫罪主要保护的是个人法益——幼女的身心健康成长不受性行为妨害的权利，其次才是保护所谓善良风俗的社会法益。不应对引诱幼女卖淫罪中的"卖淫"范围进行限制，除生殖器性交和男性之间的肛交之外，还包括口交等一切能满足人的性欲的性行为。成立引诱幼女卖淫罪，必须认识到对象是幼女。容留、介绍幼女卖淫的，可以认定成立容留、介绍卖淫罪。引诱幼女向不特定的人提供有偿性服务，嫖客知情的，引诱者与嫖客成立强奸罪或者猥亵儿童罪的共犯，引诱者还成立引诱幼女卖淫罪；嫖客不知道对方是幼女的，引诱者成立强奸罪或者猥亵儿童罪的间接正犯和引诱幼女卖淫罪。

/条 文/

第三百五十九条第二款 【引诱幼女卖淫罪】引诱不满十四周岁的幼女卖淫的，处五年以上有期徒刑，并处罚金。

罪名精释

1. 引诱幼女卖淫罪是保护社会法益还是个人法益？

虽然引诱幼女卖淫罪位于妨害社会管理秩序罪一章，但由于幼女没有承诺能力，所以应认为引诱幼女卖淫罪主要保护的是个人法益——幼女的身心健康成长不受性行为妨害的权利，其次才是保护所谓善良风俗的社会法益。

2. 应对引诱幼女卖淫罪中的"卖淫"范围进行限制吗？

本书虽然主张对没有被害人的组织卖淫罪、协助组织卖淫罪、引诱、容留、介绍卖淫罪中的"卖淫"范围进行限制，限于异性之间的生殖器性交和男性之间的肛交，但不主张对存在被害人的强迫卖淫罪与引诱幼女卖淫罪中的"卖淫"范围进行限制。应认为这两个犯罪中的"卖淫"，除生殖器性交和男性之间的肛交之外，还包括口交等一切能满足人的性欲的性行为。

3. 成立引诱幼女卖淫罪，是否要求认识到对象是幼女？

幼女是引诱幼女卖淫罪的客观要素，根据责任主义的要求，成立引诱幼女卖淫罪，行为人必须认识到所引诱的对象是幼女。若行为人没有认识到所引诱的对象是幼女的，则只能认定成立引诱卖淫罪。

4. 刑法仅规定了引诱幼女卖淫罪，是否意味着容留、介绍幼女卖淫无罪？

刑法仅规定了引诱幼女卖淫罪，而没有规定容留、介绍幼女卖淫罪，并不意味着容留、介绍幼女卖淫的无罪。幼女无疑也是"他人"，所以容留、介绍幼女卖淫的，可以认定成立容留、介绍卖淫罪。

5. 引诱幼女卖淫罪与强奸罪、猥亵儿童罪之间是什么关系？

幼女没有性承诺能力，引诱幼女与行为人或者其他特定人进行性行为的，成立猥亵儿童罪或者强奸罪。引诱幼女向不特定的人提供有偿性服务，嫖客知情的，引诱者与嫖客成立强奸罪或者猥亵儿童罪的共犯，引诱者还成立引诱幼女卖淫罪,二者系想象竞合,应从一重处罚;嫖客不知道对方是幼女的,引诱者成立强奸罪或者猥亵儿童罪的间接正犯和引诱幼女卖淫罪,二者系想象竞合,应从一重处罚。

第六节 传播性病罪

导 读

本书认为,最高人民法院、最高人民检察院将本条罪名确定为"传播性病罪"欠妥,应为"性病患者卖淫、嫖娼罪"。本罪既不是实害犯,也不是具体危险犯,而是抽象危险犯。本罪中的卖淫、嫖娼方式,应限于可能导致性病传染的性行为,具体根据医学标准进行确定。

条 文

第三百六十条 【传播性病罪】明知自己患有梅毒、淋病等严重性病卖淫、嫖娼的,处五年以下有期徒刑、拘役或者管制,并处罚金。

罪名精释

1.本条罪名确定为"传播性病罪",是否妥当?

传播性病罪给人的感觉是该罪属于实害犯,只有实际导致性病传染的才构成犯罪。但事实上,只要明知自己患有严重性病而卖淫、嫖娼的就构成了犯罪。所以,准确的罪名应是"性病患者卖淫、嫖娼罪"。

2.本罪是实害犯、具体危险犯还是抽象危险犯?

从罪状表述看,只要明知自己患有严重性病而卖淫、嫖娼的就构成犯罪,不需要实际导致性病传染,也不需要具有引起性病传染的具体性危险,即使行为人带上安全套性交,也能构成传播性病罪。所以,本罪既不是实害犯,也不是具体危险犯,而是抽象危险犯。

3. 是否应对本罪中的"卖淫""嫖娼"的范围进行限制?

在我国,卖淫、嫖娼本身不构成犯罪,刑法之所以将性病患者卖淫、嫖娼的行为纳入刑事处罚范围,显然是为了保护公众健康。所以,这里的卖淫、嫖娼应限于可能导致性病传染的性行为。虽然理论上认为,本罪中的卖淫、嫖娼包括性交和口交、肛交等进入式性行为,[1]但应认为,本罪中的卖淫、嫖娼只能是可能导致性病传染的性行为。如果口交不能导致性病的传染,就应将口交排除在本罪的性行为方式之外。目前能够肯定的是,生殖器性交和肛交可能导致性病传染,因而属于本罪中卖淫、嫖娼的方式。至于其他的性行为方式,只能根据医学标准进行确定。

---

[1] 参见张明楷:《刑法学(第6版)》(下册),法律出版社2021年版,第1537页。

第九章 制作、贩卖、传播淫秽物品罪

第一节 制作、复制、出版、贩卖、传播淫秽物品牟利罪

> **·导 读·**
>
> 本罪所保护的法益是所谓健全的性行为秩序,而这个秩序的一个重要内容是性行为的非公开化。既制作淫秽音像制品,又出版淫秽图书的,应实行数罪并罚。制作、复制不是本罪的实行行为,本罪的实行行为只有出版、贩卖、传播。贩卖是指出卖,不能认为本罪中的"贩卖"包括以出卖牟利为目的购买淫秽物品的行为。购买淫秽物品的人,不能构成贩卖淫秽物品牟利罪的共犯。淫秽物品的实质属性是无端挑起人们的性欲和损害普通人的正常的性行为观念。
>
> 认为淫秽电子信息和淫秽语音信息属于"淫秽物品"的司法解释规定,系不当的类推解释。以牟利、传播为目的从境外走私淫秽物品后在境内贩卖、传播的,应数罪并罚。界分淫秽物品与科学艺术作品,应当坚持三个原则:一是整体性原则;二是客观性原则;三是关联性原则。本罪不能由不作为构成,不宜处罚不作为的贩卖、传播淫秽物品牟利的行为。

第九章 制作、贩卖、传播淫秽物品罪

/ 条 文 /

第三百六十三条第一款 【制作、复制、出版、贩卖、传播淫秽物品牟利罪】以牟利为目的,制作、复制、出版、贩卖、传播淫秽物品的,处三年以下有期徒刑、拘役或者管制,并处罚金;情节严重的,处三年以上十年以下有期徒刑,并处罚金;情节特别严重的,处十年以上有期徒刑或者无期徒刑,并处罚金或者没收财产。

罪名精释

1. 本罪所保护的法益是什么?

案1:甲和乙领证后,甲在婚礼上播放了乙和乙的姐夫"偷情"的视频。原来甲早就知道乙背叛了自己,其之所以和乙领证,还和乙办婚礼,就是为了在婚礼上公布这件事,让乙蒙羞。

本案中,甲在婚礼上播放的是作为电子信息的淫秽视频,司法实践中都会将其作为淫秽物品对待,认定甲构成传播淫秽物品罪。

可以认为,制作、复制、出版、贩卖、传播淫秽物品牟利罪的法益,是所谓健全的性行为秩序,而这个秩序的一个重要内容是性行为的非公开化。传播淫秽物品的行为,是以公开淫秽物品的方式,违反性行为非公开化的原则,进而侵害了健全的性行为秩序。

2. 制作淫秽音像制品、出版淫秽图书,是一罪还是应数罪并罚?

虽然理论与实务普遍认为本罪是所谓选择性罪名,但不能认为选择性罪名一定不能数罪并罚。司法解释只规定了各种淫秽物品的定罪量刑标准,没有规定如何折算。假定行为人贩卖、传播的每一种淫秽物品的数量都达到认定"情节严重"所需要的数量,如果不折算为其中一种淫秽物品,就只能以同种数罪并罚,而最重判处20年有期徒刑。所以说,行为人既制作淫秽音像制品,又出版淫秽图书的,应实行数罪并罚。

3. 制作、复制是本罪的实行行为吗？

一般认为本罪规定了5个实行行为或者说5种行为类型。所谓制作,是指通过生产、录制、编写、绘画、印刷等创造、产生、形成淫秽物品的行为。所谓复制,是指通过翻印、翻拍、复印、转录等方式将原已存在的淫秽物品制作成一份或多份的行为,但从网络上下载淫秽物品后存入电脑的行为,不属于复制,复制也可谓制作。所谓出版,是指将淫秽作品编辑加工后,经过复制向公众发行的行为。所谓贩卖,是指有偿转让淫秽物品。其中的"转让",既包括将淫秽物品的载体(有体物)转让给他人的行为,也包括有偿使他人观看、收听淫秽物品的行为。所谓传播,是指通过播放、陈列、在互联网上建立淫秽网站、网页等方式使淫秽物品让不特定或者多数人感知以及通过出借、赠送等方式散布、流传淫秽物品。传播的方式形形色色,但其实质都是让不特定人或者多数人可以感知(看到、听到)淫秽物品。其实,出版、贩卖也可谓传播。

由于淫秽物品本身不像枪支、弹药那样具有危险性,也不像毒品那样严重危害社会。所以,从立法论上讲,只需要规定传播一种实行行为就可以了。制作和复制淫秽物品的行为,充其量不过是传播淫秽物品的预备行为,根本不值得科处刑罚。甚至可以认为,制作、复制根本就不是本罪的实行行为。正如生产行为不是《刑法》第140、142、146、147、148条生产、销售伪劣产品罪,生产、销售、提供劣药罪;生产、销售不符合安全标准的产品罪;生产、销售伪劣农药、兽药、化肥、种子罪;生产、销售不符合卫生标准的化妆品罪的实行行为一样。在我国,只有重大犯罪的预备才受处罚,如杀人、放火、强奸罪的预备、伪造货币罪、制造枪支罪、制造毒品罪。所以,如果不能证明行为人制作、复制淫秽物品是为了出版、贩卖、传播,或者说行为人制作、复制淫秽物品的行为与出版、贩卖、传播淫秽物品行为有关联,就不应作为犯罪处理。即使将单纯制作、复制淫秽物品的行为作为犯罪处理,也因为其对法益只具有抽象性危险,应在定罪量刑标准的掌握上显著高于出版、贩卖、传播淫秽物品的行为。但现在司法实践中普遍对所谓制作、复制淫秽物品与出版、贩卖、传播淫秽物品适用了同样的定罪量刑标准。例如,2008年最高人民检察院、公安部《关于公安机关管辖的刑事案件立案追诉标准的规定(一)》第82条规定,以牟利为目的,制作、复制、出版、贩卖、传播淫秽物品,获利

5000元至1万元以上的;制作、复制、出版、贩卖、传播淫秽音频文件100个以上的,应当以制作、复制、出版、贩卖、传播淫秽物品罪立案追诉。可问题是,即便行为人以牟利为目的制作、复制淫秽物品,但单纯的制作、复制淫秽物品怎么可能有所谓的"获利"呢?制作、复制淫秽音频文件100个以上的社会危害性怎么可能与实际出版、贩卖、传播淫秽音频文件100个以上相当呢?所以,司法实践的做法有违法益保护和罪刑相适应原则,应予纠正。

4. 能认为本罪中的"贩卖"包括以出卖牟利为目的购买淫秽物品的行为吗?

有学者从《刑法》第347条规定的"'贩卖'是指明知是毒品而非法销售或者以贩卖为目的而非法收买的行为"①中得到启发,认为《刑法》第363条第1款规定的贩卖淫秽物品牟利罪中的"贩卖"包括以出卖牟利为目的购买淫秽物品的行为,也包括自己制作、复制淫秽物品后又出卖的行为②。

其实,《刑法》第347条仅规定了贩卖毒品罪,而没有规定购买毒品罪,单纯购买毒品的行为并不属于刑法的规制对象;贩卖毒品就是指出卖毒品,贩卖毒品罪的实行行为只有贩卖,购买毒品的行为不是贩卖毒品罪的实行行为;出于贩卖目的而非法购买毒品的,属于贩卖毒品的预备行为(当然,可能同时触犯非法持有毒品罪)。③ 也就是说,贩卖毒品罪的实行行为也只有贩卖,购买毒品的行为不是贩卖毒品罪的实行行为,根本就不构成犯罪。不能"触类旁通""举一反三"地认为,贩卖淫秽物品牟利罪中的"贩卖"包括以出卖牟利为目的购买淫秽物品的行为。

也就是说,贩卖淫秽物品牟利罪的实行行为只有贩卖、出卖、出售、销售,即便是以出卖牟利为目的购买淫秽物品的行为,也不会是贩卖淫秽物品牟利罪的实行行为,根本就不构成犯罪。所以,认为贩卖淫秽物品牟利罪的实行行为包括购买淫秽物品的行为,明显违反罪刑法定原则,不当扩大了本罪的处罚范围!

---

① 2012年最高人民检察院、公安部《关于公安机关管辖的刑事案件立案追诉标准的规定(三)》第1条。
② 周光权:《刑法各论(第4版)》,中国人民大学出版社2021年版,第526页。
③ 参见张明楷:《刑法学(第6版)》(下册),法律出版社2021年版,第1508页。

5.购买淫秽物品的人,能构成贩卖淫秽物品牟利罪的共犯吗?

本罪是典型的片面对向犯,仅处罚贩卖淫秽物品的行为,不处罚购买淫秽物品的行为。关于片面对向犯不处罚的根据,有立法者意思说和实质说。但对于购买淫秽物品而言,何谓超过定型的最小限度的参与难以把握,也难以认为购买淫秽物品的人是被害人,还很难认为购买淫秽物品的行为缺乏期待可能性。之所以不处罚购买淫秽物品的行为,是因为行为人购买淫秽物品是为了自己观赏,不是用于扩散,不具有实质的违法性。所以,购买淫秽物品的行为,既不能成立正犯,也不能成立贩卖淫秽物品牟利罪的共犯。

6.何为淫秽物品?

淫秽物品的内容是,淫亵性地具体描绘性行为或露骨宣扬色情淫荡形象。淫秽物品的实质属性是,无端挑起人们的性欲和损害普通人的正常的性行为观念。

7.认为淫秽电子信息和淫秽语音信息属于"淫秽物品"的司法解释规定,是否属于类推解释?

案2:邓某玮以牟利为目的,在厦门市同安区西柯镇美人山一里10号某某室,使用台式电脑和手机等工具,在"小猪发卡"平台网站开设网店,发布"久霸""终极云播"等淫秽视频链接平台的广告及"小猪发卡"平台的二维码,让网民通过扫描"小猪发卡"平台二维码,购买相应的淫秽视频资源及卡密后观看淫秽视频。经查,邓某玮共计贩卖"久霸""终极云播"等视频网站中淫秽视频文件61个,非法获利2706元。经鉴定,邓某玮贩卖的视频文件中共计61部视频为淫秽视频。

法院认为,邓某玮以牟利为目的,贩卖淫秽视频文件61个,其行为已构成贩卖淫秽物品牟利罪。①

司法解释将淫秽电子信息和淫秽语音信息都认定为淫秽物品。虽然国外,

---

① 参见福建省厦门市同安区人民法院刑事判决书,(2019)闽0212刑初697号。

如日本、德国,也处罚传播淫秽电子信息的行为,但其一般都是通过修改法条,直接规定淫秽电磁记录为淫秽犯罪的对象。我国《刑法》第363条规定的是"淫秽物品",认为淫秽电子信息和淫秽语音信息属于"淫秽物品"的观点可能存在不当类推解释,应当通过修改《刑法》来解决这一问题。

8. 制作、复制、出版、贩卖、传播淫秽物品行为之间是什么关系?

可以将制作、复制看作出版、贩卖、传播的预备行为。出版、贩卖其实就是传播,出版、贩卖、传播才是本罪的实行行为。制作、复制不是本罪的实行行为。从立法论上讲,其实本罪只需规定传播一种行为。事实上,《刑法》第364条第1款传播淫秽物品罪就只规定了"传播"一种行为。显然不能认为不以牟利为目的的出版淫秽物品的行为不构成犯罪,而是应认定为传播淫秽物品罪。

9. 贩卖与传播如何区分?

案3:宋某蓉为获取非法利益,在日本、中国成都等地,利用手机拍摄制作个人淫秽视频、图片,并上传至本人腾讯微云账号进行贩卖。其间,利用微信、微博、汤博乐、推特等社交网络平台发布照片吸引粉丝添加个人微信,后通过微信向购买者发送自己的微云链接地址及解压密码为其提供下载服务,并从中获利。经鉴定,宋某蓉微云账号内可供下载和观看的视频和图片中有87节(段)视频、103张图片属于淫秽物品。

法院认为,宋某蓉以牟利为目的,通过制作淫秽物品并利用互联网进行贩卖的行为构成制作、贩卖淫秽物品牟利罪。[1]

案4:侯某围以牟利为目的,在某互联网公司办公地点及其住所地,利用其建立并管理的某夜论坛、某社区在互联网上传播淫秽视频、图片。经鉴定,侯某围所建立并管理的上述两个论坛中共有淫秽视频文件3638个、淫秽图片8241张、注册会员53,155个,违法所得共计人民币247,460元。

法院认为,侯某围以牟利为目的,利用其建立并管理的网站发布淫秽视频及

---

[1] 参见四川省成都市新都区人民法院刑事判决书,(2019)川0114刑初737号。

图片,收取会员费,破坏了社会管理秩序,情节特别严重,其行为已构成传播淫秽物品牟利罪。①

贩卖其实也是传播,根本无须区分。二者的实质就是散布、扩散,让不特定人或者多数人可以感知到(看到、听到)淫秽物品。

10."深圳快播案"判决,有无疑问?

案5:快播公司免费提供相应程序,使用户均可发布包括淫秽视频在内的视频资源。具体方法是,"站长"选择要发布的视频文件,使用资源服务器程序生成链接,将链接放到网站上,即可通过快播公司中心调度服务器与点播用户分享该视频。为提高热点视频下载速度,快播公司还通过缓存调度服务器指令处于适当位置的缓存服务器抓取、存储热点视频。当用户再次点播该视频时,系统可自动从缓存服务器调取该视频,缓存服务器方便、加速了淫秽视频的下载、传播。法院据此判定构成传播淫秽物品牟利罪。②

对于本案,张明楷教授支持法院的有罪判决,认为快播公司提供缓存服务,相当于展览厅的管理者,其行为至少属于陈列淫秽物品,而陈列本身就是传播淫秽物品的正犯行为。③

本书认为,将拉拽、缓存淫秽视频文件(事先根据视频文件的点击频次设定拉拽、缓存的标准)的行为,看作"陈列"淫秽物品的传播行为,明显混淆了虚拟空间的网络平台提供与现实空间的展览厅提供。现实空间的展览厅管理者对所展览的图片具有绝对的控制权,而网络空间的提供者,尤其是缓存服务提供者,对于所缓存的文件是否属于淫秽视频难以控制和识别,因为点击频次高未必就是淫秽视频文件,点击频次低也未必不是淫秽视频文件,而且缓存服务提供者不能控制、决定他人是否观看、谁可以观看,除非关闭整个网络空间。"深圳快播案"的判决书中也承认,缓存服务器介入视频传播中,快播公司在主观上并没有

---

① 参见北京市第二中级人民法院刑事裁定书,(2020)京02刑终172号。
② 参见北京市海淀区人民法院刑事判决书,(2015)海刑初字第512号;北京市第一中级人民法院刑事裁定书,(2016)京01刑终592号。
③ 参见张明楷编著:《刑法的私塾(之二)》(下册),北京大学出版社2017年版,第885页。

对视频内容进行选择,而只是根据视频热度提供加速服务。质言之,快播所做的仅仅是对于高点击率文件做一个热度的编排,这一行为甚至并不需要通过人为的操作,仅需简单程序便可完成,而且也是播放行业内的通常做法。或许有人认为,既然知道缓存的对象可能包括淫秽视频文件,不实施"拉拽""缓存",不就可以避免淫秽视频传播了吗?可是,"拉拽""缓存"视频文件的目的,仅在于提高传输的效率,使视频文件更为流畅地播放而已。正如不能因为有人用录像机播放淫秽录像带就禁止出售录像机,有人购买菜刀用于杀人就禁止出售菜刀一样。毕竟"拉拽""缓存"视频文件的行为还是有其积极功能的。所以说,不能将快播公司拉拽、缓存淫秽视频的行为,看作一种"作为"形式的传播。

快播公司既不存在可以评价犯罪的作为,也不存在与作为具有等价性的不作为;播放、缓存行为属于法律责任豁免的技术中立行为和不可罚的中立帮助行为;"深圳快播案"中关键证据缺失,已有电子证据存在鉴真缺陷;以有违罪刑法定原则的"共犯正犯化"解释作为判决依据,存在明显的法律适用错误。

因此,本书认为,快播公司及其主管人员的行为无罪。

11. 以牟利、传播为目的从境外走私淫秽物品后在境内贩卖、传播的,是定一罪还是应数罪并罚?

张明楷教授认为,这种情形存在两个行为,侵犯了两个不同的法益,但由于存在类型化的手段行为与目的行为的牵连关系,因此宜认定为牵连犯,从一重处罚。①

本书认为,既然认为这种情形存在两个行为,又侵犯了不同的法益,就没有理由不实行数罪并罚。

12. 如何界分淫秽物品与科学艺术作品?

界分淫秽物品与科学艺术作品,应当坚持三个原则:一是整体性原则;二是客观性原则;三是关联性原则。如果一部作品中既有淫秽性的描写,又有科学艺

---

① 参见张明楷:《刑法学(第6版)》(下册),法律出版社2021年版,第1542页。

术价值,判断它是不是淫秽物品,就要看性的描写是否露骨、详细,采取的是怎样的描写方法,在作品中的比重,是不是表现作品的思想、艺术所必需,以及是不是能被作品的科学性、艺术性、思想性所缓和淡化。

13. 本罪可以由不作为构成吗?

虽然理论上认为,凡是可以由作为构成的犯罪都可以由不作为构成,但只有不作为与作为具有等价性时,而且是侵害重大法益的犯罪,才宜处罚不真正不作为犯。很难认为具有消除淫秽物品的义务的人的不消除淫秽物品的不作为与作为的贩卖、传播行为具有等价性,而且难以认为贩卖、传播淫秽物品牟利罪是侵害重大法益的犯罪。所以,本书认为不宜处罚不作为的贩卖、传播淫秽物品牟利的行为。

第二节　为他人提供书号出版淫秽书刊罪

·导　读·

应当坚持共犯的从属性,只有在他人实际利用其所提供的书号出版了淫秽书刊,才能肯定本罪的成立。虽然将本罪的责任形式确定为过失具有相当的合理性,但由于缺乏"法律有规定",本罪的责任形式只能是故意。本罪其实是帮助犯的量刑规则,是对传播淫秽物品罪的帮助犯直接规定了法定刑。

条　文

第三百六十三条第二款　【为他人提供书号出版淫秽书刊罪】为他人提供书号,出版淫秽书刊的,处三年以下有期徒刑、拘役或者管制,并处或者单处罚金;明知他人用于出版淫秽书刊而提供书号的,依照前款的规定处罚。

第九章 制作、贩卖、传播淫秽物品罪

罪名精释

1. 成立本罪是否以他人出版了淫秽书刊为前提？

对这种规定,刑法理论上素来有所谓帮助犯的正犯化与帮助犯的量刑规则之争。就本罪而言,这种争议的实质是应否坚持共犯的限制从属性和实行从属性,即成立本罪是否以他人出版了淫秽书刊为前提。出版属于表达自由的范畴,只是提供了书号,他人没有实际利用其所提供的书号出版淫秽书刊的,还不值得处罚提供书号的行为。所以说,应当坚持共犯的从属性,只有在他人实际利用其所提供的书号出版了淫秽书刊,才能肯定本罪的成立。

2. 本罪的罪过形式是故意还是过失？

刑法理论普遍认为本罪的罪过形式为过失,即对提供书号的行为可能导致他人出版淫秽书刊的结果具有预见可能性,或者已经预见而轻信能够避免。如果明知他人用于出版淫秽书刊而提供书号,则属于故意犯罪,成立出版淫秽物品牟利罪。①

虽然过失说具有相当的合理性,但《刑法》第15条第2款明文规定,"过失犯罪,法律有规定的才负刑事责任",也就是说,"刑法以处罚故意犯罪为原则,以处罚过失犯罪为例外;分则条文仅描述客观构成要件、没有规定罪过形式的犯罪,只能由故意构成;只有当'法律'对处罚过失犯罪'有规定'时,才能将该犯罪确定为过失犯罪"②。《刑法》第363条第2款中并不存在"法律有规定",所以说刑法理论通说将本罪的罪过形式确定为过失,缺乏法律根据,有违罪刑法定原则。

本书认为,本罪的罪过形式是故意,本罪其实是帮助犯的量刑规则,是对传播淫秽物品罪的帮助犯直接规定了法定刑。当然,从立法论上讲,这种规定完全没有必要。该款以前规定在单行刑法中,1997年全面修订《刑法》时因为"时间

---

① 参见高铭暄、马克昌主编:《刑法学(第10版)》,北京大学出版社、高等教育出版社2022年版,第620页;张明楷:《刑法学(第6版)》(下册),法律出版社2021年版,第1543页。

② 张明楷:《刑法原理(第2版)》,商务印书馆2017年版,第259页。

紧,任务重",未及仔细斟酌筛选论证而照搬到刑法中,形成了如今解释论上左支右绌的局面。

第三节 传播淫秽物品罪

·导 读·

本罪中的"传播",比传播淫秽物品牟利罪中"传播"的范围要广。不能认为成立本罪"必须不具有牟利目的"。微信群主不删除群成员所发布的淫秽视频的,不构成犯罪。

/条 文/

第三百六十四条第一款【传播淫秽物品罪】传播淫秽的书刊、影片、音像、图片或者其他淫秽物品,情节严重的,处二年以下有期徒刑、拘役或者管制。

第二款【组织播放淫秽音像制品罪】

第三款 制作、复制淫秽的电影、录像等音像制品组织播放的,依照第二款的规定从重处罚。

第四款 向不满十八周岁的未成年人传播淫秽物品的,从重处罚。

罪名精释

1. 本罪中的"传播"与传播淫秽物品牟利罪中"传播"的含义相同吗?

有学者认为,本罪中的"传播"的含义,与传播淫秽物品牟利罪中"传播"的含义相同。[①]

这种观点存在疑问。刑法仅规定了传播淫秽物品罪,不可能认为出版淫秽

---

① 参见张明楷:《刑法学(第6版)》(下册),法律出版社2021年版,第1543页。

物品不构成犯罪。应认为一切散布、扩散淫秽物品的行为,都是这里的传播,如出版淫秽物品。所以说,本罪中的"传播"比传播淫秽物品牟利罪中的"传播"的范围要广。

2. 能认为成立本罪"必须不具有牟利目的"吗？

我国刑法通说教科书区分此罪与彼罪,而为了明晰所谓此罪与彼罪之间的界限,往往加上一些非法定的要素,致使犯罪构成要件之间形成对立关系。例如,刑法通说教科书认为,成立传播淫秽物品罪"行为人主观上必须没有牟利目的,否则成立《刑法》第 363 条规定的传播淫秽物品牟利罪"[1]。

上述"互斥论"可能导致处罚漏洞。若认为成立传播淫秽物品罪"行为人主观上必须没有牟利目的",当不能证明行为人主观上是否具有牟利目的时,则既不能成立传播淫秽物品罪(因为不能证明行为人主观上不具有牟利目的),也不能认定构成传播淫秽物品牟利罪(因为不能证明行为人主观上具有牟利目的),而形成处罚漏洞,可不能处罚的原因,居然是行为人主观上可能具有牟利目的这种更重的责任。所以说,传统的"互斥论"不可取。应当认为,成立传播淫秽物品罪不要求行为人主观上具有牟利目的,若行为人主观上具有牟利目的,则还成立传播淫秽物品牟利罪。也就是说,传播淫秽物品罪与传播淫秽物品牟利罪的构成要件之间不是对立关系,而是一种竞合或者高低度的关系。

3. 微信群主不删除群成员所发布的淫秽视频的,能构成犯罪吗？

本罪是轻罪,不能认为不作为实施与作为实施具有等价性,应认为本罪不能由不作为构成。例如,微信群主不阻止、不删除群成员发布淫秽视频的,不宜认定为传播淫秽物品罪。群成员在微信群发布淫秽视频的,因为是作为,群成员可能成立传播淫秽物品罪。当然,考虑到微信群通常是封闭性的,如果微信群成员较少,则可以不对群成员发布淫秽视频的行为认定为传播淫秽物品罪。

---

[1] 高铭暄、马克昌主编:《刑法学(第 10 版)》,北京大学出版社、高等教育出版社 2022 年版,第 620 页。

第四节　组织播放淫秽音像制品罪

·导　读·

本罪仅处罚组织播放淫秽音像制品的行为，而不处罚组织收听、收看淫秽音像制品的行为。组织播放给特定或者少数人观看的，不构成组织播放淫秽音像制品罪。本罪与传播淫秽物品牟利罪、传播淫秽物品罪之间是竞合关系。由于组织播放淫秽音像制品也属于传播淫秽物品，所以向未成年人组织播放淫秽音像制品的，也应适用《刑法》第364条第4款的规定从重处罚。

·条　文·

第三百六十四条第一款　【传播淫秽物品罪】

第二款　【组织播放淫秽音像制品罪】组织播放淫秽的电影、录像等音像制品的，处三年以下有期徒刑、拘役或者管制，并处罚金；情节严重的，处三年以上十年以下有期徒刑，并处罚金。

第三款　制作、复制淫秽的电影、录像等音像制品组织播放的，依照第二款的规定从重处罚。

第四款　向不满十八周岁的未成年人传播淫秽物品的，从重处罚。

·罪名精释·

1. 聚集多人收看、收听淫秽音像制品的，能构成组织播放淫秽音像制品罪吗？

有观点认为，组织播放淫秽音像制品罪，是指组织播放或者聚集多人收看、收听淫秽音像制品的行为。①

上述观点可能存在疑问。本罪系片面对向犯,刑法仅处罚组织播放淫秽音像制品的行为,而不处罚收听、收看淫秽音像制品的行为,当然也就不会处罚聚集、召集、组织收听、收看淫秽音像制品的人。质言之,本罪仅处罚组织播放淫秽音像制品的行为,而不处罚组织收听、收看淫秽音像制品的行为。

2. 组织播放给特定或者少数人观看,能构成组织播放淫秽音像制品罪吗?

应该说,只有将淫秽的音像制品展现给不特定或者多数人观看,才值得科处刑罚。若收听、收看的对象限于特定人或者少数人,则行为的法益侵害性有限,不值得科处刑罚。所以从实质违法性考虑,组织播放应是使多数人或者不特定人可视可闻的行为。当然,如果收听收看的对象是儿童,则即便是特定人或者少数人,也可能作为犯罪处罚。

3. 本罪与传播淫秽物品(牟利)罪之间是什么关系?

应该说,组织播放淫秽音像制品,也是一种使淫秽物品扩散的传播淫秽物品的行为。若行为人具有牟利的目的,则同时构成传播淫秽物品牟利罪。若不具有牟利的目的,则虽然同时构成传播淫秽物品罪,但因为传播淫秽物品罪的法定刑较轻,所以还是只需认定为组织播放淫秽音像制品罪。

4. 向未成年人组织播放淫秽音像制品的,能从重处罚吗?

《刑法》第364条第4款规定,向不满18周岁的未成年人传播淫秽物品的,从重处罚。问题是,向未成年人组织播放淫秽音像制品的,应否适用本款规定从重处罚?

应该说,由于组织播放淫秽音像制品也属于传播淫秽物品,所以向未成年人组织播放淫秽音像制品的,也应适用《刑法》第364条第4款的规定从重处罚。

---

① 参见张明楷主编:《刑法学(第7版)》,中国政法大学出版社2024年版,第669页。

第五节 组织淫秽表演罪

·导 读·

只有所组织的淫秽表演具有公开性,才可能成立本罪。被组织的表演者,不成立本罪的共犯。组织自己、动物、人与动物进行淫秽表演的,能构成本罪。组织一人或者数人同时与不特定的多数人进行裸聊的,不仅可以构成组织淫秽表演罪,还可能构成传播淫秽物品(牟利)罪。组织活体进行淫秽表演,也是在传播淫秽物品,能同时成立组织淫秽表演罪和传播淫秽物品(牟利)罪,形成竞合,从一重处罚。

条 文

第三百六十五条 【组织淫秽表演罪】组织进行淫秽表演的,处三年以下有期徒刑、拘役或者管制,并处罚金;情节严重的,处三年以上十年以下有期徒刑,并处罚金。

罪名精释

1.成立本罪,需要公开性吗?

案1:行为人组建了一个工作群,将一些女性安排在单独的工作棚里(其中有一部分女性是被强迫的),另外一端联络男客户。行为人让女性进行淫秽表演,但每次只能有一位男客户进入,由女性与男客户进行一对一的淫秽视频。

如果没有公开性,只是由特定的人秘密实施的,没有违反性行为的非公开性的原则,就没有必要当犯罪处理。所谓要求公开性,是指淫秽表演给不特定的多数人观看时,才成立组织淫秽表演罪。上述案件中,因为缺乏公开性,不宜作为犯罪处理,不能因为许多特定的男客户可以进入,就直接肯定公开性。由于有一部分女性是被强迫的,针对这部分女性实施的行为当然成立强制猥亵罪。因为成立强制猥亵罪,并不要求强迫者必须直接对被害人实施猥亵行为,强迫者对被害人实施强制行为,迫使被害人接受第三者对其实施的猥亵行为的,同样构成强制猥亵罪。而且,在任何一个特定场合,只要行为人一方有一个人在场,就可以肯定强制猥亵罪的成立。

组织淫秽表演罪也是侵害性行为秩序、破坏性行为非公开性原则的犯罪。所以,只有组织淫秽表演给不特定或者多数人观看,才能侵害本罪所保护的法益,才值得科处刑罚。也就是说,只有所组织的淫秽表演具有公开性,才可能成立犯罪。

2. 被组织的表演者,能成立本罪的共犯吗?

本罪系片面的对向犯,刑法仅处罚组织表演者,而不处罚被组织的表演者。被组织的表演者,不仅不构成正犯,还不构成组织淫秽表演罪的共犯。

3. 组织自己、动物、人与动物进行淫秽表演的,构成本罪吗?

《刑法》第365条仅规定了"组织进行淫秽表演",而没有规定"组织他人进行表演",所以,组织本人进行淫秽表演,组织动物进行淫秽表演,组织人与动物一起进行淫秽表演,都可能构成本罪。

4. 组织网上裸聊的,能构成犯罪吗?

组织一对一,或者一个人向特定的数人在网络上裸聊的,可以不认定为组织淫秽表演罪,但如果一人或者数人与不特定的多数人进行裸聊的,则有成立组织淫秽表演罪的可能。如果认为裸体也属于淫秽物品的,则组织裸聊还可能构成传播淫秽物品(牟利)罪。

既然公认裸照属于淫秽物品,在街上举着裸照属于传播淫秽物品,就没有理由否认裸人属于淫秽物品,在街上裸行、裸奔属于传播淫秽物品。所以组织一人或者数人同时与不特定的多数人进行裸聊的,不仅可以构成组织淫秽表演罪,还可能构成传播淫秽物品(牟利)罪。

5. 组织淫秽表演罪与传播淫秽物品(牟利)罪之间是什么关系?

案2:侯某某、二强(身份不明)系网络淫秽直播平台和主播之间的中间人,即"家族长"。"家族长"负责指导和监督主播的淫秽直播表演,安排、管理主播的播出时间段和播出时长,主播的收益由直播平台转给"家族长",由"家族长"转给主播,"家族长"的收益源于主播的收益分成。2021年3月至6月,王某某雇用被告人余某某等人,在驻马店市通过侯某某、二强介绍的网络淫秽直播平台进行网络淫秽直播。

本案争议焦点:以牟利为目的进行淫秽直播的行为应如何认定。

法院认为,王某某以牟利为目的,组织余某某等人进行网络淫秽直播,其行为均构成制作、传播淫秽物品牟利罪,其中王某某情节特别严重;侯某某以牟利为目的协助王某某传播淫秽物品,情节特别严重的,其行为构成传播淫秽物品牟利罪。[①]

网络淫秽直播也可谓淫秽表演,同时也可谓淫秽物品。所以,组织网络淫秽直播的,同时成立传播淫秽物品(牟利)罪与组织淫秽表演罪,二者系竞合关系,应从一重处罚。

若认为淫秽表演属于淫秽物品,则组织淫秽表演罪与传播淫秽物品(牟利)罪之间是竞合关系,竞合时从一重处罚。组织活体进行淫秽表演,也是在传播淫秽物品,能同时成立组织淫秽表演罪和传播淫秽物品(牟利)罪,形成竞合,从一重处罚。

---

① 参见河南省平顶山市中级人民法院刑事裁定书,(2022)豫04刑终110号。